甘肃省古籍文献整理编译中心
"十二五"规划重大整理项目

内蒙古额济纳河流域考古报告

[瑞典] 斯文·赫定博士率领的中瑞联合科学考查团
中国西北诸省科学考察报告考古类第 8 和第 9

考察者：[瑞典] 弗克·贝格曼
整理者：[瑞典] 博·索马斯特勒姆
翻　译：黄晓宏　张德芳　张存良　马智全
审　校：张德芳

学苑出版社

图书在版编目（CIP）数据

内蒙古额济纳河流域考古报告：斯文·赫定博士率领的中瑞联合科学考查团中国西北诸省科学考察报告考古类第8和第9／（瑞典）弗克·贝格曼考察；（瑞典）博·索马斯特勒姆整理；黄晓宏等翻译. — 北京：学苑出版社，2014．3
　　ISBN 978 - 7 - 5077 - 4159 - 9

　　Ⅰ．①内… Ⅱ．①弗… ②博… ③黄… Ⅲ．①额济纳河 - 流域 - 考古发掘 - 发掘报告 - 内蒙古 Ⅳ．①K872．260．5

　　中国版本图书馆 CIP 数据核字（2014）第 019264 号

责任编辑：战葆红
版式设计：五凉设计室

出　　版：学苑出版社
发　　行：学苑出版社（北京市丰台区南方庄 2 号院 1 号楼）
　　　　电　话：（010）67602949　　67675512（兼传真）
　　　　邮　编：100079
　　　　网　址：www．book001．com
　　　　电子邮箱：xueyuan@ public．bta．net．cn
　　　甘肃省古籍文献整理编译中心（甘肃省兰州市第一新村 81 号）
　　　　电　话：（0931）8124248　　8124165
　　　　邮　编：730030
　　　　网　址：www．ch5000．cn
　　　　电子邮箱：gswul2000@ yahoo．com．cn
　　　国内总经销：新华书店
印　　刷：兰州大众彩印包装有限公司
开　　本：787×1092 毫米　1/8
印　　张：60.75
字　　数：761 千字
印　　数：1—500 套
版　　次：2014 年 3 月第 1 版
印　　次：2014 年 3 月第 1 次印刷
定　　价：￥2200.00 元

居延汉简及其相关的人和事
（译者序）

居延汉简，以其为 20 世纪 30 年代的重大发现而闻名世界。海内外在这方面的研究，也已取得相当成果。但是，与此有关的考古报告，尤其是汉译的考古报告，虽学术界伫望已久，但始终未能一睹其真容。如果没有考古报告的参照，我们对居延汉简以及其他出土物的研究，不管是总体观察还是细部描述，都将是孤立的、不全面的。

岁月流逝，人事沧桑。当年许多人为之付出心血甚至生命的居延汉简发现，已如书架上久不翻看的图书，随着时间的尘封被人们搁置在了记忆的角落里。从 1930 年 4 月 27 日中瑞西北科学考查团①年轻的瑞典籍考古学家贝格曼在额济纳河流域的古代要塞博罗松治发现第一枚汉简到今天这本《内蒙古额济纳河流域考古报告》汉译本呈现在读者面前，已经过去了 82 个春秋。从 1956 年该书的英文版在斯德哥尔摩问世，到今天也已半个多世纪。其间，当年的许多人和事，都已渐行渐远，隐没在了历史的尘雾里。

今天，当我们将这本厚厚的考古报告展现在眼前时，过去的很多人和事也悄然站立在面前。

居延汉简的发现，是 20 世纪 20—30 年代中瑞西北科学考查团取得的标志性成就之一，而该团的组成以及那一幕幕感天动地的考察活动，使中国近代学术史增加了激动人心的篇章。考察的时间，从 1927 年至 1935 年，历时 8 年之久；参加的中外科学家，先后有 44 名之多；考察的西北 460 万平方公里的土地，几乎是中国国土面积的一半，而三分之一是人迹罕至或无人区；涉及的学科，有地质、地磁、天文、气象、人类、考古、民俗等诸多领域；所取得的成就，至今仍是相关学科的开山奠基之作；考查团的成员，大都站在了后来他们所从事学科的巅峰之上，成了蜚声中外的著名科学家。

中方团员中，徐炳昶作为前期中方团长对各国科学家的协调支持以及与斯文•赫定（Sven Hedin）的亲密合作、丁道衡对包头钢铁公司白云鄂博铁矿的发现、袁复礼对新疆近百具恐龙化石的发现、陈宗器对罗布泊湖底的探测和地磁学的贡献、黄文弼对新疆的考古调查，以及李宪之、刘衍淮在中国气象学领域的成就，都具有划时代的意义。而外籍科学家先后出版的 55 卷鸿篇巨制，已成为覆盖 11 个学科领域的经典之作。这本《内蒙古额济纳河流域考古报告》就是《斯文•赫定博士率领的中瑞联合科学考察团中国西北诸省科学考察报告》55 卷系列丛书的第 39 卷、第 41 卷。

中瑞西北科学考查团能够最终成行并取得了举世瞩目的成就，首先是中国知识界独立觉醒的产物。当时，作为享誉全球的探险家斯文•赫定，此前已有四次来过中国。他横穿波斯和两河流域的旅行，他

<hr>

① 后来的文献中，往往将"考查团"径称为"考察团"，虽然文义上不错，但与当时事实不符。本文在行文时概称"中瑞西北科学考查团"。叙述中用到动词时，用"考察"。

对楼兰遗址的发现,他对藏北地区的考察,使其声望和影响几乎与诺贝尔(Alfred Bernhard Nobel)齐名。此次来中国,是他第五次中国之行。主要使命是接受德国汉萨航空公司的委托赞助,为之勘测一条从柏林经中亚到北京的航线,在北京和迪化(乌鲁木齐)之间设置四个加油站、附设无线电台并建立气象测候所。按照以往的经验,应该是故地重游,畅行无阻。为此,他于1926年10月来北京,先后拜会了地质调查所所长翁文灏、外交部长摄国务总理顾维钧、外交次长王荫泰,以及主政北京的奉系军阀张作霖,得到了许可证件和张作霖的大力支持。但使他意想不到的是,正当他组织的由瑞典、德国、丹麦等国科学家组成的考察队即将出发时,却遭到了中国学术界的强烈反对。以刘复(半农)为代表的中国学人和相关学术团体联名发表通电,一致反对外国人擅自在中国领土上大摇大摆,走来走去,肆意掠取我国珍贵的学术和文物资源。斯氏迫于无奈,只好耐心坐到谈判桌前,一条一条谈条件,一条一条谈合作。从踏上中国国土到1927年4月26日,近乎半年的你来我往,最终与"中国学术团体协会"达成十九条合作协议。虽不是赫定的最初设想,但于双方来讲却不失为一个圆满的结局。

"中国学术团体协会"公然蔑视官方的已经许可,接二连三通电全国,最终以强大的声势和舆论阻止了斯文·赫定一帮外国人单独行动,这在备受屈辱的中国近代史上还是第一次。究其原因,一是因为"五四"新文化运动给中国学术界带来的民族自强意识,使得他们再也不能忍受清末以来西方列强以游历、探险为名派出各路探险家肆意掠夺中国古物和学术资源的行径。二是因为当时学术界的代表人物大都是留洋归来学有专长的精英人物,他们深知祖国考古、地质、生物等标本和资源对科学研究的重要。"中国学术团体协会"的14家组成单位是:北京大学考古学会、国立历史博物馆、故宫博物院、古物陈列所、画学研究会、北平图书馆、京师图书馆、中华图书馆协会、中央观象台、天文学会、地质调查所、清华研究院、北大研究所国学门、中国地质协会等。其中参与呼吁和谈判的代表人物有刘半农、周肇祥、袁复礼、沈兼士、马衡、李四光、李济、徐炳昶、黄文弼等,他们都是近现代学术史上里程碑式的人物。三是因为当时的国内局势为之提供了可能。1926年下半年的中国,南方各地忙于轰轰烈烈的工农运动和北伐战争,北方的军阀政客角逐北京政权,"你方唱罢我登场",都想雄视天下,又都匆匆过客,无暇顾及这些与自己权力地盘并无直接妨碍的文人行为,客观上为"中国学术团体协会"以国家和主人的身份与外国人签订如此重大的合作协议提供了空间。十九条协议的核心是:此次考察活动的名称定为"西北科学考查团",团长由中瑞双方担任,团员由中外双方组成;考察经费由斯文·赫定承担,考察成果共同研究,并在西北科学考查团理事会统一规划下陆续发表;采获的文物一律不准带出境外,地质和古生物标本如有副本者可以赠与斯文·赫定带回瑞典。显然,这样一个协议,既维护了民族自尊和国家主权,又达到了合作考察推动学术之目的,还洗雪了百年来外人掠夺所带来的屈辱。刘半农先生甚至兴奋地宣称,这是近代以来第一个"翻过来的不平等条约"。协议本身,不仅规范了此次考察的全过程,也为后来类似的行为提供了范式。

西北科学考查团能够最终成行并取得举世瞩目的成就,第二个因素来自斯文·赫定对科学探险的献身精神和巨大的人格魅力。他是一个一生以地理探险为职志的地理学家,其追求的目标在于地理方面的发现,他要到从来没有人到过的地方,他要在地图的空白处留下自己的足迹。他此前多次来中国,试图登上慕士塔格峰、横穿塔克拉玛干大沙漠、发现楼兰遗址、深入藏北地区,都几乎把自己永远留在了那里。同那些专门盗掘古墓、剥走壁画、卷走大批经卷的掠夺者有很大区别。当他遭到中国学界的反对时,不气馁、不放弃,积极奔走,争取谅解,最后使问题得以解决。他是考查团的核心和灵魂,又是经费的筹措者。在德国汉萨航空公司由于中国政府不同意飞行考察计划而不得不撤回人员资金时,他穿梭于各国政府和企业之间,以其个人的影响和力量筹措到巨额资金,保障了考察活动的如期开展。他关心爱护考察团的每一个成员,同大家建立了深厚的友谊。每到一个考察营地,他都会给团员们带来节日般的欢乐。在他的相关著述中,随处都可看到对中国团员的赞赏和怀念。中外团员中,有的直接将自己孩子的名字起名为斯文,以表示对这位科学巨人的崇敬和纪念。就连刘半农这样最初折冲樽俎的谈判对手经过一段时间的交手后，也深为赫定的人格魅力所感染。为了撰写论文以纪念赫定 1935 年 70 周岁华诞，刘半农带着学生前往内蒙古调查方言，不幸患上了回归热而离开了人世。这位曾经的留法学子、"五四"运动中与钱玄同唱过"双簧"，同斯文·赫定谈判时"折冲最多的人"（徐炳昶语）、写过《教我如何不想她》、并为名妓赛金花正名的诗人、才子、学者 43 岁英年早逝，给国人留下了深深的叹惋。考察结束后，赫定等人资助参加考察团的中国学生前往德国留学，学成归国后都成了各自领域的奠基性人物。直到赫定临终前，还念念不忘当年的中国友人，捎书带信，探询他们的境况，表示了对中国团员的思念之情。

8 年的考察活动实际上分为三个阶段。1933 年至 1935 年的第三阶段里，主要是受中国政府聘用，勘测绥新公路的路线。当时的斯文·赫定除了考查团团长的身份外，还受聘为中国铁道部的顾问。经费由中国政府拨给，交通工具由过去的驼队换成了汽车，考查团的成员也有了部分更换。两年的新一轮考察，完成了中国政府交给的任务。现在的 312 国道，就是当年勘定的结果。这条路修通通车，为后来的八年抗战做出了重大贡献。斯文·赫定最终想为中国人民做点事的愿望也得以实现。今天我们阅读居延汉简，阅读这部《内蒙古额济纳河流域考古报告》时，斯文·赫定及其当年中瑞西北科学考察团的每个团员，都让人无法释怀。还有一位特别不能忘记的人，就是瑞典考古学家贝格曼。他发现的居延汉简和小河墓地，将永远载入史册。

弗克·贝格曼，1903 年生于瑞典的斯德哥尔摩。1927 年来中国时，年仅 24 岁，双脚刚刚迈出瑞典东南部美丽的乌普萨拉大学校园。从 1927 年到 1935 年的八年时间里，有七年多时间没有离开过考察团，是这个团队里时间最长的外籍学者之一。考查团三个阶段的活动中，每一次都有贝格曼的身影。第一阶段从 1927 年 1 月跨出家门到 1929 年 1 月回到故乡，差 17 天整整两年时间；其间，在家休整 3 个月，又于当年 4 月 8 日离开斯德哥尔摩再次踏上来中国第二阶段的考察之路，到 1931 年 6 月 18 日回到瑞典，两年又 70 天；同样是不到 3 个月的短暂休息，又于当年 9 月底第三次踏上来中国的旅途，直到 1934 年 8 月底返回瑞典，整整三年时间。他三次来中国，行程数万里，大部分时间是在荒野戈壁、古冢废城和骆驼背上度过的，他发现了 400 多处古代遗址，最为著名者一是居延汉简，二是小河墓地。

今天的甘肃金塔和内蒙古额济纳旗一带，汉代是居延都尉和肩水都尉的军事防地。四周沙漠戈壁、低山残丘。但额济纳河三角洲一带，水草丰美，胡杨婆娑，是北方匈奴进入河西走廊的天然通道。汉王朝把河西走廊圈入版图后，为防止匈奴铁骑再次踏入此地，便从张掖到居延沿着额济纳河（弱水）修筑了长达 250 公里的一道防线。所谓塞内塞外，成了骑马民族和农耕民族的一道屏障。此后的漫漫岁月里，历代统治者都对此进行了有效管理。后汉时建有张掖居延属国，魏晋以后设置西海郡，隋设大同城镇，唐设同城守捉，西夏党项人在今天的黑水城设置过黑水镇燕军司。他们留下的星罗棋布的古代遗迹和大量的地下文物，是后人回望历史的坐标。居延汉简，是贝格曼第二次来中国，也就是考察团第二阶段的考察活动中发现的。如上所说，他从 1929 年 4 月 8 日离开斯德哥尔摩后，原打算从西北通过俄罗斯进入新疆塔城后再经内地抵达北京，但路途不顺，塔城当局不发给护照 ①。无奈之下，只好绕道西伯利亚，经黑龙江到海参崴，从东北进入北京。从最西边绕到最东边，多走了几千公里。最后于 8 月 25 日到北京，路途就花了 4 个多月。9 月底办妥护照，10 月 1 日从北京出发，再次经内蒙的包头到额济纳河流域。考察活动由东往西推进，半年之后的 1930 年 4 月 27 日，到达博罗松治，第一枚汉简跳到了他的眼前。从此后，在北到额济纳河下游的索果淖尔和嘎顺淖尔，南到金塔毛目（今鼎新）的广大地区，进行了地毯式调查和大规模发掘。跟随贝格曼同行的有 80 多峰骆驼、大批仪器设备和生活用品。雇用的两位中国助手，一位叫靳士贵，原先给安特生——写过《甘肃考古记》的瑞典考古学家当过助手，田野经验十分丰富；一位叫王华南，在冯玉祥的部队干过中尉，基督教徒。其余的就是几位驼夫和杂役。这次居

---

① 见《中瑞西北科学考察档案史料》，新疆美术摄影出版社，2006，第 51 页。

延考古,从 1930 年 4 月 27 日算起到 1931 年 3 月 27 日,11 个月时间。

11 个月里,贝格曼及其同行,在空旷寂寞的戈壁荒漠中,与风沙作伴,与胡杨为伍,送走了一轮轮傍晚的落日,迎来了一颗颗黎明的晨星。经受过零下 30 多度的严寒,也烘烤过零上 40 多度的烈日。倾听过春日里额济纳河两岸万物复苏的脚步,领略过秋日里胡扬林画染般的景致。饱尝了人们难以想象的艰辛,也享受过收获后的喜悦。在南北 250 公里,东西 40 公里的范围内,踏查了 410 多处遗址,出土了 3700 多件古代遗物。尤其是 10000 多枚汉简的出土,给中国和世界学术界带来极大的兴奋。这些汉简出自 30 个不同地点,其纪年简上起西汉征和三年(前 90),下迄东汉阳嘉二年(133),前后跨越 220 多年。这是当年驻守此地的军政系统留下的原始档案,是边防将士戍守、生存和各种活动的生动记录,是后人研究西北边疆的第一手资料。

1931 年 3 月 27 日,贝格曼和 40 多峰骆驼的驼队满载着随行家当和发掘的古物在悠扬的驼铃声中迎着东方的朝日踏上了东归之路。他在居延的田野考古告一段落。

将近 50 天的行程,贝氏于当年 5 月 19 日回到北京,6 月 3 日起程回国,6 月 18 日到达斯德哥尔摩。从 1929 年 4 月 8 日至此,两年零 70 天。

十二箱居延汉简和其他文物于 1931 年 5 月运抵北京,先存放于北平图书馆四库阅览室。马衡和刘半农于是年 7 月监督开箱,并组织人员整理释读。第一步工作:拆包、清点、登记、编号、制卡、存放,由傅振伦和傅明德负责进行。至于文字释读,起初按西北科学考查团理事会的安排,要由瑞典语言学家高本汉、法国学者伯希和以及北大教授马衡、刘复共同完成。但实际上高、伯基本未能参加,刘半农兼职过多顾不过来,只有马衡一人坚持工作。而马衡也不是每天到班,只是隔几天去一次,工作进度比较缓慢。到 1934 年初,只做完了瓦因托尼(A10)和大湾(A35)出土的 1700 多枚汉简的释文。1933 年 7 月,胡适以北大文学院院长兼北平图书馆委员会委员长,傅斯年以中研院史语所所长和北大教授的身份出任副委员长,再加上胡、傅二人又都是西北科学考查团的理事。多方归一,事权集中,协调起来自然容易得多。于是决定,把这批汉简从北平图书馆搬到景山东街马神庙嵩公府北大文史研究院考古学会,并重新组织了整理班子。

从 1934 年 10 月起,由北平图书馆的向达、贺昌群、北大的余逊和史语所的劳干四位年轻才俊协助马衡完成释文。前四位直接释读原文,马衡则负责对他们的释读初稿进行审校。当时按照西北科学考查团理事会 1934 年 10 月 23 日和 12 月 2 日的会议记录[①],拟参加释文整理的人员除上述 5 位外,还应有徐森玉、沈兼士、陈受颐、蒙文通、孟森、姚从吾、傅斯年等。但后面所列各位,实际上并未直接参与,只有上述向、贺、余、劳、马五位在释读整理。向达、贺昌群二先生此前有过一段大致相似的经历,都在商务印书馆担任过编译工作,后又同时担任北平图书馆编纂委员会委员,学界已有相当名气;而余逊是余嘉锡先生的哲嗣,以当时辅仁大学陈垣校长的"四大翰林"之一而闻名士林;劳干是清末两广总督劳崇光的后人,官世家学,渊源有自。至于马衡先生,更是如雷贯耳。他是继吴昌硕之后西泠印社的第二任社长,其时又出任故宫博物院院长,学界声望极隆。以这样一个班底来整理居延汉简,可谓一时之盛,令人仰望。但是,时运不佳,好景不长。两年之后,日本侵略者的炮火,中止了这项工作。

1937 年"卢沟桥事变"后,北平的大专院校和科研机构紧急南迁,教师学生蜂拥奔波在南逃途中。10000 多枚汉简身处危境,两年中所做的释文和照片也不知去向。空空的北大校园只有日本军队的汽车和巡逻队不时出没,有的校舍已成了侵略者的兵营。

尚未离开北平的沈仲章是刘半农的弟子、中瑞西北科学考查团理事会干事。今天香港大学冯平山图书馆收藏的仅有的几次西北科学考查团理事会的会议记录,就是沈仲章当时担任记录时留下的手

笔①。其时,他在刘半农生前建立的语音实验室工作,而这个实验室就在存放和整理汉简的四合院的北屋里。汉简的整理是在东西两边的厢房里。沈仲章知道,如果这批汉简落入敌手,那将是民族的耻辱,文化的毁灭。所以他毅然决然,奋不顾身,约上同在语音室工作的周殿福,趁风高月黑之际,躲过日本兵的巡逻,在工友的帮助下,冒死把这批汉简抢运了出来。装成两个大箱的汉简先被藏在嵩公府北大图书馆后面北长街的一个小庙里,后又以私人财物的名义存放在德华银行。1937 年 8 月 12 日,也就是"八一·三"淞沪抗战爆发的前一天,他混在逃难的人群里乘火车赶往天津。在天津,打电报给时在南方的故宫博物院古物馆馆长徐森玉,徐森玉又立即联系傅斯年。得到傅的指示后徐又专程赶回天津,找沈仲章商量办法。

淞沪抗战爆发后,运往上海的可能已不复存在。按照傅和徐的意见,这批汉简仍由沈仲章负责,直接运往香港。于是,沈仲章历尽艰险,在将近半年的时间里,来往潜入京津之间,利用中立国和德、意等国的银行、轮船公司,由北京而天津、由天津而青岛、再由青岛而香港,最终于 1937 年年底把这批汉简运到了香港大学。

运到港大的汉简,在许地山教授的联系下存入冯平山图书馆。不管条件如何艰苦,傅斯年都时刻不能忘记汉简的继续整理。在他看来,能否尽快发表,关乎中国知识界的尊严和面子。即使偏安一时,整理工作也不能中断。于是安排沈仲章,在守候汉简的同时,因陋就简,开始新一轮整理。重新上架,登记、照像、编排、剪贴,打算完成后送往上海商务印书馆印制出版。中英庚款管理委员会理事叶恭绰先生大力支持,从中斡旋,在庚款中解决了沈仲章在港的生活来源和其他费用。沈氏在港一待就是三年,将所有照好的照片冲洗两份,一份寄往远在西南的劳干,一份拟送商务印书馆。但随着日本侵华战争的蔓延,香港吃紧,居延汉简的整理再度受挫,已制成的书版和底片,也在香港沦陷时灰飞烟灭。

太平洋战争爆发的前一年,香港地区已面临危险,汉简的安全又成了问题。傅斯年等人本打算将其就近转移到昆明或马尼拉,但考虑到气候因素,不便保存。最后只好与远在美国出任驻美大使的胡适商议,决定运往美国,请美国国会图书馆代为保管。胡适在美国,有广泛的社会交往,同时又遥领西北科学考查团理事会的理事长,既是职责所在又有诸多便利。还有王重民、房兆楹和朱士嘉三位正供职于国会图书馆,所以汉简来此,成了唯一的选择。1940 年 8 月 4 日,这批汉简乘上开往美国的轮船从香港启航,经两个多月的漂泊,于 10 月 26 日进入美国国会图书馆,分装成 14 个小箱,存入该馆善本图书室。在其后的 25 年里,山河易主,台海相望,原来一起关心和主持汉简整理的学者也是天各一方,音讯难通。居延汉简在这里沉睡了 25 年之后,又于 1965 年 10 月 21 日和袁同礼馆长寄存在这里的 102 箱珍贵古籍一起被台湾方面派人提出,于 10 月 28 日运抵旧金山奥克兰海军基地,11 月 3 日乘美海军运输船,11 月 23 日到达台北,从此结束了这段漂泊海外的历史。1966 年 1 月 27 日至 29 日,台湾方面开箱点验,当局派"监察院"、"立法院"、"外交部"、"教育部"、"经济部"、"中央图书馆"、"中研院史语所"等七大部门亲临现场,监督和参与点交,以这种庄严和神圣的形式,显示了对这批居延汉简的珍视。

至于整理成果的公布发表,同样经历了一个漫长的历程。1936 年,西北科学考查团将余逊和劳干两人的释文用晒蓝纸印刷成册,世称"晒蓝本",这是居延汉简最早的释文本。所憾只有释文而无图版,且释文也只有 3055 条,只是全部居延汉简的三分之一。抗战爆发后,如上所说,汉简被运往香港,运往美国。当年参加整理的人员也随单位的南迁而分散各地。只有劳干一个人随着中研院史语所先迁长沙、而后昆明,再迁李庄的过程中,利用沈仲章在香港所拍反体照片重新又作了释文,并于 1943 年和 1944 年在四川南溪石印出版了《居延汉简考释·释文之部》和《居延汉简考释·考证之部》。1949 年又在上海商务印书馆用活字印行了《居延汉简考释·考证之部》。1957 年在台北印行了《居延汉简图版之部》。从此后,居延汉简才有了完整的比较材料以供学术界研究。1981 年,台北出版了马先醒的《居延

---

① 邢义田《香港大学冯平山图书馆藏居延汉简整理文件调查记》,见邢义田著《地不爱宝》,中华书局,2011 年 1 月,第 526 页。

汉简新编》,1998 年,又出版了史语所编的《居延汉简补编》,整理工作臻于完成。

在中国大陆,中国科学院考古研究所于 1959 年编辑出版了《居延汉简甲编》,包括 2555 枚汉简的照片、释文和索引。1980 年,又编辑出版了《居延汉简甲乙编》,基本包括了居延汉简的全部。

在此基础上的研究工作,也取得了很大成绩,发表了数以千计的著作和论文,给学术界带来了全新的面貌。居延汉简发现、保护、整理的历史折射了"五四"以后那些个风起云涌的时代的精神。上面提到的每个人,几乎都是学术史上一座不朽的丰碑。他们留给我们的,不仅仅是居延汉简,还有一座填满了人格品质和爱国赤诚的精神宝库。

贝格曼的《内蒙古额济纳河流域考古报告》因贝氏本人于 1946 年英年早逝,在生前尚未完成。后来由索马斯特勒姆接续工作,直到 1956 年和 1958 年正式出版。长期以来,研究居延汉简,没有中译本的考古报告可资参考,而英文原版又难以找到,在一定程度上影响了研究的深入。所以翻译此书,就成了我们一个长期的愿望。早在 20 世纪 80 年代笔者还在甘肃省社科院历史所工作之际,就托友人将此书从北京图书馆复印,一搁就是十多年。直到我来考古所专事汉简研究,才又把此事提上了日程。

黄晓宏女士付出了大量时间和心血,完成了此书的最初译稿。我的同事张存良、马智全在后期的校定修改过程中又与黄女士一起,反复修改,八易其稿。国家图书馆汪桂海先生帮助重新扫描图片,提供了极大的方便。这些都是为本书做出过贡献的人,记于此,以志纪念。

我虽再三审读过译稿,但也免不了错漏不确之处。这方面的问题,当由我个人负责。

甘肃简牍保护研究中心　主　任
甘肃省文物考古研究所　副所长　张德芳

编 译 说 明

一、本书是 55 卷的"斯文·赫定博士率领的中瑞联合科学考查团中国西北诸省科学考察报告"中的第 39 卷和第 41 卷出版物,也即考古类第 8 和第 9 部分,是 1927—1931 年瑞典考古学家弗克·贝格曼(1903—1946)在甘肃金塔和内蒙古额济纳河流域的考古报告,原稿藏于瑞典东方古物博物馆,1951 年由该馆东方部主任博·索马斯特勒姆先生整理成书,分别于 1956 年和 1958 年在瑞典斯德哥尔摩以英文出版。

二、原书分为上、下两部,即前述"考古类第 8 和第 9",本来是一部书的两个部分,故翻译时并为一帙。

三、赫定考查团的支持方——人文基金会的古斯塔·蒙代尔先生于上、下两部分书前各有前言一篇,今依式译出,全部置于卷首,告诉我们原书的整理出版经过。

四、原书除书前的目录外,正文及注释中的文字运用各种字形和字号加以区分,这次翻译,除了以不同字号标明不同目次外,于字形的选择上没有采取太多的形式,全书以宋体字为主排出。

五、人名、地名首次出现时在括号内括注原文拼写形式。对于大致趋于约定俗成的中外译名,我们径直采用;对于比较生疏还没有约定俗成的人名、地名,我们采用音译的办法,相当于只用汉字标音而已。为了使读者对原书的人名、地名有一个清晰而完整的了解对照,我们编制了人名、地名对照表附于书后,这是原书所没有的。

六、原书中个别地方对所描述的内容有疑问或不能确定时,以"?"或"(?)"的形式出现,翻译时以原样译出,特此说明。

七、原书在正文和注释中,都征引了大量历史文献和考古著述。对于汉籍文献,我们尽力做到核对原文并标明卷帙;对于外籍文献,由于条件限制,未能一一核对原文。

八、原书第一部出版后,整理者将发现的讹误以勘误表的形式置于第二部的卷首,这次翻译,直接根据勘误表改正了原书的错讹,不再出注。对于我们在翻译中切实需要说明或者是原书明显的错误,我们以随文出注的形式加以标注,并标明"译者按"的字样以示区别。英文原著第一卷的注释使用尾注,第二卷使用脚注,此次翻译统一采用脚注形式。

九、原书在征引文献时(包括正文和注释)以"著者、出版时间和页码"的形式出现,例如本书第 2 页注释③:"博林,1940,第 17 页"指的是"博林《甘肃西部水文地理状况》,中瑞联合科学考察系列出版物第 10,1940 年,第 17 页。"翻译时凡文献出处均遵照原书体例译出,相关文献的详情请参见书后所附的《参考文献》。

十、原书的《参考文献》以作者姓名的字母顺序排列,翻译时仍依从原有次序,未做重新排序。

十一、原书的图片编号有三个体系:即 Fig. 1—187、PL. 1—40 和 PL. I —XXVI。Fig. 1—187 是插在正文中的辅助说明性图片,我们翻译时依例插在正文的相关部分,并标明"图 1—187"字样;PL. 1—40 主要是有关采集物的照片或描摹图,附在原书的第一部分之后,翻译时将"PL. 1—40"译为"图版 1—40",置于书后并核对了对应关系;PL. I —XXVI 主要是遗址的地形、地貌照片,PL. I —X 在原书第一部分后,PL. XI—XXVI 在原书第二部分后,翻译时译作"图版 I —XXVI",置于书后,并核对了与正文的对应关系。另外,原书还附有三幅考察时所绘的地图,其中第一幅是额济纳河流域地理图,第二幅是考古遗址分布图,第三幅是额济纳绿洲考古遗址分布图,翻译时一并附上,以便学者查检。

编译者

内蒙古额济纳河流域考古报告

的对应关系。另外,原书还附有三幅考察时所绘的地图,其中第一幅是额济纳河流域地理图,第二幅是考古遗址分布图,第三幅是额济纳绿洲考古遗址分布图,翻译时一并附上,以便学者查检。

前 言 一

1946 年弗克·贝格曼（Folke Bergman）去世时，他本人于 1927—1934 年在内蒙古和东土耳其斯坦收集的大量种类繁多的考古资料及他领导下的斯文·赫定（Sven Hedin）考察团其他成员搜集的原始资料只出版了一部分。所幸其中 3 卷中瑞科学考察报告发表时[①]，贝格曼已完成了全部材料的详尽目录。由于这份目录是后续工作的前提和基本框架，才使贝格曼毕生的努力没有被世人遗忘。然而，困难也极大，工作能取得不断的进展，完全有赖于不同领域专家的无私合作。自从贝格曼辞世，又有两部重要著作问世[②]，而本书的出版就是朝着预定目标迈出的重要一步。

1951 年，博·索马斯特勒姆（Bo Sommarström）博士承担了贝格曼在额济纳河（Edsen-gol）流域考古材料的整理工作，当时他本人和其他任何人都没有预见到这项任务将会如此艰苦、费时。的确，完成另外一位研究人员未完成的手稿这种吃力不讨好的工作，确实需要对这些材料有极大的热情和兴趣。赫定博士 1952 年的去世，也延缓了这一工作的进程。

索马斯特勒姆博士在整理委托给他的这些材料时的确殚精竭虑。随着工作的进展，渐渐地出现了一种明朗的趋势，即这项工作的成果将分成两部分出版，第二部分有望下一年完成（译者按：本书第一部分 1956 年出版于斯德哥尔摩，第二部分出版于 1958 年，现将两部分合为一卷。"前言一"是古斯塔·蒙代尔为第一部分撰写的前言，"前言二"是其为第二部分撰写的前言）。

此次整理总体上是按照贝格曼的计划而进行的。非常遗憾的是，那些数以千计的木简和其他有文字的人工制品却未能被加以利用，而这些正是贝格曼发现中的一个重要的组成部分。这些遗物被留在北京，面对无人问津的命运。即使劳干（Lao Kan）教授进行了抄录和出版，但他们的识读相对于贝格曼所做的野外记录来说，仍然不太理想。

1931—1933 年，贝格曼在北京停留期间，已经开始了整理材料的准备工作。1930—1933 年参加斯文·赫定考察团的费迪南·D·莱辛教授（Ferdinand D. Lessing）完成了中国历史文献中有关额济纳河流域的材料概述。这些结合贝格曼田野记录所做的专业材料，已被运用在了本书有关地图以及历史部分的叙述当中。

对采集物的描述主要依据贝格曼所做的目录。纺织物经过了威维·希尔旺博士的检验和整理，他多年来一直专心于赫定考察的发现。还有许多热心的专家学者提供了非常有价值的意见和建议，他们是：波西佛·戴维（Percival David）先生、博·吉伦斯瓦德（Bo Gyllensvard）博士、艾瑞克·那林（Erik Norin）教授，以及后来的尼尔斯·帕姆格林（Nils Palmgren）博士、约翰·亚历山大·波普（Joho Alexander Pope）博士。

[①] 中瑞考查团第 7 部出版物：弗克·贝格曼《新疆考古记》，斯德哥尔摩，1939 年；中瑞考查团第 15 部出版物：威维·希尔旺（Vivi Sylwan）《楼兰人的毛织物》，介绍文字由弗克·贝格曼完成，附录由 G·蒙代尔（G. Montell）完成：《亚洲纺织工具和纺织方法》，斯德哥尔摩，1941 年；中瑞考查团第 19 部出版物：乔兹约（Hjortsjö）、卡尔·赫尔曼（Carl Herman）、瓦兰德（Walander）和安德斯（Anders）《东土耳其斯坦考古调查所获头骨和骨架》，斯德哥尔摩，1942 年。

[②] 中瑞考查团第 32 部出版物：《额济纳河与罗布淖尔地区丝绸研究》，斯德哥尔摩，1949 年；中瑞考查团第 34 部出版物：约翰·马林格（John Maringer）《蒙古史前史研究》，斯德哥尔摩，1950 年。

发现的遗址和最重要的废墟，贝格曼已经做过描述。本书是在他的日记、信件和田野记录等材料的基础上完成的。

同样，本书大量的绘图资料也是由他完成的。采集物的图片是在远东古物博物馆研究时拍摄的，其他照片的补拍工作是由 N. 艾克博格先生（Mr. N. Ekberg）后来完成的。贝格曼依据大量的轮廓草图绘制了相关图版，最后由美术家詹·塞罗里斯（Jan Cirulis）为本书清绘了许多正文中的插图。

贝格曼已经完成了考察路线图的汇集整理并标注了考察地点。大多数不太重要的遗址标记，我们采纳了贝格曼所做的假定性标注，这些连续而明确的标记为最终编制完整的地图提供了必要的参考。地图Ⅱ和Ⅲ的草图是由索马斯特勒姆博士和他的弟弟古德马·索马斯特勒姆（Gudmar Sommarström）完成的，而后者曾供职于 Generalistabens litografiska anstalt 出版社，其地图编辑能力也同样由于专业的技术处理而值得信赖。那林（Norin）教授仔细审阅了这些地图并进而提供了有价值的建议。

凯莎琳·佩恩（Kathleen Pain）女士不知疲倦地努力和精心工作，翻译完成了贝格曼瑞典文手稿。

作为斯文·赫定基金会的签字代表，希望借此表达我对约翰·古纳尔·安特生（John Gunnar Andersson）教授和贝尔纳·卡尔格伦（Bernhard Karlgren）教授的衷心感谢，他们两位先后是远东古物博物馆的馆长，多年来不仅为贝格曼和索马斯特勒姆等人的研究提供工作场所，而且在其他方面也提供了很多便利。

如果缺少人文基金会的慷慨资助，像目前这样花费高昂代价整理出版赫定考察团的考古材料，是绝对不可能的。因此，我诚恳地向人文基金会表达所有对科学丛书感兴趣的人们对委员会的深深感激之情。

古斯塔·蒙代尔（Gösta Montell）

前 言 二

　　本书是博·索马斯特勒姆对弗克·贝格曼在内蒙古额济纳河流域所做的后期考察最彻底的整理成果。它的出版，标志着赫定率领的考察团所获考古成果的出版工作最终完成。

　　这将是对赫定基金会的真正回报，我想代表基金会，再次向以各种方式对这一成果的取得做出贡献的人士表示诚挚的谢意。

　　鉴于此，除了在上卷前言中提到的有关人士外，我还必须提到 I. 艾克博格（I. Ekberg）小姐，有关纺织品材料的图片绘制是由她负责的。

　　还有英格·索马斯特勒姆（Inga Sommarström）女士，在编辑、校对等方面不知疲倦地帮助她的丈夫，在此表示我衷心的感谢。

　　应当强调的是，这项工作的两部分（译者按：译文已合而为一）是不可分割的一个整体。因而，读者在阅读第二本书时需参考第一本书中的地图资料。

古斯塔·蒙代尔（Gösta Montell）

缩略与符号

L.	长度
Br.	宽度
W.	宽度
H.	高度
Diam.	直径
Th.	厚度
Gr. M. , Gr. W.	最大尺寸，最大宽度
Fr. , Fragrm. , Frs.	残片
Sp.	纺纱、纺线：纺捻程度不同的各种纺纱、纺毛线
Tw.	合股线，细绳，棉、麻捻绳：2股或多股纺（捻）纱（线）合成的纺织材料
（ ）	圆括号后面带毫米或厘米表示不完整的量度
A，K，P	在斯德哥尔摩（A，K）和北京（P）编制的目录编号和遗址名称的标题
K. K.	哈喇浩特
MS，MSS	手稿，写卷
Mohs	莫氏硬度。莫氏硬度等级在1—10范围之内的黏土划痕硬度试验（只针对未上釉陶器）

目　录

地　貌[*]

欧洲的考察者认为，"额济纳河流域"是指内蒙古西部地区，这一地区的纵向范围以额济纳河及其支流和终端湖泊来划定[①]，其横向范围不好界定，但通常来说，额济纳河流域是一条河流延伸而形成的绿洲，两侧是广袤的、几乎没有留下任何以往定居痕迹的沙漠[②]。只有在其南部，当其两大支流北大河（Pei-ta-ho）与甘州河（Kan-chou-ho）汇合之后，才形成了额济纳河的主干流。从地形学和早期定居的角度来看，南部支流区域，又是我们划定调查范围的困难所在[③]。

从行政区划上来说，额济纳河流域是蒙古人生活的宁夏省额济纳自治旗的中心区域[④]（译者按：民国 17 年即 1928 年 11 月 11 日，国民政府设立宁夏省，划甘肃省宁夏道及阿拉善、额济纳二旗归宁夏省）。大约从 1729 年开始，这里就生活着土尔扈特人的一支游牧部族[⑤]。最南部，包括毛目（Mao-mu）绿洲和双城子（Shuang-Ch'eng-tsi）绿洲的大部分，远至阿搭格察汗（Adag-tsaghan），仍然是属于毛目地区的一个纯粹的汉族农业定居区，而毛目地区又是甘肃省的一部分，其范围沿甘州河延伸至镇夷（Chen-yi）附近。

由于在界定额济纳河流域南部区域时出现困难，贝格曼将考察的地点，包括坐落在毛目以南和以西的遗址，由北向南进行了编号。然而，在我们进行地理方面的勘查时，仍然因循惯常使用的沿河道而行的从南部开始，至北部结束的办法。

额济纳河的水源来自南山（Nan-shan）山脉，该山脉坐落于雄伟的青藏高原东北部，大致沿东南—西北方向延伸，西北部远达纬度大约为 40°、经度接近 98°。两座海拔较低的山脉：西部的北山（Pei-shan）和东部的合黎山（Ho-li-shan），它们均与南山平行而向北延伸。南山山脉和北山、合黎

---

[*]因为到目前为止还没有官方所做的地理方面的调查面世，这一部分是根据可搜集到的科学出版物和旅游解说编辑而成的［参考书目：贝格曼、博林（Bohlin）、霍纳（Hörner）、蒙代尔、那林以及斯坦因（Stein）］。这一部分的目的只是配合普通地图使用的，指出制约定居条件的主要地理因素及其在不同时期的变化情况。

[①]在普通欧洲地图上，这一名称代表当地对河流系统的不同称谓［例如古德（Goode），1948，第 152 页］，汉语的对应词是额济纳河或弱水（例如《中国分省新图》，1948，第 49 页）。拼写不尽相同，最普遍的形式是 Etsin-gol 和 Edsen-gol。这样的话，真正的书面形式是额济纳高勒（Edsen-gool）。当然，当地对前一音节发音仍存在差异：有读成 Edsine 的，也有读成 Echine 的，甚至读成 Ejine（参看贝格曼，1939，第 39 页注释）。这一名称的前一音节可以追溯到 13 世纪，那时 E-tsi-no（Etsina, Etsinai）是哈喇浩特周边地区及后来哈喇浩特城本身的蒙古名词，旧的蒙古词-muren，意为河流，在 18 世纪早期被定居这一地区的土尔扈特人用同义词-gol 替换了。

[②]额济纳河流域是广袤的额济纳河冲积盆地的最西端，包括一片小戈壁，东部向黄河延伸［参看伯克（Berkey）和莫利斯（Morris），1927］。古尔乃（Gurnai）洼地通常被认为属于额济纳河流域［例如马林格（Maringer），1950］，部分原因是临近河流水系且与古代的额济纳东湖相连；而从现有不完整的有关报告判断，在地质构造上这片洼地处在一个独立的地理位置。这个问题对本书不是很重要，因为这里迄今还没有发现历史时期遗物的记载；也许将来可能出现，因为新石器时代这一地区曾人口稠密，而且仍有大量的游牧人口（参看博林，1945，第 320 页）。

[③]当然，将所有贝格曼考察或绘制过地图的沿北大河和甘州河的遗迹都收入本书，依然困难重重。实际上，它只是对斯坦因观察到的沿北大河最东端的遗迹和没有经过细致调查的重要发现——延伸于毛目和镇夷之间的一排带塞墙的烽燧的些许补充罢了。

[④]1953 年上海出版的《中华简明地图》，第 30 页。

[⑤]关于土尔扈特人，参见本书第 18 页注释[③]。

山之间为甘肃省最狭窄的地方，即所谓的"甘肃走廊"。在这块地势低洼的区域，山溪沿着南山山坡朝东北方向流淌，大多数溪流与西部的北大河及东部的甘州河汇合。大量的河水通过灌溉渠道被引流到甘肃走廊的绿洲；这种人为的调节导致了营盘（Ying-pan）和毛目绿洲间较浅的北大河河床变得干涸，且在灌溉季节（5—10 月），甘州河只保留刚好能满足毛目绿洲的用水量，而使得绿洲以北的水系没有了供给水源①。

甘肃走廊北侧，额济纳河的两条支流分别与北山、合黎山的外露层相遇，因此，这两条支流在这些山脉之间的峡谷中汇流，汇合处的位置大约为经度 99°30′25″，纬度 40°20′。就在汇合处的东南，坐落着规模不大、环有城墙的毛目城，额济纳河流域最南端的绿洲也被冠以同样的名称；这个绿洲从汇合处沿甘州河两岸向南延伸了大约 10 公里。在这个绿洲和高台（Kao-t′ai）地区之间有 3 个人烟更加稠密的绿洲：甘州河上的茇茇居（Ki-ki-kü）、双沙墩（Shuang-sha-tun）和大枣湾（Ta-ts′ao wan）。毛目绿洲向北延伸，几乎深入已废弃的旧城（Kiu-ch′eng），但实际上却与双城子绿洲合并，长达 40 公里。其北部曾经被耕种，但现在除了那些已变为沙漠和沼泽的地区以外，都被土尔扈特人用来放牧②。

如果说形成两条支流汇合的那些壮丽的自然景观容易被观察到的话，那么，影响主要河流的情况就非常复杂而难以辨析了。额济纳河至终端湖泊的主流方向与发源于南山而下的支流方向大致相同，即北偏东 35°。决定其流向的因素是西边北山的东北偏北外露层和阻止河流向东流向古尔乃洼地的地质断层带③。在流经绿洲和贫瘠广袤的戈壁滩而达到其流程的近 3/8 之后，额济纳河抵达北纬 41°的北山山脉最东端的支脉，并在两个孤立的断层——博罗乌拉（Boro-ula）和库库乌拉（Kuku-ula）之间通过。在此，额济纳河第一次在库库乌拉及巴颜博格多（Bayan-bogdo）南端分叉，穆林河（Mōren-gol）的两条支流的最西边的一条就从此处开始；再往北几公里穆林河的第二条支流又分离出去，除了几处地点之外，这里干涸的河床形成真正的三角洲，即使在夏季河水断流时，三角洲仍有水塘——鱼和小动物栖息其中，还有湿地和茂密的植被。在大多数普通地图中，库库乌拉通常用代表海拔高度的巴颜博格多山来表示，其地理范围也被标为由一系列孤立岩石组成的 2—3 公里宽、17 公里长的地域，比实际范围宽泛得多；在这一系列山岩的最高处大约 50 公里以北的地方，额济纳河再次分流，形成大致平行的两条支流：西边的是纳林河（Narin-kol），东边的是现在与额济纳河直接相连的伊肯河（Ikhen-gol）。

霍纳 1932 年秋所进行的研究显示：穆林河的两条支流接纳了主河流总水量的 2% 还不到，水量很小，纳林河几乎干涸，而伊肯河接纳了超过 98% 的水量。1933—1934 年冬季得出的晚一些的结论表明纳林河有水，穆林河的水量已有所增加；这两条支流无疑流经戈壁沙漠，抵达西部终端湖泊——嘎顺淖尔（Ghashun-nor）附近的一个地点，据了解，此处已不再有水④。

纳林河和伊肯河分叉处以北的地域变得愈加贫瘠，河岸两旁的树木也更为稀疏，而且绿草地带也从视线中消失了。西侧，戈壁滩几乎一直从纳林河延伸到终端湖泊的盆地地带，而东侧只延伸到距离葱都儿（Tsondol）绿洲中间的一个叫布肯托尼（Bukhen-torei）的地方，此处伊肯河形成了它的第二个也是最大的三角洲。许多东北一带的洼地横穿伊肯河和古尔乃洼地之间的戈壁沙漠，其中最东边的

①按照斯坦因的观点（《塞林提亚》（Serindia），第 489 页；《亚洲腹地》，第 460 页），这并不是自中世纪后期额济纳河流域普遍缺水的主要原因。人们已经试图通过在巴颜博格多附近的穆林河建造水坝，对缺水状况进行调剂。

②斯坦因《亚洲腹地》的第 45 幅地图，其中绿洲过于向南延伸；贝格曼做了相应的注解（1945，第 134 页）。

③博林，1940，第 17 页。

④霍纳，1935，第 158 页和图 6。

一块长满了芦苇；芦苇甚至并入了广阔的椭圆形古尔乃洼地——此处的植被主要是芦苇和虎耳草，盐湖代替了新近干涸的湖泊。赫定考查团的成员在这里发现了大量石器时代的遗物[①]。

小戈壁的北部与下文称为哈喇浩特（Khara-Khoto）的地区相连，本地区由水成岩和不断变化的最新侵蚀沉积物组成。这一特征在伊肯河上的布肯托尼与博罗松治（Boro-tsonch）之间界线非常清晰，博罗松治曾为史前湖泊"额济纳东湖"，而现为镰刀形洼地南端的一处烽燧。由哈喇浩特—布肯托尼—博罗松治环绕形成的三角地带，主要是由分割的古老沉积物和又长又窄且散布在各个方向的高地组成，这些高地随着孤立的山丘而改变，也被称为台地。山丘和洼地之间的高度差约为 20 米。沉积物的主体成分为交替的土层和沙层，例如废弃的哈喇浩特或博罗松治所在的、面积很大的台地即是如此。在那些还没有被来自消失了的古代湖泊的流水所侵蚀的地方，生长着草、芦苇、虎耳草和柽柳，例如博罗松治附近，地下水位只有 20 厘米。伊肯河和古代湖泊西岸之间的整个地区，火成岩仅分布于名为牟斯（Moutch）的小山峰；另一方面，连绵 30—40 公里长的低矮岩床形成了古代湖泊东岸，尤其是北岸。

以伊肯河、翁赞河（Ontsein-gol）（三角洲最东部）、古代湖泊西岸为界的哈喇浩特其余地区是覆盖着沙砾、稀疏植被的土质平原，其东部最干旱区域的流沙在某些地方形成了 10 米高的沙丘。风蚀作用将土质平原劈成许多土脊，有些地方风蚀土脊比洼地高出 2 米。从废墟中我们可以清晰地得知风蚀土脊主要是在 14 世纪初居民迁移之后形成的，因为几乎所有的建筑物都仍然矗立在原来的位置上。

最引人注意的沉积物是无数又光又圆的、4—5 米高，且通常长满柽柳、虎耳草和杂草的锥形土堆和沙堆。尤其是哈喇浩特北部和东部，这样的土堆和沙堆更多，土尔扈特人非常形象地将这些地方命名为额济哈喇布鲁克（Erego-khara-burukh）（令人难以分辨的、被植被固定的沙丘）。还未断定土丘的地质年代——绝大多数可能是新石器时代以前来自古代湖泊三角洲地带的泥沙堆积，也有些土丘是房屋的废墟[②]。

直到几个世纪前，这个略有起伏的平原还是额济纳河流域最大的、被最终干涸了的伊肯河支流浇灌的绿洲[③]。这条支流在布都布鲁克（Butu-burukh）与伊肯河分流，向东北方向流去，分成几条细流并最终汇入古代湖泊——居延泽（Kü-yen-tse），它的那些最后干涸的最低盆地部分现在覆盖一层盐壳。数以百计的遗址、废墟、到处散布的公元前 100 年至公元 1400 年的各种遗物以及田地和灌溉渠道的遗迹显示，这个绿洲是整个额济纳河流域人口最密集的区域。布都布鲁克附近遗留下来的大型渠道，使我们有理由相信，当额济纳河水量开始出现不足时，当地居民通过渠道将干流的水引流到他们的田地中。

在葱都儿，伊肯河形成了一个三角洲，这是由于这里有许多河床和淤积泥沙。这里植被丰富并且与西部和东部的沙漠和沙砾荒漠形成强烈对比，也是土尔扈特人最常去的地方。三角洲向北延伸 50 多公里就是大湖盆地，这个大盆地现在分为两个湖泊——嘎顺淖尔和索果淖尔（Sogho-nor）。从西面算起，伊肯河的 4 条主要支流分别为：阿波因河（Oboin-gol）、登达河（Dunda-gol）、奥德艾勒森河（Onder-ellisin-gol）、翁赞河。只有前两条支流将其水量直接输入盆地：阿波因河在嘎顺淖尔和索果淖

[①]参看下文第 11 页有关古尔乃盆地的描述，并参见博林，1945，第 320 页和马林格，1950。

[②]参看下文编号为 100 的村落遗址的描述（译者按：即本书第 116 页的"城址 K710"）。

[③]这一点首先被科兹洛夫（Kozlov）观察到（1925，第 44 页），后来斯坦因和贝格曼进行了彻底的勘探。"哈喇浩特河"这种表述，有时出现在文献中，但斯坦因没有使用过，他相信这条河流曾环绕哈喇浩特城（《亚洲腹地》，第 2437 页）；贝格曼的调查显示，斯坦因所说的"河床"，在历史上名闻一时的定居时期已经是一片干涸的土地了，而且所谓的"哈喇浩特河"也没有向南分岔，哈喇浩特的水源通过引水渠得以解决（贝格曼，1945，第 151 页）。如果要给这条干涸的河流起一个名字的话，应该指整个这一地区而不仅仅是哈喇浩特，"居延河"或"额济纳河"这两个名字可以列入考虑之列，在本书中，作为临时性的指称，我们选择后者。

尔之间的策克（Tse-kha）西南偏西的某地周期性流出，登达河流入索果淖尔。根据当时保存的俄罗斯地图，最晚至 20 世纪初，阿波因河、纳林河及穆林河的支流直接与嘎顺淖尔连在一起。伊肯河三角洲最东端的两个支流在丰水阶段汇入不同地方的一些小湖泊。

　　霍纳通过调查和湖岸线测量，最终才得以确定一个古代湖泊的存在，这个湖泊在新石器时代之前面积最大时，比后来残留下来的面积大两倍多，比嘎顺淖尔高出 20 米，比索果淖尔高出 10 米，这个"额济纳西湖"从东到西长约 85 公里。岩床在古代湖泊湖岸附近的许多地点裸露，在它的东南部，"额济纳东湖"在某种程度上限制了其向北的延伸。正如在其他地方一样，例如罗布泊（Lop-nor），泥沙的不断淤积和风蚀导致了河流改道，结果使其终端湖泊也改变了位置；同样的原因，那些原本干涸的河床和盆地也有可能再次来水[1]。因而，霍纳认为："额济纳河即翁赞河的一条支流重新回到它原来的水道并注入早已消失了的额济纳东湖盆地，只是一个时间问题。"[2]

---

[1]斯坦因在斯文·赫定得出的令人兴奋的初步结论上，着手对罗布泊水文图进行研究，在抵达额济纳河流域之前，已经准备了这些问题（《亚州腹地》，第 429 页），之后中瑞科学考查团的成员继续完成了他的研究。
[2]霍纳，1935，第 162 页。

历 史 上 的 地 图*

现存中国最古老的两幅全国地图之一，是公元 1137 年①刻在石头上的《华夷图》（中国以及周边国家的地图）②，此图对额济纳河流域有详细标注。额济纳河主流及其源头支流的方向与长度、终端湖泊的位置与黄河的对照都是正确的，尤其当我们参照中国版图边境上其他地区的简略处理时，更会有这样的感受。无疑，我们在这里所作的解释是基于这样一个事实：在敦煌和鄂尔多斯（Ordos）之间成为西夏王朝版图的时期，也正是地图制成的时期③。党项人统治着这一区域，而且在当时党项人和辽、宋以及后起的金一样在三足鼎立的中国历史文化格局中发挥着重要的政治和经济作用④。

额济纳河主流除了"弱水（Jo-shui）"这个名字之外，没有其他的名字。这个名字还是得自甘州南部的东段支流，而且指的是直到终端湖泊的整个河流体系。东段支流的北侧被命名为合黎（Ho-li），有着同样名字的山脉却没有标出。人们可能认为干流中段的山脉是库库乌拉，而终端湖附近的地方是居延泽沙（Kü-yen-tse-sha，居延沼泽和流沙）。

额济纳河上游西源与敦煌之间的区域，毫无疑问由于制图版面的限制⑤，使其向西南方向蜿蜒。向肃州以北延伸的、极大的湖泊是花海子（Hua-hai-tsi）盆地和疏勒河（Su-lo-ho）盆地的结合体，这是由西湾河（Si-wan-ho）所连接起来的。这一情形是由肃州、瓜州和汉代玉门关的地理位置所决定的⑥。

引起我们特别兴趣的是被着重标出的防御塞墙，在玉门关和居延（Kü-yen）之间以僵直的曲线延伸，成为北部和西部边疆的屏障。很明显，这道防御线是由汉代塞墙与从玉门关到乌兰都儿孛斤（Ulandarbeljin）之间的单个烽燧组成的。并与额济纳河和穆林河与北部三角洲之间的烽燧相连接⑦。

---

*正如赫尔曼（Herrmann，1922）和其他人所指出的，中国人在汉代或还要早几个世纪的时候，就已经开始使用地图。由于根据现存地图之前的地理学文献资料再现地图面貌需要一个冗长的论证过程，所以这些材料被排除在目前的调查之外。然而在论述关于额济纳河流域历史的内容中，不可避免地涉及了一些这方面的内容。

①1903 年，沙畹（Chavannes）首次对这幅地图进行了描述和影印，第 214 页，地图 A 和 B［参看赫尔曼，1922，第 262 页，图版 Ⅶ；苏切尔（Soothill），1927］。

②沙畹的地图 A，赫尔曼的图版 Ⅶ。

③即使地图 A 是直接从公元 1043—1048 年的地图复制来的，很可能沙畹就这么想，它还是西夏时期（1032—1227）编制的。像苏切尔（1927，第 545 页）那样，要参照汉唐之间的普遍情况解释这一现象，就如同要把煤背到纽卡斯尔一样。

④参看下文第 16 页。

⑤这是几幅后期普通地图的特点。阎咏（Yen Yung）在他公元 1714 年的地图前言中声称，他将中国边界以外的版图缩减（以便能将它们包括进正方形地图中）［参看甫契斯（Fuchs），1938，第 209 页］。令人惊奇的是，著名的欧洲地图编纂者们在编制额济纳河流域的地图时也采用了同样的调整方法（斯蒂艾勒《手绘地图集》，1901）。

⑥参看博林，1940，图版 7。

⑦图中的塞墙形成了一道对西夏王国西部边陲极佳的对外环形防御线，以阻止哈密附近哈喇旗台（Kara-khitai）的维吾尔人的侵扰。贝格曼和斯坦因的调查显示：疏勒河、北大河及额济纳河沿岸的许多烽燧都用比汉代更晚的土坯进行过修补，有一部分是明代完成的；其他部分是由党项人精心修造的。最后修建的塞墙应与穆林河沿岸汉代以后修建的塞墙相一致，但与葱都儿塞不一致，因为此段塞墙自汉代以来就未曾有过什么改变。

另外一幅石刻地图——《禹迹图》①，只显示了额济纳河的流向，并且极其粗略地标示西北边界的版图，但还是对后来绘制的中国地图中额济纳河流域的标注产生过影响。

蒙古时期和明代的地图

蒙古帝国和波斯、阿拉伯、拜占庭各帝国之间文化交流的直接结果之一就是中国制图方法的进步。尤其是朱思本（Chu Si-pen）和李泽民（Li Tse-min）两人，对后来乃至现代中国制图均产生了巨大的影响。朱思本大约在1320年编制了《世界地图》，李泽民在10年后，编制了标注周边邻国的中国全图。这些地图原件都未能保存下来②。

朝鲜人权近（K'üan kin）编制的世界地图《混一疆理历代国都之图》③，公元1500年的复制品保存至今。原图主要是在李泽民编制的《声教广被图》的基础上于公元1402年完成的。从以上提到的宋代1137年的地图来看，西北边境被歪曲和收缩；某些地形方面的细节被加以扩大，额济纳地区在地图上未能得到正确反映，但与此相反的是，我们考察的地区被连接到了戈壁沙漠并且多出了两个额外的名字。

这样，亦集乃（Yi-tsi-nai）这个名称首次出现在了最初的地图上，这是最早关于Etsina的翻译，Etsina又是"额济纳河"一词的主要组成部分④。"亦集乃"指额济纳河流域大部和额济纳西湖的两个终端湖泊。终端湖泊附近是一座山的名字，（？）大山，可能指的是金斯特（Jinst）山或北部远处的套斯图（Tostu）山脉。湖泊东侧准确的地理位置是"居延泽"。

1541年，罗洪先（Lo Hung-sien）绘制了他的第一幅世界地图——《广舆图》的草图⑤。这个48幅的地图集大约在1555年第一次印行，它和其他后来的多次印刷本及修订本都被保存下来。这本地图集比其他地图集对中国明清时期的地图绘制工作产生的影响更大，包括1718年至1719年和1760年耶稣会士所编的地图集⑥。额济纳河流域的整个延伸情况在其中的两页上体现出来，但因为这一地区被标注得太简略，所以我们所考察的地点都被忽略了⑦。第三幅的《甘肃山丹片图》（甫契斯，1946，图版28），虽然除了上游两条支流和青海省的一部分外，只包括了额济纳河主流的最南段，但是更加引人注意。

西部的支流——冰河（Ping-ho），流经肃州绿洲及其东北角，之后经过一道塞墙又向东南延伸。河流如果沿原来的方向流淌的话，会流至一个山口。这个山可能就是金塔（Kin-t'a）绿洲西南的小山，而河流却转向正东与东段的合黎河［Ho-li-ho，或张掖河（Chang-ye-ho）］汇合，之后流至镇夷西南。沿冰河东部支流南侧延伸的是肃州塞墙。在地图的上部边缘靠近合黎河向东北曲折并注入额济纳河的地方做了标记：这条河在距镇夷1200里处注入亦集乃湖［海子（Hai-tsi）］⑧。

许多情况表明，甘肃的内容反映了甘肃在16世纪作为行政区域和防御体系方面的真实情况：额

①沙畹的地图B。
②参看甫契斯，1946。文中提到的像明代地图那样试图在其后修订版的基础上重新编制的想法，可能没有细节性内容。
③参看奥雅玛（Aoyama），1938，图版4和文字内容及甫契斯，1946，第9页。
④在此，我们将之后的诸如Yi-tsi-nei，E-tsi-nai等不同拼写形式忽略。
⑤参看甫契斯，1946，他将第48页的内容制作成复本。
⑥依据甫契斯，1946，第28页。
⑦部分在中国全图《舆地总图》的图版1上，部分在反映黄河上游流域的地图《黄河图》的图版36上。这两幅地图都和公元1137年的地图B同属一种类型。
⑧因为数百个标准里的距离太长，这里只是一种大致的计算。1667年顾祖禹（Ku Tsu-yu）也给出了同样的甘州卫（Kanchou-ho）至居延之间的直线距离（《读史方舆纪要》卷63）。从权威的角度来看，这一距离和我们的地图有某些联系。

济纳河地区位于汉族直接控制的版图之外，这是明代奉行孤立封闭政策的结果[1]。由于甘肃地图纠正了这些方面的错误，所以我们有理由认为北大河（冰河）东支流一带的归属情况也应呈现这样一个特点。当然，河水仍然沿肃州、金塔和毛目绿洲之间的水道流淌。然而，重要的是额济纳河两条源头之间现在被盐泽覆盖的区域在那时必定是一个盆地，这样就使得干流的水量减少了。这条河流什么时候、又是怎样改变了流向仍是一个需要解答的问题[2]。

清代早期的两张地图

黄宗羲（Huang Tsung-hi）绘制于1673年的标注了邻国的《中国地图》[3]，体现了《广舆图》和耶稣会士编于1718—1719年的地图集之间有价值的联系。罗洪先绘制的甘肃地图在好几个方面都能派上用场，因此北大河流过肃州后也有同样的向东的流向。正如绝大多数早期中国地图所示，未命名的额济纳河主河道的流向为东北偏北，名为亦集乃的终止于居延泽的卵形终端湖泊被两条狭窄的、流向带状沙漠地区的支流包围。这些支流大概是早期形成巴颜博格多分岔或葱都儿三角洲的原因。

当耶稣会士仍然致力于综合地图有关的初期工作时，阎咏于1714年编纂了他的《大清一统天下全图》[4]。这幅图和黄宗羲绘制的地图很相似，但在以下几个重要方面有所区别：在巴颜博格多附近的分岔，虽然过于靠南一点，但现在已经被清楚地标示出来。左侧分流的应是穆林河但方向标为东北[5]，流入位于居延城（Kü-yen-ch'eng）东北沙漠地带的镰刀形的居延泽；河流分岔的东端尽是黄沙，冠以未经确认的名字。由于只从表面作判断，阎咏已经将中部和北部三角洲混淆，此外，他也没有把握好如何正确表述新报告中关于两个终端盆地（额济纳西湖中的湖泊和额济纳东湖内的盐泽）的存在问题[6]。

北大河仍然蜿蜒向东，但一条短支流直接向东，而西北支流很可能被认为沿旧河床延伸。

1718—1719年的耶稣会士地图和1733—1737年的安维勒（d'Anville）地图[7]及1760年的耶稣会士地图

比较安维勒的地图和早期地图，我们可推知耶稣会士和他们的合作者因为绘制最初的地图而寻访

---

①罗洪先在前言中指出，中国西北属于他修订过的朱思本地图的一部分。这和许多地形学详图的校准的定位一致，正如在斯坦因《亚洲腹地》第4卷第42页和第46页间的比较中容易看到的一样，这些内容碰巧显示了甘肃的同一部分地区。嘉峪关（肃州以西）是明代被人为缩小的甘肃最西端的边界，而甘肃北部边界则有16世纪早期建造的塞墙和烽燧护卫着。这些后期的防御工事，斯坦因曾考订过其时代（参看《亚洲腹地》第520页及其他页），与我们绘制的明代地图上扩展了的肃州塞墙相吻合。

②斯坦因和其他探险者都没有观察到两条源头之间湿地上的河床。然而，河床在甘州河的海拔高度比在肃州的绿洲地带低100米，并且没有坚固的障碍，所以对北大河的改道很有利。平坦的土地和适当的坡度使得任何一条河流无法冲刷出太深的河道，此外，在流沙覆盖的大片区域的地下有可能隐藏着河流的暗流。在离甘州河1/3处的焉支，斯坦因测得了一个最低的海拔高度。这里的盐碱沼泽表明此处原本为一湖泊，甘州河附近的另一个地方的情形也是这样。

赫定、斯坦因、霍纳及其他一些人曾认为一条河流水量的少量减少足以造成乡村长时间的缺水，直到损失的水量重新补充回来（参看霍纳，1935，第164页）。将北大河改道的可能性与导致了14世纪放弃哈喇浩特地区的缺水状况联系在一起是很有意思的。

③参看甫契斯，1938，第208页，地图4。

④同上，地图5。

⑤整个河流流向过于向东偏斜，将东北流向的改为东北偏北方向。

⑥很清楚，阎咏在很大程度上受了文献方面如《汉书·地理志》的影响，通过甘州河的位置［觻得（Lu-te）或张掖］来推测居延泽和居延城的位置。在早期的中国制图学中，这是很普遍的现象。

⑦对于公元1718—1719年由耶稣会士所编地图集的来源，甫契斯已经进行了最广泛的研究，1935—1936，第386页及第1938，第189页。地图集完成于1718年，简略地说，主要是由有学问的耶稣会士编制而成，其中对几个新地点的测定，借助于第231页内容的官方版本的中国省级和自治区级地图。1718年第38页的木刻版出版，第二年第41页的铜版印刷本出版。法国人安维勒在巴黎将两种版本的地图即1733年为霍尔德的地图所做的"描述"、1737年他自己的"新版中国地图"结合起来编纂了中国地图。

和测量过额济纳河流域以及甘肃①。北纬 40°的源头支流大体上是正确的，两个终端湖泊的纬度——北纬 42°30′也是正确的，但主要河流的流向和面积都不够精确。因此，只有北纬 40°和 42°的数据才有意义。

源头支流汇合的位置向北偏移了半度，使得河流的中段流程被缩短。最突出的错误是河流的总体流向都是用北—南代替了东北 30°。首先，整个河流系统向西偏离了 20°；其次，库库乌拉山脉以北标示的唯一支流（或许指的是穆林河）也向西偏离了 30°。通过安维勒 1733 年和 1737 年地图集的修订本，这些错误被转引到了欧洲地图上，而且造成了 20 世纪初的更多混乱。

安维勒地图集中的标示语，以额济纳河流域的情况而论，是木版和铜版印刷本的综合：地名是根据汉语文献翻译过来的，而河流和湖泊的名称则依据的是满文和蒙古文。汉译地名共有 9 个，只有毛目在下文中将被提及，这个地方位于相当于现在双城子绿洲的北部。两条源头支流都被称作"额济纳茆林（Etshine Mouren）"，这是土尔扈特人称之为"额济纳高勒"的标准蒙古语同义词。主要河流的中段没有名称，但无疑也被称为"额济纳茆林"；折向西的最后一部分，被称作"坤都伦（Koun-doulen）"，也是蒙古语中常见的称呼河流的词语。索果淖尔（Soukouc Nor）是西部比较大的终端湖泊的名称，索博淖尔（Sopou Nor）是东部湖泊的名称。

耶稣会士地图的修订本于 1760 年面世，此时正值乾隆皇帝统治的初期，额济纳河流域已显现出非常明显的衰退迹象。和从前一样，欧洲地图绘制者，虽有适当修改，却仍然沿用安维勒在耶稣会士地图第一版中的译名②。

19—20 世纪地图的变化

以下制图错误存在于整个 19 世纪欧洲人对额济纳河流域的描述：主要河流的总体流向为南北向而不是东北偏北，两条源头支流延伸到比金塔和镇夷更北的地带，巴颜博格多附近的分岔点标注不正确或被遗漏。只有几个直到 20 世纪 30 年代制图业发展的主要事件在这里被提及，而 30 年代正好是这一流域被全方位考察的时期。

拉贝（Lapie，1824）在他的历史地图中的源头支流上标注了"党项人建立的夏帝国"的字样，这一点显然被 1826 年斯蒂艾勒（Stieler）手绘地图的编制者们误解，图 43c 中，"党项"一词被当作当时的一个民族来使用，其范围包括额济纳河在内的地区，同页中还用"苏古克泽［Suhuc S(ee)］"指西部终端湖泊，"索博泽［Sopu S(ee)］"指东部终端湖泊。

由于中国制图工作的新进展，1875 年斯蒂艾勒的地图集，在图 44b 页作了几处重要变更：源头支流汇合处被向南移动，移得稍微有点远。即便将支流的下游流程缩短也未达到前述目的，只有连同城镇并将整个河流系统挪移之后才能做到。主要河流稍微靠东，葱都儿三角洲（？）的一条支流用误解的词语"坤都伦"（河）来标注③。库库乌拉的方向虽然是错误的，但把它标注为北山的外露层却是正确的。古尔乃洼地（Garnai See'en）首次出现在欧洲地图上；而反映在乾隆时期的地图上非常大的湖泊已经被分割成了许多小湖泊。

---

①也许为弗里德里（Fridelli）所著并和他于 1711 年和 1716 年在哈密地区所做的调查有关。参看甫契斯，1938，第 195—196 页。

②参看赫尔曼，1922，第 290 页。他的这个地图比先前的地图中更好的观点并不适用于额济纳河流域的情况。当他开展自己的研究时（1922 年），正如他本人所说，他仅能做到对 1760 年地图的修订。我们已经对原图的重印版（1932）——《清乾隆内府舆图》进行了检查。源头支流的汇合地点向北挪移了 1°多的位置，西岸诸多地名与实际地点相符，湖泊的规模被放大了 1 倍等等。我们发现一个有趣的现象，古尔乃盆地（Ku-erh-nai o-mo，此处"o-mo"或许是"ama"的口语）首次出现在地图上，形状类似一个湖泊。

③1760 年耶稣会士所编地图集中在主河道向终端湖泊分岔的地方标有坤都贝喇（Kuntu pila），也就是说，这个分岔的地方就在巴颜博格多或可能在葱都儿。

据我所知，俄罗斯科学家博达宁（Potanin）是继耶稣会士后第一个探访额济纳河流域的欧洲人[1]。1886 年 6 月初，他在甘肃西北地区考察之后，经北大河抵达额济纳河流域。之后他沿河流西岸到达巴颜博格多附近，继续前往穆林河和嘎顺淖尔最西端，最后越过北部的套斯图山。源头支流汇合处的位置被准确标为北纬 40°，但是额济纳河、穆林河的方向和轮廓很不正确，它们的中游出现了一个东向的宽曲线。与早期的地图一样，伊肯河没有被画进去，仅有湖泊附近的北部小分岔代表河流的东部分支。

博达宁的地图于 1890 年在布雷兹切内德（Bretschneider）编制的中国地图集中以简化的形式出版。

俄罗斯地质学家奥布路兹切夫（Obrutschev）于 1894 年秋天，几乎沿着他的同胞所走过的路线，沿额济纳河行进到河流西侧的终端湖泊。两年之后，他发表了带有地图的旅行报道，其中没有再现巴颜博格多的分岔，但作者修正了河流的系统及方位[2]。

1899—1901 年，当奥布路兹切夫、卡兹纳科夫（Kaznakov）在科兹洛夫组织的考察中共同进行调查时，他们才采取了一个完整的、正确的有关全图方面的决定性的方案[3]。当然，他们的调查并没有覆盖额济纳河流域全境，伊肯河东部的葱都儿和古尔乃之间的地区仍是一块处女地。在这里，我们不可能展开一场有关地形细节问题的讨论，但必须指出，在新的地名中，额济纳河（Edzin-gol）这样的名称还是第一次出现。

在随后的几年里，俄罗斯方面所作的结论被各种地图采用。例如，斯蒂艾勒 1904 年的新版地图（62 面）就是以这些成果为基础绘制的，但这并没有妨碍其他优秀地图将 19 世纪地图的有些内容怀旧似地带入 20 世纪 20 年代[4]。

在 1907—1909 年考察期间，科兹洛夫曾于 1908 年和 1909 年两次探访了额济纳河流域北部[5]。对于这一地区存在的废弃城址，他早有准备。所谓的准备主要就是依据早期考察队员所做的报告展开，这样他发现哈喇浩特就是顺理成章的事情了。他将大部分时间花在城址的发掘上，测定了城址的位置并绘了地图。为显示他所走的路线，他画出了巴颜博格多以北地区的略图。从制图学的角度来讲，最重要的新特点是"重新发现"了他没有探访过的盐碱沼泽以及曾经从伊肯河引过水的干涸河床。给一些地点和河流起的许多新的蒙古名称也同样有价值[6]。

5 年后，即 1914 年，斯坦因从甘肃到哈喇浩特进行了一次短暂的考察（5 个星期），然后返回[7]。令人遗憾的是，作为此次考察结果的额济纳河流域地图的绘制却没有反映出他本人的正常水准，而且

---

①参看诺林（Norlindh），1949。

②参看奥布路兹切夫，1896，第 13 章和地图。他在 1892—1895 年进行考察时，于 1894 年秋天抵达肃州，打算经过这里去鄂尔多斯。由于环境所迫，仍然走了穿越额济纳河流域的路线。在路途辗转期间他没有时间进行考察。

③参看科兹洛夫，1947（1923），标有详细路线的地图。

④当俄国人的详细地图出现在科兹洛夫 1899—1901 年期间的考察报告中时，在流行的书籍中仍不见相同的内容，直到 1923 年才出现了转变。《泰晤士世界地图集》（伦敦，1922），其中的 Sogok Nor 表示嘎顺淖尔，而且标示出的东部终端湖的位置也是错误的。

⑤参看科兹洛夫，1925。

⑥科兹洛夫在这一地区共滞留了约 2 个月，主要在哈喇浩特一带。他秘密潜行到索果淖尔，沿翁赞河经过巴颜托尼（Bayantorei）到葱都儿，之后到塔什鄂博（Dash-obo）、哈喇浩特和博罗松治。很显然，他本人并没有真正亲自到过额济（Erego）地区，但因受到资助者的限制而滞留在城镇和伊肯河之间的地带。他的一个合作者向东做了一次短程旅行，回来时带来了从哈喇浩特以东 30 公里的某地土尔扈特人那里获得的消息，即那儿有一个被称作博罗浩特（Boro-khoto）的荒废城址（可能是我们标注的 710 城？），但这座废弃城被沙土掩盖。可能正是这位合作者告诉了科兹洛夫那片盐碱沼泽以及通向它的干涸的河床。科兹洛夫（后来是斯坦因）认为哈喇浩特以南的盆地是干涸的河流向南的一支。至于它的地理名称，应该提及穆林河，如果这个转写正确的话，它将有力地支持"马河"这个名称而不是格隆贝奇（Grönbech）提出的名称——"宽河"（Mören-gol）。

⑦参看《亚洲腹地》一书，尤其是第 12—14 章。

没有俄罗斯人或中瑞考查团编制的地图作参考，也无法使用。有些错误是斯坦因的合作者在田野考察时行进速度太快造成的，但主要的责任在于《印度调查》的编辑错误地排列了考察线路图。斯坦因行程的系列图解，于 1922 年在《亚洲腹地》[①] 一书中分别出版，但在随后的 6 年当中没有进行过修订。

最严重的错误是：巴颜博格多以北至葱都儿附近的地区，居然被向东移了 17 分（30 公里，18.5 英里）。这种平行位移如果不是因为这样的因素：葱都儿和终端湖之间复杂而颇具重要性的三角洲的正确性被打了折扣——即改变了河流的形状和方向，就会产生较小的影响。

如果我们不考虑地图中出现的错误的话，斯坦因在河床和终端湖交替现象方面取得了突出的初期成果。他是第一个揭示额济纳河流域在有些方面可与罗布泊、疏勒河、花海子以及其他绿洲相提并论的人。从居住在这一地区的土尔扈特人那里获取的信息证实了他的观点；土尔扈特人记得，当穆林河还是主要支流时，伊肯河已经几乎干涸了，但是 1914 年及更晚一些的情况却完全相反。陈宗器（Parker C. Chen）和霍纳 1930—1933 年的全面调查证实了斯坦因的观点[②]。

朗敦·华尔纳（Langdon Warner）1923 年对哈喇浩特的考察与斯坦因所作的一样，是考古性质的，在制图学上没有取得令人瞩目的成果[③]。

额济纳河流域留给中瑞考查团的调查任务显然是多方面的，考察活动于 1930 年至 1933 年进行。贝格曼总共在那里待了 9 个月的时间，绘制了这一流域大部分的地图，他最重要的贡献是对哈喇浩特地区所作的调查。陈宗器专门调查了北部三角洲河流的分岔问题，霍纳发现并绘制了两个古代湖泊的地图，博林考察了古尔乃洼地的东部。所有的资料还没有发表，这些资料将和考察地图同时面世。至今，只有略图出版，其中一幅略图出现在霍纳关于不断变迁的湖泊的论文中（1935），另一幅略图出现在贝格曼的瑞典语报告中，后来也出现在希尔旺（Sylwan）的书中（1950）。然后，又出版了在那林（Norin）和贝格曼合作完成的路线图基础上编辑而成的中瑞科学考察活动系列全图。

本书最后所附的调查图（Ⅱ—Ⅲ），基本上展示了中瑞科学考察活动的成果。

[①]在《亚洲腹地》一书的开头和第 13 章，斯坦因对（从 5 月中旬到 6 月底）绕道向北的行进路线给出了自己的理由，他说这完全是出于对哈喇浩特地区的考古兴趣及对北部三角洲的地理方面的关注，目的是可与相似的地区进行比较。他往返哈喇浩特的速度极快，对调查很不利。抵达废弃的城址后，他专心参与考古方面的活动而将绘制三角洲地图的任务留给了拉尔辛（Lal Singh）和雅可布汗（Yakub Khan）。对斯坦因在《亚洲腹地》一书中所绘地图的唯一批评，就是索果淖尔的拼写问题（第 433 页，注释 4）。

[②]斯坦因和霍纳在科兹洛夫完成 1899—1901 年考察后针对终端湖泊的变更所作的描述是基于拉尔辛所制的出现在书中第 4 卷第 46 页的图表，虽然大家对结论的意见是一致的，但细节方面仍有出入。

[③]参看华尔纳（Warner），1926。

史　　前　　史

1929—1931 年，斯文·赫定博士率领的科学考查团成员在额济纳河流域发现了主要由石器和陶器组成的史前遗物。马林格对这些材料进行了整理，并将其收进了他关于考察团收集的来自内蒙古的史前人工制品的书中①。在论及额济纳河流域历史之前，先勾画出其史前史的轮廓，无论从哪个角度来讲，都能激发读者的兴趣。

这些史前遗物和其他来自蒙古的遗物一样是考查团成员从地表采集的，而那些来自外蒙古沙巴拉克乌苏（Shabarakh-usu）的处于地层学中所说的并置位置的遗物例外。

有些遗址位于当前河流盆地之内（本书涉及的调查过的地区），其他的位于所谓的古尔乃洼地东南。前一个地区的遗物得自北部湖区，主要是索果淖尔北岸，其余的组成 16 个小组，其中 14 个小组的遗物来自哈喇浩特地区，2 个小组的遗物来自河流中游地区。地形情况、采集物的分布不系统，很可能忽略许多遗址。遗物所在地在古尔乃地区呈窄带状，与主要由砾石平原组成的月牙形洼地接壤。

马林格对赫定考查团成员在内蒙古收集的材料时代的分析，尤其和安德鲁考查团在外蒙古采集的实物资料进行比较的结果显示，额济纳河流域（包括古尔乃）可以被看作蒙古的 4 个文化区域之一。另外 3 个分别是最东端的大草原、中部的阿拉善（Alakshan）沙漠、额济纳以西的黑戈壁。"这些文化之间显然存在着相互影响"（马林格，1950，第 204 页），从某种程度上反映了中国北部石器时代文化的相互渗透。

马林格认为，他能够通过来自内蒙古的资料区分沙夫罗克（Shavarakh）类型的中石器时代的一个范围，大部分具有新石器时代的特点。中石器时代的细石器主要以来自伊肯冈（Ihken-gung）和古尔乃的为代表，而来自索果淖尔的有些细石器可能属于更晚的时期。

蒙古新石器时代范围的特点，也可以通过细石器加以界定。这些当然展现了它们本身的形态，但另外也有典型的新石器时代的要素，例如箭镞、刀、斧、磨石和陶器碎片。这个新石器时代文化被认为发端于和满洲、蒙古接壤的地区，后来它的影响力渗透到接壤的这两个地区（马林格，1950，第203 页）。最引人注目的与中国北部石器时代文化密切相关的因素是彩陶，这一点被来自古尔乃的大量遗物证实，遗物采自靠近索果淖尔的两个地方，一个地方在额济纳河盆地瓦因托尼附近，另一个地方是额济纳河上游的两个南部石器时代遗址巴颜博格多和察汗多克（Tsaghan-tokhoi）。和其他陶器一样，彩绘陶器碎片的陶胎是砂质红陶，纹饰由黑色几何图案构成。遗憾的是，现在我们不能指出中国器物或我们采集来的蒙古器物所属的类型。此外，器物的相对和绝对年代界限仍很不确定。无论如何，马林格自己的观点似乎有道理，他认为蒙古石器时代的下限和历史上的文明时代很相近，因此，这支石器时代的文化可以说比较落后，甚至可能属于新石器时代（马林格，1950，第 208 页）。

---

①马林格：《蒙古史前史研究》。中瑞科学考查团第 34 部出版物，斯德哥尔摩，1950。

史前时期的遗物特征，实际上直到新石器时代末期还没有什么改变。气候逐渐变化，河流、湖泊的水位下降，河水盐分含量越来越高，植被减少，对动物和人而言境况均呈现恶化的态势。已发现的地点表明新石器时代蒙古居民临时性的住所沿着草原地带的河流、湖泊或在泉井附近分布，虽然当时的自然条件比现在更适宜耕种，但他们过着半游牧、渔猎和采集的生活（马林格，1950，第 207页）。

对于石器时代末期和公元前第一个千年中期之间的间隔我们知之甚少，这时候吐火罗、月氏和匈奴人作为逐渐变得具有浓郁、特殊的游牧生活方式的代表登上历史舞台。我们有理由推测，赫定考查团发现的历史遗物和本书描述的器物中，属于这一中间阶段的屈指可数。

毫无疑问，发现的遗物中极少有属于大约公元前 100 年汉族到来之前的当地土著居民所拥有的，比如图版 32：4 中所示的动物牌饰就属于土著遗物。当然，我们不可能指望游牧民族给后世留下大量的人工制品，但仍然有理由相信，经过考察，发现的部分遗物的确与这些特定的族群有关。

历　史[*]

　　《史记》卷110和111中最早提到额济纳河流域[①]。描述的是公元前121年夏天，霍去病将军率部作战，这一战役是事先拟定的意在将匈奴驱逐出汉帝国疆域的战略决策的一部分。霍去病率领的军队从鄂尔多斯地区的北地出发，行进了大约2000里之后抵达居延，并且穿越这一地区；不久，匈奴人被汉军以迅雷不及掩耳之势消灭在了祁连山，从而确立了汉族在甘肃西北部及周边地区的领主地位。借助其他的信息，可以大致确定当时的这样两个地名：山脉可能就是现在的南山或它的一部分，而居延或者是指现在的整个额济纳河流域，或者是指其后几十年的情形——这一地区的北部（布肯托尼和终端湖之间）[②]。

　　汉朝花了近20年的时间，用以巩固自己从匈奴人手中夺取的北部和西北部地区的统治地位。这一扩张以内地居民的强制性迁移、军屯及修筑烽燧、亭障等防御系统为标志。汉族和匈奴之间的战争持续了很长时间，但从那时开始，敌对双方被内蒙古和东突厥斯坦[③]一望无际的沙漠地带阻隔。

　　正是由于要了解新确立的汉族地位，使我们在官方的原始资料中碰到了"居延"。公元前102年，汉武帝下令修建带有亭障烽燧的边塞，一部分建在黄河以北的卢朐山附近（Lu-k'u，也许是狼山），一部分在居延境内；两处位置的纬度均达42°，而且都有荒废了的汉代亭障烽燧[④]。当整个居延

---

　　*在此我们主要的参考资料仍然是张穆（Chang Mu）所著的《蒙古游牧记》（卷16），1859年由何秋涛（Ho k'iu-t'ao）刊印。该书提供了这一地区的整个历史概述。富兰克（Franke）（1944，第87页）做了一个相关的说明，在同一卷的另外一个地方有更详细的关于党项王国时期相关情况的描述。劳干在他的著作中主要介绍了木简上记载的汉族统治时期的各方面情况（1943；1948a）。

　　中国传世文献中包含的这一地区的细节内容少得可怜，主要也是关于汉朝和西夏王朝（982—1227）时期的。考古发现的汉简及西夏文书极大地丰富了我们对这两个时代的认识，但这两个时代中间的情况，我们几乎还是一无所知。

　　①在此我们不准备详细讨论《尚书·禹贡》中关于弱水和流沙的不够确切的记载以及其后历史学家有关这一问题的聚讼（参看富兰克，V，第88页；赫尔曼，1922，第199页及其他各处；德·格鲁特，1921，尤其是第114页和第122页及以后）。虽然缺乏有关额济纳河流域的详细、可靠的记载，但自从公元前127年到公元前121年春天这6年间卫青、霍去病在这一地区的连续作战，汉朝人开始对甘肃西北地区逐步有了一些了解。

　　②详细的记载见《史记·霍去病传》，文中两次提到霍将军"逾居延"［马修斯（Mathews），1642］，后来折向祁连山。张晏（Chang Yen）注说居延是一条河（水）的名字。《汉书·霍去病传》中略有改动，汉武帝的言辞中出现了动词"济"，颜师古注说"济"的意思是用船渡过，而当居延被（霍的军队）涉过时，文中同时提及了另一河流。在《史记》卷110《匈奴列传》和《汉书》卷94《匈奴传》中，说明性文字更加简化，"过"字替代了"逾"字，表示通过的意思。《汉书》卷68《金日磾传》中也用过这个词。《汉书》卷6《武帝纪》元狩二年的记录中也采用了同样的解释。《史记》卷110中的一节中，韦昭（Wei Chao）注说：居延相当于数十年后建立的名称完全相同的县。王先谦（Wang Sien-Kien）引用周寿昌（Chou Shou-ch'ang）的说法："逾"这一措辞可以用这样的事实——涉及居延泽来进行解释，而不论它是三角洲、湖泊或沼泽地。

　　《汉书·地理志》对居延地区只做了简短的说明。在其出现的地方，对比禄福县和觻得县：1）呼蚕水（Hu-ts'an-shui）（也就是现在的北大河）来自南羌（Nan-k'ing），经过酒泉（Tsiu-ts'nan）的禄福流向东北方向的会水（Hui-shui），注入羌谷；2）羌（谷）水（即现在额济纳河流域的甘州河）全长2000里，在张掖和酒泉经过觻得县流向东北，之后到居延，流入一个湖泊（海）；居延泽（沼泽）在东北方向。我们注意到一个有趣的现象：在汉语（最迟至公元100年）中，湖泊和沼泽是有区别的。这一现象使绘图人员和历史学家甚为困惑。

　　③参看以下著述：《塞林提亚》，第XX章，第722页；富兰克，V，第89页；德·格鲁特（De Groot），1921；赫尔曼著作。

　　④参看《汉书》卷6、卷94。

地区设置要塞或开始设置要塞的决定还没有做出时，北部仍然保留使用"居延"这个名称，而大拉林斤－都儿字斤（Taralingin-durbeljin）周围则使用另外一个名称[①]。此外，居延地区的边塞建设由最杰出的将领之一路博德（Lu Po-te）监管，他同时也是首席指挥官并曾被封为伏波将军[②]。

这一时期战役中最富戏剧性的事件，毫无疑问是被人们经常谈论起的公元前99年一位年轻的将领——李陵不计后果的冒险行为。他率领一支数量较少的部队——5000步兵，从居延出发向北行进30天，向匈奴首领单于发起进攻，经过一系列的战斗及英勇的撤退，他被打败并在距边境线50公里处被俘。军中400名将士成功地退回边防线从而获得了安全，但李陵却成了匈奴人的阶下囚，直到公元前74年离开这个世界。但是这一情节的确切发生地点无法确定[③]。

额济纳河流域的防线在整个公元前1世纪所起到的重要作用，已经被这一地区发现并获得的绝大多数木简证实（总数约为10000枚，其中400枚的年代已确定）。然而，无论是木简还是官方材料都没有透露出任何额济纳河流域曾发挥过作用的政治事件的信息[④]。

公元73年的东汉，居延重新占据了重要的位置，《后汉书》中即是如此述说的[⑤]。在此之前，绝大多数匈奴人已经不再对中原地区构成威胁（大约公元前36年为转折点），东突厥斯坦的西部一支重新实施固有的进攻。公元73年之前，发生在河西走廊深处的袭击还是相当可怖的。汉族方面的大规模反攻由著名将领班超（Pan Ch'ao）指挥，正是那一年，班将军统率着酒泉（现在的肃州）和居延的两支部队，居延这一部分又有一位将领——耿秉（Keng Ping）。很可能这两支部队都向伊吾（现在的哈密）进发，就在那一年首次夺取了此地，并使它后来变成了通往东突厥斯坦的三条商路的最北一条补给站[⑥]。

公元90年春天，居延再次成为已经提到过的耿秉的弟弟——耿夔统率的军队的本部。因为班超仍然在西部开展大规模军事远征，这一调动与主要军事行动齐头并进[⑦]。

王莽时期（公元7—25年）和直至公元105年的东汉时期——迄今发现的年代最晚的少数木简，毫无疑问预示了额济纳河流域军事地位的日益衰落[⑧]。另外，这些木简上的文字，极少有关于定居情况的记录，当然这些情况与西汉时没有大的出入。我们在这里将要描述的军事组织情况，其运转方式与先前没有什么两样，这从在查科尔帖（Tsakhortei）烽燧中发现的公元98年的兵器簿简册中可以了解到，这卷简册无疑是额济纳河流域考古收获中最为重要的独特发现。

---

①在大拉林斤－都儿字斤（A35）发现了一枚确切纪年为公元前102年的木简（编号303:39，劳干，1943，第2页）。

②另一位英勇抗击匈奴的将军——马援（Ma Yuan）也被授予同样的封号。非比寻常的铜虎符，其一半此前已保存在尤卯孚勒斯（Eumorfopoulos）的收藏中（参看叶芝编的图录Ⅱ，图版LXⅣ），从铭文中可以得知它属于此地军事首领。

③参看《史记》卷110《匈奴列传》、《汉书》卷94《匈奴传》上，德·格鲁特（1921）也对这一历史情节有过详细的叙说。

④如果我没有估计错的话，大约3/4的木简内容在劳干的《居延汉简考证》（1943）一书中有移录。这些材料被他和其他人在数篇文章中应用。

在上述出土的单枚公元前102年的木简之后，直至公元前90年，时间上出现了断层。在从公元前102年至公元前1世纪之间以每10年选取20—50件标本进行连续的断代时，出现了时间上的断层。公元前1世纪后，木简的出现变成了偶然和个别的现象。有4个高峰：公元前84年，公元前65年，公元前36年和公元前2年。详细内容参看注释⑧。

⑤《后汉书》卷2《明帝纪》和卷19《耿秉传》。

⑥参看富兰克，Ⅴ，第90页。

⑦《后汉书》卷4《和帝纪》、卷23《窦宪传》（Tou Hien）和卷89《南匈奴传》。

⑧参看劳干所著的《导论》（1948，第650页），这个问题被详细论述；富兰克（Ⅴ，第90页）认为战争结束的主要原因是匈奴人。因物资短缺，无法供应给养，公元46—76年之间军事性要塞似乎已经被废弃。除了西匈奴人公元73年前对甘肃地区的突然袭击外，这一地区的政治形势也相对稳定。公元73年，汉族采用的早期政策几乎对军事要塞没有产生什么影响（参看甘肃西北部的相应情况，按照斯坦因的观点，由于军事进攻的原因，可以看到有明确纪年的简牍数量明显减少）。额济纳河流域最晚的、有纪年的简牍为公元90—105年。公元102年之后，班超的儿子班勇（Pan Ying）重新取得了对新疆地区的控制权，在公元123—124年的战役中，他又丧失了控制权。公元153年东汉王朝对敦煌以西采取了最后一次军事行动。

两汉时期对额济纳河流域的经略

额济纳河流域的民政和军政管理在两汉时期都实行同样的制度，但在实际操作中，名称的重新组合以及变更现象也时有发生。在这些庞杂的材料变得秩序井然并按年代顺序排列完成之前，还需要做许多工作。

该地区相应的行政机构为郡和县，其管理者分别为太守和都尉，与额济纳河流域或多或少同时期的县名就曾出现过 4 个：居延、肩水、昭武（Chao-wu）、会水。我们从木简中得知，居延曾是北部的一个县，而肩水是南部的（译者按：肩水在当时设都尉而非县），都属于张掖郡（Chang-yi）管辖。另外两个县名没有出现在这些原始资料中（译者按：后来的整理结果，昭武出现 27 次，会水出现 8 次）。简牍中的居延至少在公元前 89 年—公元 98 年间是作为县的名字出现的；而公元前 65—公元前 12 年，肩水的情况也是如此；当然这些材料所反映的情况也不是十分全面的。《汉书》中涉及地理的部分，实际上直到公元 100 年左右才完成最终的撰写，提到了张掖郡的居延、昭武和酒泉郡的会水，但没有提到肩水，不仅此书而且在任何官方的主要历史文献中也无只言片语[1]。支持以下观点的论据较为充足：居延在两汉时期通常指北部地区，而肩水在西汉向东汉过渡的某个阶段改为昭武；位于两条上游支流汇合处的会水是否与居延、肩水同时设立或者更早，这一点现在还不好确定。

在每一个县，军政和民政是分设的。借助从边塞遗址出土的简牍文书，重建大量的军事组织是完全可能的（劳干，1948），然而有关民政方面的情况还不太确定。必须说明的是，以下粗略描述，并没有建立在劳干、马伯乐（Maspero）和斯坦因等人所做的任何深入的研究基础之上。

在劳干提出的屯田和防御两种劳役中，我们更倾向于关注后者。都尉下设候官（防卫区域），由障尉（障城的头领）负责。在居延和肩水两个都尉内，每个都尉都有 3 个候官和相应数量的要塞。候官之下的组织称为候并由候长领导，候长驻守在烽燧线上的烽燧或障亭内；现有材料包括居延的 13 个候部和肩水的 11 个候部。每个候部之下为数量不等的瞭望台（称烽燧或燧），一般为 2—6 个，平均为 4 个。居延和肩水两个都尉有记载的烽燧数量分别为 71 和 48；大部分烽燧的名称都是双音节词并闪耀着英雄般或威武阳刚的气息，只有少数烽燧仅以序号为标记。简牍材料中记载的烽燧数量要比汉代实际的数量少近 20 个（译者按：根据后来的整理结果，出土简牍提到的城障亭燧，大致有 174 个，这个数字比估计的汉代实际烽燧数 300 余个少了近 130 个，详见《居延汉简甲乙编》附录二《额济纳河流域障燧述要》及其他研究成果）。

边塞的最小单位——燧，包括指挥官在内的人员配备平均为 10 人。驻守人员的主要职责是侦察敌情和发布信号。烽燧附近的坞院也被其他两个机构——屯田部队和邮驿人员使用。接受训练的骑兵和步兵以及后备军或作战部队，通常在野外安营扎寨或与值勤的官兵挤在一起。在许多烽燧，或多或少都有长期的、拥有专职人员的驿站和邮置。专职人员将公文的数量、递送人员和收信人的姓名详细记录，他们的负责官员类似于邮政局长，相当于候官级别。驿站还必须为信使提供驿马，例如有这样的记录：马的年龄和毛色。

郡守的职责是为军队和筑塞招募新兵，并处理与此相关的花费。部队主要通过征召扩充力量，通常为 23—54 岁的男子，扩充军队的补充形式有自愿有偿服役和不同形式的义务服役，例如流放和普

---

[1]《后汉书》卷 33，讲述了在汉安帝（公元 107—125 年）统治时期，居延地区被纳入张掖居延属国。整个地区的户口为 1560 户，4733 人。东汉末期居延这个名称从行政管理机构中消失了［公元 190 年，根据陈芳绩（Ch'en Fang-tsi）《历代地理沿革表》第 39 卷］，被代以西海（Sihai）的名字，后来在晋代被作为县级建置。

通犯罪等情况。征召来的素质最精良的士卒被挑选出来做为常规军，称为"正卒"，主要充实骑兵。经过 12 个月的训练之后，这部分人员每年还要召集起来进行为期 1 个月的巩固训练。其他时间，他们按照原籍被编为 5 人或 10 人的伍，以备战争爆发时可以迅速调遣。其他征召来的士卒被编为边防"戍卒"，他们通常在自己的辖区内巡守要塞和烽燧。有关戍卒的训练时间与上面提到的正卒相同。

出土简牍显示：出于户籍管理的方便，士卒以里为单位注册，里是最小的民政单位。不同数量的里组成了亭，由亭长管理。亭长之上为县尉和令长直至最高长官都尉。由于额济纳河流域的汉代房屋遗址已经彻底毁坏，我们无法描述当时亭、里的分布情况，但那些大片的密集地分布着达堤（Tati）的地点使我们联想到村落拥挤的情形，这与后期定居点那种分散孤立的草场之间相隔数公里的状况形成了鲜明的对比。在额济哈喇浩鲁克东北有一座规模较小的方形城址（K710），种种迹象表明，这里似乎曾经是居延地区的行政中心；在南部的绿洲中有两个城址，或许与肩水或昭武有某种联系，甚至还可能与会水存在某种联系。

汉末至西夏之前

三国两晋时期，额济纳河流域仍然指 3 个地区：西海郡（Si-hai-kun）、昭武和会水[1]，但相关记载非常匮乏，仅有关于居延海（即汉代的居延泽）的位置的记叙[2]。220 年，曹魏开国的第一年，先前甘肃西北的郡县和保护区域（属国）被并入凉州。根据《三国志》的记载，在汉族与外来部族（南匈奴和羌族）的反抗斗争中，甘肃走廊成为名副其实的民族纷争的大熔炉，额济纳河流不可避免地被卷入其中[3]。

额济纳河流域在唐代隶属于 743 年设立的删丹郡，而居延海是否属于这一地区尚不清楚[4]。数十年后，额济纳河流域和中亚及中国西北的一些地区落入了吐蕃人手中，这种状况持续时间不长[5]，之后又归属于不同的突厥族，10 世纪末被回鹘人占领。

大量开元通宝的发现显示，环哈喇浩特以北地区都有人居住过；这一点也被发现的其他遗物所证实。很可能唐代时，哈喇浩特已有早期的城址，其位置和后期的完全相同，只是规模相当小而已（参见本书有关哈喇浩特的详细描述）。

党项族和蒙古族统治时期

额济纳河流域在党项人建立的西夏王朝（982—1227）统治下，经历了一个不同寻常的时期[6]。首先考古发现对此做了最清楚的诠释，另外也间接地被一些官方书面材料所印证。哈喇浩特发现的大量的用多种文字写印的文书和印刷品成为汉简发现之后的又一重大发现，但在被完全考释之前，仍然有大量细致的研究工作需要做。当然，我们早就可以这样说，在那些大量的来源于宗教文书、汉文经籍翻译以及类似的文献材料所反映的鼎盛时期之后，可以期待的新材料就很少了[7]。

在甘肃西北地区被党项国王李元昊（Li Yuan-hao）从回鹘人手中夺回之前 30 年（1036），额济

①参看陈芳绩《历代地理沿革表》第 39 卷（1667）。
②参看《蒙古游牧记》卷 16。
③参看房，A.《三国编年史》，1952，第 2 页。
④《唐书》卷 40。
⑤《蒙古游牧记》卷 16 叙述了大历时期（766—779）吐蕃占据着这一地区。
⑥西夏是这个朝代的汉语名称，党项人自己从 1038 年开始使用大夏这个名字［参看富兰克，V，第 155 页；惠特弗格·冯（Wittfoge-Feng），1949，第 60 页］。
⑦有关这方面研究的调查，可参看富兰克，IV，第 159 页；又富兰克 V 第 87 页中有补充材料。

纳河流域北部曾经是党项人驻戍部队的前哨（威福军）①。一幅11世纪中期的宋代地图展现了党项人的版图：东部和南部与大宋帝国接壤，东北部与辽国（契丹人的领地）接壤，北部与鞑靼人的领地毗邻，西部与回鹘人的领地相连，西南部与吐蕃人的领地靠近。党项人领地的西部延伸到今天哈密东南，所以额济纳河流域是一个战略要地；在党项人征服甘肃西北后这一地区是否继续为防御边塞或被划定为五县之一及七大市场之一，现在还不好下结论，其都城就在今天黄河之滨的宁夏（Ninghia）。

西夏的政治演变史已尽人皆知②，它不断地与其邻国主要是辽和宋之间发生小规模的冲突，有时候还使用至少是名义上辽的属臣这样一些投机性的政治手段。其民族成分比较复杂，有党项人（政治上最为优越）、藏族、汉族、女真、突厥鞑靼和早先的回鹘人，这一多民族的特点在敦煌和哈喇浩特发现的多种文字的文书中也得到了印证③。

目前，对于当时的社会组织，我们只有一个大略的概念。可以这样概括：西夏王国拥有较深的文化底蕴，主要是以汉族儒学为基础的佛教文化。一些学者曾试图寻绎这种情况与归属于党项统治者（"布尔汗"，来源于佛陀）的吐蕃神权政治之间的相似之处，"布尔汗"既是世俗统治者又是神权的象征；从西夏王朝后期即12世纪有关方面的材料来看，这一观点也许是正确的。佛教在李元昊的倡导下，早在1032—1048年即通过专门机构延请回鹘僧人的方法得以介绍和传播；建造了大量寺院和佛塔，并用西夏文广译佛经。这一现在最为复杂的语言体系之一，应归功于李元昊。据说他在1037年时产生了创造文字的构想，但当时无疑是契丹文字的改编，而契丹文又源于汉文。12世纪时，儒家文化成为党项王国文化内涵的重要组成部分，各州、县依照汉族的模式设立了学校，哈喇浩特也有这样的学校（？），1145年又成立了学术研究机构。

西夏王国臣民的多民族身份，反映在其多种经济成分的有机结合上。党项人最初显然是农牧民，以饲养骆驼为主要生活来源。绝大部分贸易掌握在汉族人手中，汉族人和回鹘人还掌控着绝大多数手工业。社会变革和区域性生态环境的变迁等外在因素很自然地影响着人们的生存方式和价值观念④。

1209年，成吉思汗统率的蒙古人向西夏宣战，于1227年征服了西夏并大肆残杀党项人。此次伴随着许多戏剧性插曲的战役导致了党项王国的倾覆，此时，哈喇浩特的汉语名称——黑水（城）第一次出现在汉语文献中。决定性的一战于1226年在阿拉善的小戈壁上展开，之后蒙古军队向额济纳河流域挺进，并占领了黑水城⑤。

有关蒙古时期额济纳河流域普遍情形的描述依然少得可怜。马可·波罗第一次将额济纳（Etzina）的名字与1271年联系在一起；在稍晚一些的蒙古语和汉语文献中出现了亦集乃（现在一般称为额济纳，E-ts'i-na）。1286年，额济纳河流域设立军管区即总管府，后来成为一个普通的行政区域（路）。我们从文献记载中了解到与前述事件有关的事实，即亦集乃行政长官曾为实行屯田请求拨给200名兵士，采取强制性手段征用了当地人，这一请求被准许⑥。

1372年，额济纳地区被明朝军队从蒙古人手中夺取，之后城内被夷为平地。在此，我们手头也有或多或少带有逸闻趣事特点的有关战役的生动记载。其中带有真实性的一个插曲讲的是汉族人通过改变注入东额济纳湖河流的流向的方法，切断了被围困的黑水城的水源供给；这些战术在汉族的军事

---

①《元史》卷60《地理志》三。
②富兰克在第4卷第154—265页和其他地方都做了详尽描述，亦可参看惠特弗格·冯，1949，西夏名称下的索引。
③发现物包含汉文、西夏文、蒙古文和藏文写本及印刷物。
④参看惠特弗格·冯，1949，第60页的注释9；海伊里希（Haenisch），1949的注释249。
⑤参看富兰克Ⅳ第265页和Ⅴ中同一页上的注释。
⑥《元史》卷60《地理志三·甘肃行省·亦集乃路》以及《蒙古游牧记》卷16第10页。

史中曾被反复运用①。

明代钱币以及其他明代资料的缺失，加上考察中得来的很少量的可算作明代的考古器物显示：额济纳绿洲的人口数量，实际上在 14 世纪末期就开始减少。其中的原因我们知之甚少，但有几个因素必须考虑在内：水文地理方面的改变导致了北部绿洲的荒漠化，仍然存在于绿洲地带的游牧生活方式萎缩（当然，相关的少量证据被考古发掘品证实）。我们之所以对这一地区在明代的变迁兴衰一无所知，一个重要的原因是它位于甘肃的被汉族控制的地区之外②。

额济纳河流域这一片坚实的土地，自从游牧民族土尔扈特人来到这里开始，又呈现了生机；从 1729 年清廷赐牧于这里起，土尔扈特人就一直生活在这里。他们是习惯上称为土尔扈特旧部的一支，起初在甘肃行省的管辖之下③。

①科兹洛夫在描述他自己的旅行（1925，第 44 页）中涉及这些问题，斯坦因（《亚洲腹地》，第 458 页）对这些事实进行了大量、详细的讨论。1209 年蒙古人围攻西夏首都（现在的宁夏）时采取了使河流改道的策略，参看富兰克 IV 第 267 页。上述北大河的改道可能也是在同样情况下实现的。

②《蒙古游牧记》卷 16 中提到，明代这里曾是甘州卫和肃州卫以外的一块地区。

③参看赫定《探险经历》I，第 176 页，书中有关土尔扈特人的历史是按照《蒙古游牧记》中的记载来叙述的。

伊肯河三角洲的古代遗存

对葱都儿和终端湖之间三角洲地区的勘探，使我们在此范围内了解到 6 处古代遗址。另外，在索果淖尔沿岸的一小组地表遗物以及一些偶然的发现都可以加到这 6 处遗址中。

这些遗址中的 3 处（K676，A1 和 A2）都是军事要塞，其他的大致由喇嘛教建筑组成：一座佛塔（K677），一座小寺庙（2）和一处大型的废毁寺庙和房屋遗址（1）。

地表遗址 K255

1930 年 5 月末，贝格曼在开始他的主要工作——考察额济纳河流域的历史遗存之前，首先考察了终端湖的史前遗址。

博罗鄂博（Boro-obo）附近的一处史前遗址出土了比额济纳河流域其他地方更多的人工制品，即 K. 13255 组，有关的描述可参看马林格《蒙古史前史研究》（1950）第 143 页以下。在这些遗物中，有 11 件陶瓷碎片，贝格曼起初认为它们属于比较晚的时代，从而在他的笔记中记录为第一个"汉代以后遗址"的历史遗物（田野标记为 B1）。其后贝格曼在编制目录时改变了看法，将其与史前遗物归于一类。

然而，很清楚，他的第一印象是正确的。马林格认为：在陶瓷碎片中，发现了成堆被严重烧灼过的灰色碎片（K. 13255：255：1—11），部分装饰有一排排压印小三角形（参看图版XXIII，1—4），一般不可能起源于新石器时代（《蒙古史前史研究》，第 143 页）。关于这一点我们可以增加如下内容：碎片 1—9，代表薄壁长瓶，额济纳河流域出土的陶器中没有与之匹配的器物，胎质非常细密光滑，包含少量沙粒，按照有针对性的陶片硬度检测结果，应该归为硬陶类，其硬度相当于 6.5Mohs。碎片 10—11，掺和适量沙粒，因此比上面提到的碎片粗糙些，在 K. 13710：148—150 中有更为相似的粗陶器。

这些器物可能都是被偶然遗弃的。

烽燧 K676

这一遗址，被土尔扈特人称为都儿察汗松治（Dor-tsaghan-tsonch），是迄今为止在额济纳河流域发现的最北的遗址之一。它位于阿波因河流入终端湖靠南几公里的一片地区，在河床（约 1930 年）以东约 200 米。

现在的烽燧遗址高 3.7 米，夯土修筑。烽燧矗立在一个直径约 22 米的圆形矮土墩的边缘上。如图 1 所示。

发掘圆形土墩时发现了一道夯土筑成的低矮的长方形围墙，位于烽燧的东边。围墙两侧各发现了一层包含草、木炭和少量动物骨骼的土层，出土了 24 件人工制品，其中 13 件意义不大的木橛后来被丢弃了。

发掘遗物显示：此处烽燧在哈喇浩特城存在的同一时期被使用。是否也是同时期或更早时期修建，因为描述得不完全而无法确定。

K. 13676:

 1. 陶容器底部残片，素面粗灰陶。

 2—3. 粗陶碗口沿的 2 小块残片，褐釉，非常薄。

 4. 小磨石残片。

 5—6. 2 小块燧石。

P. 370:

 1. 青铜带扣，椭圆形扣边与连接皮带的一端形成一个反 D 形的扣环，折断的舌状扣闩固定在扁环的中段（类似于图版 33:20，后者稍微大一点且有一个近似矩形的皮带扣环）。尺寸为 2.6 厘米×2.4 厘米。

 2—4. 3 条薄木片，可能是用作小木铲的材料。长 8.5—11.5 厘米，宽 2.5—4.3 厘米。

 5. 木梳残片，与哈喇浩特发现的属同一类型（参看图版 39:10）。在梳齿基部刻有一道细槽，同时还出土了 2 根细绳。

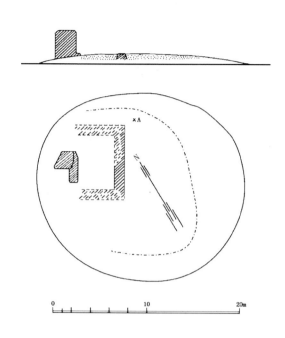

图 1

烽燧 K676（都儿察汗松治）的平面和剖面图。虚线标示出文化堆积层的延伸。在地点 A 发现了一个青铜带扣。

佛塔 K677

 向南延伸的砾石台地尽头是东庙及土尔扈特王府，还有一处相当低矮、已经毁坏了的名为塞尔松治（Sair-tsonch）的建筑物。

 佛塔基部近乎正方形，经发掘证实有砖砌的外墙和土、砖、草、木炭及骨头等材料构成的内层。外墙大约 18 米长。佛塔上部有一个砖砌的基部，高出地面约 2 米，基部尺寸为 7 米×7 米。外墙的厚度约 60 厘米，高约 1 米。图 2 中有其平面图。按照贝格曼的观点，这个建筑物可能是佛塔。

 在发掘遗址的东南偏南 35 米处有另外一个方形土墩，不太高，比前一个土墩 K676 小。3 根木柱钉在侧面的地面上，每根 1 英尺高。

 主要遗址的西北约 50 米处，有一处不易确定形迹的第三处遗址。

 发掘工作明显地干扰了附近寺庙里喇嘛的日常生活。贝格曼最后一次经过此地时，他们在土墩上竖起了一个树枝堆积的鄂博以弥补此类搅扰所造成的负面影响。

 发现的遗物主要有木器和丝织物残片，主要是从 B 和 C 两个角落处采集到的。2 片陶瓷碎片是从地面上采集到的。小木勺（P. 429:29—31）与哈喇浩特发现的标本相似，如图版 39:7 所示。

遗物列表：

木器	大致的数量
容器 ···	1
小铲、小铲状物 ·····································	3
钩状小木片 ··	1

遗物目录：

K. 13677:

1. 三角形皮革残片，切割犀利，保存状况良好。厚 3 毫米。

2. 缝合的长方形皮革残片，非常破旧。两边有间隔约 1 厘米的缝制小孔。厚 2 毫米。

3. 1）—19）：丝织物、毛织物、棉织物、植物纤维、绳带等残片。

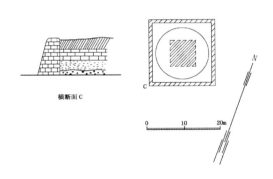

横斯面 C

图 2
残存的佛塔 K677 的平面图和剖面图。

1）蓝灰色塔夫绸残片，颜色褪变成褐色。折边用反捻顺合的白色合股线缝制。经纬密度 34×22—26。

2）饰有蜡染图案的塔夫绸残片，除了边子之外，质地较松。底色为蓝色，上有隔行交替的小十字形图案。宽 2 厘米，高 4 厘米，十字图案的尺寸为 0.8 厘米×1.2 厘米，经纬密度 34×22—30。

3）反捻纱线织成的白布残片。经纬密度 12×10。

4）天然浅黄白色毛织物残片，4 综斜纹，顺捻经线，反捻纬线。经纬密度约 19—24×12。

5）同 4），天然白色斜纹毛织物残片。几片缝缀在一起，用反捻纺纱的顺向合股线缝制。经线为顺捻纺线，纬线为反捻纺线。织物上粘有或部分地包括在其中的小片皮革（？）残片。经纬密度约为 15×15—17。

6）同 4），天然浅黄褐色斜纹毛织物残片。折叠的一边连接另外一片完全相同的织物。经纬密度 18×14。

7）缝制的带状物残片，可能是同 4）质地一样的饰带，沿经线裁剪。一边折叠，另一边有镶边。尺寸为 28.5 厘米×5.4 厘米。经纬密度 16×14。

8）和 4）一样的天然浅黄白色斜纹毛织物残片。经纬密度 14×12。

9）同上，特意用不规则的缝制法弄成皱褶。经纬密度 14×14。

10）同上，一组纱线，可能是动物的毛，另外一组为白色羊毛。经纬密度 13×10。

11）黄褐色棱纹毛织物残片。经线为疏松的白色和棕色反捻纺纱，纬线为更加疏松的黄褐色反捻纺纱。经纬密度 8×18—22。另有 2 根色泽较好的黄白色顺合股羊毛线。

12）几股捻制疏松的毛纱：黄白色，深灰色与白色的混合，还有深灰色，都是反捻顺合股线。

13）粗糙的棱纹织物残片，一组经线（？）为淡褐色驼毛反捻纺纱，一组纬线（？）为黄褐色驼毛的顺捻纺纱。经纬密度大约 4×8。

14）打有 2 个绳结的毛纱粗绳，由 2 股顺合的纱束再经反向合股而成，每一单股又由 12 根白色顺捻线、2 根浅灰色反捻线和 3 根白色顺捻线的合股线合成。长 16 厘米，直径 0.7 厘米。

15）植物纤维（大麻？）绳，由 2 股合成，一股是浅色的顺捻线，另一股是淡褐色反捻线的顺合线。绳的一端有一个大的红棕色（血迹？）的结。直径 0.8 厘米。

16）浅色植物纤维绳，由 2 股反向合丝再经顺向合股而成。直径 0.9 厘米。

17）粗绳，由植物纤维和黄灰色、褐色的羊毛松散地反向搓合在一起。长 22 厘米，直径 1.5 厘米。

18）5 小片皮革（？）残片，涂有浅黄白色物质。厚约 0.15 厘米。

19）2 层树皮小碎片，外面的一层染成绿色，一边折叠。大概是刀鞘碎片（？）。

P. 429:

1—2. 2 块带有压印芦苇纹的灰泥，焙烧过。

3. 装饰压印交错绳纹的灰陶器皿小块残片。

4. 陶器小块碎片，砖红色薄胎，外表局部被涂污或绘了黑彩。

5. 木碗或木盘底部残片，已烧焦。

6. 外边呈多边形（六边或八边）而内边呈圆形的环形铁制品残片。宽 5 厘米。

7. 薄磨石小块残片。

8. 小片玉髓。

9. 1 块尾椎骨，可能是磨碎的。

10. 边缘为锯齿状的小块燧石薄片。

11. 经过描绘的车削木橛，末端呈榫舌状。绘有黑色和红色。长 5.9 厘米，直径 0.8 厘米。

12. 半圆形木橛，末端有未完成的钻孔。已烧焦。长（16）厘米，直径 1.9 厘米。

13. 树枝杈，主体部分的末端已削尖，枝干削扁。部分烧焦。长 14.3 厘米。

14. 半圆形木橛的小片残片，向一端倾斜，其中一边部分掏空。长 8.1 厘米，宽 1.3 厘米。

16. 剖面为方形的木器；一面由于边缘斜切而形成拱形，并且中间刻有 V 形深痕。尺寸为 7.31 厘米×1.2 厘米×1.7 厘米。

17. 小木铲（？）残片。

18. 小铲状的木橛，圆形手柄部分向另一端逐渐变得越来越宽、越来越平。长 5.8 厘米，宽 0.7—1.1 厘米，厚 0.7 厘米。

19. 钩状小木片，与宽钩末端相对的另一端穿有 1 个小孔。长 7.1 厘米，宽 0.5—0.7 厘米。

25. 小木铲残片。手柄部分大致为圆形且略微弯曲；直径约 1.1 厘米。折断的刃部既窄又长；宽 2.6 厘米，通长（18.2）厘米。

26. 树枝杈，与上述第 13 件类似。

29—31. 带有尖椭圆形刃部的勺形小木铲残片，铲舌前部略凹，背部凸出。手柄弯曲。

城障 A1

这个被称为宗间阿玛（Tsonchein-ama）的建筑，是最北部的汉代遗址，位于登达河和翁赞河之间。周围干涸的河床从前是登达河的一个支流，被称为哈什阿台河（Khashiatei-gol）。现在，最近的河流约在 4 公里以外。

这是一处 31 米×32 米见方的要塞，门在南墙偏东处。土墼墙大部分已经坍塌，留存下来的最高的外露墙体约为 7 米；保存状况较差，潮湿已将许多土墼变软。障墙的厚度曾经约 3.7 米，在图 3 的平面图中显示的是平均值。这里有各种各样的砌筑方式，具有西方"文艺复兴"时期的风格特征。记录下来的土墼尺寸有：39 厘米×21 厘米×13 厘米，39 厘米×18.5 厘米×11 厘米，37 厘米×14 厘米×10.5 厘米，35.5 厘米×19 厘米×13 厘米，以及（不完整的尺寸）37 厘米×? 厘米×12 厘米，? 厘米×22 厘米×11 厘米，? 厘米×17 厘米×11 厘米。

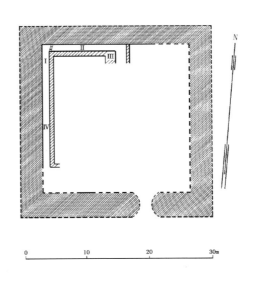

图 3
标有发掘地点 I—IV 的要塞 A1（宗间阿玛）的平面图。土墼砌筑，外层抹泥。

西北角保存下来的墙体最多，墙底堆积大量碎片。在发掘的时候，内部的墙体结构显现出来，显然为一座长方形房屋。奇怪的是，这座房屋与障墙不相连，而是单独的，从而在房屋和障墙之间形成了 1 米宽的夹道。这个狭窄夹道的墙壁都被涂成了白色，它曾经有过屋顶，从坍塌的一层 20 厘米厚的泥层中的草和芦苇就可以推知。一块粗松的白墙皮上绘的黑色正方形框内赫然写着 5 个汉字："羊头石五百"[①]。

实际上，房屋东墙和南墙处的所有器物都已踪影皆无。更低一些的一堵窄墙在西北角穿越夹道而建。夹道沿着房屋东北角继续延伸，在这里还有一堵矮墙从障墙内侧伸出。

夹道极有可能是考古发掘的产物，因为这里的碎片堆积层是最厚的。实际上，此处遗址 4 个不同地点（地点 I—IV）的考古发掘收获非常丰富，其他地点除了几次试掘外，还没有被发掘过。

通常，人工制品都是在较为靠上的地层中发现，这点往往事先未曾预料到，夹道中的绝大部分器物都在距离地面碎片堆顶部 1 米以上的地层中发现；有些器物（贝格曼没有详细说明）甚至是在含有塌落的砖块、泥土和作为房顶材料的茅草等物的地层中发现。在好几个地方发现了木炭，而牛骨和羊骨则随处可见。

大部分木简都是在地点 II 发现的。地点 II 的东部靠近出口，由于在烧过的地层附近发现的工具和日常用品给人一种既是厨房又是工作间的感觉。除了以下所罗列的人工制品外，其他器物虽被遗留在原地但在此仍加以记述：一口大铁锅，陶器底部的 2 块残片，其中一片有气孔。无疑，在此处发现的几件在地点 II 上方一处很高的地层中的汉代以后的小佛像察察（Tsa-tsas）与其他发现物没有联系。

[①] 在劳干根据汉简记载汇总的名称相同的要塞名单中没有查到这个名称（1944，第一册，第 27 页及后文）。很可能这是个军事组织的名称。

遗物列表：

（上述地点Ⅱ未采集的器物和不很重要的木橛、木棍未列入）

出土器物	发掘地点出土器物的大致总数			
	Ⅰ	Ⅱ	Ⅲ	Ⅳ
木器				
简（约50）	X	主要部分	？	？
雕刻物	1	—	—	—
封泥盒，封检	—	4	—	—
木铲	—	1	—	—
木尺（？）	—	1	—	—
雕饰木橛，一个绘红色	3	—	—	—
成型木板	1	—	—	—
骨器				
复合弓的弓端	1	—	—	—
箭镞	1	1	—	—
锯开的羚羊角	—	1	—	—
带槽磨石	—	1	—	—
陶器				
陶片	5	—	—	2
长柄勺	—	1	—	—
勺柄	—	1	—	—
小弹丸	4	1	1	—
纽扣形装饰品（？）	1	—	—	—
灰泥墙皮	1	—	—	—
丝绸	1	—	—	—
细绳，其中一根为马尾毛捻成的绳	3	—	—	—

地点 Ⅰ

A. 1：Ⅰ：

1. 陶罐残片，4.5厘米高，直口，方唇，圆肩，绳纹。非常光滑的浅蓝灰色均质陶。硬度5.0Mohs。这种陶质在收集品中很普遍，以下统称为A型陶。图4：2，图版3：14。

2. 陶器残片，有压印斜形绳纹和弦纹刻痕。硬度适中、均匀的灰色陶质（硬度5.0Mohs）。

3. 小型陶器，宽平沿，素面，A型陶。硬度5.0Mohs。图4：5。

4. 未上釉的粗陶残片；外部装饰波纹和棱纹，内部为拉坯弦纹。非常光滑且质地均匀的蓝灰色陶质，硬度为7.0Mohs。图版3：13。

P. 211：

1. 截面呈三棱形的汉代普通青铜箭镞（参见图版4：1—5），锈蚀严重。长约32毫米。

2. 与第1件相同的骨质箭镞，六棱形的基部已经部分破损。长55毫米，边宽9.5毫米。图5：10。

3. 泥墙皮，白底色上刷有1厘米宽的红色直条。

4. 泥质小弹丸残片。

5. 纽扣状小陶片，可能是装饰品的一部分。

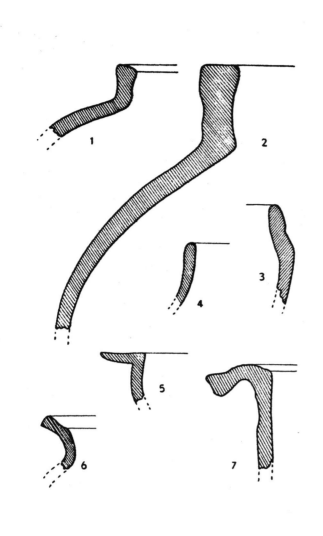

图 4

在汉代遗址中发现的陶器口沿的剖视图。比例为 1/2。
1.（A. 2：Ⅰ）P. 385：1—2。2. A. 1：Ⅰ, 1。3. A13：2。
4. A. 8：Ⅰ；443。5. A. 1：Ⅰ；3。6. A. 12：9。7. A. 8：Ⅰ；442。

P. 431：

1—3. 3 个形制粗糙的泥质小弹丸，直径约 2 厘米。

4. 带有压印交叉斜绳纹的陶器残片。蓝灰色陶。

7. 植物纤维和马尾毛捻成的线（？）。

8. 黄褐色丝绸，大概是本色，已褪色。

地点 Ⅱ

A. 1：Ⅱ：

1. 陶质长柄勺，粗糙且形制稍显不规则。直手柄，截面几乎为方形，末端背部略微朝外弯曲。

P. 384：

4. 截面呈半圆形的小木块，平的一边染有红铅。

P. 418：

2. 几乎为正方形的木橛残片，较宽的一面写有汉字，窄边刻有 2 组横线，每组 5 条，间隔不规则。长（19.5）厘米，宽 2.7 厘米。

3. 一件骨质复合弓的末端残片，由截面呈半圆形的片状物构成，纵长方向稍微有点弯曲。一端为圆形，边缘切有一个内凹的近似方形的 V 形槽，另一端折断。整个平整的部分和拱形部分的内部装饰刻画交叉细线。很独特。长（17.2）厘米，宽 1.5—2.0 厘米。图 5：12，图版 9：8。

4. 成型木板的残片，一边有很深的契口，契口附近有 2 个穿孔，其中一个孔系有细绳。尺寸约为 22 厘米×7.5 厘米。

5. 2 根合股的细绳，一根为麻线，另一根可能是毛线。

P. 419：

3. 几乎为方形的木橛残片，头部呈方形，向顶部稍缩小。尺寸约为（20.5）厘米×1.9 厘米×1.6 厘米，头部 3.4 厘米×2.3—3.0 厘米×2 厘米。

6. 方形木橛，朝断裂的末端逐渐变细。尺寸约为 10 厘米×2.2 厘米×2 厘米。

梨形勺与手柄略有偏高。A 型陶。是此类藏品中唯一保存完整的样品。长 25 厘米，勺的横宽 10 厘米。图版 1:4。

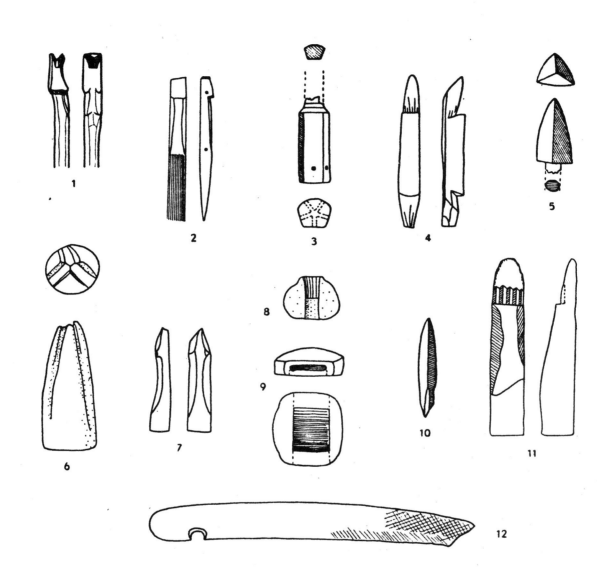

图 5

各种木器、骨器（10，12）、陶器（8）。比例为 1/2。1.（A8：Ⅰ）P. 318：18。2. A. 8：Ⅰ；312。3. A. 10：Ⅱ；9。4. A. 8：Ⅱ；193。5. A. 8：ⅡD；2。6. A. 8：Ⅱ；184。7. A. 8：ⅡA；45。8. K. 13692：Ⅰ。9.（K779）P. 487：2。10.（A1：Ⅰ）P. 211：2。11. A. 3：5。12.（A1：Ⅰ）P. 418：3。

2. 陶勺手柄，截面为八边形。接近已损失了的勺子的主要部分为直杆，勺柄末端向下折曲 30 度，逐渐变厚且呈方形，因而形成了一个钩。A 型陶。尺寸为（11）厘米 ×3.6 厘米 ×2.5 厘米。图版 1:5。

3. 带有磨槽的磨石残片，可能用来打磨箭镞。沙岩。尺寸为 9 厘米 ×4.5 厘米 ×3 厘米。图版 1:3。P. 169:

16、17. 2块朽蚀严重的封泥盒残片，是同类器物中最简单的类型，以下我们将其称为1a型（可与图版14：2、14：3比较）。封泥盒由一块短小的长方形小木板在中间切割而成，纵向长边开口，横向短边两头留有封档，这样就形成了封泥匣，匣内还保留有封泥。第16件长4.4厘米。

19. 陶质网坠，可能用于捕鸟的网，由几乎为勺形的带有纵向穿孔的圆柱体构成，也属于A型陶（参看图版17：11）。网的一条边绳从孔内穿过，为了避免网坠滑脱，纵绳使用了粗网绳（参看图版17：13）。长3.6厘米，直径1厘米。

20. 封泥盒，底部有3道锯痕，1个圆形的、水平圆孔在封匣底部水平穿过其中一端的封档，以下将把这种封泥盒的第二种形式归类为类型2，而不管所描述的是两个长边开口的（类型1），还是两个长边保留有封档的封泥盒（例如，与图版14：8进行比较）。缩水很厉害。尺寸为4.6厘米×3.3厘米×1.6厘米。

21. 断面为方形的骨质箭镞，略有些朽蚀。长（5.7）厘米，边宽0.8厘米。

P.392：

1. 薄木片，可能用于测量（木匠用的T形直角尺的横杆？），长边中部有一个梯形凹槽，上有5条横向刻线。6个区域的宽度依次为2.4厘米、2.4厘米、2.3厘米、2.3厘米、2.3厘米、2.5厘米。长14.3厘米，宽1.6厘米，厚0.6厘米。图18：6。

2. 小封检，即以下所称的类型A3（参看图12和图版14：17，18，22）。由大致切削成剖面为长方形的木橛构成，靠近一端有一个近似正方形的横向切槽，形成了一个封泥匣，其前部向另一端倾斜，因此成为楔形。前部边缘被切成斜面。长7.5厘米，宽1.5厘米，顶端厚1.3厘米。

3. 小木铲残片，刃部的大部分和手柄的一部分留存下来。长（10.5）厘米，宽2.6厘米。

5. 泥质小弹丸，直径约2厘米。

6. 朽蚀、锯掉的羚羊角。尺寸为9厘米×2.2厘米。

地点 Ⅲ

A. 1：Ⅲ：

1. 截面为三棱形的青铜箭镞，部分裂开。比较短，大致是从这类箭镞的通常实际长度（25毫米）和边宽（10毫米）的尺寸上打磨下来的。

2. 生锈的铁杆的残段，可能是凿子（？），尺寸为9.3厘米×1.5厘米×0.5厘米。图版5：9。

3. 泥质小弹丸，形制粗糙。直径2.0—2.5厘米。

地点 Ⅳ

P.431：

5. 陶壶底部的小块残片。烧制得很坚硬，因焙烧技术不好，而呈现灰色（表面？）和砖红色（里面？）。

6. 陶碗或碟的小块残片，颈部高2厘米。淡灰色陶胎。

寺庙遗址1

在前述汉代城障A1的南部，位于同一条干涸了的阿波因河支流上，是一处名为库肯苏木（Kukchen-sume）的时代较晚的寺庙遗址，斯坦因（《亚洲腹地》，第461—462页）和贝格曼（《报告》，118页）对这一遗址的描述不完全，也没有绘制平面图。

斯坦因本人未到过这个地方，只是复述他的两个助手的陈述。他认为这处遗址（E.G）被夯土墙包围，大约200码见方；"除了众多的小型建筑"之外，现在寺庙内还有一个大遗址。围墙以外有一个毁坏的小佛塔，斯坦因的收藏中被标记为"E. G"的主要部分就是在这儿发现的。

贝格曼于 1930 年 5 月 17 日到过这个地方，将其标识为"E. G"。按照他的记录，围墙内只有少数几个建筑物，他没有提到外墙。这样的话，很可能穆罕默德·雅古伯（Muhammad Yāqūb）所描述的墙体大小比以上所说的更加适中。房子的建筑风格是中式的。小的一个 Bong khong 被贝格曼描述为矗立在遗址附近的建筑物，与围墙外面的哈桑·阿昆（Hasan Akhun）佛塔几乎一样，因为遗物被两个性格非常相似的调查者描述和收藏，主要遗址不远处坐落的其他遗址都没有被观察到。Bong khong 是蒙古人用来存放损坏了的或不完整的宗教经文和著作的地方。

依照斯坦因和贝格曼的观点，这处遗址年代不会很久远（或许在西夏之后的相当一段时间后建造的），于 1863 年被东干人（Tungans）破坏。

斯坦因的勘测员穆罕默德·雅古伯在寺庙中收集到了 3 块陶质建筑残片（E. G.07 为有龙纹图案的瓦檐饰，08 为龙头残片，09 为装饰砖），还有一个可能是用来保护木板画的油漆小木框（E. G. 011）。大批遗物由斯坦因雇佣的主要牵驼人——哈桑·阿昆于损毁的佛塔中发现。遗物主要包括纸质的藏文写本、印刷品（大约有 200 份较为完整）和蒙古文写卷（只保留下大约 20 份）。还发现了一幅布画（E. G. 02），一幅绢画（E. G. 019. a. XVIII）以及一块毛织物残片。木质人工制品包括装饰木版（E. G. 012），一个"着色木制品"（E. G. 010），这个木制品显然是一个桶形鼓的一部分（参看图版 9：10 中的汉代残片），一个小盒子或佛龛（E. G. 0.6）以及一个旋削而成的碗（E. G. 05）。

和佛塔几乎一样，Bong khong 也是由贝格曼发掘的，获取了以下器物：大量的纸质藏文、梵文和蒙古文写卷、印刷品（均遭破坏或不完整），几种类型的泥塑小察察，唐卡残片，漆木器和旧布。这些器物可能没有编目，因为它们时代太晚而没有什么重要性。

在摩农艾力斯（Monong-ellis）东部偶然收集的遗物

K. 13678：玉髓珠，半透明，扁球形。直径 14 毫米。

寺庙遗址 2

在巴勒尔（Baller）附近，阿波因河东岸，有一个被称为库库苏木（在斯坦因的地图中标为 Kok-suma）的小寺庙遗址，占地 13 米×14 米，较长一侧的方向为北偏东 65°，南侧有一个门。墙是用土墼和草泥砌成的，而建筑物的其他部分用的是烧制砖。在寺庙倒塌毁坏之前，它只是喇嘛们暂时居住的场所，在这里没有发现人工制品（参看贝格曼《报告》，第 121 页）。

在库库苏木附近的一个地点偶然采集到的遗物

K. 13679：半圆形青铜皮带扣环，环内焊有横向的扣舌，扣舌与环边齐平。很独特。直径 30 毫米，高 14 毫米，厚 1 毫米。

障亭 A2

在城障 A1 和葱都儿塞的最北部烽燧之间，只有一处古代遗址为当地蒙古人所知晓。他们称之为察汗松治（Tsaghan-tsonch），意为"白塔"，这处遗址总使人产生一种它与后续几个烽燧连成一体的印象。被侵蚀得发白的烽燧残存物形成了一个椭圆形土墩，尺寸为 12 米×18 米。发掘显示烽燧和邻近建筑物都建造在现在比周围地面高出 1.6 米的沙土上，而周围地面都是沙砾滩。

图 6 中的平面图显示，与烽燧毗邻的四分之一部分连同它隆起的地基部分已经被侵蚀掉了。侵蚀同样非常严重地影响了烽燧残体，以致遗址的原始状态已经无法辨认。然而，我们仍然有理由认为，这个遗址只是一处带有烽燧的长方形城障（?）或坞院南墙角的一个很小的遗存。

除了烽燧，墙也是用常见的汉代土墼砌筑的，三层土墼加一层芦苇。土墼的尺寸有：37 厘米 × 18 厘米 × 11 厘米，? 厘米 × 17 厘米 × 11 厘米，? 厘米 × 17 厘米 × 18 厘米，? 厘米 × 17 厘米 × 15 厘米，? 厘米 × 17.5 厘米 × 15 厘米。内角墙体保存有 0.9 米高，抹有一层白色草泥；房间地面覆盖着一层芦苇，堆满坍塌下来的砖和屋顶的茅草——与城障 A1 的夹道情形相同。一个低矮的长方形岗哨（或许是泥堆）沿东墙伸出，在其尽头的两侧有 2 根木棍，垂直插入地面，现在大约 30 厘米高。在这个地点（Ⅰ）的瓦砾堆中，发现了一些人工制品。

根据贝格曼绘制的平面草图，与南墙外侧相连的是一个特殊的盒形砖构暗室。在地点 Ⅰ 的围墙基部，采集到 2 件碎片。

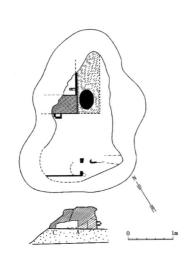

图 6

障亭 A2（察汗松治）的平面图和剖面图。虚线标示出一座塔的基部，夯筑的不同类型的墙，土墼砌筑，外抹泥皮。C—A 是地点 Ⅰ 刷白的墙；保留下来的房屋被标示为地点 Ⅱ。

土墩最南部，一座房屋被部分发掘。粉刷成白色的墙面上装饰红色线条，汉代的好几个房屋遗址中也出现同样的装饰。窄小入口处的一侧墙有 2 根木柱，与对面墙上垂直固定进去的 2 根粗绳匹配。这个遗址出土的包括少量木简的大量遗物，都在地点 Ⅱ 发现。

人工制品包括 6 枚木简，1 枚素简，1 枚写有地址的封检，1 个封泥盒，1 个"人面画"木橛，4 个木衣钩（其中一个还有雕刻的底座）和少量木制品；此外，还有 1 块磨石残片，5 块未上釉的陶器残片，1 块采自地点 Ⅱ 的泥墙皮，丝绸残片，丝绸纤维填料和粗绳。在地点 Ⅰ 发现 1 个制作粗糙的小木铲（长 24 厘米，宽 2—4 厘米），但遗弃在了原地。

遗物目录：

地点 Ⅰ

P. 357：

　　1—2. 2 段粗绳。

　　3. "人面画"木橛，由一块画有黑色人面的长方形厚木片构成，尺寸为 13.2 厘米 × 2.8 厘米 × 0.8 厘米。

　　4. 边缘留有树皮的木片。这种木片通常很有规律地和制作比较精细而比较薄的有字木片放在一起，从而构成数量众多的木简，因此必须当作素简来描述。尺寸为 23 厘米 × 1.5 厘米 × 0.5 厘米。

　　5—6. 不太重要的木橛。

P. 385：

　　1—2. 2 块 2 厘米高、直口、留有早期修补钻孔的陶器残片。深灰色陶胎，外部满是污垢。原来的口沿直径 16.4 厘米。图 4:1。

地点 Ⅰ 的围墙外部

P. 385：

　　4. 带有气孔的陶质烹煮器（译者按：此即陶甗）的底部小块残片。灰陶。

　　5. 陶器的小块残片，砖红色夹砂陶。

地点 Ⅱ

A. 2：

1. 一块墙皮，白底色上刷有一条3厘米宽的红线。

P. 358：

1. 长方形小木橛，一端较厚凸起，朝顶端倾斜。这种类型的器物在汉代遗址中很常见，还有各种亚类型，以下全部描述为"门闩（插销）型"；其中很多可能都曾被用作门闩。尺寸为7.5厘米×2厘米×0.9—1.3厘米。（图20：13）。

11. 一端削成榫舌的小树枝。长27.5厘米，直径1.1厘米。

12. 断面为长方形的椭圆木片，系某种构造的部分（可能是个盒子）。两个平行的钻孔从一个长边穿向另一边，1个木榫钉（6厘米长）仍然保留在上面。尺寸为27.5厘米×3.8厘米×1.8厘米。

13—15. 几片暗黄色和浅褐色丝织物。

16. 丝绸填充物。

P. 385：

3. 陶器残片，深蓝灰色陶坯，内部表面有排列紧密、轻微压印的、颜色较深的小椭圆形，大致平滑，灰黑色（参见图版2：4）。

P. 393：

1. 长方形木钩，可能是钉入墙体的衣架。一端做成钩形，且其边为斜切边，主要部分直且为长方形。奇怪的是，后者的两个宽边上写有汉文。尺寸为15.4厘米×1.6—3.8厘米×1.5厘米。图19：2。

2. 同上，与第1件形制相同。钩和颈部涂成黑色（无字迹）。长16.8厘米，厚1.4厘米。

3. 同上，颈部和主体部分一样宽。钩和颈涂成黑色。长13.5厘米，厚1.7厘米。图19：1。

4. 同上，与第3件形制完全一样。颈部绘有红彩和黑彩。长12.5厘米，厚1.9厘米。

5. B2型木封检，锯痕交错的封泥槽内还残留有绳索，槽底部又有一个附属的（？）小孔。正面写有地址。

P. 432：

1. 木封检，属于类型1或槽底有3道交错锯痕的类型2。尺寸为5.2厘米×3.5厘米×1.7厘米。

2—4. 3个小木棱柱。

5. 长方形磨石残片。宽3厘米，厚1.9厘米。

伊肯河以西和翁赞河沿岸的古代遗存

两个南部绿洲和葱都儿三角洲以北之间的大量遗址，位于主河道东面。在伊肯河以西也即额济纳河北部发现两排古代烽燧是很例外的情况。而西部主要是贫瘠的沙砾平原，只有河水到了纳林河和穆林河的浅河床时，这里才显现出一些生机。

尤为重要的是被贝格曼称作"葱都儿塞"的排成一线的 26 个毁坏严重的烽燧和一处城障，在伊肯河和纳林河之间的从塔什鄂博到布都布鲁克附近的广阔地区略现弯曲的延伸。这一线的总距离大约为 40 公里，遗址之间的间距很规律，基本上都是 1300 米。一条低矮的、不易被发现的由两道砂石筑成的塞墙的残留，紧挨西部烽燧而延伸。大多数遗址都没有经过彻底考察，只在 7 处发现了遗物（A3—A9），城障穆都儿字斤（Mudurbeljin，A8，即破城子）遗址及其周围出土了大量的木简文书和其他人工制品。通过发现物建筑特点来看，建造和使用的年代似乎与西汉同时。

第二道古代防御工事在葱都儿塞西面的纳林河和穆林河之间蜿蜒前伸。其中 5 个烽燧的最北端位于和巴勒尔所在的纬度相同的地区，最南端的一个靠近穆林河上的西庙。这一线和葱都儿塞的区别有以下几点：各个烽燧之间距离很远，没有发现防御塞墙，建筑物的建造方式迥异。贝格曼对这 3 个方面进行了考察，虽然他在 27 号烽燧发现了宋、元时期的陶器残片，但没有收集任何人工制品。

葱 都 儿 塞

贝格曼没有发现这一线烽燧遗址与遗址 A1、A2 以及瓦因托尼一线烽燧遗址在北部连接成一体的迹象，南部也没有发现与台地地区相连从而形成一个围绕哈喇浩特的难以突破的防御带的烽燧遗址，东部由于额济纳东湖而形成了一片"湿地"。也不排除这样的可能性：即这里曾经有过一个防御带，但三角洲和主河道绿洲地带的部分被侵蚀掉了，也许这样的防御带虽经计划过但却从来没有建造过。

贝格曼没有机会对所有葱都儿塞的遗址进行彻底考察。在额济纳河流域的考察正式开始之前，1930 年 6 月，他绘制了从北部三角洲沿主河道一直到南部毛目地区的路线图。这次考察中，他基本上顺着烽燧的走向，勾画出了所有遗址的略图并进行了勘探性质的发掘，所有这些工作持续了一周。6 个月之后，他第二次来到葱都儿塞，但只调查了其中的 2 个遗址：破城子和北部紧挨的一个烽燧。贝格曼于 1934 年随汽车考查团赴新疆考察，在破城子穿越这道防御塞墙时，最后一次目睹了这一线烽燧，之后他被禁止进行任何考古发掘。

以下从北开始的遗址构成了葱都儿塞的一部分。

烽燧 3 现在已经被侵蚀成了一个约高 1.75 米的小土墩，顶部有方形鄂博（或许是 bongkhong?）。
烽燧 4 最显著的特点是它是土墩南端的最高点（离地面 3 米）。这个形状几乎为长方形的最高处暴露了几乎 1/4 的烽燧。

烽燧 5 包括一个几乎为方形的土墩，由于西风的吹蚀作用，看上去像沙丘。东北角的最高部分大约 3 米高。

烽燧 A3

是这一线中从北数起的第 4 个，被侵蚀成了一个极似沙丘的圆形土墩。直径为 20 米，最高的部分在东北角，高出地面约 4 米。在北部，这个遗址和前面提到的遗址之间，贝格曼首次遇到了几乎被侵蚀殆尽的塞墙。这些塞墙除了几处中断之外，在烽燧西边向南延伸——大概烽燧 14 以下部分保存最为完好。现存遗址平面图如图 7 所示。

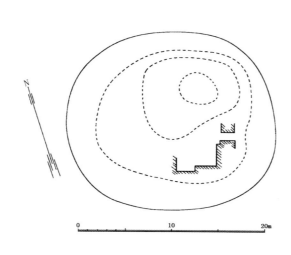

图 7
烽燧 A3 及其周边发掘部分的平面图

对土墩东南部的试掘显露出了一间房屋遗址中的 1 米高的抹了白泥的土墼墙，厚度在 1.3—1.8 米之间。一个 1 米宽的门朝向东，通过这个过道，距离房屋内部最近的地方，放着形制粗糙的 2 根树枝，它们曾是门柱的一部分。过道的对面，正好在门洞内，白墙上刷有一条黑彩竖线，并且房屋的墙壁用黑色和红色线条（可能是水平方向的？）进行涂饰。记录下来的土墼尺寸如下：29 厘米 × 18.5 厘米 × 12 厘米，38 厘米 × 19.5 厘米 × 11 厘米，? 厘米 × 17 厘米 × 13 厘米，? 厘米 × 19 厘米 × 11 厘米，? 厘米 × 20 厘米 × 13.5 厘米。

采集物是从屋内接近地面的地方获得的，屋内地面比过道中的 2 根树枝低 80 厘米。遗物包括 4 枚木简和其他木器，一小块陶器碎片，有插口的铁工具残片，麦穗（？），丝织物残片。另外，还在这里发现了一件某种尺寸的刀形木器，但后来丢弃了。

图 8
制作粗糙的毛刷基部，A.3:1，可能用于刷漆。比例为 1/2。

遗物目录：

A. 3:

1. 毛刷基部，颇大，用纤维绳将 4 片同样的木片固定在一起。刷毛用纤维包缠后插入一个方形插槽；插入的刷毛长 2.6 厘米。插槽外宽内窄，4.6 厘米深。有些固定木片的纤维被拧成细绳，细绳就紧紧地系在毛刷基部的两道刻痕中。外部和整个插口中的黑色油漆表明这个刷子或许是用来刷黑色油漆的。长（5.3）厘米，直径 1.3 厘米。图 8。

2. 末端呈锥形的小木棱柱，绘黑彩。尺寸为 4 厘米 × 1.4 厘米 × 1.3 厘米。

3. 同上，头部为圆形，向末端逐渐变细。绘黑彩。尺寸为 3.6 厘米 × 1.6 厘米 × 1.3 厘米。

4. "雌"火棍残片，至少有 4 个钻火孔，长（7.6）厘米，厚 2.3 厘米。图 20:9。

5. 楔形木器，末端窄细而凸出，刻有 5 道锋利的 V 形槽。尺寸为 9.7 厘米 × 1.9 厘米 × 1.9 厘米。图 5:11。

6. 木楔，尺寸为 10.2 厘米 ×3.5 厘米 ×1.5 厘米。

7. 小铲状的木橛残片。长 11 厘米，厚 0.8 厘米。

8. 末端呈楔形的方形木橛残片。长 10.5 厘米。

9—11. 圆形木橛，一端刷了漆。第 11 件窄的一端被加工得像一根针。

12—14. 木片。第 14 件的一端为短且尖的凸榫，另一端大致呈圆形。

15. 一块小铲状的木板，一端直而厚，另一端薄且呈抛物面形。尺寸为 20.8 厘米 ×3.2 厘米 ×0.7 厘米。

16. 一小块陶器残片，上有穿透的钻孔。A 型陶。硬度 5.0Mohs，厚 0.6 厘米。

17. 截面为三角形的带插孔的铁杆残件，可能是一个切割工具。插孔内残留有木柄的痕迹，宽度较均匀，但朝铁杆较宽的一端变得较薄。

18. 一块墙皮，白底上彩绘黑、红色线条，线条褪色严重。

19. 麦穗（？）。

20. 1—5. 缝缀在一起的天蓝色、蓝白色和褐色织物残片，2 条浅黄色绸缝制的丝带，丝绸填塞物，灰黑色植物纤维布的残片，1 根植物纤维绳（参看希尔旺，1949，第 26 页）。

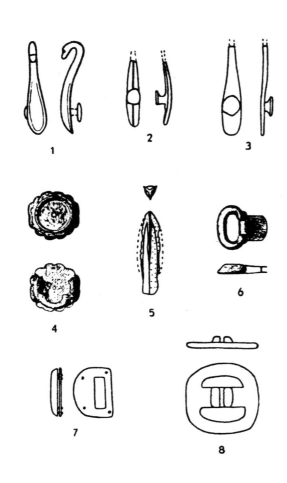

图 9

服装上的青铜带钩、扣环、截面为三棱形的箭簇。标本 8 来自贝格曼所绘的图，在遗物列表中没有描述。比例为 1/2。1. A. 4:1。2. K. 13759：7。3. A. 8：Ⅰ；455。4. K. 13753：2。5. K. 13710：19。6. K. 13789：13。7. K. 13789：11。8.（K718）P. 294：3。

烽燧 A4

整个葱都儿塞从北向南的第 5 个烽燧连同它的周边地区，现在已经侵蚀成一个大约 2.5 米高的光秃秃的圆土墩。土墩南边现在是一个低矮的岬角，或许代表房屋遗址。试掘中显露出在土墩的中部和北部有土墼墙。

北侧附近，靠近墙的地方，发现了下述服装上的小钩。其上存留有漂亮的深绿色和蓝绿色铜锈。另外，在烽燧附近黑色沙砾地上拣到的保存完好的五铢钱，但后来丢失了；其上有典型的沙漠铜锈，深褐色而比较光滑。

A. 4: 1.

小青铜带钩，截面呈半圆形，顶端向上弯曲，之后又向后折回形成了一个钩，现已残破，末端为鸟头造型。在宽端下面平整的地方凸出一个扣钉，用来扣带子或衣服。宽端边缘有一个脊，是由模子铸成的而且没有磨去痕迹。已遭腐蚀。这是此类藏品中仅存的一件标本。长 5 厘米，宽 1 厘米。图9: 1，图版 4: 12.

烽燧 6

是几乎为圆形的土墩的一部分，看上去像个沙丘。最高处约 3 米。

烽燧 7

一个略呈圆形的土墩，高约 2.5 米。

烽燧 8

一个几乎为方形的土墩，高 3 米或 4 米。

烽燧 9

与前述烽燧形状相似，高约 3.5 米。试掘显露出了烽燧的土墼墙。一层土墼、一层草交替砌筑，每一层中的草都是平铺的，但与上下层之间的方向却是垂直关系。一些枯木杆从泥墙中伸出。直观地可以得出这样的结论：烽燧附近还有其他建筑物。

烽燧 A5

自北向南的第 10 个烽燧，一个不规则土墩的一部分，外形与沙丘类似。约 3 米高。陶器碎片随地可见，而且我们在烽燧附近采集到以下钱币。

A. 5: 1.

五铢铜钱，保存状况良好，其上有典型的沙漠铜锈。直径 25.5 毫米。图版 4: 6。

烽燧 10

一个几乎为圆形的土墩，约高 3 米。地上随处可见陶器碎片。

烽燧 11

一个近乎方形的土墩，12—13 米宽，东北角的最高处约 4.5 米高；土墩的外形轮廓可能源于一个正方形围墙。贝格曼曾作过记录，其中透露了他想在此地做进一步调查的意愿；这个计划从来没有付诸实施，但他将这个遗址列为将来最有希望进行发掘的一个。下一个烽燧的发现物可能来自这里。

烽燧 A6

自北向南第 13 个烽燧，现在是一个一边直、另一边为圆形的土墩的一部分，南端有一处岬角，可能曾经存在过的一个小坞院或房屋。烽燧在整个土墩的中部，高约 4 米。一些木杆从泥石结构中垂直伸出。

遗物是葱都儿的一个蒙古人未经挖掘就采集到的，根据贝格曼的记录，这些遗物恰好是在上一个烽燧获得的。人工制品包括 6 枚木简，1 个写有地址的木封检，2 个"人面画"木橛，2 个木签牌，1

块封泥，几件铁盘、铁棒和丝织物。

遗物目录：

A. 6:

1. 封泥，不完整，有 3 道麻绳，其中一道绳上还有一个绉圈。印文的 4 个字依然清晰可辨，为
"清岩札印"（译者按，"札"应为"私"字），意为清岩的印信。背面平整并有一个与穿过前面的绳
索形成直角的凹槽，这个凹槽无疑是一个小钉子的压痕，纵向楔入 1b 型封泥槽的底部。封泥尺寸为
4. 7 厘米×4 厘米，印面为 1. 5 厘米×1. 5 厘米，图版 17：7。

2—3. 1—3 敞开的、织造精美的覆盖有黑色胶质的丝织物残片；丝质纤维填料；细股的红麻线
（？）（参看希尔旺，1949，第 26 页）。

4—5. 2 个箭镞形器物，由铁片做成，形制完全相同。一半为拱起的矛尖形，一对小圆孔穿通了
一边靠近中段的地方。另一半为截面约为圆形、拧成几乎为实心的棒。长 10 厘米和 10. 8 厘米，尖的
部分宽 1. 7 厘米，"手柄"约宽 0. 6 厘米，铁片厚 0. 05 厘米。第 5 件见图 10：6。

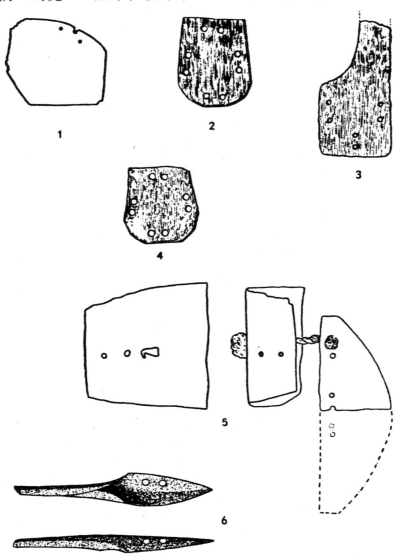

图 10

汉代遗址中发现的盔甲上的薄片。铁质和青铜质(1)。样本 2、5、6 已做成各种各样的器物。
比例为 1/2。1. A. 8：I；457。2. A. 6. ：8。3. A. 10：II；28。4. A. 10：I；86。5. A. 6：9。6. A. 6：5。

6. 同上，铁棒手柄向刃部折成直角，柄内穿有绳索。与前面提到的器物相比，穿孔靠近另一边。长（如果拉直的话？）12.8 厘米。

7. 铁片拧成的栓，折成直角。与 4—6 中描述的一样，也有 2 个圆形穿孔，这一现象或许表明这 4 件器物都是由废弃了的材料做成（如盔甲上的薄片？）。长（如果拉直的话）12.3 厘米。

8. 盔甲表层的薄铁片，由两边附近各有 4 个穿孔的窄长形薄片构成。卷成筒形。长 4.8 厘米，直径约为 1.2 厘米，宽（如果拉直的话）4 厘米。图 10∶2。

9. 铁片做成的 2 件器物，可能使用的是废弃了的盔甲上的薄铁片，铁片用一根粗糙的细麻绳连缀起来，绳长 2 厘米。其中大的一件是用大致为梯形的铁片卷成的一个一端开口的小筒；中间有 2 个圆孔和一个不规则缺口，缺口留有绳索。小的一件铁片平整，很显然是 D 形薄片的一半，并且直的一边附近有两对小圆孔；绳索就从其中一个孔中穿过。小筒外壁和平整铁片的一面都留存有黑色漆；平整铁片的另一面有红色漆。筒的尺寸为 6.5 厘米 ×3 厘米 ×2 厘米，拉直时为 7 厘米 ×6.5 厘米；平整的铁片的尺寸为（5.2）厘米 ×3.7 厘米。图 10∶5。

P. 166:

1. B3 型木封检，正面下方写有地址。封槽底部的凸棱与 3 道锯痕交错成直角，3 道锯槽中残留有绳索。保存完好。尺寸为 10.9 厘米 ×3.7 厘米 ×0.7—1.9 厘米。

2. "人面形" 木橛，由相当厚的木片构成，下部尖细。颜色已褪。尺寸为 18 厘米 ×3.3 厘米 ×0.6 厘米。

3. 同上，其上的红色保存较好，部分为黑色。尺寸为 17.6 厘米 ×3.1 厘米 ×0.5 厘米。图 21∶2。

6—7. 2 个木质悬垂小签牌，由一端带一双 V 形刻痕的短木片制成。

烽燧 12

是一个圆形土堆的一部分，外形似沙丘。高约 3 米。残存的烽燧构筑大致是两层土墼夹一层草。

烽燧 13

凸起在一个椭圆形的土堆上，土堆高约 3.5 米。

烽燧 A7

是从北向南数起的第 16 个烽燧，埋入一个形状很不规则的土

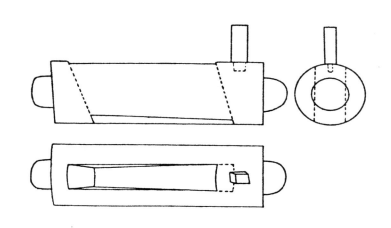

图 11

木转射（参看图版 9∶13）。A.7∶1，图版 9∶12，比例为 1/4。

堆中，顶部是沙岩层，高约 3.5 米。试掘发现了留存至今的烽燧南面的一间房屋，有 3 层土墼台阶通向顶部（和博罗松治的情况有些相似）。

在台阶的底部发现了一些遗物，包括9枚木简、1枚素简、2枚写有文字的木封检、2个封泥盒、1个留有文字的"人面形"木橛状物，可能是小刮铲。还有几件其他木器。

遗物目录：

A. 7:

1. 圆柱体大木器，末端切削成长2厘米的转轴，以便在支架上旋转（参看A32: A；46—48，图版9: 13）。一边有一个斜切的长方形凹槽，长15厘米、宽3厘米、深约4厘米。一个长方形凸榫（长4.6厘米）嵌在凹槽和转轴之间，与主轴成直角，缠有布料。整个器物通长（包括转轴）27厘米，直径7厘米。图11，图版9: 12。

2. 截面呈正方形的木橛，一端的边缘有4个小槽口，另一端严重朽烂。尺寸为19厘米×2厘米×1.8厘米。

3. 正方形木块，一端嵌有凸榫；有泥质沉积物，尤其是在凸榫和前端。通长8.5厘米，木块尺寸为4.8厘米×3.8厘米×2.8厘米，凸榫尺寸为3.7厘米×2.5厘米×1.1厘米。

4—5. 2个1b型封泥盒，尺寸为4.7厘米×3.8厘米×1.3厘米及4.9厘米×3.3厘米×1.1厘米。第4件见图版14: 4。

6. 插销形木橛末端，刻削粗糙。长5.5厘米，宽1.2厘米，顶部厚1.9厘米。

7. 素简残片。尺寸为（8）厘米×1厘米×0.3厘米。

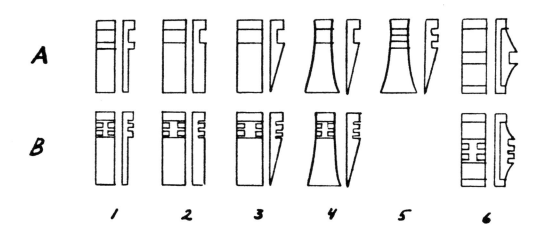

图12

额济纳河流域汉代遗址中出土的木封检的常见类型

P. 16:

1. 与部分"人面画"木橛有点类似的尖头橛，有几个模糊的汉字。尺寸为24.5厘米×2.1厘米×0.9厘米。

7. B1型木封检，有字迹。严重朽蚀，槽底部有一个洞。尺寸为12.1厘米×3.8厘米×0.4厘米。

9. A1型木封检，有字迹。宽2.7厘米，厚1.1厘米和0.3厘米。

13. 小铲形木器，圆手柄上钻有一个圆孔，留有好像是字迹或者黑色油漆的痕迹。长8.2厘米，刃部宽2.3厘米。

城障 A8

　　蒙语"穆都儿孛斤"的意思是"破城子"，在贝格曼发掘的所有地点中，此处的出土物数量最丰富。在这里收集到的完整或残破的汉代简牍不少于 5200 枚，而在整个额济纳河流域获得的简牍总数约 10000 枚，还发现了超过 1230 件的其他人工制品。遗址的平面图参看图 13。

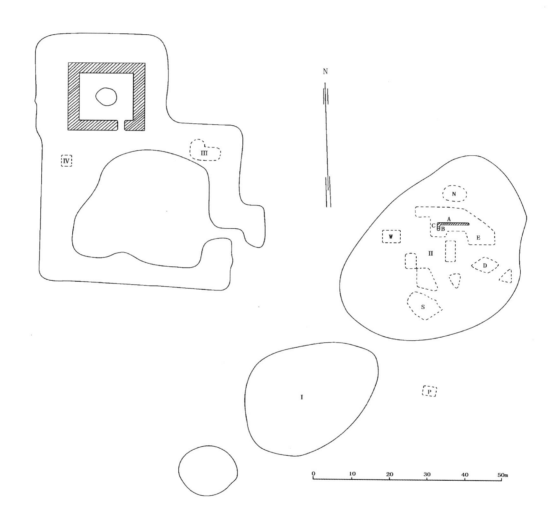

图 13

城障穆都儿孛斤（A8）平面图，显示了已经严重侵蚀的坞院和发掘地点Ⅰ—Ⅳ。

　　这些遗物中的绝大多数肯定不是来自城障，而是来自周边，尤其是 3 个土墩，它们可能曾经是简易仓库或垃圾堆。正方形围墙的城障中没有发现遗物，但有大约 115 件器物和 1495 枚木简采自与城障相连的坞院围墙的两个地点。

大约 15 米见方的坞院，应该是额济纳河流域同类建筑中最小的一个。墙体严重毁坏，建筑方法是每隔三层土墼夹筑一层芦苇；现在的墙体约 2 米厚，外高 4—4.5 米，内高大约 2 米。墙两边有碎片堆成的圆锥体，院内地面整个被瓦砾堆覆盖。门靠近南墙的东南角，通向一个 39 米 × 41 米的坐落在城障南面的坞院。坞院围墙由 1 米高、10 米宽的低矮墙体构成，其中西墙与北墙分别是障城西墙与南墙的延伸。它的门邻近东南角并朝向东，被一堵弯出的墙屏护。（贝格曼的考察主要集中在发掘遗物上，因此没有优先考虑建筑上的细节问题，也给不出这个防御物的确切描述。整个遗址，从某种程度上来说，与额济纳河流域中部的巴哈——都儿字斤城障 A24 相似）。发掘工作主要在坞院的东部和西部开展（地点 Ⅲ 和 Ⅳ）。

坞院外紧挨东南和东 15—20 米处，有 3 个大小不一的圆形土堆；土堆很低并被黑色沙砾层覆盖。王先生、靳先生（译者按：王先生是贝格曼雇佣的一个助手，曾在冯玉祥部队任过中尉；靳先生名靳士贵，也是贝格曼雇佣的一个发掘工。）和一些蒙古人在贝格曼的指导下进行了发掘，有关遗址的建筑方面的收获甚微：没有发现墙体，只在中间土堆（地点 Ⅰ）中发现了几块烧过的砖，在这个土堆以北的一个最大的土堆中，发现了一堵 8 米长的墙、覆盖着茅草屋顶和泥土地面的房屋遗址（地点 Ⅱ）。然而，这两个地点的出土器物数量占了整个遗址出土物的大宗，除了 1871 枚和 1850 枚汉简外，其余总数超过 1100 件。

在中间土堆附近的东侧开了一个小探坑（P），获得了几件木器。而最南部的小土堆则没有任何遗物或建筑物遗迹，可能是因为发掘太浅，从沙砾层采集到了一些汉代类型的陶器碎片。

发掘工作从 1930 年 12 月 27 日持续到 1931 年 1 月 25 日，经常被寒冷的天气和强风打断，有时甚至整天都得停顿下来；在破城子的大部分时间，每天只能发掘 3—4 小时。

下面关于发掘地点和探坑的更为详细的描述，其顺序与遗物目录的次序相对应。

地点 Ⅰ

几乎为椭圆形的土堆，直径 30 米，高 1.2 米。文化层厚 1.1 米，也就是和土堆的高度几乎一样。在一层薄的沙砾层之下，有分别是木炭、掺有细沙的烧过的草、掺有灰的沙子、草和略有烧焦的沙土等 5 个地层。层面并没有贯穿整个土堆。

发掘工作不系统，因此辨别不出个别的探坑。除了大量的简牍之外，在中间的土堆中还采集到了大约 525 件器物，因此这个土堆是额济纳河流域迄今发掘过的地点中出土器物最多的一处。每一层地层中都有器物出土；大多数是木器，金属器物数量很少，陶器几乎没有，主要因为当时这里的严

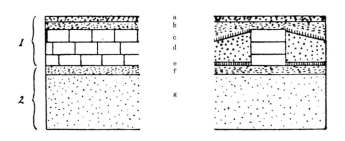

图 14

穆都儿字斤（破城子：地点 ⅡA 和 B 的发掘层）。在两个发掘层的砖墙两边都发现了人工制品。上部地层（1）：a. 碎石；b. 草；c. 混合有芦杆的硬泥（屋顶）；d. 烧制物；e. 夯实的泥土（地面）。下部地层（2）：f. 草；g. 含有略微烧焦的遗物的土层。比例为 1/40。

寒气候影响了发掘。

探坑 P，出土了 3 件木器，没有任何描述。

地点 II

是一个较长的大土堆，比地点 I 稍微低一点，可能本来与地点 I 相连，但现在雨水冲刷的沟渠将两处分开；两处的文化层几乎接合。起初，发掘不系统，蒙古人在这儿开一个探坑，在那儿开一个探坑，发掘总是不彻底（仅指下文遗物目录中的"地点"II）。但发现一堵土墼墙后，才开始对探坑进行编号（A—E，W，N，S）。

地点 II，探坑 A、B 和 C

紧挨土墼墙北、南、西 3 个方向的地点被标记为 A、B 和 C。A 和 B 两处文化层厚达 135 厘米。从图 14 可以看出，一堵只有 3 层土墼高的墙矗立在一个草和土组成的、古老的、有着略微烧焦遗物的文化层之上。这个低一些的地层中出土了大约 70 件人工制品，在目录中这些出土物和上层地层中的出土物是分开的，一些散落的烧焦的蓝灰色砖块在较远处。在土墼墙的每一边和有草的地层顶部，有一层夯土地面，之上是一个厚的烧焦的地层。这个地层中出土了一些器物，最后是残存的房顶。主要是一个坚硬的、部分烧焦的土和芦苇形成的地层及其顶部的一层草。从外观来判断，墙的东西部分走向曾经是建筑物的分割墙。在地点 II 的 A 和其上正对土墼墙的北面地点，是一堆乱糟糟的 5 个或 6 个狼或狗的骨骼。来自探方 A 的较高层面的遗物数量比目录中列举的将要多，因为首先从这儿发现的遗物没有与这个土堆中的其他器物分开，而是放在一起并被冠以同一个标题"地点 II"。没有见到关于探坑 C 横向墙外部情况的任何描述。

地点 II，探坑 D

土堆东边附近的地面被挖了 70 厘米深。地表有一层约厚 10 厘米的烧焦土层，之下是掺和着灰烬和草的土。这里出土的所有木器颜色均呈深褐色，主要是由于接近下层土中潮湿的缘故。

地点 II，探坑 E

紧邻墙的东侧，发掘了 90 厘米深。最上层的地层包括一层薄草上的夯土，之下是深厚的烧焦的土层，最下面是带有很少量灰烬的土层。

地点 II，探坑 W

找不到任何关于土堆西边的这处地点的资料。

地点 II，探坑 N

这个探坑发掘了 50 厘米深，之后因为没有挖到连续的文化层而中止了。已发掘的地层中包括捆扎紧密的草，草中发现了保存完好的木简和其他器物。

地点 II，探坑 S

当地点 I 的出土遗物减少的时候，王先生就向地点 II 的南部转移并开了探坑 II S。揭露了两个层面，均深达 40 厘米。上一个层面（S1）包含厚的烧焦层和含有草与风化了的陶片的混合层，在接近地表的地方风化情况更严重。找不到任何关于下一个层面（S2）的资料。两个层面的出土物在目录中分开描述。

地点Ⅲ

发掘了坞院内部及其东北角。没有关于坞院的明显遗存，只在接近地面的地方发现了明显的烧焦地层。

地点Ⅳ

发掘了坞院的西侧，此处保存状况也很差。除了与其他发掘地点一样，出土大量的盘羊骨骼之外，此处唯一的收获就是6枚有字木牍；因此，在以下的遗物目录中没有列出这个地点。

根据我们的了解，地面采集物A.8：1—9可能是在附近采集的。

有些标本在目录中没有描述，然而显示在图17—20，22中。

除了残断者之外，许多木简上都有日期，约是公元前81年至公元25年之间的一段时间。实际上，来自这个遗址的所有采集品向我们展示了一个尘封已久的汉代定居点，极有可能没有受到此后外来因素的影响，与A35及其他几个标为A的汉代之后还在使用的遗址形成鲜明对比。

遗物列表：

	各个地点出土器物大致总数												
	Ⅰ	P	Ⅱ	A	B	C	D	E	W	N	S	Ⅲ	地表
五铢钱（约24）	13	—	3	1	—	—	—	—	—	—	1	4	—
大泉五十钱	—	—	1	—	—	—	—	—	—	—	—	—	—
木器													
素简	31	—	6	2	—	—	—	—	5	—	—	51	—
有铭文的"器物"	2	—	1	1	—	—	—	—	—	—	1	—	—
封泥盒、封检、牌符	138	1	74	35	—	4	3	10	3	3	22	18	—
签牌	15	—	7	—	—	—	—	—	—	—	1	—	—
完整的毛笔（P.1：1）	—	—	—	—	—	—	—	—	—	—	1	—	—
骰子和相似的棱柱体	4	—	6	2	—	—	—	—	—	—	1	3	—
木雕小鸭	1	—	—	—	—	—	—	—	—	—	—	—	—
"人面形"木橛	9	—	8	8	1	—	—	3	—	2	—	4	—
饰件	1	—	2	—	—	—	3	—	—	1	1	—	—
梳子	4	—	4	3	—	—	—	—	3	—	1	2	—
梳子形器具	1	—	—	—	—	—	—	—	—	—	—	—	—
碗的整件及其残片	20	—	13	1	—	1	1	1	4	—	7	1	—
木碟残片	—	—	1	—	—	—	—	—	—	—	—	—	—
木桶残片	1	—	—	—	1	—	—	—	—	—	—	1	—

| | 各个地点出土器物大致总数 | | | | | | | | | | | | |
	I	P	II	A	B	C	D	E	W	N	S	III	地表
瓶的圆盖及其他	—	—	1	—	—	—	—	—	—	—	—	—	—
圆盘,极可能是容器的底	5	—	1	—	—	—	—	—	—	—	—	—	—
D 形手柄	—	—	—	—	—	—	—	1	—	—	—	—	—
长方木条做成的箱子	—	—	1	1	—	—	—	—	—	—	—	—	—
长柄勺	1	—	1	1	—	—	1	—	—	—	—	—	—
小木铲、小铲状残片	30	2	17	6	—	1	1	3	—	1	9	1	—
筷子和类似的棍子	13	—	—	2	—	—	—	—	—	—	6	—	—
"雌"火棍	1	—	—	—	—	—	—	—	—	—	—	—	—
浅盘支架	1	—	1	—	—	—	1	—	—	—	—	—	—
X 形支架的一部分	1	—	—	—	—	—	—	—	—	—	—	—	—
刀鞘	—	—	—	—	—	—	—	—	—	—	—	1	—
刀形器具	1	—	1	2	—	—	—	—	—	—	—	—	—
布掸子	1	—	—	—	—	—	—	—	—	—	—	—	—
L 形小木槌	—	—	1	—	—	—	—	—	—	—	—	—	—
短棒头	—	—	1	—	—	—	—	—	—	—	—	—	—
有插槽的扁斧或锄头的头部	—	—	1	—	—	—	—	—	—	—	—	—	—
狐尾锯手柄	—	—	—	—	—	—	—	—	—	—	1	—	—
绳栓,竿	1	—	1	—	—	—	—	—	—	1	—	—	—
楔子、楔形器物	7	—	3	—	—	—	—	—	—	—	1	—	—
X 形木榫钉	—	—	—	—	—	—	—	—	—	1	—	—	—
测量用棍子	—	—	1	—	—	—	—	—	—	1	—	—	—
交叉处有刻线的细长薄板	2	—	—	—	—	—	—	—	—	—	—	—	—
新月形旋轴	—	—	1	—	—	—	—	—	—	—	—	—	—
带有毛发的破木橛	1	—	—	—	—	—	—	—	—	—	—	—	—
劈开的木材,有一个加工成了木楔	—	—	—	—	—	1	—	—	—	—	—	—	—
钉入门框的插销	—	—	1	—	—	—	—	—	—	—	—	—	—

	各个地点出土器物大致总数											
	I	P	II	A	B	C	D	E	W	N	S	III	地表
"门闩形"木橛	10	—	9	—	—	—	3	3	—	2	10	—	—
"衣架"	—	—	4	—	—	—	—	—	—	—	—	—	—
油漆薄片	—	—	1	—	—	—	—	—	—	—	—	—	—
各种器物及废料	134	—	57	27	—	3	3	7	3	9	18	16	—
竹器													
管	1	—	—	—	—	1	—	—	—	—	—	—	—
管的一部分	—	—	—	—	—	—	—	—	—	2	1	1	—
小刮刀	—	—	—	—	—	—	—	—	1	—	—	—	—
筷子	14	—	3	1	—	—	—	—	—	—	5	—	—
其他圆棍	9	—	4	—	—	—	—	—	—	—	—	—	—
"牙签"	8	—	—	—	—	—	2	—	—	1	—	—	—
标签	—	—	2	—	—	—	—	—	—	—	—	—	—
窄梳子	—	—	—	—	—	—	—	—	—	1	—	—	—
楔子	—	—	—	—	—	—	—	—	—	—	1	—	—
各种部分成型的橛、棍、细薄片	21	—	5	1	—	—	1	4	1	4	5	4	—
藤编篮	—	—	1	—	—	—	—	—	—	—	—	—	—
葫芦器具													
长柄勺残片	—	—	—	—	—	—	—	—	—	—	—	1	—
容器残片	1	—	—	1	—	—	—	—	—	—	—	—	—
部分成型的角器	1	—	1	1	—	—	—	—	—	—	—	—	—
玻璃饰物	1	—	—	—	—	—	—	—	—	—	—	—	—
玉髓片	—	—	—	—	—	—	—	—	—	—	—	1	—
黏土和陶器													
封泥	1	—	—	—	—	—	—	—	—	—	—	—	—
陶片	3	—	2	—	—	—	—	—	—	—	1	—	9
鱼网坠（A 型）	3	—	—	—	—	—	—	—	—	—	—	—	—
青铜器及铜器													

	各个地点出土器物大致总数											
	Ⅰ	P	Ⅱ	A	B	C	D	E	W	N	S	Ⅲ	地表
皮带钩残片	1	—	—	—	—	—	—	—	—	—	—	—	—
箭镞	1	—	—	—	—	—	—	1	—	1	—	1	—
戒指	1	—	—	—	—	—	—	—	—	—	—	—	—
用具	—	—	1	—	—	—	—	—	—	—	—	—	—
弯曲的带状物（来自圆形物的边缘?）	1	—	—	—	—	—	—	—	—	—	—	—	—
片状物（来自盔甲的外层?）	1	—	—	—	—	—	—	—	—	—	—	—	—
铁器													
U 形铁掌铲	1	—	—	1	—	—	—	—	—	—	—	—	—
矩形铁掌铲	3	—	1	—	—	—	1	—	—	—	—	—	—
凹形锄刃	1	—	—	—	—	—	—	—	—	—	—	—	—
器具	—	—	2	—	—	—	—	—	—	—	—	—	—
片状物、枝竿等	4	—	1	1	—	—	—	—	—	—	2	1	—
丝织物及其他（组的总数）	6	—	2	2	—		1—2	1	1	1	2	1	—
帛书	—	—	1	—	—	—	—	—	—	—	—	—	—
鞋和绳编凉鞋	—	—	4	—	—	—	—	—	—	—	1	—	—
细绳编织的垫子	—	—	1	—	—	—	—	—	—	—	—	—	—
环形狩猎器	—	—	—	—	—	—	—	—	—	—	1	—	—
芦苇扫把	—	—	2	—	—	—	—	—	—	—	—	—	—

地点Ⅰ

A. 8：Ⅰ：

1. 小木铲，长方形刃，其中一边有 2 道 V 形刻痕，窄手柄。大致是用平直的木片做成，做工粗糙。尺寸为 23.3 厘米 ×0.5—1.9 厘米。

2. 圆竹棍，可能为筷子。长 18.3 厘米。

3—4. 圆竹棍的 2 块残片。

5—12. 8 枚完整或残损的断面为长方形或梯形的素简。最长的一枚为 22.5 厘米。

13—16. 相当大的器物的 4 小块木质残片。

17—19. 3 个末端有突出部分、转轴或槽口的木橛。长 16.7—19.4 厘米。图版 11：5，6 和 12：3。

20. 一端有方斜头的圆木橛的残片。圆的部分钻有一个孔。长 11.5 厘米，图版 12：8。

21. 木牍，可能是一个签牌，一端大致为圆形，接近两端的两边各有 2 个 V 形刻槽。尺寸为 13.3 厘米 ×3 厘米 ×0.4 厘米。图版 13:15。

22—24. 3 根细小的竹棍，稍微有些弯曲，一端削尖。或许是牙签（一种常见器物，以下统称为"牙签"）。最长的一根一处有点损伤，系有淡黄色丝线。长 10.5—12.5 厘米。图版 6:6。

25. 一个简易 X 形木架的一部分（形状类似一双钳子）。较长的长方形木片一端（基部）被斜削，相对的一端为圆形、内边有一个宽的凹切口；切口下，一个斜槽穿过另一宽边（和另外丢失的部分相匹配）。切口处缠绕着丝线，靠下一些的被一个小木橛插入一个小孔的黑线可能是显示这两部分如何被线固定在一起的；在斜槽中可以看到另外一个小孔。长 23 厘米，宽 2.3 厘米，厚 0.5 厘米，图版 13:20。

26. 木质勺形小铲，刃部和手柄之间略微向上弯曲。刃部为长方形，前部扁平，后部凸起，手柄直且圆。尺寸为 19 厘米 ×4.3 厘米，图版 7:5。

27. 小木铲，用平且薄的木片做成，纵向弯曲成 S 形。长方形刃部末端为圆形，手柄很精致。尺寸为 22.6 厘米 ×3.6 厘米，图版 7:10。

28. 小木铲，刃为长方形且末端直，背部有凸脊，手柄窄圆。尺寸为 22.1 厘米 ×2.3 厘米。图 18:18，图版 7:1。

29. 同上，由扁平的木片做成，刃部长且为长方形，末端直。尺寸为 23 厘米 ×2.1 厘米。

30. 同上，由扁平的木片做成，刃部为长方形，一端削尖。尺寸为 22.6 厘米 ×1.9 厘米，图版 7:6。

31. 同上，由扁平的木片做成，刃部为长方形且有斜圆角，手柄有一些弯曲并和刃部成钝角。尺寸为 20.1 厘米 ×3.3 厘米。

32. 同上，为残片，烧焦，手柄折断。刃部宽阔，刃末端凸出、背部为拱圆形。尺寸为 10.9 厘米 ×3.9 厘米。

33. 同上，为残片，由扁平的木片做成，原来弯曲并和刃部成钝角的手柄已折断，刃部几乎为椭圆形。尺寸为 6.1 厘米 ×2.3 厘米，图版 7:7。

34. 木梳形工具残片（可能用于纺织）。由长方形木片组成，一边扁平，另一边向破损端倾斜，带有从另一端 7 厘米处开始的突出部分。后者由 3 个纵向的、4—5 毫米宽的切槽形成了 4 个"牙齿"状物。破损的另一端明显有相似的齿状物，但没有突出部分。尺寸为 16.3 厘米 ×4 厘米 ×1.3 厘米，图版 11:3。

35. 竹片，尺寸为 24.2 厘米 ×1.1 厘米。

36. 木片残片，一端斜向切削。尺寸为 21.6 厘米 ×1.3 厘米。

37—40. 4 个截面呈椭圆的木橛。可能是篮子的纵向篮骨。长 31.3—32.2 厘米，图版 12:1。

41—42. 2 个残损的截面呈圆形的木橛，可能是小木铲的手柄。长 15 厘米和 9.8 厘米。

43. 竹筷子，中间髹黑漆，末端髹红漆。长 21.4 厘米，图版 6:7。

44—46. 3 根普通竹筷子。长 20—21 厘米。

47—48. 2 根木筷子，1 根残损。长 21.7 厘米和（18）厘米。

49. 木雕小鸭，从一边至另一边钻有 1 个小孔用以系缚绳索（或者钉栓）。制作简单，也许有描绘的痕迹。在所有的收藏中显得很独特。长 5.4 厘米，厚 1.7 厘米。图 15。

50—62. 13 个 1 型封泥盒。第 56 件为 b 型（有楔面），第 62 件突起的一端有汉字"一月"。长

图 15

木雕小鸭，A. 8:I；49，比例为 2/3。

3.8—4.8 厘米，宽 1.5—3.3 厘米，厚 1.1—2 厘米，图版 14:3，12。

63—72. 同上，10 件 1a 型封泥盒，第 72 件有 1 个窄片从一端凸出，与背面相平。长 4—5.2 厘米，宽 2.1—4.5 厘米，厚 0.8—1.7 厘米。

73—85. 同上，13 件封泥盒，或多或少有残损。长 3.1—5 厘米，宽 1.6—3.4 厘米，厚 1—2.2 厘米。

86. 2 型封泥盒，略微残损。尺寸为 3.2 厘米 ×3.5 厘米 ×1.9 厘米，图版 14:9。

87. 封泥盒材料，有 3 道刻槽但无封槽。尺寸为 5.7 厘米 ×4.2 厘米 ×2.4 厘米，图版 14:7。

88. 封泥盒材料，有 2 道刻槽但无封槽。尺寸为 4.7 厘米 ×2.7 厘米 ×1.7 厘米，图版 14:2。

89—93. 5 根竹"牙签"（参看上文 A.8：I；22—24）。长 9.5—11.3 厘米。

94. 截面为圆形的短竹棍，末端直。可能是木榫钉。长 11.5 厘米。

95—97. 3 根竹筷，其中第 96 和 97 可能是一双。长 21.1 厘米和 23.3 厘米。

98—99. 2 根木筷。长 21.6 厘米和 20 厘米。

100—101. 2 根木筷残片，其中第 100 和第 98 或许是一双。长 11.8 厘米和 11.1 厘米。

102. 小木铲，有长方形窄刃，刃部末端突出，背部制作粗糙。手柄长且直。图 18:19。

103. 小木铲形工具残片，折断的手柄刮削不对称。刃部的一边扁平，另一边（背面）有削边。尺寸为（13.5）厘米 ×3.2 厘米，图 18:10。

104. 木质刀形器物，由中部 0.3 厘米厚、两边略薄的扁平木片构成。前端尖，后端平。长 19.5 厘米，宽 1.9 厘米。图版 12:16

105. 细竹棍，截面呈长方形，长 9.5 厘米，其余部分削成圆形且逐渐变细。长 24 厘米（参看《亚洲腹地》，图版 C.X，Y.Ⅲ.02，比较粗糙）。

106. 圆木橛，一端为楔形。长 14 厘米。

107. 木片，一端尖且被切削成一个锋利的"切边"。长 13 厘米。

108—110. 3 根扁平的竹棍，一端尖。长 12—17.2 厘米。

111. 木橛残片，可能为衣钩，一端有一个大一点的凸出物，有斜切边。长 18 厘米，图版 12:15。

112. 方形木橛，相当长，每端有两个相互垂直的孔。长 22.5 厘米，厚 0.8 厘米。

113. 同上，为器物的残片，相似但孔洞比较靠近内部，孔之间距离较大。长（11.7）厘米。

114. 木橛，可能为"人面画"木橛，但没有彩绘的痕迹。因为上部有前脊而显得相当扁平，较宽的部分截面呈三角形；其余部分向狭窄尖末端切削得扁平。长 22 厘米，宽 2.2 厘米，厚 0.5—0.9 厘米。

115. "人面画"木橛残片，黑彩几乎褪尽。顶端到口部之下的一点截面为三角形，其后削平，扁平的表面向折断的、烧焦的、尖削的末端逐渐变宽。尺寸为（15.5）厘米 ×4.4 厘米。图 21:8。

116. 同上，末端（折断）尖削，上部截面为三角形。凸出的脊代表鼻子，在一个垂直的凹槽处截止，从而形成了一个平面，这个平面向下延伸至大约 5 厘米处。朽损严重。尺寸为 24 厘米 ×3.8 厘米。图 21:10。

117. 同上，均属于同一种普通类型，相当短、宽。脸部黑彩占据了前部的大部分面积。尺寸为 20.2 厘米 ×3.8 厘米。图 21:11。

118. 同上，鼻梁下有相当狭、长的凹槽。雕刻工艺和黑彩粗糙而且有些不规则。尺寸为 26.5 厘米 ×2.8 厘米。图 21:14，图版 15:1。

119. 同上，和第 118 件器物相似但比较宽，鼻梁较尖。尺寸为 23.8 厘米 ×4 厘米。图 21:15，图版 15:2。

120. "人面画"木橛，下端直。头的顶端截面为三角形，下面的凹槽相当短而斜，头部边缘和下巴之下的整个木橛削成圆形。绘有黑彩的脸制作相当考究。尺寸为20.5厘米×3.7厘米。图21:5，图版15:5。

121. 同上，形状、绘画风格和第120件器物相似。尺寸为20.5厘米×3.5厘米。

122. 木质勺形小铲残片，整个糅了红漆，手柄基部两侧和手柄都装饰黑色窄线；刃部和手柄的一部分已脱离。刃部几乎为梨形且不对称，手柄很平直，截面呈圆形，很独特。长12.3厘米，宽2.2厘米。图18:8，图版7:8。

123. 木质勺形小铲残片，刃部轮廓为尖椭圆形且一面略凹一面略凸，其背部有纵向凹痕并沿着中脊线有凸脊。直手柄且前部扁平、后部圆凸，断裂。尺寸为（16）厘米×3.4厘米。图版7:2。

124. 木质勺形小铲残片，刃部前端尖凸，刃部边缘直且基部斜削，直手柄从基部伸出并沿着刃部背面的凸脊延伸。断裂的手柄被相当粗糙地切成斜面。尺寸为（16.2）厘米×2.6厘米，图版7:9。

125. 薄木片做成的小木铲，长方形刃前端为圆角且逐渐向直柄处变细。尺寸为23.1厘米×2.5厘米，图18:17。

126. 大一些的小木铲，长方形刃部向手柄处逐渐变窄，手柄截面呈圆形。尺寸为28.7厘米×3.8厘米，图版7:11。

127. 大木勺残片，制作粗糙。断裂了的刃可能为椭圆形，而且无疑一面凹一面凸，圆形手柄未固定的一端（已毁）最厚。尺寸为28.7厘米×4.5厘米，图版7:13。

128—133. 6把残破的小木铲，刃部前端扁平，背部扁平或稍微圆鼓。刃部前端有些凸起，直手柄。长7.1—13.8厘米，宽1.6—3.5厘米。

134. 由一块薄木片做成的窄小木铲，纵向弯曲。长方形刃部一端凸起，逐渐变窄成为手柄。尺寸为22.6厘米×2厘米。

135. 小木铲，方手柄，刃部截面几乎为楔形，轮廓为长方形。尺寸为17.3厘米×1.5厘米。

136. 小木铲，厚手柄，截面呈长方形，刃部狭窄且厚度与手柄相同，略微弯曲。手柄有烧焦痕迹。尺寸为14厘米×1.4厘米。

137—140. 竹筷，1根残损。长24.6厘米、22.1厘米、20.6厘米和（12.5）厘米。

图16

木封检（封面用检）。A8:I；199，图版14:10（亦可参看图17:11）。1/2 大小。

141—149. 9个封泥盒，1b 型。最小的一个即第148件的封槽内还有封泥的痕迹。长 4.2—5.2 厘米，宽 1.6—3.2 厘米，厚 1—2 厘米。

150—170. 同上，21 个，类型 2。有些用细枝做成，但大一些的有一部分用较厚的木片做成。第170 件留有掺和着草和木屑的封泥。长 3.4—5.9 厘米，宽 1.8—3.9 厘米，厚 0.9—2.3 厘米，图版14:5，6。

171. 同上，属于1a 型，一个纵向的穿孔贯穿封槽两端的2个封档，穿孔与封槽底部在同一个平面上。一端的穿孔中留有可能是绳索的痕迹，封档上可能是字迹。尺寸为5.5厘米×2.7厘米×1.5厘米。

172—197. 26 个，同上述 1b 型和 2 型，大致有些残损。长 4—7 厘米，宽 1.7—4.2 厘米，厚 1.3—2.2 厘米。

198. 同上，残片，属2 型，保留下来的封档上有字迹。背部边缘有2 道刻痕。尺寸为4.5 厘米×

2.5 厘米×2 厘米。

199. 长方形木封检，B6 型（封面用检）。中间为封泥槽且有 3 道绳口。背部扁平，前部两端斜切并与封槽成一定的弧度。在所有的藏品中显得很独特（这一类的完整样品，参看《塞林提亚》图版 21）。尺寸为 12.1 厘米×3.9 厘米×1.8 厘米。图 16 和图 17:11 以及图版 14:10。

200. 简单的木封检，A2 型，一端附近有封槽。尺寸为 7.7 厘米×3 厘米×1.5 厘米。

201. 同上，类型介于 A2 和 A3 之间，离一端 3 厘米处有封槽，用小枝条做成。背部扁平，前部除封槽底部之外均呈浑圆状，槽底很平并略微向末端倾斜。尺寸为 12.5 厘米×2 厘米×1 厘米，图版 14:22。

202—204. 3 个，同上，A2 型，和第 200 件相似，由类似第 201 件的粗糙小枝条做成。长 8.5—10.7 厘米，宽 1.6—2.2 厘米，厚 1.3—1.7 厘米。

205. 一端附近带有长方形封槽的短且圆的小枝条。可能是用来制作与上述 202—204 相似的封检的材料。长 6.6 厘米，直径为 1.5 厘米，图版 14:13。

206. 结构简单的木封检，A6 型（封面用检），中间有封槽，从封槽前部向两端逐渐变细。背部未加工平滑。长 7.4 厘米，宽 2 厘米，厚 1.2 厘米，图版 14:15。

207. 封检残片，与以上第 201 件相似。长 4.3 厘米，宽 1.9 厘米。

208. 封检残片，3 道锯痕横穿封槽底部。背部略微凸出（未完成?）。尺寸为 4 厘米×2.5 厘米×1.5 厘米。

209. 长且窄的木橛，中间和末端分别有 2 个几乎为正方形的切口，截面为长方形（宽度相同），加工平滑。部分烧焦且劈裂。尺寸为 23 厘米×1.9 厘米×1.1 厘米，图版 14:24。

210. 多边形木橛，可能为一枚封检，原来的中间带有开口的长方形切槽，末端已断。用小枝条做成，枝条一边削得扁平，此即切槽所在之处。其上有字迹但不很清晰。尺寸为 18 厘米×1.5 厘米×1.5 厘米。

211. 中部有一个长方形大穿孔的长方形木块残片。原本可能是某个构件的一部分，因为木块的末端和底部已经被部分锯掉，穿孔用凿子加工得很规整。尺寸为 6 厘米×3.7 厘米×3.1 厘米，图版 8:14。

212. 木器，可能是木杆顶部，长方形，一边有斜削边，一个正方形孔穿过靠近中间的地方，从有孔处向一端逐渐变细，另一边有磨损的痕迹，孔内因来自轴或类似部件的压力而变得平滑。尺寸为 8.6 厘米×2.5 厘米×0.8—1.7 厘米，图版 8:12。

213. 截面呈长方形的木片，一端有一窄长形穿孔，另一端有一个垂直于孔洞的刻痕。尺寸为 7.8 厘米×1.9 厘米×1.9 厘米。

214—218. 5 个门闩形木器，长方形，一端有突出物，除了第 214 和第 216 两件外，其他几件都在较薄的地方折断。有些可能是用作小门的门闩。最大的尺寸为 12.5 厘米×2.6 厘米×2.7 厘米，最小的尺寸为 5.5 厘米×2.5 厘米×2.1 厘米。

219. 长方形木牍，一端刨至一半的厚度，其余部分被斜削。较薄的部分钻了一个斜孔，稍微靠近中轴线一侧；离这个钻孔最远的长边已折断，因此这件器物很可能曾经较宽，而且遗失的那部分的相应地方应有另一个钻孔。长 13.1 厘米，宽 3.6 厘米，厚 1 厘米。

220. 同上，无孔，较小，制作较粗糙，较薄部分的边缘已磨损。尺寸为 7.8 厘米×2.8 厘米×1 厘米。

221. 同上，无孔，较厚部分的一边直，另一边经切削并向未固定的圆的一边逐渐变细。尺寸为 8.3 厘米×2.1 厘米×1.2 厘米，图 20:8，图版 8:17。

222. 窄边中段有长方形穿孔的木块残片，而且一端的一个分支垂直于穿孔。木块现已纵向劈裂，保留了大约一半。尺寸为 6.4 厘米×1.9 厘米×（1.9）厘米。

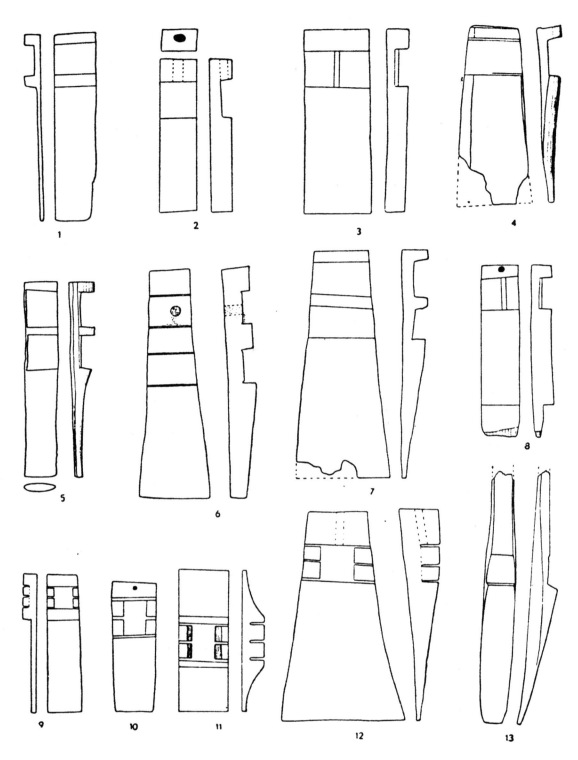

图 17

穆都儿字斤 A8 和 A10(13) 出土的木封检。用 P 做标记的标本,依照了贝格曼所画的图,在目录中没有描述,只描述了标本 2 的发掘地点。比例为 1/3。1. P. 175:11。2. (A8:ⅡE)"P"字编号不详。3. P. 214:1。4. P209:1。5. P. 311:28。6. P. 21:1。7. P. 209:2。8. P. 55:1。9. P. 348:7。10. P. 30:11。11. A. 8:Ⅰ;199(参看图 16)。12. P. 8:2。13. A. 10:Ⅰ;21。

223. 木块残片,一端凸出,主要是两个正方形接榫围绕一个长方形开口。在凸出部分折断之前,长方形开口可能是一个穿孔。木块的另一端有污泥的痕迹。尺寸为 (7.5) 厘米×3.2 厘米×1.1—4.4 厘米。

224. 几乎呈立方体的木片,为一个较大器物的一部分。尺寸为 3 厘米×2.2 厘米×1.6 厘米。

225. 长方形木片残片，一端附近有大约一半厚度的部分被挖空（直径为1.7厘米）。尺寸为12.2厘米×（2.1）厘米×1.0—1.4厘米。

226. 几乎为长方形的木片，中部附近有不完全圆的大孔；离孔最远的一端的边被斜向锯掉，比另一边短。未完成。尺寸为6.8厘米×3.7厘米×0.9厘米。

227—228. 2块同样的木片，长方形且刨得很平；由一根树干用两种方法做成，一个顺着与木纹理垂直的方向切削，另一个顺着与木纹理平行的方向切削。尺寸为14.9厘米×7厘米×0.8（0.4）厘米。

229. 木片，可能为签牌，一端附近有2个相对的V形刻痕用以固定绳索。边缘为圆形，显示出此简用一根小枝条做成。尺寸为11厘米×1.4厘米×0.8厘米，图版13:14。

230—231. 同上，2件残片，较薄，第231件上一边的字迹已褪色。

232. 木签牌，一端为半圆形，该端有一个穿绳索的小孔，很平滑。尺寸为7.8厘米×3厘米×0.3厘米，图版13:12。

233. 同上，有一个圆端，比较直，红色。尺寸为7.3厘米×2.5厘米×0.2厘米。

234. 同上，无孔，未完成制作。尺寸为7.5厘米×3.2厘米×0.5厘米。

235—242. 同上，8件，弧形的一端有孔，比前述之物窄得多；现有的标本似乎属于完整的一套，因为其尺寸和比例都相同。尺寸为10.7厘米×1.5厘米×0.25厘米。第235件，图版13:13。

243—244. 2根长木棍，截面呈椭圆形。第244件多少有些损伤，中部缠着的某种线或类似材料，正如浅色的线痕所显示。长40.5厘米（不完整）和36.3厘米。

245—249. 5根木棍残片，与第243—244件相似。

250. 同上，折断，用植物纤维的布料包裹。长（28）厘米。

251—255. 5根竹棍，其中3根的一端或两端尖细。第252—253件可能是刷子，参看图18:12，14。

256—263. 8枚素简。有些截面为长方形，其他的截面为梯形。除了2块有烧焦的末端的小残片外，其余的均长16.7—23.5厘米。

264. 几乎为椭圆形的木盘，由两部分构成，材质不同；一边颜色较暗（彩绘？），边缘因用锉刀或类似的工具进行了加工而很平滑，也留有其他木材的痕迹。可能是一个圆形容器的底部。直径为14.5—16.5厘米，厚1厘米。

265. 几乎为圆形的木盘，中部有一个正方形穿孔，这儿原先就已经凿有一个深0.7厘米的方形凹槽。制作粗糙。直径约9厘米，厚1.1厘米。

266. 圆木盘残片，由2块或更多的木片组成。一边绘有黑彩。凸边上的3处分别有一个小的、烙制（？）的孔。这些孔中的木榫钉可能是用来固定一个圆筒形长方形薄壁的容器。尺寸为20厘米×6.3厘米×0.7厘米。

267. 同上，残片，一边（背面）髹了红漆。边缘倾斜，内有5个小孔，木榫钉通过这些孔来固定长方形壁的下部。这个盘形物与一个木桶8:Ⅰ；269的边很匹配。直径13.1厘米，残片宽4厘米，厚0.7厘米。

268. 同上，略小的残片，两面都绘黑彩，一面有一些刻画粗糙的线条，凸出的边缘两边都被斜切。尺寸为6.3厘米×2.1厘米，厚0.6厘米。

269. 低矮的木桶边缘残片。一侧口沿已经烧焦。内部斜槽用于固定桶底，外部有2个1.5厘米宽的刻痕用来加束铁箍，一个靠近顶部，另一个靠近底部。原本的直径为14—16厘米，高10.5厘米，厚1厘米，图版8:9。

270—276. 7个一端尖且有点圆的木橛。长8.2—16.2厘米，厚0.6—1.5厘米。

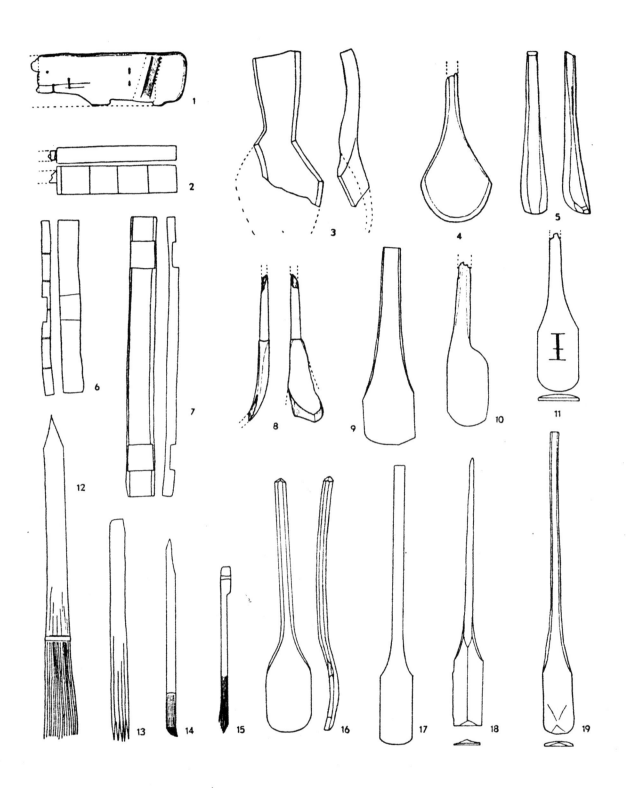

图 18

木勺，小木铲和其他器物，一个葫芦做的瓢（3），扁平的竹刷（12—15）。标本 7 和 13，目录中没有列出，是直接来自贝格曼所画的图，可能是从土堆Ⅰ中发掘出来的，比例为 1/3。1. A. 10：Ⅱ；7。2. A. 8：Ⅱ；100。3. A. 8：Ⅲ；64。4.（A8：Ⅰ）P. 477：5。5. A. 8：ⅡA；60。6.（A1：Ⅱ）P. 392：1。7.（A8）P. 298：15。8. A. 8：Ⅰ；122。9. A. 8：ⅡN；8。10. A. 8：Ⅰ；103。11. A. 8：Ⅱ；59。12. A. 8：Ⅰ；252。13.（A8）P. 313：2。14. A. 8：Ⅰ；253。15. A. 8：ⅡE；10。16. A. 8：Ⅱ；58。17. A. 8：Ⅰ；125。18. A. 8：Ⅰ；28。19. A. 8：Ⅰ；102。

277. 每一端附近处都有横向刻痕的竹片，这些刻痕可能是用来加箍的。尺寸为23厘米×2厘米。

278. 木片，两边都有墨色笔画，形状为带斜边的无字木牍。尺寸为23.1厘米×2.4厘米×0.5厘米。

279. 素简，向一端变得略微尖细。长22.7厘米。

280. 同上，稍厚一些，圆形末端狭窄且不完整。长（19.2）厘米，宽1.7厘米，厚0.7厘米。

281. 敲打器，主要是1个木橛，木橛的一半包裹在粗糙的植物面料中；手柄部分截面为椭圆形，朝向包裹的部分略微有些宽，被包起来部分略扁平且有一个斜切的末端，很独特。长19厘米，宽1.4—2厘米，厚0.8—1厘米，图版8:7。

282—283. 2件木器或较大木块的残片，大致为长方形，厚且扁平。尺寸为16.4—17.5厘米×2.5—3厘米×1.5厘米。

284. 一小块木片，一边扁平，另一边凸出。

285. 小木棱柱，可能是某种骰子，长方形，在4个最大的表面上绘有黑色对角线。尺寸为2.7厘米×1.8厘米×1.3厘米。

286—288. 3个木棱柱，和前一件相似，但小一些，没有彩绘。

289—302. 14块小木片，主要是没有完成或残缺的封泥盒、木简、带有斜切边的棱柱以及类似物。

303—307. 5个小木楔，最大尺寸为7.4厘米×2.4厘米×1厘米。

308. 木楔。尺寸为10.5厘米×1.6厘米×0.9厘米。

309. 背部半圆形的木梳，细齿在基部已经大范围断裂。用细纹硬木做成，是收藏品中典型的汉代细齿梳。宽6.6厘米，高6.2厘米，厚0.6厘米。

310. 同上，齿较粗，是保存了完整长度的惟一一件；背部为半圆形。硬木，纹理细密。高8厘米，宽5.7厘米，厚0.5厘米。

311. 与第310件形状几乎相同，所有的梳齿都在基部断裂。梳齿以上的尺寸为：高4.3厘米，宽5.8厘米。用硬木做成，纹理细密。

312. 梳形木器，为某种装饰物，主要是与第309件相似的梳子的一块狭窄残片。最长的边上的2个木榫钉孔是和另外一部分连着的（相似?）。其边缘斜切至细小的梳齿，前部这样刻以便在顶部形成一个凸出物。木质坚硬，纹理细密。尺寸为7.9厘米×0.9厘米×0.7厘米，图5:2，图版13:9。

313. 木器，截面呈方形，长边凹进。一端附近钻有一个孔。尺寸为10.6厘米×1.7厘米×0.8厘米，图版11:11。

314. 同上，但一端截面为圆形，另一端截面为长方形，末端有孔。尺寸为10.2厘米×1.4厘米×1厘米，图版11:12。

315. 木橛，一端尖细，另一端直且截面为圆形，中间截面为三角形，有一个长方形孔洞，末端为圆形。严重烧焦。长11.2厘米，宽1.1厘米，图版12:11。

316. 窄木片，一端有正方形凸出物，一边向另一端的一点逐渐变窄变细。尺寸为9.2厘米×0.8厘米。

317. 小竹钉，一端厚，另一端削成一个楔子。尺寸为9.4厘米×0.7厘米×0.6厘米。

318. 木楔形器，扁平，宽的一端被斜切，窄的一端厚且有刻痕。宽的一端已经磨损并留有蓝色痕迹。长10.7厘米，宽1.2—2.3厘米，厚0.9厘米，图版13:16。

319. 木片残片，一端有一个小孔。

320. 圆形木橛残片，一端切有一个圆形榫。长9.5厘米，直径为1.2厘米，榫的长度为0.9厘米。

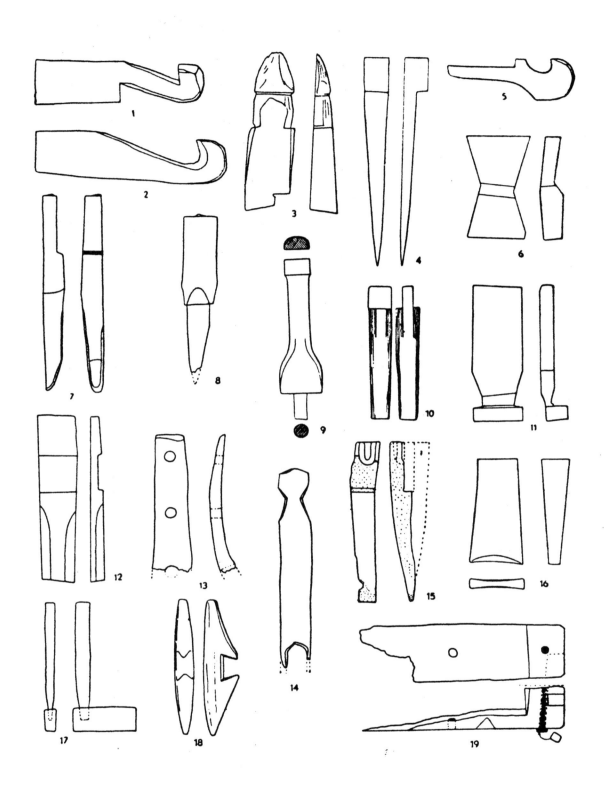

图 19

各类木器。标本 14 可能是在土堆Ⅱ中发掘的,目录中没有列出,依照贝格曼所绘的图。标本 15 表面带有保存完好的黑彩(=点画的)。比例为 1/3。1. (A2:Ⅱ) P. 393:3。2. (A2:Ⅱ) P. 393:1。3. A. 8:Ⅰ;400。4. A. 8:ⅡN;23。5. A. 8:ⅡA;42。6. A. 8:ⅡN;13。7. A. 10:Ⅱ;6。8. A. 8:Ⅰ;401。9. A. 8:Ⅰ;399。10. A. 8:Ⅰ;405。11. A. 8:ⅡD;11。12. A. 8:ⅡA;37。13. A. 8:ⅡC;8。14. (A8) P. 175:16。15. A. 8:ⅡS;38。16. A. 8:ⅡS;64。17. A8:Ⅱ;190。18. (P4) P. 197:1。19. A. 8:ⅡA;23。

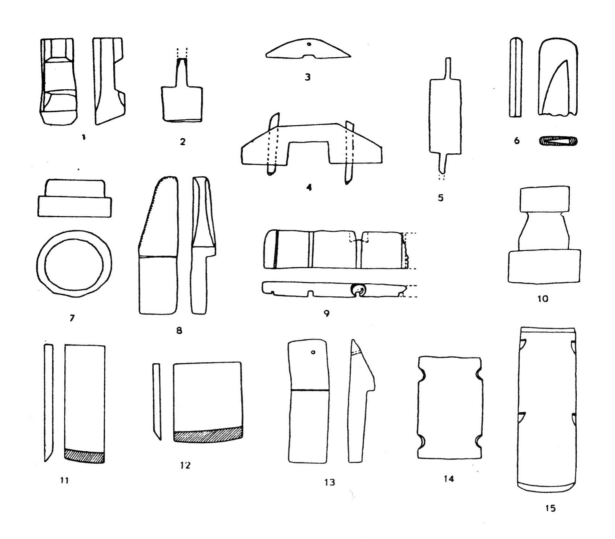

图 20

各类木器。标本4，可能是在地点ⅡA中发掘的，列表中没有列出，参照贝格曼所绘的图。比例为1/2。
1. A. 8：ⅡS；9。2. A. 8. ⅡC；7。3. A. 8：Ⅱ；194。4. （A8）P. 144：9。5. A. 8：Ⅱ；192。6. A. 8. Ⅲ；58。
7. A. 10. Ⅰ. 23。8. A. 8：Ⅰ；221。9. A. 3：4。10. A. 8：Ⅰ；388。11. A. 8：Ⅱ；151。12. A. 8：Ⅱ；98。13. （A2：Ⅱ）P. 358：1。
14. A. 8：ⅡN；11。15. A. 8：ⅡS；62。

321. 扁平木器，每一端带有一个正方形榫舌，中心钻有一个孔；中部为正方形且挖去了一半的厚度，末端呈梯形，朝榫舌的方向变得狭窄。尺寸为9. 7厘米×1. 6厘米×0. 8厘米，图版8：6。

322. 同上，但没有钻孔和榫舌，严重烧焦。尺寸为8. 8厘米×1. 5厘米×0. 9厘米。

323—330. 8根木棍和木片，边缘部分或多或少有规则的刻痕，一根被烧焦。长11. 3—22. 6厘米，宽 1—2.4 厘米。

331—345. 15 块刻削的小木片、完整的刀形工具或它的一部分、匙状小板等。长 6—12 厘米。

346. 葫芦形器物，切成斜面的边缘部分保留了下来。

347. 裂缝处缠有头发用以加固的破木橛。绘黑彩。尺寸为 9.7 厘米 ×1.6 厘米。

348—360. 13 枚竹、木片，大部分是素简，一些保留有红色油漆，其他一些有刻痕。长 5—19.5 厘米。

361—366. 6 根木棍残段，2 个截面为六边形，其他残段的 3 个面光滑（方便书写？）。长 5.8—18.5 厘米，直径为 1.7 厘米。

367. 木棍，一边扁平，另一边为圆形。每一个圆边的末端为一个薄的扁平榫。尺寸为 18 厘米 ×2.2 厘米 ×1 厘米。

368—369. 2 根木棍，和前述木棍相似，而第 369 件木棍有断裂的榫。长分别为 23 厘米和（17.3）厘米。图版 13:21。

370. 线轴形木片，可能是工具的手柄，截面为椭圆形。一端有一个断裂的扁平榫。尺寸为 13.1 厘米 ×3 厘米 ×1.8 厘米。

371. 木雕器物，可能为盛食盘的腿（参看，贝格曼，1939，图版 20:5，不过这些器物制作更精细）。截面为长方形，一端较薄（榫？）且以 V 形刻槽造成凸出的效果，刻槽几乎延伸到另一端；一边切削成斜面且呈圆形。尺寸为 5 厘米 ×1.9 厘米 ×1.5 厘米。

372—373. 2 件木器，可能是用来制作器物的材料，和第 371 件一样。

374—375. 2 块木片，部分雕刻，未全部完成制作。

376. 竹管，有节，沿纵长方向裂开，可能用来容纳刀刃或者类似的工具（？）。长 11.3 厘米，直径为 2.6 厘米。

377—381. 5 块锯下来的小竹片，其中一块略微烧焦。

382—386. 5 根锯下并用刀削法加工过的短细枝和树枝。

387. 木质顶部饰件或工具把柄，主要是一个刻削粗糙、心形物的扁平片。顶部的窄边向中心方向倾斜。侧边圆，下部边缘直且有一个嵌入孔中的正方形木橛（钉已破损）。尺寸为 9 厘米 ×5 厘米 ×3 厘米，图版 13:10。

388. 木质筒形卷状物，系绳栓，一端比另一端大，腰部纵剖。制作粗糙。高 5.7 厘米，直径为 2.7—3.9 厘米，图 20:10。

389. 随意雕刻的木制品，遗弃物。

390—397. 8 块完成情况不一的封泥盒残片，为类型 1 或 2。

398. 木片，两端断裂，一个边有 8 个小 V 形刻痕。尺寸为（9）厘米 ×1.2 厘米 ×0.7 厘米。

399. 木片，宽且扁平的一端有圆形榫，有斜切边的中部长而窄，另一端稍微凸出且边缘圆；背部的榫和另一端之间扁平。严重烧焦。尺寸为 15.3 厘米 ×3.3 厘米 ×1.2 厘米，图 19:9。

400. 木饰件（？），一边（背部）扁平，另一边的边缘有粗糙的 V 形刻痕。尺寸为 13 厘米 ×3.5 厘米 ×1.2 厘米。图 19:3，图版 8:10。

401. 木橛，插入墙中的橛或有插口的凿子的柄（？），木橛的一半呈自然的圆形（直径 2.5 厘米），其余部分为正方形并向某一点变得尖细。圆形的部分在腰部切削。长 13 厘米。图 19:8。

402. 与 401 相似的木器，手柄截面为长方形，尖细部分薄得多。尖细部分基部的分叉是压力作用的结果。尺寸为 12 厘米 ×3.7 厘米 ×2.7 厘米。

403. 木橛，除正方形、宽的一端外，其余部分为圆形。尺寸为 11.5 厘米 ×2 厘米 ×1.7 厘米。

404. 木器，除圆形和切断的一端外，其余部分截面为长方形。尺寸为 5.3 厘米 ×2.3 厘米 ×2 厘米。

405. 圆形木橛，一端有一个正方形榫，榫的中间被切掉，被切部分与主体的宽度一样。和榫垂直的木橛末端被削平。长 11 厘米，直径约为 1.8 厘米，图 19:10。

406—415. 10 根木棍和木橛残片，雕刻大致规整，基本为圆形。前两个绘黑彩，其余残片的其中一个末端被烧焦。长 6.4—13.1 厘米。

416. 椭圆形木碗，基本完整，用整块木料加工而成，有一个厚实的耳柄，形似字母 D，并和较长一边的口沿高度相同（译者按：按照约定俗成的中国考古术语，这类器物一般称"杯"不称"碗"，其中有双耳杯，也有单耳杯。但是本书中都称为碗，即 bowl，下同）。外部从中线开始有斜向的粗糙雕刻。下边平且呈椭圆形。内部打磨光滑且髹了红漆，外部髹黑漆，耳柄装饰红色图案，外部类似豌豆荚（参看，如《亚洲腹地》XLⅦ，T. XⅢ. o. 01 的豆荚图案比此件器物外部图案描绘得精致。）。长约 15 厘米，宽 13 厘米，不算耳柄宽 10.7 厘米，高 4.8 厘米。图 23，图版 6:18。

417. 带耳柄的椭圆形木碗口壁的残片，内部髹红漆，其他地方也可能有红漆。长 12.7 厘米，残片宽 4.5 厘米。

418. 椭圆形木碗耳柄，内部髹红漆，外部绘黑彩和红漆豆荚图案。长 10.5 厘米。

419. 同上，稍小一些的椭圆形木碗，全部髹了红漆。长 8 厘米。

420. 同上，除内部较大面积髹红漆外，其他表面髹黑漆。高度为前述一件的一半。长 6.7 厘米。

421. 同上，通体髹黑漆，和第 420 件的高度相同。长 8.4 厘米。

422. 同上，通体髹红漆，一边烧焦。高度和第 420 件相同。长 8 厘米。

423. 与前一件一样的大耳木碗的残片，外部髹黑漆，内部髹红漆。外部的黑色扩展到内部红漆的上面。长 5.2 厘米，宽 1.8 厘米。

424. 椭圆形小碗的耳柄残片，通体髹红漆。耳柄内表面凸出，和其他耳柄不同，其他耳柄的本该凸出的边缘下面却凹陷；后一种特点在此被一条刻画线代替。长 3 厘米。

425. 同上，稍大一些的碗，通体髹红漆。比例和第 423 件相似。长（7.4）厘米。

426. 稍大一些的碗的耳柄，外部留有黑彩痕迹。是这类藏品中最长的，长 9 厘米，但宽只有 1.3 厘米。

427. 和前述器物相似的碗的耳柄残片，一块带有红色和黑色漆的扁平碎片。长 8 厘米。

428. 制作粗糙的椭圆形木碗的大部分，口壁和耳柄遗失。外部绘黑彩，内部髹红漆。长 14.7 厘米，宽约 8.5 厘米，高曾约 5 厘米。

429. 整体锨削的椭圆形木碗下部残片，外部凸出、光滑；表面狭窄、椭圆形且有凸起花纹（和 A. 33:5；20 的类型相似，图版 6:17）。外部髹黑漆，内部髹红漆。长（13.5）厘米，复原后的长约 15 厘米，高（3）厘米，下边尺寸为 9.2 厘米 ×4 厘米 ×0.3—0.5 厘米。

430. 木碗器壁的一块，椭圆形，制作粗糙。外部绘黑彩，内部绘红彩。长（11.2）厘米。

431. 木筒形容器壁残片，主要是 1 块弯曲的薄板，长边比另一边厚（1—4 毫米）。通体髹红漆或灰白底色（石灰？）。长（11.5）厘米，宽（3.7）厘米。

432—433. 可能为同一只木碗的 2 块小残片，为普通椭圆形，制作粗糙。

434—435. 2 件器物，同上，髹红色和黑色漆。

436. 属于藏品中独特类型的木碗口壁的残片，木碗可能为圆形，厚壁，用整块木料锨削成。靠近口沿的外部有环形凹沟，可容纳绳索或线箍（宽 2 毫米，深 2.5 毫米）。长（9）厘米，厚 1.2—1.5 厘米。

437. 盖有正方形印章的封泥，印文为"居延（丞？）印"，背部有 4 道横向绳索勒出的绳痕和封泥槽边上锯痕所留下的凸痕。通体尺寸为 3 厘米 ×2.5 厘米 ×0.5 厘米，图版 17:2a，b。

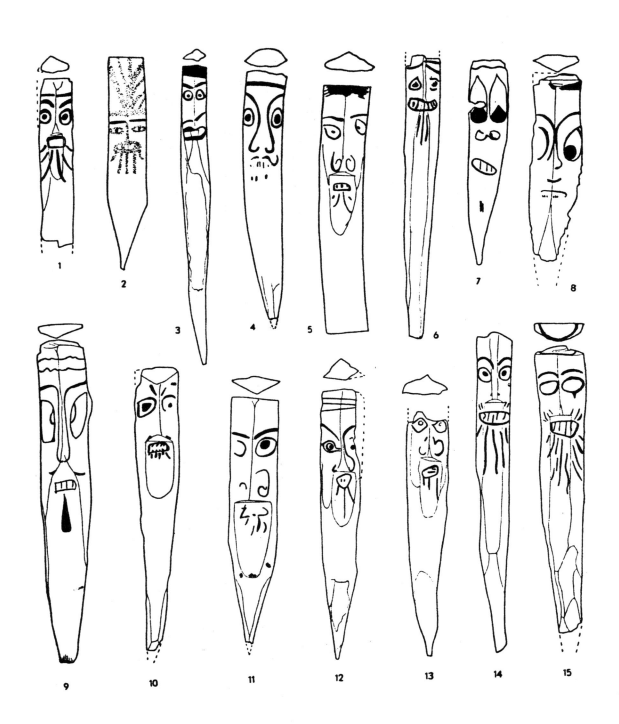

图 21

"人面画"木橛。绘有黑彩，标本 2 绘有红彩（＝点画）。比例为 1/3。1. A. 8：Ⅱ；83。2.（A6）P. 166：3。
3. A. 8：Ⅱ；82。4. A. 8：ⅡE；29。5. A. 8：Ⅰ；120。6.（A10：Ⅱ）P. 256：4。7. A. 8：Ⅲ；68。8. A. 8：Ⅰ；115。
9. A. 8：Ⅲ；69。10. A. 8：Ⅰ；116。11. A. 8：Ⅰ；117。12. A. 8：Ⅱ；81。13. A. 8：Ⅱ；84。14. A. 8：Ⅰ；118。
15. A. 8：Ⅰ；119。

图 22

穆都儿字斤地点Ⅲ（目录中没有列举）出土的"人面画"木橛。绘有黑彩，标本 3 绘有红彩（＝点画）。
来自贝格曼所画的图。比例为 1/3。1. P. 304:1；2. P. 304:2；3. P. 304:3；4. P. 309:12；5. P. 309:13。

438. 小玻璃饰物的配件（耳坠？）。筒形且有 3 个小凸出物（其中 2 个断裂），从中部向外延伸。独特。高为 0.8 厘米。图 76:1。

439—441. 3 个筒形陶网坠，A 型陶。长 5.9 厘米和 3 厘米，直径为 1.1—1.2 厘米。

442. 陶器平口沿的部分残片。红陶。硬度为 5.0Mohs，厚 0.6—1.2 厘米。图 4:7。

443. 陶器敛口沿的部分残片。砖红色陶。厚 0.5 厘米。图 4:4。

444. 陶器小手柄，宽度一致。A 型陶。尺寸为 2.4 厘米×1.5 厘米×0.5 厘米。

445. 羚羊角，两端都被锯掉。长 14.5 厘米，厚约 4 厘米。

446. 一端有一个小圆头的铁棍残件，可能是凿子。主体部分的顶端折叠形成一个圆柄形的头。宽（1.5）厘米，厚（0.3）厘米，长（10）厘米。

447. 宽幅一致的铁棍残件，锈蚀严重且两面都带有嵌套过木头的痕迹（从木鞘中可以看出？）。尺寸为（6）厘米×1.8 厘米×0.4 厘米。

448. 相当长的厚"铁环"断片，锈蚀严重。2 条长边比中间部分薄。一端宽 3.3 厘米，厚 0.7 厘米，另一端宽 3 厘米，厚 0.5 厘米。长（18.8）厘米。

449. U 形铁铲，带有插口。锈蚀严重，边缘明显锈损。高约 12 厘米，宽 13 厘米，柄端厚 2.2 厘米，材料厚4—5毫米。图24，图版5：11。

450. 带有插口的铁锄头刃部残片，插口基部截面为长方形，宽度均匀，经过切削的边缘（现已断裂且锈蚀严重）可能加宽并凸出。一个宽边的中间即插口底部下面，有一个拉平的环形"耳朵"，曾焊接在垂直于用于刃部和柄部的绳索固定物的切削边。尺寸大约为9厘米×6厘米×3厘米，插口深约4.5厘米。图48，图版5：16。

451—452. 2块几乎为长方形、带有插口的铲子的铁刃残片，锈蚀严重。残留下来的部分截面为三角形，刃部的大部除了沿着切削边的一个0.8—1.4厘米宽的区域外都有孔洞。切削边的棱有些圆，曾被修复过。尺寸约为17.5厘米×5.7厘米×1.6厘米，材料厚4毫米。

453. 同上，边缘更凸出，基部边缘的大部分已经缺失。尺寸为（13）厘米×（4.2）厘米×1.6厘米。

454. 略微呈球根状的铁盘残片。厚度均匀（4）毫米。（7.8）厘米×（4）厘米。

455. 带扣舌的青铜带钩残片。主体部分很薄并拉平呈椭圆形，宽度基本相同；真正的钩已经遗失。制作粗糙。长（4.8）厘米，扣舌宽1厘米。厚1.5—3毫米。图9：3，图版4：14。

456. 汉代普通青铜箭镞；截面呈三棱形，边缘部分对着尖端的地方微凸，3个边在基部形成小倒钩，每一面的基部附近都有一个三棱形小凹陷。凹陷处现在被来自铤的铁锈覆盖。通长3.9厘米，头部长2.5厘米，面部宽1厘米。

457. 薄铜片残片，可能是盔甲衣上的薄片。2条边直且互成直角，第三条边凸出且附近有3个小孔，第四边断裂且部分斜剪。尺寸为（5.2）厘米×4.6厘米×0.1厘米。图10：1。

图23

椭圆形木碗，A.8：Ⅰ；416（图版6：18），为汉代遗址中出土的最普通的木碗类型。内部髹红漆，外部绘黑彩，耳柄上有红漆图案。比例为1/3。

458. 几块略弯曲的青铜带片残片，宽度相同，截面半凸半凹。内部边缘比外部边缘厚。尺寸为（12）厘米×1.8厘米。

459. 平的青铜指环残片，每一边附近装饰刻画双线。宽0.9厘米，直径1.95厘米。

460. 五铢钱。直径27毫米。

461—466. 6枚五铢钱。直径25.5—27毫米。图版4：7，8。

467—468. 4枚五铢钱，其中3枚（468）残缺不全且被铜锈粘连在一起。

469—472. 4枚钱币，可能为五铢钱，侵蚀严重。

473. 细辫大麻（?）绳索，可能和丝线混编在一起。鞋或垫子的一部分（?）。

474. 精细辫织藤编器残片，卷边。扇子（?）的残片（编法与《塞林提亚》图版 LIV, T. ⅩⅣ. ⅲ0016 出土物很相似，只是我们得到的标本更精美）。

475. 1 根绳索，粗约 1 厘米。

476. 1—24. 天然丝，丝绸纤维填料，蓝色丝辫绳，植物纤维织物，植物纤维垫子、线、绳及白、褐色毡垫等的残片。图 38:2（参看希尔旺，1949，第 26 页）。

477. 1—42. 天然褐色和其他颜色的丝绸残片，有些缝在一起成为带子，衣领等；第 39 和 40 可能是死者鼻孔的填塞物；另外还有丝绸纤维填料和一根植物纤维绳（参看希尔旺，1949，第 26 页）。

478. 1—15. 不同颜色的丝织物、丝绸填料、植物纤维材料残片（参看希尔旺，1949，第 26 页）。

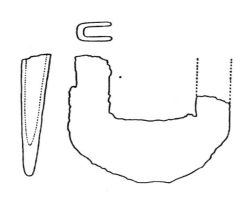

图 24
U 形铁锄头或铲。A. 8：Ⅰ；449，图版 5:11。比例为 1/3。

P. 8:

4. A6 型木封检（封面用检）。两个斜面各有 1 个汉字。有些烧焦。尺寸为 11.5 厘米×2.8 厘米×1.7 厘米，封泥槽长 3.4 厘米。

P. 30:

20. A3 型木封检。封泥槽底部有 1 道锯痕；背部略微鼓胀，前部有字迹。尺寸为 18.3 厘米×3.2 厘米×0.9—1.2 厘米，封槽长 2.1 厘米。

P. 35:

1（或 7）. "人面画"木橛，没有代表下巴和鼻子基部凹槽。背部扁平，前部切削成的 3 面上有褪了色的描画印记。尺寸为 23 厘米×3 厘米×2.7 厘米。

3. 非普通类型和尺寸的木封检，从一端开始的 1/3 处有封槽，前面的中部扁平并向两端倾斜；封槽下部的正面被削成 3 面（便于书写，但没有留下字迹）。封槽底部有 2 个汉字。尺寸为 35.5 厘米×2 厘米×1.8 厘米。封槽与顶端的距离为 10.8 厘米。

P. 49:

1. A4 型木封检残片，长边凹陷；保留下来的部分来自楔形末端，末端正面有较大的汉字字迹。材料为硬木。厚 3.5 厘米。

2. 同上且大一些的残片，沿中线裂开。封槽中似乎有一个穿透底部的孔。正面有字迹。用硬木制作，工艺粗糙。长 17.8 厘米，厚 3.7 厘米，封槽长 2.9 厘米。

P. 103:

16. 1 或 2 型封泥盒残片，背部有字迹。长 5.1 厘米。

P. 127:

1. A5 型大封检的上部，两端的封档上均有字迹。顶端宽 4.1 厘米，厚 2 厘米。

P. 129:

1. 一面刻有 8 道横线的木片，线条之间的间隔为 1.7 厘米、2.5 厘米、2 厘米、1.5 厘米、1.8 厘米、1.8 厘米、2.3 厘米、2 厘米、2.7 厘米。长 18.3 厘米，宽 1 厘米，厚 0.4 厘米。

P. 136:

1. A2 型木封检，正面仍留有树皮。尺寸为 8.8 厘米 × 1.9 厘米 × 1.3 厘米，孔长 2.6 厘米。

P. 157:

22. 截面呈长方形的木橛的纵向残片，一端尖削。至少一面上有字迹。尺寸为 24.4 厘米 ×（3.5）厘米 × 2.5 厘米。

23. 厚木牍残片，有长方形穿孔（3 厘米 × 1.1 厘米），原来的正面有模糊的字迹。尺寸为 20.4 厘米 × 2.7 厘米。

P. 158:

1. 竹片，一端尖细。尺寸为 23.5 厘米 × 0.8 厘米。

11. 木封检的纵向残片，有 1 枚普通的保留有字迹的简与其相连（目前还没有关于捆扎方法的详细内容）。靠近一端的地方钻通了一个圆孔，另一端有一个 5.7 厘米长的封泥槽。尺寸为 23 厘米 ×（2.2）厘米 × 1.4 厘米。

P. 176:

63. 1a 型封泥盒，封槽底部有字迹。封槽长 3.2 厘米。尺寸为 4.9 厘米 × 3.1 厘米 × 1.7 厘米。

P. 178:

12. 一边的正面刻有 6 道横线的木片，线条之间的间隔分别为 2.1 厘米、2.6 厘米、1.7 厘米、2.7 厘米、2.0 厘米、1.5 厘米、1.8 厘米。一端断裂，另一端有 2 个汉字。尺寸为（14.6）厘米 × 1.1 厘米 × 0.4 厘米。

P. 214:

2. A4 型木封检，用硬木制成。宽阔的下部为楔形，且比以上的标本 P. 30:20 薄，更像楔子。整个正面有模糊的字迹。尺寸为 17 厘米 × 3.2 厘米 × 1.5 厘米，封槽长 2.2 厘米。

P. 257:

1. 同上，与前面提到的一个相似，正面有模糊的字迹。尺寸为 18.2 厘米 × 3.4 厘米 × 1.3 厘米，封槽长 2.3 厘米。

P. 258:

35. 木封检残片，与上面提到的 P. 35:3 相似，截面呈圆形而不是正方形。在封槽和离顶端 10.8 厘米处之间的正面倾斜部分有褪了色的字迹。直径为 2.2 厘米。

P. 262:

1. A4 型木封检，正面有字迹。尺寸为 12.8 厘米 × 6.7 厘米 × 2.3 厘米。

P. 264:

17. 木筷子，截面为椭圆形，中间部分髹黑漆，末端髹红漆。长 20.9 厘米。

P. 298:

2. 小木铲，刃部相当短、呈长方形、末端凸出，手柄窄、直且断裂。和下述 A.8：Ⅱ；58 相似但不是球根状的。刃部长 7 厘米，宽 3.2 厘米。

3. 同上，刃部呈长方形、末端凸出，手柄断裂（现在 2 厘米长）。尺寸为（19）厘米 × 1.6—3.3 厘米 × 0.5 厘米。

4. A2 型木封检，截面几乎为正方形，较低的一端有点细。离顶端 2.7 厘米处有封槽，封槽以下的正面有字迹。尺寸为 15.3 厘米 × 1.5 厘米 × 1.4 厘米，封槽长 2.2 厘米。

6. 木橛，为较规整的圆形，从一端到离另一端大约 5 厘米处逐渐变细，下部截面为三角形且在 3 个边上有 3 个相对的、深深的小裂缝。长 22.6 厘米，直径为 1.3—2 厘米。

17. 长方形木封检，每一端附近各有 1 个封泥槽，前部呈圆形，扁平的背部靠近一端处有 3 个汉字（参看 P.298:15，图 18:7，除了前部扁平外，几乎一样）。尺寸为 22.6 厘米 ×2.3 厘米 ×1.1 厘米。

P.313:

34. 竹筷子，长 23.2 厘米。

P.318:

13. 木筷子，长 21 厘米。

18. 木橛，大致为圆形，一端较厚且对称地刻成装饰物（人或动物的头？），另一端断裂。尺寸为（14）厘米 ×1 厘米 ×1 厘米。图 5:1。

20，22—25，27. 6 根木筷子，残留一部分。第 20 件长 22.3 厘米，第 23 件长 22.5 厘米。

28. 竹筷子，长 23.3 厘米。

P.326:

8. A4 型木封检，正面较低处有字迹，顶端凸出部分绘有一个黑色圆点（为簿册和标签上常见的标记）。尺寸为 13.6 厘米 ×3.5 厘米 ×0.8—1.5 厘米，封槽长 3.1 厘米。

23. 截面呈半圆形的木橛残片，扁平的正面被几乎完全褪色的字迹覆盖。顶端和顶端向下 12 厘米处之间的正面被刨去了 0.3 厘米。下端断裂。尺寸为（22.2）厘米 ×2.7 厘米 ×1.9 厘米。

P.331:

2. "雌"火棍，是一根截面呈正方形、尖端细的棍子，一边有 3 个烧焦的点状痕迹，旁边又有第 4 个痕迹。尺寸为 18 厘米 ×1.5 厘米 ×1.4 厘米。

3. 厚木板，一端有榫，窄边之间有一个长方形穿孔。主体部分和榫截面都为长方形，榫长 11 厘米，窄边是将厚木板宽边的绝大部分削去后形成的。尺寸为 23 厘米 ×3.6 厘米 ×3.3 厘米。

4. A2 型木封检，正面封槽下方有模糊的字迹。尺寸为 10.7 厘米 ×1.8 厘米 ×1.2 厘米。

5. 木橛（封检？），截面大致为正方形，一边为拱形。离一端 5.2 厘米处切有一个"封槽"，长 2.4 厘米；另一端被削掉。尺寸为 20.8 厘米 ×1.7 厘米 ×1.8 厘米。

6. 木橛，几乎为螺钉形，截面为正方形，一端加厚，另一端尖细且烧焦。尺寸为 17 厘米 ×2.5 厘米 ×2 厘米。

8. 螺钉形木片，长方形。尺寸为 14.7 厘米 ×1.8 厘米 ×0.7—2.2 厘米。

10. 圆形木橛，一端有 2.5 厘米宽的扁平凸出物。长 12.1 厘米，直径 1.2 厘米。

P.477:

5. 小木铲，形状不常见，用写有字的木牍制作。手柄断裂。刃部前半部轮廓为半圆形，基部几乎为三角形且伸入手柄。长（12.3）厘米，刃部宽 5.7 厘米。图 18:4。

6. 未完成的 1 型或 2 型封泥盒，背部自然呈圆形。尺寸为 5.3 厘米 ×2.5 厘米 ×1.8 厘米。

7. 封泥盒，是 13 个一组的封泥盒中的一个，构造简单。以下为共同的尺寸：长 3.8—5.7 厘米，宽 1.6—3.3 厘米，厚 1—2 厘米（另外 12 件标本在他处列举）。

试掘探坑 P

P.115:

4. 1a 型封泥盒，属于和上述 P.477:7 大小相同的一组。

5. 小木铲，与 A.8:Ⅰ；31 类似，用木牍做成。尺寸为 22.1 厘米 ×1.6—4.5 厘米。

6. 一把小木铲的一半，宽阔的刃部有带记号的肩状物。长 11.1 厘米；刃部长 5.2 厘米，原本宽 5 厘米。

地点 II

A. 8：II；

1. 1b 型封泥盒。尺寸为 5. 1 厘米 ×3. 5 厘米 ×1. 6 厘米。

2. 同上，尺寸为 4 厘米 ×2. 5 厘米 ×1. 4 厘米。

3—4. 同上，2 个 1a 型封泥盒，用圆形木橛做成，刻削粗糙。尺寸为 5. 5 厘米 ×1. 5 厘米 ×1. 1 厘米和 4. 3 厘米 ×1. 4 厘米。

5. 同上，1a 型。与前述不同的是封档中部有 1 个黑色圆点。尺寸为 4. 7 厘米 ×2. 2 厘米 ×1. 4 厘米。

6. 同上，1a 型。封槽底部有 1 个并非出自需要而遗留的孔。尺寸为 5. 5 厘米 ×2 厘米 ×1. 4 厘米。

7. 同上，1a 型。留有封泥的痕迹。尺寸为 4. 4 厘米 ×2. 6 厘米 ×1. 4 厘米。

8—34. 同上，27 件 1a 型。长 3. 4—5. 5 厘米，宽 1. 7—2. 9 厘米，厚 1—1. 8 厘米。

35. 同上，但和前述类型 1 有些不同：两端的封档上都有 1 个纵向圆孔（直径 6—7 毫米）。封槽底部中间同样有一道锯痕，背部略微凸起；现残缺不全。尺寸为 5. 9 厘米 ×3. 3 厘米 ×2. 1 厘米。图 25。

36. 同上，类型 2。留有封泥和一条细绳的痕迹。尺寸为 4. 4 厘米 ×3. 5 厘米 ×1. 2 厘米。

37. 同上，未完成，为一长方形木片，靠近每个短的末端处有 2 道锯痕，但没有封槽。尺寸为 4 厘米 ×2. 3 厘米 ×1. 5 厘米。

38—49. 12 件，同上，多少有些残缺，为类型 1 或 2。长 3. 6—5 厘米，宽 1. 8—3. 6 厘米，厚 1—3. 2 厘米。

50. A6 型木封检（封面用检）。一端的边缘有 2 个 V 形切痕，背部有 1 个 V 形切痕（不是原来的?）将二者连接起来。尺寸为 11. 3 厘米 ×2. 7 厘米 ×1. 4 厘米。图版 14：14。

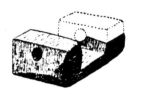 

图 25
两件小木器，可能用作封泥盒。A. 8：II；35（左），A. 27：B；1（右）。比例为 1/2。

51. 木器，与封检有相似之处但边缘从封泥槽的中部向两端逐渐变尖细。尺寸为 11. 2 厘米 ×2. 7 厘米 ×1 厘米。图版 14：16。

52. 木封检，介于 A2 型和 A3 型之间，封槽底部有 3 道锯痕；另一端略微倾斜。尺寸为 9. 3 厘米 ×2. 4 厘米 ×1. 5 厘米。图版 14：18。

53. 上述 A2 型木封检材料，一端附近有 2 道横向锯痕，但锯痕之间的部分没有被切掉。尺寸为 8 厘米 ×2. 2 厘米 ×1. 5 厘米。

54. 和上述封检材料完全相同，A2 型，正面有黑色圆点。尺寸为 12 厘米 ×1. 8 厘米 ×1. 1 厘米。

55. 木器，和普通的封泥盒有些相似，但很薄且背部未刨平。尺寸为 7. 2 厘米 ×1. 1 厘米 ×1. 4 厘米。

56. 同上，较宽，残缺不全。尺寸为 7 厘米 ×2. 8 厘米 ×1. 7 厘米。

57. 小木锹或大木铲。截面为椭圆形的直手柄，刃部半凹半凸且向薄的前端变宽；边缘稍圆。尺寸为 28 厘米 ×2. 1—6. 6 厘米，手柄厚 1. 7 厘米。图版 7：12。

58. 勺形小木铲，刃部和手柄弯曲，刃的背部为圆形，手柄被斜削且末端被削尖。尺寸为 21. 1 厘米 ×3. 7 厘米。图 18：16，图版 7：14。

59. 同上，刃部背部略圆，前端凸出，手柄断裂。刃部的背部刻有一个大的"王"字（马修斯，7037），雕刻粗糙。尺寸为 13 厘米×3.3 厘米。

60. 同上，圆边、圆手柄，刃的前端略凸起。尺寸为 17.2 厘米×2.9 厘米。

61. 同上，手柄断裂。尺寸为（12.9）厘米×3.8 厘米。

62—64. 同上，3 件，残片。

65. 同上，制作器物的材料，手柄扁平，且截面呈椭圆形。尺寸为 16.6 厘米×2.5 厘米。

66. 同上，略小一些的残片，与 60—64 相似。

67. 同上，用一块薄片做成，纵向略弯，长方形宽刃。尺寸为 17.3 厘米×2.5 厘米。

68. 同上，手柄断裂。尺寸为（12.6）厘米×3.5 厘米。

69. 同上，较大，长方形扁平刃，手柄截面呈圆形且略呈水平的 S 形弯曲。尺寸为 25.5 厘米×3.1 厘米，手柄直径为 1—1.3 厘米。

70—71. 同上，为 2 块较薄的残片。

72. 同上，但窄小，向刃部前端变薄；手柄略弯且末端尖细。尺寸为 16.4 厘米×1.1 厘米。手柄宽 0.5 厘米。

73. 同上，雕刻粗糙，刃部轮廓为椭圆形，刃部和手柄的一部分已遗失。尺寸为 16.3 厘米×2.7 厘米。

74. 竹筷残片，留有黑色和红色漆的痕迹。长 11.8 厘米。

75. 竹筷残片。长（18.5）厘米。

76. 同上，完整。长 22.2 厘米。

77—80. 4 根短竹棍，长度相同（13.6 厘米）。可能是筷子（？）。

81. "人面画"木橛，用裂开的树枝做成，制作粗糙，背部呈脊状延伸且其上部截面为菱形。有隆的鼻梁和刻痕；下端尖细。面部轮廓绘成黑色，嘴、眼和头发部位用红色填彩。图 21:12。

82. 同上，略窄、长，但截面形状相同，鼻形刻痕很小且轮廓为梯形。只有面部绘黑彩。尺寸为 24.6 厘米×2.3 厘米。图 21:3。

83. 同上，残缺不全，下部（可能尖细）遗失。截面形状和前述器物相似，鼻形刻痕窄长。尺寸为（14.3）厘米×2.8 厘米。图 21:1。

84. 同上，顶端断裂并烧焦，背部比前述器物扁平但不平滑，下端大致削尖。尺寸为（20.2）厘米×3.4 厘米。图 21:13。

85. 同上，为制作材料，是一个半圆的木橛，一端尖细，鼓胀的正面略微弯曲并有一个宽鼻梁从其顶端延伸至大约中部，中部雕刻有一个几乎半圆形代表鼻子的小刻痕。尺寸为 26.2 厘米×2.5 厘米，厚 1.3 厘米。

86. "人面画"木橛，宽而厚，且有磨损的彩绘痕迹，大部分已经腐烂。鼻梁向下巴方向变得略宽，鼻子为圆形且正面被削成了 3 面，3 个面直抵尖细的下端（下端现在已钝）。背部稍呈拱形。尺寸为（20）厘米×4.4 厘米。

87. 同上，为制作材料（？），一个相当大的木橛，背部扁平，沿水平方向弯曲，正面上部 1/3 处有鼻梁，下部正面削成的三面延伸到尖细的下部。边缘还存留有树皮，背部没有刨，无彩绘。尺寸为 23.8 厘米×3.5 厘米。

88—93. 6 个小木棱柱，可能是骰子，有些骰子部分绘黑彩。长 1.7—3.5 厘米，宽 1.3—2.3 厘米，厚 0.9—2 厘米。

94—95. 2 块小木片，一片的一端有一个半圆形凸出物，另一片的一端附近几乎被锯透。封泥盒残片或制作材料（？）。尺寸为 4 厘米×2.2 厘米和 3.4 厘米×3.1 厘米。

96. 短木橛，一端为圆形；另一端稍宽一些，直削并用墨汁染成黑色，黑色部分一直延伸到离顶部边缘0.5厘米处。可能是用来调墨的（？）。长1.4厘米。

97—98. 2片木简削衣，一端锋利斜切；可能用作工具（在收集到的遗物中有几件这类实物，其中有些不仅仅是遗弃物）。长4.9厘米和3.5厘米；第97件宽3.6厘米。图20:12。

99. 竹简削衣。

100. 长方形木片，可能是木匠用的方尺的一部分，使用与多数汉代棺木同样坚硬、细纹的木料做成；一端有一个长方形（断裂）小木榫。4条平行刻线横穿宽边的其中一面，线条间隔为2.5厘米。窄边和一端仍有红色痕迹（参看《亚洲腹地》，图版LXXXIX，Ast. IX. 2. a. 08.）。尺寸为10.3厘米×2.3厘米×1.1厘米。图18:2。

101. 从圆形木橛上锯下来的小木片，沿短的一端有逐渐变细的锯痕，绘蓝黑彩、并留有曾经和一条拧着的宽带状物绑在一起的痕迹（痕迹的颜色为红棕色）。长3.9厘米，直径为2.5厘米。

102—103. 2块长方形木片。长23.5厘米和21.2厘米。

104—109. 6枚木牍，可能是无字牍。长11.8—25.1厘米，宽2.1—3.4厘米。

110. 长方形木片，截面两侧凸出，一端为半圆形，另一端断裂；曾绘红彩。尺寸为13厘米×2.7厘米×1厘米。

111. 长方形木片，几乎为刀形，削的边不对称。尺寸为11.1厘米×2.6厘米×0.6厘米。

112. 长方形木片，4个孔沿一边排成一行，孔不太圆，其中一个甚至为正方形。尺寸为12.4厘米×2.4厘米×0.4厘米；孔的大小大约为2毫米。

113. 长方形木片，一端突出且为长方形，另一端附近有一个大圆孔（直径1厘米）。门闩（？），尺寸为19厘米×4.9厘米×1.4厘米，翘起的一端厚约2.2厘米。图版8:15。

114—117. 4块门闩形小木板，制作简率。第115和第116残留有铁的痕迹。长8.4—13厘米，宽2.3—2.6厘米，翘起的一端厚1.5—2.7厘米。

118. 同上，较薄的一端附近有一个长方形大孔，这一端被大致斜削；翘起部分相当低且短。尺寸为10.6厘米×2.6厘米×2厘米。图版8:19。

119—120. 同上，2块短残片。

121. 同上，部分长、翘起，且截面几乎为半圆形，顶端有一个窄、深的锯槽。尺寸为13.4厘米×2厘米×1.5厘米。凸出物的厚度为1.4厘米。

122. 同上，翘起部分略细且钻有一个小孔。尺寸为13.2厘米×1.9厘米×0.9厘米。图版8:16。

123. 木棍，厚度不均，一边有一个长凸出物。尺寸为19.5厘米×1.8厘米×0.9厘米。

124. 木钩，可能用来往墙上固定物品，是一个雕刻粗糙的橛，手柄状末端有深斜槽，另一端削直。边缘被大致斜削；截面为长方形。尺寸为15.1厘米×3.5厘米×2.6厘米。图版8:1。

125. 同上，制作较精细，除了尖细的末端外，截面呈正方形，基本为长方形。尺寸为17.5厘米×1.4厘米×2.6厘米。图版8:2。

126. 同上，和前述器物相似，但更小、更简单。尺寸为15.1厘米×1.2厘米×1.4厘米。

127. 同上，大手柄。尺寸为13厘米×0.9厘米×1.6厘米。

128. 短木橛，残缺不全（一边断裂），大部分的截面为多边形，其余部分的截面为正方形且朝尖细的末端斜削。长10.7厘米，直径1.5厘米。

129—130. 2个几乎一样的多边形木橛，家具的装饰部件（？）。一端为正方形；这一端和另一端（末端尖细）之间的截面为菱形且略微弯曲。直的、正方形的一端的中部有一个圆榫。第129件的尖细的末端有一个V形刻痕。长18.8厘米和17.3厘米，宽1.8厘米和1.6厘米，厚2.1厘米和1.1厘米。图版12:13，14。

131. 扁平的木器，几乎为新月形，一端有相当大的孔，边缘斜削。可能用作旋环? 尺寸为 9.4 厘米×3.2 厘米×1.5 厘米。图版 10:8。

132. 木橛，截面为长方形，长边凹陷。一端大致为圆形且有一个孔，另一端被削直（参看图版 11:11—12）。尺寸为 12 厘米×1.8 厘米×1 厘米。

133. 长方形短木片，一边向内凹陷。尺寸为 10 厘米×1.5 厘米×1.4 厘米。

134. 相似的木橛，两边凹陷但不对称，有黑色圆点。尺寸为 12.4 厘米×1.5 厘米×1.5 厘米。

135. 木封检（?）残片，封泥槽整个裂开，由薄且窄的木片做成，正面从封泥槽向另一端倾斜。尺寸为 15.5 厘米×1.6 厘米×1.1 厘米。

136—138. 3 块相当厚的木片，边缘有 V 形切口，残缺。第 137 件用硬木做成且在一边中段刻有 V 形槽；一端有断裂的长方形榫。第 138 件上曾经有一个汉字。长 10—12 厘米，宽为 1.3—2.8 厘米，厚约 0.6 厘米。

139. 长方形木器残片，一端削窄，从而成为一个榫，榫一端附近有一个宽槽和墨色圆点。制作粗糙。尺寸为 7 厘米×2.3 厘米×0.7 厘米。

140—141. 2 块木牍残片，可能是悬挂用的签牌，一端边上有 V 形刻槽。纵向断裂。因此，刻槽可能有与之对应的固定绳索的部件。长（11.5）厘米和 7.1 厘米，宽（1—1.4）厘米。

142—145. 4 个或多或少残缺的悬挂用木签牌，一端附近留有一对 V 形边槽。第 145 件保存完整。尺寸为 10.2 厘米×1.1 厘米×0.4 厘米。

146—147. 同上，2 个竹质签牌，几乎相同，每一端的边上有 2 个 V 形刻槽，另一端被削掉。长 19.2 厘米和 18.2 厘米，宽 0.9 厘米。图版 12:2。

148—149. 2 根短片，1 根为竹片，另 1 根为木片，2 根的一端都尖细。长 8.8 厘米和 9.3 厘米，宽 1.5 厘米和 1.8 厘米。

150. 木橛的纵长残片；一端刨至一半厚度且轮廓为三角形，正面和部分边缘绘黑彩。尺寸为（15.5）厘米×2.5 厘米×（1.1）厘米。

151—152. 2 根短木片，一端被斜削掉且略微凸出。第 152 根有一个相当大的孔斜穿过凸起的末端，边缘锋利。尺寸为 6—7.1 厘米×1.9—2.1 厘米×0.4—0.6 厘米。图 20:11。

153. 木片残片，一边直，另一边弯曲且向一端变细，一端不太尖且截面为圆形。尺寸为（11）厘米×2.2 厘米×0.8 厘米。

154. 木橛，截面为三角形，一端尖。可能与 A.8：Ⅱ；82 相似，是"人面画"木橛的制作材料。在水平方向上有些弯曲。尺寸为 23 厘米×1.8 厘米×0.8 厘米。

155. 小木橛，截面为圆形，一端被斜削掉，这一端表面平直。画线条的尖笔（?），长 11.9 厘米，直径 0.5 厘米。

156. 木橛，截面为椭圆形。长 23.3 厘米，直径 0.7 厘米。

157. 同上，截面为圆形。长 23.3 厘米，直径 0.9 厘米。

158. 同上，截面为半圆形。尺寸为 16.6 厘米×1.4 厘米×0.6 厘米。

159. 雕刻不规则的木橛，残缺不全。尺寸为 13.5 厘米×1.4 厘米×0.7 厘米。

160. 木橛，截面为圆形，一端附近有 1 个 V 形刻槽（用于固定绳索?），长 15.7 厘米，直径 1.2 厘米。

161. 同上，截面为圆形，一端尖细。长 15.2 厘米，直径 1.2 厘米。

162. 木片，一端宽、薄，另一端截面为正方形。尺寸为 15.2 厘米×0.7—1.5 厘米×0.4—0.8 厘米。

163—165. 3 个硬木做成的楔子，残缺。长 7.2—9.8 厘米，宽 1.1—2.5 厘米，厚 0.8—1.4 厘

米。

166—167. 2 个木橛，除了圆且尖细的一端外，截面为正方形（榫？）。尺寸为 8.8 厘米 ×0.9 厘米 ×0.7 厘米和 16.4 厘米 ×1.3 厘米 ×1.2 厘米。

168—169. 2 个木橛，其中一个截面为长方形且边缘斜削去少许，另一个截面为圆形且中部有 1 个切槽（用来固定绳索？）。长（20）厘米和 17.5 厘米，厚 1.5 厘米。

170. 2 个大木器，可能是门的插闩。门闩插槽为长方形，截面是正方形，中部有一个长方形孔；尺寸为 27.4 厘米 ×3.5 厘米 ×3 厘米。门闩由一个细形木橛做成，向把柄状的一端变宽；闩被插入长方形插槽中，但不很合适，因为插槽比闩宽许多；尺寸为 23.8 厘米 ×2.2 厘米 ×1.4 厘米。图版 10：3。

171. 扁平木片，一半为长方形，另一半较宽，轮廓几近正方形，较厚，末端短且有磨损。长 13.3 厘米，宽 3.2 厘米和 5 厘米，厚 0.7—1 厘米和 1.6 厘米。图版 8：18。

172—174. 3 块木板，制作粗糙，可能未完成。长 5.6 厘米、14.8 厘米和 24.2 厘米。

175. 圆木盘残留部分，可能是用长方块卷成的圆筒形容器的底部。凸出的边缘的每一端附近有 2 个小孔，一个孔中有一个小木钉。一边绘黑彩。所有边缘都很平滑。尺寸为 17.7 厘米 ×4.1 厘米 ×0.7 厘米。

176. 加工粗糙的木块，可能是盘子或桌子的支脚，一端刻有一个长方形深槽，垂直于纵向的轴。尺寸为 13.8 厘米 ×5.5 厘米 ×4.7 厘米。

177. 长方形木块残片，较大的器物的一部分。一端有一个正方形榫并和窄边齐平；木块中部、较靠近另一窄边（断裂）附近有一个相当大的、内嵌橛的孔；垂直于这个内嵌木橛的两个相似的橛嵌入窄边，这些孔的高度与宽边上孔的高度一致。木块尺寸为 7.3 厘米 ×（3.7）厘米 ×2.3 厘米，榫长 2.6 厘米，边缘长约 1 厘米。孔的直径为 6—7 毫米。

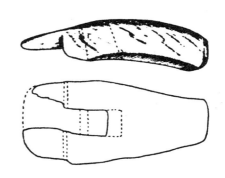

图 26
扁斧手柄的十字形木构件，A.8：II；179，图版 10：12。比例为 1/3。

178. 大致为长方形木块的一半，一端有一个榫。保留下来的宽边沿中线裂开，裂口长度距离未固定的一端 7 厘米；垂直于此的是靠近窄边末端中部一个大的、半圆形的穿孔；宽边的沿被斜削。榫（部分轮廓为长方形）上有一个大圆孔并和裂缝平行。尺寸为 14.3 厘米 ×（3.3）厘米 ×4.2 厘米。

179. 带插口的扁斧或锄刃的手柄上的木十字形物，是一个截面为长方形的木块，边缘斜削。从窄、厚的一端向宽、楔形的另一端纵向弯曲。一个长方形凿孔斜穿过宽边，在上部、凸出的表面变窄。薄的一端的基部有磨损的痕迹，木块窄的一端也是这样（粗大的一端？）。孔和前端之间有裂缝。尺寸为 15 厘米 ×6.6 厘米 ×3.6 厘米。图 26，图版 10：12。

180. 圆筒形短木棒头，靠近中部的地方凿了一个长方形孔，在一端和中部（包括孔的一部分）有两个较宽的带状刻槽，刻槽中留有铁箍环的痕迹，环宽 2 厘米、厚 2 毫米。刻削过的一端略斜、略有磨损，这一端和孔的一角之间有一个裂缝，这可能就是加箍的一个原因。另一端和孔之间的是与孔平行的钉进去的一个铁钉。硬木。长 10.5 厘米，直径 5.4 厘米，图版 10：4。

181—182. 2 根竹棍，一端尖细。第 182 件制作精细。长 11.1 厘米和 15 厘米，宽 0.7 厘米和 0.6 厘米。

183. 木梳的窄片，向梳齿（16 根）方向变宽，绘有红彩，红彩延伸到梳齿基部以上 1 厘米处。和

A. 8:Ⅰ;312 相似,但上部加工不精细。标线竿(?)。尺寸为 7.4 厘米×1.1 厘米×0.6 厘米。

184. 较小的圆锥形木器,尖细的一端被锯槽分成 3 个小尖,锯槽一直延伸到圆锥体的基部。高 7.2 厘米,直径 2.7 厘米。图 5:6。

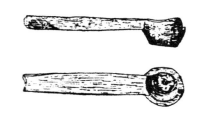

图 27

红褐色小木勺,细木纹,A. 8:Ⅱ;195。未完成且遭损坏。比例为 2/3。

185. 从截面为椭圆形的树干上锯下来的材料做成的盘。尺寸为 4.2 厘米×3 厘米×1.6 厘米。

186. 制作粗糙的木器,由圆形基部和从一边切刻出来的圆形榫组成。长 6.2 厘米,榫为 4 厘米,基部直径 2.8 厘米,榫的直径 1.2 厘米。

187. 小型木制系绳栓,截面为圆形;末端翘起。长 4.4 厘米,直径 2.4 厘米和 1.7 厘米。图版 10:7。

188—189. 2 块木橛残片,一端凸出。长 7.9 厘米和 8.3 厘米,宽 1.6 厘米和 2.6 厘米。

190. L 形小木器,分两部分,可能是某种击打器或锤子;长而窄的手柄的一部分嵌入另一端末端的窄边。材料为硬木。头部尺寸为 5 厘米×1.9 厘米×0.9 厘米,手柄尺寸为 9 厘米×1.2 厘米×0.6 厘米。图 19:17,图版 13:11。

191. 小木橛,截面为长方形,每一端有圆形榫。尺寸为 7.4 厘米×1.2 厘米×0.8 厘米。

192. 长方形小木片,每一端有一个榫。尺寸为 7 厘米×1.7 厘米×0.3 厘米。图 20:5。

193. 小木橛,可能是未制作完成的饰件,每一端有一个深的 V 形槽。末端稍尖,一端向 V 形槽背部倾斜。尺寸为 8.2 厘米×1.1 厘米×1.2 厘米。图 5:4。

194. 扁平的小木器,一个边直,其中部有一个小刻槽,另一边凸出。刻槽附近钻了一个孔。尺寸为 4.5 厘米×1.2 厘米×0.6 厘米。图 20:3。

195. 小型木勺,形式和尺寸都很独特。直手柄与碗形勺头的口沿高度相同,碗形勺是用三刃凿(?)或旋削器凿成的。未完成,部分遭破坏。长 6.3 厘米;手柄尺寸为 4.7 厘米×0.8 厘米×0.5 厘米;勺头高 1.1 厘米,直径 1.7 厘米,勺壁厚约 0.2 厘米。图 27。

196—197. 2 块扁平木片的残片,中部有一个穿孔,一端像手柄一样尖细且较厚。两件器物可能互相匹配,相互间形成直角。长(4.6—6.5)厘米,厚 0.4—0.5 厘米。

198. 小木片,一端比较尖,另一端半圆且较宽。尺寸为 6.1 厘米×1.9 厘米×0.4 厘米。

199. 部分烧焦的小木器;一边直,另一边凸出。中部附近较厚的地方有一个插有木橛的孔。尺寸为 2.7 厘米×0.9 厘米×1.1 厘米。

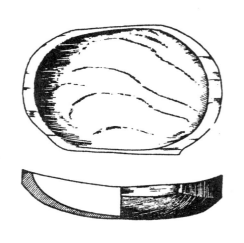

图 28

木碗,A. 8:Ⅱ;200,耳柄已断裂。比例为 1/3。

200. 木碗,大致整体镟削,椭圆形,腹较浅,背部鼓起且鼓起部分有碗的一半高,上半部直且垂直于碗沿("船"形)。长的一边留有把手的痕迹,现已断裂、烧焦,把手和碗沿同高;另一边口沿严重烧焦,痕迹已经模糊(更短?)尺寸为 15.7 厘米×10.5 厘米×3.9 厘米。图 28。

201. 大致为椭圆形的普通木碗的下半部。制作粗糙；背部表面有一道锯痕；内部表面有深褐色漆（？）。长 13.7 厘米，高（2.2）厘米。

202. 木碗壁残片，碗为椭圆形，侧壁凸出，大致与第 200 件相似；与第 200、第 201 件一样，留有相同的深褐色涂料的痕迹。长 13.1 厘米，宽约（2.5）厘米。

203. 表面平滑的椭圆形木碗背部残片，与 A. 8：Ⅰ；429 相似，但后者略大一点。内部留有红色漆的痕迹。基部长 7.5 厘米，整块残片长 9.5 厘米。

204. 与第 203 件相似的碗壁残片，相当薄。内部和外部分别保留有红漆、黑漆的痕迹。长 13.1 厘米。

205. 相当小的木碗的 1/3，属于表面平滑、外形椭圆、低边、基部加高的类型；壁薄。内部髹鲜红色漆，外部髹黑色或深褐色漆，外部深色漆扩展到内部成为口沿的一个窄边。制作精巧。实际尺寸为（6 厘米 ×8.3 厘米）×3.5 厘米；修复后的尺寸为 14 厘米 ×10 厘米 ×3.5 厘米。图 29。

206. 木碗的一小块残片，大致与第 205 件相似。碗底几乎为圆形的部分碗壁，内髹红漆，外髹黑漆。尺寸为 2 厘米 ×1.5 厘米。

207. 圆筒形木容器直立筒壁边缘的残片。薄长方块，内外都髹黑漆、绘红色花纹；外部的凹形口沿为红色，之下是 2 条红色平行细线条；一个红色汉字的一部分延伸到低一些的细线圈内。内部有红色线条和 2 个小圈。长（5.5）厘米，宽（2）厘米。

208. 薄木片残片，一面稍呈拱形且髹黑漆。漆比碗上的漆厚。盔甲上的薄片（？）。尺寸为（5.4）厘米 ×3.7 厘米 ×0.1 厘米。

209. 大致为椭圆形的木碗，制作粗糙。一只耳柄

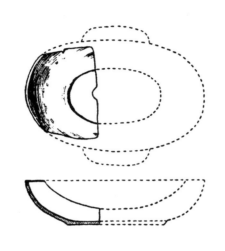

图 29
残缺的木碗，A. 8：Ⅱ；205。内部髹红漆，外部及口沿的内边髹黑漆。比例为 1/3。

的大部分已经遗失：把手比 A. 8：Ⅰ；416 的把手厚得多，上部缺损口沿的正常部分。两边都有模糊的漆（或彩绘）的痕迹。尺寸为 17.5 厘米 ×14 厘米 ×5.8 厘米。

210. 大致为椭圆形木碗的耳柄，内部髹红漆，外部绘黑彩及红漆豌豆荚图案。尺寸为 9.3 厘米 ×2.6 厘米。

211. 木碗耳柄残片，两面都髹红漆。尺寸为（6 厘米 ×1.3 厘米）。

212. 同上，相当小，碗内髹红漆，外髹黑漆，某种类型的碗底。口沿有分隔的刻痕。尺寸为 7.5 厘米 ×1.6 厘米。

213. 同上，饰有黑漆及红漆，外部保存完好。外部装饰为两对纵线之间的曲折线以及空白处的同心圆。上部表面也有相同图案的痕迹。尺寸为 9.2 厘米 ×1.8 厘米。

214. 青铜小配件，是一个一端为八边形管（已断裂）而另一端为窄正方形细榫的中空立方体。尺寸为 4.7 厘米 ×1.5 厘米 ×1.3 厘米。

215. "大泉五十"铜钱，保存完好。直径 26.5 毫米。图版 4：11。

216. 1 枚五铢钱，保存完好。直径为 26 毫米。

217—218. 2 枚锈迹斑斑的五铢钱，一面上可看到"铢"字的一部分，另一个上的"五"字也不完整。

219. 有插口的铁铲刃，插口基部为直长方形，刃的纵切面为三角形，末端的边和切边略微凸出。锈蚀严重。长 17.5 厘米，宽 5.8 厘米，基部宽 1.9 厘米，材料厚约 0.4 厘米。图 51，图版 5：13。

220. 略微弯曲的铁棍，截面几乎为圆形，锈蚀严重。长 13.5 厘米，直径 1.4 厘米。

221. 两部分，放在一起组成一个六边形宽铁环的一半，锈蚀严重。环的尺寸大致为 4.5 厘米 × 5.8 厘米；边宽 2.8—3.4 厘米，材料厚 0.6 厘米。

222. 锈蚀严重的铁质配件，壁厚，截面几乎为正方形，一边略微凸出，向圆形、闭合的一端逐渐变得尖细。一个孔洞穿过器物中间大部延伸至离闭合端 1.4 厘米的地方；穿孔几乎为梯形，其尺寸为 1 厘米 × 1.3 厘米或 1.2 厘米 × 1.5 厘米。器物尺寸为 7.3 厘米 × 3.3—4 厘米 × 3.5 厘米。图 67：2。

223. 粗糙的植物纤维绳，顺捻反合股，自然反转成 2 个绳环。长 75 厘米（参看希尔旺，1949，第 27 页）。

224. 1—18 部分缝纫的不同质量和不同颜色的丝绸残片：褐色、浅黄色、绿色、蓝绿色、蓝色、红色和朱红色；第 9 件是编在一起的 2 条细长片；第 17 件是波纹和复合经线织成的棱纹图案的丝绸残片；第 18 件可能是植物纤维袋的残片，缚有一股 55 厘米长的丝缠（参看希尔旺，第 27 页）。

225. 磨损严重的扫帚手柄，是一束草，其末端弯曲在一起并用两种不同的绳子捆绑。长约 22 厘米。图版 17：14。

226. 扫帚手柄的一部分，是用绳子捆绑的一束草。长约（18.5）厘米。

227. 羚羊角，两端都被锯掉。长 8.5 厘米。

228. 绵麻绳编制的鞋，属相当独特的种类，有一个高的用于绑紧的轴状配件。脚趾处已磨透。尺寸约 26 厘米 × 13 厘米 × 10 厘米，轴状配件约 10 厘米。

229. 绳编制的草鞋残片。长（20）厘米，宽约 11 厘米。

230. 用丝线和细绳套节而成的凉鞋残片。宽 10 厘米。

231. 鞋或凉鞋的底部，一个灯芯草的薄层由 6 根纵向的、平行的细绳编缀在一起。长约 24 厘米，宽 9.5 厘米。

232. 长方形垫子，粗绳编成；发现的时候折成 3 层。一端裹有一层皮，用绳子缝缀；另一端已经扯掉。扯掉的一端附近有 3 对纵向的划痕，长 3.5 厘米，大概曾是扎紧皮带的。一边描画。长约 58 厘米，宽 12.5 厘米。图版 16：7。

P. 4：

22. 长木棍，截面为半圆形，其中一端的扁平的一边出现了一个斜削成的倾斜凸出物。扁平的一边包括凸出物的斜边表面覆盖有字迹和弯曲线条图案。长 24.7 厘米，宽 1.4 厘米，厚 1 厘米；凸出物长 1.8 厘米，厚 1.7 厘米。

P. 45：

1. A. 4 型木封检，封槽（3.4 厘米 × 2.7 厘米 × 1.1 厘米）有一个与底部同一高度的纵向穿孔。宽而低的楔形部分的正面和一侧写有字迹。尺寸为 17 厘米 × 3.9 厘米 × 0.4—2.6 厘米。

P. 105：

1. 粗糙的椭圆形木碗的约一半，内部髹红漆，外部绘黑彩，存留下来的把手装饰红漆豆荚图案。损伤严重。长约 14.5 厘米，高 5 厘米。

4. 1b 型木封泥盒，尺寸为 4.5 厘米 × 3.6 厘米 × 2.6 厘米，封槽长 2.5 厘米。

5—8. 4 个 1a 型封泥盒，尺寸同上述 P. 477：7，第 62 页。

22—23. 2 个相同的、完全属普通汉代类型的木梳，梳齿厚度适中。尺寸为 7.7 厘米 × 5.6 厘米 × 0.9 厘米和 7.6 厘米 × 5.9 厘米 × 0.9 厘米。

P. 174：

31. 窄木封检（牌符？），中部和末端之间有两个封泥槽（与图版 14：24 相似）；正面字迹模糊。尺寸为 22.4 厘米×1.3 厘米×0.9 厘米。

P. 175：

20. 半圆形木橛，扁平的一面离一端 4.5 厘米处有封泥槽。可能是简单的 A2 型木封检。尺寸为 13 厘米×2 厘米×1.5 厘米。

P. 198：

5. 类似封检的残片，封槽处已断裂。正面写有地址。尺寸为（7.2）厘米×2.3 厘米×0.5—1.8 厘米。

P. 208：

3. 1 或 2 型木封泥盒，短的一端被斜削，背部有字迹。尺寸为 6.2 厘米×3.2 厘米×1.6 厘米。

5. A4 型木封检，正面下部有字迹。长 19 厘米，厚 1.5—2.8 厘米，封槽长 2.6 厘米。

6. 同上，残片，与第 5 件相似，正面有字迹。长 6.9 厘米，厚 0.7—1.8 厘米，封槽长 3 厘米。

P. 260：

23. B3 型封检的下部残片，正面写有大、小汉字。质地为硬木。厚 2.2 厘米。

P. 289：

16. 正方形长竹棍，一端尖细，另一端附近的边缘有一对切割槽。尺寸为 21.5 厘米×0.7 厘米×0.6 厘米。

P. 325：

2. 编制的半球形藤篮底部。比较宽的垂直长条是水平方向的、更纤细的纤维材料的骨架。编造简单。

5. 带有压印席纹的陶器小残片，蓝灰色陶。上有钻通的小孔。

6. 同上，有非常模糊的斜印绳纹，被周围两个已经抹去痕迹的区域打断。

7. 圆形木盖小残片，其一半凸出，与 A.10：Ⅰ；23 相似。直径为 4.2 厘米，3.4 厘米，厚 2.2 厘米。

8. 细齿木梳残片。长 7.1 厘米，厚 0.4 厘米。

P. 328：

1. 木封检，属介于 A2 和 A3 之间的类型。封泥槽距离顶端 1.4 厘米，槽长 3.1 厘米。整个封检尺寸为 13.2 厘米×2.5 厘米×1.4 厘米。

2. 长方形木板，有 2 个凸出物，其中一个凸出物在一端（长 3.8 厘米），另一个（长 3.5 厘米）从距离另一端 4.7 厘米的地方开始。铁钉的一部分钉入后一个凸出物内。通长 2 厘米。

P. 490：

1. 1 型封泥盒，封槽底部有 2 道特意锯成的锯槽，是整个凸出物上字迹被"锯掉"的一个解释。尺寸为 6.2 厘米×（3.6）厘米×1.5 厘米，封槽长 3.1 厘米。

2. 1a 型封泥盒。尺寸参见上述 P. 477：7，第 62 页。

3. 制作粗糙的 A2 型木封检，边缘自然圆转，一端附近的封槽和背部用刀削刻。正面有模糊的字迹。尺寸为 12 厘米×3.2 厘米×2.2 厘米；槽长 2.8 厘米。

6. 制作相当粗糙的木片，签牌，离一端 4.5 厘米处有穿孔。残缺，有字迹。尺寸为（21.7）厘米×2.7 厘米×0.4 厘米。

地点 ⅡA1（上部地层）
A. 8：ⅡA；

1. 封泥盒残片，有 2 道锯痕。厚 1.7 厘米。

2. 小木棱柱，可能来自封泥盒，几乎被一边的锯槽分成两半。尺寸为 2.2 厘米 ×1.3 厘米 ×1.1 厘米。

3—9. 7 个 1a 型封泥盒。长 4.3—5 厘米，宽 1.7—2.9 厘米，厚 1.3—1.9 厘米。

10. A3 型木封检。从凸起的顶端到封槽有一个纵向的孔，与封槽底部高度相同。尺寸为 8.8 厘米 ×3.5 厘米 ×1.8 厘米。图版 14:17。

11—13. 3 块小木条，尺寸为 4.1—5.5 厘米 ×2.5—3.6 厘米。

14—15. 2 块几乎一样的木片，一端斜削且边上有 V 形槽。尺寸为 10.2 厘米 ×3.8 厘米 ×0.4 厘米和 9.7 厘米 ×4.5 厘米 ×0.4 厘米。

16. 木橛，截面为长方形，一端斜削且一半为墨黑色。另一端由于风蚀而损坏严重。靠近中部的地方有 2 个互相穿通的孔。尺寸为 14.7 厘米 ×1.7 厘米 ×1.4 厘米。

17. 木筷子，早已削断。长 15 厘米。

18. 小木铲，刻削粗糙；圆形手柄和直边宽刃略微成钝角。尺寸为 17.8 厘米 ×3.8 厘米，手柄直径为 0.9 厘米。

19. 木片，边斜削，向薄的一端逐渐变尖细。尺寸为 21 厘米 ×2.5 厘米 ×0.5 厘米。

20. 稍大一些的工具，是一个略微弯曲的橛，其一半的截面为圆形，另一半的边缘被切削成刀形。长 28.5 厘米，直径 1.5 厘米。图版 11:9。

21—22. 2 枚木片。长（10.8）厘米和 27.1 厘米。

23. 木板残片，末端高翘，一角有一个开口为长方形的刻槽，与刻槽垂直的木板中部有一个圆形榫钉。木板中心另有一个大一些的孔。质地为硬木（也是木钉）。尺寸为 16.5 厘米 ×4.5 厘米 ×3.5 厘米。图 19:19。

24. 1—7. 丝绸和丝绸填料，部分原属衣服，色度不同：褐色，黄色，红色，蓝绿色和绿色；第一件是 2 块蓝绸外衣的前片，垫料内衬，天然绸的内里。植物纤维绳（参看希尔旺，1949，第 27 页）。

P. 23:

1. 木盘口沿的一部分，盘子轮廓为圆形，边缘绘黑彩、高 2.5 厘米、直立。盘子的其他部位未施彩且刻削粗糙，底部尤其粗糙。直径约 17.8 厘米。

2. "人面画"木橛或制作木橛的材料，白杨树细枝，部分被烧。没有施彩。尺寸为 25 厘米 ×3.3 厘米。

P. 144:

1. 1 或 2 型封泥盒，中等大小；残留有封泥，其上的文字无法辨认。封泥背面留有绳子的痕迹。

2—6. 5 个 1a 型封泥盒，中等大小。第 3 件的其中一个凸出物上有一个黑点。

7. 普通的汉代木梳残片，粗齿。厚 0.7 厘米。

8. 同上，细齿。厚 0.5 厘米。

5. 木封检或牌符残片，是一个圆形长橛，距顶端 11 厘米处有一个 2.8 厘米长的封槽；封槽和这一端之间稍微倾斜的扁平的表面有字迹。橛的下部严重断裂。长（31.4）厘米，直径 2.7 厘米。

P. 283:

8. 短木片，一边有 4 个刻槽，其中的 2 个靠近较宽一面的两端。另一边有字迹，部分被削掉。

地点 ⅡA2（下部地层）

A. 8: ⅡA；

25—27. 3 个 1a 型封泥盒,中等大小。

28. 同上,一个锯槽穿过封槽的中部,留有封泥的痕迹。尺寸为 5.2 厘米 ×2 厘米 ×1.5 厘米。图版 14:11。

29—32. 4 个残破不全的 1a 型封泥盒,中等大小。

33. 同上,残片,一个长方形孔穿透底部。

34. 封泥盒或封检残片,一个纵向的孔穿透较长的封档。尺寸为 6.1 厘米 ×2.7 厘米 ×1.9 厘米。

35. 封泥盒或封检小残片。

36. A3 型小封检。尺寸为 8.4 厘米 ×1.6 厘米 ×0.9 厘米。

37. 木牍,可能是封检;长方形,中部附近有一个浅封槽,中部以下正面的边被斜削。尺寸为 14 厘米 ×3.1 厘米 ×1.1 厘米。图 19:12,图版 14:23。

38. 小木铲,宽手柄,手柄截面为长方形,末端凸出。尺寸为 14.3 厘米 ×3.5 厘米 ×0.3 厘米。

39. 同上,较大,残缺。

40. 同上,长、窄刃,截面略呈半凹半凸;手柄断裂。

41. 窄木条,略呈小铲形。尺寸为 14.1 厘米 ×1.3 厘米。

42. 浅腹木器残片,一端宽且轮廓为圆形,一边有 2 个刻槽;手柄状窄端已断裂。尺寸为 (10.2) 厘米 ×3.5 厘米 ×0.5 厘米。图 19:5。

43. 普通汉代木梳大约 1/3 的残留物,用细纹木材制作,齿的尺寸介于两个最常见的尺寸之间。几乎和 A.8:ⅡS;75 相同。尺寸为 6.8 厘米 ×(1.7) 厘米 ×0.8 厘米。图版 13:4。

44. 很小的铲状木工具,和大多数细齿梳一样用细纹硬木制作。小而尖的椭圆形刃的基部为直肩;直手柄且向未固定的一端逐渐变得宽大,未固定的一端处有 1 个圆孔钻通且内穿绳索。表面平滑,独特。尺寸为 5 厘米 ×0.7 厘米 ×0.15 厘米。图版 8:5。

45. 小角器,一边扁平,另一边雕刻粗糙。除呈圆形、尖细的一端外,轮廓为长方形。未完成加工的装饰物(?)。尺寸为 5.7 厘米 ×1.2 厘米 ×1 厘米。图 5:7。

46—47. 2 个木棱柱体,残缺或未完成。一个一端有长方形榫,另一个一边斜削。尺寸为 4.3 厘米 ×3.3 厘米 ×2.1 厘米和 2.7 厘米 ×3.7 厘米 ×2 厘米。

48. 小木条,一角为圆形。长 3.3 厘米。

49—53. 5 个小木片或棱柱,其中第 51 件为红色,第 52 件部分为黑色。

54. 薄木环,破成几片,来自圆筒的口沿。一个弯曲的长方块做成容器的直壁,内外都糅红漆。外部装饰两条平行黑线,下部线条的 3 处被一个简单的纹饰打断,纹饰为:1 个大圆点上的 3 条曲线。直径约 13 厘米,宽 1.3 厘米,厚 0.15 厘米。

55. 长方形木块,边缘斜削,2 个大圆孔穿透宽的一面,截面为椭圆形的木橛嵌入其中。一块木橛残缺且顶端有一个刻槽。木块尺寸为 9.8 厘米 ×5.1 厘米 ×3.2 厘米。完整的橛长 11 厘米,直径约 1.2 厘米。图版 11:10。

56. 长柄勺或铲子的大木手柄,制作精巧。没有固定的一端正面凸出,截面为三角形、有凹边,凸出物下面正面直且呈拱形,背部扁平且纵向弯曲。长 15.7 厘米,宽 2.8 厘米,把手厚 4 厘米,不同的长 2.3—2.9 厘米。图版 6:5。

57. 长方形木器的大块残片,一端凸出,这一端附近,一个宽边上有 7 个小 V 形刻槽。部分绘黑彩。尺寸为 (15.5 厘米 ×5 厘米)。

58. 葫芦形容器残片,有 2 个钻孔,其中一个用木榫钉塞住。

59. 大致为椭圆形木碗的大块残片,除了把手较低且没有边槽外,与 A.8:Ⅱ;209 相似。长约 (15.5) 厘米。

60. 木橛，向一端逐渐变厚，这一端为半圆形且绘黑彩。边缘被斜削。尺寸为 13.5 厘米 ×0.8—2 厘米。图 18∶5。

61—63. 3 个木块，烧焦且残缺。

64. 窄竹棍，边缘斜削，一端尖细。尖笔（？）。尺寸为 15.1 厘米 ×0.6 厘米。

65. 木棍，长且薄，向两端逐渐变细。长 30 厘米，直径 0.6 厘米。

66. 木棍残片，雕刻粗糙，可能是筷子（？）。长（14.3）厘米。

67. 木片，一边有长 11.5 厘米的刻痕。尺寸为 20.4 厘米 ×1.5 厘米 ×0.4 厘米。

68. 短木片，一端斜削。尺寸为 8.7 厘米 ×2.8 厘米 ×0.2 厘米。

69—70. 2 枚木简，素简。尺寸为 23.6 厘米 ×2—2.3 厘米 ×0.3—0.4 厘米。

71. 木橛，可能是制作"人面画"木橛的材料，一边扁平，另一边的上半部有 3 面，下部圆形、保留有树皮、末端尖细。尺寸为 26.7 厘米 ×2.2 厘米 ×0.7 厘米。

72. "人面画"木橛，上部截面为三角形，凹槽代表鼻子，下端尖细，背部留有树皮。彩绘几乎消失。尺寸为 19.5 厘米 ×3.2 厘米 ×1.9 厘米。

73. 大的"人面画"木橛，制作粗糙，形式独特。上部截面为三角形；中部的 3 面雕刻至腰部；下部尖细，其上保留有树皮。有不太重要的黑色彩绘痕迹。尺寸为 24.5 厘米 ×5.3 厘米 ×2.3 厘米。图版 15∶6。

74. 长木工具，一端形成了截面为长方形的手柄，另一部分薄且截面为扁圆形，边缘如刀般锋利。长 42 厘米，宽 3.2—3.4 厘米，刃部厚 1 厘米，手柄厚 2 厘米。图版 11∶8。

75. 五铢钱。直径为 26 毫米。

76. 带插口的铁锄刃部的一半，U 形，与 A.8∶Ⅰ；449 相似。锈蚀很严重。高约 11.5 厘米，原来的宽度可能是 13 厘米，材料厚 0.4 厘米，空心宽 2.3 厘米。

77. 略弯曲的铁环残片，锈蚀严重。厚度均匀（为 4 或 5 毫米），轮廓为长方形，一端稍宽、稍弯一些。尺寸为 7.5 厘米 ×4.7 厘米。

78. 1—12. 天然褐色丝绸残片；一组生丝线系成环形，直径约 14 厘米（第 10）；丝线和丝质填料；布料、垫子和植物纤维绳残片（参看希尔旺，1949，第 27 页）。

P. 21∶

2. 短木封检或封泥盒，中部有长 2.4 厘米的封槽。两端的封档上有小的字迹。尺寸为 7 厘米 ×2 厘米 ×1.7 厘米。

4. 半圆形木橛残片，封检或牌符，断裂的一端有封槽，此端倾斜，封槽下方扁平的正面有字迹。尺寸为（15）厘米 ×2 厘米 ×1.7 厘米。

5. A3 型木封检残片，相当短。正、背面字迹模糊。尺寸为 9.3 厘米 ×2.3 厘米 ×1.7 厘米。

P. 64∶

7. 烧焦的竹筷子。长（21）厘米。

8. 严重烧焦的长方形木块。一个宽边表面有 3 个斜切的 V 形槽，宽边的边缘有一对 V 形刻槽。尺寸为（16.5）厘米 ×3.5 厘米 ×2.2 厘米。

9. "人面画"木橛，除了彩绘的鼻子外，离嘴更近的地方还有一个代表鼻子的凹槽。黑彩已经模糊。尺寸为 21 厘米 ×4.1 厘米。

10. 同上，用白杨树枝做成，部分保留了树皮。尺寸为 22.3 厘米 ×2.5 厘米。

11. 同上，较宽，没有代表鼻子的凹槽。尺寸为 20.8 厘米 ×4.6 厘米。

12. 同上，有代表鼻子的凹槽和几乎消失殆尽的彩绘。尺寸为 19.8 厘米 ×3.1 厘米。

P. 112∶

17. 木封检的纵向残片，一端附近有一个长2.5厘米的封槽，两端的封档上都有字迹。封槽以下的正面有点倾斜，是介于A2和A3型之间的标本。长6.4厘米，厚1.4厘米。

18. 1a型封泥盒，背部和两个封档上都有字迹。尺寸为5.5厘米×2.8厘米×2厘米。封槽长2.9厘米。

地点 ⅡB1（上部地层）

P. 167：

9. "人面画"木橛的上部，没有代表鼻子的凹槽。绘黑彩。宽2.5厘米。

地点 ⅡC1（上部地层）

A. 8：ⅡC；

1. 小容器，由一段锯下来的竹茎和一个作为底部的竹节构成。内表面有某种涂层。高3.4厘米，直径3.6厘米。图版6：15。

2. 相当小的、雕刻而成的圆形木盖残片，边缘倾斜，在宽边上有一个高0.3厘米的圆形凸出物。圆形凸出物表面髹了红漆，其余部分髹了黑漆，倾斜的边缘和顶端表面装饰有红漆绘的线条和形状不规则的点。主体部分的直径达6.3—8厘米。高出的圆形凸出物直径为5.3厘米，通体厚1.8厘米。图30。

3. 椭圆形木碗基部的残片，属表面较光滑的类型，多少与A. 8：Ⅱ；205相似，但比较粗糙、比较大一些，除了内部红色漆底上用黑漆装饰外，外部则是在黑漆表面装饰红色。图案由细线、点、同心圆和十字形"花"组成。尺寸大约为6.5厘米×6厘米×0.8厘米。图31。

4. 1a型封泥盒，封槽底部中心位置有一个未完成的钻孔。尺寸为4.2厘米×2.6厘米×1.6厘米。

5. 同上，没有孔。尺寸为4.4厘米×2.5厘米×1.3厘米。

6. 同上，1b型。尺寸为4.1厘米×3.1厘米×1.4厘米。

7. 小木条，一端中部有一个榫，略呈拱形。手柄断裂的木铲（？）。尺寸为3.8厘米×2.1厘米×0.2厘米。图20：2。

8. 弯曲的木板或木片残片，沿中线有3个大圆孔；最宽部分的孔中央断裂。尺寸为11.3厘米×3厘米×1厘米。图19：13。

9. 硬木制作的长方形木块。尺寸为7厘米×1.7厘米×0.7厘米。

10. 小木片，可能是刮削器。一边几乎直且两面都很锋利，另一边有斜切角。尺寸为6.3厘米×1.8厘米×0.4厘米。

P. 70：

1. A5型木封检的纵向残片。硬木制作，粗糙。正面字迹模糊。长19.7厘米，厚约2.2厘米。

地点 ⅡD

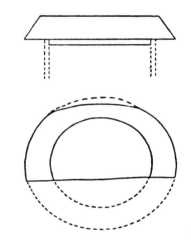

图30

小容器残缺的木盖，A. 8：ⅡC；2。下边髹红漆，另一部分的表面髹黑漆并杂有不规则红点。比例为1/2。

A. 8：ⅡD；

图 31
髹了漆的木碗基部，A. 8：ⅡC；3，可能有手柄。内部（上）红底上有黑色图案，外部黑色底上装饰红色图案。比例为 1/2。

1. 扁平的木质小饰物，主体呈长方形，正方形基部的上部进行了雕刻；基部有一个斜削的边以便插入长方形孔。图版 12 显示的两条水平方向刻划分割线没有出现在背部。尺寸为 4.7 厘米 × 1.7 厘米 × 0.45—0.65 厘米。图版 12：4。

2. 木质三角形顶部装饰物（？），主要是基部带有破裂的椭圆形榫和略微凸出的边的圆锥形。用硬木制作。基部有红色彩绘和不规则黑点的痕迹。不包括榫在内的高为 3.5 厘米，边宽 1.9 厘米，榫长（0.5）厘米，直径 0.8—0.6 厘米。图 5：5。

3. 绘红彩木棍残片，烧焦。尺寸为（3.7）厘米 ×1.6 厘米。

4. 长木棍，边缘刻有不规则刻槽，形成锯齿形，一端宽。未完成的饰物（？）。尺寸为 23.7 厘米 ×2.4 厘米 ×0.6 厘米。图版 13：17。

5—7. 3 个 1 型封泥盒，用小树枝做成，制作粗糙，一部分严重破损。尺寸为 3.7—4 厘米 ×0.8—1.8 厘米 ×0.8—1.1 厘米。

8—10. 3 块残缺的门闩形木块，第 10 件一边上斜削出凸出物。长 4—7.5 厘米。

11. 长方形木板，一端凸出成为支架，支架的下边和木板之间形成钝角。木板很坚固，所有的边都经过斜削，是整块器物最薄、最窄的部分。木板部分尺寸为 9.6 厘米 ×4 厘米 ×1 厘米，支架厚 1.7 厘米。图 19：11 和图版 8：13。

12. 竹棍，一端已炭化。尺寸为（13.4）厘米 ×1.1 厘米。

13—14. 2 根竹牙签。长 10 厘米和 9.2 厘米。

15—16. 2 个圆木橛，一端尖细。长 11.2 厘米和 10.8 厘米，直径 1.1 厘米和 0.8 厘米。

17. 小木铲，小而薄，刃部几乎为椭圆形，手柄断裂。尺寸为（8.3）厘米 ×2 厘米。

18. 木手柄末端残片，可能为勺子，完整、未固定的一端附近有一个相当大的椭圆形孔。尺寸为 5.5 厘米 ×2.1 厘米。

19. 长方形木块，窄边有长方形孔，窄边向一端逐渐变细，可能是薄榫。一个宽边保留有木节疤，另外，部分呈自然圆形，盛食盘的腿（？）。尺寸为 10.5 厘米 ×2.8 厘米 ×3 厘米。

20. 普通椭圆形木碗的耳柄。除内部外，都髹黑漆，红色漆从碗口沿下 0.5 厘米处开始。长 6.8 厘米，高 1.1 厘米。

21. a. 有插槽的铁铲的刃，长方形，圆角和切边略凸，截面呈三角形，锈蚀严重。图 51。尺寸为 17 厘米 ×4.5—4.7 厘米 ×2 厘米。材料厚 0.4 厘米。

21. b. 1—6. 丝绸，棉絮和植物纤维布料残片，部分来自衣服。第 5 件是一块长方形浅黄色丝绸，有丝绸填料和植物纤维布料内衬，还有一股丝织物和布拧成的绳；第 6 件是植物纤维线（参看希尔旺，1949，第 27 页）。

22. 1—6. 天然丝残片（第 6）和布料、植物绳索（参看希尔旺，1949，第 27 页）。

地点 ⅡE

A. 8：ⅡE；

1. 截面为椭圆形的木橛，一半比另一半更圆。用硬木制作。尺寸为 15.5 厘米 ×1.9 厘米 ×1.1

厘米。

2. 长方形木牍，每一端有一个 1 厘米的凸出物，其中一个已破。尺寸为 15.4 厘米 ×2 厘米 ×0.9 厘米。

3. 和上一件相似的木器，雕刻粗糙；一个凸出物比另一个低。尺寸为 14.5 厘米 ×3 厘米 ×1.7 厘米。

4. 制作简率的勺子状小木铲残片，刃部向上弯曲。尺寸为（13.5）厘米 ×3.2 厘米。

5. 残缺的 D 形木块，可能是容器的把手。一边几乎直且折断，另一边凸出，其边缘附近有一个椭圆形大孔。一端比另一端厚一倍。尺寸为 12.5 厘米 ×2.5 厘米。

6—7. 2 个小木铲，轮廓几乎为长方形，用薄片做成。长 18 厘米和 18.8 厘米，宽 2.5—2.7 厘米，厚 0.3 厘米。

8. 竹棍，圆形，一端附近有一个 V 形切槽。长 19.8 厘米，直径约 0.5 厘米。

9. 竹棍，一端尖细。尺寸为 16.7 厘米 ×0.6 厘米。

10. 竹刷。长 13.9 厘米。图 18：15。

11—16. 6 个 1a 型封泥盒，大部分残缺。长 3.5—5.5 厘米，宽 2.1—3.6 厘米，厚 1.3—1.9 厘米。

17—19. 3 个 1a 型封泥盒，细枝做成。长 3.7 厘米、5.7 厘米和 7 厘米。

20. 木橛，截面为半圆形，向一端逐渐变细，另一端有一个"封泥槽"，可能原来就已经锯成。长 16.5 厘米，直径 2 厘米。

21. 木橛，截面为正方形，一端被刨掉。尺寸为 9.7 厘米 ×1 厘米 ×1.1 厘米。

22—24. 3 个门闩形木橛，第 3 个凸出物向末端倾斜。长 8—13.5 厘米。

25—26. 2 块小木片。

27. 短竹片，背部有 5 道刻槽，刻槽间隔不规则，间隔距离约 1.5 厘米。尺寸为 10.3 厘米 ×1.6 厘米。

28. 短木器，截面为长方形，一端为楔形且逐渐由圆形变尖，宽边的部分绘有黑彩。尺寸为 9.3 厘米 ×1.4 厘米 ×0.8 厘米。

29. "人面画"木橛，截面为尖椭圆形，正面平滑，下端尖细。绘黑彩的表面有相当清晰的面部轮廓。尺寸为 20.3 厘米 ×3.1 厘米 ×1.5 厘米。图 21：4，图版 15：4。

30. 同上，上部截面为三角形，有代表鼻子的凹槽，下端尖细，保留有红彩和黑彩的痕迹。损毁严重。尺寸为 20.2 厘米 ×4.2 厘米 ×1.5 厘米。

31. "人面画"木橛的小块制作材料，无彩绘。上部截面为三角形，有代表鼻子的凹槽，下部尖细。尺寸为 16.8 厘米 ×2.5 厘米 ×1.1 厘米。

32. 用劈下来的树枝做成的木橛，一端尖细，一边有刻削粗糙的 V 形槽。长 17.2 厘米。

33. 相当小的椭圆形木碗或水杯的下部残片，壁薄而且平滑，背部略翘，外髹黑漆，内髹红漆。尺寸为（8 厘米 ×5.5 厘米）。

34. 1—6. 褐色、酒红色天然丝和缝制而成的丝制品残片（参看希尔旺，1949，第 27 页）。

P.99：

8. 普通三棱形青铜箭镞，有一个长 6 厘米、锈蚀严重的铤。长 2.8 厘米，边宽 1 厘米。

地点 ⅡW

A. 8：ⅡW；

1—3. 3 个 1a 型封泥盒。长 2.4—5.8 厘米，宽 1.6—3 厘米，厚 0.9—1.2 厘米。

4. 普通汉代木梳的一半，窄齿。用硬木制作。尺寸为 7 厘米 ×3 厘米 ×0.6 厘米。

5. 同上，粗齿。和 A.8：ⅡA 部分相似；尺寸为 43.7 厘米 ×2.6 厘米 ×0.4 厘米。

6. 同上，齿断裂。和 A.8：Ⅰ；310 和 A.21：Ⅰ；5 几乎相同。尺寸为 4.3 厘米 ×2.6 厘米 ×0.6 厘米。

7. 竹质小铲，长方形，直削的刀刃自然呈拱形，手柄已烧掉。尺寸为 7.1 厘米 ×1.7 厘米。

8. 小而尖的木牍残片，中部有一个横向锯痕，部分绘有黑彩。尺寸为 3 厘米 ×2.4 厘米 ×0.7 厘米。

9. 木片或牍，一端尖。尺寸为 12.7 厘米 ×1 厘米 ×0.3 厘米。

10. 竹棍，尺寸为 9.5 厘米 ×1.3 厘米。

11. 短木条或硬木，长方形，一边的中部有一个三角形大切槽。尺寸为 5.2 厘米 ×0.9 厘米 ×0.2 厘米。

12—16. 5 枚木片，素简。3 根的一端已烧焦。长 7—16.8 厘米，宽 0.9—1.2 厘米，厚 0.2—0.3 厘米。

17. 一只木碗碗壁的残片，残片原属碗壁向内部表面倾斜的部分，圆边，可能属于和椭圆的船形碗 A.33：5；20 类似的类型。内髹红漆，外髹黑漆，外部有模糊的红色装饰的痕迹。长约（7）厘米。

18. 大致为椭圆形的木碗残片，属于丢失了耳柄的以下碗壁。内部髹红漆，外部髹黑色和红色漆（只有一些小点保留下来）。长（10）厘米。

19. 木碗耳柄，与 A.8：Ⅱ；213 的把手与相似，保留有黑漆和红色装饰图案的痕迹，图案为一对平行线之间的同心圆。长（9）厘米。

20. 收缩了的木碗残片，大致为椭圆形，与 A.8：Ⅰ；416 的尺寸、装饰（如把手外部的豆荚图案）相同。长（13）厘米。

21. 1—8. 丝绸残片，可能来自衣服。外层面料为绿色和蓝色丝绸，夹层料为褐色粗丝绸，里衬为褐色天然丝；一块残片上缝有一个纽扣盖。丝绸填料（参看希尔旺，1949，第 27 页）。

地点 ⅡN

A.8：ⅡN；

1. 薄的圆竹棍，一端尖细，牙签（?）。长 10.8 厘米。

2. 短竹橛，一端尖细。尺寸为 11 厘米 ×1.1 厘米。

3—4. 1 根竹管的两节。长 10.3 厘米。

5. 短且圆的木制系绳栓（参看图版10:7），雕刻粗糙但对称。一端近乎球形。长 5.4 厘米，直径 1.2 厘米。

6. 略微弯曲的木橛，向一端逐渐变细，另一端有一个圆筒形把手。长 11.5 厘米，直径 1.7 厘米。

7. 木拍或木塞，一端有一个高 1.5 厘米的圆筒形把手，向另一端逐渐变细。窄边附近有一个长 4 厘米的扁平凹槽。制作精致。长 7.8 厘米，直径 2.6 厘米和 1.6 厘米。

8. 木刮铲，短刃且末端凸出，手柄宽、向上连续变窄且稍弯曲。尺寸为 16.3 厘米 ×4.1 厘米。图 18:9。

9. 小木棱柱，尺寸为 2.8 厘米 ×1.7 厘米 ×1.3 厘米。

10. 小木牍，尺寸为 4.1 厘米 ×2.6 厘米 ×0.3 厘米。

11. 同上，每一角有两个刻槽，正面略呈拱形。尺寸为 6.2 厘米 ×3.3 厘米 ×0.5 厘米。图 20:14。

12. 封泥盒残片，类型 1 或 2。尺寸为 5.1 厘米 ×0.6 厘米 ×1.4 厘米。

13. 作为棺材或盒子接合部的 X 形木榫舌。两端直，两端之间的窄边向中部倾斜成钝角，其下一半的厚度为另一半的一倍。整个器物略微弯曲成一个钝角，因此，直端和纵向的轴之间有一定的倾斜度。在同类收藏中显得很独特。属于汉代的普通类型（参看哈拉达 Harada，1930，图 7）和今天的没有什么区别。尺寸为 8.7 厘米 ×5 厘米 ×1.3 厘米。图 19:6，图版 10:13。

14. 几乎为正方形的木块，未完成制作；一端两边都凸出，另一端有一个圆孔。尺寸为 7 厘米 ×3.4 厘米 ×1.9 厘米。

15. 可能为六边形木橛的残片。长（11.6）厘米。

16. 签牌残片，主要是窄木片，一端的边上有一对用来固定绳索的 V 形刻槽。尺寸为（3.8）厘米 ×1 厘米 ×0.2 厘米。

17. 球茎状薄木饰件，轮廓为水滴状。一边几乎扁平且髹红漆，另一边呈拱形且髹红漆。基部末端被斜削掉。制作精致。尺寸为 7.2 厘米 ×4 厘米 ×0.8 厘米。图版 13:7。

18. 长方形窄竹梳，其上有 9 根很长的圆形齿。尺寸为 13.1 厘米 ×1.2 厘米 ×0.15 厘米。图版 13:8。

19. 木片，一端为半圆形且留有泥的痕迹，略有磨损。尺寸为 22.7 厘米 ×2.3 厘米 ×0.4 厘米。

20. 宽度均匀的长方形木棍，5 条刻划线开始于一端并贯穿整个器物，线条之间的间隔为 2.3—2.4 厘米。另一端断裂。所有的面上都有黑漆的痕迹，刻痕中有红色漆。粗糙的测量竿或木棱柱的材料（?）的一部分。尺寸为 22 厘米 ×2 厘米 ×0.9 厘米。图版 13:19。

21. 长方形木橛残片，截面为长方形且削有几个凸出部分和切口。尺寸为 18.4 厘米 ×2 厘米 ×1.5 厘米。

22. 木橛，截面为三角形，一端尖细。用硬木制作。尺寸为 12 厘米 ×1.7 厘米 ×1 厘米。

23. 木橛，一端长方形且翘起，向另一尖细端逐渐变细。尺寸为 17.6 厘米 ×2 厘米 ×1.8 厘米。图 19:4。

24. 长方形木器，可能为门闩，从中部向一端削薄了一半的厚度，末端附近厚的部分有一个孔。尺寸为 15.6 厘米 ×2.5 厘米 ×1.5 厘米。

25. 短的"人面画"木橛，很不对称，用黑线条勾勒出脸的轮廓。上部截面为三角形，下部刨掉且向尖端倾斜。尺寸为 15.2 厘米 ×2.2 厘米。

26. 扁平的木橛，向一端逐渐变细。可能是"人面画"木橛的制作材料。尺寸为 22.8 厘米 ×2.8 厘米 ×0.8 厘米。

27. 竹棍。尺寸为 19.6 厘米 ×1 厘米。

28—29. 2 根相同的细竹棍。尺寸为 23 厘米 ×0.7 厘米。

30. 青铜箭镞，锈蚀，有铤的痕迹，属普通的三棱形类型但很长，边缘钝。长 3.8 厘米，箭镞头部长 3.2 厘米，边宽约 0.9 厘米。

31. 1—4. 褐色、绿色和天蓝色丝绸、丝绸填料残片和一串草辫（参看希尔旺，1949，第 27 页）。

P.48:

6. 1 或 2 型封泥盒残片，属于尺寸如下的一组：长 4.1—5.6 厘米，宽 1.4—2.6 厘米，厚 1.1 厘米。

13. 非常大和制作非常粗糙的 1a 型封泥盒。凸出物上有字迹。尺寸为 7.3 厘米 ×3.5 厘米 ×3.3 厘米。封槽长 3.2 厘米。

地点ⅡS1（上部地层）

A. 8：Ⅱ S；

1. 长方形小木器，长一些的边略凹进，末端的截面为长方形，中部的截面为椭圆形；一个圆榫和一个小楔子插入另一端。用硬木制作。尺寸为4.8厘米×1.2厘米×0.7厘米。图版12：7。

2—4. 3个小木棱柱，其中第4件可能用作骰子。尺寸为1.4—2.8厘米×1.4—2厘米×1.1—1.8厘米。

5. 小竹橛，两端断裂，外部有闭合的墨色线条。尺寸为（7.5）厘米×0.8厘米。

6. 正方形木橛，一端附近有一个锯槽。尺寸为7.4厘米×1.4厘米×1.3厘米。

7. 1a型封泥盒残片。长5.1厘米。

8. 小木封检（？），正面自封槽至下端倾斜。尺寸为6.2厘米×1.7厘米×1.5厘米。

9. 雕刻粗糙的1a型封泥盒（？），一端略倾斜。图20：1。

10. 短木封检，中部附近有封槽，边缘绘黑彩。尺寸为6.2厘米×1.7厘米×1.5厘米。

11. 1a型封泥盒，背部不平滑。尺寸为6.5厘米×2.7厘米×1.8厘米。

12—19. 8个多少有些残缺的木封检或封泥盒，其中某些已经烧焦。

20—21. 2根竹筷，长22厘米和12.8厘米。

22. 很细的竹筷，长11.5厘米。

23—24. 2把残缺的小木铲，圆形手柄，宽刃且末端凹进。长（14.7）厘米，宽4.4厘米。

25—30. 6个不同形状、不同尺寸的木铲，都相当小。有些刃的背部为圆形。

31. 竹棍，截面为半圆形。尺寸为14.5厘米×2厘米。

32. 竹棍，一边扁平，另一边呈拱形，一端尖细，另一端在孔洞处断裂。尺寸为14.2厘米×0.9厘米。

33. 制作粗糙的梳子形木质工具残片，长方形。完整的一端翘起、倾斜5.5厘米且削成3根齿，中间一个被绳子磨成圆形。另一端也有3根齿，只有一根保留下来。尺寸为19.8厘米×4.4厘米×0.9—1.5厘米。图版11：2。

34. 木器残片，截面为扁圆形，一端断裂，另一端完整且凹进。背部离另一端约6.5厘米处有一个凹槽。尺寸为（9）厘米×3.2厘米×1厘米。

35. 狐尾锯（？）手柄，是一个长方形，截面为椭圆形的木块，雕刻粗糙，较薄的一端断裂至1/3处。这一端有一个系缚绳索的凹槽；这股绳索沿一个窄边延伸至另一端，另一端附近又有绳子捆缚。长16.5厘米，直径约3.5厘米。图32，图版10：1。

36—37. 长方形木块的2个残片，有切口。第37件一端附近有一个榫插入长方形孔。长10.5厘米和15.5厘米。

38. 多边的长方形木器的残片，所有完整的表面都绘黑彩。截面为正方形且略微弯曲；一端为楔形，另一端刨掉4厘米且挖至1.9厘米厚。独特。长13.4厘米，直的一端附近的边为2厘米×（2）厘米。图19：15。

39. 木片，截面为长方形，一边直，另一边每一端附近有一个凹槽。凹槽中，一些铁箍的痕迹穿过一个宽边，铁箍可能将这件器物和其他器物连在一起。尺寸为11厘米×1.8厘米×1厘米。

40. 木棍残片，一端有3个凹槽。长15.2厘米。

41—44. 4个门闩形木片，有或多或少倾斜的凸出物。两个已被烧焦。一个有铁的痕迹。长5—18.7厘米，宽1.9—3.4厘米，厚1.1—2.5厘米。图版8：20。

45. 木棍，截面为半圆形，一端翘起且像上一件一样倾斜。尺寸为25.5厘米×1.5厘米×1.9厘米。图版8：21。

46. 同上,截面为长方形;4 个边的一端都有切口作标记。尺寸为 24.5 厘米×2 厘米×1.1 厘米。

47. 大致为椭圆形木碗的一半,和 A.8:Ⅱ;209 相似,手柄较低且顶部表面没有凹陷。外部有黑彩或黑漆。有穿透底部的小孔。部分烧焦。长 5.5 厘米。

48. 同上,保留下来的部分少于一半,和 A.8:Ⅰ;416 相似(尺寸、图案相同,手柄上为豆荚图案,但制作较精致)。外部的黑色延伸至内部并成为内部红色底色上的窄边线。长 13 厘米。

49. 同上,小一些的残片,来自碗的短端。内部黑色图案上髹红漆。长 5 厘米。

50. 同上,可能和第 49 来自同一只碗。长约 4 厘米。

51. 同上,来自像 A.8:Ⅰ;416 一样的碗的基部。

52. 同上,小一些,口沿附近的碗壁。内部髹红漆,外部髹黑漆且装饰平行线之间的红色同心圆。长(2.3)厘米。

53. 一枚铜币的 2 块残片,可能是五铢钱。

54. 铁块残片,向半圆形的一端略微变细。锈蚀严重。铁剑的尖端(?),长(10.9)厘米,宽 1.8—2.9 厘米,厚 0.3 厘米。图版 5:4。

55. 铁块残片,一面略凸,另一面扁平,边向内折、翘起,两处有凹槽。表面有锤打的痕迹,边缘有锉磨的痕迹。尺寸为 10 厘米×4.3 厘米,中部厚 0.4 厘米。图 67:4。

56—57. 1—16. 各种色度的部分缝制的丝绸残片,有褐色、蓝色、蓝绿色等;第 13 件是鞋底的脚趾部分,用不同颜色的丝带和草绳捻在一起。宽约 10 厘米,植物纤维质地的器物,3 根线,1 条辫绳,一股粗线(第 16 件),塞进一个圈中,圈本身绑有 8 道绳子并和另外一个圈固定在一起,一股线未固定且形成了另外更小的一束(参看希尔旺,1949,第 27 页)。

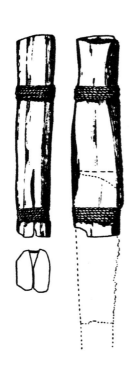

图 32
狐尾锯(?)木手柄。A.8:ⅡS;35,图版 10:1。有圆点的线条显示了铁锯刃在图版 5:12 的排列。比例为 1/3。

P.1:

1. 保存完整的一支毛笔,末端较坚固且呈圆锥形,竹杆的主体部分裂成了同样宽的 4 片且在下端用(丝?)线连在一起成为圆形;笔毛略显陈旧,现在约 1 厘米长。通长 17.6 厘米,直径约 0.6 厘米。图 33。

2. A4 型木封检,正面中部有一个长 2.9 厘米的封槽。尺寸为 13.5 厘米×2.3 厘米×1.9 厘米。

3—5. 3 个 1a 型封泥盒。尺寸参看留存在北京的采集物 477:7,第 62 页。

6. 同上,残片。尺寸参看 P.48:6,第 79 页。

7. 椭圆形木碗耳柄,较粗糙,外部绘黑彩,内部髹红漆。长 10.5 厘米,高 1.9 厘米。

8. 竹棍,一端为圆形,另一端直且穿有一个圆孔。尺寸为 14.5 厘米×1 厘米。

12. 木片,一端雕刻粗糙;可能是一个未完成的小木铲。尺寸为 23 厘米×2.7 厘米。

P.267:

6. 木板尖端,截面为扁圆形;两边都有字迹。尺寸为(14.2 厘米×3.5 厘米)。

29. 半圆形木封检残片(?),离一端 13 厘米处有浅封槽,正面朝向另一端稍微倾斜。有模糊的字迹。宽 2.1 厘米,厚 1.5 厘米。

图 33
完整的一支毛
笔,(A. 8: Ⅱ S)
P. 1: 1,竹杆。
比例为 1/2。

地点 Ⅱ S2（下部地层）

A. 8: Ⅱ S;

58—60. 3 根竹筷子。第 60 件,图版 6: 8。

61. 扁平木棍,末端略凹进,一个纵向的孔（直径 1. 5 毫米）贯穿整个器物。沿窄边裂开,圆边。尺寸为 12 厘米 ×0. 8 厘米 ×0. 4 厘米。

62. 木片,轮廓为长方形,一端略凹进,另一端凸出。一面的边上有两对相对的切槽。很平滑。尺寸为 9. 9 厘米 ×3. 1 厘米 ×0. 4 厘米。图 20: 15。

63. 木片,长方形,表面很平滑,边缘略斜削。尺寸为 17. 6 厘米 ×4. 8 厘米 ×0. 4 厘米。

64. 楔形木器,朝向薄的一端（凹进）略宽。尺寸为 8. 5 厘米 ×4. 3 厘米 ×2. 2 厘米。图 19: 16。

65. 楔形竹棍,朝向一端变细。尺寸为 14. 7 厘米 ×1. 3 厘米。

66. 木橛,三面扁平,第 4 面凸出且边缘斜削。长 17. 5 厘米,直径约 1. 7 厘米。

67. 长方形木饰物,略残,为一木板,较长的一边卷成涡状。涡卷靠近斜削的一端,这一端形成一个榫;另一端被削掉。除了中部,背部的切削边的一半有红色的痕迹。尺寸为 23. 3 厘米 ×5 厘米 ×0. 8 厘米。图版 13: 18。

68—70. 3 件门闩形木器,第 3 件截面为圆形且绘黑彩。长 11. 7 厘米、10. 6 厘米和 13. 3 厘米。

71. 同上,短一些。尺寸为 5. 3 厘米 ×1. 9 厘米 ×1. 9 厘米。

72. 扁平小木牍的残片,一端中部穿有一个孔,一面已经烧焦。尺寸为 5 厘米 ×3. 4 厘米 ×0. 5 厘米。

73. 未完成的封泥盒,有 3 道锯痕但没有封槽,残缺。尺寸为 5. 9 厘米 ×3. 7 厘米 ×2. 3 厘米。

74. 木封检（?）残片,封槽向一边敞开。有 3 道锯痕,但封槽比锯痕更宽、更深。尺寸为 3. 5 厘米 ×3. 3 厘米 ×1. 8 厘米。

75. 汉代类型的木梳,几乎保存完整,梳齿细、窄。使用最普遍的制作梳子的细纹硬木材料。参看 A. 35: 4; 2,几乎相同。尺寸为 7. 2 厘米 ×4. 8 厘米 ×1 厘米。

76—80. 5 块小木块,部分来自锯下来的大木块。

81. 粗竹管残片,长 5. 6 厘米,外部直径曾约 3. 7 厘米。

82. 较大的、鼓腹陶器残片。几条弦纹穿过交叉的压印绳纹。浅灰陶。厚 0. 8 厘米。图版 3: 11。

83. 环形小井盖,是一个纤维质地的圆形框架,其上缠有相同材料的绳子。17 根尖木片穿入环中并集中于略低于圈面的中心位置;这些木片（长 7 厘米,截面为半圆形的这一部分厚 0. 7 厘米）从尖端向上部 V 形末端变宽,且都有向下的圆边。环的直径约 14 厘米,厚 1. 8 厘米。图版 17: 3。

P. 38:

16. 1 或 2 型封泥盒残片。宽 2. 4 厘米。

地点 Ⅲ

A. 8: Ⅲ;

1—10. 10 枚木片,素简。长 22. 9（除了其中一个为 22. 5）厘米,宽 1. 2—1. 3 厘米,厚 0. 2—

0.4 厘米。

11—14. 同上，4 枚，更宽一些。长 22.9 厘米，宽 1.8—2.7 厘米，厚 0.3—0.5 厘米。

15—27. 13 枚厚木片，大部分的斜边上保留有树皮。为制做素简的材料。长 22.3—23.7 厘米，宽 1.4—2 厘米，厚 0.3—0.9 厘米。

28—47. 20 枚素简，有些被烧掉。

48—50. 3 个 1b 型封泥盒。长 5.2 厘米、5 厘米和 3.3 厘米，宽 3.7 厘米、3.4 厘米、2.4 厘米，厚 1.6 厘米、1.8 厘米、1.3 厘米。

51—52. 2 个 1a 型封泥盒，第 2 件有一道锯痕穿过封槽的中部。长 4.4 厘米和 5.1 厘米，宽 2.6 厘米和 3.2 厘米，厚 1.7 厘米和 1.2 厘米。

53. 同上，不平滑，3 道锯痕中留存有封泥。尺寸为 5.5 厘米×2.4 厘米×1.1 厘米。

54. 封泥盒，有 3 道锯痕，一端附近有封槽，封档上有难辨的字迹。尺寸为 5.8 厘米×3.7 厘米×1.3 厘米，孔的尺寸为 2.8 厘米×2.6 厘米。

55. 封泥盒残片。

56. 小的 B2 型木封检。尺寸为 8.2 厘米×1.8 厘米×0.8 厘米。封槽的尺寸为 1.2 厘米×1.1 厘米（异常小）。

57. 髹黑漆的木碗口沿残片，在同类收藏中很独特，口沿外部曾有一个厚 1.3 厘米的截面为正方形的花边。长（6.5）厘米。

58. 木刀鞘的下端，由两半组成，两半内部都刻削以便容纳和图版 6:2b 形式相同的刀。两部分曾被粘在一起并用精细的布料包裹（可能是丝绸），包裹材料上涂了厚厚一层黑漆。尺寸为（4.7）厘米×2—2.1 厘米×0.6 厘米。图 20:6。

59. 容器的圆形小木盖，边缘雕刻粗糙，一面翘起。主体部分直径为 4.3 厘米，翘起部分直径约 4 厘米，厚 0.9 厘米。

60—63. 4 个小木块，用小树枝做成，或多或少进行了雕刻。第 1 块三面和末端都绘了黑彩。长 2.7—5.9 厘米。

64. 一块刻葫芦残片，可能被用作长柄勺。长（13）厘米。图 18:3。

65. 小竹橛，一端尖细，另一端的接合处的一部分凸出。长 7 厘米。

66. 一片玉髓。

67. 1—3. 褐色天然丝绸残片。

68. "人面画" 木橛，用一块扁平木块做成，腐朽程度较重。一端尖细。尺寸为 17 厘米×3.2 厘米×0.3—0.4 厘米。图 21:7。

69. 普通类型 "人面画" 木橛，上部截面为三角形，下部削平至尖细的一端（此端断裂）。眼睛、嘴和头发绘红彩。尺寸为 27 厘米×4 厘米×1.8 厘米。图 21:9，图版 15:3。

70. 劈开的小枝做成的橛，扁平的一面平滑。尺寸为 23.3 厘米×1.4 厘米×0.6 厘米。

71. 同上，残片。

72—75. 3 枚完整、一枚残缺的素简，所有这些简的一个角都被削去。长 22.5—23 厘米，宽 1.2—1.3 厘米，厚 0.3 厘米。

76. 竹棍，一边被斜削，一端呈圆形。尺寸为 17 厘米×1 厘米。

77. 竹棍，残缺，细且窄。尺寸为（17.3）厘米×0.7 厘米。

78. 竹棍，有 2 个竹节。尺寸为 21.7 厘米×1.1 厘米。

79. 竹片，一端有竹节。尺寸为 8.3 厘米×2 厘米。

80. 木块残片，一端被刨掉。尺寸为 8 厘米×3.4 厘米×1.3 厘米。

81—87. 7 块木橛残片，有些截面为长方形（小木铲的手柄？）。

88—92. 5 根筷子的残片。长（5.4—13.7）厘米。

P. 27:

22. 木封检或牌符的残片，是一个半圆形橛，离一端 11.5 厘米处有一个小浅封槽。腐朽程度较重。尺寸为（18）厘米×1.8 厘米×1.4 厘米。

P. 161:

8. 木封检或封泥盒的烧掉的一片。宽 2.4 厘米，厚 1.5 厘米。

P. 188:

14. 木封检或牌符的上部，与上述 27：22 相似：半圆形橛，离完整的一端 12 厘米处有封槽，正面封槽和末端之间倾斜且有模糊的字迹。宽 2 厘米，厚 1.8 厘米。

P. 302:

5. 长方形木块，某物的一部分，宽边有 3 个长方形孔。尺寸为 22 厘米×5.5 厘米×3 厘米。

7. 木橛，截面为正方形，一半为长方形、直边，另一半的一边直、另外三边向用旧的圆形末端逐渐变细（与 A.10：Ⅱ；6 相似）。尺寸为 18 厘米×2.2 厘米×1.4 厘米。

P. 304:

4. "人面画"木橛的上部，没有代表鼻子的刻槽。保留有黑色和红色彩绘。宽 3.8 厘米。

5. 被严重烧灼的"人面画"木橛，没有代表鼻子的刻槽。正面削成三面，现在几乎没有任何彩绘的痕迹。尺寸为 24 厘米×3.7 厘米。

P. 309:

1. 长方形、略呈拱形的铁块，尺寸为 14.8 厘米×4 厘米。

3—6. 4 枚五铢钱，直径为 26.5 毫米、25.5 毫米、27 毫米和 26 毫米。

7. 普通汉代木梳，齿细、窄（略有损伤）。梳子曾较宽，虽然粗糙，但后来变得圆且光滑。长 7.3 厘米，宽 4.4 厘米，厚 0.5 厘米。

10. 普通汉代三棱形青铜箭镞，保留有铁铤。基部为直角。有损伤。长 2.8 厘米，边宽 1.1 厘米。

17—18. 1a 型封泥盒的 2 块残片，一道锯槽贯穿封槽底部。长 4.6 厘米和 4.2 厘米。

22. 小木铲，刃部为直肩。尺寸为 10.2 厘米×1.1 厘米。

28. 木梳残片，齿细、窄。厚 0.6 厘米。

P. 319:

1. 木筷子（？），用小枝制作，做工粗糙，残缺。

P. 348:

4. 1b 型封泥盒，尺寸为 5.2 厘米×3 厘米×1.3 厘米。封槽长 2.9 厘米。

5. 同上，1a 型，背部有字迹，可能封槽的底部也有字迹，尺寸为 4.7 厘米×3.1 厘米×1.3 厘米。封槽长 2.6 厘米。

6. 同上，1a 型残片，和留存北京的采集物 48：6 属于同一组（参看上述第 79 页）。

8. 朽损严重的 A1 型木封检残片。正面下端附近有模糊的字迹，和留存在北京的采集物 175：11

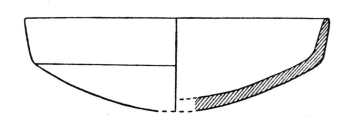

图 34

A. 8：2 陶碗复原图。比例为 1/2。

几乎相同，图 17：1。

地表遗物

A. 8：

1. 陶质器物残片，大致为圆形；可能用作烹饪器的盖子。外部为密集的绳纹，内部为煤烟黑色。A 型陶，硬度为 5.5Mohs。直径 11 厘米，厚 1 厘米。图版 3：9。

2. 较矮且质朴的陶制碗残片，高 2 厘米的口沿几乎直立。A 型陶。图 34。

3. 陶质容器残片，外部有很粗糙、互相交叉的压印深绳纹，内部为较浅的压印绳纹。均质，浅棕色陶。

4. 陶质容器残片，部分呈圆形，装饰压印交叉绳纹。均质，光滑，深褐色陶，外表面平滑。硬度为 6.5Mohs。

5. 粗陶器的小块残片，压印细绳纹部分被环形区域遮蔽。A 型陶，灰褐色外表面平滑。硬度为 7.0Mohs。

6. 陶质平底容器基部残片；有过去修复时留下的小孔。侧面和下面有压印深稻草纹。A 型陶，外表面呈灰褐色。硬度为 5.5Mohs。图版 3：10。

7. 陶质容器残片，很深的压印绳纹上横贯有弦纹划痕。A 型陶，两面和断裂的边缘都有灰褐色沙质薄层。硬度为 6.0Mohs。图版 3：7。

8. 陶质容器的小块残片，边缘装饰压印水平小菱形纹。均质，红褐色，陶质细腻，外部有深涂层、平滑的涂层。硬度为 6.5Mohs。

9. 陶质容器残片，外部有压印交叉斜绳纹。A 型陶。硬度为 5.5Mohs。图版 3：12。

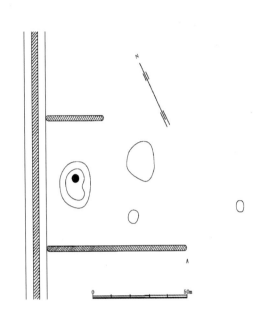

图 35

葱都儿塞第 14 号烽燧平面草图。交叉线条为实际的烽燧，影线为塞墙和其他防卫墙。

烽燧 14

被侵蚀成一个圆形土墩，轮廓几乎为锥形，基部尺寸为 21 米×23 米，高 3.5 米。看不到土墼的痕迹。烽燧与北偏东 30°走向的塞墙成直角，在东面，烽燧的南北两面各有一堵低矮的坞墙，这两堵墙以 60 米的间距平行延伸。北墙长 45 米，南墙长 100 米，两墙均宽 3 米。围墙之内，烽燧东部有 2 个小一些的土墩，敞开的东墙以外距烽燧 100 米处有一堆直径为 5 米的"炉渣"。这个地点的平面图见图 35。

与葱都儿塞烽燧沿线其他塞墙的状况相比，此处塞墙的痕迹相当明显。主要是沙砾层地面上一个宽 3 米、高 10 厘米的隆起。斯坦因对甘肃境内其他遭受侵蚀的类似塞墙遗存的考察清楚地显示：实际的墙体是由沙砾层混合柴捆或芦苇层或小树枝砌筑而成的。沿着塞墙每一边都挖有很浅的壕沟，宽度分别为 5 米和 5.5 米；在这些壕沟中却没有发现地表常见的粗沙砾。

烽燧 15

大约高 4 米，主要是轮廓与沙丘相似的椭圆形土墩。可以在这里的地面上看到有汉代特征的陶器碎片。

烽燧 16

一个与烽燧 12 形状相同的沙丘状的土墩。高约 4 米或 4.5 米。烽燧主要由土墼和草泥砌成。

烽燧 P1

是平面形状不规则的圆锥形土墩的顶端，比葱都儿塞其他的土墩稍大一些。高可达 4 米。以下是收集的遗物（P330：1—4）：1 枚木简的一块残片，黄色天然丝绸的小块残片和羊毛纱线。

烽燧 A9

第 21 个烽燧，如果我们把穆都儿字斥遗址也包括在内的话，这将是葱都儿塞自北向南第 22 个遗址，现在是一个整齐的圆形土墩，高 3 米。这个烽燧可能毁于火灾，因为有许多木炭和烟灰。在墙体很薄的一间小屋中发现了以下木器和铁器，部分木器被烧焦，还有一块红丝绸。也采集到了 1 枚木简，但一些具有汉代特色的普通陶器碎片被遗留在了原地。

遗物目录：

A.9：

1. 一端带有较钝尖头的长方形木橛残片。长（6）厘米，橛的尺寸为 1 厘米×1.8 厘米，头部截面的尺寸为 2.3 厘米×1.5 厘米。

2. 圆形木橛，一端已烧掉，另一端尖细且其截面呈三角形。长（13.5）厘米，直径 0.9 厘米。

3. 木片残片，一端尖细。尺寸为 8.3 厘米×1.8 厘米×0.4 厘米。

4. 素简上削下来的小木片。

5. 长方形小木块。尺寸为 4.3 厘米×0.9 厘米×0.6 厘米。

6. 铁工具残片，主要是一个厚 2 毫米的铁板，轮廓几乎为三角形，曾弯曲成一个插口。尖细的一端和基部都已断裂。长 10 厘米，基部直径 2 厘米。

7—8. 2 块扁平的小铁片。

9—10. 铁钉或铁栓的 2 块残片。长 3.5 厘米和 2.8 厘米，直径约 0.3—0.5 厘米。

11. 小块浅红色丝绸。

烽燧 17

埋在一个几乎为正方形的土墩里，它高出周围地面约 5 米。土墼用草泥加固。

烽燧 18

只有 2.5 米高，基本为圆形的土墩，整个被黑色沙砾覆盖。

烽燧19

是一个椭圆形土墩，外观和前述烽燧相同。高约3米。

烽燧20

被沙砾覆盖，而且被侵蚀成一个大约3.5米高的圆形土墩。土墩上矗立着一个用木质材料搭起的鄂博。烽燧位于布都布鲁克附近，在此，塞墙和主要河床再次汇合。

烽燧21

是葱都儿塞自北向南的第27个遗址。这个遗址发现于伊肯河西岸，在布都布鲁克的西南偏南约4公里处；这两个事实，即河流以西的位置和接近前一个烽燧，都是将其看作葱都儿塞的一部分的理由。它可能属于古代防御系统的另外一部分。这个烽燧是到目前为至我们所知的遭受侵蚀最严重的一个，高不超过1.5米，这种情况可以解释为什么在连续的烽燧序列中，有些地方会出现一些较大的断裂现象。遗址形成一个直径为16米的被黑色沙砾岩覆盖的小圆土墩。

穆林河沿岸的烽燧

这一连续的烽燧位于西庙和东庙之间，在伊肯河以西并大致与其平行。

这些遗址[①]最北端的一处位于巴勒尔或阿波因河以西，按照蒙古人阿布党的说法，被称为察汗松治（意思是白色烽燧）或宗奇吉尔（Tsonchtei-khyl），是他告诉贝格曼这处和这一线其他遗址的。据我们所知，这处遗址只有陈宗器造访过，他还画了等高线图，它被编为烽燧22。在西南偏南坐落着烽燧昂都根松治（Andogen-或Andone-tsonch）和塞纳松治（Sain-Tsonch），编号分别为23和24，两个烽燧距离穆都儿宇斤12公里左右。1931年1月初，贝格曼来过这里，他发现这些烽燧都是用竖立的薄土壑建造，当然年代也较晚——晚于汉代，除最南端的一个外，他没有对这一线的其他烽燧进行彻底考察，即使是对这一处的考察，也是两年多后才得以造访时展开的。因此，烽燧25穆松治（Mutsonch，坐落于穆都儿宇斤西南偏西）可能只有在一定的距离范围内才可以看到并绘制其地图。最后一个遗址（26；没有使用的编号）实际位于乌兰松治（Ulan-tsonch）一线，下面将进行阐述。显然，其建造风格有别于烽燧23和24，而且可能它从来就不属于这一线。

烽燧27

目前实际烽燧线上最南端的遗址被称为乌兰松治。贝格曼于1934年初去新疆（所谓的1933—1934汽车考察）时，曾来过这里，他被严格限制只能在途中进行考古方面的工作，所以在额济纳河流域北部停留期间，他只好做一些粗略的考察。

残损的烽燧位于西庙以北大约4公里，恰好位于穆林河分流以后的东部支流区域。还有两条水沟，至少冬季干涸，水沟位于两条支流之间并环绕着烽燧。难道以下事实只是个巧合：现在的大漠商

---

①即保留的编号为22—25、27的遗存，按照我们的定义形成了相当连续的"穆林河一线"且间隔距离约为10公里、8公里、15公里和18公里。这一限制可能过于审慎，因为有各种理由可认定烽燧K676（都儿察汗松治）是这一线的实际的终端和最北端的遗址（同时也是整个额济纳河地区的最北端的遗址）。贝格曼在他的《报告》中（第147页）写道："连同都儿察汗松治，它们组成了哈喇浩特的前哨。"K676和烽燧22之间的距离不少于33公里，但迄今为止数量极少的在这一广阔的戈壁滩上展开的地图测绘或探测或许允许我们增加几个假设的遗址。

旅队从额济纳河流域至哈密的路线北距这个地方几公里，建造在这里的烽燧或是用来守护与现在的路线相同的古代的通道，或它只是穆林河沿线用来保护额济纳绿洲的最后一个兵站？

这座小型建筑物建造在一个天然土墩的顶部；因此虽然烽燧的高度只有 2 米，但看上去有 5 米。建筑结构的基础是一个柽柳层。从已探知的结果来看，采用的是平砌和立砌交替的建造方式；土墼的尺寸大约为 30 厘米×20 厘米×10 厘米，即介于在汉代建筑物中发现的大土墼和汉以后烽燧如烽燧 23 和 24 中使用的小土墼之间的尺寸。土墩顶部有一个平面为正方形的屋子，土墙因屋内曾发生火灾被烧成红色。南面有几根枝杆从土墩凸出，可能是房屋遗址。

贝格曼认为这个烽燧比穆林河沿线的其他烽燧更破败。

烽燧周围发现了几块陶器碎片，这些陶器碎片使贝格曼想起了他在哈喇浩特或额济纳绿洲采集到的类似遗物。而后者无一例外都属于宋代和元代，有充足的理由判定这个烽燧也属于同一时期。至少，当时已被占据。

翁赞河沿岸的古代遗存

15 处遗址和零散的遗物是在翁赞河东岸的三角洲和额济哈喇布鲁克地区以外发现的。

这两处地点虽然其间没有明显的差别而且相距仅仅几公里，但仍然可以分为两个不同的区域。每个区域曾经形成了向不同方向延伸的防线的一部分。

主要遗址发现地或在邻近地方发现的其他遗存构成了翁赞河和额济纳东湖北岸之间的一排东西走向的哨所。其邻近瓦因托尼[①]向北几公里的地方，是"瓦因托尼沿线遗存"这一命名的分界点。从西侧开始有以下 5 个建筑物遗址：建造坚固的房屋 A10（为一烽燧，在此出土了大量遗物），一个废弃的土墩 K681（属于一间房屋或烽燧？），烽燧 A11（在被称为金斯特山的山顶），建筑物 28（可能是一个烽燧）及烽燧 29。不确定沙砾层中的在这一线附近或在北侧延伸的沟是侵蚀严重的塞墙或只是车轮的印记。

这个地区的大部分地表都覆盖着流沙，因此我们的报告人员——贝格曼和霍纳很可能遗漏了其他遗址。

以下零散的遗物，采集自这个地区城障很分散的若干地点：瓦因托尼的霍纳宿营地以北的 K680；A11 和建筑物 28 之间的 K682 和 K683；城障 A10 附近及以南 3 个不同地点的 K684—K686。

上面提到的 15 个保留下来的遗址组成了"阿特松治（Attsonch）沿线遗存"，这一线在东北偏北—西南偏南方向的翁赞河右岸附近延伸。离城障 A10 不远，第二条线从一个废弃的小要塞开始，第 30 号

地点没有采集到遗物。沟以南是烽燧 A12、A13（后者有名字且被我们用来命名这一线）达堤 K687。没有可以辨认的塞墙痕迹。值得注意的是，所有 4 处遗址都与带有院落的 K688 排列在一条直线上，而 688 位于古老的绿洲之中。

地表遗物 K680

---

①按照标准的蒙古语，这个名字可以变为巴彦托尼（Bayan-torei），但我们在文中保留了瓦因托尼（Wayen-torei）的形式，因为在大多数涉及额济纳河流域的书中都使用这个拼写。这里是商旅们经过最北端沙漠地带的道路而抵达三角洲的中转站。

是在瓦因托尼附近及其以北的霍纳宿营地地表发现的。

K13680:

铜钱，皇宋通宝（1038—1040），直径 23 毫米。

瓦因托尼一线的古代遗存

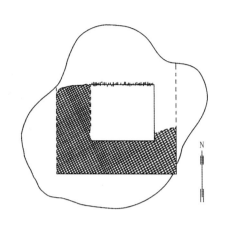

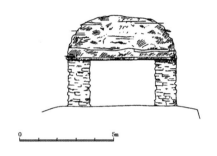

图 36
城障 A10 平面图和复原图

如上所述，这一排古代遗存由一个城障、两三个烽燧、一个可能包括房屋或烽燧残留物的土墩组成。霍纳在金斯特以东地表采集的两件遗物，可能和由于流沙掩埋致使他没有观察到的建筑物有一定的联系。产生这种假设的原因是烽燧 A11 和烽燧（？）28 之间存在一个不规则的较大间隔。

在最西端呈一条线分布的 3 个遗存中，延伸着位于两层沙砾中平行的、几乎看不见的壕沟，被流沙掩埋了踪迹。在将其解释为"可能为塞墙的残留"之前，贝格曼犹豫了好长一段时间，后来考虑了他们可能是自然形成的。当时贝格曼在北京，霍纳在给贝格曼的一封信中，描写了 3 个军事要塞之间的塞墙，"一道三叠塞墙风化很严重，以至于人们在光线不足的情况下，很容易忽略它"。按照贝格曼的观点，这道壕沟在房屋 A10 的东侧沿北偏东 84°方向呈曲线形延伸，距烽燧 A11 以北约 200 米，没有任何墙体尺寸的资料。的确，还远不能确定这里是否真的存在过一道塞墙，其他的解释不足为证，例如，一个假设是：这个壕沟是建筑物分布较密集的车行道上的车轮印记，和敦煌、南湖之间的车轮印记相似（《塞林提亚》第 610 页）。这和霍纳的分析完全一致。

贝格曼第一次造访瓦因托尼周边地区的时间是 1930 年 5 月，当时他考察了 A10、A11、28 遗址且对 A10 进行了试掘（发现物 A10:1—25）。但这一次造访只持续了 3 天时间。第二年 3 月开展了一次更彻底的调查，这一次贝格曼在等待离开额济纳河流域的过程中，在翁赞河支流边宿营近一个月。他于 1933 年参加汽车考察团考察新疆路过此地时，第三次也是最后一次看到瓦因托尼，但他没有机会补做他早些时候所进行过而未完成的考察工作。同年早些时候及 1932 年，霍纳曾发掘了 K681 遗存和烽燧 29 并采集了一些零散的遗物。

障亭 A10

从不同的角度来看，A10 遗址是瓦因托尼沿线 5 个同类遗存中最有趣的一个。在此发现了数量可观的遗物，从某些方面来说，其结构和额济纳河流域的其他常见类型有区别。这个遗址位于部分被沙丘掩埋的一个土墩北部干涸了的翁赞河的一条支流附近。原本的表面到处都有粗糙的黑色沙砾，沙砾

图 37

一块彩绘木板，出土于地点 A10:Ⅱ 较低的地层中，但没有被收入这个地点的遗物中。略圆（正面为未经处理的树干表面），大约厚 2 厘米、长 89 厘米。点彩为红色，黑色为黑色，空白处为白色。为贝格曼所绘。

可能掩盖了堆积的泥土。土墩的每一面都有沙丘绵延。

障亭是一个约 6.5 米见方的院子，障墙是用大块土墼在正方形石头垒起的墙基上砌成的。

北墙、东墙的大部分和顶部已经坍塌，土坯堆积在厚 1.5 米的墙围出的一片空地上。这座废墟纵深 2.5 米（现存墙体的最高处约 3 米）主要是牢固木梁上几层叠压的盘羊骨骼、泥土、芦苇和树枝组成。贝格曼对此的解释是盘羊骨骼及可能作为饲料的草都放在屋顶晒干。和其他汉代房屋的建造方式一样，屋顶上有粗绳的痕迹。土墼间夹杂了大量草且形状严重毁坏，垒砌简单。记录下来的尺寸有：43 厘米×? 厘米×13 厘米，41 厘米×? 厘米×13 厘米，? 厘米×20 厘米×13 厘米，? 厘米×20 厘米×12 厘米，? 厘米×19 厘米×12 厘米。贝格曼试图复原建筑物（图 36），他显然想象出了梁上的穹顶。如果像贝格曼设想的那样，上层结构和石质墙基的墙体都是土墼砌筑的话，那么这种厚重的建造方式在额济纳河流域的其他房屋中都不曾出现过。

所有遗物都是在建筑物内部的废墟上发现的，或是在支撑上部结构或房顶的梁上的一层中（地点 A10:Ⅰ），或是在梁与地面之间的一层中（地点 A10:Ⅱ）。贝格曼在他列出的目录中将这些堆积层分开，但在注释中明确表示，他认为各层之间没有时间上的差异，从简牍资料判断，都属于汉代。无论如何，仍然有一个巨大的风险，即晚期的器物会与上层的器物偶尔混放在一起，不能完全忽视这种情形，因为有一些上层的遗物可能带有东汉时的特征[1]。

以下遗物都留在了原地：a）一个很大的、结实的桶形木块，其中部有一个长方形孔，保存完好。

_____

[1]在贝格曼的《报告》（153 页）中，他对一张纸文书特别关注，这张纸文书在释读之前丢失了。纸文书是在椽子之上的上层发现的。在这种情况下，没有必要强调时代交叉的可能性，因为我们有理由相信，这种纸张的残片应属东汉。

长 46 厘米，中部直径 13 厘米，末端直径约 10 厘米，孔的尺寸为 5 厘米×3.5 厘米。b）带数个长钉的木车轮毂残片，长 40 厘米，宽 11 厘米。c）木铲，和 A.35：15；8（图版 9：11）相似但保存完整，长 90 厘米。d）细绳编织的鞋子的几块残片。e）一些风干的马腿和马尾。f）彩绘木板，如图 37 所示。

遗物列表:

	出土器物大致总数		
	试 掘	地 点 I	地 点 II
五铢钱	1	1	—
木器			
素简	2	7	—
封泥盒、封检、牌符	—	6	1
梳子	2	2	2
大部分已残破的容器	—	2	4
小木铲	—	3	3
筷子	—	3	—
"人面画"木橛	—	—	1
残破的鼓	—	1	—
护甲上的薄片（?）	—	—	1
刀鞘	—	1	—
辘轳（?）的辊子	1	—	—
工具的手柄	—	—	4
楔子、楔形器	1	5	—
门闩形橛	—	1	—
衣架	—	—	2
装饰用橛	—	1	—
部分切削的各种橛、棱柱、片	1	41	12
竹器			
橛、棍、片	—	10	1
管状容器	1	1	2
藤器和芦苇器			
弩弓（保留有箭头）	—	1	—

	出土器物大致总数		
	试　　掘	地　点 I	地　点 II
同上，但已残破	—	4	1
筐	1	—	—
护甲上的骨质薄片	—	1	—
加工过的羚羊角	—	—	1
磨石	1	—	—
陶器或粗陶器			
碎陶片	5	—	—
网坠	2	—	—
青铜器			
（容器?）残片	2	—	—
箭头，其中一支的箭杆保存完整	1	1	—
铁器			
带插口的斧头	1	—	—
刀	—	1	1
缝衣针（保存在针垫上）	2	—	—
护甲上的薄片	—	1	1
带状物	—	1	2
皮革制品			
水袋	—	1	1
刀鞘（内插有一把刀）	—	1	—
缝缀片	1	4	1
纺织品等（组）	2	4	3
丝质头巾	—	—	1
丝质针垫（上有针）	1	—	—
细绳编制的鞋和凉鞋	—	—	2
襄衣	—	1	—
钟锤（擦拭用?）	—	—	1

	出土器物大致总数		
	试　掘	地　点 I	地　点 II
残纸片	—	1	—
粟的标本	—	1	—

试掘中发现的遗物

A10：

1. 木滚轴，可能是一个辘轳，双圆锥形，有长4.5厘米的旋轴。制作粗糙，已用旧。长19.5厘米，直径约5.5厘米。图版10：10。

2. 圆形木橛，一端尖细。长23.3厘米，直径1.4厘米。

3. 圆竹筒，竹节将其一端封闭，为容器，长14.9厘米，直径1.6厘米。

4—5. 2枚素简，略烧焦，长11厘米和10.3厘米。

6. 楔形木块，长6厘米。

7. 有插口的铁斧，长方形，凸出的切边比基部稍宽。几乎完整且保存完好，有褐色光泽。尺寸为9.7厘米×6.3厘米×2.5厘米。图67：5，图版5：14。

8. 陶壶壁的残片，圆形颈部拴一根绳，大的绳结成了某种提手。浅褐色陶。直径曾为11.5厘米。

9. 陶质容器平底部分的残片，底面的压印草纹部分被抹平。A型陶。图版3：8。

10—11. 陶质容器的2块残片，外部有相当小的压印菱纹。褐色陶土向外表面逐渐变成红色，掺和了少量沙子，硬度为5.5Mohs，图版3：4。

12. 素陶容器残片，有一个用来悬挂的4毫米圆孔，或曾经被修复过。浅蓝灰色陶土向表面逐渐变成浅黄色，表面多泡，焙烧不充分。

13. 带磨损痕迹的条状磨石残片，有悬挂用的孔。宽2.9厘米，厚0.9厘米。

14. 篮子残片，数层辫状藤绳编成。其框架由两层组成，口沿部分用两条较宽的、辫形相同的双折藤条进行了加固，一条在外，一条在内；6层藤用长绳编在一起。这个器物圆形的下部式样相当复杂（和《亚洲腹地》图版XLVI.T.03相似）。原高至少为10厘米，直径约23厘米。图版16：4。

15. 一块皮革，其上仍保留有几根褐色毛，沿一边有一条缝。尺寸为30厘米×15厘米。

16. 普通汉代木梳残片，齿粗，与A.8：I；310相似。厚1厘米。

17. 细齿的木梳残片，细齿固定在一个薄榫舌状物的基部。可能和贝格曼在1939年发现的图版28所示第19、20、22件梳子相似，在额济纳河流域的出土物中很独特。图版13：6。

18. 五铢钱，保存完好。直径为25毫米。图版4：9。

19. 铜箭镞，三棱形，普通汉代类型，表面平整。基部变成一个断裂的圆形榫，已焊接上且有用以容纳铤的孔。长29毫米，边宽10毫米。

20—21. 铜容器（？）的2块残片。

22—23. 2个B型陶网坠。长方形，两端有两个相对的V形刻槽。刻痕之间的每一个宽边上有一个纵向沟槽。长3.4厘米和3.5厘米，直径约1.1厘米。图版6：16（译者按：此处有误，图版6：16应为下文A.10：I；23）。

24. 各种颜色的丝绸做的插针垫，有2根锻造铁针，沿着一条连续的缝缀线将里面翻成外面，外面和里面分开缝制，然后合在一起，缝了一道深蓝绿色幅边。9 块丝绸衬里的颜色为：深酒红色，绿色，浅灰绿，深蓝，蓝绿色；3 块丝绸面子的颜色为：深红色（主要的两部分），深天蓝色（三角形的角）。插针垫的尺寸为 8 厘米×10.5 厘米。没有锈斑的缝衣针的圆形、扁平的头上有一个圆眼，一个长约 5 毫米的针尖三面锉平且稍弯曲。长 22 毫米和 20 毫米，中部直径为 0.5 毫米，针眼直径分别为 0.8 毫米和 0.6 毫米。图 38：4（参看希尔旺，1949，第 27 页和第 85 页，图版 6A）。

25. 1—16. 不同颜色的丝绸残片，褐色、红色、绿色和蓝色，丝绸填料，丝线，布料做的一个拇指护套，灰白色羚羊皮做的纽扣盖。图 38：1（参看希尔旺，1949，第 27 页）。

上部地层发现的遗物

A. 10：Ⅰ：

1—5. 5 枚素简。长 21.8—23.8 厘米，宽 0.9—1.5 厘米。

6—9. 4 根木棍，其中 2 根切削不规则。

10—12. 3 根竹棍、竹片，第 11 根两端削尖。长 22.8 厘米、20.3 厘米和 24 厘米。

13—15. 3 根木橛，最后一个一端尖细。长 22 厘米、25 厘米和 27.3 厘米，第 15 个的直径为 1.2 厘米。

16—18. 3 个 1a 型封泥盒。两个用硬木制成且略显笨拙。第 18 个略烧焦。长 4.6—5.4 厘米，宽 2.5—2.8 厘米，厚 1.7—2.2 厘米。

19. A2 型薄木封检（？），一端附近有封槽，较低的部分稍宽且略呈椭圆形。制作不精细。尺寸为 10.4 厘米×2.7 厘米×0.7 厘米。

20. A2 型木封检残片，凸起的一端和边缘处保留有树皮。用栓制成且做工相当粗糙。宽 1.7 厘米，厚 1.2 厘米。

21. 长木器（牌符？）残片，截面呈半圆形扁平的一面有一个敞开的封槽，这一面向保存完整的一端倾斜。封槽以下的正面被刨掉，高度几乎和封槽底部相同。尺寸为（21）厘米×2.5 厘米×2.1 厘米。图 17：13。

22. 普通类型的椭圆形木碗耳柄，制作较粗糙。内部髹红漆，碗边装饰宽 0.5 厘米的一条线纹，口沿外部均髹黑漆。外部为红漆豆荚图案。把手下方有 4 个小孔（其中一个内系绳索）表明此碗曾被修复过。长 11 厘米。

23. 小木圆盘，可能是容器的盖子，从中间开始变细并向下凸出。顶部和边沿被仔细磨光（髹漆？）。直径为 4 厘米和 3.3 厘米，厚 2.3 厘米。图 20：7，

（1）

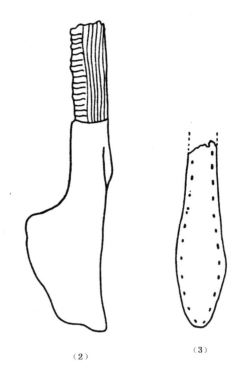

（2）　　　　　（3）

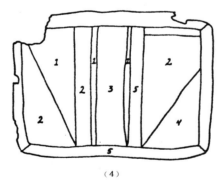

（4）

图 38

（1）一只布料做成的拇指护套；（2）缠绕在一起的毡制物残片；（3）上了红漆、带缝合线的皮质带状物末端；（4）丝质缝缀物，可能用来插针，丝织物颜色各异（1 酒红色；2 蓝绿色；3 灰绿色，4 深蓝色，5 蓝绿色）。比例为 1/2。1. A.10；25.13。2. A.8：Ⅰ；476，12。3. A.10：Ⅰ；84。4. A.10：24。

图版 6:16。

24. 细齿木梳，为普通汉代类型。虽然略微烧焦，但保存完好。尺寸为 7.8 厘米×5.6 厘米×1.3 厘米。图版 13:2。

25. 同上，残片，严重烧焦。与 A.8:ⅡS；75 相似。宽 4.4 厘米，厚 0.8 厘米。

26—29. 4 块残破的木片，3 块为棱柱状。

30. 长方形硬木片，较薄且截面为扁圆形。尺寸为 7.3 厘米×2.8 厘米×0.3 厘米。

31—32. 2 根竹棍。尺寸为 8.8 厘米×1.3 厘米和 9 厘米×1.2 厘米。

33. 双圆锥形木橛，中部有一个刻槽，内留有绳索。长 15.6 厘米，直径约 1.7 厘米，图版 8:11。

34. 木橛，中部截面为正方形，向尖细的一端变圆，这一端截面为椭圆形。材料和第 33 件相似。尺寸为 10.1 厘米×1.3 厘米×1.3 厘米。

35. 竹管，因保留有竹节，所以可用作容器。长 9.5 厘米，直径 1.9 厘米。

36. 切断的一段竹竿，几乎是实心的，有 4 个封闭竹节。长 9.5 厘米，直径 1.9 厘米。

37. 雕刻而成的木橛，一端断裂。直径相同（2.2 厘米），长 7.5 厘米，橛头之下是一个宽 0.5 厘米的环形深刻痕，再下保留有 4 个依次向下排列的锥形"架子"。长 16 厘米。图版 10:14。

38. 相当大的木旋轴（?），一端形成一个略呈锥形的头部，头部以下长 2.4 厘米的部分为圆形，再以下斜削成楔形，在头部以下 2.4 厘米的地方有一个与主体垂直的圆洞，圆洞一端大一端小。长 21.6 厘米，顶部长 7.8 厘米，直径 5.3 厘米，较细的部分的直径 3.5 厘米。图版 10:11。

39. 门闩形木片，用硬木制作，制作粗糙。尺寸为 16.3 厘米×4.9 厘米×3 厘米。

40. 长方形木片，一端的两个宽边略厚。尺寸为 10.5 厘米×2.5 厘米×1.4 厘米。

41. 硬木制作的薄楔子（?），形状略显不规则。尺寸为 14.5 厘米×2.5 厘米×1 厘米。

42. 小木片，一端为楔形，另一端斜削且一边有一个刻痕。中部附近的两边有两个相对的刻痕。与 A.8:ⅡS；39 相似。尺寸为 8.5 厘米×2.1 厘米×0.8 厘米。

43—45. 3 根木筷子。长 15.7—20.7 厘米。

46. 条状木铲，从几乎尖细的一端向薄的刃部逐渐变宽。严重弯曲（不是原来的样子?）。尺寸为 21.5 厘米×2.6 厘米×0.1—0.5 厘米。

47—49. 3 个窄楔子，其中第 47 件用绘了黑彩的木片做成。长 5.4—11.6 厘米，宽 1.2—1.6 厘米，厚 0.7—1.3 厘米。

50. 一个八边形木橛的末端，一端烧焦。

51—52. 2 个残缺的木橛，可能是小木铲的手柄。长（11）厘米和（14.4）厘米。

53—56. 4 个部分雕刻的木橛，一端尖细。长度为 11.7—17.5 厘米。

57. 木片的纵向残片，长方形，边缘斜削，裂缝横穿一端附近的一个圆孔。烧焦。长（10）厘米。

58—61. 4 个有点粗的木棍，长一些的被削断。长 12—17.8 厘米，宽 1—2 厘米，厚 0.8—0.9 厘米。

62. 与有些素简有点相似的粗糙木片，上有污泥和曾被某种细绳磨成圆形的痕迹。篮子框骨的一部分（?）。尺寸为 14.7 厘米×1.7 厘米×0.8 厘米。

63. 木片残片，一面有 6 个小墨汁点，纵向略弯。尺寸为 12 厘米×1.5 厘米×0.5 厘米。

64. 2 枚素简类型的木片，用绳子绑在一起，两片之间有一枚楔形木片；部分地涂有泥污。长 11—11.5 厘米，宽 1 厘米。

65—76. 12 件残木片，7 片被切断，其余的被烧毁。第 72 片可能是木盘（直径约 13 厘米）的一部分，用作圆形容器的盖子或底子。长 5—14.1 厘米，宽 1—1.3 厘米。

图 39

带皮套的铁刀，A.10：Ⅰ；80（图版6：2）。比例为1/3。

77. 桶形木鼓的残片，一端存留有几片皮革，部分烧焦。外部为天然树干的表皮；内部用一种带有宽3厘米的椭圆形切刃的工具（凿子？）大致掏空。厚度不均。每一端用两排正方形小木钉将鼓皮革固定起来。高27.5厘米，原来末端的直径约32厘米，中部尺寸稍大但鼓壁比两端薄。一端附近有一个直立的、高5厘米的可能用于悬挂的椭圆形挂孔，挂孔中间有一个纵向分隔物。参看《报告》中的鼓，图7，那个稍大且制作考究。图版9：10。

78. 五铢钱，保存完好。直径25.5毫米。图版4：10。

79. 木刀鞘，由两半组成，向下部的、直的一端逐渐变细，紧紧缠绕着绘有黑彩的草。较长的为直边，鞘体截面几乎为椭圆形。顶端的每一边中部有一个小刻痕。内部排列着粗糙的黄色布料。长13.8厘米，宽2.4厘米，厚1厘米。图版6：3。

80. 典型汉代样式铁刀，黄色皮革刀鞘保存完好。刃为单边且宽度相同，手柄末端有略呈椭圆形的环。切边长10.5厘米，未被铁锈侵蚀。长20.5厘米，宽1.2厘米。鞘的宽边有一个纵向裂缝；下端附近有两个切口以便系绳子，上端的一个宽边一直延伸形成一个长2.3厘米的有4道刻痕的盖子。连同盖子长21.7厘米。图39，图版6：2。

81. 髹了黑漆的骨质残片，为甲衣薄片。长方形，圆角，有4个对称布局的圆孔，薄片从圆孔处断裂。纵向略呈拱形。长7.4厘米，厚0.2厘米。图版5：2。

82—85. 4根皮带，形状相同，髹红漆，末端为椭圆形。除第83件外，其余的沿边缘都缝有一道长的针脚。长7.8—12.5厘米，宽2.6—2.7厘米。图38：3。

86. 甲衣薄片，为梯形状铁片。2个角为圆形，每一边附近有一对孔。与卷起的 A.6：8 几乎相同。尺寸为4.2厘米×4厘米×0.075厘米。图10：4。图版5：3。

87. 铁条残片，弯到一起。宽1.3厘米。

88. 大约半个蛋，可能是鸡蛋（？）。

89. 一束灯芯草，用细绳捆在一起。

90. 壶形皮水袋，后来割成了小块，有些已经遗失。原本是将一大块皮革折叠，用细植物纤维绳沿接缝处缝合而成，在两个边的接合处又用皮质带加固。口沿也采用折叠缝缀的方式使其牢固。口沿下部有一个大的椭圆形洞形成的把手，把手边缘也被缝缀起来。底部附近有一个圆形缺口，圆形缺口周边有针脚留下的小孔，这个缺口可能曾经系有悬挂水袋的皮带。高46厘米，直径约10厘米，口沿直径约7厘米。图40。

91. 粟的标本。

92. 白色马毛或粗羊毛。

93. 2块华丽的复合经线棱纹丝绸残片，有蓝色、绿色、灰白色，其中一块缝缀在另一块上面。希尔旺认为其制作水平从技术和艺术两个方面来讲都很高。图案属于很特别的类型，堪与欧亚地区流行的动物风格相媲美（参看希尔旺，1949，第28页和第115—119页，图59，图版15和16）。

94. 1—28. 不同色度和质量的部分缝缀的丝绸残片，颜色有褐色、黄色、红色、绿色、蓝绿色和蓝色，衣服的夹层和丝绸填料。第一件为华丽的复合经线棱纹丝绸残片，底色为苔藓黄，简单的斜纹菱形图案的交叉处有蓝绿色和浅绿色条纹，缝缀在一块普通的灰绿色丝绸上（参看希尔旺，1949，第28页和第123—125页，图版18A）。

95. 一张粗白纸一角的残片。尺寸大约为 6 厘米×6 厘米。

96. 深褐色丝绸衣袖残片，有丝绸填料、浅褐色天然丝绸内衬和丝线（参看希尔旺，1949，第 28 页）。

97. 蓑衣，几乎保存完整，用一束束草叶和草秆捻成的绳制作（对技术细节的完整描述有待以后补充）。从高向低编制。颈部的草绳折叠成某种结实的"索具"，由一根系绳串起来，向躯体部分延伸，躯体部分由垂直的辫状绳索经过平行的细绳以 5 或 6 厘米的间距编排起来。每一组垂直绳索的末端在接茬处松散地解开，覆盖着下一部分（以利行水）。通长约 73 厘米。图版 17：4。

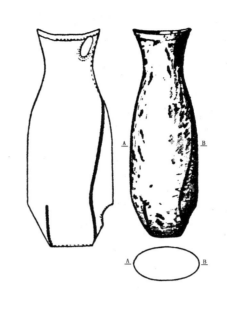

图 40

壶形皮水袋，A. 10：Ⅰ；90，用曾经割成的几块皮革重新缝缀。左图为拉平的效果，右图可能为原来的形状。比例为 1/8。

P. 281：

1—2. 几乎完整的带有青铜箭镞的弩机。箭杆前端长 2.2 厘米的一段髹了漆，下端装饰 3 根缚在细带上的长羽毛（长 9 厘米），下端髹黑漆。可能曾经有 2 根弦杆。长 32.3 厘米，直径 1 厘米。尖端为普通汉代类型，带有直基角，一边有三棱形刻痕。顶端现略有损伤，从基部开始有一个长 8 厘米、截面为圆形的铤，铤的顶端向保存完整的末端逐渐变细。箭头长 29 毫米，边宽 9 毫米。图版 9：2。

3. 箭杆，后端可能不完整（？）。背部加固物对其造成了一定的损伤，还留有曾经缠绕过的长羽毛的痕迹。长（44）厘米，直径 0.8 厘米。

4. 箭杆后半部，髹黑漆。长（18）厘米，直径 1 厘米。

5. 箭杆前端的一半，髹了长 5 厘米的黑漆。长（29）厘米，直径 0.7 厘米。

6. 截面为半圆形的木橛，一端烧焦。用柽柳制成。长 40.7 厘米，直径 1 厘米。

7—10. 4 根竹棍，均残缺。长 51 厘米、58 厘米、56.7 厘米和 30 厘米，宽 0.7—0.8 厘米。

11. 箭杆的一部分，可能是其残片。长 14.8 厘米。

下部地层发现的遗物

A. 10：Ⅱ；

1. 木封检，介于 A2—A3 型之间。制作较粗糙，低的一端从一边逐渐变细至一半宽度。尺寸为 12.5 厘米 ×2 厘米 ×1.2 厘米。图版 14：21。

2. 未制作完成的细齿木梳，普通汉代类型；纵向切断。与 A. 35：4；2 相似，厚 1 厘米。

3. 竹管容器，长 14.3 厘米，直径 1.3 厘米。

4. 同上，粗竹筒，中部有绳索，原本上端也有，用一块髹了红色和黑色漆的皮革来防止一侧的破裂。内部有一些风干了的液体残留。高 9.2 厘米，直径 4.3 厘米。图版 6：14。

5. 中通的木圆柱体残片，用天然空树干做成，外部仍保留有树皮。高 7.2 厘米，外部直径 5 厘米。

6. 木器，可能是衣钩。正方形木橛的一端被刨平成了一个手柄，另一端大致尖细且用旧。尺寸为 16.3 厘米 ×1.7 厘米。图 19:7。

7. 略呈拱形且几乎为长方形的薄木块，可能是来自甲衣的薄片，有几个小孔，孔内有细植物纤维绳。两个边已断裂。前部和背部的部分曾绘有黑彩。保存完整的一端为圆角且被斜切，两边都有一个旧刻痕，上有铁锈的痕迹。较独特。尺寸为 12.5 厘米 ×4.5 厘米 ×0.3 厘米。图 18:1。

8. 长方形小木片，每个短边都凸出有一个正方形榫。切削粗糙而且可能没有完成制作。尺寸为 5 厘米 ×3.8 厘米 ×0.6 厘米。

9. 木橛的断片，3 面扁平，第 4 面呈拱形。保存完整的上端有 5 个用锥子凿出的长方形小孔（2 毫米 ×2 毫米），在中间汇合。断裂的一端形成了一个圆榫，直径 1 厘米。尺寸为 4.5 厘米 ×1.7 厘米 ×1.5 厘米。图 5:3。

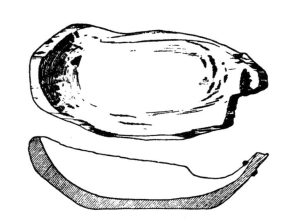

图 41

木碗残片，A10:Ⅱ;17。两边都绘褐彩。比例为 1/4。

10—13. 削下来的 3 块木橛残片和一个木铲的手柄。第 13 件狭窄且向磨掉的刃部逐渐变宽。长 13 厘米，宽 0.7—1.2 厘米。

14. 木橛，一端稍微有些厚，中间部分略显陈旧（被绳子所磨）。尺寸为 13.2 厘米 ×1.3 厘米 ×0.6 厘米。

15. 烧焦的木棍残片。

16. 长方形木块残片。

17. 椭圆形大木食盆残片，末端比长边高而厚；用绳子穿过孔并打结的方法对末端进行过修复。两边都彩绘褐色。为收藏品中最大的碗。长 25 厘米，原来的宽 13.6 厘米，中部高 4.7 厘米，末端高 7.8 厘米。图 41。

18. 椭圆形木碗的一半，普通类型，带把手，是同类藏品中最大的一件。所有的面都绘成黑色。把柄上部表面有 3 个小刻槽且（不是有意的?）外部有一个半圆形刻痕。长 19 厘米，高 5.2 厘米。

19. 木盆或碗的残片，直壁，两面均绘黑彩。口沿保留下来，口沿以下 1 厘米处有一个小圆孔。长 18 厘米。

20. 木质工具（木刨子?），可能有一个铁凿曾固定在前端的楔形部分。后端是一个非常好的手柄，手柄下部扁平且向旁边伸出，看起来就可以刨木了。边缘斜削。用硬木制作。很独特。长 31.5 厘米，楔形末端尺寸为 6.2 厘米 ×4.7 厘米 ×2.4 厘米。图 42。

21. 斧子的直、长木柄。下部的截面为圆形且保留有树皮，中部呈八边形且薄，上部的截面为长方形且有一个纵向的孔，这个孔呈窄长方形，向一条窄边逐渐变宽。孔中有一块粗布，可能是用以缠裹固定铁斧的。制作考究，已用旧。独特。长 45.5 厘米，下部直径 3 厘米，上部尺寸为 3.3 厘米 ×2 厘米，孔的高度为 3.8—6.5 厘米。图版 11:13。

22. 圆木橛，一端尖细。长 22 厘米，直径 1.7 厘米。

23—25. 3 个木橛，切削粗糙。长 36.8 厘米和 31.5 厘米。

26. 一块长方形皮革，可能未鞣，上留有毛。中部附近有两对小刻痕，用来系缚带子。尺寸为 29 厘米 ×5 厘米。

27. 带椭圆形手柄环的普通汉代式样大铁刀，保存完好。有刃的部分比手柄略宽，切边和刀背之间为两面凹进。把环截面呈正方形但外边缘呈圆形。总长 29 厘米，刀刃长 18.5 厘米，手柄宽 1.5 厘

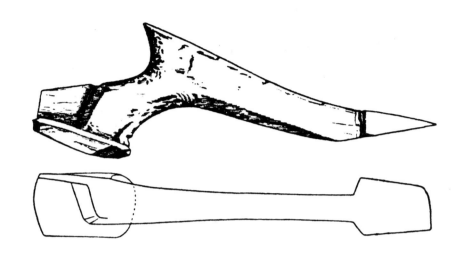

图 42
木质工具，A10: Ⅱ；20。其薄的一端可能曾固定过一个铁凿。比例为 1/3。

米，刀刃宽 1.3—1.7 厘米（尖端除外）。刀背厚 4.5 毫米。图 43，图版 6：1。

28. 甲衣薄铁片残片。一端几乎为正方形，沿边缘有 3 对小孔，另一端因一边曾被向内切削而较狭窄且已折断（在一个对称构形标本的中间？）。尺寸为 7.5 厘米×3.8 厘米。图 10：3，图版 5：1。

29—30. 一根（？）铁条的两块残片，锈蚀严重。长 17.3 厘米和 11.8 厘米，宽 1.3 厘米。

31. 草茎密扎的一把铃锤状物，用紧密的细绳缠绕。可能为擦洗工具。长 4.2 厘米，直径约 3 厘米，图版 17：6。

32. 锯掉的羚羊角尖，基部有一个钻孔。长约 7.5 厘米，直径 1.7 厘米。

33. 1—5. 丝绸残片，为衣服的一部分，深浅不一的灰色、褐色和红色。第一件是捆绑在弓箭上的灰褐色丝绸长条，第五件是深砖红色丝绸条，上系一个丝绸填料纽扣的大圈（参看希尔旺，1949，第 28 页，图版 5C）。

34. 两色玫瑰绸头巾，缝有褐色天然丝绸。它曾经属于一个成年人，是 A 类采集品中丝绸物保存完好的两件中的一件（另外一件为一个针垫 A10：24）。头巾中间是一块塔夫绸，盖住整个头部以及两腮直到脖子的部分；脖颈以下缝缀有一块宽 8 厘米、围绕脖子的菱纹绸，这样，头的后部就有意识地露在外面。横的一片的末端几乎与前部丝绳缩结的地方连接在一起（参看希尔旺，1949，第 28 页和第 84—85 页，图 49）。

35. 绳编凉鞋，异常大，一片粗糙的皮革连结在鞋底前凸的地方。鞋帮和鞋跟边缘有穿紧鞋底与鞋面的绳子。几乎保存完整。长约 31 厘米，宽 6—12 厘米。图版 18：1。

36. 绳编的鞋，鞋面缝缀在线编的很结实的鞋底上。前部因烧灼留下一个孔，除此之外，还算完整。长 25 厘米，宽 8—9.5 厘米。图版 18：6。

37. 起皱的皮水袋，基本完整。口部垫有一圈皮革，口沿附近固定了一个

图 43
大铁刀，A10：Ⅱ；27
（图版 6：1）。比例为 1/3。

用来携带的皮带子。6 个小孔用细绳缠绕，被小木钉紧紧地塞住，一个大的漏孔或者像是不太结实的地方曾被夹在两个紧固的木钉之间进行过修复。长 57 厘米，起皱的水袋宽 13 厘米。

P. 256：

1. 刀的木手柄（?），截面为圆形。用一段树枝做成，上端为圆形，下端或前端有一个和绳子绑在一起的深槽。柄舌有尖三角形孔。长 10.5 厘米，直径 3.3 厘米。

4. "人面画"木橛，脸部绘黑色和红色，上部截面为三角形，下部为六角形，下部较狭窄但不尖细。长 23.5 厘米，宽 2.8 厘米。图 21：6。

5. 木器，与 A. 10：Ⅱ；6 相似，但制作更精良，衣服挂钉（?）。厚一些的和雕刻过的地方绘黑彩且因为使用而变得很光滑。长 20.7 厘米，宽 1.6 厘米，厚 1—2 厘米。

6. 木刮刀，宽手柄，直刃角。长 23.1 厘米，宽 2.1—3.7 厘米，厚 0.4 厘米。

7. 木刮刀，刃部轮廓为鸡蛋形且和手柄成 135° 角，手柄的截面为椭圆形且断裂。用硬木制作，制作考究。长（15.5）厘米，宽 4.4 厘米。

8. 芦苇箭杆的尾部，用细绳缠绕，髹黑漆。长（16.3）厘米。

9. 几乎完整的普通汉代细齿木梳。尺寸为 7.1 厘米 ×4.7 厘米 ×0.7 厘米。

13. 扁平的竹棍，一端较钝，制作相当粗糙。细尖笔（?），尺寸为 18.7 厘米 ×0.7 厘米 ×0.4 厘米。

P. 488：

13. 红色（与 A. 10：Ⅰ；90 及 A. 10：Ⅱ；3 相似）和黄色丝绸残片。

遗址 K681

是坐落在 A10 和一个小山顶上的下一个烽燧之间的沙丘边缘附近的一个小土墩。霍纳 1933 年 1 月在这个土墩拣到了以下物件，但没有给出更多关于发现物的信息。

K. 13681：

汉代常见的三棱形小铜箭镞，窄边，基部的刃角形状不规则（可能已磨掉），有青铜铤的痕迹。有铜锈。长 26 毫米，边宽 6 毫米。

烽燧 A11

瓦因托尼一线东面的第三个遗址，是一个位于被蒙古人称作金斯特的小山丘顶上的低矮的圆形小烽燧。面积 4.75 米 ×4.40 米，高约 3 米。是在夯土、大树枝和树干形成的核心部分的周围，加砌了石块建成的。我们不太确定，但可以进行合理的假设：这些树枝可能是水平和垂直框架的一部分，而且其他地方许多汉代烽燧的情况也是这样。

在这个遗址周围的小山丘顶端，从地表采集了以下几件遗物。这些遗物和汉代器物似乎没有什么联系。

A11：

1—9. 一件或更多件陶器的 9 块小碎片，素面，工艺简单。其中 2 块碎片来自器物口壁，口沿略微外翻。砖红色，陶质均匀，掺有大粒沙子。厚 5—9 毫米。

10. 铁环残片，外边有一个较厚的凸出物，可能为某种配件。有铁锈。长（4.2）厘米，高（2.1）厘米，厚 0.1 至 0.7 厘米（参看来自哈喇浩特的类似残片，图版 38：4）。

11. 小铁片。

12—18. 7 块玉髓小碎片，与阿拉善沙漠中乌克套克（Ukh-tokhoi）附近较高的山顶上发现的遗物非常相似。大多数碎片都因太小而无法用来生火。

地表发现物 K682

由霍纳于 1933 年 3 月 12 日在烽燧 A11 东南偏东 1.5 公里处采集。

K13682:

1—3. 可能是一件厚度不均匀的稍大一些器物的 3 块铁质残片，用旧且有黑色锈迹。第一件和第三件有一个凹边，可能是因为原器物（扁平？）中较大的圆形穿孔造成的。

地表发现物 K683

是 1933 年 3 月 13 日由霍纳从距前一个遗址不太远的地方采集到的，这两处遗址位于和瓦因托尼一线很近的地点。

K13683:

肾形铁质打火镰，正方形接头处的铁条末端未焊接。很独特。长 5.9 厘米，厚 0.3—0.45 厘米。图版 37∶4。

建筑 28

是一个圆锥形石头堆，可能曾是一个很小的烽燧。位于冰湖北岸附近的塞墙的外围。高约 2 米，周长约 4 米（不包括瓦砾堆）。顶部相当平，东侧堆放着石头。贝格曼也思考过关于这个石堆的其他解释，但因为没有发现什么遗物，我们迄今不能确定其本来面目。

烽燧 29

是迄今为止在瓦因托尼一线发现的最东端的遗址。霍纳在考察冰湖沿岸时发现了它。损毁严重的烽燧的建筑材料与其台基沉积物的构成相同。霍纳在这里（邻近烽燧的居住区？）看到了一些烧焦的木梁，但没有机会对现场进行更彻底的探察。烽燧和台地周围的地面覆盖着大量流沙，流沙遮掩了古老的湖岸线。

地表发现物 K684

是贝格曼在障亭 A10 以南 500 米的沙丘之间采集到的。

K13684:

1. 陶容器的小块残片，外表面装饰压印交叉绳纹，深灰陶。

2—3. 陶容器的 2 块素面残片，灰陶。

4—8. 陶容器的 5 块素面残片，砖红色夹沙陶。

地表发现物 K685

是在以上地点以南的沙丘之间采集到的。

K13685:

1—2. 陶容器的 2 块残片，外表面装饰压印交叉绳纹，灰色陶。

3. 相当大的、口沿明显外翻的陶质容器口沿部分的残片，深灰色。

4. 同上，略小，口沿外翻，深灰色陶。

地表发现物 K686

是在 A10 东南 1 公里或 2 公里的沙丘之间发现的。

K13686:

  1. 五铢钱。直径 25 毫米。

  2. 一块熔渣。

阿特松治一线的遗存

  障亭 A10 西南 6 公里以外的地方有一个废弃了的小城障，它是额济纳绿洲最北端要塞所形成的短而直的遗址线上的起点。很可能这条烽燧线和瓦因托尼一线相连。如果这里曾经有过塞墙的话，这些土垄经常会侵蚀成低矮的风蚀土脊，但是，贝格曼在沙丘区域没有发现任何塞墙的迹象。沙丘间长满了芦苇。

  在构成这一线的 4 个地点中，贝格曼曾两次造访烽燧 A13，第二次是在 1931 年露营瓦因托尼的最后阶段。他对中间的烽燧 A12 和废弃了的城障 30 又进行了考察，同时对最南端的地点——达堤 K687 连同额济纳绿洲的其他遗址进行了发掘。好像没有迹象表明绿洲的其他遗址就是被完全侵蚀了的城障的房屋或烽燧的遗址。

城障 30

  四面为直角，边长 36 米，高 2 米，厚 2 米。考察时发现，障墙除西南角外都覆盖着黄沙，墙用夯土法建造并用横穿木梁进行了加固。障内完全被流沙掩埋。没有发现任何遗物。

  从这里看烽燧 A11，其方位为北偏东 60°。

烽燧 A12

  约在上述遗址西南 2 公里处，有一个保存非常完好的烽燧，矗立在高高的沙丘中间。基部边长 5 米（正方形），高 5 米或 7 米，主要是因为有一个 2 米的风蚀土脊。根据贝格曼的描述，土墼很大，在额济纳绿洲的许多房屋遗址中都出现过这种形制各异的大块土墼，其时代都不能确定，所以此处发现的土墼也不能断定它们就是汉代（东汉？）的东西。只有顶部特征明显，其他则没有发现那种以草或芦苇层建造的汉代烽燧的建造特征（例如斯坦因所述——参看《塞林提亚》，第 754 页）。虽然贝格曼将在这里发现的遗物标为字母 A，表示它们属于东汉时期，但有许多事实使他并不确信这个建筑就可以追溯到汉代。因为这些人工制品并不是通过考古发掘获得的，而很可能只是在烽燧附近的地面捡来的。这个情况也有助于解释我们的提议，即这个烽燧建造在已有的汉代烽燧的同一个位置，而且可能利用汉代的烽燧作为主体进行了建造。

A12:

  1. 扁平铁器的一块，厚在 1 毫米到 3 毫米之间。8.5 厘米×4.5 厘米。

  2. 纺轮的一半，可能是一个圆形陶轮。蓝灰色陶。直径 6.3 厘米，厚 1.3 厘米。

  3. 粗陶容器残片，装饰压印水平菱形纹。A 型陶。硬度为 7.0Mohs。

  4—5. 陶质容器的 2 小块残片，装饰绳纹。深灰色陶，均质，夹少量沙。硬度为 6.5Mohs。

  6. 陶质容器的小块残片，装饰绳纹。A 型陶，两面都闪烁沙砾的光泽。

  7. 陶质容器残片，装饰压印浅草纹，与 A10:9，图版 3:8 相似。A 型陶。

  8. 陶质容器残片，遭受风蚀，两面都有褐色纸片（?），内部有密行黑色亮圆点（参看图版 2:4）。A 型陶。

9. 陶壶口沿的小块残片，圆唇翻沿。深灰褐陶，夹少量沙，陶质细腻。硬度为6.5Mohs。表面光滑（因为被使用或涂层的关系？）。图4:6。

烽燧 A13

这个土墼砌筑成的烽燧——阿特松治，有时候又称为鄂博艾力斯松治（Obot-ellis-tsonch），是这一线拥有当地名称的唯一遗址。贝格曼没有提到土墼的尺寸。土墼砌得很不规则，但北面除外，因为这一面只露出土墼的上部（与前述烽燧的建造相比照）。这个烽燧上部的砌筑方法是每四层土墼之间夹一层草，除此之外，没有关于建造方式的其他细节内容。好像属于汉代类型，其不规则的特点是后期修补时形成的。

以下遗物是在烽燧邻近区域捡到的。

A13:

1. 纺轮的一半，陶质，厚度不均。灰陶。直径7厘米，厚约0.7厘米。

2. 陶质容器残片，直口沿、肩部略突出。素陶。A型陶。图4:3。

3. 陶质容器残片，装饰绳纹。A型陶。

4. 同上，但装饰压印纹，制作更粗糙。A型陶。

5. 陶质容器的小块残片，遭受风蚀，有压印绳纹装饰的痕迹。深灰色陶，表面光滑，陶质均匀、细腻。

6. 6块很小的青铜残片，除了圆筒形（？）器物的一块以外，都属铸造遗弃物。

达堤 K687

位于前述烽燧西南偏南1公里处。

K13687:

1. 青铜饰件，其一端可能残缺，呈扁平状，两根平行且相反的S形铜条横穿一根直铜条。中间铜条保存完好的一端与交叉S铜条最近的一端都被穿透以容纳铆钉或绳索，中间铜条的前端向一边弯出形成一个鸟嘴样的弯钩。绿铜锈层较厚。较独特。长4.5厘米，宽2.6厘米，厚0.3—0.4厘米。图版32:1。

2. 截面为三棱形的青铜箭镞，为普通汉代类型。每一边有一个小三角形凹坑，边缘延伸至倒钩内。基部末端有铁柄舌的痕迹。长4.2厘米，边宽1.2厘米。

3. 同上，边缘和基部之间成直角。尖端略钝。长27毫米，边宽9毫米。

4. 8小块铜质残片，其中3个属于顶针，和图版35:12所示相似；宽8毫米。

5—6. 2个B型陶质网坠（有凹槽和刻痕）。长4.5厘米和4厘米，直径1.2厘米和1.4厘米。

7—8. 2个勺形陶质网坠残片，A型。第7件长约4.5厘米，直径2.5厘米。

9. 纺轮，浅灰色陶，装饰压印交叉绳纹。直径3.8厘米，厚0.4厘米。

10. 纺轮的一半，浅灰色陶。直径3.9厘米。

伊肯河以东的哈喇浩特地区

从地形学的角度来说，广袤的哈喇浩特地区可以划分为两个不同的次级区域，即南部的台地地区和北部的额济哈喇布鲁克草原及邻近地区。

然而，对古代居民来说，这种划分只在某种程度上是适用的。当南部向几个方向延伸的烽燧线和几乎没有农耕遗存的地区为防御区域时，北部地区即古老的额济纳绿洲（或居延）的主要部分已成为人口密集的农业区。这个定居点延伸至台地地区最北部的开阔地带和谷地，也包括哈喇浩特城周边区域。自从额济哈喇布鲁克被土尔扈特人用来命名或表示绵延至哈喇浩特城以东及以北的旷野以来，我们在下文将用较短的名称"哈喇浩特地区"来特指额济纳绿洲南部。

额济纳绿洲

在拥有发展农业的良好自然条件的额济纳河流域的两个地区中，额济纳绿洲大大超过了毛目和双城子绿洲的总和，自然景色也更美。荒弃农田及相关建筑物遗存大约有200多处，还有其他很多古代农垦的痕迹，如灌溉水渠等。绝大多数这类遗迹都是在额济哈喇布鲁克发现的，通常都位于雅丹地貌的表层，有些遗址的高度达2米。有些原来表面的黑沙砾层仍然保留在这些风蚀土脊上，但通常沙砾被风吹送到遭受侵蚀的部分，以至于我们很难将被侵蚀部分所在的位置和真正的河床区分开。土壤为浅黄色，黄土有时堆积成圆形或圆锥形土墩，顶上往往有柽柳。更多新近形成的沙丘（或光秃秃或被芦苇覆盖）连同风蚀土脊造就了波浪起伏的壮观景象。

1930年，贝格曼在开始对破城子（A8）进行发掘前的最后两个月中，一直致力于这一项棘手的工作。探究这片无法计数的遗存——绝大多数为汉代之后，并不是他的本意，他的主要研究方向是汉代。从有关汉文资料中可以得知，汉代的居延城就处在这样的环境中，他将搜寻目标主要锁定在带墙的汉代类型城址上。

但贝格曼还是忍不住要考察他所遇见的每一处遗址，派遣工人进行发掘，根据路径图进入遗址。而且，作为田野探险者，虽然只使用了简单的装置，如透镜、指南针、小望远镜、测量员的量具等，但正是这样的工具帮助他们成功地获取了遗址路线的信息。

从一定程度上来说，对建筑物遗址地理位置及其建造方式的调查较仔细，而在大多数情况下，遗物收集工作则较为粗疏。贝格曼对探查到属于晚一些时期的人工制品很满意。依他的有限实物资料和时间，得出这样的结论是很自然的。以下几组标有 K 字的遗物大体上都采集于遗址内部或毗邻周边的地表或非常浅的地层。

由于遗址数量大、分布不规则，可能很难用一定的方法对其形成序列进行令人满意的描述。地图Ⅲ显示了贝格曼对地点和器物计数的方法，即从北部开始，以地区为单位水平推进，东部的数字最

大，最终结束在哈喇浩特地区东
南角。

城址 K688

查兰河（Challain-gol）附近
的翁赞河一处干涸了的小河曲与
一处非常高的长而窄的土墩之间
屹立着一个废弃了的要塞，只有
外墙保留了下来。要塞平面为不
规则的正方形，尺寸为 133—139
米 × 128 米，墙为夯土筑成，厚
约 3.5 米，高 5 米。无法从内部
辨认房屋的遗址，同样也不可能
发现任何入口。在一定程度上，
能看到的是较高的圆锥形柽柳和
被流沙覆盖的一部分墙以及墙内
的地面。平面图见图 45。

从浅浅的沙子中发掘出的遗
物，主要是陶器和一块炉渣。12
块陶瓷碎片可能来源于 10 个不同
的器物，大致为没有上釉的粗陶
器(1)和陶器(9)，器物表面的处理
或装饰为压印绳纹，一条梳制波
状带饰和一个压印小菱形边饰。
K13688：

1. 陶器残片，有水平分布的
压印小菱形边饰，边饰布置在长
5 厘米的区域内，每两个区域用
垂直线条分隔开。A 型陶。

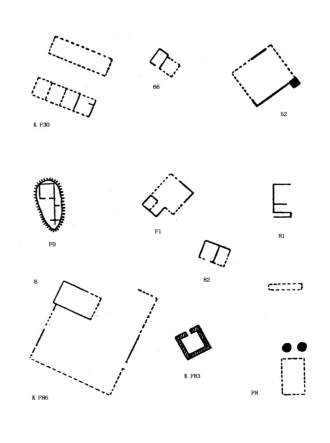

图 44
额济纳绿洲废弃遗址平面略图。方位北—南。比例为 1/1000。

2—3. 一个硬陶器的 2 小块残片，装饰有绳纹。灰陶，陶质细腻。硬度为 6.5Mohs。

4. 相当硬的陶质容器的残片，边缘保留倾斜的压印浅绳纹。灰陶。硬度为 5.5Mohs。

5. 同上，小块残片，装饰压印交叉绳纹，周围装饰梳制花彩。中心焙烧不充分的陶土呈浅褐色，
向表面逐渐转变为深灰色。硬度为 5.5Mohs。

6. 陶器残片，装饰压印浅交叉绳纹和弦纹，还有在上述器物中已经使用过的简单粗糙的刻画纹
样。A 型陶。已被沙子轻度磨损。

7. 鼓起的、粗糙的陶质小容器残片，水平弦纹之间装饰刻划纹样，均使用多种工具制成。浅褐
色，陶质均匀，夹沙，表面呈灰色。硬度为 6.5Mohs。

8. 相当大的陶质容器残片，有随意刻画的简单波纹线条。浅灰色陶。

9. 相当硬的陶碗或碟的口沿残片，素面，浅灰色。

10. 很小的陶碗口沿残片，可能为图版 20：5 中所示"灯"形器物。灰陶。

11. 粗糙、未上釉、相当鼓圆的陶壶口沿残片，外部装饰波纹。制作粗糙，灰色陶。硬度为

7Mohs。

12. 粗糙、未上釉且鼓圆的陶壶口沿残片，灰陶。硬度为 5.5Mohs。

13. 一块炉渣。

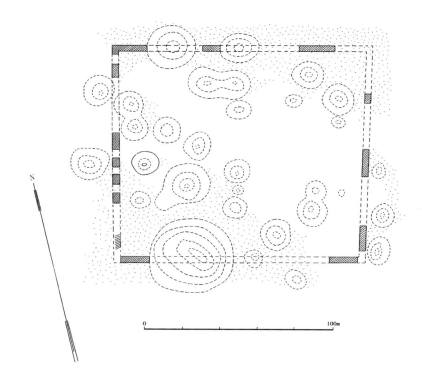

图 45

城址 K688 平面图。阴影部分为可见的夯土墙体，连续线表示的等高线轮廓部分为柽柳圆锥体，点状区域为沙子。

房址 K689

遗物由贝格曼采集。

K13689:

1. 瓷杯足部或盘的边缘叶状小块残片，凹雕手法突出了短而垂直的脊；水平口沿装饰有典型的釉下青花卷形饰物。参见以下第 2 件。

2. 器物底部的一块残片，与上述第 1 件一样的杯足或盘底。凹雕附近装饰 3 条平行青花波纹。

下部未上釉，因焙烧而呈浅橙色。高约 2.5 厘米。

3. 唇外翻的小瓷碗口沿残片，装饰蓝色花纹。外部边缘的荷花瓣顶部以上为双线纹。内部口沿周围为线纹，以下为菊花叶纹。

4. 瓷器的小块残片，属青瓷，素面无装饰。

5. 瓷碗口沿的小块残片，钧窑瓷，浅黄色底上施浅蓝绿色釉。

6. 未上釉的陶质大容器残片，粗糙压印绳纹上为刻画的波纹图案。浅褐色，陶质均匀，深灰色。硬度为 6.0Mohs。

7. 深灰色陶纺轮，刻画弦纹。直径 3.3 厘米。

8. 白色打火石残片，一边略有修饰。

烽燧 K690

用土墼砌成，尺寸不明。烽燧基部呈正方形，边长 3 米，高约 4 米。贝格曼不能确定建造时间，但最终将其归于哈喇浩特时期。下述器物可能是在烽燧基部地表采集的。

50 米以外另有一处遗址，贝格曼没有对其进行调查，但他没有排除这是一处大烽燧的可能性。这两处遗址位于查兰河的一条小支流附近。

K13690：

1. 铜钱的较大块残片，铭文中的第三个字为"重"。

2. 青铜小配件，边缘弯曲且在每一端附近穿有一个孔以容纳配件，其中一端已经破裂。尺寸为 1.4 厘米×0.8 厘米。

3. 各种青铜残片，主要是铸件废料。

房址 K691

用土墼砌筑，位于一处高 1.5 米的风蚀土脊上。保存最好的房间尺寸为 4.5 米×8 米。

K13691：

1. 五铢钱。直径 26 毫米。

2. 汉代样式的三棱形青铜箭镞，基部相当短。铤孔大约 5 毫米深。长 27 毫米，边宽 11 毫米。

3. 同上，基部非常短（长 3 毫米），末端已断裂。长约 27 毫米，边宽 11 毫米。

4. 用弯曲的金属线或饰针做成的铜环。

5. 各种青铜小残片，主要是铸件废料，还有 2 小块铜钱的残片，其中一个上有"铢"字。

房址 K692

K13692：

1. 一个梨形纺轮的一半，粗陶质。表面有垂直凹线，深灰色釉。穿孔的上半部也施了同样的釉，穿孔向末端略变宽。直径 3 厘米，高 2.3 厘米。图 5:8，图版 23:13。

2—3. 2 块浅灰色陶质纺轮残片。直径约 4 厘米。

4—6. 3 块深灰色和红色陶器圆形碎片，装饰不同的压印交叉绳纹。第 5 件中部的孔未完成穿凿。直径 3 厘米、8 厘米、5.5 厘米。

7. 几小块青铜和炉渣。

房址 K693

位于一个不易发现的被流沙覆盖的"布鲁克（Burukh）"区域。在这里采集到的遗物，显然属于不同时期，可以用两位采集者——王先生和靳先生在贝格曼调查这一区域之前的不同时间提供的证据加以解释。有这样的可能性，即有些人工制品属于另一处遗址。

K13693：

　　1. 残破的五铢钱，无边。

　　2. 铜钱，锈蚀严重，破成碎片。残留铭文的第一个字为"大"或"天"，第三个字为"元"。

　　3. 铜钱小残片，铭文的第一个字为"天"。

　　4. 几乎为圆柱体的小型青铜钟。长 2.4 厘米，直径 1 厘米。图版 33：10。

　　5. 汉代样式的三棱形铜箭镞，锈蚀严重，末端钝且基角为直圆形。长 34 毫米，边宽 11 毫米。

　　6. 同上，基部为直角，直角朝上，基部以下逐渐变宽。有铤的痕迹。长 29 毫米，边宽 12 毫米。

　　7. 同上，末端折断，角为不同形状，有几个浇铸时形成的不规则的孔。长 27 毫米，边宽 10 毫米。

　　8. 小青铜杆的残片，一端呈叉状，可能是铸件废料。长 3.5 厘米。

　　9—11. 3 根青铜丝，可能是头发别针。长 5—7 厘米，直径 0.2 厘米。

　　12. 浅黄褐色卷轴玉髓或玛瑙珠。长 22 毫米，直径 11 毫米。图版 30：26。

　　13. 六边形卷轴状紫色玻璃珠，一端破裂。直径 10 毫米。图版 30：22。

　　14. 绿色环形小玻璃珠。直径 6 毫米。

　　15. 绿色螺旋形小玻璃珠。直径 4 毫米。

　　16—17. 2 件圆形灰陶器。

　　18. 圆形褐釉陶器碎片，厚粗陶，浅黄色。厚 1—1.1 厘米。

　　19. 瓷瓶小残片，可能原属于肩部，釉下青瓷。外部，装饰大叶形花纹的一部分。内部未施釉。厚 0.45 厘米。

　　20. 同上，略大，青瓷。外部饰有部分花枝状物。内部表面有釉的残留。

房址 K694

　　用烧制砖砌筑，是额济哈喇布鲁克地区最北部的遗址之一。

K13694：

　　1. 汉代三棱形铜箭镞，短基部、直圆角。有铜铤的痕迹。长 28 毫米，边宽 10 毫米。

　　2. 各种小铜片。

　　3. 浅灰色陶纺轮。

　　4. 圆形灰陶碎片，装饰压印交叉绳纹。直径 3.5 厘米。

图 46

饕餮形铜罩面，K13695：3（图版 32：8）。铜锈很厚。原大。

房址 K695

　　土墼建造，形制不明，毁坏严重。采集物分别由王先生和贝格曼采集自两个不同的地点。

K13695：

　　1. 2 枚铜钱，属于东汉类型。

　　2. 窄、高边缘铜钱的小残片。

　　3. 饕餮面具状铜罩面，弯曲的"象鼻"可能是器物的环形手柄。锈蚀严重，因此特征不明显。宽 3.5 厘米。厚度不均匀。图 46，图版 32：8。

4. 汉代三棱形铜箭镞，末端断裂，基部为直角。一边有一大块铜绿可能是残留的一个青铜铤。长 29 毫米，边宽 10 毫米。

5. 铜镜边缘的小块残片，相当薄但边缘较厚，4 个同心圆为这面镜子上唯一保留下来的装饰。厚 2.5—3 毫米。

6. 各种铜片，部分为铸件废料。

7. 一只侈口瓷碗的几乎一半，钧窑瓷，釉由浅蓝绿色逐渐变为紫色，碗体为浅黄色。直径曾为 19.6 厘米，高 8.7 厘米。图 64:1。

8. 釉瓷残片，可能与第 7 件碗相同。

9. 粗瓷碗的 19 块残片，青瓷，其中 15 块碎片能拼凑在一起，留有钳子修复过的痕迹。内底有一个简单的刻画花纹。碗体灰白色。口沿直径曾约为 19.5 厘米，高 8 厘米。图 63:1。

10. 与第 9 件相似的碗沿残片，曾经用钳子修复过。

11. 深蓝灰色陶器的圆形碎片，装饰压印交叉绳纹。

12. 浅灰红色陶纺轮的一半。

13. 由三部分组成的蓝绿色玻璃珠。长 16 毫米，直径 7 毫米。图版 30:15。

14. 浅蓝色小玻璃珠残片。

房址 K696

K13696:

1. 球形红玉髓或玛瑙珠。直径 10 毫米。

2. 有纹理的蓝色和白色卷轴形玻璃珠的一半。长 16 毫米。

3. 灰陶纺轮，边缘已用旧。直径 4 厘米。

4. 2 小块青铜片，其中一块可能来自耳坠线。

达堤 P2

位于房屋 K696 和 P3 之间，贝格曼没有绘制其地图，采集品是王先生在这里采集的。

P295:

1. 汉代三棱形青铜箭镞，非常窄，角的形状难以辨认。末端断裂。长 33 毫米，边宽 6 毫米。

2. 同上，属于更普通的类型，直角。长 27 毫米，边宽 10 毫米。

3. 铜钱残片。

房址 P3

很小。这里获得的两个时期的遗物数量不大，是王先生采集到的。种种迹象表明，在有关以下遗物和这个特定遗址的关系方面，贝格曼心存疑惑。折中的观点可能源于这样的事实，即有一处达堤遗址位于房屋以西，另一处达堤遗址位于房屋东南偏南。

P342:

1. 相当大的瓷器的残片，瓷釉代表其属于明代三彩类型。黄色瓷釉底装饰浅蓝色龙纹。

2. 蓝绿色玻璃的熔片。

3. 很小的玻璃熔珠（?），深蓝绿色。

4. 青铜块，被铜绿贴附在 1 枚类型不明的铜钱上。

5—15. 1 枚五铢钱的 1 块残片和 14 块各种类型的小铜片。

房址 K697

土墼砌，有些土墼已被烧焦。房屋周围至少有 18 个碾磨谷物的石碾子。遗物是靳先生从其他地点和房屋遗址采集来的，这些遗物被采集，部分是因为它们的混合特性，部分是因为它们的尺寸（52 件器物）。以下内容，摘自贝格曼的日记。指的是一个包括这处遗址、其他几处遗址和城障 31 的地区，可以为几个存在疑问的采集品的情况提供一个合理的理由，即"昨天和靳先生一起去了房屋遗址，是他在帐篷北部和西北部发现的，这个遗址位于又高又厚的柽柳圆锥体和沙丘之上。所有（房屋）的遗址都不起眼且损毁严重，以至于经过的人根本注意不到它们，即使遗址周围地面堆满陶器和瓷器碎片也不能引起人们的关注。石磨和石碾也是很好的线索"。

K13697：

1. 缘饰很高的五铢钱残片。

2. 铜钱小残片，"宝"是其铭文的第 4 个字。

3. 又薄又小的铜片，一端附近有孔。尺寸为 1.7 厘米×0.6 厘米。

4. 弯曲的青铜别针。

5. 细青铜线弯曲成的一个钩。

6. 很小的青铜环。直径 6 毫米。

7. 白色不透明球形玻璃珠的一半。直径 7 毫米。

8. 4 小块玻璃，可能是珠子，其中 2 个为蓝色，2 个为绿色。

9. 青铜片，有几个用钉子钻的孔。

10. 几块青铜片，绝大多数为铸件废料。

11. 相当小的瓷碗的几块残片，属影青瓷。带有浅蓝绿色釉，11 块能拼凑到一起。边缘略呈叶形，边缘附近的内部有浅浮雕花形图案，边缘也装饰蝠状凹纹。图版 26：5。

12. 与第 11 件同属一种类型的瓷碗的 6 块残片，现在都粘连在一起。有用钳子修复过的痕迹。口沿直径曾为 12.6 厘米，高 6.3 厘米。图 63：3。

13. 与上述两件一样的瓷碗口沿残片，不过，内部的浮雕图案有些不同，蝠状凹纹旁只有一朵花。过去曾用夹钳修复过。

14—19. 6 块青瓷器碎片，有些留有少量浮雕装饰的痕迹。

20. 小瓷杯边缘残片，定窑瓷，黄白色。

21. 钧窑瓷碗的几块残片，都可以拼凑到一起。黄红色碗体上为暗灰绿色釉。口沿直径曾为 15.2 厘米，高 6.4 厘米。图 64：4。

22—42. 几个大小和颜色不同的钧窑瓷碗的 21 块残片，颜色有浅白绿色、蓝绿色、蓝灰色和深蓝色。有些残片原属器物口沿。

43—46. 青瓷器的 4 块残片，其中 3 片原属口沿部分。

47. 瓷碗口沿残片，灰色碗体上施黑色釉。

48. 相当大的瓷器口沿残片，黄色器身施黑褐色釉。

49. 瓷碗的小块残片，两面的透明釉下装饰浅红和浅绿色瓷釉图案。碗身为浅黄色。

50. 瓷质饰件残片，砖红色的多孔表面装饰绿色釉。

51. 低矮的小陶碗，可能是灯（与图版 20：5 所示类型相同）。浅灰色陶。口沿直径为 8.5 厘米，基部直径为 4.5 厘米，高 2.4 厘米。

52. 石纺轮残片，可能为石灰石。主体为绿色，中间为黄绿色夹层。

房址 K698

以下不同时代的遗物都是由靳先生采集的。

K13698:

1—4. 3 枚或 4 枚铜钱的 4 小块残片，其中 3 块残片上有"五"字，第 4 块上有"铢"字。

5. 铜钱残片，政和通宝（1111—1118）。直径 30 毫米。

6. 铜钱，圣宋元宝（1101）。直径为 24 毫米。

7. 铜钱的小块残片。

8. 小铜印章，扁平且外形为蹲伏的兔子。印钮在印章顶部交错成三角形。独特。尺寸为 2 厘米×1.8 厘米。图版 32:22。

9. 带有 3 个小裂片的青铜配件，前部有装饰性压印纹。背部有 2 个铆钉，分别与 2 个突出的圆形耳叶的中心相连。也许代表程式化的饕餮面具。长 17 毫米。图版 32:10。

10. 弯曲的青铜杆残片，可能为装饰的一部分，前部呈拱形且被分割成球状片段，背部扁平且一端有一个铆钉。独特。长 4.5 厘米。图版 32:24。

11. 扁平的铜环残片。宽 6 毫米。

12. 弯曲的铜针。

13. 各种铜片残片，碎块铸件废料。

14. 铁棒的一部分，扁平且尖端为矛尖形。可能是箭镞？

15. 黄白色小玻璃珠残片。

16. 蓝绿色玻璃珠残片，扁平、蔷薇形。直径 11 毫米。

17. 有粗糙修饰的打火石。

18. 截面为圆形的骨杆，向一端逐渐变细。纺锤杆或吃饭用的筷子（?）长 19 厘米，直径 0.3—0.6 厘米。图版 39:6。

19. 瓷碗足部，青瓷。内部中心有一个圆形浅浮雕小图案，短线条从小圆向外发散。足圈直径 4.1 厘米。

20. 上未施釉且较为鼓圆的陶质容器边缘残片，画出轮廓的口沿和浮雕的折线带纹之间装饰粗糙的波纹。蓝灰色陶，陶质均匀。硬度为 6.5Mohs。

21—22. 2 个低矮的灯形小陶碗。浅灰色陶。口沿直径 6.4 厘米和 6.5 厘米，底部直径 3.7 厘米，高 2.1 厘米和 2.5 厘米。图版 20:5。

23. 蓝灰色陶纺轮的一半。直径 4.3 厘米。

房址 K699

是额济哈喇布鲁克最北部的房屋遗址。

K13699:

1. 铜钱，开元通宝。直径 25 毫米。

2. 字迹模糊的半块铜钱。

3. 小铜片，大约 2 毫米厚。

房址 K700

坐落在一个小沟渠附近。

K13700:

1. 扁平的铅管，扁平一面中间有长方形大孔。直径 2.5 厘米，高 1.7 厘米。图版 37:11。

2. 由饰针弯曲而成的小铜环。直径 17 毫米，厚 2 毫米。

3. 长方形青铜片，四角斜切且每一端都有一个孔。尺寸为4.1厘米×1.9厘米。

4. 各种铜片，主要是铸件废料。

5. 灰陶纺轮，有很明显的缠绕痕迹。

6. 相当小的粗陶碗的几块残片，"釉上梳花器"（有大理石般的效果）制品。碗壁由两层制成，外层为几何纹"釉上梳花"装饰，其上施一层浅绿色透明釉。内层为陶胎，上施一层相当厚的深褐色釉。陶胎为浅黄色，装饰层为深褐色。厚0.9厘米，图版23:16。

7. 青瓷粗碗口沿残片，外部有简单的刻画叶纹。

房址 K701

3间小房屋形成的一组遗址，侵蚀严重，位于一处高1米的风蚀土脊上。

K13701:

1. 铜钱，崇宁重宝（1102—1107）。直径33毫米。

2. 铜钱，开元通宝。直径23毫米。

3. 铜钱的一半，第一个字为"元"，最后一个字为"宝"。

4. 较大铜钱的小块残片，可能与第1件属于同一类。

5—6. 遭受锈蚀的2小块铜钱残片。

7. 铜戒指，前部为长方形，末端未封死。直径1.9厘米。

8. 椭圆形小铜片，有几乎为三角形的孔，用来固定刀身的基部或刀鞘。尺寸为1.7厘米×0.9厘米。图版37:6。

9. 小铜扣环，边缘有2个相对的孔，内部中心位置还有一个断开的铆钉。在收集到的所有遗物中没有一个与其可以配对。直径1.3厘米，高0.7厘米。

10. 各种铜片，碎块，铸件废料。

11. 菱形蓝绿色玻璃片，一面的一边刻有槽，可能用来固定戒指上的宝石。尺寸为12毫米×12毫米。

12. 六边形蓝绿色小玻璃片，一面的一边刻有槽。可能与第11件的用途相同。尺寸为11毫米×7毫米。图版30:44。

13. 别针形小玻璃片的一部分。图版30:28。

14. 蓝绿色玻璃珠的一半，蔷薇形且扁平。直径12毫米。

15. 侈口粗瓷碗口沿的一块，灰色胎体上施一层浅褐色薄釉，不透明。

16. 侈口粗瓷碗残片，内外均施褐色釉。胎体为灰色。

17. 绿釉粗瓷器的一小块。胎体为灰色。

18. 灰陶小纺轮。直径2.5厘米。

房址 K702

在众多沙丘中并不显眼，高5米。遗物是靳先生亲自收集的。

K13702:

1. 五铢钱。直径25毫米。

2. 铜钱，宣和通宝（1119—1126）。直径30毫米。

3. 磨穿了的铜钱，可能为元丰通宝（1078—1094）。直径24毫米。

4. 铜钱，祥符通宝（1008—1017）。直径25毫米。

5. 铜发卡，顶部有6个节，另一端又扁又尖（参看图版35:18）。长约14.8厘米。

6. U形铜发卡，圆形铜线圈成，末端和中部最厚。现已严重变形。长约12厘米。

7. 圆锥形小铜柄，可能是纺轮，中心部位有一个大圆孔和9条垂直刻槽。直径12毫米，厚10毫米。

8. 圆形铜耳环（？），细铜线组成，一端弯曲成环，直端下部缠绕有细铜线，可能用来系缚珠子。长3.5厘米。图版35：6。

9. 扁平青铜饰针的尖端。

10. U形铜饰残片，可能是发卡。由3部分组成，2个管形卡杆被弯曲的中部连接在一起，一根薄铜线从中部穿过，铜线的尖端插入卡杆中。

11—12. 2根扁平小铜杆。

13. 可能为圆形的铜盘口沿的一块残片，口沿部分曾相当高且向中心倾斜。

14. 略呈拱形的小铜带扣，中心部分有一个铆钉和固定板。直径13毫米，高2毫米。

15. 几乎为球形的黄白色珠子，不透明玻璃。直径7毫米。

16. 长椭圆状线轴形浅蓝色玻璃珠，螺纹形旋扭而成。长12毫米。图版30：40。

17—18. 2颗蓝黑色小玻璃珠。直径6毫米和8毫米。

19. 几乎为球形的蓝色玻璃珠的一半，有几个深槽与中心的孔平行。直径9毫米。

20. 灰色熔玻璃珠（？）残片，内嵌有蓝绿色玻璃点。平锥形。长14毫米。图版30：30。

21. 蓝绿色玻璃盘的尖锐残片，不透明。一边平，另一边略呈拱形。在一个孔处断开。尺寸为20毫米×14毫米。图版30：51。

22. 圆形的蓝绿色小玻璃片，一边平，另一边呈拱形。可能是戒指的镶嵌物。直径8毫米。

23. 灰黄色小玻璃装饰物残片，一边雕刻成叶形。另一边扁平。尺寸为16毫米×15毫米。图版30：50。

24. 各种铜片，包括薄片、小碎片和铸件废料。

25. 矛尖形铁片，可能是柄端残片。

26. 小铁片，截面为椭圆形，上有铜锈。可能是剑柄残片（？）尺寸为3.7毫米×1.7厘米。

27—28. 2块残铁片，上有铜锈的痕迹。

29. 粗瓷碗或高足杯底部。浅黄色器身上保留有透明薄釉的痕迹。直径4.8厘米，高3厘米。

30. 瓷杯或瓷碗的侧面底部的一片，定窑瓷，现为黄白色。高1.5厘米。

31. 侈口瓷碗的口沿残片，磁州窑。碗体浅黄色，内部施透明薄釉，但是外部基部以上却没有施透明釉。内部白色条纹上装饰红褐色釉下同心弦纹，釉上为红色和绿色底纹上的铅和硅酸盐斑纹，形成程式化的植物纹饰。

32—33. 2个红黄色陶纺轮。直径3厘米和5.5厘米，厚0.9厘米和1.4厘米。

房屋和达堤 K703

遗物是靳先生采集的。部分采集于房屋，部分采集于这个房屋和上述房屋之间的达堤遗址。显然，遗物属于不同时代。

K13703：

1. 铜钱，大泉五十，略有损伤。直径24毫米。

2. 铜钱残片，可能是一枚五铢钱。

3. 汉代三棱形铜箭镞，直边，直圆角。基部表面有一个2毫米深的窄且斜的铤孔。长28毫米，边宽10毫米。

4. 带子上的铜配件，前端为方弧形，后部有长方形穿孔，两边的耳状部分上有铆钉孔。与遗物中另外一件唯一的同类器物相比，制作更精细。图版 34:15。图版 34:17。

5. 铜勺柄残片（?）。长 7 厘米，中部厚 5 毫米，末端厚 1—1.5 毫米。

6. 弯曲成戒指（?）的铜片。

7. 铜戒指的一半，一边较宽。

8. 圆铜棒，弯曲成一个开口的椭圆形。厚 3.5 毫米。

9. 压成的圆形片状铜质装饰物，图案为蔷薇结。直径 18 毫米。

10. 锈蚀的铁钉，顶部有菱形铜片。

11. 铁、铜合金环的残片。

12. 与图版 20:1 样式相同的小坩埚残片。

13. 白色玉髓片。

14. 贝壳的一半，背部的一部分已被磨去。长 25 毫米。

15—17. 3 只小贝壳。长 14—17 毫米。

18. 不透明的黄白色玻璃双珠，中部裂开。长 18 毫米，直径 10 毫米。

19—21. 3 颗小玻璃珠，蓝色环珠，蓝绿色螺旋线珠和绿色卷轴形珠。

22. 黄褐色卷轴形珠的残片，质地为带斑纹的玻璃。

23. 5 小块蓝绿色玻璃。

24. 各种铜片，包括薄片、碎片和铸件废料。

25. 粗瓷碗，钧窑瓷，除了口沿的一小块破成几片之外，整个器物基本完整。几个孔上的铁锈显示过去曾经用铁钩做过修补。两面都有浅蓝色釉，外部不均匀且底部没有上釉。外底有墨书"陈"字。碗体较厚，呈浅黄色。口沿直径 18.4 厘米，圈足直径 6.3 厘米，高 7.9 厘米。图 64:5，图版 24:6。

26—27. 浅黄色碗体上分别为蓝绿色和蓝紫色釉的钧窑碗的 2 块残片。

28. 粗瓷碗下部的一块残片，北方青瓷。浅黄色碗体上为淡褐绿色釉，内部为浅浮雕叶纹。碗足很浅。图版 23:7。

29—37. 8 个完整的和 1 个半块的陶纺轮，除一个为红色外，其余均为浅灰色。直径 3—4.5 厘米。

房址 K704

周围有几堆熔渣。

K13704:

1. 深绿色线轴形玻璃珠，制作粗糙。长 15 毫米。

2. 蓝色球形小玻璃珠。直径 4 毫米。

3. 透明、无色球形玻璃珠的一半。直径 11 毫米。

4. 弯曲成椭圆形的 1 枚小铜针，可能用作耳环。

5. 戒指上的椭圆形小铜板。直径曾为 15 毫米。前部的大部分翘起，在收藏品中没有匹配物。

6. 一块铜片。

7. 青铜容器口沿的一片。

8. 1)—7) 丝绸和毛织物残片。

1) 2 块天然塔夫绸残片。经纬密度为 36×20—26 和 38×26。

2) 灰褐色天然塔夫绸残片，边缘部分比主体部分织造得更细密。经纬密度为 48×27。

3) 2 块灰褐色天然塔夫绸残片，边缘部分用自然顺向合股的丝线缝缀在一起。与接缝成直角的一边被折叠并用同样的丝线缝缀。边缘部分比主体部分织造得更细密。经纬密度为 52×24—34。

4）3 块天然塔夫绸残片，用丝线缝缀在一起。一边有明显的针脚痕迹。经纬密度为 56×34。

5）天然丝绸织物残片，6 综经线斜纹图案（3—1—1—1），上涂黑色物质。斜剪的一边折叠，针脚的痕迹表明这块丝织物曾经是完整的一块。经纬密度为 48×20。

6）2 块缝缀在一起的浅褐色带子，可能是天然绸缎，留有顺经线方向裁剪且边缘缝缀的痕迹。底子经线为 3 综线斜纹（2—1），模糊图案为 6 综线横向斜纹（5—1）。长 24.2 厘米。宽 3.4 厘米。经纬密度为 52×36。

7）灰褐色驼毛（？）织物。经线为双股反捻纺线（厚 0.08 厘米），纬线以反捻合股线松散织就（厚 0.2—0.5 厘米）。一根淡褐色反捻毛线的顺合股粗线缝进织物。经纬密度为 4×2。

房址 K705

非常小。地面堆放着损坏的遗物，看上去很黑，曾经被小块熔渣覆盖。属于不同时代的遗物，由博彦（Boyan）采集。

K13705：

1. 铜钱，大泉五十，略微残损。直径 25 毫米。

2. 汉代三棱形铜箭镞，有铤的痕迹，直角且部分直接朝上，边缘破碎且尖部已经变钝。长 30.5 毫米，边宽 10 毫米。

3—4. 2 片铸件铜废料。

5. B 型陶网坠，有纵向和横穿的刻槽。长 3 厘米，宽 1.5 厘米。

6—8. 侈口粗瓷碗口沿的 3 块残片，浅黄色薄胎上施黄白色釉。

9—10. 2 块废渣。

房址 K706

仅存用大块土墼砌成的墙，在遗址附近发现了许多块熔渣。

K13706：

1. 扁平的铜环残片，相当大。直径 5 厘米，宽 0.9—1 厘米，厚 1 厘米。

2. 薄粗瓷杯口沿的小块残片，黄白色，定窑瓷。

3—4. 2 块可能同属一个粗瓷杯的残片，青瓷，有裂纹。内部有刻画细线组成的图案痕迹。

5. 相当大的粗瓷容器口沿的残片，浅黄色胎体上施黄白色釉。

6. 深灰色陶纺轮的一半，有交叉的压印绳纹。

7. 2 块金属炉渣。

城障 31

破损严重，只有夯土墙基，呈一小块长方形，尺寸为 9 米×10 米。墙厚 1.5 米。没有发现遗物。

房址 K707

K13707：

1. 青铜长发卡，与图版 35:18 属同一种类型，除了顶部有 6 个一排的环形分节之外，几乎完整，下部有几条刻画斜线。下端压平且相当尖细。长 15.3 厘米。

2. 薄壁青铜容器口沿的一块残片，直径可能为 7.3 厘米，口沿厚 2 毫米，下部变得很薄。

3. 铜线做成的圆环形小残片。直径 18 毫米，厚 2.5 毫米。

4. 由废弃的青铜铸料做成的粗糙的铜钉残片。

5. 各种铜片：小残片、片状铸件废料和炉渣片。

6. 浅灰色陶纺轮，直径 3.3 厘米。

房址 32

建造在一个土墩边缘，这处遗址附近还有一副手推石磨。

房址 K708

周围有很大一堆熔渣，而且南部和西南部至少有两处相当大的达堤遗址。

K13708：

1. 1 枚铜钱的小块残片，顶部有一个"大"字。

2—3. 2 枚锈蚀严重的钱币，可能属宋代类型。

4. 1 枚钱币的 2 块残片，元丰？宝。

5. 同上，第 2 个字为"和"。

6. 细铜线，末端缠绕更细的铜线。可能是耳坠的部件。

7. 各种铜片：残片、薄片和片状铸件废料。

8. 绿色、不透明线轴形玻璃珠残片。

9. 直螺旋形蓝绿色玻璃珠。长 10 毫米。图版 30：39。

10. 非常小的蓝绿色球形玻璃珠。

11. 小瓷杯口沿的小块残片，为薄胎青白色定窑瓷。

12. 粗瓷碗或杯的小块残片，施浅黄色薄釉。内部为红色和浅绿色图案。

13. 粗瓷碗的小块残片，磁州窑，黄红色胎体上呈现浅黄色透明釉。在剥落了的釉上彩左侧有一个蓝绿色瓷釉斑纹。

14—16. 2 块玉髓和一块打火石。

房址 33 和 34

用大块土墼砌造，后一处遗址的其中一堵墙高约 2 米。

达堤 K709

在绘制地图和获得不同时期遗物之前由靳先生进行了发掘。

K13709：

1. 五铢钱，直径 25 毫米。

2. 同上，残缺。

3. 钱币残片，有模糊的铭文，可能是熙宁元宝（1068—1077）。直径 25 毫米。

4. U 形铜发卡（参看图版 35：20），用圆金属线做成，线末端和弯曲处最厚。长 13 厘米。

5. 立方体小铜柄，基部有断裂的圆形金属线。可能是耳坠的上部。金属线周围缠绕细铜线，上部表面均被斜切。做工较精细。

6. 整块铜片做成的长方形小盘，带有垂直的圆榫，垂直部分中部有一个孔，孔中有两股缠绕在一起的铜线穿过。铜盘尺寸为 21 毫米×11 毫米。图版 38：1。

7. 铜饰物的一部分，是铸在一起的 2 个小圆盘。背部有一个又大又厚的铆钉。前部有一个浅坑。很独特。长 12 毫米，宽（直径）8 毫米，厚 3 毫米。

8. 小铜环。直径 16 毫米，厚 3 毫米。

9. 各种铜片、薄片，包括一个耳坠线的残片和铸件废料。

10. 线轴形蓝玻璃珠残片，内嵌褐色玻璃线圈。长 10 毫米。

11. 白色玉髓小刮刀，所有的面都经过了加工处理。

12. 2 块相当大的粗瓷容器口沿残片，现在粘在一起，磁州窑。鲜活的五彩拉毛纹饰，红黄色胎上一圈褐色釉花瓣之上有一个边饰。内部全部施褐色釉。图版 22：13。

13—14. 可能属于同一只粗瓷碗的 2 块残片，钧窑瓷，浅灰色胎体上施很厚的浅灰绿色釉。内部施的釉中带红紫色釉斑。

15—19. 5 块或多或少完整的灰色陶纺轮残片。直径 3.1—4.7 厘米。

20. 蓝灰色圆边陶器碎片。

城址 K710

在古老绿洲东北部集中分布有房屋和达堤遗址的一片中间地区，有一处位于查兰河上的相当大的与 K688 形状非常相似但更不规则的防御性城墙。在贝格曼《报告》的图版 16b 中，有此处遗址的照片资

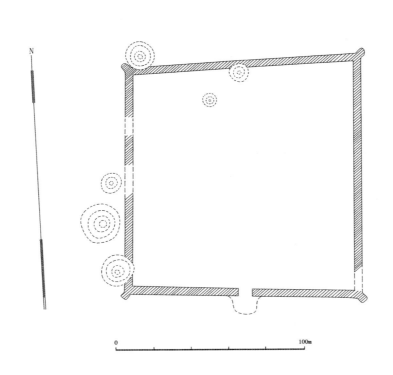

图 47

城址 K710 的平面图（即贝格曼《报告》中的"遗址 100"）。阴影部分为可见的墙体遗存（土夯或解体的土墼），连续线的圆圈即柽柳圆锥体。

料，此地最初被贝格曼命名为"遗址 100"；他在第 145—146 页中认为它可能是古代居延地区的行政中心。

图 47 的平面图显示，墙体的长度是从南面开始计算，在东面结束的，分别为 127 米、122 米、126 米和 131 米。墙体可能像 K688 一样用夯筑法建造，虽然我们必须承认它们曾用土墼建成的可能性。墙体损毁严重而且风蚀作用使其高不超过 1.7 米，基部厚（原本）4 米。城墙的每一个角被一个长方形的角台加固，南面的中部有一个开口，几乎和门一样，另外三个开口可能是风蚀造成的。

城址内部平坦，只有具有专业眼光的人，才能发现房屋的两堵墙，但直到目前为止，仍没有绘制出完整的这类遗存的平面图。在比较浅的曾经可能为房屋遗址的地方，稍稍挖掘就可使已经被烧焦的地层暴露在光天化日之下。城址内部地面上散落着土墼，有些土墼上有制造者的记号，均遭受了严重

的风蚀。照片显示，还有其他东西，近处的几块土墼虽然较厚，但尺寸似乎和较大的汉代土墼相同或相似。

墙内外的地面上覆盖着上百块陶片，其中相当数量的陶片和金属器物以及其他标本比如玻璃珠，均来自城址内部或附近地带，尤其是城址东面和南面。围墙内也有几块石磨，从近距离拍摄的照片中可以看出，有一些的直径达40—55厘米。围墙内外发现的器物，在特点上没有明显的区别。

在这处遗址发现的汉代钱币，一枚为大泉五十，是在墙外采集到的，五铢钱和其他钱币则是在围墙两侧发现的。

值得注意的是，在这里采集的遗物显示出一致的特点，即看起来没有来自后期如西夏和元代定居点的任何遗物。另一方面，由于对之后几个世纪的情况了解很不充分，我们无法确信对这一地区的占领是否在东汉时期就已经结束。

遗物列表：

器物大致数量

钱币
大泉五十 .... 1—2
五铢 15
字迹模糊的残片，可能是五铢钱 1

铜器
箭镞 6
弩机上的插销 1
伞盖伞骨配件 1
浮雕饰物 1
皮带上的雪橇铃铛 1
皮带末端的环 1
皮带的环 1
容器的环状物（？）.. 2
戒指 1
顶针 1
动物样式的饰板（图版32:4）.. 1
饰针 1
多种小器物和残片，包括单独的一组 5

铁器
带套接口的扁斧或锄刃及斧刃 3
固定带子的环（？）.. 1
U 形夹 1

珠状物及相关饰物
贝状物 3
宝石 10
玻璃 27

贝壳 3

石器

陶瓷或粗陶器

K13710:

1—8. 8 枚五铢钱，（至少）第 2 件和第 4 件中心位置的正方形孔的底边附近有凸出的短线。直径 25—26 毫米。

9—10. 2 枚五铢钱残片。

11. 铜钱，大泉五十，铭文磨损严重。直径 24 毫米。

12. 铜钱，可能为大泉五十的小块残片。

13—16. 铜钱的 4 块残片，几乎可以肯定为五铢钱。

17. 铜钱残片，在已经保留下来的残片上没有铭文，和五铢钱一样上有较大的正方形孔。直径 25 毫米。

18. 钱币的 12 块残片，因遭受严重腐蚀而字迹模糊。有些可能是五铢钱。

19. 铜箭镞，其样式在收藏品中不常见，较长、窄且有 3 个翼形边缘。实心的主体部分从基部开始的整个长度的 1/3 的截面为三棱形，基部为圆形。扁平的边缘损伤严重，但宽可能曾经为 3 毫米或 4 毫米。有铜铤的痕迹。长 44 毫米，中心部分宽 7 毫米。图 9:5。

20—21. 2 枚普通汉代三棱形铜箭镞，直圆角且有铜铤的痕迹。长 28 毫米和 35 毫米，边宽 9 毫米和 10 毫米。

22—23. 同上，2 枚箭镞，直角，锈蚀严重。长 26 毫米和 28 毫米，边宽 10 毫米。

24. 收藏品中不常见样式的铜箭镞，体短，上部截面为三棱形，下部为圆形。边在顶部和基部的 2/5 处结束，基部有铜铤（？）的痕迹。长 25 毫米，直径 12 毫米。图版 33:4。

25. 固定带子的铜雪橇铃铛，主要由扁平的球形铃铛和一个扁平的长方形手柄两部分组成，手柄末端有一个长方形悬孔。铃铛部分的一半处被一个孔分开，孔内有一个椭圆形石球。在收藏品中很罕见。长 5.7 厘米，球体直径约 2 厘米。图版 33:25。

26. 弩机装置上的铜插销，截面为圆形，细的一端附近有一个小圆孔，另一端有一个矮的圆把手。把手下部略呈六边形。长 5.3 厘米，直径 1.0—1.2 厘米。图版 36:10。

27. 带子末端的铜环，可能是腰带的环，前部几乎为圆形，后部为有长方形孔的长方形。长 3.5 厘米，环的直径约 2 厘米，环的厚和高分别为 3 毫米和 7 毫米。图版 33:21。

28. 铜带环，前部为椭圆形，后部为长方形。尺寸为 2.2 厘米×2.7 厘米，厚 4 毫米。图版 33:12。

29. 伞盖伞骨（木质）末端的小铜配件残片，为一只窄圆管，圆管闭合端附近有一个钩，闭合端实际上是一个扁平的球形把手。长（4.2）厘米。

30. 1 毫米厚的铜片做成的形制简单的戒指。直径 20 毫米，宽 2 毫米。

31—32. 铜环的 2 块残片，可能是容器手柄上的环。直径 2.9 厘米和 4.4 厘米，厚 3 毫米和 6 毫米。

33. 铜饰物残片，是截面为圆形的别针，上部有一个又大又平、直径 3 厘米的环。环的边被斜切。整体铸造。在收藏品中很独特。图版 35：9。

34. 截面为圆形的铜线圈。长 8.4 厘米，厚 0.3 厘米。

35. 制作简单的动物样式的铜牌，是同类器物中唯一的标本。锈蚀严重，但仍然代表了这种类型即一匹马的背上站立着另外一匹更瘦削的马。这个主题图案在所谓的鄂尔多斯铜器收藏品中表现得很充分。长 4.2 厘米，高 3.5 厘米，厚约 0.2 厘米。图版 32：4。

36. 小铜浮雕残片，为半球形，中部有一个小孔，孔中可能曾经有过一个铆钉。直径 15 毫米，高 5 毫米。

37. 小且平的铜杆，末端折向内。

38. 椭圆形小铜片，中部有一个圆孔，可能是铆钉头。

39. 锈蚀严重的小铜杆，中部和末端较粗。长 3.3 厘米。

40. 2 枚铜顶针，外表面上钻有凹坑（参看图版 35：12）。曾被打平。宽 7 毫米。

41. 各种铜片，例如容器残片、片状铸件废料。

42. 贝壳，背部被磨掉。长 26 毫米。

43. 同上，略小。长 14 毫米。

44. 同上，为残片。

45—47. 贝壳做成的 3 颗珠子。第 45 件截面为椭圆形，末端扁平。长 10—16 毫米，宽 12 毫米。第 46 件略微小一些、圆一些，第 47 件为立方体，长的一边为 7 毫米。所有的形状都不对称。图版 30：36。

48—50. 3 颗扁平的深绿色长方形珠子，用不透明的玻璃做成，表面粗糙，都有纵向的穿孔。第 48 件的尺寸为 22 毫米 × 14 毫米，另外 2 个的尺寸为 14 毫米 × 14 毫米。第 48、50 参看图版 30：37。

51. 一块玉髓，中心穿孔，一边经过修饰。

52—53. 2 颗较大的浅绿和黄色环形玻璃珠。直径 13 毫米和 14 毫米。

54—55. 2 颗几乎为球形的深绿色不透明玻璃珠，和上述第 48—50 件一样。直径 8 毫米和 12 毫米。

56. 与上述特征相同的绿色玻璃双珠。长 12 毫米，直径 7 毫米。

57—59. 3 颗非常小的绿色玻璃球形珠。直径 4 毫米和 5 毫米。

60. 深蓝色环形小珠。直径 6 毫米。

61. 由四部分组成的蓝色玻璃珠。长 17 毫米，每部分的直径 6 毫米。图版 30：17。

62. 深绿色、不透明的 3 层玻璃珠。长 14 毫米，直径 7 毫米。图版 30：16。

63—65. 3 颗红玉髓小玻璃珠，形似矮圆筒。直径 8 毫米。

66. 蓝绿色线轴形玻璃珠残片。

67. 与上述第 48—50 件相同的长方形、带角的绿色玻璃珠残片。长 12 毫米。

68—70. 3 颗半块珠子，球形，材料和上述几件相同——绿色玻璃。直径 9—10 毫米。

71—73. 3 颗深绿色和蓝绿色环形玻璃珠残片。

74. 镶嵌白色玻璃环的深蓝色球形小玻璃珠。

75—78. 2 件深绿色玻璃滴状物，为蓝绿色玻璃珠上的两块。

79—84. 石珠的 6 小块残片，可能是器物的部分材料，包括一片珊瑚。图版 30：5，41。

85. 有插口的铁扁斧或锄头刃，略有锈蚀且褪色。主要为一插口，其截面为长方形（基部 6.3 厘米 × 2.7 厘米），楔形，并且向扁平刃变得略窄，这个刃已经丢失，此刃如图版 36：24 所示，可能原本较宽，因为插口的窄边有扁平凸出物的痕迹，在离基部一半的地方终止。窄边的中脊显示出分件铸造的痕迹。一个宽边的上部收缩，导致了现在侧面的弯曲。长（10.2）厘米，宽 2.5—2.7 厘米。插口材料厚 5 毫米，侧面凸出物为 3 毫米，向下则变薄。图 48。

86. 带插口的铁斧刃部的残片，已褪色且略有锈蚀。插口截面为长方形，轮廓几乎为长方形但长边略微凹陷，比另一边凹陷厉害。后者的窄边有一个扁平的凸出物，宽 2 厘米，沿着其中线，距基部 4 厘米处开始且继续向下直至现在已经丢失的刃部，凸出物两边都变厚。从不对称这个角度来看，这件器物和上一件或图版 36:24 的器物属锄或锛的同一种类型。插口尺寸为（8）厘米×5.9 厘米×2.8 厘米，刃的破裂处宽 6 厘米，凸出物厚 4 毫米。图 48。

87. 刃部较弯曲的带插口铁斧的下部。楔形，截面为长方形。刃部和（断裂了的）插口之间有连续的过渡。插口的孔在距切边约 5 厘米处结束，切边裂成了 3 层，各层之间没有明显差异。长（7.9）厘米，基部尺寸为 4.1 厘米×2.7 厘米，切边尺寸为 8 厘米。上部（插口）材料厚 5 毫米，中层厚 3 毫米。图版 67:6。

88. U 形铁夹，主体是一个方形饰针，一端尖细且保存完好。中部带有已遭损伤、扁平的凸出物。尺寸为 5 厘米×6 厘米。图版 37:17。

89. 小铁环残片，可能是皮带的部件。

90. 陶瓶，除了口沿部分之外，基本保存完整。器身为扁球体、低颈、口沿水平外翻，基部扁平。腹部中部有很模糊的压印斜纹作边饰。浅灰褐色，陶质细腻，硬度为 5.0Mohs。口沿直径 7.7 厘米，颈部直径 5.6 厘米，腹径 15.7 厘米，基部直径约 8 厘米。高 12.5 厘米。图版 19:1。

91. 小陶瓶，颈部已丢失。双圆锥形。蓝灰色，陶质细腻，掺和白色（石灰?）颗粒物，硬度为 5.0Mohs。深灰色，表面相当平滑，可能是薄的胎衣的颜色。腹径 6.2 厘米，基部直径 3.5 厘米。高（5）厘米。图版 19:3。

92. 矮灯形小陶碗的残片（参看图版 20:5）。蓝灰色陶。口沿直径 8.6 厘米，基部直径 5.2 厘米。高 3.2 厘米。

93—104. 12 个 B 型陶网坠，有纵向和横向刻槽。长 2.7—5.6 厘米，宽 0.9—1.8 厘米。图版 20: 8，9。

105—107. 同上，3 块残片。

108—112. 5 个线轴形 A 型陶网坠，有纵向的穿孔。第 108 件是同类藏品中最大的一件，其长度曾经为 5.5 厘米，直径 2.7 厘米。

113. 新月形板岩刀或刮刀的一半，几乎直的一边曾经是切边，中部靠近切边处有 2 个孔。长（10）厘米，修复长 18 厘米，宽 4.8 厘米。图版 20:10。

114. 同上，残片，来自中部，靠近纵轴的地方有 2 个孔。宽 4.7 厘米。

115. 长方形红紫色板岩磨石残片，截面为正方形。

116. 长方形半透明紫水晶小盘。

117—126. 10 个灰色、红褐色及深蓝灰色陶纺轮。直径 2—7.5 厘米。

127—129. 3 个半块的灰陶纺轮。直径 3.1—5 厘米。

130—132. 3 件未上釉的大耳粗陶器，保留少部分器壁。不同类型的灰陶，部分掺和砂类材料。长 5—7.5 厘米，宽 2.5—3.5 厘米。

133—135. 3 个器耳，第一个是从一个质地粗糙、未上釉的粗陶器上断裂下来，另外 2 个原本属于陶质器皿。后者比其他的更呈现明显的半圆形，可能来自同一件器皿。第 133 件为红褐色，陶质均匀，掺和少量砂类材料；另外 2 个属于 A 型陶。

136—137. 2 块陶质器皿底部的残片，都有几个大圆孔，可能是炊器的气孔。第 136 件为浅褐色，陶质均匀；另外一件为 A 型陶。

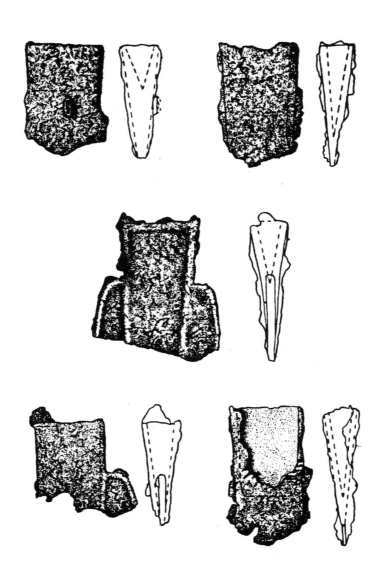

图 48

有插口的铁斧或带窄边锄头的刃。比例为 2/3。上：A. 8：Ⅰ；450（左）和 K. 13710: 85，中：K. 13712: 26，下：K. 13710: 86（左）和 K. 13743: 43。

138. 腹部鼓圆的壁厚小陶器残片。A 型陶。高曾经约 8 厘米。

139. 粗糙的、未上釉的粗陶容器的管状嘴残片。深灰色，陶质均匀，可能是因为陶衣的关系，所以表面平滑。器壁厚 6 毫米。

140. 同上，陶质器皿。浅褐色陶，表面为深灰色。

141. 相当粗糙、未上釉、相当大的腹部鼓圆的陶器口沿残片。肩部装饰有两条刻画平行线镶边，其间为一条带状波浪纹。蓝灰色陶，陶质均匀。硬度为 6.0Mohs。

142. 相当小的陶质器皿口沿残片，腹部相当鼓圆。颈部钻有 2 个孔，肩部有一个孔。颈部周围有一条随意刻画的波浪纹线条。口沿直径曾经约 10 厘米。A 型陶。参看以下第 144 件遗物。

143. 体量较小、粗糙且未上釉的陶器颈部残片，装饰有一圈简单的刻画曲折线纹。深灰色，陶质均匀，掺和砂质材料。硬度为 6.5Mohs。

144. 与第 142 件属于同一种类型的陶器。钻有 2 个孔。

145. 陶器腹部以下残片。外部有一些刻槽，从底边的中心向四周辐射。A 型陶。

146. 制作粗糙且未上釉的陶器口沿的大块残片，陶器曾很大且非常鼓圆。外表面装饰宽网状的压印菱形纹，与 2 道圆镶边交叉。蓝灰色，陶质均匀。硬度为 5.5Mohs。

147. 同上，没有弦纹，有浅褐色线条，陶质均匀。硬度为 5.5Mohs。

148. 制作粗糙且未上釉的陶质大容器颈部残片，装饰密集的网状菱形纹。灰色，陶质均匀，掺和有砂质材料。硬度为 7.0Mohs。

149. 非常大、制作粗糙且未上釉的宽口陶容器口沿的大块残片，边缘曾垂直外翻。其上装饰的压印密集网状菱形图案已模糊。2 个孔可能是过去修复时留下的痕迹。浅灰色，陶质均匀，外表面平滑。硬度为 5.5Mohs。

150. 制作粗糙且未上釉的陶质大容器口沿的大块残片，外形笨拙，腹部鼓圆。外表面有随意"梳"成的直线或波纹线、环形、椭圆形等。灰色，陶质均匀，掺和有砂质材料。硬度为 7.0Mohs。图版 19:10。

151—152. 相当大、制作粗糙且未上釉的陶容器的 2 块残片，"青鱼骨"图案。灰色，陶质均匀。硬度为 5.5Mohs。

153. 陶容器残片，压印波浪纹上下均有连续重复出现的刻痕。A 型陶。

154. 相当大、制作粗糙且未上釉的陶容器残片，有一个宽 2.5 厘米的刻画横折线或大菱形。过去修复时曾留下 2 个孔。蓝灰色，陶质均匀，掺和了砂质材料。硬度为 5.5Mohs。

155—156. 可能原属同一件陶器的 2 块残片，外表面装饰不规则小圆圈图案，用芦苇杆或类似物品末端压印而成。浅褐色，陶质均匀。第 155 件，图版 19:6。

157. 制作粗糙且未上釉的粗陶容器的小残片，在弦纹之间装饰有刻画图案。深灰色，陶质均匀，掺和砂质材料。硬度为 7.0Mohs。

158. 碎片，梳制装饰波纹边饰。浅灰色，陶质均匀。硬度为 5.5Mohs。

159. 相当大的陶质容器残片，只有少部分保存下来。装饰与第 150 相同的刻画图案，浅褐色，陶质均匀。硬度为 4.0Mohs。

160. 陶盘或矮碗口沿残片，外部的口沿下方装饰 3 条平行的弦纹划痕。A 型陶。

161. 制作粗糙、未上釉、装饰波浪纹且相当小的陶质容器残片。深灰色，陶质均匀。硬度为 5.5Mohs。

162. 相当小的陶质容器残片，外部波浪纹。中间的灰陶向表面逐渐变浅。硬度为 5.5Mohs。

163. 陶质容器的小块残片，贴有同样材料的凸起带状边饰。掺和砂质材料的类似砖的粗糙陶土。

164—165. 制作粗糙且未上釉的陶质容器的 2 块残片，装饰压印窄菱形纹。灰陶，陶质均匀，第 165 件掺少量砂质材料。硬度为 5.5Mohs。第 164 件，图版 19:7。

166. 较大的陶质容器的残片，交叉绳纹。蓝灰色陶，陶质均匀。

167. 粗糙且未上釉的陶质大容器残片，交叉绳纹。蓝灰色陶。硬度为 5.5Mohs。

168. 同上，陶质容器，交叉绳纹。蓝灰色陶。硬度为 3.0 Mohs。

169. 同上，陶质容器，表面的处理相同。A 型陶。

170. 陶质三足鼎的腿。截面几乎为椭圆形，中部较薄。A 型陶。长 11 厘米。

171. 底部穿孔的蒸煮器残片。A 型陶。图版 19:13。

172. 粗陶模子（？）残片。

173. 同上，为另一种类型，3 个大圆孔，其中一个垂直穿过另外两个。图版 20:12。

174. 粗陶装饰瓦的残片，可能是桌子的腿或其他类型的构造，表面装饰刻画交叉线，一边有简率的刻画人面纹。三面都有大圆孔。图版 20:7。

175. 灰石饰件残片，可能截面为圆形，残片中部环绕凸出的支架物。主体部分厚约 6 厘米。图版 20:11。

176. 板岩质地的一个正方形或长方形饰盘一角的残片，一边刻有程式化花环的镶边，另一边只加工了一部分。窄边有可能也是同样痕迹的花纹。尺寸约为（12）厘米×（7.5）厘米。图版 20:19。

达堤 K711

位于上述遗址东部和东南部大约 100 米远的一大片地方。最早采集的遗物中的一半来源于"要塞以东大约 150 米"的地点。此地的发掘工作显然是在贝格曼的指导下进行的，他本人也参与了一些发掘工作。防御性城址以东的第一个地点出土的遗物与此处及其他几处达堤遗址的出土物没有什么区别，后者构成了遗物的另一半。值得注意的是，发现的所有钱币都是五铢钱，且没有其他什么带有西夏或元代特征的器物。

K13711:

1—7. 7 枚五铢钱，其中第 1 和第 3 枚的方孔底边下有一条水平方向凸起的短棱。第 1 枚参见图版 33:7。

8. 铜钱，没有文字和饰边，大一些的正方形孔与五铢钱相似。直径 18 毫米。

9—10. 带有"铢"字铜钱的 2 块残片。

11—12. 同上，带有"五"字的 2 枚铜钱。

13. 铜钱边缘残片，可能是 1 枚五铢钱。

14—18. 5 枚汉代普通三棱形铜箭镞，均为直角，2 个样品上保留有铜铤的痕迹。第 16 件有一个深 8 毫米的长方形大铤孔。长（34）毫米、27.5 毫米、32 毫米、31 毫米和（28）毫米。边宽 10—12 毫米。

19—20. 木伞盖的小铜构件的 2 块残片，闭合的一端有弯钩。

21. 带有圆杆和扁平的装饰性弯曲物的 U 形大铜发卡。扁平装饰物的两边装饰一个张着大口的龙头。杆的两端断裂但保存下来。在发卡类器物中显得比较独特。长 19.2 厘米。图 49，图版 35:19。

22. 薄铜环，圈成一个心的形状。厚 1.5 毫米。

23. 扁平的铜环残片，可能来自马具鞍架（？）。直径 3.6 厘米，部分尺寸为 3 毫米×1.3 毫米。

24. 铜棒的 2 块残片，弯曲成一个半圆形。

25. 小铜环，由一个弯曲的棍构成。厚约 2 毫米。

26. 弩机装置的插销，截面为圆形，一端为立方体的头。在对面一端基部

图 49
青铜发卡，K13711:21
（图版 35:19）。比例为 1/2。

的最低处有一个横向的孔。长 5.5 厘米，直径 1.1 厘米，头部的尺寸为 1.3 厘米 × 1.3 厘米 × 1.2 厘米。图版 36:11。

27. 宽且薄的铜环残片，接近一端处有一个孔，从外面斜切。可能是构件。直径 29 毫米，宽 12 毫米，厚 1 毫米。

28. 各种铜片，为铸件废料。

29. 带插口的铲子铁刃残片，轮廓为长方形，截面为三角形。高可能约 4 厘米，横穿底部的宽 2.4 厘米。

30. 双锥形红玉髓或玛瑙珠，截面为正方形。长 14 毫米，宽 8 毫米。图版 30:27。

31. 浅蓝色球形玻璃小珠，不透明。

32. 绿色球形玻璃珠残片，不透明。

33. 较厚的环形红玉髓珠残片。

34—36. 1 个完整、2 个残缺的 B 型陶网坠。完整样品长 3.8 厘米，宽 1.4 厘米。

37. A 型线轴形陶网坠，严重侵蚀。长 1.5 厘米。

38. 未上釉的陶质大容器口沿残片，直壁，卷沿。部分交叉绳纹被水平带状纹掩没。浅褐色，陶质均匀。硬度为 5.5Mohs。

39. 同上，在原本绳纹的表面上又有"梳花"图案。中间陶土为褐色，向表面逐渐变为灰色。硬度为 5.5Mohs。

40. 一个质地粗糙、未上釉的陶质大容器的 2 块能相互匹配的残片。装饰波纹图案。中间陶土颜色为浅红褐色，向表面逐渐变为灰色。硬度为 5.5Mohs。

41. 非常小的轮和纺轮（?），用灰陶做成。

42. 砖红色陶纺轮的一半。

烽燧 35

5.5 米见方，高约 3 米。夯土建造。

达堤 K712

现在已无法确定此处是一片达堤遗址或几片连续的达堤遗址。曾进行过两次发掘，一次是在上述烽燧以东进行，另一次在两天后在同一个遗址的东南方向展开。遗物似乎属于两个不同时期，可能分别是汉代或至少是使用五铢钱的时期，以及哈喇浩特时期。达堤遗址东部发现的遗物（第 7、8—12、16—18、26—27 地点已确定）可能属于更早时期，而在达堤遗址其他方位采集来的 12 世纪的钱币，玻璃珠和各种铜片可能时代较晚。

K13712:

1—4. 4 枚五铢钱，其中第 3 枚的孔下有一个凸出的水平短棱。在达堤遗址的东南部发现。直径 25 毫米。

5. 五铢钱残片。

6. 铜钱残片，可能是圣宋通宝（1101）。

7. 4 枚锈蚀严重的铜钱残片，可能是五铢钱。

8—9. 2 枚普通的汉代三棱形铜箭镞，大致为直角。第 8 枚一面的中部有一个小小的三棱形凹槽，第 9 枚有些钝。铜锈少。长 33 毫米、（32）毫米，边宽 7 毫米和 9 毫米。

10—12. 同上，3 枚，锈蚀严重，略有损坏。

13. 同上，很大，直角且至少有一个三棱形凹槽。留有铁（?）镞痕迹。长 45 毫米，边宽 11 毫米。

14. 三翼铜箭镞，实心锥体，薄且直的翼形边。留有青铜（?）铤的痕迹。长（38）毫米，复原后长 47 毫米，包括翼的边宽 18 毫米。图版 33:5。

15. 剑柄上残缺的铜十字杆，垂直面为正方形，水平面为窄菱形。长 5 厘米。图版 36:5。

16. 木伞盖的一个铜构件上的小钩。

17. 短且宽的铜圆筒，可能是戈的柄套。开的一端附近有 2 个相对的小孔，用来将戈柄固定到长杆上。现内填有沙砾。很独特。长 5.9 厘米，直径 3.5—3.8 厘米，材料厚 3 毫米。图版 36:15。

18. 筒形小铜容器，带有一个高 11 毫米的边沿以接纳盖子。边沿附近和下侧有两只相对的小圆提耳。独特。高 8.1 厘米，直径 3.6 厘米，材料厚 3 毫米。图版 36:16。

19—20. 一件青铜浮雕的 2 块小残片，很薄。直径约 2 厘米，高度曾 1.5—1.7 厘米。

图 50
一口小青铜钟侧面的残片，装饰浮雕
图案。K13712:24。常见尺寸。

21. 小青铜支架，可能用于修复陶器。长 23 毫米。图版 38:18。

22. 表面带有小针眼的铜顶针残片。宽 8 毫米。

23. 铜耳坠，主要由带一个蓝色环形玻璃珠的截面呈椭圆形的线圈构成，玻璃珠和线圈较薄的一端用线连缀在一起，玻璃珠也被铜线包裹在恰当的位置。此端顶部有一小块青绿色玉，和同类藏品中其他几件的情形相似。长 5.7 厘米。图版 32:4（译者按：此处原文有误，图版 32:4 当为 K.13710:35）。

24. 略小的铜钟的 2 块残片，钟上装饰简单的交叉对角线和线之间的圆点浮雕图案，钟的样式可能曾经几乎为菱形且截面为长方形，宽边略呈拱形。材料厚 1.5 毫米。图 50。

25. 各种铜片：残片、薄片和片状铸件废料。

26. 带插口的铁锄头刃的大块残片，褪色且遭锈蚀。插口的截面和轮廓为长方形，侧面呈楔形，向破裂的切边处变得略狭窄。切边由于侧面凸出而变宽，在离插口基部 4.5 厘米处结束。沿着凸出物上窄边的中线留有铸造的脊的清晰痕迹。长（11.4）厘米，复原后的长 13 厘米，插口基部尺寸为 5.9 厘米×2.9 厘米，复原后的切边的宽 10.3 厘米。材料厚 5 毫米，凸出物厚 3.5 毫米，边宽 7 毫米。图 48，图版 36:24。

27. 带插口的铁斧，褪色且略锈蚀。截面和轮廓为长方形，虽然后者向部分损坏的切边略微变窄。孔深 5.7 厘米。长（8.1）厘米，复原后的长 8.3 厘米，插口基部尺寸为 5 厘米×3.2 厘米，切边的宽 4.5 厘米。材料厚 5 毫米。图版 36:23。

28. 贝壳，窄的一端附近穿有一个孔。长 18 毫米。

29. 小贝壳，背部已经被磨平。长 14 毫米。

30—31. 1 颗完整、1 颗残缺的红玉髓或玉髓珠。

32—36. 5 个完整或残缺的 B 型陶网坠。长 2.9—3.6 厘米，宽 1.1—1.8 厘米。

37—39. 3 个筒状 A 型陶网坠。长 3.2—5 厘米，直径 1.1—2.5 厘米。

达堤 K713

贝格曼从来没有到过此地，只有王先生去过，因此关于此地位置的结论都只是一个大概估测。达堤遗址附近是有一定高度的沙丘，这是额济哈喇布鲁克最东端的文化遗存（是连成一排的遗址中的最后一个）。

K13713:

1. 几乎为正方形的刀，深灰色石材，中部有 2 个双锥形孔。相当钝的切边略微有点凸出，且孔和切边之间的厚度最大。高 7.1 厘米，切边宽 7.3 厘米，背部宽 6 厘米，厚约 1.7 厘米。图版 20：15。

2. 扁平的长方形板岩片，中部有一个双锥形孔。一个窄边磨得很平滑。可能是新月形刀的残片。长 9.2 厘米。

3. 长方形板岩片，一端附近的孔从两侧都进行了加工但没有完成，可能是悬孔。尺寸为 5.7 厘米×2.9 厘米。

房址 36

位于葱都儿东南，是我们所绘地图上的第二条连续线上的第一处遗址。中等大小且用土墼砌成，现在毁坏严重。进行过发掘，但未采集到遗物。

烽燧 K714

夯土筑成，尺寸为 4 米×5 米，高 3—3.5 米。在这个烽燧附近，贝格曼看到了一块石磨和哈喇浩特类型的陶片，但采集到的两件器物实际上是梅特（Mate）

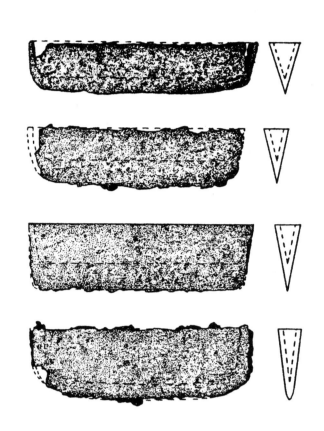

图 51
带插口铁铲刃（指的是目录中的长方形类型），比例为 1/3。从上到下依次为：，A.20；1，A.8：ⅡD；21，K.13714：1（图版 36：19）和 A.8：Ⅱ；219（图版 5：13）

在另一处地点采集到的。值得注意的是这个遗址和阿特松治一线的遗址位于同一条直线。

K13714：

1. 带插口的铁铲的刃部，几乎为长方形，截面为三角形，直切边。严重褪色。长 18 厘米，宽 5.5 厘米，基部宽 2.1 厘米，材料厚 4 毫米。图 51，图版 36：19。

2. 灰陶纺轮。直径 4.3 厘米。

烽燧（？）37

贝格曼可能从来都没有去过，但他仍然将其绘制在地图中烽燧一线上。在他的日记中使用了同样的词语，但在他所列出的遗物目录中称其为"房屋"，可能是笔误。

房址 K715

因毁坏严重，几乎看不见什么痕迹。几块石磨中的 3 块保存完整，在遗址附近可以看到。周围有一些达堤遗址，在这里采集到的遗物大大丰富了王先生在另外两处地点获得的采集物。

K13715:

1—3. 3 枚五铢钱。直径 25 毫米和 26 毫米。

4. 没有边饰的五铢钱残片。直径曾经约 21 毫米。

5. 铜钱，景德元宝（1004—1008）。直径 25 毫米。

6. 相当大的铜钱的残片。上端仍保留有一个"崇"字。

7. 铜环残片，用作臂环或项圈，用扁平的金属线反方向扭转而成。简单的装饰由宽的一端很深的小口子以及窄边上的刻画横线组成。宽 2—3.5 毫米。图版 35:17。

8. 大铜环残片，用作配件，铸造成垄沟形。内部直径 12.3 厘米；略呈拱形的水平边的宽 8 毫米，垂直边的宽 6 毫米。

9. 各种铜片、残片和铸件废料。

10. 可能为梨形的铜钟残片。尺寸为 28 毫米×32 毫米，厚约 3 毫米。

11. 筒形红玉髓或玛瑙珠。长 15 毫米。

12. 环形黄褐色玉髓珠残片。

13. 不纯的青绿色玉珠残片。

14. 灰绿色碗口沿残片，青瓷器。

15. 卷唇瓷杯口沿的一片，可能为高脚杯，装饰釉下蓝彩。外部的一部分表面装饰素描龙纹（与 K.13801:15，图版 27:3 属于同一种类型）。内部口沿附近装饰随意画的典型的漩涡形图案。口沿直径约 11.5 厘米。图版 28:5（内部）和图版 28:11（外部）。

16. 小瓷碗残片，装饰蓝色图案。外部，从下部的边线斜显出叶纹。厚 0.3—0.5 厘米。

17. 非常小的粗瓷壶的嘴部，磁州窑。浅黄色胎体上装饰白色条带纹，条带纹上施黄白色釉。

房址 K716

坐落于前述遗址附近。贝格曼对于来自这个房屋遗址的以下藏品的地点不太确定，这个房屋遗址由王先生发掘。如果我们认为第 5 件是五铢钱残片的话，遗物应属于不同时期。

K13716:

1. 铜钱，天禧通宝（1017—1022）。直径 24 毫米。

2. 开元钱币残片。

3. 铜钱残片，其上第一个字是"祥"。

4. 带宽边的铜钱残片，残留有一个"元"字。

5. 铜钱的小块残片，可能是五铢钱。

6. 表面有小针眼的铜顶针。直径 19 毫米，宽 8 毫米。图版 35:12。

7. 各种铜片、残片和片状铸件废料。

8. B 型陶网坠残片。长 3.9 厘米。

9. 黄褐色球形玻璃（？）珠的一半。

房址 38

主要是布鲁克和沙丘上不太重要的遗址。贝格曼在周围地面上看到了一些哈喇浩特类型的陶器碎片，但没有采集。

房址 39

坐落于沙砾层上，周围散落着一些未完成加工的石磨。

达堤 40 和达堤 41

坐落于前述房屋遗址南部和东南部。在达堤遗址 40 附近有一些石磨残块，达堤遗址 41 附近有 2 个石碾，因使用而留下了严重磨损的痕迹。

房址 K717

可能实际上由 2 个中等大小的房屋组成，用大块土墼砌成，毁坏严重。王先生采集了不同时期的遗物。

K13717：

1. 五铢钱，正方形孔的低矮的边缘以下有凸起的水平短线。直径 26 毫米。

2. 保存完好的铜钱，圣宋元宝（1101）。直径 24 毫米。

3. 短而平的铜手柄，可能是镜子（？）的柄。基部的两个大圆孔上有横向裂缝，没有固定的一端中部有一个小挂孔。边缘装饰凸起的、简单的绳纹。很独特。长 5.3 厘米，宽 1.5—2 厘米；厚 0.5—1 毫米。

4. 各种小铜片、残片和片状铸件废料。

5. 白色球形玻璃珠。直径 9 毫米。

6—13. 相当大的玉壶春瓷瓶的 8 块碎片。外部施透明绿釉，釉下彩绘植物和花卉纹。内部未施釉，素坯相当粗糙，瓷胎和青白瓷器一样细腻。嵌入式水平部分用泥条封住。在所有藏品中很独特。图版 27：1—2。

14. 影青瓷碗口沿的小块残片。

15. 影青瓷碗或碟的小块残片，内部在浅浮雕叶纹上施发白的釉，胎体为黄白色。

16. 红色瓷质器皿的一块残片，外部留有绿釉的痕迹，内部有褐色釉痕迹。

17. 1 块打火石。

达堤 K718

属于达堤地区，贝格曼倾向于将其解释为城址 K710 的周边区域。它的延伸部分并不清楚，但似乎覆盖面积超过 100000 平方米，主要在房屋遗址 K719 的南面和东面。以下遗物来自房屋遗址 K719 和达堤遗址 K720，可能属于这个达堤地区，按照贝格曼的观点，图 9：8 显示了目录中没有提到的人工制品。

K13718：

1. 1 枚"五百"型的短刀币（公元 7 年）的币刃。长（4.8）厘米，宽 1.5 厘米；厚 3 毫米。图版 33：13。

2. 五铢钱，正面正方形孔四角的短棱呈散射状。按照施罗泽（Schlösser）的观点，应属于公元 184—189 年。直径 25 毫米。图版 33：8。

3—4. 2 枚五铢钱。第 4 枚上的"铢"字似乎不太完整。直径 25 毫米。

5. 五铢钱残片。

6. 同上，没有外边饰，可能被切去或原本就铸造成这种样式。直径 25 毫米。

7. 铜钱，大泉五十。直径 24 毫米。

8. 铜钱，开元通宝。直径 23 毫米。

9—10. 铜钱的 2 小块残片，第 10 枚上有一个"天"字。

11. 锈蚀严重的铜钱，可能是大泉五十。

12. 同上，没有能分辨得清的铭文，可能是一枚汉代钱币。

13. 同上，有一个小孔，可能晚于汉代。

14. 五铢钱的 3 小块残片。

15. 一枚非常薄且很陈旧的钱币的 2 块残片，可能是汉代类型。

16—22. 7 枚残缺的钱币，其中 2 枚有一个 "铢" 字。

23—27. 4 只完整、1 只残缺的汉代普通三棱形铜箭镞。都有直角，有些标本显示出铁铤的痕迹。第 26 件的一边上有一个小三棱形凹槽。长 29—33 毫米，边宽 10 毫米。

28. 铜刀刃残片，背部略微弯曲，截面为三角形。宽 11—14 毫米，厚 3 毫米。

29. 带子的铜垫片，略显球形，外形为长方

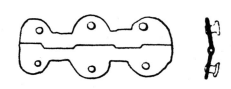

图 52
薄青铜片的合页，K13718:41（图版 38:12）。
比例为 1/2。

形，叶形边，有 2 个长方形的带孔和 2 个铆钉孔。很独特。尺寸为 2.6 厘米×2.6 厘米，厚约 2 毫米。图版 34:18。

30. 铜带钩，主要由装饰刻画方格线条的圆拱形中间部分和 11 个沿着正面边缘凹陷的小圆圈组成。垂饰为椭圆形。背部留有 2 个箍的痕迹。长 3.8 厘米，主体部分的直径 3 厘米。图版 34:13。

31. 铜带环或衬环。包括肾形环状部分，后端闭合的长方形。除了略微呈拱形的后部外均扁平。尺寸为 4.3 厘米×2.7 厘米，厚 1.5 毫米。图版 34:1。

32. 椭圆形带子末端的铜附件残片，上有长方形孔。代表了成对附件的上部，其中的 2 片用铆钉相连。宽 2.5 厘米。

33. 耳饰，主要是铜线弯成的方圆形部分。一端缠绕有更细的铜线，这一端可能有珠状物。图版 35:8。

34. 耳饰（?），主要是一个开口的铜环，铜环一端有一只小铜钮。环的直径 2.4 厘米。图版 35:7。

35. U 形铜发卡的大约一半。长（5.4）厘米，线的直径 2.5 毫米。

36. 铜三角形环。类型独特。尺寸为 19 毫米×15 毫米。

37. 铜顶针，有常见的小针眼。直径 1.8 厘米，宽 0.7 厘米，厚 1.3 毫米。

38—40. 3 个不同样式的小青铜环，第 38 件一面扁平，正面边缘从开口处倾斜。第 39 件截面为圆形，第 40 件主要是一根薄青铜条弯成的环。

41. 薄铜合页，主要是 2 个半片，每一片边缘的半圆形凸出物上有 3 个铁铆钉。图 52，图版 38:12。

42. 同上，残片。

43. 长方形小青铜片，每一端有一个孔。尺寸为 2.3 厘米×0.8 厘米。

44. 各种青铜片：残片、薄片和片状铸件废料。

45. 铁马镫残片，有脚踩的椭圆形铁片（参看蒙古式马镫）。框架的垂直部分截面为正方形，尺寸为 9 毫米×9 毫米。高约 14 厘米。

46. 火盆的铁脚架残片。长（13.2）厘米，宽（3—3.7）厘米，厚 0.4 厘米。图版 37:10。

47. 锈蚀严重的小铁片。

48. 黑灰色相连小玻璃双珠。长 7 毫米。图版 30:14。

49. 黄褐色球形玻璃珠的一半。

50. 同上，蓝绿色玻璃。

51. 深灰色锥形扁平玻璃珠的一半，内有熔化了的蓝绿色点。长 13 毫米。

52—55. 玻璃珠的 4 块残片，颜色分别为黄褐色、白色、蓝绿色和绿色。

56. 淡水小贝壳。宽 17 毫米。

57. 淡水大贝壳片。

58—59. 2 块打火石，一块可能是刮刀。

60. 粗瓷碗的一小片，影青瓷，留有浅浅的分散刻画线条组成的图案痕迹，这些痕迹可能是用一些带数个齿的工具留下的。

61. 一小片粗瓷，影青瓷。

62. 粗瓷碗残片，钧窑瓷，浅黄色胎体上施一层厚厚的浅蓝绿色釉。

63. 灰色胎体上施黑褐色釉的粗瓷碗口沿残片。口沿双折。

64. 粗瓷器小残片，磁州窑，浅黄色胎体上绘五彩植物图案，上施褐绿色釉。

65. 容器上使用的小模制陶镶饰，为带环的饕餮面具，背面凹进。红褐色。尺寸为 4—4.7 厘米。很独特。图版 21:9。

66—67. 2 块陶器残片，装饰压印交叉绳纹。第 66 件为 A 型陶，第 67 件为蓝灰色陶。

68. 表面粗糙的陶器残片，边上有繁密的压印菱形纹。浅蓝灰色，陶质均匀，夹砂陶。硬度为 6.0Mohs。

69. 带有与 K13710:152 的"青鱼骨"图案中相同的压印间隔斜线纹的陶器残片。浅灰色陶。图版 19:9。

70. 表面粗糙、未上釉的深灰色小陶壶残片。腹部显著隆起，卷沿；外表面平滑。高约 4.7 厘米。

71. 薄磨石的残片，用红色砂岩做成，一端有悬孔。

72. 蓝灰色陶器的圆形小残片。

73. 红褐色陶纺轮。直径 3 厘米。

74—75. 2 个灰陶小纺轮（？）。直径 1.7 厘米和 2.1 厘米。

76. 灰陶纺轮的一半。直径 3.4 厘米。

77. 四方形贝壳纺轮的一半。

78. 沙岩纺轮，边缘有直径向分布的 4 个凹槽，使整个纺轮呈十字样外形。直径 2.6 厘米。图版 23:8。

79—84. 6 个完整或部分残缺的 B 型陶网坠，带有纵向和横向凹槽。长 3.1—4 厘米，直径 1.2—1.5 厘米。

85—86. 2 个 A 型筒形陶网坠。长 5.5 厘米和 5.7 厘米，直径 2.4 厘米和 2.8 厘米。

房址 K719

是上述达堤区域内不太重要的遗址。这个房址的遗物是王先生在两个地点采集的，第二次可能主要是从较近的周围采集，遗物有五铢钱、铜箭镞、第 12 件为铜铃、第 23—24 为 2 件贝壳类器物以及筒形网坠。

K13719:

1—2. 2 枚五铢钱。直径 26 毫米。

3. 五铢钱残片，正面正方形孔的底边以下有浮雕水平细线纹。

4. 铜钱，至大通宝（1308—1312）。直径 23 毫米。

5. 铜钱，元祐通宝（1086—1094）。直径 24 毫米。

6. 铜钱，咸淳元宝（1265—1275）。字迹很模糊，背面的方孔之上有一个"二"字。直径 28 毫米。

7. 铜钱残片，熙宁类型（1068—1078）。

8. 铜钱残片，严重锈蚀，可能属于汉代。

9. 三棱形铜箭镞，为汉代普通类型，略微凸起的边棱的角上有切断的倒钩。基部的大块铁锈曾是铤。这个箭镞是哈喇浩特地区发现的最大的箭镞之一。长（不包括铤）41 毫米，边宽 10 毫米。

10. 铜线折成的耳坠，截面为圆形，一端缠绕更细的铜线。

11. 铜耳坠（？）残片，断裂的铜线末端有两个钮。参看 K13721:15，图版 35:5。

12. 球形小铜铃，一半高度处有裂缝，有一个用来悬挂的小半环。包含有一个不对称的小石块。直径约 15 毫米。图版 33:18。

13. 铜饰件的小残片，主要是一个带有圆端的矛尖形盘，圆端可能曾是 3 个叶形饰片的中心，另外 2 个已断裂的叶形饰片的痕迹还在。除了两边中段外，圆心凹陷，背部可能有铆钉。两面都隆起。长 2.7 厘米。图版 32:18。

14. 铜纺轮（？），一边扁平，另一边部分呈拱形且装饰浅槽。高 8 毫米，直径 25 毫米。

15. 一小块铜条，有切口，末端向内折进。

16—18. 3 根弯曲的铜线。

19—21. 3 根直铜线，可能是发卡的部件。第 19 件的一端为叉状，另一端为正方形。

22. 各种铜片，残片、片状铸件废料。

23. 带长方形孔的贝壳带饰。很独特。长 3 厘米，宽 1.5 厘米，厚 5—9 毫米。

24. 几乎为椭圆形的小厚盘，贝壳质地，有 2 个刺穿的孔，背部也有一对 V 形孔用来固定器物。钮扣（？），独特。尺寸为 19 毫米×14 毫米。

25—26. 2 个筒形白色玻璃珠。直径 10 毫米。

27. 双圆锥形、多边形深蓝色玻璃珠残片。

28—29. 2 颗绿色和白色环形小玻璃珠。

30. 玻璃珠的 4 块残片，一块褐色，2 块按钮形的为蓝色，第 4 块为带白点的浅蓝色扁圆锥体。

31—32. 瓷器的 2 块残片，属影青瓷，装饰的刻画图案几乎看不出来。

33. 瓷碗器壁部分非常小的残片，釉下装饰蓝彩图案。外侧中部为菊花花萼纹饰。内侧、圆角和底部之间为边饰（参看有类似装饰图案的 K13811:2，图版 27:8 的下部）。

34. 小且矮的灯形陶碗（参看图版 20:5）。灰陶。口沿直径 6.5 厘米，高 2.1 厘米。

35. 浅灰色陶纺轮的一半。直径 5 厘米。

36—37. A 型筒形陶网坠的 2 块残片。

38—41. 4 块打火石。

达堤 K720

可能是达堤遗址地区 K718（参看上述内容）最北端的一处遗址。

K13720:

1. 五铢钱残片。直径 26 毫米。

2. 不对称的小圆柱形珊瑚珠。

3. 脊部被磨平的玛瑙贝。长 23 毫米。

房址 K721

是沙堆边缘的一个小建筑物。靳先生收集了不同时期的遗物，根据大量其他时期的器物，我们可以推测，他可能在达堤遗址地区 K718 也进行了发掘。实际上，贝格曼对这个房屋遗址的地点不太确定。在他记录遗物的笔记中，他将遗物目录几处都作了变更，这不是他一贯的做法。

K13721：

1. 五铢钱。直径 26 毫米。

2. 同上，边沿不完整。直径 24 毫米。

3. 五铢钱，锈蚀严重且破碎成三片。

4. 五铢钱残片。

5. 铜钱，景德元宝（1004—1008）。直径 25 毫米。

6. 铜钱，治平元宝（1064—1068）。直径 25 毫米。

7. 铜钱残片，熙（宁）重宝（1068—1078）。直径 31 毫米。

8. 铜钱小残片，可能是汉代的遗物。

9. 汉代普通三棱形铜箭镞，直角，基部长，大块锈蚀表明它曾经是一个铁铤。长 34 毫米，边宽 11 毫米。

10. 同上，直棱留有铜（？）铤的痕迹。长 28 毫米，边宽 9 毫米。

11. 同上，残片，直棱，基部相当长，宽 2.8 毫米的铤孔，此孔在角处结束。长（24）毫米，边宽 8 毫米。

12. 青铜印章的基部，只有一个字。主体部分为立方体，向断裂的八边形铜钮变得越来越窄，铜钮中空且填满泥土。铜钮基部有一个小圆孔。很独特。主体部分的尺寸为 13 毫米×12 毫米。材料厚约 1 毫米。图版 32：23。

13. 铜带扣，边缘有小叶片，2 个大的长方形孔和 2 个较小的圆孔。尺寸为 2.6 厘米×2.9 厘米，厚 2 毫米。图版 34：16。

14. 铜器，可能是铜线做成的普通 S 形耳坠的简化样式（参看图版 35：4），主要是用铜片卷成一个 2 毫米粗的管线，然后弯成 S 形，"接缝"在 S 形底边。高 4.8 厘米。图版 35：3。

15. 小铜耳坠，一端有 2 个水滴状凸出物，另一端非常尖细（方便扎进耳垂）。（参看 K13719：11，主要是水滴状部分）。高 3 厘米。图版 35：5。

16. 窄铜饰（？），一端尖细，中部和另一端呈环形，现已破裂。独特。长 4.4 厘米。图版 35：15。

17. 铜戒指的小残片，一边渐宽且呈椭圆形。

18. 略弯的铜条残片，朝一端逐渐变窄且截面渐呈圆形，这一端为凿子形。长 6.2 厘米。

19. 三角形小铅盘，边缘附近有 4 个用来固定的小孔。一边装饰成粒状的浮雕横线。有绿铜锈。很独特。尺寸为 3 厘米×3 厘米。厚 1.5 毫米。图版 32：14。

20. 各种铜片，薄片和片状铸件废料。

21. 铁钥匙，为又长又窄的扁平条，其一端锤打成一个带悬孔的盘状物，另一端被打平，向钥匙杆的方向弯成一个钝角，带有一个长方形孔。长 18.3 厘米，中部尺寸为 6 毫米×3 毫米。图版 38：23。

22. 锥形铁质工具，主要是一个长 10.6 厘米、截面为正方形的尖铁杆，逐渐变宽成为一个长 7 厘米的手柄。手柄基部截面为正方形，逐渐变细从而成为一个带有长方形悬孔的扁平椭圆形末端。很独特。长 17.6 厘米。图版 37：1。

23. 铁环，碎成了 3 段。直径 4 厘米，宽 1.5 厘米，厚 0.6 厘米。

24. 矛尖形铁片，褪色较严重，厚度均匀。可能是铤的上部。

25. 铁质碎片，褪色严重，长方形且现在截面为十字形。长 5.2 厘米。

26. 贝壳，背部磨平的钱贝。长 18 毫米。

27. 相当大的黄褐色球形玻璃珠。直径 16 毫米，高 9 毫米。

28—29. 2 个黄褐色环形厚玻璃珠残片。直径 14 毫米，厚 6 毫米。

30. 黄褐色筒形玻璃珠的一半。直径 11 毫米。

31. 筒形红玉髓（？）珠。长 15 毫米，直径 7 毫米。

32. 蓝黑色筒形玻璃珠的一半，有熔炼时留下的条带纹。直径 10 毫米。图版 30:31。

33. 蓝绿色螺旋形短玻璃珠。长 9 毫米。

34. 扁平的、裂成 5 小片的蔷薇结形蓝绿色玻璃珠。直径 12 毫米。

35—41. 7 颗蓝绿色环形玻璃珠，所有的几乎都一样大。直径约 13 毫米。

42. 玻璃珠的几小块残片，有白色、黄色和蓝绿色。

43. B 型陶网坠，有纵向和横向刻槽。长 2.7 厘米。

44. 同上，残片。

45—46. 2 个残损的 A 型筒形陶网坠。长 2.7 厘米。

47—48. 2 个灰陶纺轮。

房址 K722

用大块土墼砌成，面积相当大，尺寸为 27 米 × 15 米。按照贝格曼的笔记，这么大的面积可能包括一个院子。遗物是在达堤遗址 K718 地区以南和附近采集的。此处采集的所有遗物中，有 2 个特殊标本，如果不考虑泥塑的话，第 5 件是额济纳河流域采集的遗物中唯一的一件人形雕塑，第 6 件是 1 枚可能属于汉代的驱邪符的残片，在采集的所有遗物中也没有见到另一个完全相同的。

K13722:

1. 五铢钱，其上的字迹相当模糊。直径 26 毫米。

2. 五铢钱残片。

3. 2 枚开元钱，一枚残缺，和另一枚被厚厚的铜锈粘在一起。直径 25 毫米。

4. 汉代普通三棱形铜箭镞，末端相当钝，棱为直棱和圆直棱，留有铜铤的痕迹。长 28 毫米，边宽 10 毫米。

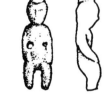

5. 小青铜俑，每个胳膊和身体之间有一个小圆孔。头顶有一个凸出物，可能是帽子或头饰。头较大，鼻梁轮廓清晰，身体的其余部分都被厚厚的铜锈覆盖。胳膊末端没有手，放置在性器官附近，无法确定性器官。腹部鼓圆。独特。长 2.6 厘米，宽最大值 0.85 厘米。图 53，图版 32:2。

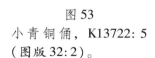

图 53

小青铜俑，K13722: 5（图版 32:2）。

6. 驱邪符残片，部分被穿透。几乎为椭圆形的顶部主要装饰一条龙，弯曲成一个横向 8 字形环。较窄的中部主要是正方形框架及内部的翼马（？）。已破裂的下部两边有排列紧密的穗带，可能是用来容纳内嵌物。宽度最大值为 5.2 厘米，长（8.3）厘米，从顶部至下部厚 3—5 毫米。图版 31:1。

7. 铜耳坠，主要是弯曲成 S 形的铜线，一端缠绕相当粗糙但更纤细的铜线。长 4.6 厘米。

8—9. 2 枚铜发卡，一枚弯曲，一枚直。

10. 各种铜片，其中有一块属铸件废料的铜合页残片。

11. 球形贝珠，有很小的孔。直径约 11 毫米。

12. 圆锥形小贝珠。

13. 绿松石珠残片，可能为筒形。

14. 陶纺轮的一半，有点像梨形，有纵向深刻槽。直径 2.7 厘米。

15. 长方形磨石板残片，一端有一个带磨损痕迹的孔。宽 2.2 厘米，厚 1 厘米。

房址 42

主要是一处雅丹地形上的不太重要的遗址，风蚀土脊周围散布有手推石磨。

房址 K723

贝格曼从来没有到过这里，只有王先生来过。遗址的位置也是大致估计出来的。它接近一处位于众多沙堆之间的达堤遗址，这个事实可以解释藏品所代表的不同时期。贝格曼日记中的以下记录就指的是这处遗迹："我早晨和王先生一起出去，以便确定他在东南部发现的房屋遗址的位置，当然这样做对其他遗址的发现没有任何帮助……回来的路上，我们穿越高高的沙丘，在沙丘之间发现了房屋遗址和达堤遗址，沙丘高达 10 米，因而可能属于相当晚的时期。要穿越沙丘处的沙土相当困难，由于我和王先生失去联系，我不曾发现所有的房屋遗址。绘制完地图后，我再次回到住处，发现我的工作收获还是相当令人满意的。"

K13723:

1. 五铢钱。直径 24 毫米。

2. 铜钱，元祐通宝（1086—1094），锈蚀严重。直径 24 毫米。

3. 同上，宽边，有些残缺。直径 25 毫米。

4. 铜钱残片，熙宁元宝（1068—1078）。直径 25 毫米。

5. 铜钱残片，可能属于皇宋类型（1038—1040）。

6. 八边形小铜筒，内部有浇铸用的陶芯。长 3.1 厘米，基部直径 1.1 厘米，口沿直径 1 厘米，材料厚 1 毫米。

7. 长方形小铜片，每一端有一个孔，弯曲成一体。

8. 粗糙的铜环（？）的一部分，遗弃铸件。

9. 各种铜片，主要是铸件废料。

10. 严重褪色的筒形铁片。长约 6.3 厘米，直径约 2.1 厘米。

11. 扁平的小铜环，锈蚀且褪色。直径 1.9 厘米，厚约 2 毫米。

12. 压平的圆锥形青绿色玻璃珠，孔内有铜线穿过。图版 30:35。

13. 红玉髓小球。

14. 磨光的一块玉髓或玛瑙。

15—19. 5 块原属一只或几只磁州窑粗瓷碗的残片，装饰简单的釉里红图案和釉上铅硅酸盐纹饰。装饰白色条带的浅黄色陶胎上施透明釉。图版 23:3。

20. 扁平的小陶碗，可能用作灯（和图版 20:5 中所示的属于同一种类型）。口沿直径 7 厘米，基部直径 4 厘米，高 2.5 厘米。

21. 厚陶纺轮，为浅红色夹沙陶。直径 5.5 厘米，厚 3.4 厘米。

22—30. 9 个灰陶纺轮。直径 2.5—4.2 厘米。

31. 深灰色陶纺轮的一半。

32. 厚壁瓷容器的圆形残片，两面都施褐绿色釉。厚 1.5 厘米。

33. A 型筒形陶网坠残片。长 5 厘米。

34. 装饰红色宽带的白色墙皮。

房址 K724

是紧邻的两间房屋，都用大块土墼砌成，第三幢建筑用小块土墼砌成，可能是一座佛塔。

K13724:

1. 铜钱，咸平元宝（998—1000），保存完好。直径 24 毫米。

2. 铜钱残片，祥（符）通宝（1008—1017）。直径 26 毫米。

3. 铜钱残片，第三个字为"元"。

4—7. 铜钱的 4 小块残片，其中 3 块有窄高边，第 4 块为宽边。

8. 铜耳坠，主要是除了压平的、小一些的一端外，是截面为圆形的弯曲成 S 形的铜线。长 5 厘米。

9. 由铜铸件重熔而成的一些铜片。

10—11. 相当大的铁环的 2 段残片，环外侧有凸出物，为轮形环？内部直径可能约为 12 厘米，高约 1.8 厘米。

12. 截面为正方形的短铁条，可能是供交易用的生铁。长 6 厘米，部分尺寸为 8 毫米×8 毫米。

13. 锈蚀严重的铁环，或皮带扣。

14. 小木楔。尺寸为 8.2 厘米×1.8 厘米×1 厘米。

15. 黄色筒形玻璃珠，有纵向刻槽。长 12 毫米。

16. 筒状六角形黄玻璃珠。长 16 毫米。

17. 螺旋形蓝玻璃珠的小块残片。

18. 可能是一颗环形蓝釉瓷珠的 3 块残片。

19—20. 2 块打火石，经过粗略加工。

21. 粗瓷碗的 4 块残片，属巨鹿仿定窑土定类型，相互匹配。浅黄色陶胎上施黄灰色釉。口沿直径曾为 17.5 厘米，基部直径为 7.2 厘米，高 3.7 厘米。图 62:2，图版 24:1。

22. 粗瓷碗口沿的 4 块残片，钧窑瓷，现在粘连在一起。灰白色陶胎和内部施一层厚蓝绿色釉。

23—25. 和第 22 件相同或相似的 3 块小残片。第 25 件有一个深紫色斑点。

26. 粗瓷碗或杯口沿的 2 块残片，青瓷，上施橄榄绿釉。残孔显示了钳子的修复痕迹。

27. 粗瓷碟残片，为青瓷，器身呈青白色。

28. 粗瓷碗口沿残片，为"梳花"陶器（类似大理石的效果）。口沿施绿色薄透明釉，口沿部分用浅黄色陶土单独制作，碗壁装饰不规则的深褐色曲线。口沿以下的 3 个圆孔表明曾经修复过。保存下来的口沿部分的长度为 4 厘米。图版 23:11。

29. 粗瓷杯口沿的小块残片，磁州窑，黄色透明釉下施白色条纹和红色线纹，釉上施浅绿色铅硅酸盐斑点。

30. 粗瓷器的小块残片。北方青瓷器，外部装饰浅浮雕叶纹。图版 25:6。

31—33. 不同粗瓷器口沿的 3 块残片。定窑瓷。施很薄的黄色、白色釉。

34—37. 粗瓷碗的 4 块残片，两面施黑褐色和褐绿色釉。相当薄的灰色胎体。

38. 相当粗糙的粗瓷器口沿残片，两面施黑褐色釉。

39. 绿釉瓦残片。

40. 相当大的陶器底部残片，外部装饰压印短竖线纹。深灰陶。

41. 灰陶的圆形碎片，装饰压印横线纹。

42—43. 一个完整、一个半块的纺轮，均为深灰色陶。

房址 K725

用大块土墼砌成，位于西侧一条朝北偏西 6°方向延伸的沟渠附近的旷野上。

K13725：

1. 4 块青铜片和一堆铸铜。

2. 基部弯曲的浅灰色陶纺轮的一半。直径 4.8 厘米。

房址 43

主要是 3 座紧邻的房屋遗址，用大块土墼砌成。

房址 K726

是一处用大块土墼砌成的几乎无法辨认的延伸的房屋遗址。

K13726：

1. 几小块铜片。

2. 浅黄色球形玻璃珠。直径 14 毫米，厚 8 毫米。图版 30：6。

3. 和第 2 件相似的珠子残片。

4. 双锥状、六角形深红色小玉髓珠。

5. 压平的锥形蓝玻璃珠，孔内穿有一根铜线，可能是耳坠的一部分。图版 30：34。

6. 纽扣形玻璃片的一块不对称小片，可能是戒指上的饰件。

7—10. 属于至少 2 只粗瓷碗的 4 块残片，为钧窑瓷，施深蓝色和浅绿色釉。

11. 粗瓷碗口沿残片，磁州窑，黄色透明釉下彩绘白色条带纹。外部有水平凹槽。图版 22：10。

房址 K727

位于沙丘地带的房屋遗址 K723 和 K726 之间，是王先生发现并发掘的遗址之一，贝格曼从未到过这里。实际上贝格曼路过离此地很近的地方。

K13727：

1—15. A 型筒形陶网坠的 15 块残片。长 4.1—4.7 厘米，直径 2.2—2.5 厘米。

房址 K728

主要是不太重要的小房屋遗址。

K13728：

1. 铜钱，天圣元宝（1023—1032）。直径 25 毫米。

2. 截面为圆形的木楔，一边直，另一边弯曲。直边中段有一个正方形凸出物，一端附近有一个圆孔。很独特。长 28.3 厘米。图版 40：8。

3. 粗瓷碗的将近一半，属青瓷，施淡橄榄绿釉，主要是可相互匹配的 3 块残片。胎体呈灰白色。4 个钻孔显示曾经过修复处理。口沿直径曾为 16 厘米，基部直径为 5.8 厘米，高 7.1 厘米。图 63：2。

4. 与第 3 件相似的粗瓷碗口沿残片。也经过同样的修复处理。

5. 粗瓷碗口沿的小块残片，属青瓷，施橄榄绿釉。釉上施浅浮雕莲花纹。

6. 粗瓷杯底部残片，属影青瓷，施青白釉。口沿直径曾约 5.4 厘米，高 1.5 厘米。图 61：3，图版 25：17。

7. 制作精细的粗瓷杯口沿的小块残片，属影青瓷，施浅绿色釉。

8. 小粗瓷酒杯残片，属影青瓷，施青白釉。口沿直径曾约 5.4 厘米，高 1.5 厘米。图 61：3，图版 25：17。

9. 口沿略外翻的瓷碗口沿残片，装饰釉下蓝彩图案。口沿外部线条下装饰大朵莲花的花尖图案。口沿内部附近的线条下装饰模糊的植物图案。

10. 粗瓷碗口沿残片，施黄白色釉，内外均装饰浅灰色图案。

11. 粗瓷碗的小块残片，属钧窑瓷，施浅蓝灰色釉。

12. 粗瓷碗口沿的小块残片，浅红色胎体上施相当薄的灰黄色釉。

13. 粗糙、未施釉的陶质容器残片，留有压印横线和环形划痕。表面为蓝灰色，陶质均匀。硬度为 5.5Mohs。

14. 粗糙、未施釉的陶质容器基部残片，素陶，但表面被剔刻出若干纵向小平面。深灰色，陶质均匀。硬度为 7.0Mohs。

15. 砖红色陶纺轮。直径 4.3 厘米。

16. 不对称的砂岩石纺轮或网坠。直径 5.2 厘米，厚 3 厘米。

房址 K729

K13729：

1. 薄铜戒指残片，前部加宽。

2. 各种铜块、铜片和片状铸件废料。

3. 细长的铁马镫残片，一半保存完好。镫框上部由被锤打成扁平的青铜条圈成一个长方形悬孔。侧面截面为正方形，下部被锤打得几乎扁平。脚踏板大部分已损毁，无法对其外形进行描述。高（12.5）厘米，侧面的部分尺寸 5 毫米×5 毫米。图版 36：13。

4. 小铁管，侧面为 1 厘米。

5. 3 块小铁片，其中一片可能曾经是铁箭镞，另一个是这类器物的铤。

6. 五叶玫瑰花形蓝绿色玻璃珠残片。直径 12 毫米。

7. 平凸的蓝绿色小玻璃片，可能原属于戒指。

8. 宽大粗瓷容器的 8 块残片，磁州窑，内部部分施褐色釉，外部釉下绘黑彩和白色条纹。胎体厚，为浅黄色。5 块残片可以相互匹配。图版 22：14。

9. 粗瓷碗残片，磁州窑，外部圈足以上为白底透明釉。内部还有釉下红彩和釉上铅色硅酸盐绿色斑点纹。图版 23：4。

10. 不对称的灰陶纺轮，装饰交叉绳纹。

11. 绿色磨石板的残片，一端附近有一个用于悬挂的孔。

房址 K730

主要是两处较大的房屋遗址，较小的一处在 100 米以外，都用大块土墼砌成。一条沟渠在房屋西侧延伸且离遗址很近。参看图 44 中的平面图。

K13730：

1. 铜钱残片，可能是开元通宝。

2. 大一些的铜钱残片，可能是（崇）宁（重宝）（1102—1107）。

3. 铜钱残片，皇？通（宝）。

4—5. 2 件用于瓷器修复的小铜夹钳。带弯钩的一端为楔形。长 26 毫米，宽 3 毫米，厚 1 毫米。

6. 3 块小铜片，一块上有铆钉。

7. 浅灰色陶纺轮的一半。

房址 44

主要是 5 座或 6 座紧邻的房屋，都用大块土墼砌成，位于一个高 2 米的雅丹土墩上。

房屋 K731

风化严重，坐落于一个高 2 米的雅丹土墩上，只有一个炕存留下来。

K13731：

1. 各种铜片，主要是铸件废料。

2. 小块炉渣，还有与图版 20：1 相近的坩埚碎片。

3. 平头短铁钉。长 3. 6 厘米。

4. 环形蓝绿色小玻璃珠。直径 6 毫米。图版 30：9。

5. 筒形黄色玻璃珠的一半。

6. 黄白色玻璃珠的一半。直径 7 毫米。

7. 粗瓷碗口沿残片，钧窑瓷，除了褐色口沿外，蓝绿色釉彩中含有大量裂纹。胎体为浅灰色。

8. 相当大的粗瓷器口沿残片，磁州窑，施浅黄色透明釉，釉下彩绘深褐色装饰图案，浅黄色胎体很薄。图版 22：12。

9. 砖红色陶壶残片，外部有绿色釉的痕迹。

10—11. 2 个浅灰色陶纺轮。

12. 椭圆形小白盘残片，质地为石灰石，制作精致。边缘的一处是一个已破裂的、截面为椭圆形的凸出物，可能曾经是一个支脚。厚 3. 3 毫米，破裂的凸出物厚 5. 5 毫米。

13. 褐色打火石残片，未经加工。

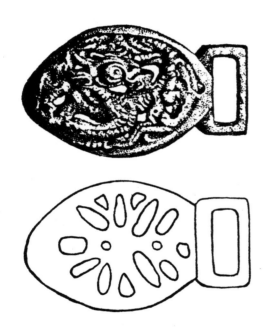

图 54

青铜带扣 K13732：3。2 个铆钉将上部的圆形片（上图）和下部的扁平片固定在一起（下图）。原大。

房址 K732

K13732：

1. 五铢钱的一半。

2. 铜钱的小块残片，可能是五铢钱。

3. 青铜带扣，主要是装饰镂空图案的椭圆形扣舌和长方形带环。椭圆形扣舌上覆盖浮雕和镂空龙纹图案，两层被 2 个铆钉固定在一起，每一端都相当随意地搭在一起。整个器物沿纵向有点弯曲。铜锈为红褐色。在所有的收藏品中没有与之完全相同的器物。尺寸为 6 厘米 ×3.6 厘米。图 54。

4. 双层带饰青铜底片，呈正方形，一边附近有长方形开口，每个角都有铆钉孔，斜边。尺寸为 2.8 厘米 ×3 厘米。厚 1 毫米。

5. 尖铜杆，是一件较大器物的残片。

6. 几块铜片，为铸件废料。

7—9. 3 块圆尖底小坩埚残片，和图版 20:1 所示相同。第 7 件曾高 4 厘米，直径 3.7 厘米。厚 2 至 5 毫米不等。

房址 K733

是许多房屋遗址的一处，经王先生发掘，贝格曼在沙丘地带制图行程中没有见到。因此它的位置不确切。

K13733:

1. 锈迹斑斑的开元通宝。直径 24 毫米。

2. 有锈蚀痕迹的铜钱，正方形孔向上变宽，？宁元宝。直径 25 毫米。

3. 铜钱残片，可能是（大）观通宝（1107—1111）。直径 25 毫米。

4. 铜片，边缘有几个用钉子刺穿的孔。

5. 各种铜片、铜板和片状铸件废料。

6. 一个宽且厚的铁环的 2 段残片，环上有大约长 2 厘米的圆形凸出物，可能是木杆的配件。直径曾经为 3.2 厘米，厚约 0.6 厘米，宽 1.6 厘米。

7. 大贝壳做的带子的配件残片。曾经为长方形，圆角。一端低一些且有刺穿的小圆孔，较高的另一端有一个长方形开口。表面平滑。长（3）厘米。

8. 浅灰色陶纺轮，褪色严重。

达堤 K734

位于旷野上沙丘间的房屋遗址 K733 和 K735 之间，确切位置及其延伸情况尚不清楚。

K13734:

1. 几乎为三角形的饰件，由铜片压成，边沿弯曲且装饰图案可能代表了从里层压印成的饕餮面具。每一个里角留有固定箍的痕迹。刀鞘底部的紧固件（？）（参看除装饰之外与这件遗物相似的 K13799:191）。

2. 各种铜片、铜板和片状铸件废料。

3. 筒形蓝色小玻璃珠，将线盘旋而上制成。长 13 毫米。

4—5. 蓝色玻璃珠的 2 小块残片。

6. 粗瓷碟的相当一部分，"梳毛"装饰（大理石的效果）。口沿明显上翻，宽平底，低圈足。透明、浅褐色釉下装饰由浅黄色胎上彩绘的纤细、弯曲的深褐色细线组成的图案。口沿直径曾为 17.7 厘米，圈足直径为 12.9 厘米，高 3.4 厘米。图 62:5，图版 23:15。

7—8. 可能是一只粗瓷碟口沿的 2 小块残片，影青瓷。口沿弯曲且有小裂片。

房址 K735

位于沙丘之间的一个雅丹地形上。

K13735:

1. 铜钱残片，（货）泉（14—40）。

2. 铜钱残片，可能是五铢钱。

3. 细铜线，弯曲成一个环，可能是耳坠。截面呈扁圆形。

4. 几块铜片，主要是片状铸件废料。

房址 K736

K13736:

1. 铜钱，熙宁重宝（1068—1078），宽沿，背面扁平。直径 29 毫米。

2. 很大的铜钱残片，有一个"宝"字。

3. 小铜扣，外框为椭圆形，由于使用而变斜。长方形窄片用于固定皮带，皮带的圆形、未固定的一端附近有一个（铆钉?）孔，背部的孔附近有 2 只铆钉。扣舌已遗失。在收藏品中没有和它完全一样的器物。尺寸为 2.8 厘米 × 2.2 厘米。图版 33:26。

4. 压印的铜板残片，可能是饰件，曾经为长方形，在阴阳轮的中心。因损伤形成了 2 个小孔。很独特。尺寸为 2 厘米 × 1.8 厘米。图版 32:17。

5. 铜耳坠，除平且尖的一端外，由弯曲成 S 形的铜线做成，铜线截面呈圆形。长 4 厘米。

6—7. 2 块铜条，向上弯曲。宽约 7 毫米，厚 0.5 毫米。

8. 小铜圆盘，中部有一个不对称的孔，一面有 4 个低的隆起部分框住这个孔。很独特。直径 1.8 厘米，厚 4 毫米。图版 32:16。

9. 小铜纺轮，截面为椭圆形。直径 2.2 厘米，厚 1 厘米。

10. 纺轮或铅质饰物，一边扁平，另一边为凸出的压印八瓣蔷薇图案。直径 2.2 厘米，厚 9 毫米。图版 31:8。

11. 小铁片，有一个相当大的圆孔。厚 3 毫米至 7 毫米不等。

12. 铁环。直径 5 厘米。

13. 长方形铁片，可能是铁箭镞（?）残片。尺寸为 5.3 厘米 × 1 厘米 × 1.6 厘米。

14. 蓝绿色正方形小玻璃片，可能用于戒指。尺寸为 9 毫米 × 10 毫米。图版 30:43。

15. 粗瓷碗的几乎一半，钧窑瓷，由几小片拼合在一起。通体施浅绿色釉，包括口沿（绝大部分或多或少带点褐色）。直径曾为 20.7 厘米，高 9.5 厘米。图 64:6。

16—17. 钧窑瓷碗的 2 小块残片，分别施蓝绿色和灰绿色釉。

18. 小瓷杯口沿的 2 块残片，互相匹配，为制作精美的定窑瓷，施透明釉。

19. 与第 18 件器物相同的小块残片，但制作不甚精美，定窑瓷。

20. 浅灰色小陶杯，足部高且窄。口沿直径 6.6 厘米，基部直径 3.6 厘米，高 4 厘米。图版 20:3。

21—23. 2 个保存完整和 1 个仅剩一半的陶纺轮。

24. A 型筒形陶网坠残片。长 6 厘米。

25. 黄褐色小打火石片。

房址 45

主要是一个相当大的房屋遗址，有 3 间屋，都用大块土墼砌成，另一间小一些的房屋大约坐落在距北偏西 30° 方向 250 米的地方。

房址 K737

主要是两三处用大块土墼砌成的房屋遗址。

K13737:

1. 普通汉代三棱形铜箭镞，直角。一面装饰压印小三角纹，一小块铜锈显示其曾经为铤。长 29 毫米，边宽 9 毫米。

2. 圆形铜饰件，背部有 2 个大铆钉。正面边缘呈拱形且有装饰图案，边缘主要是 15 个凹陷的小圆圈且带有白色物体的痕迹（用于固定例如玻璃片的胶合剂残留物?），有的地方被刻痕代替。中部为两个层次，且装饰简单的切口，中间的顶部罩着沿对角线方向排开的 3 小块。直径 2.8 厘米，材料厚 2 毫米。图版 34∶11。

房址 46

主要是两处遗址，其中一处遗址只剩下用大块土墼砌成的一堵墙。

房址 47 和 48

用大块土墼砌成，遗址 47 为一处小建筑物。

房址 P4

不太重要，由贝格曼在其中一条线路上亲自进行了发掘。

P. 197：

1. 木器，以对称方式进行雕刻。相当平滑，边缘略呈拱形，一边稍凸出，对边因中部有一深槽而有些角度，从中部的槽向几乎尖削的一端呈凹状倾斜（参看《亚洲腹地》图版 XⅥ，N. XLV. 1. 05. ）。尺寸为 11. 4 厘米×2. 7 厘米×1. 5 厘米。图 19∶18。

2. 西夏文印刷品残片。页面高度曾经为 20 厘米。坐佛和供养人的边缘横穿文字内容。

房址 P5

主要是至少有 2 间房屋的遗址，都用大块土墼砌成，由贝格曼亲自发掘。

P297：

1. 紫红色陶纺轮，硬陶。制作精细。直径 3. 5 厘米，厚 1. 3 厘米。

2. 同上，有些褪色，灰陶。直径 2. 9 厘米，厚 0. 7 厘米。

3. 铜钱，熙宁元宝（1068—1078），宽边（正面边宽 3 毫米，背面边宽 5 毫米）。直径 3. 05 厘米。

房址 K738

坐落在一处 1 米高的雅丹地形上。

K13738：

1. 弯曲的铜条，可能只是个造型简单的戒指，周围有 2 道浅平行刻槽。宽 4. 5 毫米，厚 0. 3 毫米。

2. 压印铜片残片，装饰简单的几何纹样。保留下来的残片主要是一大块铜片的三角形的角。收藏品中没有和它完全相同的器物，但在制作技术上与图版 32∶17 相仿。

3. 4 小块铜片。

4. 已风化的白色玻璃质石球形珠，和墓葬中发现的 K13768∶11—19 相同。直径 11 毫米。

5. 白色不透明球形小玻璃珠。

6. 蓝色环形小玻璃珠。直径 5 毫米。

图 55

筒形铁挂锁的三个侧面图。K13739∶1，图版 38∶19。比例为 1/2。

7. 浅灰色陶纺轮，中心孔的周围有 9 个凹坑。很独特。直径 3 厘米。图版 23：9。

8—9. 2 个陶纺轮。

房址 49

主要为 4 或 5 处相邻的遗址，几乎被彻底毁坏，是额济哈喇布鲁克地区最东端的遗址，位于向盐湖方向延伸的干涸了的小溪附近。

房址 50

是地图上连续的第三行的起点，位于葱都岭察汗（Tsondolin-tsaghan）以东及第 36 处房屋遗址以南。一条小溪向东流了大约 100 米。其面积为 13 米 × 17 米，高 1 米。墙用土墼砌筑，中等大小。长的一边的方向为北偏西 52°，在西侧的短的一边可看到门或入口。

房址 K739

主要是一个相当矮的沙砾圆丘，覆盖了很小的房屋遗址。

K13739：

1. 筒形铁挂锁残片，两端有几乎为正方形的开口，互相匹配。一端有一个小圆孔，另一端有一个深窄槽。长 4.5 厘米，中心直径 4 厘米，末端直径 3 厘米。图 55，图版 38：19。

2. 2 小块铜熔块。

3. 球形红玉髓或玛瑙珠。

4—10. 7 个陶纺轮。

11. 灰陶纺轮，中部从两面同时钻的孔未完成穿凿。

12. 浅灰色圆形陶片，装饰压印粗绳纹。

13. 红色磨石片的残片。

14. 橄榄绿瓷器的一块残片，北方青瓷，外部装饰很浅的浮雕花纹，施釉至圈足。

15. 制作考究的瓷碗的能相互匹配的 4 片，钧窑瓷。表面施很厚的浅绿色釉，内有紫色斑点。基部直径 6.8 厘米，口沿直径 20 厘米，高 8.6 厘米。图 64：2。

16—64. 钧窑瓷碗的 49 块瓷片，可能来自 12 或 13 件单独的器物。其中几块瓷片原属瓷器口沿。釉色分别为红色和绿色，有些器物上施很厚的釉。器身为深灰色、浅灰色或浅黄色，接近基部釉色逐渐变成红色。

房址 K740

是不太重要的一间小房屋，用大块土墼砌成。似乎贝格曼亲自对这处遗址进行过发掘。

K13740：

1. 玫瑰花结形、五叶状蓝色玻璃珠残片。

2. 黄褐色球形玻璃珠的一半。直径 13 毫米。

3—8. 粗瓷杯的 6 块瓷片，属青瓷，装饰刻花。

9. 粗瓷碗的 2 块瓷片，相互匹配，钧窑瓷，施淡绿色釉，釉中带一个紫色大斑点。

10. 青瓷碗的残片，器身相当厚。

11. 青瓷杯的高且厚重的托盘残片。

12. 小粗瓷瓶顶部的 2 块瓷片，北方青瓷，至少有一个耳。内部施釉不到底。肩部装饰很浅的浮雕花形图案。形状很独特。图版 25：3。

13—15. 可能为与第 12 件器物相同的粗瓷瓶的 3 小块碎片。

16. 粗瓷器的小块碎片，磁州窑，外部透明釉下彩绘深褐色图案，内部施深褐色釉。

17. 磁州窑瓷器的碎片，浅黄色胎体上施厚褐色釉。

18. 粗瓷碗口沿的一块碎片，浅黄色胎体上施深褐色釉。

19. 装饰"梳花"纹和水平弦纹的圆形瓷片，胎体为灰褐色。

房址 K741

坐落在一处雅丹地形上。在附近发现了一块倒塌了的手推磨。贝格曼发掘的器物中也有一块打火石核，现已遗失。

K13741:

1—3. 3 块可能属于同一件粗瓷碗的碎片，属钧窑，蓝绿色釉向口沿逐渐变为褐色。

4. 粗瓷碗底部的残片，属青瓷，可能为明代作品，壁很厚。浅灰色胎体上施一层很薄的淡绿色釉。内部中心部位装饰压印花卉图案。图版 25:7。

房址 51

此处遗址没什么重要性，位于 3 处小型雅丹地形上。周围散落有手推石磨。

房址 52

参看图 44 中的平面图。

房址 53

重要性不大，用大块土墼砌成。可能发现了一些遗物，但又被丢弃在了遗址。

达堤 P6

贝格曼从来没有到过这里，所有的遗物都是王先生采集的。此遗址位于额济纳河东北偏北支流以西附近，额济哈喇布鲁克中部。

P. 296:

1. 五铢钱残片。

2. 普通汉代三棱形铜箭镞，直角。长 30 毫米，边宽 10 毫米。

房址 K742

只有靳先生曾经到过此地，他发掘了大量不同时期的遗物，其中一部分可能是从邻近的达堤遗址 K743 获得。因为靳先生同时也对达堤 K743 进行了勘察。

K13742:

1. 锈蚀严重的五铢钱。直径 25 毫米。

2. 五铢钱，正面的正方形孔下有凸起的水平短棱。直径 25 毫米。

3. 铜钱，宣和通宝（1119—1126）。直径 27 毫米。

4. 严重锈蚀的大铜钱的一半。庆元（通宝）（1195—1201）。直径约 35 毫米。

5. 铜钱残片，元?（通）宝，宽边。

6. 铜钱残片，保留 3 个模糊的字。直径 25 毫米。

7—11. 铜钱的 5 小块残片，有些可能属于汉代。

12. 普通汉代三棱形大铜箭镞，每一边都有倒钩和三棱形凹槽。尚留有铤的痕迹。长 41 毫米，边宽 11 毫米。

13. 同上，较小，严重锈蚀，尖端已经变得很钝。直圆棱，铤可能是铜质的。长 24 毫米，边宽 10 毫米。

14. 小圆铜勺，轮廓为圆锥形，口沿上有一个截面为三角形的短直手柄。手柄通过一块铜片和勺壁固定在一起。很独特。口沿直径 3.4 厘米，平直的基部直径 2 厘米，高 1.6 厘米；材料厚 1—1.3 毫米。图 56，图版 33：24。

15—16. 2 个相似的发卡，发现的时候并排放置，可能曾经为 U 形。发卡用扁直的金属线和大致变曲的头做成。长 11 厘米和 9.6 厘米。图版 35：18。

17. 耳坠上的铜珠，与图版 35：5 上的装饰一样呈葫芦形。

图 56

小圆铜勺，K13742：14

（图版 33：24）。手柄

可能已经断裂。原大。

18. 十字形铜配件，长条的一端分成了两部分且以中部带孔的蔷薇形饰物结束。其中一个饰物已经遗失。正面凸起，背面平。长 6.5 厘米。图版 32：6。

19. 圆形且略呈拱形的铜板，边缘附近有 2 个用来缝纫或固定的小孔。很独特。直径 2.6 厘米，厚 1.8 毫米。

20—21. 2 根弯曲的小铜条。

22. 各种铜片和片状铸件废料。

23. 宽边长方形铁环，一角焊有一根铁条。尺寸约为 2.4 厘米×3.2 厘米，宽约 1.1 厘米。厚约 4 毫米。

24. 不对称的小铁筒，主要是一块弯曲的厚薄不均的铁片。

25. 截面为椭圆形的铁筒（锁？）的残片，底部内凹且中间有一方孔。整体铸造，材料质量较差。尺寸约 2.7 厘米×1.8 厘米。

26. 铁片，尺寸为 3.5 厘米×1.3—1.7 厘米×0.8 厘米。

27. 卷轴状六边形白宝石或玻璃珠，已遭风化，和从墓葬 K13768：9 中发掘的遗物相同。

28. 卷轴状蓝色玻璃珠残片。

29. 蔷薇状五叶蓝色玻璃珠。

30. 环形蓝色玻璃珠残片，有一些与孔平行的深槽（球状玫瑰形饰物）。图版 30：11。

31. 环形蓝色玻璃珠的一半。

32. 同上，为褐色，表面抛光但已破裂。

33—39. 7 个陶纺轮。直径 3.3—4.3 厘米。

40. 浅灰色陶纺轮的一半。

41. 石灰石质地厚纺轮残片。直径 3.5 厘米，厚 2 厘米。

达堤 K743

靳先生曾独自造访此处遗址，获得了不同时期的遗物。

K13743：

1—9. 9 枚五铢钱。直径 23—26 毫米。

10—12. 3 枚残破的五铢钱。

13. 普通汉代三棱形铜箭镞，直角，留有铁柄的痕迹。长 31 毫米，边宽 10 毫米。

14. 铜箭镞，和上述箭镞不同的是三条棱之间的中心部位为圆形，所以看上去很平，而每边的边缘部分翘起。基部虽然当初制造成截面为六棱形，但现在截面为圆三棱形。保留有很清晰的铜铤的痕迹。长 32 毫米，边宽 11 毫米。图版 33：3。

15. 几乎为半圆形的小铜盘，压印饕餮纹，可能代表老虎的脸。一个突出的直窄条垂直于上部直边。未留下铆钉的痕迹，可能是锡罐的盖，突出的窄条曾在一个合页（？）处截止。很独特。图版 32：12。

16—17. 2 个相同的饕餮面形铜配件，下部边缘已破裂。背部有一个扁平的水平方向的凸出物，穿有固定用的孔。略呈拱形。尺寸为 4.7 厘米×3.7 厘米。图 57，图版 32：15。

18—19. 2 个相同的圆铜环，发现时在一起（它们可能曾经附在现已破裂的第 16—17 件面具下部）。外缘直径 3.6 厘米，厚 4—4.5 毫米。

20. 使用于末端的筒形铅质小部件，外部有 3 个凸出的脊。留有铸造的痕迹。很独特。但和如下所述的第 21—23 件遗物相仿。壁最厚 0.5 毫米。直径 12—13 毫米。

21—23. 3 个筒形短铜部件，向闭合的一端逐渐变窄。离闭合端大约 0.5 厘米的地方，外部有一个铸造得相当锋利的脊。长（1.3）—（17）厘米，直径约 0.9—1 厘米，壁厚 0.3 毫米。图版 36：8。

24—32. 9 个或完整或残缺的小铜管，带有钮和钩，钮和钩是伞盖伞骨末端的构件。整体长 2.6 厘米，直径 0.7 厘米。图版 36：7。

33. 铜条，截面为正方形，末端朝同一个方向弯曲成钝角。长 8.3 厘米。图版 38：15。

34. 同上，残片。

35—36. 铜钉的 2 块残片，部分较宽且平。

37. 相当大的铜管的残片，周围有很明显的脊状隆起，与上述第 21—23 件器物属于同一类。长（4）厘米，直径 1.5 厘米，厚 0.6 毫米。图版 36：6。

38. 同上，残片，可能属于同一个管。

39. 铜盘的半球形、环形残片，可能为直径不均的圆形木盘（？）的足部。

40. 壶的较大的抛物线形铜提手，主要是一个截面为长方形且末端弯曲的铜条。末端之间宽 18 厘米，高 13.5 厘米，厚 5.5—8 毫米。图版 36：12。

41. 截面为椭圆形的铜片的插口，残破，可能是剑鞘末端的构件。口沿用扁平的铜环进行了加固，铜环的边缘已经弯曲。相对的末端，已经部分遗失，可能曾经为圆形。留有黑漆的痕迹。虽然有些铜片已经残缺不全，但在所有的收藏品中仍显得很独特。尺寸为（9）厘米×5.8 厘米×4.5 厘米，原来的长约 9.5 厘米；铜片厚约 0.2 毫米，铜条厚 1—1.5 毫米。图版 37：14。

42. 各种铜片，主要是片状铸件废料。

43. 带插口的铁扁斧或锄刃残片，残破且有锈斑。插口截面为长方形，窄边向带刃的一边略微变细，带刃的这一边已经遗失。后者因为插口的每个窄边上的扁平凸起物而显得宽了一些，且位于铸造的脊之上。长（11.4）厘米，复原后长 11.6 厘米，插口基部的尺寸为 5.9 厘米×2.8 厘米，包括凸出部分宽约 10 厘米，材料厚 4 毫米。图 48。

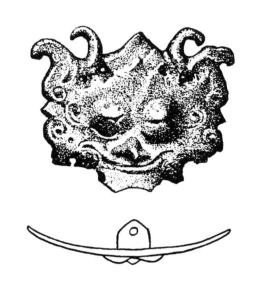

图 57

饕餮面形铜配件，K13743：16（一对的其中一个，参看图版 32：15）。上有深褐色铜锈。原大。

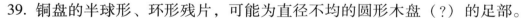

44. 扁平的环状小白瓷（？）珠残片。

45. 几乎完整的高足瓷杯，粗瓷。施一层薄薄的灰白色至淡紫红色釉。口沿直径 10.2 厘米，足部直径 3.7 厘米，高 6.9 厘米。图 60：3，图版 26：3。

46. 砖红色瓷碟口沿的一块瓷片，施明黄色和绿色釉，可能是明代的三彩器。口沿呈弧线，底部的内部装饰浅浮雕叶纹。图版 22：20。

47—50. 4 个 A 型筒形陶网坠。长 3.7—5.3 厘米，直径 1.4—2.3 厘米。

房址 K744

用大块土墼砌成，长的一面墙被一棵树压倒，遗址位于空地上的一个土丘边缘。收集品是由贝格曼采集的。他还勘察了周围的手推石磨。

K13744：

1. 4 块铁片，残留有铜锈。

2. 粗瓷碗底部的一部分，青瓷器，可能是明代的作品，浅灰色胎体上施淡橄榄绿釉。内部中部压印喷状花纹，外部浅圈足之内且围绕着中心部位都装饰压印花卉纹。图版 25：9。

3—4. 青瓷碗的 2 块残片。

5. 青瓷器窄底边缘的残片，口沿为叶状且可能延伸至三短足内。浅灰白色胎体。图版 25：15。

6. 青瓷器的小块残片。

7—10. 至少是 2 个相当小的瓷碗口沿的 4 小块残片，钧窑瓷。浅黄色胎体上施蓝灰色至灰褐色釉。

房址 54

主要是 5 处或 6 处房屋遗址和另外一处离北偏东 25°这个地点约 150 米处的遗址。除一处遗址以外，保留下来的墙都很矮，高 2 米多，尺寸为 7 米 ×7 米。都用烧制的砖砌成。曾经被耕种过的田地都被沙子掩盖。在遗址附近可以看到 2 块石磨和一个脱粒用的石碾子，还有釉陶器和瓷器碎片，只收集其中的一片作为标本。在地图上，这些遗址是第四行的起点。

房址 K745

是一处土墼砌的窄长建筑物，尺寸为 4 米 ×15 米。这座建筑物附近有另外一处建筑物，贝格曼在他的路线图上没有标注。

K13745：

铜饰件残片，现主要为一排带斜边的 3 个小平盘。一个盘的背面有一只铆钉。裂开的清晰的痕迹表明残片原属大一些的饰件的弯曲部。盘的直径约 8 毫米，厚 3 毫米。图版 32：19。

房址 55

主要是 2 间房屋，墙体用大块土墼砌成。

房址 K746

主要是一间 5 米 ×6 米的房屋的地面。王先生在这间房屋附近，发掘了另外一间同类型的房屋。贝格曼没有到过的第 3 处房屋遗址，位于已经提到过的前两处遗址西北偏西 150 米处。

K13746：

1. 相当大的粗瓷器的一部分，磁州窑，碎成了几片，可能为梅瓶的造型。器壁曾经几乎是直的，且肩部成一钝角。内部施褐色釉，外部非常粗糙的、呆板的五彩拉毛粉饰图案上施薄浅褐色釉，肩部附近是正方形框内的一排四瓣玫瑰花。胎体为浅黄色、非常薄且易碎。直径曾约 18—19 厘米。图版 22：15。

2. 3 块相互匹配的残片，为上述第 1 件器物的肩的下部。

3—13. 上述第 1 件器物的 11 块较小残片。

房址 56

用中等大小的土墼建造在一处高 2 米的土丘之间的雅丹土墩上。

房址 57

用大块土墼砌成。按照地图上的标示，王先生收集了一些遗物，但后来肯定又将其遗弃在了遗址。

城障 K747

没有任何描述性的文字，只有平面图，图中显示为一个边长 11 米的正方形。

K13747：

1. 普通汉代三棱形铜箭镞，尖端略微有点钝，直角，且有一个深 16 毫米的铤穿孔。长 28 毫米，边宽 9 毫米。

2. 铜条，一端弯曲。长 6 毫米，宽 5 毫米，厚 2 毫米。

3. 浅绿色透明玻璃盘壁的三角形小残片。尺寸为 24 毫米 × 7 毫米 × 3 毫米。

4. 瓷器残片，磁州窑，透明釉下施褐色图案。内部施褐色釉。

5—6. 2 小块灰陶残片，表面装饰压印菱形纹。

7—8. 2 个残缺的灰褐色陶纺轮，第 7 件装饰压印绳纹。

达堤 K748

K13748：

1. 保存完好的五铢钱，正面有正方形孔，孔下有水平短棱。直径 25 毫米。

2. 普通汉代三棱形铜箭镞，直棱，且有一个相当大的锈蚀团状物表明它曾经是一个铁铤。长 30 毫米，边宽 10 毫米。

3. 皮带的 D 形铜双层配件头部的一片。有长方形皮带孔，背部有 3 只铆钉。尺寸为 3.1 厘米 × 1.9 厘米。图版 34：5。

4. 球形小红玉髓珠。

5. 圆形陶残片，装饰压印绳纹。表面为灰色，内部为红色。

城址 K749

这个名为东廓勒（Dzun-khure，"东城圈"）的遗址被土尔扈特人认为是巴伦廓勒（Barun-khure，"西城圈"，更多的时候被称为安东廓勒，Adune-khure，我们编号为遗址 K789）的附属部分，是额济哈喇布鲁克地区最大的要塞之一。虽然只保留下来北侧和东侧的两面墙，最初很可能是一个正方形的城郭。最长的墙 51 米，现已不完整。墙体夯土筑成，高 5.7 米。在这两面墙内，有三排单独的残墙，高度与外部的两堵一样，其中一排墙夯土筑成，另外两排土墼砌成。它们当初应该是内城的墙，但因为保留下来的墙体面积太小，我们无法对这一猜测下肯定的结论。平面图见图 58。

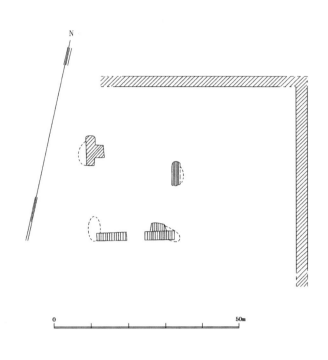

图 58

城址 K749（东廓勒）平面图。阴影部分代表夯土，竖线部分代表砖建筑。

墙侧堆积有流沙，但是没有瓦砾堆。试掘也毫无结果，此地的遗物都采自地面，部分遗物来自周边。所有这些器物似乎都在向我们揭示着这样一个事实：人们很早就在此地定居，除了五铢钱，没有发现其他钱币，也没有发现陶瓷碎片。最有趣的遗物当属发现于城郭之外的第 16 件，如图版 30：49 所示，可能是妇女的耳饰，与洛阳汉代古墓中发现的一件器物几乎完全相同（怀特，1934，图版 CLXV，451b）。这件遗物用蓝绿色玻璃做成，主要是一个两面凹的、截面为圆形的短饰针，饰针一端的圆钮相当大，另一端有一个尖头。

K13749：

1. 铜盘的小块残片，厚 0.5 毫米，可能来自一个器物。

2. 球形红玉髓或玛瑙珠的一半。直径 13 毫米。

3. 蚌壳做的圆拱形盘状物的一部分，原属纺轮（？）完整的盘的直径为 4.2 厘米，只保留下来 1/3。厚 3 毫米。

4. 陶器残片，"梳花"环带之间饰以"梳花"纹饰。浅灰褐色陶，陶质均匀。

5. 陶器残片，压印交叉绳纹上为弦纹划线和短竖线形成的小区间内的"梳花"纹饰。背部磨损较严重。浅灰色陶，陶质均匀，外敷浅褐色表层，外表层很粗糙，可能是风沙作用的结果。

6. 未上釉陶器的小块残片，留有至少两行平行的波状纹饰。蓝灰色陶，陶质均匀，外层为深褐色且相当粗糙，边缘破裂。硬度为 6.0Mohs。

7. 陶器残片，绳纹。蓝灰色陶，陶质均匀。硬度为 5.0Mohs。

8. 同上，绳纹更细。灰陶，向内部表面逐渐变为灰褐色，表面和破裂的边缘为深灰色。

9. 粗糙的、未上釉的陶器残片，外部有叶形装饰。深灰色，陶质均匀且表面粗糙，为夹砂陶。硬度为 7.0Mohs。

10. 同上，外部有叶形装饰。蓝灰色，陶质均匀，表面为深灰褐色且粗糙。硬度为 7.0Mohs。

11. 碎片，外部有叶形装饰。卷沿。浅灰色陶，陶质均匀，表面粗糙且为浅褐色。硬度为 5.5Mohs。

12. 相当大的、粗糙的、未上釉的卷沿陶容器残片，饰环形划线。深灰色陶，陶质均匀，表面粗糙。硬度为 6.5Mohs。

以下遗物是在墙外发现的：

13. 五铢钱残片。

14. 铜钱残片，可能是五铢钱。

15. 造型简率的铜容器口沿的小块残片。厚1—2毫米。

16. 蓝绿色玻璃耳饰，为汉代造型（参看以上描述）。双锥状，中部截面呈圆形，一端有相当大的圆柄，另一端呈尖状。制作考究，很独特。长19毫米。图版30:49。

17. A型筒形陶网坠。长5.2厘米，直径2.2厘米。

房址 K750

用大块土墼砌成。

K13750:

1. 铁刀的尖端。宽2厘米，厚3.5毫米。

2. 几块残破的铜片。

3. 相当小的陶器器壁的大块残片。器腹最宽处附有扁平提耳，周围装饰很小的、随意布局的"梳花"。提耳基部为椭圆形，装饰代表人形的压印纹。实际的提耳部分较窄、扁平且略微弯曲，其形状可能表示它曾经有一个环（假设）。蓝灰色陶，陶质均匀，陶土研磨得很细，表面为褐色，表面和边缘粗糙。最大处12厘米。图版19:14。

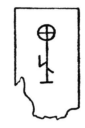

图59
采集自佛塔59的装饰压印符号的砖。比例大致为1/10。

房址 58

已经毁坏成一个废砖堆。

达堤 K751

贝格曼从来没有造访过这里，延伸范围也无从得知。

K13751:

1. 五铢钱残片。

2. 破碎成4片的铜钱，可能是五铢钱。

3. 遭受锈蚀的铜钱小残片。

4. 普通汉代三棱形铜箭镞，锈蚀和褪色严重，直棱且留有铜铤的痕迹。长（26）毫米，复原后长29毫米，边宽10毫米。

5—6. 带铆钉孔的较大器物的2块铜片。

7—8. 白色和黄褐色球形玻璃珠的2个半块残片。

9. A型筒形陶网坠残片。直径2.3厘米。

佛塔（？）59

主要是一处烧制砖砌成的圆形通道。其中一块砖显示在图59中。

房址 K752

现在是一处小遗址，墙为夯筑，高2米，坐落在一处坟地附近。长约5米。贝格曼绘制地图时，曾在这个地点调查过哈喇浩特类型的陶器，但几天后造访这里的王先生没有采集到任何一件类似的陶器。

K13752:

1. 三棱形铜箭镞，和普通类型有区别，边缘变得连续并成为圆且长的基部。一边有一个三角状的压痕。留有铁铤的痕迹。长 38 毫米，边宽 8 毫米。图版 33：2。

2. 普通汉代三棱形铜箭镞，有非常小的铤，每一边有一个三角形小压痕。长 32 毫米，边宽 10 毫米。

3. 弯曲的铜线做成的戒指，一端相当厚，另一端薄且形成一个环。

4. 风化严重的、可能是矛尖形铁箭镞（？）的小残片。尺寸为（3.7）厘米×0.8 厘米×1 厘米。

达堤 K753

贝格曼可能没有来过这里，只有靳先生来过。我们对这组达堤遗址的外围区域不甚了解。

K13753：

1. 铜钱，元丰通宝（1078—1086），有大量铜锈脱落，几乎和铁钱表面相仿。直径 24 毫米。

2. 圆形铜饰件，用于带环形底盘的带圈。顶部盘的边缘有小圆叶，正面的中部为一个凸出的环，正如中心部位的铆钉孔所显示的，可能曾经有内嵌物。仍留有顶部盘和底部盘连接的痕迹。所有的采集物中没有和它相同的器物。直径 2.8 厘米，高 0.8 厘米，材料厚约 2 毫米。图 9：4，图版 34：14。

3. 铜饰针，弯曲成几乎直角，一端尖，另一端形成的可能是一个碗状，现已破裂。直径约 2.5 毫米。

4. 几乎为三角形的小铜片，每个角都有一个小圆孔。

5. 2 块铜片，可能是铸件废料。

6. 外呈双锥形的六面红玉髓珠。直径 12 毫米。图版 30：33。

7. 瓷杯的相当矮的足的残片，定窑瓷。未施彩，施黄色釉，足部未施釉。高 2 厘米。

8. B 型陶网坠，其上有纵横交叉刻槽。

佛塔 60

是地图上连续的第 5 行的起点。

房址 61

用土墼砌成，尺寸为 3.5 米×9 米。建造于土质地基上。

房址 K754

最早被贝格曼描述为类似遗址的雅丹地形，但观察到地面上散落的 2 个脱粒石碾和许多石磨的残片，贝格曼改变他的看法，认为这可能真是一处遗址，他要求王先生进行发掘。

K13754：

1. 圆形铜印，为 5 块不对称的小叶片及由凸棱分割成的 5 个不对称的部分，背部有一个弯曲成环的厚印钮。直径 2.5 厘米。图版 32：26。

2. 2 块铜片和一块铜铸件。

3. 蓝绿色球形粗陶珠的一半，珠上有深竖槽。直径 1.6 厘米。图版 23：10。

达堤 K755

K13755：

1. 五铢钱残片。

2. 铜钱残片，嘉定（1208—1224）或绍定通宝（1228—1233）。

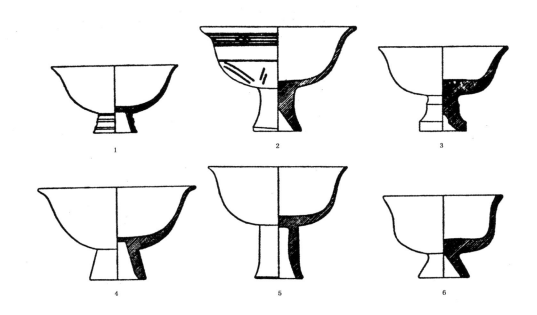

图 60

高足杯。（1）为定窑瓷器，（2）为青瓷，（3）为土定窑粗瓷，（4、6）为磁州窑，（5）为影青瓷。比例为1/3。1. K13766：12。2. K13769：23。3. K13743：45。4. K13799：199。5. K13799：34。6. K13769：24。

3. 铜钱的小块残片。

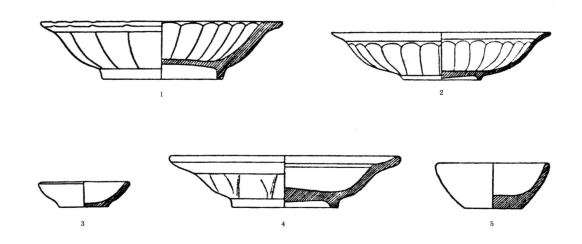

图 61

小盘或碗。（1，4）为青瓷，（2，3）为影青瓷，（5）为釉陶。比例为1/2。1. K13769：21。2. K13779：42。3. K13728：8。4. K13769：22。5. K13791：18。

4. 铜钱，熙宁元宝（1068—1078）。直径25毫米。

5. 2 枚铁钱，因锈蚀粘连在一起。直径约 27 毫米。

6. 不对称的小铜球。直径 15 毫米。

7. 4 块铜片。

房址 K756

非常小。

K13756：

1. 大铜盘上部的 3 块残片，颈部略微污损。3 块残片可互相匹配。厚度不等，介于 1.5—2 毫米。

2. 长方形铜片，可能是皮带末端的附件，两端弯曲并用铆钉固定在一起。尺寸为 3 厘米×1.4 厘米。多边之间的距离约 2 毫米。

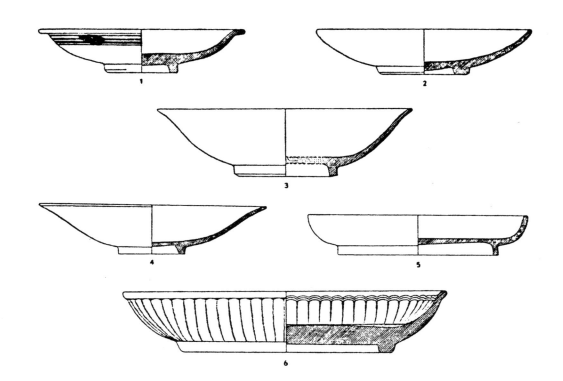

图 62

碟或浅腹碗。（1，4，6）为青瓷，（5）为大理石质器物，（2，3）为巨鹿类型的土定瓷。比例为 1/3。
1. K13759:25。2. K13724:21。3. K13800:24。4. K13800:21。5. K13734:6。6. K13765:24。

3. 弯曲成 U 形的小铁棍。

4. 小铁片，可能是容器的口沿，为片状铸件废料。

5—9. 3 个或 4 个粗瓷碗的 5 小块残片，属钧窑瓷，施绿色和蓝绿色釉。

10. 瓷罐的颈部，浅黄色胎体上施绿褐色釉。直径 4.6 厘米，高 2.4 厘米。

11—15. 壁相当薄的粗瓷碗的 5 块残片，施黑褐色釉或浅褐色釉。

16—17. 2 块碎瓷片。磁州窑，施黑褐色釉，装饰随意布局的五彩拉毛粉饰图案。

18. 体量很大的瓷器残片，磁州窑。外部彩绘的深褐色图案上施浅黄色的透明釉，内部施深褐色釉，边缘饰压印小正方形纹。

19. 磁州窑瓷瓶的小块残片，釉几乎全部脱落。外部彩绘深褐色植物纹样，其间仍保留着蓝绿色点状釉彩，内部浅黄色胎体上施黄色薄釉。

20. 磁州窑瓷器的小块残片。外部彩绘的深褐色图案上施绿色透明釉，内部施巧克力色釉及压印小菱形纹。

21. 瓷器的小块残片，外部施绿釉及浮雕莲花纹。

22. 蓝釉瓷器或瓦的小块残片。

23. 圆形小陶片。

24—25. 2 个略微弯曲的陶纺轮。

26. 红色板岩纺轮的一半。

27. 同上，蓝色石灰石质地。

28. 长方形刀或板岩刮刀，中部有孔。没有真正的切边。长 9.4 厘米，宽 4.5 厘米，厚 5—8 毫米。图版 20:13。

29. 长方形绿色板岩磨石残片，有悬孔。

30. 燧石残片。

达堤 K757

K13757：

1. 铜钱，熙宁元宝（1068—1078）。直径 24 毫米。

2. 制作粗糙的铜钱，至道元宝（995—998）。直径 23 毫米。

3. 大铜钱残片，崇宁重宝（1102—1107）。直径 35 毫米。

4. 锈蚀严重的铁钱，有方孔。直径约 30 毫米。

5. 皮带末端附件压成形的端片，长方形且一端为尖圆形。沿着中部的纵向凹槽的每一边有一排压印的文字记号。背部接近每一端的地方有一只铜铆钉。很独特。尺寸为 3.5 厘米 × 1.6 厘米 × 0.35—0.5 厘米，材料厚 1—1.5 毫米。图版 31:4。

6. 带扣舌的皮带扣环上的双折铜片的正方形带夹，带夹的扣舌穿过弯曲的边缘的一个长方形凹槽。另一端被 2 个相当厚的铜铆钉固定在一起。尺寸为 2.3 厘米 × 2.4 厘米。图版 34:9。

7. 2 枚严重锈蚀的铜顶针，和图版 35:12 所示的类型相仿。直径 2 厘米，宽 1 厘米，材料厚 1 毫米。

8. 弯曲的短铜线。直径 1 至 1.25 毫米。

9. 几块铜片。

10. 几乎为椭圆形的淡水贝壳制成的盘，一端附近有悬挂用的孔。尺寸为 2 厘米 × 1.5 厘米。图版 30:47。

11. 一块珊瑚。

12. 截面为正方形的直边绿玻璃珠。尺寸为 9 毫米 × 5 毫米 × 5 毫米。

13. 呈双锥形的八面红玉髓珠。

14. 球形红玉髓珠。直径 7 毫米。

15. 双锥形红玉髓珠。直径 10 毫米。

16. 球形绿色小玻璃珠。

17. 黄色玻璃珠的一半。直径 11 毫米。

18. 打磨光滑的红玉髓小球。直径 17 毫米。

19. 玉髓片。

房址 62

主要是 2 座房子。尺寸分别为 5 米×5 米和 3 米×5 米。

达堤和房址 K758

由于对这座房屋相关情况不太确定，贝格曼曾对这里作出过错误判断。首先，虽然在笔记中他将全部遗物分开做了记录，他却将从位于这个不太重要的遗存和房屋遗址 K756 之间的一处达堤遗址发现的遗物和这座房屋遗址的遗物归在了一起。其次，他将在田野考察用的地图上所作的此处遗址的位置，即房屋遗址 K756 的东北更正为房屋遗址 K756 的南部。这一点肯定导致了这样的结果：此地的不同时期的遗物成了采集品中的特色。不管怎样，似乎在达堤遗址发现的遗物时代较早，而在这座房屋遗址发现的遗物时代较晚。此地的发掘是由王先生进行的。

K13758：

1. 五铢钱残片。

2. 铜钱，破成两片，天禧通宝（1017—1022）。直径 25 毫米。

3. 铜钱残片，可能是崇宁通宝（1102—1107）。

4. 铜钱残片，顶部有"宋"字。

5—6. 铜钱的 2 块残片，上面都有一个"宝"字，为所铸文字的最后一个字。

7. 铜配件（刀鞘）残片，浮雕装饰图案已很模糊，可能是一个花冠。是一个相当厚且略呈拱形的长方形铜片，长方形，一端弯曲成直角。宽 1.9 厘米。

8—10. 3 枚铜针，弯曲成未封口的戒指，第 8 件用窄铜条做成。图版 35：14。

11. 几块铜片。

12. 铁刀刃的一大部分。长（12.5）厘米，宽 1.8 厘米，断裂基部厚 2 毫米。图版 37：7。

13. 长方形短铁条，每一端有一个圆孔，圆孔深入铁条大约 9 毫米。参看 K13759：14，尺寸为 27 毫米×10 毫米×7 毫米。

14. 锈蚀严重的铁环。直径 3.6 厘米，厚 0.5 厘米。

15. 椭圆形铁环，截面为长方形（4 毫米×2 毫米）。皮带环？

16. 绿色玻璃小双珠。

17. 绿色螺旋形小玻璃珠。图版 30：10。

18. 绿松石色玻璃熔珠小残片。

19. 水珠形蓝色玻璃遗弃片。

20. 质地较差的小块绿色玻璃。

21. 燧石片。

22—23. 粗瓷碗的两部分，钧窑瓷，施浅绿色釉，釉在外部下端流淌形成一个厚卷。胎体为深灰色。这两部分由 6 小块组成，现在粘结在一起。（侧面和 K13736：15 相同）。口沿直径曾经 20 厘米，高 7.5 厘米。

24. 几乎是瓷碗的一半，钧窑瓷，由 9 块拼合在一起。灰色胎体上施蓝绿色釉。绝大部分碎片都经沙子磨蚀，因此已失去了光泽。口沿直径 20.4 厘米，基部直径 6.1 厘米，高 8.4 厘米。图 64：3。

25—26. 钧窑瓷碗的 2 块残片，施浅绿色和蓝绿色釉。

27. 相当大的粗瓷容器的大块残片，磁州窑，装饰五彩拉毛花饰，外部褐色釉花形图案，内部为单一的褐色釉。胎体呈浅黄色。

28. 磁州窑瓷器残片，外部薄而透明的浅黄色釉下装饰彩绘褐色植物纹饰，内部为单一的褐色釉。

29. 莲瓣形浅绿色釉瓷残片，装饰浮雕涡卷纹和棱条图案（和图版 21：12 有相似之处）。胎体呈浅黄色。

30. 黄、绿色釉瓷器的小块残片。

31—33. 3 个灰陶纺轮。

34. 制作纺轮的红陶材料，中间的孔尚未完成穿凿。

房址 K759

坐落于一处雅丹地形的顶部及一处台地的边缘。周围有土块和沙砾，可能是一段河床。王先生从这处遗址采集到的遗物属于不同时代。

K13759：

1. 保存完好的五铢钱，正面的正方形孔下装饰水平方向、凸起的短棱。直径 25 毫米。

2. 铜钱，元祐通宝（1086—1094）。直径 25 毫米。

3. 小铜插件，可能是棍子末端的附属物。尖的那一半截面为正方形，截面为圆形的基部和普通的三棱形箭镞形状很相像。很独特。长 5 厘米，厚不足 1 毫米。图版 37：16。

4. 三棱形铜箭镞，为普通汉代类型。边缘较钝且磨损严重，直圆棱，留有铜铤的痕迹，铤曾经嵌入一个中间物的插口部分（长约 2 毫米？）。长 27 毫米，边宽 10 毫米。

5. 同上，残片，尖的一端已经破裂，直棱。只部分保留下来中间的铜质残留物（？），有可能是铁铤的锈迹。复原后长 27 毫米，边宽 10 毫米。

6. 用于固定带子的铜质小装置，带尖椭圆形环和部分开口的、用来固定带子的长方形部件。

7. 小铜带钩，弧形的一端已遗失。样式简约，可能未完成制作。（参考图版 4：12，图版 4：14）。长（3.5）厘米。图 9：2，图版 33：11。

8. 铜环，截面为圆形，且带十字形刻槽。很独特。直径 4.5 厘米，厚 0.5 厘米。图版 31：7。

9. 铜顶针，和图版 35：12 所示的遗物属于同一种类型。直径 19 毫米，宽 8 毫米。

10. 短铜线，截面为扁圆形，向上弯曲形成一个类似开口戒指或耳环的形状。

11. 各种铜片，基本上都是片状铸件废料。

12. 铁箭镞，带呈钝角的宽刃及圆形窄铤。通长 12 厘米，铤长 7.5 厘米，刃宽 2.8 厘米。图版 36：1。

13. 铁刀残片。

14. 短铁棍，截面为正方形，每一端有一个深且圆的孔。尺寸为 42 毫米×10 毫米×8 毫米。图版 38：11。

15. 同上，每一端有漏斗形孔。尺寸为 22 毫米×9 毫米×8 毫米。

16—17. 1 根铁棍和 1 根铜棒，截面为正方形，可能是直接用于贸易（？）的标准原材料。长 33 毫米和 35 毫米。

18. 一只厚 6 毫米的盘子上的 8 块铁片。

19. 蓝色球形小玻璃珠。

20. 蓝色石灰石质纺轮，底部弯曲。

21. 新月形石斧的一半，裂缝横穿中部的孔。宽 4.6 厘米，厚 0.5—0.9 厘米。

22. 陶容器的三角形小块残片或带有很细的压印折线纹的盖子。在所有的遗物中很独特。A 型陶，外部呈深灰色，表面粗糙（有很薄的陶衣？）。图版 20:2。

23—24. 2 块燧石的残片。

25. 小粗瓷碟，青瓷，主要是 2 块能相互匹配的残片。部分釉色已经被沙子磨掉。内底有隐约可见的雕刻花叶纹。外部沿着口沿有 4 条简单的刻画线作为装饰纹样，这 4 条线在 6 个地方被 3 条斜线穿过。口沿直径 16.2 厘米，基部直径 5.8 厘米，高 3.5 厘米。图 62:1 和图版 24:8。

达堤 K760

坐落在土质地面上。

K13760：

1. 瓷杯口沿残片，青瓷。可能属龙泉窑瓷器，整个外部施橄榄绿釉且装饰浮雕花纹，花纹为一个带有矛尖形花瓣的花形杯。图版 25:16。

2. 青瓷杯口沿小块残片，口沿以下装饰几道水平方向的刻画线。

3. 青瓷杯口沿残片，施相当厚的釉，外部装饰随意刻画的图案。

4. 粗瓷碗口沿残片，钧窑，施蓝绿色釉，相当残破且口沿部分已变成褐色。

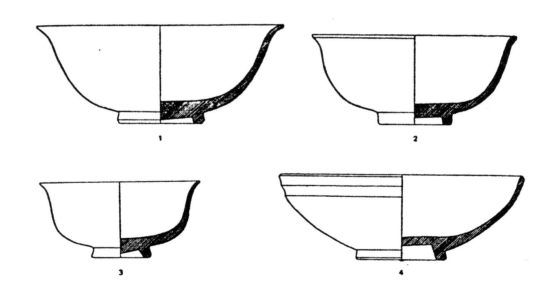

图 63

碗，（1，2）为青瓷，（3）为影青瓷，（4）为上釉粗陶。比例为 1/3。1. K. 13695:9。2. K. 13728:3。
3. K. 13697:12。4. K. 13814:2。

5. 粗瓷碗口沿残片，浅黄色胎体上施非常淡的黄色薄釉。

6. 粗瓷器小残片，磁州窑，由刻画线条组成的深灰色彩绘图案上施透明釉。胎体呈浅黄色。图版 22:11。

7. 粗瓷器的小块残片，磁州窑，外部彩绘的深褐色植物（和鸟？）图案上施透明釉。素胚内部施透明釉。图版 23:2。

8. 陶器残片，装饰波纹和环形带。A 型陶。

9. 一件粗糙的、未施釉的陶器的 2 块残片，外部几乎是压印菱纹宽边环饰。深灰色夹砂陶，陶质均匀。硬度为 6.5Mohs。

10. 粗糙的、未施釉的陶器的小块残片，装饰压印青鱼骨纹垂直镶边。浅灰色陶，陶质均匀。硬度为 5.5Mohs。

11. 陶质小块长方形装饰薄板。可能是容器嵌花，磨蚀严重。图案为凸起的对角线及其中间凸起的小点（参看如图版 12:17 所示的汉代木盘）。浅灰褐色陶，陶质均匀。很独特。图版 21:11。

12—13. 一个完整的和半个灰陶纺轮。

14—15. 2 个残破的筒形陶网坠，A 型陶。

房址 K761

为几乎毁坏的房屋遗址，用大块土墼砌成，周围散落有手推石磨。

K13761：

1—5. 中等大小瓷器的 11 块残片，部分残片能相互匹配，磁州窑，细颈上因用夹钳修复而留下了孔。外部透明釉下装饰彩绘褐色叶纹，内部几乎没有施釉。胎体呈浅黄色。

6—12. 相当大的、鼓腹瓷器的 18 块残片，部分残片能相互匹配，磁州窑。外部装饰稀疏的褐色叶纹，边缘装饰刻画回形线纹，装饰图案上施透明釉。内部施深黄色薄釉。胎体呈浅黄色。几个小孔表明之前曾经进行过修复。

13—14. 磁州窑瓷器的 2 块残片，施褐绿色釉，装饰代表植物和鱼的五彩拉毛粉饰。胎体呈浅黄色。图版 22:4。

15. 磁州窑瓷器残片，装饰褐釉五彩拉毛植物纹。内部未施釉。

16. 相当大的磁州窑瓷器的大块残片，装饰繁密的褐绿色釉叶形纹。内部的部分表面施釉。胎体呈浅黄色。图版 22:8。

17. 大而厚重的磁州窑瓷器口沿处的大块残片，可能和第 16 的残片状况相同。

18. 内外均施黑褐色釉的鼓腹瓷器的一大部分。装饰水平方向凹槽和短且深的垂直凹槽形成的带状图案。有一只罐耳的痕迹。胎体为深灰色。图版 22:1。

19. 相当大的瓷器的顶部，口沿和肩部之间有 2 个耳。施黑色和红褐色釉，口沿部分未施釉。这件器物是用 4 块残片粘接起来的。因曾用铁钳修复而留下了孔洞。胎体为深灰色过渡至黄红色。（和 K13799:81 相似）。口沿直径 13.5 厘米。图版 22:3。

房址 K762

贝格曼从来没有到过此处，不同时期的遗物由靳先生所采集。

K13762：

1. 窄边五铢钱残片。

2. 宽边铜钱残片，上有一个"元"字。

3. 各种铜块、铜片、残片及铸件废料。

4. 长方形铁棒，截面为正方形，部分边缘为圆形，一端（已经破裂）为楔形。尺寸为（5.5）厘米×0.8 厘米×1 厘米。

5. 椭圆形铁环残片，外侧的边和背部均平，顶边为弧形。尺寸约为 6 厘米×4.5 厘米×0.4 厘米。

6. 小铁圆盘残片，边缘凸出。厚 1—2 毫米。

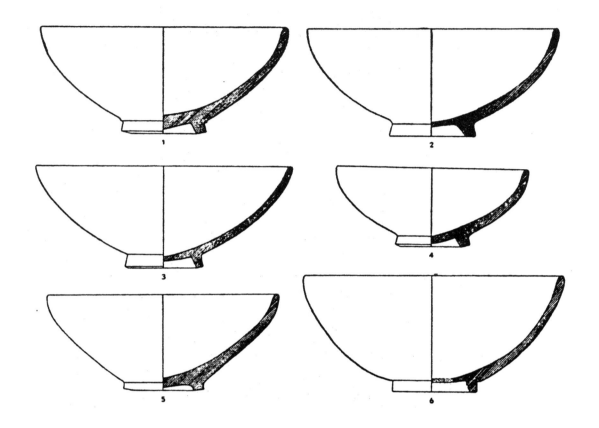

图 64

钧窑碗。比例为 1/3。1. K. 13695∶7。2. K. 13739∶15。3. K. 13758∶24。4. K. 13697∶21。5. K. 13703∶25。
6. K. 13736∶15。

7. 深蓝色球形玻璃珠，上有 4 道凹槽。

8. 筒形绿色小玻璃珠，遭风化侵蚀。

9. 筒形浅蓝色小玻璃珠。

10. 多孔、矿渣质筒形网坠。长 5.5 厘米。

11. 板岩磨石残片。尺寸为（4）厘米×3.5 厘米×1 厘米。

12—15. 4 个陶纺轮。

16—17. 2 个半块灰陶纺轮。

18. 圆形灰陶碎片。

19. 陶瓦残片，装饰浮雕小莲花瓣和漩涡纹，上施墨绿色釉。图版 20∶21。

房址 K763

毁坏严重，位于一个沙丘上。附近散落有 3 块石磨。

K13763：

1. 铜钱，元祐通宝（1086—1094），平背。直径 24 毫米。

2. 相当大的铜钱残片，可能是 1 枚崇宁重宝（1102—1106）。直径约 35 毫米。

3. 小铜纺轮，有铸造时留下的铸痕。一面平，另一面呈拱形且有 4 条凸出的对角线，制作粗糙。孔为正方形。直径约 21 毫米，厚 10 毫米。

4. 铜盘残片，略呈拱形，可能属于一件容器。厚 1.5 毫米。

5. 瓷器的小块残片，磁州窑。釉下绘红彩，釉上绘浅绿色点彩。

6. 灰陶纺轮。直径 4 厘米。

寺庙 K764

这处被称为察汗苏布尔盖（Tsaghan-suburga）的寺庙遗址和城址 K710 在一起，是额济哈喇布鲁克东部地区最大的一处建筑物。两处主要的建筑已严重毁坏，因此，测量所得的尺寸也不可靠。而最北部的遗址呈正方形，墙由大块土墼砌成，可能为 12 米见方，由许多大小不一的房间组成。外墙厚 1 米，高距地面 5.5 米、距房屋的地基 2.8 米。内墙厚 55 厘米。这处建筑物以南 10 米内另有一处建筑物，与前一处建筑形成一定角度。第二处建筑物采用完全不同的方式进行建造——薄土坯、木柱，两者既没有被围也没有分开。平面为长方形，主要是内部区域及其外围的同一类型的一面外墙、墙内东端一个相当大的厅等几部分。西端可能为内室，对面有不同形式的佛塔。一个佛塔的基部为圆形，可以提供出所有的情况。另一个的基部为正方形，正方形的基石倾斜叠加。基石的一边是粉刷了的砖柱，柱子斜置使得平面图看上去像台阶。这些柱子的 3 处被三重横向廊壁穿过（参看遗址 65）。北部的建筑物可能是僧人的住处，南部的建筑物为寺庙的大殿。

所有遗物都是贝格曼在圆形佛塔下面的瓦砾堆中发现的。其中最重要的遗物是一尊神像的一部分，神像为泥塑，大小为真人的一半，用鲜艳的颜色进行了彩绘，主要色彩为白色底子上彩绘的蓝色和红色。一只胳膊和大量的小泥塑陶佛的一部分、尖椭圆形陶浮雕作品都被收进遗物之列，所有祭品都是在废墟中找到的。

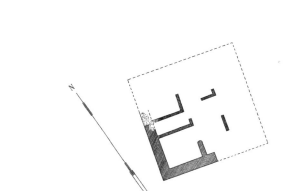

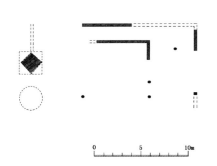

图 65
已毁坏的寺庙 K764（察汗苏布尔盖）平面图。

K13764：

1. 圆锥形小察察，和图版 21：6 所示的第 2 件属同一类型。直径 7 厘米，高 5.5 厘米。

2—4. 3 个小一些的小察察，基部比第 1 件更醒目。直径 5 厘米，高 4 厘米。图版 21：6 第 2 件。

5. 小块骨头，包在一块纸中，保存在一个残破的小察察内。纸上留有红色的书写痕迹。

6—9. 4 块尖椭圆形浮雕陶板，是一个周围带有很浅的浮雕文字的坐佛像。长 4.9—5.3 厘米。第 7 件图版 21：2。

10. 相当大的泥塑胳膊部分的残片，用泥土和芦苇束做成，中心部位为芦苇。2 个在手镯状的陶环之间的白色画面上有一个带简单蓝色和红色图案的边饰。

11. 取自寺庙或佛塔墙壁的小块彩绘残片，彩绘有红色、白色和黑色条带纹。

达堤 K765

在前述察汗苏布尔盖寺庙附近地表发现了遗物。按照贝格曼笔记中记录的内容，这些遗物是在三处不同的地点采集的，a）寺庙附近的达堤遗址，b）寺庙周围，c）寺庙东南 80 米的达堤遗址上。

K13765：

1. 锈蚀严重的铜钱，开元通宝。直径 25 毫米。

2. 保存完好的大铜钱，崇宁通宝（1102—1107）。直径 34 毫米。

3. 大铜钱残片，大观通宝（1107—1111）。直径 41 毫米。

4. 铜钱，略残，元丰通宝（1078—1086）。直径 24 毫米。

5. 铜钱，皇宋通宝（1038—1040）。直径 25 毫米。

6. 铜钱，天圣元宝（1023—1032）。直径 24 毫米。

7. 铜钱，字迹模糊，但从中可以隐约辨认出为元丰通宝（1078—1086），宽边。直径 24 毫米。

8—9. 铜钱的 2 块残片。

10. 薄的铜戒指残片，是一个弯曲的铜条。宽 3—5 毫米。

11. 铜片残片，沿边缘有一道压印滚边，滚边裂痕呈波状。图版 36：18。

12. 各种铜片，残片和片状铸件废料。

13. 绿色球形玻璃珠，孔内穿有铜线。图版 30：8。

14—15. 2 颗几乎为球形的红玉髓珠。

16. 白色球形石头珠。

17. 长方形，六边形红玉髓或玛瑙珠。

18. 石质浅黄绿色小耳环，截面几乎为三角形。图版 30：46。

19—20. 2 半块珠子。第 19 件用绿色玻璃做成，为环形；第 20 件用浅褐色玻璃做成，为球形。

21. 相当小的红卵石。

22. 链条上几乎为三角形的铁链。长 4.5 厘米，宽 3.2 厘米。

23. 铁锄刃残片，圆形基部由两翼折成，向断裂的刃部逐渐变宽。基部厚 1.5 毫米，另一端厚 0.5 毫米。

24. 青瓷碟的一大部分，除了外部圈足外，表面都施釉。因为圈足没有施釉，所以烧制时变成了红褐色。口沿的一大部分已经遗失。放射状凹槽向边缘延伸，在边缘部分每一个凹槽以弯曲状终止。胎体较厚，为浅灰色。口沿直径 25.5 厘米，基部直径 16.5 厘米，高 5 厘米。图 62：6，图版 24：11。

25. 圆形矮圈足小瓶的下部，属定窑白瓷。沙子已将器物表面的釉磨损掉。但仍保留有浅浮雕铜钱图案。独特。宽 4.7 厘米。

26. 浅黄色釉瓷纺轮，仍然保留绿色釉。边缘周围有垂直刻槽。直径 3.5 厘米，厚 1.7 厘米。

27. 厚重的、施褐色釉的瓷纺轮或网坠。

28—35. 6 个完整的和 2 个半块的陶纺轮。

36. 板岩磨石残片。

房址 K766

用大块土墼砌成，尺寸为 8 米 ×19 米。

K13766：

1. 壶的圆柱形铜盖，颈部直径曾为 7.5 厘米。盖子由两部分组成，上部的圈沿盖住下部的凸出部分。盖顶中间有一个圆孔，孔中曾有提钮。高 5.7 厘米。图版 36：21。

2. 圆形大铜盘的残片，中部有孔。边缘曾为宽 5 厘米且通过斜的、长方形下垂物或边与主体部分连在一起，正反面交替使用。直径曾约 31 厘米。

3. 铜线弯曲而成的耳环，一端用很细的铜线拴了一个孔雀石色的珠子。耳环破成了 3 块。长 5 厘米。图版 35：1。

4. 蓝色球形小玻璃珠，中部附近镶嵌褐色带饰。直径 8 毫米。

5. 长方形、六边形红玉髓或玛瑙珠。长 11 毫米。

6. 链条上的 2 段铁链。因锈蚀粘连在一起。每段长都为 8 厘米，厚 0.7 厘米。

7. 圆筒形铁锁，残破且遭锈蚀。一端紧锁，另一端已坏。长约 5 厘米，中部直径 4.5 厘米，材料厚度可能为 4—5 毫米。

8. 保存完好的坩埚，尖底，薄壁，黑色。直径 4 厘米，高 5.5 厘米。图版 20：1。

9—10. 2 个小陶纺轮。

11. 红褐色圆形瓦当，上有模印饕餮图案。直径 11 毫米。

12. 保存完好的瓷杯，定窑瓷，有高 1.6 厘米的异型足。釉几乎被流沙全部磨掉，这样一来，骨白色的器身散发出一种灰暗而美丽的光泽。口沿直径 10.1 厘米，足部直径 3.4 厘米，高 5.5 厘米。图 60：1，图版 26：1。

房址 K767

K13767：

1. 铜钱，祥符通宝（1008—1017）。直径 25 毫米。

2. 窄边铜钱残片，可能是 1 枚正隆通宝（1156—1161）。

3. 很大的铜钱的残片，可能是崇宁通宝（1102—1106）。

4. 几乎为筒形的墨绿色小玻璃珠。

5. 已遭风化侵蚀的扁圆形白色石头珠。直径 13 毫米。

6. 黄白色球形玻璃（？）珠。

7. 蓝色、不透明球形玻璃珠的一半。

8. 熔渣样陶纺轮。

9. 灰陶纺轮的一半。

10. 长方形石斧的一半，中部有孔，打磨光滑。宽 3.3 厘米，厚 0.7 厘米。

11. 板岩小磨石残片。

12—13. 2 块相同的小薄铜片，长方形，前部翘曲、背部有用来挂线或类似物的小钩。两个组成了一对。很独特。尺寸为 2.1 厘米 × 1.05 厘米 × 0.2 厘米。

14. 各种铜片，以铸成的大块铜片为主。

墓葬 K768 和墓葬 63

位于察汗苏布尔盖寺附近的两座墓葬，是贝格曼在整个额济纳河流域仅有的墓葬发现，尤其是论及汉族人聚居地区时，这是一个非常奇特的现象。但是，假定其他墓葬也以这种方式建造的话，地面上没有明显的标记，很可能人们只是纯属偶然地碰到过其中的几座而已。此外，中国人将尸体运回故乡安葬的习俗从很早一直保留到现在。贝格曼和其他几个人观察到，例如在毛目，棺材通常放置在居住地外的墓地边缘，而且是在地面上，等待将来有机会的时候运送回汉族聚居地区。额济纳河流域发现墓葬很少的主要原因可能是，在这个地区的迁徙发展史中，居住于此的人是非汉族人，他们的葬俗和汉族不同，如火葬等。

墓葬 K768 和墓葬 63 之间的距离很近，都是前端朝北，位置分别为北偏东 16°和北偏东 31°。两处墓葬平面均为长方形，尺寸分别约为 0.5 米×2.4 米和 0.7 米×1.8 米。遗憾的是，平面图已遗失。

我们在较小的墓中发现了一些随葬品：在遗骨颈部发现了玻璃珠或石珠，在腰部发现了残铁片。靳先生首先进行了发掘，之后，贝格曼完成了剩余的发掘任务。在这里发现的狐尾锯的小锯片是额济纳河流域发现的唯一完整的锯片，与从两处汉代遗址中发现的残片的形状也不同。可能用于外科手术而不是做木工活，这个推论基于这件器物的样式、包装及其在墓葬中的埋葬地点等，周围没有发现其他木工工具。另一件发现于骨骼腰部的残铁片，是用途不明的一件叉状工具，可能也是用于外科手术的器械。珠子，都是用同样的材料制成，所用材料是遭受风化的石头或发白的玻璃，在额济纳河流域也发现有类似器物，如 K13703：18（不同时期采集物），K13738：4（可能为哈喇浩特时期的采集物），K13742：27（不同时期的采集物，有五铢钱和 12 世纪的钱币），K13767：5（包括 11 世纪和 12 世纪钱币在内的采集物）。综上所述，墓中的随葬品显示出和额济纳河流域其他地点出土器物完全不同的面貌。

图 66

墓葬中发现的狐尾锯铁片，K13768：1（图版 37：12）。带缝制痕迹的皮革鞘，
一只木柄的痕迹依稀可见。比例为 1/2。

K13768：

1. 铁狐尾锯片，除了柄脚大部外，基本保存完整。从基部（宽 1.2 厘米）到略圆的前端（宽 0.8 厘米）逐渐变窄，背部为直边（厚 0.2 厘米），而齿状边相当不规则。每 2 厘米有小等边形齿共 11 个，都在不规则的间隔处略向外弯（人为的？）。刃的后部留有木柄的痕迹，套接时和柄脚一样呈钝角，形状酷似手柄。从两边的斑斑锈迹中，隐约可见皮革鞘的痕迹，背部有缝制时留下的针眼（参看图版 6：2a 中的鞘）。图 66，图版 37：12。

2—4. 可能是一件铁质工具的 3 块残片，长方形，截面为圆形或椭圆形，一端有环形把手，另一端较窄且为叉子状。很独特。复原后长约 17.5 厘米。图 67：1。

5. 发白的筒形珠，用不透明的材料制成，可能是石头或玻璃。长 22 毫米，直径 11 毫米。

6. 与上述材料相同的球形珠。直径 11 毫米。

7. 扁球形珠，质地和上述珠子相同。直径 18 毫米。图版 30：7。

8—10. 3 个平面六边形的筒形珠子，一边凹进，和前述珠子材料相同。长 18 毫米。

11—19. 和其他珠子质地相同的珠子的 9 块小残片。图版 30：23。

房址 K769

几乎看不到踪迹，位于沙漠之中，周围有石磨、石碾。遗物是靳先生发现的，他可能是从附近的达堤遗址采集来的，因为这些遗物属于不同时代，而且数量众多，因此不可能属于同一处房屋遗址。

K13769：

1. 五铢钱。直径 25 毫米。

2. 同上。直径 24 毫米。

3. 铜钱，元丰通宝（1078—1086）。直径 24 毫米。

4. 大铜钱残片，可能是崇宁通宝（1102—1106）。

5. 铜钱残片，可能是正隆元宝（1156—1160）。

6. 铜钱残片，字迹已模糊。

7. 各种铜块、铜片及铸件废料。

8. 浅灰色筒形玛瑙珠，一端有浅紫色和褐色条纹。长 23 毫米，直径 12 毫米。

9. 深褐色筒形玻璃珠，有 4 条白色宽带，为不透明玻璃质地。长 24 毫米，直径 10 毫米。图版 30：25。

10. 球形红玉髓珠。直径 8 毫米。

11. 几乎为扁圆形的宝石，白色和黄色，打了孔的装饰代表一个人造花杯状纹。从正面凹陷的中圈伸出另外 3 个圈，每一个圈中心都有一个孔和 3 片叶子间隔分布。背部平，正面略呈拱形。很独特。直径 2.8 厘米，厚 0.45 厘米。

12. 石膏纺轮残片。

13. 一块打火石。

14. 相当大的、截面为正方形、用途不明的一个整块铁，朝一端逐渐变窄且弯曲成直角，另一端破裂，似乎也曾被弯曲过。长 15 厘米。图版 38：5。

15. 长方形铁质工具，可能是切东西的刀或斧头。一端直且窄（为柄舌或手柄）；其余部分有凹凸，刃部凹进。截面为椭圆形。很独特。长 10.8 厘米，中部宽 2 厘米。图版 37：8。

16. 马辔头上的铁链环，方圆形，一角保留有弯曲的铁片。尺寸为 5 厘米×4 厘米。

17. 薄铁片，可能是宽剑刃的残片。宽 6.3 厘米。

18. 圆铁环的一半。

19. 铁钉。

20. 完整的瓷碟，青瓷，曾破成 9 片，现已修复。内底中间有模糊的小刻花。口沿直径 16 厘米，底部直径 6.6 厘米，高 3.6 厘米。图版 24：5。

21. 完整的小青瓷碟，曾破成 12 片，现已修复，内底中间有模糊的小刻花装饰纹。两边都有叶饰。口沿直径 13 厘米，底部直径 6.4 厘米，高 3.1 厘米。图 61：1，图版 24：10。

22. 和上述第 21 件同属一种类型，为小青瓷碟的残片，素面。相当一部分釉彩已经被沙子磨掉。内部中心有模糊的浅浮雕花纹，花纹为圆圈内的两条鱼。外部装饰很简单的刻画莲纹。器身为灰白色。口沿直径曾为 12.3 厘米，底部直径 5.6 厘米，高 2.9 厘米。图 61：4，图版 24：4。

23. 青瓷高足杯，上部杯体的 1/3 已遗失。内部的中心为随意刻画的漩涡纹。外部，装饰一种五瓣的花，在此之上用平行线条描边，平行线的某些点上又有短斜线穿过。除了口沿部分外，足部内底也施了釉。口沿直径 12.4 厘米，足底直径 3.8 厘米，高 8.5 厘米。图 60：2，图版 26：8。

24. 磁州窑高足杯残片，矮足，除足部外，整个器身施一层薄薄的黄色釉。曾破碎成 5 片。胎为浅黄色。口沿直径曾为 9.5 厘米，足底直径 4 厘米，高 6.7 厘米。图 60：6。

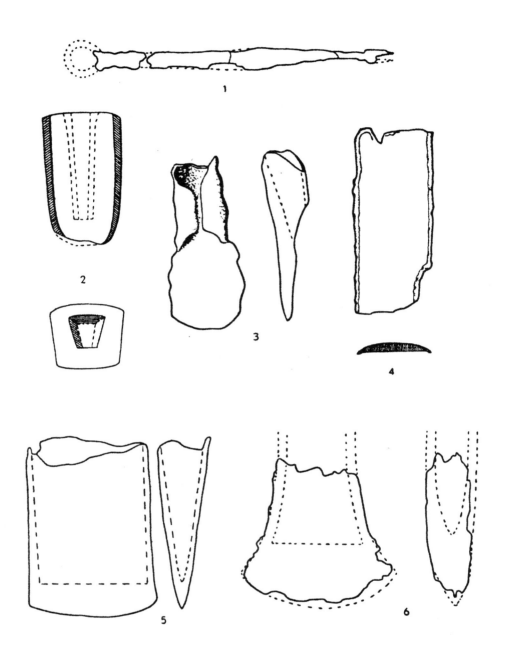

图 67

各种铁质工具。比例为 1/2。1. K13768: 2—4。2. A. 8: Ⅱ; 222。3. K13796: 7（图版 36: 25）。
4. A. 8: ⅡS; 55。5. A. 10: 7（图版 5: 14）。6. K13710: 87。

25. 磁州窑高足杯的漏斗状杯足，胎为浅黄色，部分施一层薄薄的黄白色釉。底部直径 5.1 厘米，高4.2厘米。

26. 一件相当大的粗瓷碗的3块残片，能相互匹配，属影青瓷。内部装饰的可能是浮雕图案。

27. 影青瓷杯口沿部分相互匹配的2块残片。内部装饰浅浮雕花纹。

28. 瓷杯杯壁部分的残片，可能是高足杯，釉下施蓝彩。外部装饰素描三爪龙的一部分（和图版27:3所示的类型相同）。内部口沿处保留有漩涡形边饰，边缘曾以钻孔的方式被修复过。釉下为彩绘成条状的龙的部分形象（暗花纹，可参看K13801:14和15的例子）。

29. 磁州窑瓷器颈部的残片，器口有3道凹痕。外部深褐色釉下绘五彩拉毛粉彩，内部施黑褐色釉。胎为浅黄色。图版22:9。

30. 磁州窑薄壁罐的口沿部分。器物通体施深褐色釉。直径5.5厘米。

31. 陶器的一块圆形残片，器物中心的圆孔还未完成穿凿，与陶纺轮的材质相同。

32—34. 3个陶纺轮。

35. 双锥形陶纺轮，刻有竖槽。直径3.1厘米，厚2厘米。图版20:6。

36. 石灰石纺轮的残片。

37—39. 磨石的3块残片，其中2块有孔。

房址 K770

坐落在沙丘之中的一个锥形沙丘边缘，曾被靳先生发掘过两次。

K13770:

1. 铜钱残片，为熙宁（元宝），宽边，古体铭文。

2. 厚边小铜镜残片，整个表面装饰非常模糊的图案。直径6.7厘米，边缘厚4毫米，中心部位厚1毫米。

3. 长方形铜带环，前端正面有4个因凹边形成的凸出物。尺寸为3厘米×1.4厘米。图版34:6。

4. 叶形小铜饰，主要是一块边缘为叶形的铜片，边缘的每个叶形小片上都有裂痕和2个孔。（用来上铆钉或缝缀）。尺寸为2.1厘米×2.1厘米。

5. 弯曲成S形的铜耳坠，一边绘绿彩。长4.5厘米，厚1.5毫米。图版35:2。

6—7. 2根弯曲的铜棒。

8. 各种铜块、铜片和铸件废料。

9. 小贝壳，脊部已磨光。长17毫米。

10. 蓝绿色双锥形小玻璃珠，不透明。

11. 黄褐色球形玉髓珠的一半。

12. 黄褐色扁筒形珠残片。

13—14. 2块铁，第14件是一根铁钉。

15. 陶网坠，有竖向和横向刻槽，除了横向刻槽只在一边出现的一种外，其余都属于B型。

16. A型筒形小陶网坠。

17. 不透明黑色筒形大玻璃珠残片。原长24毫米，直径11毫米。

18—19. 有悬孔的小磨石的2块残片。

20—21. 2块打火石。

22—25. 4个灰陶纺轮。

26—28. 红陶和蓝灰色陶纺轮的3块残片。

29. 略圆的陶片，中心部位的孔未完成穿凿。

房址 K771

贝格曼曾到过这里，靳先生在此进行了发掘。贝格曼对所获器物的认定心存疑虑。器物属于不同时期，就此处遗址而言，很可能有些器物是从这个遗址东北的达堤区域获得的。

K13771:

1. 五铢钱残片，正面孔的上部边缘附近有一条形似逗号的线条。

2. 开元钱残片。

3. 铜钱，元祐通宝（1086—1094）。直径 30 毫米。

4. 铜钱，至道元宝（995—998）。直径 25 毫米。

5—7. 铜钱的 3 块残片。可能属于宋代。

8. 带子的扁平小铜扣环（?），在竖直方向上略呈拱形。一半为半圆形，另外一部分为 3 个叶片，上有两个孔和孔间坏掉的铆钉。尺寸为 3.8 厘米×2.1 厘米，厚 2 毫米。图版 34:3。

9. 圆铜线，向一端逐渐变厚，另一端弯曲成一个环。可能是钟舌？长 5.8 厘米；厚 2—4 毫米。图版 33:14。

10—11. 2 根弯曲的细铜线或杆，第 10 根为 S 形，而且可能是耳环的一部分。

12. 各种铜片、残片和铸件废料。

13. 蓝色筒形玻璃珠，内有白色细线纹。

14. 白色不透明球形玻璃珠。

15. 墨绿色筒形玻璃珠，内嵌围绕中心的白色玻璃线条。图版 30:24。

16. 小铁刀残片。

17. 小铁环，截面为方形。直径 2.5 厘米，厚 5 毫米。

18. 侵蚀严重的正方形石灰石板，中部有圆孔，每一面又有一个更小的、穿凿适当的孔。较窄的一边有一个又深又宽的花边。尺寸为 4 厘米×4 厘米。

19—21. 3 块板岩小磨石，其中 2 块上有悬孔。

22. 砖红色陶纺轮。

23. 磁州窑小执壶，颈部和把手已经丢失。胎呈浅黄色，上施深褐色釉，施釉不到底。内部上部也施同样的釉。高（12）厘米，腹径 9 厘米。图版 22:2。

房址 64

是地图上房屋遗址的连续第 6 行的开始。只留下几块砖头，静静地躺在一个周围有雅丹地形的锥形土丘的边缘。

佛塔 65

基部宽约 2 米，高 4 米多。

房址 K772

贝格曼没有到过这里。

K13772:

1. 铜钱残片，宣和通宝（1119—1125）。直径约 33 毫米。

2. 铜钱残片，可能是嘉祐通宝（1056—1064）。

3. 普通汉代三棱形铜箭镞，每一边有尖状小条和一个三棱形小凹坑。顶端很钝。长 32 毫米，基部宽 10 毫米。

4. 椭圆形铜浮雕饰件，有纵向刻槽，背部有一个大铆钉，很独特。尺寸为 2.6 厘米×1.4 厘米。

图版 32:21。

5. 各种铜片。

6. 几乎不透明的玉髓质五叶玫瑰形饰件。一面扁平，另一面呈拱形且有随意刻划的槽痕。直径 2 厘米，厚 4.5 毫米。

7. 两面凸的蓝灰色石头。打磨光滑。直径 15 毫米，厚 8 毫米。

8. 同上，两面都有简单的图案，图案由刻划的交叉线条组成。直径 15 毫米，厚 7 毫米。

9. 小块红色石头，自然形成球形。

10. 一块蓝绿色玻璃盘。

11. 七边形红扁玉髓珠。直径 16 毫米，厚 9 毫米。

12. 厚环形红玉髓珠残片。直径 14 毫米。

13. 浅褐色线轴形石头或玻璃珠。长 20 毫米，直径 12 毫米。图版 30:21。

14. 黄褐色环形玻璃珠残片。直径 14 毫米。

15. 黄褐色卷轴形石头（玛瑙?）珠残片。

16. 白色球形玻璃珠残片。直径 12 毫米。

17. 白色球形石头珠残片。直径 10 毫米。

18—19. 蓝色球形玻璃珠的 2 小块残片。

20. 长方形砖的残片，上有一个较大的圆孔。厚 3.3 厘米，孔径 2.2 厘米。

21—25. 5 个灰陶纺轮。

26—29. 陶纺轮的 4 块残片。

30. 深蓝色石灰石纺轮的一半。

31—33. 3 块板岩残片，其中一块有一个悬挂用的孔。

房址 K773

面积相当大，用土墼砌成。贝格曼注意到周围散落的几处手推石磨，石磨是用从其他地方运来的浅色花岗岩做成的。遗物是王先生采集的。

K13773:

1. 五铢钱的小块残片。

2. 开元铜钱的残片。

3—5. 铜钱的 3 小块残片。

6. 普通汉代三棱形铜箭镞，方圆形角，留有铤的痕迹。长 29 毫米，边宽 9 毫米。

7. 青铜扣环，有已变形的椭圆形环，环的最前端有一个小扣舌，还有固定皮带的长方形框。扣舌向后翻转。尺寸为 3 厘米×2.6 厘米。图版 33:20。

8. 铜镜边缘的一块残片。边缘厚且宽（宽 1.4 厘米），向铜镜中心逐渐变薄。边缘以内有一条浅浮雕绳子样的带纹，还留有浮雕的之字形带纹。铜镜的直径曾约 12 厘米，边缘厚 3—3.5 毫米，主体部分厚 2 毫米。

9. 各种铜板、铜片及铸件废料。

10. 较窄的铁马镫的 2 块残片。马镫的侧杆截面为圆形，顶部的带扣曾为长方形框。高度曾为 15—16 厘米，宽 10 厘米。侧杆厚 7 毫米。其上的锈和其他发现物上的锈不一样，因此，这些残片可能属于晚期。

11. 一块铁片，是勺子的扁平手柄，勺子的圆形上部有圆孔（可能用于悬挂?）。

12—13. 瓷器颈部带边缘的 2 小块残片，可能是罐，装饰釉下蓝彩。外部，口沿周围装饰两组 3

道线条，颈部下端装饰 1 条线纹。口沿和颈部之间装饰 1 条波折纹带饰。内部施的较厚的釉和外部一样不均匀。厚 0.55—0.8 厘米，口沿直径可能约 16 厘米，颈部高 3 厘米。第 12 件见图版 28: 14 ［参看波普（Pope），1952，和图版 32 一样的波折纹］。

14—17. 瓷瓶器壁的 4 大块残片，装饰蓝色花纹。外部，体量较大的、神武有力的龙（参看波普，1952，图版 36 所示中复制的、相当于 1351 年的梨形瓶属同一种类型，第 63，41 页）的一部分。器身全部成了碎片。第 15 件器身大部分绘带白边的蓝色花纹外，还显示了绘白彩的窄带。第 17 件显示了锯齿状的背鳍。第 14 件显示一条腿的一部分和一团火焰，第 16 件显示了一只窄长的爪。厚 0.7—1.05 厘米。嵌条处的直径约 26 厘米。第 15 件见图版 28: 15。

18. 瓷碗的 1 块残片，装饰蓝色花纹。外部，线条组成的边内装饰细叶纹；下部，莲花形条纹；内部，口沿周围保留有植物卷边的痕迹。厚 0.3—0.7 厘米。

19—22. 4 个灰陶纺轮。

23. 圆形灰陶片，中心的孔还未完成穿凿，是制作纺轮的材料。

24—25. 2 个半块陶纺轮。

26. 圆形陶片。

27. 严重磨损的磨石残片，上有悬孔。

房址 K774

K13774:

1—2. 2 枚铜钱，太平通宝（976—983）。直径 24 毫米。

3. 铜钱残片，崇宁重宝（1102—1107）。直径曾为 34 毫米。

4. 铜钱残片，可能是治平通宝（1064—1068）。

5. 铜线弯曲成 S 形的铜耳坠，薄的一端已部分劈裂。长 4.5 厘米。

6. 长方形小铜板，末端有 2 个孔。尺寸为 12 毫米×27 毫米，厚 0.5 毫米。

7. 各种铜片。

8. 扁圆形红玉髓珠。直径 10 毫米，厚 4.5 毫米。

9. 蓝紫色球形玻璃珠。

10. 蓝绿色球形玻璃珠的一半，玻璃不透明。直径 12 毫米。

11. 一块深绿色厚玻璃。尺寸为 38 毫米×18 毫米×9 毫米。

12—14. 1 个完整的和 2 个半块的陶纺轮。

15. 1 块白玉髓。

达堤 K775

这个达堤遗址的范围不很清晰，但有一点是清楚的，它坐落在房屋遗址 K776 和 68 之间。按照一种记录所示，达堤遗址中发现的壶，可能是在遗址东北大约 50 米处发现的。

K13775:

釉下彩瓷壶，细长颈，破碎成几小片，后修复完整。肩部为 2 条弦纹之间的曲折线纹组成的镶边。肩以下的几乎整个器身装饰模印或压印的小菱形图案。胎为深灰色，陶质均匀。硬度为 6.0Mhos。高 22 厘米，腹径 14.8 厘米。图版 19: 2。

房址 K776

现已全部被毁。周围散落几块石磨。

K13776:

1. 大铜盘，中部有圆柱形突起物，锈蚀严重，残破成碎片。突起物顶部曾经有过一个悬孔。盘的直径 24.6 厘米，突起物的直径 7.5 厘米，突起物的高曾约 3 厘米。材料厚约 5 毫米。图版 31:12。

2. 铜器的小块残片，装饰繁缛的浅浮雕花纹。厚 1.3 毫米。

3. 圆铁盘的大块残片。厚 10—14 毫米，圆盘的直径曾为 18 厘米。

4. 打磨相当光滑的木楔的残留物，木楔截面为圆形，一端断裂。长（10.3）厘米，直径 5—8 毫米。

5. 搅拌桶的圆滑片，实际上是平凸的、中心部位有方孔的椭圆形木盘。短的一端附近有一个圆孔，另一端附近有一个长方形孔。较长的一边的中段是一个长方形深凹槽或开口。侵蚀严重且部分破裂。很独特。直径约 14 厘米，厚 3.5 厘米。图版 40:11。

6. 褐釉瓷罐颈部的 3 块残片。

房址 66

是一个相当小的遗址，附近散落有一块石磨，其平面图见图 44。

房址 K777

K13777:

1. 铜钱，熙宁元宝（1068—1078）。直径 23 毫米。

2. 铜钱残片，可能是太平通宝（976—984）。图版 24:3。

3. 铜钱残片，咸平元宝（998—1003）。

4. 铜钱残片，至道元宝（995—997）。

5. 相当大的铜钱的残片，正面第一个字为"元"，最后一个字为"宝"。

6. 铜钱残片，正面第一个字为"大"，最后一个字为"宝"。

7. 铜钱残片，为"通宝"类。

8. 铜钱残片，上铸有"五"字。

9. 锈蚀严重的铜钱，可能是一枚五铢钱。

10. 铜镜（？）叶状边缘的小块残片，装饰浅浮雕花纹。

11. 铜带的残片，大约在中段弯曲，装饰刻画叶纹（花纹可能是用刀尖刻的）。断裂了的一端顶部有 3 个小的压印裂纹横穿铜带。中线上的 2 个点上有随意穿凿的孔。宽 9 毫米，厚 0.3 毫米。

12. D 形铜环，可能用来穿带子。很独特。尺寸为 2.4 厘米×1.7 厘米。

13. 带开口的小铜环，用铜线弯曲而成，耳环或耳坠的一部分。直径 15 毫米。

14. 铜残片、铜板和铸件废料。

15. 浅褐色球形石头珠。直径 13 毫米。

16. 橄榄绿筒形玻璃珠。长 15 毫米，直径 7 毫米。

17. 白色筒形小玻璃珠，玻璃不透明。长 8 毫米。图版 30:18。

18. 很小的白色球形玻璃珠。直径 4 毫米。

19. 玫瑰花结形蓝绿色玻璃珠残片。

20—23. 蓝色玻璃珠的 4 小块残片。

24. 瓷碗的 15 块残片，部分残片互相匹配。钧窑瓷。口沿施深蓝色釉，从口沿向下釉色逐渐变为浅蓝绿色。外部残损较严重。胎体为深灰色。直径曾约 18 厘米。

25—28. 可能是一个瓷杯的 4 块残片，属青瓷器。内部装饰浅浮雕花形图案。

29. 球形小青瓷瓶的残片。

30. 瓷瓶的小块残片，装饰釉下蓝彩。外部口沿附近装饰相对大一些的菊花花杯图案。内部未施釉。厚约 0.3 厘米。

31—32. 瓷碗口沿的 2 小块残片，通体施深褐色釉，胎体很薄且为深灰色。

33. 相当大的瓷器口沿的残片，通体施深褐色釉，胎体为浅黄色。口沿在上釉之前向外翻了两层。

34. 圆形瓷罐残片，磁州窑。外部施浅褐色横条彩釉，内部整个施浅褐色釉。胎体为浅黄色。

35. 相当小的瓷瓶口沿部分的残片，磁州窑。施透明黄色釉。

36. 铁钉帽，直径 16 毫米。铁钉直径 9 毫米。

37—48. 6 个完整的和 6 个残破的陶纺轮。

49. 发白的陶纺轮或夹砂陶纺轮的一半。直径 3.8 厘米，厚 2.6 厘米。

50. 圆形，蓝黑色陶片，装饰压印深绳纹。

51. 红色砂岩磨石，上有悬孔。

52—53. 板岩磨石的 2 块残片。

54. 上有不同的圆心孔的磨石的圆形残片，可能就是磨石本身或是网坠（？），直径 4.5 厘米。

55. 砂岩板的圆形残片。直径 4.7 厘米，厚 1.2 厘米。

56. 火红色中带蜜黄色的半透明石料的长方形小残片，表面油滑（和收藏的遗物中另外几颗珠子的质地相同）。尺寸为 21 毫米 ×17 毫米 ×10 毫米。

57—58. 2 片打火石，第 58 件为深红色。

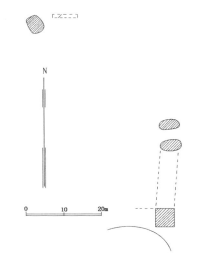

图 68

遗址 K778 平面略图。柽柳堆的方形基部在这里指烽燧 A，中间的圆形构造（门基？）为 B，左上角的建筑为烽燧 C。

遗址 K778

这一组古建筑坐落于城址 K749（东廓勒）西南偏南大约 2 公里处，与开始于要塞 30、结束于烽燧 A15 的军事防线看上去很协调。这组建筑物主要有 4 个单独的建筑，其中 2 个可以辨认出是烽燧或角台，另外 2 个已全部被毁，只剩下土墩。贝格曼认为 4 个建筑在某些方面互相有关联，而且它们可能组成了一个四角带角台且有一个东门的长方形城址的一部分。烽燧 A 的尺寸为 5 米 ×5 米且高 2 米多，与其他建筑物一样，用大块土墼建造。位于地点 B 的两个土墩（门基？），除了使用大块土墼外，也使用了小块土墼，土墩的高超过 2 米。烽燧 C 位于一处雅丹地形上且靠近一面用小块土墼建造的薄墙，这面薄墙可能是一座房屋的遗存。遗物是靳先生从烽燧 C 采集的或从其基部捡来的。这处遗址的平面图见图 68。

K13778:

1. 铜钱，至道元宝（995—998）。直径 25 毫米。

2. 铜钱残片，铭文已不清晰。

3. 几乎为 D 形的铜带环残片。

4. 扁平的铜饰件的小块残片。

5. 几块残破的铜片。

6. 白色的穿孔小石块。

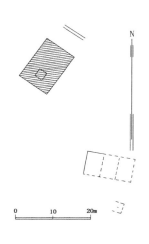

图 69
已废弃的建筑物 68 平面图。

7. 扁平的小红玉髓珠。

8. 绿色环形玻璃珠的残片。直径 11 毫米。

9. 透明筒形玉髓珠残片。

10. 打磨光滑的褐色玉髓或玛瑙球。直径 15 毫米。

11. 红玉髓小球，未经打磨。

12—13. 2 个红玉髓或玛瑙小球。图版 30：2。

14—18. 5 块打火石。

19. 体量很大的瓷器的大块残片，磁州窑，施黄白色透明釉，下绘褐彩图案。内部部分施褐釉，胎体为浅灰色。

20. 体量很小的薄胎瓷器颈部的残片，磁州窑。施绿褐色釉，装饰五彩拉毛花形图案，内部施同样颜色的釉，胎体为红黄色。

21. 浅灰色小陶片，装饰压印交叉绳纹。

22—23. 一个完整和一个半块灰陶纺轮。

24—25. 2 个圆形灰陶纺轮。

26—29. 磨石的 4 块残片，其中 3 块都有悬孔。

房址 67

从面积上来看无足轻重，保存状况也不好。附近有 1 块石碾。

遗址 68

此处遗址平面图见图 69。遗址主要是一个相当小的带有 3 间房舍的房屋，一座中心部位有 1 根柱子的小建筑物及看上去曾经是一个面向一堵窄泥墙的独体烽燧遗址。这个几乎整个毁坏的烽燧基部尺寸为 2 米×2 米，在一个高 2 米、长 12 米、宽 8.5 米的土夯台的一端。烽燧的方向为北偏东 35°，和城障 30 与烽燧 A15 之间的其他烽燧、城障组成的一线方向相同，这个烽燧和这一线显得很协调。

佛塔 69

是地图上第 7 行的起点。佛塔的主体已经坍塌，它坐落于一个大平台，且靠近后者（即平台）的西坡。

寺院遗址 K779

在两条距离 150 米的平行渠道之间，有一个较大的、毁坏的、建于哈喇浩特时期的寺院，现在称为哈喇白声（Khara-baishing）。地点 A 现存的寺庙建筑，在一个夯土的、尺寸约为 55 米×63 米的长方形院落内，还包括一些毁坏的房屋。院落内还有一道沿着南墙和东墙而建的围墙，墙内有一些房屋遗址和一个大圆佛塔的基部，被夯土堡垒穿越。在这两个院落南部还有一些房屋遗址和其他堆积层。所有房屋遗址都是用土墼或烧制的大块土墼建造的。这些大块土墼和汉代烽燧使用的土墼几乎一样，但更厚。建造时，砌筑方式各不相同。平面图见图 70。

在地点 A 的主寺内，已经被发掘的北侧内墙上装饰有壁画，但因这些壁画保存现状很差，所以无法对其内容做出准确的判断。壁画的色彩有红色、绿色和白色。

寺庙墙壁表层为粉刷过的泥皮。一面墙上可能有一些色彩缤纷的泥质浮雕，K13779：95—100。一面内墙包围中的一根柱子的基部留有红漆的痕迹。贝格曼对这个寺院发掘后得出的有限的关于建筑物装饰方面的细节性内容，包括一根绘黑彩的拱形柱头，一些绘有黑色、白色、红色、蓝色和绿色绘

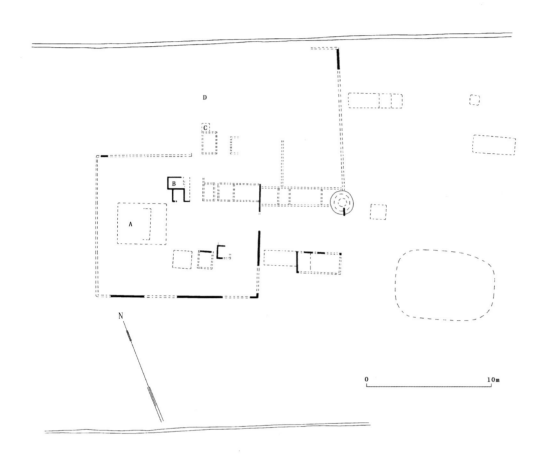

图 70
毁坏的寺院 K779（哈喇白声）遗址平面图。

画作品（K13779：90—94）的木板残片，一些绿釉琉璃瓦片，瓦片中有一片为龙头流。很可能这座寺院内的珍贵的遗物已经被华尔纳、科兹洛夫，可能还包括斯坦因掠走了。

收藏的数量众多的遗物（K13779：1—87）来自遗址不同地点的地表。地表散落着釉陶和瓷器的碎片，这一区域内外都散落着手推石磨和打谷碾子。石材是从很远的地方运来的纹理粗糙的浅色花岗岩。此外，房屋之间也散落着呈拱形的长方形屋顶用瓦。

其余遗物采集于地点 A—D，陈宗器先生的少量泥塑品收藏，或许也来自这些地点中的一处，可能是寺庙（A）。中国的考古工作者于 1932 年 9 月 13 日开始在哈喇白声采集遗物（K13779：117—124），比贝格曼在此处的发掘晚了近 2 年。按照陈先生的记录，遗物采自葱都儿以东 10 里的一座古老的寺庙，而贝格曼认为这个地方肯定是位于葱都儿东南 10 里的哈喇白声。

至于更多不同寻常的遗物，则不得不提及在地点 C 发现的一些中文写卷和西夏文印刷物残片，据我们所知，这些内容到目前为止还没有发表过。几枚钱币属于 10 世纪和 11 世纪。

遗物列表：

遗物目录：

K13779：

1. 铜钱，元丰通宝（1078—1086）。直径 23 毫米。

2. 铜钱残片，属元宝类型。

3. 圆形铜盘，中心有孔，表面装饰已磨损的浅浮雕图案的一面，为象征性的动物形象代表的十二地支。另一面是一个个子较高、取坐势的人，这个人的面前有一只鹤和一个小孩，身后有一棵树。圆圈内有象征性的动物及一个有回纹波形饰的圆圈和有动物名字的圆圈。直径 5.7 厘米；厚 2.5 毫米。图版 31:3。

4. 一大块缠绕在一起的铜线，向一端逐渐变厚，另一端折了双折。长 14.5 厘米。

5. 铜带残片，一端为圆形且形似一个滚筒。宽 0.9 厘米。

6. 弯铁棒残片。截面尺寸为 9 毫米 × 4.5 毫米。

7. 铜板做成的容器或部件边缘残片，卷沿。

8. 长方形小铁块，可能是直接用来交易的原材料。尺寸为（36）毫米×10毫米×10毫米。

9. 黄褐色筒形玉髓珠。图版30:20。

10. 扁平的透明玉髓饰件的小块残片。一面穿有一个V形孔，另一面有2个宽凹槽。

11. 一块燧石，可能用于生火。

12. 绿色板岩纺轮残片。

13. 陶质高足小杯的下部，足为实心，和图版20:3所示的器物形状相同。可能用作灯，胎体为浅灰色。

14. 质地粗糙且未上釉的陶器残片，因有大圆孔，所以可能用作蒸煮器。胎体中部为灰色，向表面逐渐变为蓝灰色。表面磨光。硬度为6.0Mohs。

15—16. 2块瓷器残片，一块原属瓷杯的卷沿，这个瓷杯可能是高足式样，釉下施蓝彩。外部的图案是一只大鸭子咬断一根枝条的一部分。内部口沿周围釉下装饰随意彩绘的典型的漩涡纹，削圆角内装饰条状龙纹（暗花装饰）。第15件见图版28:8（内部），图版29:20（外部）。

17. 瓷杯下部的残片，可能为高足杯，装饰蓝彩。外部，浅蓝色龙纹的腿部（与K13801:15，图版27:3所示属同一种类型），削圆角内装饰条状四爪龙的一部分（暗花装饰）。

18. 瓷杯的小块残片，可能是高足杯，装饰蓝彩。外部为浅蓝色松树图案的一部分。内部有边饰线条的痕迹；削圆角内保留有条状浅浮雕图案的痕迹，可能代表龙的形象（暗花装饰）。

19. 瓷杯残片，可能为高足杯，装饰蓝彩。外部为龙的一部分（和图版27:3所示属同一种类型）和边饰线条之上为火红的宝石饰物。

20. 同上，装饰龙纹和火红的宝石饰物，但绘画风格和格调有所不同。

21. 卷沿瓷碗口沿的残片，装饰蓝彩。外部边饰线条之下为相当大的莲花漩涡纹。内部边饰线条之下装饰同样大小的菊花漩涡纹。钴颜料在焙烧的时候发生窑变。口沿直径曾约16厘米。

22. 卷沿瓷杯口沿的残片，装饰蓝彩。外部口沿周围双线之下为大朵的莲花花萼。内部口沿周围的单线和双线之间为黑色涡纹。图版29:16。

23. 瓷碗底部残片，装饰蓝彩。外部保留有较低的边饰线的痕迹。内部中心部位装饰一个圆圈内的花形图案。图案为浅蓝色。

24. 瓷碗底部残片，装饰蓝彩。外部装饰条带状莲花纹。内部中心部位装饰鸭子的后半身，和有莲花叶的枝状花饰的一部分。图版29:23.

25. 瓷碗底部的小块残片，装饰蓝彩。外部装饰条带状莲花纹（其小圆圈内填满图案）。内部中心部位装饰植物枝状花饰的一部分和因钴颜料在焙烧时发生窑变而形成的蓝色纹。

26. 瓷碗的小块残片，装饰蓝彩。外部为不知名的尖角图案。内部保留有植物图案的痕迹。图版29:14。

27. 瓷碗的小块残片，装饰蓝彩。外部顶部嵌饰莲花纹。内部装饰双线条下的叶纹。图版29:9。

28. 瓷碗的小块残片，装饰蓝彩。外部装饰部分条带状莲花纹和填满花纹的圆圈。内部可能是植物枝状花饰（大小和装饰方面与K13812:1相仿）。

29—41. 2件或更多的大瓷器的13块残片（可能是罐或梅瓶类型），装饰蓝彩。第41件是斜削的、外部装饰典型涡纹的口沿的小块残片，施淡蓝色釉但被焙烧时发生窑变的钴污损。第40件是另一件瓷器颈部的下端，边缘装饰典型涡纹——正如其他和第40件有关联的残片所显示的一样，这个边饰在肩部主要花纹的上面且紧靠着主要花纹。肩部主要花纹（参见图版29:12）为围绕着菊花涡纹的云形环饰（参见图版39，波普，1952），云形环之间，为花朵的枝状花饰（莲花?）且带有高度程式化的叶纹（参见图版29，波普，1952）。器身中部为被双边饰线条隔开的大牡丹涡纹和云形环纹（见图版29:21；并见图版29，波普，1952）。大多数残片都暴露出橙红色的陶胚。第29件见图版

29：12，第 32 件见图版 29：21。

42. 影青瓷小碟的一部分，除口沿外，施白绿色薄釉。两面都有放射状浅凹槽，一直延伸至卷沿之下。由 3 块残片粘接而成。口沿直径 11.7 厘米，底部直径 4.2 厘米，高 2.5 厘米。图 61：2。

43. 很小的瓷碟的 2 块残片，残片相互匹配，上施浅蓝白色釉，属枢府瓷，内部装饰浅浮雕花形图案。直径曾为 13.5 厘米。图版 26：4。

44—49. 薄胎影青瓷杯或盘口沿的 6 块残片。其中 2 块带有刻画花纹。

50. 影青瓷杯残片，装饰刻画花纹。

51. 影青瓷杯残片，削圆角内装饰浮雕龙纹的腿部。图版 25：12。

52—53. 高足或长颈影青瓷杯的 2 块残片。

54—60. 青瓷和影青瓷碗（第 57 件）的 7 块残片。上施橄榄绿或浅绿色釉。有些残片细长，装饰刻画纹。

61. 青瓷碗足部边缘残片，只在外部施浅绿色釉。

62—63. 瓷杯口沿的 2 块残片，上施深绿色釉，可能是明代早期的器物。

64—67. 瓷碗的 4 块残片，钧窑瓷，上施蓝色和蓝绿色釉。

68. 相当大的瓷器的残片，磁州窑。釉下装饰深灰色图案，图案中还有辅助的刻画线条，内部施褐色釉，胎体为黄白色。

69. 磁州窑瓷器残片，上施橄榄绿釉，装饰五彩拉毛粉彩。

70. 磁州窑瓷器残片，上施一层深褐色厚釉，外部装饰五彩拉毛粉彩，内部施黄白色薄釉。

71—75. 可能是 2 个相当大的瓷器的 5 块残片，磁州窑。施深褐色釉，装饰五彩拉毛粉彩叶纹，内部施褐色釉。胎体较厚，为浅黄色。第 73 件和第 75 件粘连在一起。

76. 体量很大的磁州窑瓷器的 2 块残片，相互匹配。彩绘的褐色图案上施黄白色透明釉。内部的黄红色夹砂胎体上整个施褐色釉。图版 22：15。

77. 磁州窑瓷器残片，彩绘褐色图案上施透明釉。

78. 大体量、厚胎磁州窑瓷器残片，外部白色条纹上施带黄色冰裂纹透明釉，内部施一层褐色薄釉，内部很致密的横向凹槽形成了叶状花纹。在所有收藏的器物中显得很独特。

79—80. 褐釉瓷壶的 2 只壶耳。和 K13769：29 相仿。

81—82. 深褐釉瓷碗口沿的 2 块残片。

83—85. 灰绿色釉瓷碗口沿的 3 块残片。

86. 磁州窑瓷器的小块残片，外部装饰的浅褐色彩绘图案上施一层透明釉，内部施浅绿色透明釉。

87. 扁平叶形瓦当的残片，上施绿色釉，装饰突起的叶形纹。

地点 A（寺庙）

88. 铁棒，向一端逐渐变细。长 14.4 厘米。

89. 软板岩磨石残片。

90—91. 末端斜削的木板的 2 块残片，曾嵌入槽口中。绘铅红彩。尺寸为 14 厘米 ×6 厘米 ×1.5 厘米。

92. 扁平的大块木饰件的小块残片，一边雕刻且在绿色底子上绘黑色条纹。厚 2.6 厘米。

93. 双支架木柱头，中部有长方形深槽，边为斜削边。除了槽口外，一面绘黑彩。尺寸为 35 厘米 ×10.8 厘米 ×5 厘米。

94. 曾为较大饰件的一部分的彩绘木板的残片。两面都有绘画，有黑色、白色、红色、蓝色和绿色，背面只有绿色。边框内的图案几乎看不见，但可能有花卉图案。宽 20.5 厘米，顶端厚 1 厘米，裂开的底部厚 1.5 厘米。

95. 彩陶浮雕饰件，长方形，顶端弯曲，可能曾经是某一堵墙上的装饰。饰件上是一尊端坐于蓝彩莲花座上的佛像。蓝色光轮和金色光圈，底子暗红色。身着贴身长袍，右肩袒露，长袍为暗红色而皮肤为金色，手举禅印。尺寸为 10 厘米×7.5 厘米，底板厚 4—5 毫米，包括浮雕在内的厚 19 毫米。

96. 同上，保存状况稍差，颜色几乎所剩无几，手举禅印。

97. 同上，彩绘保存完好，与第 96 件的手势相同。

98. 同上，残片，彩绘的痕迹几乎被磨掉。手举阿波哈亚印。

99—100. 与上述浮雕饰件相同的 2 件遗物的残片。

地点 B

101. 铜钱，元丰通宝（1078—1086）。直径 30 毫米。

102. 同上，正面有草书字迹，背面几乎为素面。直径 24 毫米。

103. 铜钱，淳化元宝（990—995）。直径 25 毫米。

104. 铁箭镞，刃扁平，前端宽且凹。长 6.8 厘米，铤长 3.7 厘米，宽 1.9 厘米。图版 36：3。

105. 铁钥匙，为一根铁棍，截面为长方形。一端弯曲成环形，看似鸟头，另一端弯曲成直角，直角的一端较宽且在较窄的一侧有凹槽。长 14 厘米。图版 38：22。

106. 铁环，截面为长方形且为圆边。直径 3.3 厘米，部分尺寸为 3.5 毫米×3.5 毫米。

107. 铁切割器残片，可能是做厚背、环形手柄刀的材料。长约 17 厘米，宽 1.4—1.9 厘米。图版 37：9。

108—109. 铁工具或是铁剑的 2 块残片，严重锈蚀、磨损。长度均（28）厘米，宽约 2.5 厘米，沿着中线的厚度为 7—10 毫米。

110. 旋削的圆柱形木质罐盖，盖顶上有提钮且绘黑色、红色和金色放射形线条。直径 7.2 厘米，高 5.6 厘米。图版 39：3。

111a. 1—8. 丝绸和棉质材料残片

1）几乎为白色的棱纹丝绸的 2 块残片，其中一块带镶边。经纬密度 40—42×16。

2）深玫瑰红色向砖红过渡的塔夫绸残片。经纬密度 22—25×18—22。

3）淡玫瑰红棱纹丝绸。经线为未捻丝线，纬线为双股顺捻丝线。经纬密度 50×34。

4）质地介于塔夫绸和棱纹平布之间的褪了色的红丝带。边角折叠，且用白色合股丝线网了边。长 30 厘米，宽 1.1 厘米。经纬密度 34—40×24。

5）3 综经线（2—1）的天然丝布的 2 块残片，一片缝缀到更大的另一片上面。更大的一片的一边缝了边，这块残片的边向内褶皱。接缝处用顺捻丝线的反向合股线缝缀。经纬密度 70×44。

6）3 综经线（2—1）斜织的天然丝绸缎子残片，图案已模糊。经纬密度 72—76×42—48。图 71。

7）白色棉布残片，经线和纬线都为粗细不均的顺捻棉线。经纬密度 16×13。

8）同上。经纬密度 16—18×13。

111b. 几块皮革，包括一小块保存完好的羚羊皮，其上有白色粉末；边是用 2 股黄色纱线缝起来的，尺寸大约为 6 厘米×5.5 厘米。

地点 C

P.487：

1. 用途不明的木质器械（铙钹的支架？），主要是 2 根平行的长椭圆形木架，用 2 根短木橛连接起来，木橛被旋轴固定在较长木架末端的对应旋孔中。短一些的木橛截面为圆形，另一个稍显扁平，2 个木橛可以旋转。木橛每一端都有一个穿孔，很独特。长 33.5 厘米。

2. 小件木器，扁平的背部有长方形刻槽，较短的一端的窄侧有狭窄的开口。正面呈拱形且无花纹，大体轮廓为椭圆形，很独特。尺寸为 4 厘米×3.7 厘米×1.5 厘米。图 5：9。

地点 D

K13779：

112. 相当大的铜钹的中心部分，曾有一个带弧度的大圆柄。圆柄的直径约 8 厘米，材料厚 1—2 毫米。

113. 铁板残片，锈蚀很严重。厚 0.5—1 毫米。

114. 1—5. 塔夫绸残片和棉线。

1）破旧的类似塔夫绸的丝绸织物的 2 块残片。经纬密度 36×20—25。

2）天然塔夫绸残片，部分类似棱纹平布。一边折叠且留有针脚的痕迹。经纬密度 27—40×22—26。

3）微黄色塔夫绸条，一部分面积上有玫瑰红斑点，短的一端有镶边。长 14 厘米。宽 1.5 厘米。经纬密度 34×27。

4）两种不同塔夫绸腰带残片，打成一个结实的结。最大的带子为淡灰绿色，纵向打褶，一边镶了边，折边用顺向捻纱的反向合股丝线缝制。短带子织得很疏松，色彩已褪。长 21.5 厘米，宽 5 厘米。经纬密度 44×30 和 35×35。

5）顺向拧捻而反向合股的白色棉线残片。厚 0.15 厘米。

115. 哈喇浩特型宽、弯背木梳的残片。磨得很光滑，用浅褐色硬木做成。梳齿厚度适中。高约 5.5 厘米，厚 0.9 厘米。

116. 短木板，可能是一端尖且有一个小孔的木签。宽的一边有 2 个纵向刻槽。尺寸为 7.8 厘米×2 厘米×0.6 厘米。图版 40：5。

陈宗器先生 1932 年采集的遗物

117. 彩绘泥塑表现了一个羽人形象，泥塑曾经贴在一个极平的表面上。主体部分绘白彩，大大的翅膀绘绿、红、蓝和金黄色，翅膀左侧和后部有一根镀金的形象生动的蔓草。头的后部掏空。长约 15 厘米。图版 21：13。

118. 与第 117 件遗物一样的小型人头泥塑。背部掏空。

119. 小块褐色薄纱，贴金图案和墨书西夏文。图 72。

120—122. 留有镀金痕迹的 3 块泥塑饰件。第 121 件背部掏空。

123. 陶狮头，鎏金，狮口中有一只绘蓝彩的球。

124. 小木俑，代表一只横卧的狮子，其右爪扶在一只球上。浅色木料，绘蓝彩。狮子背部的雕刻有失精巧。长 6.2 厘米。图版 40：3。

图 71
装饰人物图案的缎子残片
K.13779：111a.6. 原大。

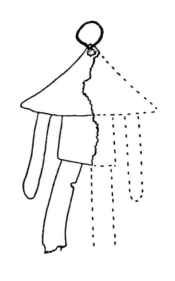

图 72

小块薄纱的草图，K. 13779: 119
（忽略：金质图案的模糊痕迹及墨
书西夏文字）。比例为 1/2。

达堤 K780

位于哈喇白声东南偏东大约 1 公里处，贝格曼本人没有到过这里。

K. 13780:

1. 铜钟或其他圆筒形器物的小块残片，有浮雕装饰，包括一个蛇发女怪面具。保存下来的竖向的一边是直的，顶端似乎曾为拱形。直径 4.8 厘米，厚 1 毫米。图版 32: 11。

2. 小铜环。

3. 各种铜片，主要是铸件废料。

4. 相当大的环形玻璃珠的残片，珠上有垂直刻槽。图版 30: 12。

5. 黑釉瓷纺轮的一半。下边是平的，顶端为半圆形且带深深的刻槽。直径 3 厘米，厚 2 厘米。

6. 钧窑瓷碗口沿的小块残片，上施浅蓝绿色釉。

7. 瓷碟或浅腹碗口沿的小块残片，磁州窑，有绿色、黄色和白色瓷釉凹雕边饰。胎体为浅黄色。

8. 白玉髓残片。

房址 70

见图 44。位于一处四周都是土质地面的低矮雅丹地形。包括几间用大块土墼建造且已部分被风蚀掉了的屋子。

房址 71

用薄土墼砌造而成，其平面图见图 44。附近散落着一些石磨。

烽燧 72

夯土建造而成，尺寸为 3 米 × 4 米，高 3 米。贝格曼曾见到地面上散落的哈喇浩特型陶器，但他没有采集。

房址 K781

是地图上连续的第 8 行的起点，这里的遗存重要性不大。其尺寸为 4 米 × 5 米，一间外屋一侧和遗址相连的痕迹被保留下来。

K. 13781:

1. 大铜壶口沿的残片。壶沿较宽，有槽且向外翻 90° 几乎呈钝角。外部表面光滑，内部表面除了紧靠口沿下有 3 条凸出的横向线条外更光滑。直径可能超过 50 厘米，厚 2.5 毫米。图版 36: 17。

2. 一端尖的铜带。长 9.5 厘米，宽 0.7 —0.8 厘米，厚 1 毫米。

3. 一块铜板，部分折叠在铁块周围。

4. 属铸件废料的铜块。

5—6. 陶纺轮的 2 块残片。

7. 深灰色圆形陶片。

寺庙 73

见图 73。除了平面图上代表佛塔的正方形之外，贝格曼未曾对这个寺庙进行过详细的描述。其中 4 个位于寺庙之外，第 5 个位于墙内。所有佛塔都出现破碎迹象，这个地方邻近的其他佛塔的现状也是如此，可能是科兹洛夫一行的考察活动所致。哈喇白声东南的这个平原地带的地形特征是被柽柳和流沙包围的黑色砾石。虽然住宅的数量没有想象的多，但广阔的田野、许多沟渠和大量的石磨和脱粒石碾表明这一地区农业曾比较发达。也可能大量的田地是寺庙经济的一部分。

佛塔 74

用小块土墼建造而成，形制和大多数佛塔相仿，只有底部保存下来。

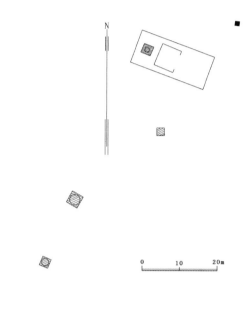

图 73

毁坏寺庙遗址 73 平面图，不同类型的佛塔。

房址 K782

贝格曼没有亲自到过这里。

K. 13782：

1. 铜钱，元丰通宝（1078—1086）。直径 26 毫米。

2. 铜钱，太平通宝（976—984）。直径 25 毫米。

3. 普通汉代三棱形铜箭镞，顶端相当钝，一侧有一个三棱形凹陷，角呈方圆形，可能是铁铤的痕迹。长 27 毫米，边 10 毫米。

4. 带扣的铜带环或类似器物的残片，前部可能是闭合的。背部是空的。尺寸为 24 毫米 × 9 毫米。

5. 圆形小铜扣环，边沿向外水平翻卷。背部有 2 颗铆钉或一个环的痕迹。很独特。直径 15 毫米，高 7 毫米。图版 32：3。

6. 长方形小铜片，每一端都有大铆钉。尺寸为 29 毫米 × 7 毫米。

7. 一短截铜钉，一端已破裂、弯曲且稍宽一点。长（5.2）厘米，厚 4 毫米。

8. 铁钉残片。

9. 筒形蓝玻璃珠，内嵌褐色条带纹。长 12 毫米。图版 30：19。

10. 多边形、不规则玛瑙或红玉髓珠。

11. 六边筒形红玉髓珠残片。

12. 红玉髓小球，可能是做珠子的材料。

13. 瓷器的小块残片，可能是碗，"梳花"瓷，深褐色薄片和白色胎体交织在一起形成大理石的视觉效果，两面都施一层薄薄的透明釉。图案主要是几乎垂直的平行花瓣。最大量 16 毫米。图版 23：14。

14. 带悬孔的磨石残片。

15. 小瓷壶的流，浅黄色胎体上施褐绿色釉。

16—19. 4 块打火石。

房址 75

主要是 2 间相当大的房屋遗址，包括几间屋子，墙体用大块土墼砌成。较大的房屋的墙壁高超过 2 米。石磨、哈喇浩特型陶器散落在地面上，但这里的遗物没有被采集。平面图见图 74。

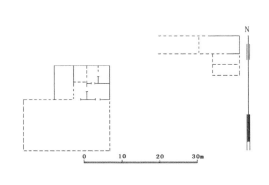

图 74
毁坏的房屋遗址 75 平面图。

障亭 K783

主要是一个建造得很牢固的长方形小房屋或者是小城障，尺寸为 7 米 × 9 米，高约 4 米（平面图见图 44）。墙体用大块土墼建造。附近周边主要是雅丹地形。

K. 13783：

1. 铜钱，元丰通宝（1078—1086）。直径 30 毫米。

2. 同上，稍小一些，上有草书汉字。直径 24 毫米。

3. 铜钱残片，可能是天圣元宝（1023—1032）。

4. 铜钱残片，第二个字是"元"。

5. 较大的铜钱残片，可能是大观通宝（1107—1111）。

6. 车伞盖伞骨末端的铜部件，有球形手柄和结实的钩。保存完好。长 7.2 厘米。有开口的一端的直径 1 厘米。图版 36：9。

7. 皮带的铜扣环。几乎为心形且有长方形带孔和 3 个小铆钉孔。尺寸为 2.7 厘米 × 2.4 厘米。图版 34：15。

8. 鼓腹小铜器器壁残片，环形边饰以下有非常模糊的浅浮雕装饰（可能在缺失了的口沿附近）。图案主要是垂直的矛尖形棱纹之间的漩涡纹。壁厚 1.25 毫米。

9. 各种铜片。

10. 六边形紫蓝色筒状玻璃珠的一半。

11. 球形褐色带白条纹玉髓（？）珠。直径 17 毫米。

12. 瓷碟口沿残片，属北方青瓷，与图版 24：4 相仿。

13. 青瓷高足杯的 2 块残片，2 块残片相互匹配，属明代早期。外部施带斑点的紫釉，内部模糊的浅浮雕装饰图案上施浅青色釉。很独特的一种类型。图版 25：13 显示的是外侧。

14. 白玉扁环的小块残片。很独特。直径曾为 9.8 厘米，宽 3 厘米，厚 0.5 厘米。

15—16. 2 小块玉髓。

17—19. 可能是一件粗糙且未上釉的瓷器的 3 块残片，装饰小花朵组成的直线型或波纹型环。胎体为蓝灰色，夹砂陶，表面多孔、粗糙。硬度为 6.5Mohs。

20—40. 8 个完整的和 13 个半块的灰陶和红陶纺轮。

41—45. 5 块圆形小陶片，可能是制作纺轮的材料。

46. 蓝色圆形石灰石纺轮残片。

47—48. 2 块板岩磨石的残片，均有悬孔。

城障 76

只保留下来一部分，一边长 17 米，基部宽 3.5 米，高 4 米。用大块土墼砌成，为东西方向。贝格曼曾观察过这里地面上的哈喇浩特型陶器。

房址 77

是地图上连续的第 9 行的起点。房屋相当大且用大块土墼砌成，一间房屋的土墼是平砌的，另一间房屋的土墼是竖砌的。地面上散落着瓷器和石磨。

房址 K784

用大块土墼砌成，保存相当完好，在一处高的雅丹土墩上发现了遗物。从平面图中可以看到，此处遗址房屋较小，尺寸大约为 6.5 米×3.5 米。

K.13784：

1. 铜钱残片，可能是熙宁元宝（1068—1078）。

2. 长方形紫铜或黄铜锁的一大部分，宽的一面装饰刻划图案。短的两端都开口。很独特。尺寸为 5.3 厘米×3.4 厘米×1.2 厘米。图版 38：20。

3. 一块铜板，一端有一个铆钉和铆钉孔。尺寸为（30）毫米×12 毫米。

4—5. 灰陶纺轮的 2 块残片。

6. 圆形灰陶片。

7. 瓷器的残片，可能是双连葫芦瓶，截面由八边形向圆形过渡，釉下装饰蓝彩。外部鼓圆的部分（肩部?）有一条莲花组成的带形装饰（中间为涡纹，与《费城博物馆会刊》1949 年中第 2 件的装饰类似），在器身表面能看到。以叶形涡纹和其他条带状图案相配（例如莲花纹，黑香桃木叶纹）。莲花带饰直径约 12.5 厘米。图版 27：6。

佛龛 78

尺寸为 6 米×10 米。两座佛塔面向佛龛的北侧，两座佛塔形制很相似，再向北约 15 米有几乎看不见的又长又窄的房屋遗址。这些建筑物是用土墼和烧制的砖建造的（平面图见图 44）。

地点 79

位于寺庙北偏东 21°距离 280 米处，是一座房屋或一个堤坝的遗址。在同一方向 70 米以外的地点，贝格曼发现了沟渠附近的一个脱粒碾子。

达堤遗址上的佛塔 K785

位于安东廓勒和东廓勒之间尖圆形柽柳堆之中。基部曾 1.5 米×1.5 米，高 1.7 米。基部的北侧从一个尖圆形柽柳堆挖出且有如下装饰：粉刷雪白的表面中部为一块绘红色、凹陷的区域，此区域内书写有凸起的白色佉卢文，文字的表面和雪白的墙面在同一个高度。佛塔内发现了许多西夏文书，以及如下大量钱币、小型铜器、玻璃珠和遗址周围散落的瓷器碎片。

K.13785：

1. 铜钱，开元通宝。直径 25 毫米。

2. 同上，残片。

3. 铜钱，祥符通宝（1008—1017）。直径 25 毫米。

4. 铜钱，祥符通宝（1008—1017）。直径 24 毫米。

5. 铜钱残片，和上述第 3 或第 4 件相仿。

6. 铜钱，熙宁元宝（1068—1078）。直径 24 毫米。

7. 同上，直径也相同。

8—9. 2 枚铜钱，元丰通宝（1078—1086）。直径 25 毫米。

10. 铜钱，元祐通宝（1086—1094）。直径 24 毫米。

11. 铜钱，崇宁重宝（1102—1107）。直径 35 毫米。

12. 铜钱，政和通宝（1111—1118）。直径 25 毫米。

13. 宽沿铜钱残片，可能是（圣）宋（元宝）（1101）。

14. 大铜钱残片，上有高浮雕文字，其中"宝"字保留了下来。可能是崇宁重宝（1102—1107）或大观通宝（1107—1111）（？）。

15. 铜钱残片，可能是至（正通）宝，背面有一个蒙古文字，可以据此判断出年代为公元 1356 年。

16. 带子的铜扣环，与图版 34：16 几乎相同，两个长方形开口较小，铆钉也保存了下来。稍呈拱形。尺寸为 2.5 厘米×2.7 厘米，中部厚 3 毫米。

18. 带子的铜扣环。略呈拱形的前端的浮雕花纹可能表现的是一个戴高冠的饕餮面具。背部稍空且有两个铆钉。很独特。长 2.9 厘米。图版 32：13。

19. 小铜钟残片，半球形，顶端有圈钮。直径曾约 3.7 厘米，高 1.9 厘米。图版 33：16。

20. 2 小块压平的铜片。

21. 正方形铜片，每个角都有铆钉。铆钉为大平头。尺寸为 2.5 厘米×2.5 厘米。

22. 六叶蔷薇形小铜盘的残片，中心有孔。

23. 铜钉残片，可能是钥匙，破裂的一端扁平且呈叉状。长（8.5）厘米。

24. 铜板残片，弯曲成管状且截面为三角形。

25. 各种铜片，主要是铸造废料。

26. 几乎扁平的小铁环，可能是刀的环形手柄。直径 2.7 厘米，厚约 5 毫米。

27—28. 蓝色玻璃珠的 2 块残片。

29. 蜜黄色石头珠（？）的残片。

30. 几乎为圆柱形的蜜黄色石片。

31. 蓝色、不透明钮扣状玻璃片，可能为戒指环。

32. 球形釉陶纺轮，上施不均匀的浅褐色釉，还有纵向深刻槽。直径 3.3 厘米，高 2.2 厘米。

33. 小瓷杯口沿残片，影青瓷，釉上装饰褐色和绿色波浪纹瓷釉图案。图版 25：19。

34. 口沿略外翻的瓷碗口沿的残片，装饰釉下蓝彩。外部口沿周围双线条之下为叶形环组成的宽带饰。内部口沿周围单线和双线之间为黑香桃木叶纹（？）组成的涡纹。

35. 瓷瓶颈部上端的残片（可能为玉壶春瓶类型），装饰蓝彩。卷沿的边饰线条之下为典型的素描式涡纹。有 2 个修复时留下的从外部钻的孔，但孔并未穿透内部表面的釉。口沿部分的直径约 8 厘米。

房址 80

现在只保留下来一堵墙，长 9 米。夯土筑成，高 2—3 米，位于一个尖圆形的山包边缘。此处遗址是地图上连续的第 10 行起点。

寺庙 K786

是安东廊勒以北寺庙和佛塔遍布的区域内同类寺庙中位置最南的一处。主要是一处土墼砌筑的方形大院落，面积大约是 48 米×56 米，保留下来的高度有 3 米；北角坐落着寺庙的主体建筑，面对两个耸立在院落之外的小佛塔。墙体是用大块土墼砌成。院落的围墙内有坍塌了的建筑物材料堆起的大土堆，包括屋脊筒瓦，这些瓦经过焙烧且部分上了釉。平面图见图 44。贝格曼带队进行发掘，但从这个"发掘亮点"却只采集到少量几件遗物。

K. 13786:

1. 蓝色球形玻璃珠残片。直径 12 毫米。

2. 瓷碗口沿的小块残片，上施黄褐色釉，胎体质地粗糙且为浅黄色。

3—4. 2 块房顶滴水（瓦）末端的叶形残片。用细密、淡蓝灰色陶土烧制而成，正面装饰浮雕涡纹图案。第 4 件见图版 20：14。

5. 淡蓝灰色屋顶筒瓦的较大的一部分残片，模铸饕餮纹。直径 10.5 厘米。图版 21：8。

6—11. 灰泥饰物的 6 块残片，饰物曾贴附在寺庙的墙壁或塑像上，背部扁平或多少有些凹陷（第 6 件参看《亚洲腹地》，图版 LV，K. K. Ⅰ. 048；第 7 件参看上述 K. K. Ⅱ. 0197）。图版 21：5、10、12。

12. 从墙壁剥离的彩绘泥片，黑色框内的白色区域装饰自然的红花绿叶，笔触生机盎然，现已很模糊。厚 2.5 厘米。

房址 81

见图 44。用小块土墼砌成，与哈喇浩特大多数佛塔使用的土墼相同。在其以北约 500 米处有一个大的长方形人造池塘。

房址 82

见图 44。

达堤 K787

是额济哈喇布鲁克地区最西的一处遗址，而且也是地图上连续的第 11 行的起点。此处遗址位于额济纳河的一条小支流以西，西距支流河岸上的几座房屋数百米。

K. 13787:

1. 铜钱残片，开元通宝，上有厚厚的绿锈。

2. 5 小块残铜片。

3. 瓷碗口沿的残片，属北方青瓷。胎很薄，除了口沿部分外通体施釉。

4—7. 不同的瓷碗的 4 块残片，钧窑瓷，上施蓝色和蓝紫色釉。

8. 瓷器的圆形残片，胎体为浅黄色，上施褐色釉。直径 3.1 厘米。

9. 砖红色小陶片。

10. 玉髓片。

达堤 K788

位于干涸了的河流的北岸，额济哈喇布鲁克北部的最后一处遗址。

K. 13788:

1. 带 2 个铆钉孔的铜片，可能是盔甲（？）上叶片的末端。厚 0.5 毫米。

2. 铜铸件废料。

3. 椭圆形（D 形？）环的残片，有长方形开口，用厚贝壳做成。一面扁平且内边切削规整，另一面稍呈拱形且切削简率。开口的尺寸和 K. 13733:7（图版 33:14）的相同。

4. 小瓷杯口沿部分的残片，影青瓷，装饰绿色和蓝色瓷釉叶纹。图版 25:18。

5. 砖红色陶纺轮残片。直径 2.8 厘米。

城址和城障 K789

这处遗址，被称为安东廓勒，斯坦因称之为阿杜那科拉（Aduna-kora），有时又称为巴伦廓勒，位于已经干涸了的额济纳河以南约 1 公里处。这里的河床是额济纳绿洲的中西部，被认为是哈喇布鲁克和哈喇浩特地区的分界线。

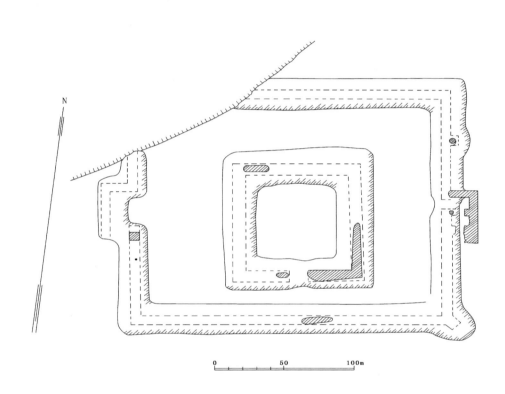

图 75
已毁坏的城障 K789（安东廓勒）平面图。东墙内外发现的房屋遗址被忽略。

建筑物用不同寻常甚至令人费解的方式建造，包括外城墙和内城墙，两者的结构和保存状况相同。虽然两者的墙基轮廓不同，但没有任何迹象表明它们属于不同时期。大多数城墙都已经毁坏成土堆；只有少部分与最初的高度相同（参看图 75）。例如，外城墙的东门高达 9 米。

外城为长方形，东门和西门外都有瓮城，它的规模在额济纳河较低的三角洲中仅次于哈喇浩特城，尺寸为 208 米×173 米。东南角曾被加固过，东门到东北角的部分也是如此。西北角被很久以前已经干涸了的河床冲蚀掉。东门属于整个遗址保存最完好的一部分，瓮城三面封闭，上面似曾筑有女墙。另一个瓮城的建造方式还不太清楚——贝格曼当时没有办法对庞大的土堆进行必要的发掘，斯坦因干脆对它弃置不理，这一点从他的《亚洲腹地》一书中图版 16 的平面图中可以看出来。

内城为正方形，与长方形的外城位置略显不对称，尺寸为 86 米×86 米，南面中部有一个门，符合中国传统建筑布局原则。东南角保存最完好，夯土墙上有插木杠的孔，墙上至今还保留着几根木杠。

坍塌的地方留下了一堆堆小丘，宽约 20 米，高 2—3 米，外城的北墙是最低的。

内城的中心附近，有一座用烧制砖建造的小房子的几乎看不见的房基，平面图中没有标示。外城的东部和东南部肯定曾经有过几座房子，现在全部被毁坏，看上去好像曾被城外部东北角相连的一堵不规则的墙所包围。只有这堵假定的墙的一个低矮的土堆遗存，在平面图上没有标出这堵墙的位置。城址东北及东部有许多倒地的树，实际上树都是被西风吹倒的。

在地面上采集到了几件小遗物，陶器、瓷器、铜器、石器等，主要是在外城以外的地面上采集的。尤其是在上面提到过的一组房屋附近发现了许多小型器物和石磨残片。墙内外都有许多燧石残片，但没有石器时代的特征（参看下列表中的第 52—54 件器物），而在这处遗址东南几百米处，发现了一个斧刃（参看马林格，1950，第 150 页，图版 XXXVI: 3）。

在唐代和宋代钱币中发现的五铢钱可能表明内城的建造年代较早，可能是汉代。后来才增建了外城，同时城障也得到了修缮。在唐和西夏时期，这个地方可能已经具有一定的重要性，正如斯坦因曾经推测的那样："这里是来往于额济纳河沿线的商队的一个避难所和歇脚点"（《亚洲腹地》，第 436—437 页）。

K. 13789：

1. 五铢钱。直径 25 毫米。

2. 五铢钱残片。直径 25 毫米。

3. 没有凸起边饰的五铢钱。直径 18 毫米。图版 33:9。

4. 开元钱，有很厚的铜锈。

5. 铜钱，太平通宝（976—984）。直径 24 毫米。

6. 铜钱，元丰通宝（1078—1086）。有很厚的铜锈。直径 28 毫米。

7. 铜钱，景德元宝（1004—1008）。直径 25 毫米。

8. 铜钱残片，可能是元丰（通宝）（1078—1086）。

9. 类型不明的铜钱残片，有很厚的铜锈。

10. D 形带长方形开口的双层铜扣环，用于皮带末端。两片扣环通过 3 个铆钉连在一起，上面的一片背部掏空且为斜边。尺寸为 2.5 厘米×1.8 厘米。

11. 同上，四角共有 4 个铆钉，前端比第 10 件弯得更均匀。尺寸为 2.7 厘米×2 厘米。图 9:7。

12. 用于皮带末端的带长方形开口的双层铜扣环的长方形上层扣环的残片。好像有 6 个铆钉，每一个角有一个铆钉，开口的内角处也有铆钉。尺寸为 2.6 厘米×2.9 厘米。

13. 断成 2 片的铜带环，有扣环或带扣，扣环或带扣主要是双折的长方形铜片且没有固定的末端，用铆钉连在一起。很独特。尺寸为 3 厘米×2.4 厘米。图 9:6，图版 33:27。

14. 普通汉代三棱形箭镞残片，只有尖端保存下来。边宽曾为 8 毫米，比一般的箭镞窄。

15. 小铜钉或大头钉，头部为圆球形，中间有一个小圆块。整体铸造。长 2.1 厘米。

16. 扁铜门闩残片，隆起且向一端（已破裂）逐渐变细。隆脊厚 3 毫米，宽 6—9 毫米。

17. 稍小的 U 形大铜钉，用末端扁且尖的圆钉弯曲而成。宽 2.4 厘米。

1

2

图 76
2 个样式独特的饰件，标本 1 为玻璃质地，标本 2 为玻璃或水晶质地。原大。
1. A. 8: I；438。
2. K. 13789: 21。

18. 各种小铜片。

19—20. 双锥形六边玛瑙珠。长 21 毫米。

21. 短六边形透明玻璃（？）珠。直径 10 毫米。图 76：2。

22. 七边形扁平红玉髓珠。直径 10 毫米。

23. 小圆柱形红玉髓片，短的每一端都有未完成穿凿的孔。是制作珠子的材料。

24—27. 4 个切削得很光滑的红玉髓和玛瑙珠。直径 8—22 毫米。图版 30：3。

28. 未经切削加工的玉髓珠。直径 20 毫米。图版 30：4。

29. 圆形、两面凸的红玉髓片，整体经过切削。直径 22 毫米，厚 11 毫米。

30. 红玉髓小圆片，为制作珠子的材料。直径 10 毫米。

31—36. 可能是瓷碟的 6 块残片，北方青瓷。外部装饰刻画线纹，内部装饰叶纹。

37. 瓷碗或高足杯的小块残片。定窑瓷。

38—40. 3 块较薄的瓷器残片。影青瓷。

41. 装饰性瓷器的小块残片，磁州窑，外部白色条纹上施一层透明薄釉，内部表面施一层较厚的褐色釉。外部釉下的装饰图案主要是环形刻痕下的线纹和压印小环纹，所有凹陷部分都填充褐彩和褐色釉。胎体为浅灰色。最大量 3.8 厘米。图版 22：7。

42. 瓷器口沿残片，上施透明薄釉，胎体为浅灰色。

43. 无装饰花纹、未施釉的陶器残片。灰褐色，陶质均匀、细腻。硬度为 5.5Mohs。

44—45. 陶器的 2 块残片。灰陶，陶质均匀、细腻。

46. 无装饰花纹、未施釉的陶器残片。胎体为蓝灰色，陶质均匀、细腻。硬度为 5.5Mohs。

47. 未施釉的陶瓶底部残片。盘形下部的主要部分保存下来，上刻草率的"官"字。胎体为蓝灰色，陶质均匀、细密。硬度为 7.0Mohs。底部直径约 7.2 厘米。图版 19：5。

48. 小陶纺轮。

49. 深红色砂岩质地的石磨残片，一面有 3 个平行的深凹槽，可能用来研磨珠子。背部几乎已经磨平。图版 20：16。

50—51. 2 小块黑色炉渣。

52—53. 2 块燧石，稍加修饰。

54. 一组 9 小块打火石。

55. 一组铁器的 10 块残片，锈蚀很严重，矿渣等。一块矿渣样材料上有一个圆形压痕，可能是用来铸造圆盘的。图版 38：7。

56. 较宽的瓷杯宽底小块残片，可能属影青瓷。留有镂空装饰图案的痕迹，可能是椭圆形五叶孔。图版 25：10。

57. 高足瓷杯侧面的残片，定窑瓷。胎呈骨白色。高约 2 厘米。

58—63. 胎很薄的青釉瓷器的 6 块残片，为淡青色，部分未上釉，有些残片上留有很浅的细刻线组成的花纹。

64. 白瓷器的圆形残片，也可能属于影青瓷。

65. 瓷碗侧壁残片，釉下装饰蓝彩。外部莲花纹饰上方为叶形涡纹镶边。凹雕的黑铜钱状珍珠图案被单线环绕。

66. 瓷碟残片，北方青瓷，内部装饰程式化带鱼纹的刻画水生植物纹。图版 25：5。

67—68. 北方青瓷器的 2 块残片。

69—71. 瓷碗口沿的 3 块残片，可能属于青瓷，外部表面施不到碗底的薄釉。

72—73. 薄胎瓷器的 2 块残片，可能是瓷碗，胎体为浅黄色，灰色或微黄色薄釉下绘白色条纹。

74. 瓷碗的环形底的残片，边沿几乎是水平的，宽约 1.8 厘米。胎体为浅灰色。釉可能被沙子磨去。很独特。直径 11 和 7 厘米。

75—76. 瓷碗底部的 2 块残片，磁州窑，胎体为灰色，黄色和褐色釉已被磨去。

77. 瓷碗底部残片，影青瓷，施浅绿色釉，内部底部装饰刻画线纹。为典型的福建类型的圈足。

78—79. 薄胎瓷碗口沿的 2 块残片，胎体为浅黄色，上施深绿褐色釉。

80. 瓷罐颈部残片，磁州窑，胎体为浅黄色，上施黑褐色釉。

81. 宽体薄胎瓷碗口沿的残片，胎体为浅黄色，上施深褐色釉。

82. 褐釉、厚胎瓷器残片，磁州窑，胎体为浅黄色。

P. 411：

1. 几乎为椭圆形的扁铁环，可能是带环或带扣的一部分。尺寸为 3 厘米×2 厘米。

2. 铜板残片，一边弯曲。长 2.5 厘米。

3. 小铜镜边缘的残片。边缘无装饰，宽 10 毫米、厚 4 毫米。边缘以内有一条凸起的绳样装饰线。直径曾为 8 厘米。

达堤 K790

位于安东廊勒西南约 500 米处，是哈喇浩特西北地区的几个达堤遗址之一。

K. 13790：

1. 普通汉代三棱形铜箭镞，末端很钝，直圆棱，留有铁铤（？）的痕迹。长 27 毫米，边宽 10 毫米。

2. 同上，边和末端更尖锐锋利，直圆棱，基部（从青铜铤算起？）有块状铜绿。长 24.5 毫米，边宽 8 毫米。

3. 同上，末端钝，棱较大且直，有容纳铤的深 11 毫米的长方形孔。长 27 毫米，边宽 10 毫米。

4. 同上，锈蚀严重，一面有三棱形凹陷，直圆棱，有容纳铤的深孔。长 29 毫米，边宽 10 毫米。

5. 皮带末端双层铜衬垫的上层扣环，后部为长方形框，前部为三角形，斜边。上下层扣环（下层已经遗失）通过 3 个铆钉连在一起。背部有一个小坑，在扣环角上的铆钉内，可能就是用来固定下层扣环的。尺寸为 21 毫米×15 毫米。图版 34：7。

6. 扁平的、有脊状凸起的铜护臂的残片，绘绿彩（或是漆？），一端简单的装饰性凹槽可能代表蛇或龙的头。宽 6 毫米，厚 2 毫米。

7. 圆纽扣形蓝绿色玻璃片，可能是戒指。直径 17 毫米，厚 6 毫米。

8. 各种铜片、残片和铸件废料。

达堤 K791

由不同大小的达堤组成且连接安东廊勒和哈喇浩特城一线上最北端的一处遗址。靳先生发掘所获得的器物，主要是五铢钱和唐、宋时期的钱币。

K. 13791：

1—2. 2 枚五铢钱。直径 25 毫米和 24 毫米。第 2 枚，图版 34：2。

3—4. 五铢钱的 2 块残片。

5—7. 3 枚开元通宝。直径 23—24 毫米。

8. 铜钱的小块残片，为唐代或宋代铸造。

9. 三棱形铜箭镞，为普通汉代类型，棱被削直略向上弯。锈块代表铤，铤插进一个长而厚实的插口，而且从底部凸出。长 30 毫米，边宽 10 毫米。

10. 同上，有绿锈，边锋利，似乎磨砺过数次。直棱略向上弯。底部末端有铜铤或铤孔的痕迹。长 28 毫米，边宽 9 毫米（原本较宽的边）。

11. 同上，顶端和边都较钝，直棱略向上弯。有铜柄脚的痕迹。一面可能有三棱形凹陷。长 31 毫米，边宽 11 毫米。

12. 皮带末端 D 形双层铜扣环的上层，带长方形开口和 3 个窄铆钉。斜边。尺寸为 26 毫米 × 16 毫米。

13. 同上，稍小一点，形状和上一件完全相同，带 3 个很厚的铆钉。斜边。尺寸为 24 毫米 × 15 毫米。

14. D 形双层铜扣环的下层。有长方形窄开口和 3 个很厚的铆钉，铆钉直径 2 毫米。尺寸为 24 毫米 × 18 毫米。

15. 铜钉残片，一端为扁圆形，另一端只有一半的厚度且弯曲。长 6.8 厘米。

16. 几块铜板。

17. 短剑或大刀的 T 形防护物，严重侵蚀。轮廓为矛尖形，窄长形纵向部分从两边向中心凹陷。中部的开口似乎为三角形。尺寸为 7 厘米 × 2.2 厘米 × 1.1 厘米。

18. 很小的瓷碗残片。胎体为浅灰色，内底施深褐色釉。直径 6 厘米，高 2.5 厘米。图 61：5。

19—20. 灰陶的 2 块残片。

21—22. 2 颗未经打磨的球形红玉髓珠。

23—28. 6 块褐色玉髓和红玉髓或玛瑙，是经过部分加工的用来制作珠子的材料。第 25 件为圆筒形且加工较精细，最后 3 件为小球状。图版 30：1，32。

达堤 K792

K. 13792：

1. 五铢钱残片。直径 25 毫米。

2. 带长方形扣环的铜带扣，整体铸造。环为椭圆形，边缘从两边向外倾斜。背部构造在内边的中间有开口，因此中间就有了 2 个正方形凸起物。（参看 K. 13759：6）。尺寸为 24 毫米 × 23 毫米，厚 2.5 毫米。

3. 皮带末端铜扣环，有 2 个用于固定带环的铰链状凸起物。主要是 2 毫米厚的铜片，最前端的边为直边，较长的边向圆形的后端逐渐变窄，后端有 2 个铆钉。边缘顶部倾斜。尺寸为 4.2 厘米 × 3.4 厘米。图版 34：8。

4. 各种铜片。

5—8. 4 块铁片，应为较大器物的残片。

9. B 型陶网坠残片，有纵向和十字形刻槽。长 4.5 厘米。

10. 长方形红砂岩磨石残片，有一道横穿悬孔的裂缝。厚 1 厘米，宽约 2.6 厘米。

11—13. 3 块打火石。

达堤 K793

王先生从一处房屋遗址附近的一个地点采集到遗物。

K. 13793：

1—2. 2 枚五铢钱。直径 27 毫米和 25 毫米。

3. 五铢钱，正方形孔下部边缘的正中有凸起的横线。直径 25 毫米。

4. 相当大的铜钱的残片，其上保留有一个模糊的汉字。可能是崇（宁通宝）（1102—1107）。

5. 铜箭镞，带有两翼和插口基部（已破裂）。部分为菱形，所谓的翼从宽边的脊部延伸出来。末端钝。尺寸为 3.4 厘米×1.9 厘米。图版 33：6。

6. 短刀或剑的椭圆形手柄环，截面为三角形的插口用来容纳刃部。一面布局不规则的 2 个坑可能是用来镶嵌宝石的。很独特。尺寸为 3.5 厘米×5.2 厘米；厚 8—9 毫米。图版 36：4。

7. 铜片，弯曲成圆筒形。长 6.5 厘米，直径 2 厘米。

8. 锈蚀严重的球形铁铃铛的残片，铃铛边缘部分和底部都裂开，顶部可能是用来悬挂的长方形凸起，也已破裂。铃身长 3.5 厘米，直径 2.8 厘米。

9. 双圆锥形多边玛瑙珠。

10. 卷轴形蓝玻璃小珠。

11. 浅褐色陶圆盘，一面有一小部分高浮雕图案，可能代表一个饕餮面具。直径约 14 厘米。

12. 砖红色夹砂陶片。

13. 陶纺轮残片。

14. A 型线轴形陶网坠残片。

15. 很宽的薄板岩磨石残片。

达堤 K794

K.13794：

1. 五铢钱（？），上有厚厚的铜锈。

2. 铜钱，熙宁元宝（1068—1078）。直径 29 毫米。

3. 铜钱，祥符元宝（1008—1017）。直径 25 毫米。

4. 铜钱，元丰通宝（1078—1086）。直径 24 毫米。

5. 长方形装饰性铜质小饰件，上有代表饕餮面具的镂空花纹。边为叶形。每一端有一个铆钉孔。很独特。长 3.5 厘米，厚 2—3 毫米。图版 32：9。

6. 皮带末端铜饰件残片，曾为长方形，前端为三角形。前部略高起，背部则相应凹陷，背部有 3 个铆钉。很独特。宽 2.4 厘米。

7. 玫瑰形小铜片，前部有斜边。背部中心部位的孔周围有钉子或铆钉的锈迹。尺寸为 1.4 厘米×1.4 厘米。

8. 截面为长方形（5 毫米×6 毫米）的铁片，可能整体轮廓为矛尖形。箭的尖端（？）。长（3.8）厘米。

9. 浅蓝色卷轴形玻璃珠。

10. 卷轴状不规则五边形浅蓝色玻璃珠，带白色条纹。

11. 球状六边形绿色玻璃珠残片。直径 9 毫米，高 8 毫米。

12. 红玉髓球。直径 11 毫米。

13. 深蓝色小玻璃块。

14. 各种铜片，主要铸件废料。

15—16. 2 片瓷器残片，一片是口沿略外翻的瓷碗口沿残片，釉下绘蓝彩。外部简单的缘饰线条之间为大莲花组成的花环的一部分。内部边缘周围装饰单线条和双线条之间的花环。参看下述 18。

17. 口沿外翻的瓷杯口沿残片，可能是高足杯，装饰蓝彩。外部边缘周围的线条以下为部分菊花花环。内部口沿周围的单线和双线之间装饰典型涡纹和条状凹雕暗花。花纹彩绘成深蓝色，部分彩绘成淡蓝色。口沿直径约 11 厘米。

18. 碗的下部残片，可能和上述 15—16 同属一只碗。外部为条带状莲花纹，凹雕的鸭子头的一部分可能是一只海螺壳。

19. 小瓷瓶顶部残片，平面为六边形，矮圆颈，装饰蓝彩。外部颈部装饰彩绘得很粗糙的带状回纹，斜肩以下装饰不知名的花，钴在焙烧的过程中发生窑变且颜色变深。口沿以内施釉。器身直径4.5 厘米，口沿直径 2.8 厘米。图版 29：5。

20. 瓷碟口沿残片，属青瓷，与 K. 13769：21 相仿。

21. 裂纹青瓷釉陶器残片。

22. 瓷碟口沿残片，钧窑瓷，施蓝色和红紫色斑点釉。胎体为灰色。

23—26. 钧窑瓷碗的 4 块残片，施深蓝色和蓝绿色釉。第 26 件有红紫色斑点。胎体为灰色。

27. 砖红色陶碟叶形口沿残片，保留有蓝色瓷釉斑点。图版 20：17。

28. 陶器的足（？），几乎变成了一件螺旋形小器物。A 型陶。长约 11 厘米，直径约 2 厘米。

29—32. 3 个完整的和一个残缺的陶纺轮。

33—34. 2 个圆形浅灰色陶器。第 33 件中心的孔未完成穿凿。

35. 磨石残片，一端附近有一个小悬孔。

地点 83

是房屋遗址以北一片荒芜地带的终点，向额济哈喇布鲁克中部延伸，这样一来，便覆盖了地图上的"白色点状区域"，这一区域是曾经存在过的额济纳河在高高的沙丘下销声匿迹的地方。贝格曼在这一地区周围考察、绘制田野图时曾这样评价："各处都散落有釉陶器碎片，但数量不多"。他没有采集任何碎片。

房址 K795

位于上有城址的延伸了的台地边缘。

K. 13795：

1. 铜钱，有很厚的铜锈。祥符元宝（1008—1017）。直径 23 毫米。

2. 铜钱，熙宁元宝（1068—1078）。直径 25 毫米。

3. 皮带末端双层铜扣环的上层残片。背部末端有两个铆钉和长方形开口。边的前部倾斜。宽 2.4 厘米。

4. 铜线，截面呈圆形，末端翘曲。可能是制作耳坠的材料或耳坠的一部分（？）。

5. 几块铜片，主要铸件废料。

6. 蓝色环形玻璃珠的一半。直径 13 毫米。

7. 灰陶小纺轮。直径 2.4 厘米。

8. 白玉髓片，略加修饰。

达堤 K796

位于台地以下，台地上是斯坦因提到的佛塔 K. K. Ⅳ。

K. 13796：

1. 铜钱残片，咸平元（宝）(998—1000)。直径 24 毫米。

2. 同上，残片。

3. 铜钱残片，保留有铭文的最后"元宝"二字。直径 26 毫米。

4. 铜钱残片，铭文已模糊不清。

5. 铜带饰，下部边缘中段留有环形（可能是椭圆形）痕迹。较厚的尖椭圆形盘，部分装饰带穿孔的浮雕图案，可能代表一只羚羊站在树间，边缘装饰凹雕线条。因上面覆盖深绿色和浅绿色铜锈，所以图案已经很模糊。背部，2 个已经断裂的环是用来拴带子的。纵向略呈拱形。很独特。尺寸为 6 厘米×4.2 厘米。厚约 2.3 毫米。图 77。

6. 各种铜片。

7. 带有插口的小铁锄或斧刃，已锈蚀。插口主要是 2 块金属片向一个方向弯曲而成。刃向凸出的切边逐渐变宽。长 9 厘米，切边宽约 5 厘米。图 67：3，图版 36：25。

8. 高足瓷杯的圈足，定窑瓷，上施一层薄薄的白色釉。高 1.3 厘米。

9. 瓷器口沿残片，外表面施发白的黄色釉，内表面施浅灰色釉。胎体为灰色。

10—12. 瓷器口沿的 3 块残片，钧窑瓷，上施蓝绿色、蓝灰色和黄褐色釉。第 12 件上装饰绿色条纹。胎体为浅黄色。

13. 宽体、薄壁瓷碗口沿的残片，发白的黄色胎体上施黑褐色釉。

14. 灰陶纺轮。

15. 扁平的水滴状淡绿色玻璃块。表面打磨粗糙。

图 77
青铜带饰，K.13796：5。上有厚厚的绿色铜锈。原大。

城障 84

这是个被称为乌兰都儿孛斤（蒙语为"红城子"）或按照斯坦因（《亚洲腹地》，第 436 页）所称的索哈特河（Sokhato-kol）① 的小城障，位于伊肯河和哈喇浩特之间的平坦的沙砾地带北部，额济纳河主河床以北 2.5 公里多的地点。保存完好的城障为正方形，尺寸为 22 米×23 米，城墙高 7 米，城墙的建造方式为每三层土墼夹放一层芦苇（斯坦因认为是每六层土墼夹放一层芦苇）。墙基厚 4 米，墙顶厚 2.8 米。外部围筑两层矮墙。门在东南角。东墙上有一个小开口，可能是原来的小门，现在因土墼坍塌，小门变成了大门。正如斯坦因所指出的，这个小门的尺寸和毛目地区城障的门相同，均为汉代的常见尺寸。周围环境、通用的建造方式和这个城障所处位置的相关情况充分证明，此城障属于汉代。其平面图见图 78。

斯坦因和贝格曼都对此遗址进行过发掘，均无收获。

烽燧 A14

是上述城障以南的 2 个烽燧中的第一个，这 3 处遗址形成了西南—东北一线，A14 已被部分发掘。现在它变成了一个又光又圆的土堆，只有 2 米高，直径大约 20 米。

中心部位有一个土墼砌的烽燧，烽燧的东面和南面被与过道相连的稍宽于 1 米的小窄房包围。在东侧的一个凹处砌了一个炕（在平面图 79 中的地点 A），大多数遗物都是在炕下发现的。在炕以上、土堆表面以下 30 厘米处发现了用草做的蓑衣残片。与上述凹处对面的一个凹处是通向烽燧顶部的台阶的起点。在地点 B，过道中有一根与墙平行的相当粗的横梁。此处，在 40 厘米深处发现了封泥 A.14：19。部分墙体被刷白并彩绘红色和黑色条带纹，和几处汉代遗址的情况相同。有些地方挖掘

①这个名称应为 Sukhaite-kol，表示"生长有柽柳的低洼地带"，明显指的是要塞附近类似水道的低洼地（贝格曼）。

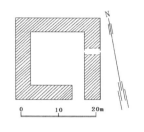

图 78
乌兰都儿字斤北部
城障 84 的平面图。

深达 1.3 米。

收获的遗物主要是木器，例如 7 枚简、较大器物的各个部件残片、橛、棱柱体、刮铲残片、髹了黑色和红色漆的椭圆形碗的残片、髹了黑色漆的箭的基部等。另外，还有竹子和芦苇容器残片、可能属于一件盔甲的小块铜片、封泥残片、襄衣的一部分、丝绸和植物纤维、绳子、几块汉代陶器碎片被提到但丢弃在了原地。

遗物目录：
A. 14:

1. 长木橛，一端有节头。节头中部有一个凹槽，节头上刻有一个深 2.5 厘米、3 毫米×4 毫米的孔，可能曾有铁钉或尖锐的东西嵌进孔中。节头附近有一件扁椭圆形物，节头末端有一件圆形物。长 37 厘米，直径 1.4—2.2 厘米。图版 11:7。

2. 楔形木块，一个长方形薄木榫钉较厚的一端插入一个 4 厘米的孔内。可能是一个较大器物的一部分。尺寸为 27.3 厘米×4.8 厘米×3 厘米。

3. 几乎为长方形的柽柳木块，似被随意砍下，而且可能没有砍完，一端有一个几乎为圆形的深 3 厘米的洞。这个洞好像经过两次加工才成型。不对称的轮廓是用凿子加工的，底部的一部分是旋成的，浅洞直径 3.5 厘米。尺寸为 23 厘米×8 厘米×4.3 厘米。

4. 木板，向一端逐渐变细，这一端有一个正方形孔和 3 个凹槽。较宽的部分有一个圆形开口，其直径 5—6 厘米。尺寸为 26.7 厘米×10.3 厘米×2 厘米。

5. 木棍，截面为扁椭圆形，一边为斜边。中部烧焦。尺寸为 24.3 厘米×2.6 厘米×0.6 厘米。

6. 素简。尺寸为 22.9 厘米×1 厘米×0.3 厘米。

7. 圆木橛，一端尖且绘黑彩。长 17 厘米，

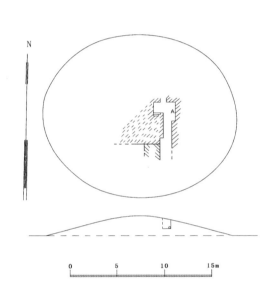

图 79
烽燧 A14 平面图和烽燧剖面图。大部分遗物在地点 A 发现。

直径 1.4 厘米。

8. 木铲凸起的刃部的纵向残片。没有固定的一端凸起，较长的一边略微凹陷。尺寸为 9.1 厘米×1.2 厘米。

9. 木条的残片，一端有一个凹槽。尺寸为 9.3 厘米×1 厘米×0.8 厘米。

10. 制作很粗糙的木橛残片，穿凿有一个长方形孔。长 15.5 厘米，直径约 3 厘米。

11. 小竹橛，有点尖。尺寸为 14.5 厘米×0.6 厘米。

12. 竹筒的烧焦的残片，可能用作容器。长 10.5 厘米。

13. 芦苇筒的 2 块残片，可能用作容器。长 10.1 厘米，直径 1.3 厘米。

14. 1—9. 部分缝缀起来的各种褐色和砖红色丝绸（衣服的一部分）、丝质填充物、植物纤维织

物、植物纤维绳。第6件是浅褐色植物纤维残片，上有墨印龙样图案（参看希尔旺，1949，第28页）。

15. 长方形小木片，略似桌子的形状，和普通木封检的形状类似。有凹陷的一面。尺寸为4.4厘米×2.1厘米×1.3厘米。

16. 小木棱柱，一端有一个窄洞。可能是锥子的把手。洞为长方形（1.5毫米×1毫米），至少有6毫米深，可能硬木块这一端因使用而产生了裂缝。尺寸为2.3厘米×1厘米×0.8厘米。

17. 薄壁小木碗的残片，外部留有黑色漆的痕迹，内部是红色漆。这个碗原本近乎圆形，而不是常见的椭圆形。

18. 绑在箭的基部以保持绳索位置的两块尖木块的其中一块。几乎为三角形的小硬木块，加工很精细——边缘锋利，表面光滑。虽然留下来的痕迹表明整个拱形面都覆盖有漆，但只有顶端两面都糅了黑色漆。拱形面上的漆层是在一层浅灰色、多孔渗透物质层之上的。但背面却没有下面这一层渗透性材料层。很独特。尺寸为3厘米×0.9厘米。图版9:9。

19. 封泥残片，上面保留了一根绳子。仍能辨认出阳刻的2个汉字的一部分。

20. 小铜片，上有铜锈。盔甲上薄片的残块。厚0.5毫米。

21. 装饰红色和黑色条带纹的墙的白灰泥片标本。

22. 草绳做成的蓑衣残片，与A10:Ⅰ；97属同一种类型。这块残片没有末端断裂的草绳搭叠在一起的片，水平连接处的距离为9—10厘米。

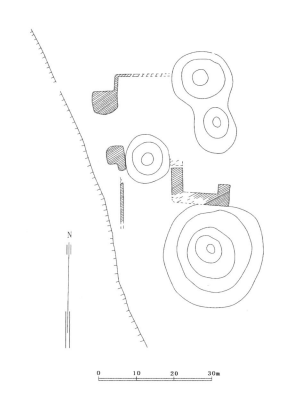

图 80

已被损毁的伊肯河附近城障86平面图。同心线为柽柳锥形物，悬壁线为干涸了的河床。

烽燧85

这一处烽燧所形成的土堆位于烽燧A14西南大约1250米，而烽燧A14又位于北乌兰都儿字斤（城障84）西南1200米，这处烽燧和烽燧A14的形状完全一样，没有做过考察。

城障86

在与额济纳河相连的一条小河和已干涸了的额济纳河的北岸屹立着一个已损毁的小城障，这个小城障位于高高的圆锥形柽柳堆和布鲁克之间的一处城址内。坍塌的墙壁随处可见，大部分又被柽柳堆覆盖，这样的背景之下出现这样一处遗址颇具画意。因此，其平面图也很不完整（参看图80）。

城障实际上是由相互间形成斜角的土垒墙组成；墙体基部有3米厚，其上又有一截1.5米高的矮墙。包括矮墙在内的高 7 米（图 81）。使用的土墼形制与额济纳河相连的地方 K797 ［马民察汗白声（Mamin-tsaghane-baishing）］的两处遗址的形状一样——不太雅观的形状。此处遗址墙壁的砌造方式

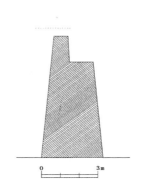

图 81

城障 86 的土墼墙剖面图。

是三层土墼中夹放一层柽柳。较矮、坚固程度又较差的一道外墙包围着城障；只有西面的一部分和西北角仍被保留下来。大门面对干涸了的小河并且每一面都有烽燧式的马面对它起到了加固作用。外围墙的尺寸估计可能是 40 米×50 米，真正的城障可能就建造在城址的中心附近。附近没有发现任何器物，但其建筑方式和哈喇浩特时期，如唐、宋、元时期的遗址有密切关系。

房址 87

位于上述城障遗址和马民察汗白声之间，有一个单独的房子。主要是一处用大块土墼砌成的长方形建筑物，墙体很结实。整个建筑物分为一大间房和一小间房。房子的尺寸为 14 米×13.5 米。参看图 82。

房址 K797

与北乌兰都儿孛斤要塞所在的沙砾地一样的地表、且能看到北乌兰都儿孛斤的这样一个区域的南端矗立着被称为马民察汗白声的遗址。较大的一处遗址是一个尺寸为 38 米×33 米的正方形院落。只有南墙和北墙仍矗立未倒，墙体高 2.8 米。墙体用很不成形的大块土墼砌成，土墼的尺寸记载如下：37 厘米×30 厘米×19 厘米，33 厘米×23 厘米×17 厘米，35 厘米×? 厘米×16 厘米，34 厘米×? 厘米×18 厘米，33 厘米×? 厘米×19 厘米，33 厘米×? 厘米×18 厘米，33 厘米×? 厘米×16 厘米。墙壁的厚度只有 50 厘米，建造墙壁时，只用了一排撑架和顶梁。贝格曼认为，这么薄的墙壁能保存得如此完好，可能说明它建造的年代较晚。这个大院可能用作马厩、畜栏等。

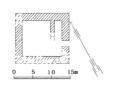

图 82

已损毁的房屋遗址 87 的平面图。

大院的东南角有一个用同样大小的土墼砌成的较小院，一边长 19 米。至今保留下来小房屋遗迹和东北角的生火地点。大院以北，且与其一边平行的是一堵很低的土堆形的墙，实际上是一堵外部防御墙。平面图见图 83。

在小院的房间内发现了几片写有大字的撕破的纸（见图 83 中的地点 B 和 C），在大院内（地点 A）也收集到了几张小纸片。以下器物是在 2 处建筑物之间的地面上发现的。

K. 13797：

1. 铁箭镞，刃扁宽且向钝角的一端逐渐变宽。部分铁铤已缺失。长（9.3）厘米，宽 3 厘米。

2—3. 瓷杯的 2 块瓷片。淡绿色，几乎为发白的影青瓷。第 3 件内部装饰刻画线条组成的花纹。

4. 淡蓝色瓷碗的瓷片，钧窑瓷，胎体为浅黄色。

5—6. 施黑褐色和褐色釉的瓷器的 2 块瓷片。胎体为黄色和灰黄色。

烽燧 88

位于额济纳河北岸，马民察汗白声以东几百米。其基部尺寸为 3 米×3 米，高 2 米。可能与下述达堤遗址有某种关联。

房址 88a

位于马民察汗白声（K797）西南 2.5 公里处，已干涸了的额济纳河的西岸。损毁严重，虽然是用所谓的大块土墼砌成，也只有一个角保留了下来，高 2 米。

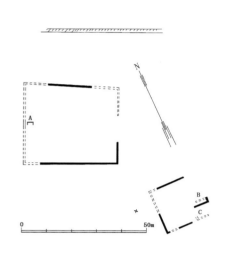

图 83

遗址 K797（马民察汗白声）平面图。纸片在 A、B、C 三处发现，一只箭镞在十字标注的地点发现。

达堤 K798

位于前一个烽燧以南 100 米处。河床附近黑色沙砾地上发现的汉代钱币可能表明这个地点的烽燧以北还有一个烽燧。

K. 13798：

1. 铜钱，货泉（14—40）。直径 23 毫米。

2. 普通汉代三棱形铜箭镞，末端破裂，一面有一个三棱形凹槽，棱直角向上弯。基部末端留有铜铤或铤插口的痕迹。长 29 毫米，边宽 10 毫米。

3. 圆柱状白石珠。长 17 毫米，直径 6 毫米。

烽燧 89

大块土墼砌成的一个烽燧，矗立在一个几乎齐人高的土（？）台上，边墙用薄土墼墙或石墙进行了加固。基部尺寸为 5 米×5 米，高约 3 米。正好位于哈喇浩特和马民察汗白声正中一个台地的基部，这个台地上耸立着下述汉代烽燧。

烽燧 A15

损毁相当严重，用大块（汉代尺寸？）土墼砌成。遗物是从地面上捡来的。

A15：

1. 普通汉代三棱形铜箭镞，使用之后，边缘似乎被磨过，留有铜铤和褐色铜锈的痕迹。圆角。长 28 毫米，边宽 9 毫米。图版 4：4。

2. 同上，有长 6 毫米（几乎接近其原来的高度）的铜铤或铤插口。长 28 毫米，边宽 9 毫米。图版 4：3。

3. 铁板残片，断裂成不规则的形状。厚 3—4 毫米。

4. 带插口的铁锄刃的残片，主要是一个略弯的角。材料厚 2.5 毫米。

5. 陶器残片，留有绳纹的痕迹。浅灰色陶，陶质均匀，夹褐色砂。外部有沙的光泽。

6. 同上，留有绳纹的痕迹。A 型陶。

7. 未施釉的陶器残片，留有绳纹的痕迹。灰陶，陶质均匀，掺少量砂。硬度为 5.5Mohs。

8. 同上，部分压印绳纹被环形边饰遮盖。灰陶，陶质均匀，部分表面发黑。硬度为 5.0Mohs。

9. 陶器残片，留有绳纹的痕迹。内部为很细的拉坯弦纹。A 型陶，器表为褐色，很粗糙。

10. 陶器残片，留有绳纹的痕迹。灰陶，内部盘条形成一层 0.5 毫米厚的褐色层。器壁厚 8.5—10 毫米。

11. 陶器残片，留有绳纹的痕迹。淡黄色，陶质细密、均匀。

12. 陶器残片，留有绳纹的痕迹。灰陶，外部泛着沙的光泽。

13. 陶器残片，外部表面素底和绳纹边饰交替分布。胎发黄色，陶质细密、均匀。

地点 90

位于前述台地基部的烽燧以东大约 2 公里处。主要是一个小石堆及遗留下来的几块陶片。可能是烽燧遗址，或只是一个鄂博。

地点 91

是一个用土坯砌成的小土墩，位于俯瞰哈喇浩特和葱都儿之间主干道的一个狭长的台地末端的小土墩。

哈 喇 浩 特

"在弥漫的蒙蒙雾霭中，人们很容易将哈喇浩特当作一个依然有人居住的地方，只有近距离观察才能发现那些被流沙覆盖而高低不平绵延起伏的雄伟城墙的真实面貌。眼前呈现出一幅非常壮观的景象：城墙被透过云层的几缕阳光染成了玫瑰红色，沙丘呈黄棕色，这些色彩与淡蓝色的天幕相互映衬，形成了一幅极其美妙的色彩画。"[1] 这是 1931 年 1 月贝格曼完成了他对汉代城障穆都儿字斤（译者按：即破城子）的粗略调查之后，走近这座废城遗址时的第一印象。

此次造访"死城"[2] 的目的是为了探明在党项人建造此城之前这一地区是否还有其他定居情况的蛛丝马迹。从历史资料中得知此处原来有一座唐城，但是准确位置又难以确定，或许在哈喇浩特城内或附近可以发现它——贝格曼很可能受到斯坦因所绘平面略图（《亚洲腹地》，图版 18）的启发而产生这一想法的，因为斯坦因的平面图上显示出在以浅色建筑为总体背景的基础上，还非常醒目地标示着大量的土质构造。由于城址可能已被完全发掘[3]，对早期调查者所绘平面图[4]进行校正或对采集物进行综合描述，是没有什么顾虑的，其中斯坦因的平面图看起来更加可信。

在考察的 10 天时间里，到邻近地区去绘制地图而不得不暂时性地放下手头的工作，贝格曼集中精力考察了城址的建筑结构，同时还指导王先生和靳先生发掘内城和外城的废墟堆积层。抵达后的第一天，他就清楚地意识到必须绘制一幅新的平面图，因为以前绘制的平面图在某些特征方面容易引起误解，而这些特征对于一处可能属于更早期的城址平面图来说又至关重要。这就涉及要彻底调查高大的城墙，也要对早期调查者绘制过平面图的建筑物遗址再进行一次调查。他们也挖了许多探坑并进行了针对器物的探索性发掘。2 月中旬，当这处遗址的发掘工作无法继续下去时，贝格曼便对已经取得的收获进行总结：毫无疑问，新平面略图（图 84）增加了新的调查资料，比以前的平面图更准确，但和旧图一样，不管怎么说离尽善尽美都有很大的距离。超过半数的房屋遗址仍然毫发未动，而所有寺庙建筑内的珍宝都已经被洗劫一空。哈喇浩特曾被额济纳河的两条支流环绕的观点是站不住脚

---

①引自贝格曼的日记，而且比他在《报告》第 148 页中的相应内容更接近瑞典语原稿。他的日记中另有一些类似的、令人印象深刻的描述，其中一部分内容已经体现了他的《报告》和本书中。

②科兹洛夫推荐的译名。贝格曼曾建议在蒙古语"哈喇浩特"和"废城"二者中选取其一（参看他的《报告》第 149 页）。斯坦因则使用了一个字面意思更正确的翻译"黑色的城市"，也就是汉语通常所说的"黑城"。

③参看贝格曼的《报告》第 148 页。在这一页及之后的三页中，有一个关于他在哈喇浩特地区工作的简要描述。

④在科兹洛夫的平面图 1948 年版的第 79 页上；斯坦因绘制的平面图在其《亚洲腹地》图版 18 上；华尔纳的平面图在他 1926 年的报道中。这些图已于 1950 年在马祖达（Matsuda）复制。

的——城址台地周边的低凹地带散布着类似达堤一样的房屋遗存，尤其是南部和西部，有些遗物时代较早，甚至有汉代遗物。

高大的外城

外城几乎为长方形（约 380 米×450 米），与应有的东西方向稍有偏离。城墙用夯土筑成，用嵌入的木椽进行过加固，现在从城墙两侧还能看到 3 排横向分布的椽孔。城墙基部宽约 12 米，向高 8 米的墙顶逐渐收分，顶部宽 4 米。顶部外沿曾有一道带有垛口的挡墙，用土墼砌成，宽约 33 厘米，高约 2 米。挡墙中间有较大的探孔。四面城墙内侧的中部以及西北角和东南角都有土筑斜坡（译者按：即登城马道）直达墙顶。城墙外侧有许多相互间距基本相同的突出物，将城墙分隔成等距离的墙段。这些突出物一般都与城墙齐高，厚度也一样，也是夯土板筑（译者按：即中式古城的马面，主要起加固城墙的作用）。西城墙和东城墙的城门外各有一个长方形瓮城，城四角各有一个圆形角台，西城墙和东城墙外面各有 4 个方形马面，北墙有 6 个，南墙有 5 个。城墙外侧 4 米开外的地方，有一段夯土筑成的矮墙，厚约 3 米，正好与马面处在同一线上。

以上是城墙基本构造的主要特征。在此，必须对图中几处形式各异且不规则的情况加以补充说明，这些特殊细节对于贝格曼认为此处有一个更为古老的定居点的观点极为重要。在讨论这个问题之前，我们将关注贝格曼和其他考古学家考察雄伟城墙时得出的另外一些结论。

城门位于东西两墙中心部位靠上或靠下的位置是一个显著特点，这一特点与党项人的其他城址相似。另外，城墙拐角处的圆形角台的直径、墙外长方形马面的宽度和高度之间的差别相当大，这个现象可能与当初的建造者有关。类似的建筑特征可以归因于最初墙体方向的偏离，只有西北角的角台与其东侧的第一个马面之间的部分大致可以除外。

上述城墙和最靠近西北角的部分，与其他城墙相比，在许多基本构造方面显示出很大差异。这种不规则也许是后期出现的。通常，马面的顶面和墙高位于同一水平上。但是在这里，该马面和最西部的角墩比正常高度低 2 米。从西数起的第二个马面，其高度只达到城墙的一半。这 3 处墩台间，内部从低处延伸到墙顶，形成了宽 1—2 米的不同形状的平台和通道，一直延伸到墙顶的外缘之后。图 84 标示了西北角的角墩，它向东延伸，形成了一个长 14 米、宽 5 米的平台，但在其最高处却突然终止，反而向宽 2 米的结实的斜坡展开。西墙顶端也有一处长 16 米的同样结构，结实的夯土斜坡将平台向内延伸了 2 米。西北角角墩的整个凹陷部分本来是向外缘延伸的，但后来新砌的不同深度的墙使它达到了与墙体顶部同样的高度。外侧的这些加固部分，也包括东向的一排女墙，遮掩了平台上矗立的佛塔底部的一大部分。在新砌的墙和平台之间有一个灰、草和小块骨头的掺和层。从西北角角墩一直延伸到北墙最西端的第一个马面之间的墙体是原样的，但之间有一个大致为椭圆形、宽 2 米、高 4 米的大门洞。似乎人们对这个门洞是后来开的这一点没有任何疑义，但没有任何证据证明它的开凿年代和目的 ①。西城门南侧出口处的马面是所有马面中最宽的一个，其上平台已被掏空以至于形成了一排将近 2 米厚的女墙，掏空部分与城墙之间形成了一个没顶的、大小为 8 米×2 米的狭窄房间。这一马面的东侧平台最初替代了一段 28 米的墙顶，但后来这一部分又被新砌的墙加高到了正常高度——墙体内侧边缘只缺失了几米。城墙内侧低处有一条宽 3 米的通道，将马面平台与一个约 6 米×13 米的长方形"房屋"或栈道连接起来。下一个马面的平台，是所有马面中最低的一处，与前一个马面构造相似但更加简单：其内侧西面有一个长 16 米、宽 4 米的暗道，在离第一个马面平台最东端 3 米处终止。平台向东延伸了 3 米，与原有的城墙顶部相连，后来大多墙体顶部都被重新砌筑到正常高度，墙体内侧则留下了正方形的"天井"。靠近第二个马面的城墙内壁上，从地面开始，开了一个圆洞。在

---

① 参看《亚洲腹地》，第 439 页，其中复述并讨论了当地人关于这一城墙缺口的传说。

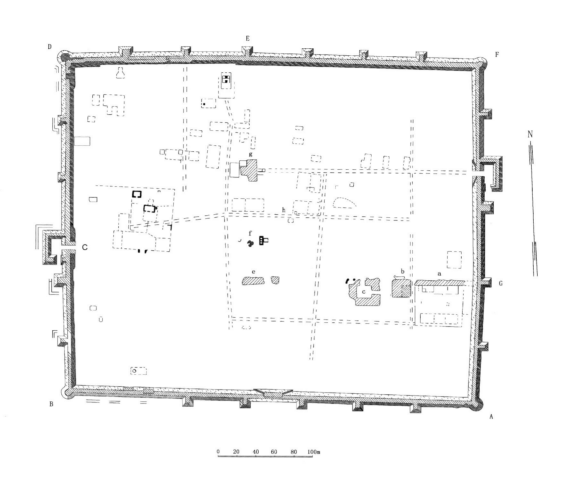

图 84

哈喇浩特遗址（K799）平面图，比例尺用米表示。参照斯坦因的平面图（《亚洲腹地》，图版18），增
加了街道和几座建筑物。采集物地点被遗漏，因为绝大多数这种地点都无法清晰地标示出来。内城墙标
示字母"e"的右边应加一个字母"d"。字母"C"右边房屋较为集中的一大片是正文中所指的衙门。

西南角的城墙上，挖了至少6个窑洞，其中一个离挖在西南角角墩深处的一处地道最近。斯坦因认为
这些掏挖出的窑洞和"寻宝者"有关，贝格曼猜测这些洞穴曾在定居时期被使用过。靠近西南角的
南侧墙上挖出的一个用灰泥粉刷过墙壁的窑洞，为后一种解释提供了事实依据。

　南城墙内侧有3处平台，和上述北墙西部的延伸情况有些对应。西南角和第一个马面之间有2个
紧邻的长方形平台，间距约城墙高度的一半以上，两个平台的大小均约10米×4—5米。起初它们与
城墙顶部是连通的，但后来连通处又被填塞了，城墙顶部的一部分又恢复到了应有高度。能从外部很
清楚地看到被填塞了的部分。贝格曼在最西端的平台附近发现了平台和后来新筑墙体部分（参看上
述城墙的西北部分）之间的一层草和大量木炭的掺和层。这个平台上也有与上述西城墙窑洞一样的
用灰泥粉刷过的窑洞。窑洞入口是东向而开的一个门，后来被砌封了，窑洞内部的北壁上有一个小壁
龛。在平台的另一端，接近南墙顶部被挖空的地方，贝格曼发现了一个小壁龛（地点16），内有几卷
汉文写卷、印有一尊佛像和藏文内容的残纸、一些布料。这个壁龛曾作为地下墓室的可能性不大，因

为贝格曼在墙外斜坡上发现了一个头盖骨和包在一个布袋子里的一些人骨头。这个平台以东几米的地方，有一个与此平台一样高、两端都外露的隧洞穿过墙体。南墙中段，从西面数的第二个和第三个马面之间，筑有比城墙低 2 米的第三个平台，直到一排相当薄的砌墙之前，这个平台和城墙都是连通的。在宽 2 米的斜坡上有台阶通往平台较短的一端，斜坡上部形成了平台的内侧。

上述大多数或全部城墙都建得较低，可能是为了与城墙上坐落的佛塔保持协调。城墙顶部太窄，难以支撑佛塔，因此不得不建造宽一些的平台。很显然，城墙低矮部是防御系统的薄弱环节，在社会动荡的时候，将其砌高或从外部填满。所有拐角处的墩台和北墙上的两个最西端的马面上还有或大或小、用竖垫砌成、表面粉刷了灰泥的佛塔。保存最完好的是 4 座坐落于西北角平台上的佛塔，尤其是坐落在拐角处的圆形角台上的大佛塔。除了顶部最高处外，其余部分都完好无损。底部为 6 米 × 6 米，高约 10 米。在广阔、平坦的砾石荒漠上，高耸的佛塔的确显得宏伟壮观，而且成就了哈喇浩特如画的景致（参看图版 X）。

斯坦因生动描述了风力对高大城墙的破坏作用（《亚洲腹地》，第 439 页）。他提到，年复一年西北风的风力，在西墙和北墙边堆积起了高高的沙丘，城墙顶部有几处被沙子侵蚀掉的深度达到 2 米。城墙另外两边遭受风沙的侵蚀性破坏要弱得多。有一处长 10 多米的城墙被侵蚀成了厚 2 米的残垣，斯坦因认为主要原因是风力，而不是沙子。从贝格曼拍摄的一些照片中可以很清楚地看到，无论如何，较大的沙堆都集中堆积在东墙两侧，没有覆盖墙体顶部。在此，我们必须考虑到在斯坦因和贝格曼先后造访哈喇浩特间隔的 17 年当中，沙堆位置的变化以及它们遭受的侵蚀性破坏。

从一开始我们就已经声明，这个城址实际上是一个长方形，边长分别为 380 米和 450 米，基本上可以确定为东西方向。事实上，南墙除了一两处缺口以外①，是比较直的，其他各墙的长度都不相同。南墙的长 442 米，位置是北偏西 87°。北墙的长 450 米，其位置如下：标为 F—E 的部分，是北偏西 87°，E 至第一个马面的部分为北偏西 89°，该马面至 D 的部分为北偏西 90°。东墙的长 382 米，其位置如下：标为 F—G 的部分，是北偏东 2°，标为 G—A 的部分，是北偏东 5°。西墙的长 374 米，其位置如下：标为 D—C 的部分，是北偏东 1.5°，标为 C—B 的部分，是北偏东 1°。方向偏离最明显的是东墙从南数起的第二个马面部分（G）和北墙从西数起的第三个马面部分（E）。

内城遗址

当贝格曼爬上东墙顶部时，他一眼就看出内城墙体遗存只有外城墙高度的一半，这些墙体与东城墙相接构成直角，从这里可界定内城的范围。通过进一步的考察，我们认定，残留下来的墙体为夯土筑造，宽 8—10 米，其中南墙保存最完好。第一段为一处长 60 米的墙体遗存，这段墙体终止在一个硕大的、向南凸出的、顶端有一个小佛龛遗址的正方形平台前 4 米的地方。如此看来，这个平台，正如斯坦因在他所绘制的平面略图中所标示的，并不是一块空地。另外，寺庙背面原本是成一定角度的墙体，后来又在其东南角堵砌，直至形成了现在的形状——正方形。从东端数起的第三段墙体是一处较大的城堡式建筑的一部分，遗址的北侧和东侧中段都开了一个门，坍塌的瓦砾堆再清楚不过地说明了此处就是城门的构造（译者按：此处遗址应该是内城南墙正中处的瓮城）。这处瓮城（斯坦因称之为城障）的尺寸为 30 米 × 34 米，其东端的出口面对着上述正方形平台的西侧部分。再往西，有约 70 米的缺口，这段缺口约位于外城西墙和东墙之间直线距离的一半处。缺口以西是两段较大的城墙遗存，总长约 40 米。斯坦因没有将这两段城墙绘进他的平面略图，但在文字说明中提到了它们，认为它们可能是寺庙的地基，他无法准确描绘其延伸部分；他说这只是他的一个假设。可以从最西一段墙址的拐角处向北城墙上 E 处的马面之间画一条直线，线内侧有坍塌的大块土筑物。近处的一段几乎

---

① 斯坦因的平面略图中没有标出城墙构造在方向上的偏离。

没有什么重要性可言，已经被侵蚀得破败不堪，从其自身来看也找不出任何曾经与其他墙体连为一体的痕迹。斯坦因也曾经将其解释为寺庙的地基，后被烧毁。其北部的坍塌遗址则完全不同，其上有一个保存相对完好的寺庙，斯坦因标为 K. K. I. ii。坍塌处呈水平 T 形，T 形的横侧面向东城墙，且与之平行，其大小有些不规则：横侧的长 22.4 米，宽 9—11 米；T 形的纵向部分的长 7.6—7.8 米，宽或厚 9.2 米，但所谓的不规则可能是坍塌或后来的变化造成的。各面的斜度适中。东侧有一段宽 2 米、通往顶部的台阶。寺庙由一个小佛堂和大殿构成，佛堂面向台阶，通往中心大殿。大殿两侧分布有较大的房屋。斯坦因认为，小佛堂内供奉有一尊带基座的高大佛像，土台边上可能曾摆放过其他佛像。从台阶开始，有一条与内城南墙平行向东延伸并通往东门的大路。

怎样来说明这些夯土建造的遗存呢？通过以上描述，我们已经能清楚地看出：这些夯土建造的遗存和城内的其他大部分遗迹明显不同——上有寺庙的 T 形遗址是所有遗址中最高的，另外，除了斯坦因标为 K. K. I. i 的庙墙之外，其他遗址都比别处的要高。这里遗址的厚度介于 9 米至 11 米之间，而城内其他遗址的厚度一般为 70 厘米。

斯坦因、科兹洛夫、华尔纳都没有在各段遗存间建立起一定的联系，只是把它们作为孤立的军事要塞或者是没有建造完成的一组房屋的墙体来看待（从马面 G 这个地点开始的一排）。这样，他们只是从外观进行判断，认为它们和其他毁弃的建筑物属于同一时代。

无论如何，贝格曼测得的尺寸显示，坚固的土质建筑物遗存整齐地排列在一起，在东西方向上与外城东墙相连，在南北方向上可能与外城北墙相连。连同相对的外城城墙部分，它们形成了一个边长 240 米的方城；这个方城位于整个城址的东北部且占据了整个城址几乎 1/3 的地盘。西内墙的位置是北偏东 2°，与外城东北角（F）到马面 G 之间的位置一样。南内墙的位置是北偏西 88°，仅仅比外城上标为 F—E 部分的位置多了 1°（此外，两者之间的差别还要考虑到城墙的厚度）。将这个宏伟的土构建筑物假定为一处城墙围起的方城，其设想也为其他三处规模较大的遗址的建筑功能提供了一个合理的解释：结实的平台"b"的西南部，原本是一排有一定角度的墙，可能是一个马面，而这个马面则是为遮挡其西边的带墙方形院落"c"处的出口而设计的。这个方形院落可能是内城的瓮城，位于内城南墙中段（不然，为什么必须在城内设置一个城障呢？）。残墙"e"最西的部分可能形成了一个角台，寺庙底部"g"的凸出部分可能是一个马面。内城北墙和东墙可能已经与外城墙重合，但这没有被考古调查所证实。有一处细节可以为关于内城的假设提供另外的支持："g"处寺庙基部台阶和哈喇浩特东城门之间的街道（保存最完好的）正好和内城南墙平行并将内城分割成完全相等的两个部分。其他的大多数街道，相对于外城墙和内城墙都或多或少有些偏斜。我们这样假设是合理的，即讨论的街道是在内城南墙和西墙按我们设想的方向连在一起并形成为东北部的小城的时候建造的。另一条街道，在离东城门约 60 米的地方成直角穿过上述街道，向南延伸并稍微偏东，穿过了内城南墙上的一个口子——贝格曼曾特意指出：城墙在开口处原来连成整体。据此，我们可以得出一些结论：街道的建造要比城墙晚；而另外两条街道也穿过土墙上的缺口，但我们却无法用同样方法给出一个相对较晚的建造时间。

贝格曼在内城以内挖了 4 个探坑，内城以外挖了 2 个探坑（参看图 85，I—VI）。所有的探坑中都没有遗物出土。但地层的分层情况很有趣，足以使我们得出几个较合理的结论。将内城平分为二的街道上挖的一个探坑和在内城以外的街道上挖的两个探坑做一比较，我们首先有了一个发现：内城内的探坑比内城外的探坑的文化层更丰富、更深厚。这一事实无疑证实了贝格曼观点的正确性，他的观点是内城中曾经存在过年代更久远的定居点。同时，内城中街道上挖的探坑和其他地方挖的 3 个探坑的类同之处表明内城街道是在年代久远的定居点建设的后期或定居点建设之后才建造的。其次，我们也可以给出这样一个结论——内城毁于一场大火：探坑II—IV显示 40 厘米厚的烧焦的地层，而内城以外挖的两个探坑中没有发现这样的地层①。

迄今为止，我们已经讨论了曾经存在过一个"哈喇浩特古城"的建造方面的各种证据。也许应该再补充一句：带墙的方形内城采用了汉族人通常运用的方法建造，而与此形成鲜明对比的是外城墙的建造显露出各种不规则特点和不同于汉族人的比如党项人和维吾尔人的建筑特点。

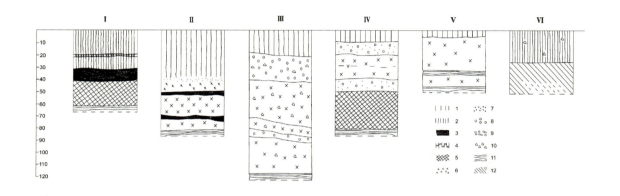

图 85

哈喇浩特内城内（I—IV）、外的探坑，刻度为厘米。1. 沙子。2. 沙土。3. 烧焦的地层。
4. 土和草。5. 含有腐草的土,部分被烧焦、朽了的木块。6. 掺有灰的土。7. 腐朽了的草。
8. 黄羊朽骨。9. 黄羊腐骨和朽木。10. 骨头。11. 黏土。12. 砾石。

贝格曼和之前的考察者在哈喇浩特内城中采集到的钱币、有纪年的文书和其他遗物没有为假设的年代久远的定居点（比如五代或唐代）提供一个明确的证据②。这些遗物只是显示出内城和外城在同一时期内都有人居住，这个时期可能是从 10 世纪后期或 11 世纪初期至 14 世纪后期③。的确，几枚唐代开元钱币是在内城采集到的，实际上，遗物中还包括 2 枚在一处房屋遗址（地点 6）的瓦砾堆中采集

①在《亚洲腹地》一书的第 440 页中，斯坦因很含糊地提到他在哈喇浩特城内的某个地点发现过火的痕迹。

②马伯乐认为（1953，第 192 页和第 193 页），科兹洛夫和斯坦因在哈喇浩特收集到的文献资料中，只有一份早于 11 世纪。这份残缺不全的文书在马伯乐翻译的材料（编号为 473，分类号为 KK. VI. 02（a），图版XXXV）中有年代记载，相当于公元 766 年。虽然，这份唐代文书的纪年准确，是该遗址 11 世纪以前的断代依据，而且是孤本（第 193 页），但马伯乐并不重视它的价值。须注意，马伯乐书中这个目录的数字，很有可能是错误的，因为 KK. VI 指的是回教徒的墓葬（位于城外），斯坦因对它的描述是："发现时内部完全是空的"（《亚洲腹地》第 452 页）；真正的名称应该是"KK. I. vi. 02（a）"的缩略形式"KK. vi. 02（a）"，发现地点因此也就在哈喇浩特内城的房屋遗址中［另外还有一些类似错误，错误的产生可能源于田野中地名界层不清晰和相应的缩略形式，例如，NO. 533 = KK. VI. 02（b），应该是 KK. vi. 02（b），或者 NO. 546 = KK. VIII. 03（a），其正确的表述应该是 KK. viii. 03（a）］。

③大多数有纪年的文献资料基本上属于元代，13 世纪后半叶至 14 世纪前半叶的数量较大。最晚的文献［马伯乐，1953，No. 513 = KK. 0118（g）］，其明确纪年 1370 年 4 月，即元顺帝作为一个难民死在哈拉和林（译者按：蒙古帝国的旧都）的时间，比明朝军队从蒙古防卫者手中夺取哈喇浩特早两年。在很大程度上来说，即使哈喇浩特城的内部毁于公元 1372 年，坚固的城墙依然挺立，在之后的一些年或数十年中，依然是人们的藏身之处；至少，在额济纳绿洲其他地方的几处遗址出土了一些明代最早期的人工制品（虽然没有钱币和文书）。文献中关于这个城址早期的记载较少，后期的记载相对多一些。最早的文献在城内发现，其中包括钱币的内容［上述不太确定的唐代文书，科兹洛夫根据裴里奥特（Pelliot，1914，第 9 页）著录的刻印于 1016 年的 Sin. I，19，没有被考虑进去］；贝格曼和他的助手在城内的几个地点采集到的钱币，包括 4 枚或 5 枚曾经流通过的开元钱币和 1 枚或 2 枚咸平（998—1000）钱币。开元铜钱当时非常受欢迎，一直到宋代还在使用，但咸平钱在官方下令禁用后就没有再流通多久。虽然从《元史》（卷 60）中我们可以了解到：亦集乃地区，据推测主要是额济纳绿洲，驻扎着党项人。党项人 1036 年占领甘肃西北并移居到那里之前在额济纳绿洲驻扎了 30 多年，我们从这处遗址只采集到 1 枚残破的钱币，K. 13799：370，可能是相当于西夏帝国开创时期的景祐（1034—1038）元宝。皇宋（1038—1039）钱币的标本是在地表采集的、值得商榷的一组遗物中的 1 枚真假难辨的钱币残片。还有一组发行于 1068—1094 年的宋代钱币：斯坦因发现了一枚熙宁（1063—1078）钱币，"在 K. K. I 寺庙的佛像基部下面"（《亚洲腹地》第 992 页），贝格曼在内城东北部地表发现了另一枚同样的钱币；贝格曼还采集到了 1 枚元丰（1078—1086）钱币和 3 枚元祐（1086—1094）钱币，这 3 枚中的 2 枚是从地表采集到的，第 3 枚是在地点 7 发掘出的。有纪年的最早文书，肯定是从内城采集到的，是马伯乐编号为 No. 487［= KK. 0117（o）］的遗物，抄写于 1266 年；大部分西夏文写卷和印刷物，可能出自蒙古人夺取哈喇浩特的 1225 年之前。实际上，我们最终还是不能确定这些高大城墙营造或完成的确切时间。

的开元钱币，房屋遗址的位置现在还不清楚。另外 2 枚钱币是从具体地点不明的地表采集的，如果第 5 枚钱币的发现地点（地点 30）也真正位于内城的话，它也应该算在这几枚之中。然而，像"开元"这种非常通行的钱币可能在官方宣布停用后还流通了相当一段时间，这样一来，2 枚从废物堆中发现的唐代钱币就没有多少说服力[1]。从地表采集的钱币可能是早期的到访者丢弃的，半两钱（公元前 175—公元前 136）的情况肯定也是这样，而半两钱又正是额济纳河流域所发现的钱币中最早的一类。不过，在哈喇浩特和西城圈（安东廓勒）之间，有一个占地面积很大的达堤遗址，出土了五铢钱和开元钱币（但是没有 10 世纪和 11 世纪的钱币），说明在党项人之前，城址附近曾有过其他的定居人群，而他们也可能就定居在城中，特别是在城的东北部。然而，只有对城址进行更全面、彻底的发掘，才能为哈喇浩特内城外城的断代提供令人信服的依据。

遗物采集地[2]

以下"遗物目录"中，在 37 个标题下罗列了 667 件遗物标本，37 个标题在一定程度上就是详述的发掘地点：52 件标本是在城墙外的 7 个地点发现的，发现地离城墙较远，所以被归入单独的一组；6 件标本被归入哈喇浩特的遗物组，但没有说明是从城墙以内还是以外采集的；人工制品（609 件标本）中的大部分都采自严格意义上的哈喇浩特城并被归入了 29 个不同的标题中。

城外发现地点的确切位置尚不知晓；最有可能的情况是：这些遗物是个人采集的，和贝格曼指导进行的考古发掘没有任何关联，后来遗物才辗转到了贝格曼手中，他不在博罗松治的时候，他的助手们收集了下来。

城内发现物的一半（300 件标本）是从地表采集的，见以下"考察地点 1"和"遗物列表"的第一栏。地点 2 的 16 件人工制品是从内城地表采集的。接下来的 27 处考察地点出土了 293 件人工制品，这些地点基本上都是经过发掘、已遭损毁的房屋遗址或佛塔附近或内部的瓦砾堆。但不幸的是，贝格曼绘制的、其中肯定标有考察地点的哈喇浩特原平面图已经丢失；虽然有两份复制件，清楚地标明准确发掘地点，但没有记录发掘地点的名称。有些考察地点已经通过简短描述或者因为在斯坦因的平面图上有所标明而得以确认（《亚洲腹地》，图版 18）。

在以下考察地点中，地点的连续顺序和目录部分的顺序不同。在目录部分中，贝格曼编目时将地点 31—37 插入地点 4 和地点 5 之间。这种安排一方面保留了下文"遗物目录"中"K"系列的连续性，另一方面，非常清晰地显示了每一个地点的位置与哈喇浩特的对应关系：地点 1—29 位于城内，地点 30 可能也位于城内，但不很确定，地点 31—37 位于城外。

1. 哈喇浩特内城不同地点地表采集的遗物

内城地表采集的遗物中的半两钱（公元前 175—公元前 136），表明了这一组遗物中的其他人工制品是早期或现代造访者丢弃的可能性；博罗松治和葱都儿之间的主要道路紧邻哈喇浩特，城墙可起到防风避沙的作用。

遗物（K. 13799：1—132；P. 362：1—2；P. 365：1—8；P. 415：1—3；P. 424：1—3；P. 405：1—25，27—29；P. 466：1，16；P. 474：1—64；P. 475：1—17 和 P. 476：1—41）包括汉代钱币（1 枚）、唐代钱币（3 枚或 4 枚）、宋代钱币，各种器物：木器、角器、骨器；还有玻璃珠、半块宝石、瓷器、珊瑚、2 个小石杯、一块磨石、一块处理过的打火石、一件察察、陶器、釉面粗瓷和瓷器（包括约 40 件青

---

①参看马伯乐关于 "les inévitables pièces K'ai-yuan qui ne signifient jamais rien à elles seules" 的评述（1953，第 193 页）

②为方便起见，编者对发掘地点原本的标号名称做了修改，而对其他的遗物采集地则做了拟造。贝格曼所标的 25 个地点：K. K. Ⅰ—Ⅶ，K. K. Ⅶa，K. K. Ⅷ—ⅩⅩⅣ和我们所标的地点 5—29 相对应。有些地点也是斯坦因或科兹洛夫所发掘过的，这在下文中都有相关说明。

白瓷）残片、青铜器、铁器、铅质器物以及带有缝线的丝织物。

2. 哈喇浩特东北部地表采集的遗物

在哈喇浩特东北部、占整个城址面积 1/4 的相当小的范围内，采集到遗物 K. 13799：133—148。有 11 世纪的钱币、青铜器、铁器、陶器残片、釉面粗瓷和青白瓷残片。

3. 哈喇浩特北墙内及附近的弃物堆

一大堆察察和雕塑品（供品），其中代表性的遗物是 K. 13799：149—158，这些遗物可能是斯坦因或科兹洛夫曾在哈喇浩特城内进行佛塔调查的结果（参看斯坦因《亚洲腹地》，第 445 页）。

4. 西北角角台上的佛塔处采集的遗物

在西北角圆形角台顶部平台上的大佛塔基部附近，发现了察察 P. 466：4—6，8，10—15，可能原本是佛塔内的东西，在 17 年之前被斯坦因腾空了（《亚洲腹地》，第 445 页）。

5. 房屋遗址和城内墩台 b 之间狭窄通道处的遗物

碎片占据了一个又短又矮的房屋墙壁与南墙正方形夯土堆之间大约宽 40 厘米的空间，这个正方形夯土堆可能曾经是哈喇浩特城内城南墙上的一个马面。

遗物（K. 13799：206—211）主要是用于游戏的 3 个外形相仿的木质人俑、已经处理过的角器、残破的纸张、一组丝织物。

6. 屋墙南侧的遗物

残留下来的房屋墙壁自东向西延伸，同时，房屋的其余部分向一个顶部有火烧痕迹层的高 1 米的土墩方向坍塌。

遗物（P. 94：1—12，16—19）主要是 2 枚开元钱、1 枚字迹模糊的钱币、一颗玻璃珠、几块动物的骨角、几块木头、几块丝织物和几张纸。

7. 房址

残存的高 50 厘米的墙，房屋地面是用砖砌成的，缝隙间填以土。墙的东北角立着一根木柱。

遗物（K. 13799：212—221）主要是 2 块钱币残片（一块为宋代）、遗物中唯一完整的一面铜镜，另外还有几件铜器、木器、竹器、棉布。

8. 房址

只有房屋西北角保存下来。遗物（K. 13799：222—230）主要是木器、竹器、角器和丝织物残片。

9. 房址

土墼砌的南墙坐落在厚 5 厘米的有火烧痕迹的地层之上。这处遗址的最高处是一个炕。遗物（K. 13799：231—232）主要是一件用皮革和桦树皮做成的器物和丝织物残片。

10. 房址

地面用烧制的砖砌成，是这一建筑物仅存的遗迹，和一间较大房屋的南墙连在一起。靠近墙壁的地面上的碎片堆高 50 厘米。

以下目录中所列的遗物（K. 13799:233—239），主要是一块陶器碎片、几件铁器、绣花布鞋、丝织物和棉织物残片。另外，也发现了一些保存状况很差的汉文写卷、西夏文印刷物。

11. 房屋遗址和衙门遗址墙壁之间狭窄通道上的遗物

在一组建筑物周围的南院墙和院墙外一座房屋的墙壁之间发现的 1 米高的碎片堆，这一组建筑物可能就是衙门或哈喇浩特的住宅区。

遗物（K. 13799:240—274）主要是（大部分为残片）木器、竹器、桦树皮制物、陶器、青铜器、皮革制品、纸张和织物。另外还有大量纸质写卷，大部分用汉文书写，还有 2 枚木简，其中一枚上有"五品"二字，指官职的第五阶。

12. 衙门内地点 11 的东北几米处采集的遗物

目录中所列的遗物（K. 13799:275—278），主要是一块字迹模糊的钱币残片、一些青铜器、一颗玻璃珠、青白瓷碗的一块残片。贝格曼记录中提到的此处发现的遗物还有：几卷纸质文书，主要是汉文但也包括一张蒙古文写卷；一件陶器底部残片，上面刻满了汉字，似乎是器物被打破以后才刻上去的。

13. 衙门内的房屋遗址

原属一处住宅的只有 1 米宽的小房间，地面上覆盖有一层经火烧过的残留物。

遗物（K. 13799:279—287）主要是木器、竹器、角器、皮革质地的器物、羊毛织物和植物纤维织物。另外，还收集到了一些汉文和西夏文写卷。

14. 衙门以内与东墙相连的房屋遗址

这个狭窄的建筑物纵向和院墙相连，而且有 3 个大小相同的小房间（a-c）。隔墙建造时土墼与土墼之间夹放了很多草，所以很不坚固。地面上也覆盖草、芦苇和盘羊骨骼，加之其建造方式，给我们的印象是，似乎这座建筑物曾用作马厩。

遗物（房间 a 中发现的 K. 13799:288—294，房间 c 中发现的 K. 13799:295—307）主要是木器、青铜器、铁器、釉面瓷残片、皮革或毛皮残片、纺织物、纤维或纸拧成的绳。3 间房的每一间中都发现几卷汉文写卷。

15. 衙门内的房屋遗址

先发掘了一座房屋的一堵墙，这座房屋位于前述地点对面，即西侧。

遗物（P. 153:1—5）主要是青铜器、铁器、一件陶纺轮、皮革或皮毛残片，还发现了一卷汉文写卷。

16. 哈喇浩特南城墙内的壁洞

在一堵城墙顶部下方发现了这个高 70 厘米、宽 60 厘米、深 75 厘米的小洞。城墙下部有一个平台，平台一侧挖有洞穴。

壁洞中有 5 卷汉文写卷、几张纸（纸的一面印有佛像，另一面写有藏文）。还发现了几块纺织物残片（K. 13799:308），这些残片可能曾经是装人骨的口袋的材料，是贝格曼发现的，他还在壁洞下的斜坡上发现了一块头盖骨。至少，壁洞可能被用作墓穴。

17. 寺庙中已遭损毁的佛殿

被一堵墙包围的 3 个类似的小建筑物之一；另外两个显然已经被早期的探险家们发掘过。此处有很多烧制的砖和瓦，被横贯佛龛的一根粗梁压碎。

遗物（K. 13799：309—316）主要是木器、铁器、纸张和丝绸残片。另外，还发现了泥塑品和一件形体较大的泥塑佛像的一根手指。

18. 房址

发掘了一间小房屋的最东侧。土夯的地面上有一个填料层，填料层的下层为土，上层为厚 10 厘米的草、细树枝和骨头块的掺和层。

遗物（K. 13799：317—325）主要是木器、铁器、釉面瓷器残片、纸张残片、皮革和纺织物。

19. 房屋遗址中发现的碎片

在房屋北墙附近发现了遗物 K. 13799：326—337。主要是 1 枚宋代早期钱币、木器、青铜器、玻璃珠及类似玻璃饰件、一小块青白瓷残片、纺织物和纸张残片。另外，还发现了 1 卷汉文、1 卷蒙古文写卷。

20. 部分墙体上开的探坑

两个探坑的其中一个，在斯坦因标示的寺庙 K. K. I. i 对面南墙外挖的，出土了遗物 K. 13799：338—358。如图 85 中两个探坑 V、VI 所示，挖这两个探坑的目的是调查地层，揭去上部地层，露出不包含任何人工制品的原始地面（根据贝格曼的综述），挖出遗物的探坑和另外一个探坑不同。

人工制品主要有木器、竹器、角器、骨器、壳状珠、青铜器残片、皮革、纸张和纺织物残片。在这个探坑中还发现了一些汉文写卷。

21. 房址

紧邻另一处相当大但不太重要的房屋遗址。

遗物（K. 13799：359—377）主要是 1 枚（宋代？）钱币、木器、竹器、青铜器、铁器、釉面瓷器残片、一块打火石、皮革和纺织物残片。还发现了一些回鹘文写卷。

22. 毁弃的建筑物中的遗物

一座相当高的建筑物南墙附近，在一处很薄的地层中，即很浅的地点，发现了 2 张元代流通的纸币。

23. 房址

三间一排的房屋遗址，在中间房子的西墙内发现了遗物。人工制品（P. 489：1—10）主要是木器、竹器、葫芦器、纺织物残片和几卷汉文写卷。

24. 房址

对一个高 70 厘米的土墩，即一处面积较大的包括几座房屋的遗址进行了发掘，遗址位于一个东西走向的街道北侧。

遗物（K. 13799：378—406）主要是 1 枚宋代钱币、木器、角器、骨器、桦树皮做的器物、皮革制作的器物、青铜器、铁器、1 颗玻璃珠、1 只陶灯碗、坩埚、一大堆纺织物残片。另外，还发现了几卷汉文写卷和 1 卷有波斯文或土耳其文的写卷。

25. 房址

房屋位于前述地点附近及其东侧，通往同一条街道。

遗物（K. 13799:407—410）主要是木质和藤质工具残片、1 件玻璃饰物、纸条和纺织物残片。

26. 房址

在位于地点 6 的房屋遗址的门附近，发现了遗物 K. 13799:411—415，主要包括几块加工过的木橛、木条、丝绸残片、棉布残片和纸张残片。还发现了一小捆汉文写卷。

27. 房址

位于地点 6 北侧附近的一间小房屋，残存墙体高 40 厘米。

遗物（K. 13799:416—421）是在一层草中发现的，这一层草可能曾经是屋顶。人工制品主要是木碗的 2 块残片、竹片、角质器残片；一组丝绸、棉布和纸张残片。另外，还发现了 2 卷汉文写卷、1 卷汉文印刷物、1 卷回鹘文和蒙文写卷、1 张纸币（可能是元代流通的）。

28.（未加描述的地点）

这处发掘地点出土的遗物（K. 13799:422—428），主要是木器、竹器、1 枚货贝、1 颗玻璃珠、1 件青铜底托、丝绸、棉布和纸张残片。还出土了汉文写卷和素简。

29. 佛塔附近的弃物堆

斯坦因标出的佛龛 K. K. X 前面排列成一行的 3 个佛塔的中间 1 座佛塔附近，是一堆泥塑品和陶察察；很可能，这里的堆积物与上述地点 3、地点 4 的一样，是早期探险者活动的结果，他们将佛塔内的遗物洗劫一空，只留下供品。贝格曼已将保存最完好的标本纳入了他的收藏（K. 13799:429—432 和 P. 442:1—5，P. 468:1—9）。

30. 哈喇浩特城内或城外采集到的遗物

一小组人工制品，贝格曼将其编为 K. 13799:433—438，根据他的记录，这些遗物采集自哈喇浩特。可能是与发掘工作没有任何关联的某个人从地表采集后又交给考察团的。

遗物主要是 1 枚开元铜钱、1 个经过加工的木橛、圆盘形铜护身符和 3 件相当重的铁器。

31. 西北角角台外佛塔附近发现的遗物

所述佛塔与斯坦因标为 K. K. V. b 并排成一行、位于角落处角台西侧附近的 3 个小佛塔一样。

遗物（P. 466:2、3、7 和 9）主要是泥塑、察察，可能都是从佛塔附近地面的弃物堆中捡来的。

32. 哈喇浩特东城门外及附近地表发现的遗物

人工制品 K. 13799:159—166 和 P. 79:1，主要包括宋代钱币、几件铜器、一块木梳残片、装饰彩绘图案的粗布条。

33. 东南角角台外及附近毁弃建筑物的土石堆

只发掘了位于角台以东土石堆的表层。

遗物（K.13799：167—173）。主要是4枚宋代钱币、小件器物或铜器残片、一块木梳残片、丝绸残片。

34.哈喇浩特以东约300米的土墩之间地表发现的遗物

土墩是毁弃的建筑物的废料堆。人工制品K.13799：174—177主要是一小块釉面瓷碟残片、一件铁器、被遗弃的青铜铸件。

35.哈喇浩特以东约400米处地表发现的遗物

遗物（K13799：178—183）主要是一块钱币残片、铜片和一块磨石残片。

36.哈喇浩特以北约2500米处偶然发现的遗物

遗物K13799：184—186是从不同地点地表捡来的。对发现地点的含混描述，表明这些遗物是在额济纳河以南几百米处发现的。主要是1块铜器残片、1块陶片和1个纺轮。

37.哈喇浩特以南低洼地带偶然发现的遗物

这里发现的人工制品，有些可能是从房屋遗址或达堤遗址采集来的。哈喇浩特所在的大面积台地以南和以下的宽阔低洼地带分布着数量众多的房屋遗址或达堤。

遗物（K.13799：187—205）主要是2枚宋代钱币、1枚14世纪钱币、铜器、铁器、1颗玻璃珠、釉面瓷器残片、青白瓷、纺轮和1块磨石残片。

贝格曼在哈喇浩特采集的遗物，从数量上来看仅次于他在额济纳河流域其他任何一处搜集的遗物。其收藏的数量众多的写卷和印刷物，留在了北京且没有出版，否则对编者会有帮助[1]，在涉及与发现地点有关的内容时，人们还是要参考这些资料；这些文献可能与斯坦因和科兹洛夫搜集到的文献具有相同的宗教意味和神秘性[2]。然而，遗物向我们展现了一幅多元化的古代居民物质生活的图景，在某种程度上，揭示出不同文化的交融必然导致东西方贸易中心的形成。

遗物列表：

	遗物的大致总数			
	哈喇浩特		地点30	周边
	地表	地点3—29		地点31—37
钱币				
半两	1			
开元通宝	2—3	2	1	
宋代类型	6	4		6
至大通宝（元代）				1

①参看贝格曼《报告》第149页及注释。
②参看裴里奥特，第5页或马伯乐，1953，第192页。

	遗物的大致总数			
	哈喇浩特			周边
	地表	地点 3—29	地点 30	地点 31—37
字迹模糊的钱币残片	14	3		1
青铜器				
铜镜（完整的一枚）	1	1		
圆盘形铜护身符			1	
铜扣，带环	1			1
铜饰件	3	5		2
叶尖饰				1
刀鞘末端的配件	1			1
器皿的残片	>2	1		2
勺子或容器手柄				1
铲子把手		1		1
修补用小夹钳		1		
叉状别针		1		
S 形耳坠	5			3
钩状耳坠		1		
戒指	1	1		
环形饰物残片（动物式样）				1
中等大小素面环	2			1
各种器物和残片	约 62	3		2
同上，成组的器物和残片	2	4		3
铁器				
箭镞	2	2		
杖头	1			1
厚重的环形配件	1			
方形末端配件			1	
印章（或器物顶端装饰？）			1	

	遗物的大致总数			
	哈喇浩特			周边
	地表	地点 3—29	地点 30	地点 31—37
锁子残片（?）		1		
灯碗（祭祀用?）			1	
剪刀	1			
锄刃	1			
底托		1		
链环		2		1
中等大小的素面环		2		
钉书钉		2		
钉子	2	8		
各种器物和残片	13	3		1
同上，成组的器物和残片				1
小铅轮	1			
珠和贝壳、石质或玻璃质饰件	23	10		1
货贝	1	1		
骨器				
刀鞘的末端配件		1		
圆柱形容器	1			
骨轮形物		1		
角器				
小刮刀	1			
圆柱形容器		1		
未完成制作的器物		6		
木器				
游戏人俑		6		
梳子（全部残损）	7	6		1
容器，如：碗、碟、杯、勺、盒、器足	2	9		

	遗物的大致总数			
	哈喇浩特			周边
	地表	地点 3—29	地点 30	地点 31—37
球形小容器		1		
器物的盖子		2		
筷子（?）		1		
铲子	2	13		
铲形器		1		
棍棒头		1		
手钻杆		1		
带综线的枝竿残片（?）		1		
鞋楦		1		
枝状叉		1		
楔子		1		
刀鞘		1		
衣钩（?）		1		
箭头（?）		1		
鼓槌		1		
饰件		4		
各种器物和残片	2	25	1	
竹器				
桶形容器，大部分为残片		22		
筷子		2		
刨子手柄		1		
各种片、棍、橛等		8		
葫芦器物		3		
石器				
小杯	2			
磨石	1			2

	遗物的大致总数			
	哈喇浩特			周边
	地表	地点 3—29	地点 30	地点 31—37
处理过的打火石片	1	1		
陶器、粗陶器、瓷器				
未上釉器皿	14	2		2
上釉器物或瓷器	81	7		3
青白瓷	42	2		1
带青铜废料的坩埚		1		
耳坠	1	1		
瓦当	3			
造型瓦		1		
纺轮或网坠	1	1		5
陶质供品				
察察（佛塔样式）	1	14		2
浮雕饰板		24		2
泥塑品				
塑像或雕像		1		2
浮雕饰件		3		
皮革或皮毛				
格子图案方形皮革		1		
刀鞘		2		
皮带		2		
器物和残片		4		
内衬一层皮革的容器的一部分		1		
树皮				
留有缝线的一块鞋底		1		
弯曲的一块		1		
纸制品				

续表

	遗物的大致总数			
	哈喇浩特			周边
	地表	地点 3—29	地点 30	地点 31—37
纸币（元代）		2		
蓝黑色小卷轴，信纸		1		
草叶包卷的纸张		1		
红毛线缠卷的纸张		1		
残纸，大多为信纸		8		
纺织物				
成组的纺织物		32		2
幡				1
丝囊	1	1		
缠脚女人的布鞋		1		

1. 哈喇浩特城内地表的采集物

K. 13799:

1. 瓷瓶（玉壶春瓶）颈部的一小块残片，外部装饰釉下蓝彩，内部施釉。外部的装饰图案为竖车前草叶。直径 3 厘米，厚 0.2 厘米。图版 29:11。

2. 瓷瓶或执壶的八边形颈部的残片，装饰蓝彩。外部的两面都装饰竖车前草叶纹饰，钴在焙烧时发生窑变。内部施釉。叶子基部厚 0.5 厘米。

3. 同上，较大，斜边保存完好，装饰蓝彩。外部两面都装饰竖车前草叶尖，钴在焙烧时发生窑变。内部部分表面施釉，显露出经过焙烧后呈橙红色的胎体。口沿直径 6 厘米，颈下部直径 4.4 厘米。图版 29:10。

4. 瓷罐（可能是梅瓶式样）肩部的小块残片，装饰蓝彩。外部边线以上装饰涡卷形线和直线组成的图案，边线以下的器身部分装饰菊花组成的涡卷形图案。内部部分表面施釉，显露出经过焙烧后呈橙红色的胎体。图版 28:7。

5. 瓷瓶或瓷花瓶的小块残片，可能原属颈部或肩部，边缘部分为叶形，装饰蓝彩。外部为浅蓝色涡卷形线条（可能是莲花条带纹的填花图案）。内部很薄的一层釉下显露出经过焙烧后呈橙红色的胎体。

6. 瓷瓶残片，装饰蓝彩。外部为菊花叶纹饰。厚 0.3—0.5 厘米。

7. 瓷瓶或瓷罐肩部的小块残片，装饰蓝彩。外部装饰莲花条带纹，颜色为在焙烧中发生窑变的钴釉料所呈现的深蓝色。厚 0.3—0.5 厘米。

8. 同上，外部装饰双线之下的莲花组成的花冠。厚 0.3 厘米。

9. 薄胎瓷瓶或瓷花瓶的残片，装饰蓝彩。外部为涡卷叶纹。一端的直径可能是 10 厘米，厚 0.2

厘米。

10. 瓷瓶（可能是玉壶春瓶）下部或上部器身的残片，装饰蓝彩。外部装饰菊花和花叶纹饰。

11. 瓷瓶或执壶颈部（可能是颈部）残片，留有手柄或壶嘴的痕迹，装饰蓝彩。外部边缘处的双线以上或以下装饰带芽的樱桃枝组成的花冠。图版29:6。

12. 六边形或七边形的瓷罐或瓷瓶残片，装饰蓝彩。外部保留下来的两面上，有内饰波浪纹的方框形图案，深钴蓝色釉料在焙烧中发生窑变。方框角的厚0.7厘米。（参看图版27:6，一块残片，风格相仿，可能属同一种器物。）

13. 瓷瓶（可能是玉壶春瓶）基部残片，装饰蓝彩。外底部装饰莲花条带纹，足部装饰一圈典型卷形饰。器身内部未施釉。足部的釉沿凹弧线方向喷溅散布，口沿部分未施釉。足部直径7.4厘米。图113:11，图版28:9。

14. 厚胎瓷碗或瓷碟基部残片，装饰蓝彩。内部中心部位装饰水上景观。足部边缘和凹弧部分未施釉。足部直径5.8厘米。中心部位厚1.2厘米。图版29:19。

15. 瓷碟基部残片，装饰蓝彩。内部装饰云朵和叶纹，外围以双线条。足部边缘和凹弧部分未施釉。釉下和裸露的地方为经过焙烧后呈橙红色的胎体。足部直径16厘米。

16. 侈口瓶（可能是罐的类型）残片，装饰蓝彩。外部装饰相当大的龙纹图案，龙身上密布白色三角形鳞片，外轮廓为鲜亮的蓝色，深锯齿状背鳍但无腹鳍，属"白变种"类型。（参看波普，1952，第41页。）厚0.8—1.0厘米。图版28:17a—b。

17. 瓷碗基部的残片，装饰蓝彩。外部保留有在足部（已遗失）附近双线纹处结束的莲花条带纹的痕迹。内部装饰水中一只鸭子的肩部和树木纹。内部釉面呈钴蓝色。厚0.4—0.9厘米。

18. 瓷碗残片，装饰蓝彩。外部口沿以下和附近有叶子簇拥的花冠图案。内部为菊花枝图案或菊花组成的涡卷形图案。厚0.25厘米。

19. 很小的瓷杯的小块残片，装饰蓝彩。外部装饰菊花花冠纹饰；内部装饰莲花组成的涡卷纹；这两个图案都彩绘成浅蓝色和蓝灰色且布局在镶边以内。

20. 瓷碗的小块残片，装饰蓝彩。外部装饰莲花的大朵花冠的中心部分。内部部分边缘装饰菊花花瓣纹饰。厚0.2—0.3厘米。

21. 碗的下部残片，装饰蓝彩。外部保留莲花条带纹痕迹。内部居中的位置装饰鸭子戏水图案。彩绘部分为浅蓝色。（参看图版29:24）

22. 瓷碗壁残片，装饰蓝彩。外部双线以上为大莲花花杯和花冠纹，以下为莲花条带纹。内部口沿以下装饰花环纹饰，居中的位置装饰云纹和白化变种龙腿部的尖状物。（参看上述K.13799:16）

23. 瓷碗底部的小块残片，装饰蓝彩。外部为莲花条带纹。内部居中的位置装饰不确定的图案（可能是水上景观）。

24. 薄壁碗侧壁的小块残片，装饰蓝彩。外部边缘周围线条以下装饰菊花花冠图案。内部保留双线装饰边及其之间不确定的图案的痕迹。彩绘为浅蓝色。厚0.15—0.25厘米。

25. 瓷器底托残片，装饰蓝彩。外部保留沿碗下部边缘展开的线条以上不确定图案的痕迹，下面平且施釉。内部居中的位置装饰尖细的叶子顶部。彩绘为浅蓝色。直径曾8厘米。（参看第82件瓷器托，《费城博物馆会刊》，1949年）

26. 瓷碗侧壁的小块残片，装饰蓝彩。外部为菊花花冠图案。内部为不知名叶子图案。

27. 瓷碗侧壁的残片，装饰蓝彩。外部双线以上为莲花组成的花冠带饰。内部双线以上有褶皱状桂花花冠痕迹。部分彩绘为浅蓝色。

28. 同上。外部可能是菊花叶子组成的花环图案。内部为边缘周围线条以上装饰花环图案。

29. 口沿略侈的瓷碗口沿残片，装饰蓝彩。外部为双线之间叶形涡卷组成的宽边。内部装饰单线和 3 条线之间叶形花冠和不知名的五瓣花（可能是褶皱桂冠和六瓣黑莓、百合花的组合）组成的宽带纹。口沿直径 16 厘米。

30. 侈口瓷杯（可能是高足杯）口沿残片。外部边缘周围单线条以下为菊花花环图案，菊花叶子填满但花冠（参看第 9 件，《费城博物馆会刊》，1949 年）没有填满且只画出轮廓。内部口沿周围装饰画得很粗糙的涡卷纹。口沿直径 14 厘米。

31. 侈口瓷杯（可能是高足杯）的小块残片，装饰蓝彩。外部口沿周围 3 条宽线条以下为某种图案。内部双线之下为叶子组成的花环纹饰。厚约 0.2 厘米。

32. 瓷杯底托叶形口沿残片，装饰蓝彩。有边或槽的口沿装饰典型涡卷纹，平整的内部表面保留有装饰花纹的痕迹。高介于 2 至 2.5 厘米之间（参看 K.13689:1）。图版 28:6。

图 86　高足瓷杯 K.13799:34 上的浅浮雕凹弧饰（图 60:5）。比例为 1/2。

33. 口沿略侈的瓷碗口沿小块残片，装饰蓝彩。外部为口沿周围单线和双线之间的窄带，再往下为凹弧植物纹（桂花蓓蕾？）。内部为口沿周围单线和双线之间叶子组成的花冠边饰（牡丹？），花冠的主线条——涡卷线有尖突物和没有填满、只画了轮廓的叶形涡纹。彩绘为浅蓝色。厚 0.15—0.25 厘米。

34. 保存完整的高足瓷杯，可能为影青瓷或枢府瓷，属元代。釉为浅蓝白色且满施器身。内部十字形装饰周围为两条浅浮雕龙纹，龙有四爪。口沿直径 10.9 厘米，高 9 厘米。足部直径 3.9 厘米，足高 4.4 厘米。图 60:5，86 和图版 26:10。

35. 黄白色瓷耳坠，部分施褐色釉，有穿透的小圆孔。尖端已经遗失。图 111:11。

36. 小瓷杯基部残片，定窑瓷，内部的釉略呈火红色。基部直径 3.2 厘米。

37. 小瓷杯圈形足部的残片，白陶胎体的白色条带纹上施一层薄透明釉。

38. 瓷器口沿的残片，磁州窑，深褐色图案上施半透明釉。

39. 磁州窑瓷碗口沿的残片，外部装饰彩绘褐色窄环线纹，内部装饰褐色和绿色环带纹。

40. 瓷器口沿的残片，上施浅黄色釉，黄釉和灰色微粒及很大的灰点混合在一起。

41. 磁州窑瓷器的小块残片，上施褐色釉和式样简单的花冠粉彩。

42. 瓷器的小块残片，粘有炉渣和铜锈。

43. 未施釉的陶器盖子的残片。顶部略呈拱形，可能曾有提钮，中部呈脊状延伸——和图版 39:3 木盖的形制很相似。灰陶，陶质均匀，陶土研磨得很细，表面为深蓝灰色。下部直径 7.2 厘米，高（不包括钮）4.3 厘米。图 113:2。

44. 圆形小陶片，上有压印绳纹。陶质很硬，经过烧制后，核心部分为红色，向边缘部分逐渐变为灰色，表面则为更深的灰色。

45. 陶器的小块残片，上有压印绳纹和可能是刻画的花环纹。核心部分为浅褐色，边缘部分变为灰色，表面为深灰色。

46—52. 小型扁陶碗的 7 块残片,用作灯盏或祭祀用具。陶质细腻,除了第 52 件为浅褐色外均为灰陶。第 46 件,参见图 113:5,其口沿直径 6.7 厘米,其他几件的口沿直径介于 6.6 厘米至 8.2 厘米之间。

53. 小铁剪刀,刃部较短。剪柄弯曲成一个大环,其中一个环已经残损。很独特。长 11 厘米。图版 37:3。

54. 大铁夹钳,用一根铁棍做成,中部弯曲成一个环,较薄且尖的一端向相反的一边弯曲。长 8.5 厘米,弯曲的一端长 4 和 5 厘米。图版 38:9。

55. 锻造而成的长方形铁片,不规则且可能没有完成加工。制作箭镞的材料(?),一端接近最宽部的地方较尖。长 8.7 毫米,宽 1.5 毫米,厚 2.5—4.5 毫米。

56. 单刃小铁刀残片。

57. 窄、长的铁工具,锉刀或凿子,主要是一根扁平、截面为圆形的铁棍,上带一个截面为长方形的柄舌。前端保留有十字形凹槽的痕迹。很独特。长 15.5 厘米。图版 37:5。

58. 粗糙铁环的残片,环上有一个较厚的正方形突起物。图版 38:4。

59—60. 2 枚大铁钉,截面为正方形,头部平圆。第 60 件,图 89:6。

61—62. 2 个长方形小铁块,截面为正方形。上有深色厚铁锈。第 62 件有一个宽 6 毫米的纵向圆孔,有裂缝穿孔而过。尺寸为 33 毫米 ×8 毫米 ×7 毫米和 22 毫米 ×11 毫米 ×10 毫米。

63. 圆形铅盘,中心有正方形孔。一面平,另一面呈拱形。直径 2.2 厘米,厚 0.5 厘米;孔的尺寸为 8 毫米 ×8 毫米。

64—68. 5 个小铁别针,为较大器物的弯曲断片(?)。

69. 各种铜片,主要是铸件废料。

70. 铜钱,半两(公元前 175—公元前 136)。直径 23 毫米。图版 35:16。

71. 铜钱,开元通宝(621—907?)。直径 25 毫米。

72—73. 2 枚铜钱,均为元祐通宝(1086—1094)。第 73 件有隶书铭文痕迹。直径 24 和 25 毫米。

74. 铜钱,元丰通宝(1078—1086)。直径 24 毫米。

75. 铜钱,皇宋通宝(1038—1040)。直径 25 毫米。

76. 铜钱,?元通宝。直径 26 毫米。

77—78. 2 枚铜钱,残缺不全且字迹模糊。

79. 铜钱残片,元宝类型。

80. 锈蚀非常严重的铜钱残片。

81. 铜钱残片,有一个"通"字,可能是开元通宝。

82. 铜钱残片,第二个字为"平";有很厚的铜锈。

83. 大铜镜边缘残片,中间有很模糊的高浮雕装饰。直径曾 18.7 厘米,边缘部分厚 1.3 厘米,主体厚 2 毫米。图版 31:9。

84. 带装饰性浮雕的青铜底托,呈拱形的中心部分的外围是 16 个小凹坑,中心部分以上为一横脊。背部空且有两个保存完整的铆钉(长 8 毫米)。直径 2.5 厘米,高 9 毫米。图 114:9。

85. 长方形小铜饰件(马饰?)。一端直且有相当大的椭圆形孔,中部附近有一个突起物;稍下是一小球部分,延伸至另一个尖端。背部空。在所有搜集来的遗物中没有发现与之相似的器物。长 3.5 厘米,材料厚 2.5 毫米。图版 32:25。

86. 五叶圆形小铜盘,中部有一个正方形孔和刻画线纹。直径 12 毫米。图版 38:3。

87. 铜环残片,上有一饰钮。截面为圆形渐变为椭圆形(厚约 5 毫米)。直径 1.9 厘米。

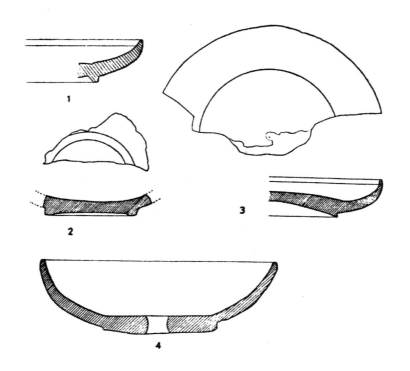

图 87

旋削而成的圆形碗。第 1 和 3 件髹红色和黑色漆；第 3 件口沿镀银。比例为
1/3。1. K. 13799:422。2. K. 13799:259。3. K. 13799:288。4. K. 13799:106。

88. 小铜条，弯曲成一个开口的、几乎为正方形的环。尺寸为 17 毫米×17 毫米。宽 6 毫米。

89. 普通 S 形铜耳坠，用铜线做成，下端厚且尖，另一端裂开且有点残缺。长 4.5 厘米。

90. 同上，已毁，厚且尖的一端断裂，另一端裂开。

91. 铜条，一端弯曲成直角。长（拉直时）11 厘米，宽 0.6 厘米。

92. 小铜环，有开口，粘有炉渣。直径 11 厘米。

93. 椭圆形小铜片。

94. 铜盘的小块残片，直线底纹上装饰花形涡卷纹。厚 1 毫米。图版 32:20。

95. 货贝，脊部磨平。长 18 毫米。图版 21:4。

96. 环形白色小玻璃珠。直径 6 毫米。

97. 五叶团花形扁平蓝色玻璃珠残片。

98. 黄褐色筒形玻璃珠残片。

99. 黄褐色球形玻璃珠。直径 10 毫米。

100—102. 3 个几乎为筒形的白色玻璃珠。

103. 白色筒形玻璃珠的一半。

104. 圆形小瓷盘，上施钴蓝釉。直径 9 毫米。

105. 小珊瑚珠。

106. 圆木碗的一半，底部内外都旋得较平，制作不很考究。底部中心有一个直径 1.5 厘米的圆孔，可能是用来将碗固定到一根棍上，可与崇拜祖先的满族人举行祭祀仪式时向乌鸦献食的做法进行比较（参看蒙代尔，1942，第144页图版）。直径约18.7厘米，高6厘米。图87：4，图版39：4。

107—108. 勺形木铲的2个尖椭圆形刃，手柄基部仍然保留至今。扁平且纵向截面呈半凹半凸。尺寸为9.9厘米×3.3厘米和8.2厘米×2.8厘米；中部厚分别为5毫米和7毫米。

109. 同上，较薄，也为残片。材料质地硬，为黑色，可能为动物的角。尺寸曾经为7.7厘米×3.5厘米，厚2毫米（平均）。

110. 半圆形小木盘，由一节树枝制成。直径6.5厘米，厚0.7厘米。

111. 扁平、梯形木片，一件较大器物的一部分。平行边之间的中部是一个直径5毫米的圆孔，孔内有硬木钉。平行边长4厘米和8厘米，宽2.8厘米，厚1.3厘米。

112—116. 木梳的5块残片，背部半凹半凸，梳齿分布稀疏。虽然第112件遗物的大部分梳齿都已断裂，但仍然是保存最完整的标本：宽11厘米，高6厘米。图版39：9。

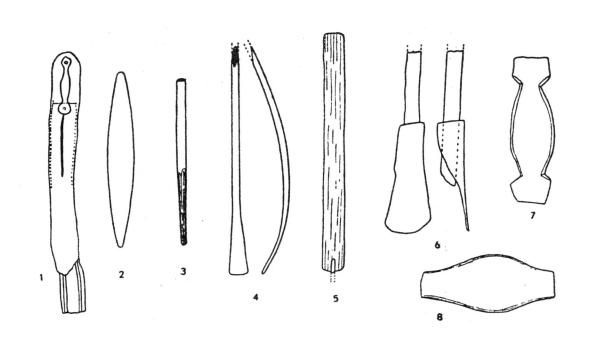

图88

一个带铁箍、有接缝的皮鞘（1），一个带部分木杆的铁锄头（6），旋钻（？）的一根纵向劈裂的木杆（5），各种木器。第2件的比例为2/3，其他器物的比例为1/3。1. K. 13799：354。2. K. 13799：345。3. K. 13799：214。4. K. 13799：339。5. K. 13799：329。6.（K. 799：地点1）P. 415：1。7.（K. 799：地点6）P. 94：16。8. K. 13799：413。

117. 骨管。长6.8厘米，壁厚1—2毫米。

118—123. 不同瓷碗的6块残片，钧窑瓷，施蓝紫色和蓝色釉，色彩很艳丽。

124. 厚壁瓷器的大块残片，上施青色釉。外部装饰浅刻画叶纹。

125. 青瓷碗底部残片，上施和第124件相同色度的釉。可能属明代（？），内部装饰浅浮雕凹弧密云纹，居中的纹饰为四瓣的花朵。外部装饰纵向排列的一组组波纹线。圈足内表面发红且未施釉，其他地方显露出浅灰色陶胎的颜色。足部直径曾7.8厘米。图113：12，图版25：8。

126. 瓷杯底部残片，影青瓷，中部装饰浅浮雕花冠图案。

127—131. 瓷碗的 5 块残片，其中 4 块上施不同色度的青色釉，一块（第 131 件）属北方青瓷类型。几块上装饰浅浮雕图案，例如，第 128 件上装饰浅浮雕花冠图案。参看图版 25∶11。

132. 瓷碟口沿残片，属北方青瓷，上施很薄的橄榄绿釉，外部下部未施釉。内部装饰刻画叶纹组成的涡卷纹或花冠纹。图版 23∶6。

P. 362：

1—2. 2 块陶瓦当残片，未施釉，模刻浮雕饕餮图案。直径约 10 厘米。

P. 365：

1. 一端有悬孔的小磨石，略微残缺。尺寸为 4.8 厘米×1.7 厘米。

2. 修整过的打火石片。

3. 灰陶纺轮。直径 3.5 厘米，厚 0.7 厘米。

4. 壁相当厚的陶器或瓷器的小块残片。装饰绳纹，中心部位为红色，表面为蓝黑色。

5. 瓷器残片，可能是瓷罐，浅黄色胎体上施黑褐色釉。内部有凹痕（可能是陶工的工具刻画而成的）。

6. 瓷碗口沿残片，只有上部施蓝灰色釉。内部是干缩了的褐色涂层。

7. 瓷碗口沿残片，浅黄色胎体上施黑褐色釉。

8. 瓷瓶或瓷罐颈部。多孔，表面为黑褐色，中心部位为红色。颈部直径 5.2 厘米。

P. 415：

1. 带插口铁锄的基部，主要是 2 块向同一个方向折叠的薄片。部分锄杆仍在插口中，保留下来的长 11 厘米（参看 K. 13796∶7，图版 36∶25）。长 9 厘米，基部宽 2 厘米，切边宽 3.6 厘米。图 88∶6。

2. 铁箭镞，带有菱形短刃；刃部和铤之间有一块（残破的）凸起，铤截面呈正方形。长 10.7 厘米，刃部尺寸为 5 厘米×3.1 厘米。图 89∶3。

3. 同上，矛尖形刃截面呈扁平的菱形。铤截面为圆形而且可能已部分断裂，保存下来的长 3.6 厘米。通长 9.6 厘米，刃部宽 1.2 厘米。图 89∶5。

P. 424：

1. 普通哈喇浩特类型（参看图版 39∶9，10）木梳的几乎一半。高 7 厘米，厚 1.1 厘米。

2. 同上，尺寸更小。高 5.6 厘米，厚 1 厘米。

3. 托盘的小木腿，为简单的 S 形，基部前部顶端被削成三层台阶并向相对的一端逐渐变窄；基部背部可能有过一个榫。留有黑色彩绘的痕迹。很独特。长 5 厘米，基部顶端宽 5 厘米，下端宽 0.8 厘米，厚 1.1 厘米。图 111∶12。

P. 450：

1. 乳色尖椭圆形小玻璃珠，珠内有一条浅褐色螺旋形线。长 12 毫米。

2—3. 同上，2 颗，第 3 颗内有深褐色线条。长 13 毫米。

4. 同上，质地为浅蓝色玻璃。长 9 毫米。

5. 深绿色圆形珠，质地为多孔玻璃，带纵向刻槽。直径 8 毫米。

6. 装饰用的深蓝色（几乎接近黑色）玻璃别针残片。长 28 毫米。

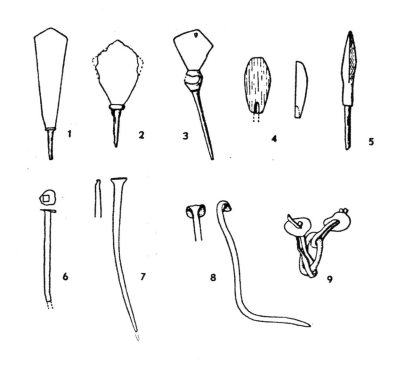

图 89

铁箭镞、铁钉、带夹钳的链环和一个木箭镞（?）（4）。比例为 1/3。1. K. 13799: 391。
2. K. 13799: 392。3.（K. 799: 地点 1）P. 415: 2。4. K. 13799: 327。5.（K. 799: 地点 1）
P. 415: 3。6. K. 13799: 60。7. K. 13799: 319。8. K. 13799: 282。9. K. 13799: 234。

7. 很小的石杯残片，质地可能为玉髓；口沿水平外翻。外部有 2 条作为装饰的刻画线。曾被修复过。

8. 微型石杯残片，质地可能是石灰石，壁直立。

9—15. 可能是珠子的 7 块小残片，质地为绿色玻璃、孔雀石和红玉髓。

16. 青铜器器壁残片，外部装饰 3 道环形浅凹槽。

17—23. 7 小块青铜残片，主要是器物残片和废弃的青铜片。

24. 带小叶片的铜环（可能是扣环）残片。

25. 椭圆形小铜片，有三角形孔，为刀鞘末端的饰件，用铜片做成。长 20 毫米。图 114: 3。

27. 戒指残片，主要是同心的两串绳状椭圆形框架中镶嵌孔雀石。前盘尺寸为 11 毫米×13 毫米。

28—29. 2 枚铜质大帽钉。长 13 毫米。

P. 466:

1. 瓦当残片，浮雕植物纹。灰色，未上釉。

16. 泥察察的顶部，中心部位有草叶纹（可能代表真正的佛塔内的中心柱）。4 厘米的残片，代表了整个模型 10—15 厘米的高度。

P. 474:

1—50．各种小铜片，例如，器物残片、装饰浮雕图案的铜盘残片、铸造过程中废弃的铜片、铜板的碎屑等。

51—52．1枚铜钱的2块残片，有"开元"二字。

53—54．1枚铜钱的2块残片，可能是大定（通宝）（1161—1190）。

55．1枚铜钱的残片，可能是宣和通宝（1119—1126），但比常见的宣和通宝的边缘要窄。

56—59．铜钱的4块残片，其中一块上的第2个字为"元"，另外一块上第2字的位置上为"平"（太平或咸平？），第3块残片属通宝类。

60—63．铜钱的4块残片，所属类型尚不确定。

64．黄色小丝袋残片，或为衣服缝边的一部分。尺寸为（3）厘米×2厘米。

P. 475:

1—6．瓷碗的6块残片，上施蓝绿色釉，可能属影青瓷。

7．高足瓷杯的足部，上施灰绿色釉。

8—10．瓷碗的3块残片，上施绿色釉。

11．瓷器残片，黄白色胎体上施黄色釉，可能属定窑瓷。

12—14．瓷器的3块残片，深蓝色植物纹上施蓝绿色透明釉。可能属青白瓷。

15．瓷器残片，上施黄白色釉，装饰红色和绿色花纹；可能属磁州窑，带白色条纹的浅黄色胎体上施透明釉，釉下装饰红彩，釉上装饰绿色瓷釉（参看图版23:4）。

16．瓷瓶颈部的一部分，可能属青白瓷，装饰深蓝色几何纹和植物纹（参看图版29:10，11）。

17．瓷器残片，可能属青白瓷，装饰几何纹和植物纹。

P. 476:

1—19．瓷碗的19块残片，主要是碗的口沿部分残片，上施浅蓝色至蓝绿色釉，可能属影青瓷。第11件和19件相互匹配。

20—29．瓷器的10块残片，上施不同色度的浅绿色釉，可能属青瓷。

30．瓷罐口沿残片，上施黄色釉，可能属北方瓷，浅黄色胎体上施透明釉。口沿凸出物的水平方向尺寸为1.8厘米。

31—32．瓷器的2小块残片，属宋代白瓷。

33．砖块状瓷器的小块残片，上施钴蓝釉。

34—35．薄壁瓷杯的2小块残片，浅黄色胎体上施透明釉，其上再施黄褐色釉，可能属北方瓷品种。

36—37．瓷器的2小块残片，因为浅青色胎体上装饰蓝色图案，所以可能属青白瓷。

38．瓷器口沿残片，上施一层褐色且带黑色条纹的薄釉。

39—40．和上述第1—19件器物相仿的瓷碗口沿的2块残片，可能属影青瓷。

41．体量较小的瓷碗口沿残片，上施深蓝色釉，可能属质量较差的青白瓷，钴蓝釉料在焙烧过程中发生窑变（参看图版27:7）。

2．哈喇浩特城东北部地表采集物

K. 13799:

133．铜钱残片，可能是熙宁重宝（1068—1077）。直径30毫米。

134—136. 3 根铜线做成的 S 形铜耳坠，上端已裂开。长 4—4.5 厘米。

137. 用剪刀剪下来的各种青铜小片。

138. 截面几乎为圆形的尖长方形铁片；可能是一块碎片。长 5 厘米，厚 0.8 厘米。

139. 2 块环形铁配件，外部为六边形，内部为圆形，保存状况较差。尺寸大约是：内部直径为 9 毫米，每一面长 5.7 毫米，宽 3.5 毫米，每一面中部厚 9 毫米。

140. 七边形铁杖头的 2 块残片，中空，可插圆形杆杖。因风雨侵蚀而破烂不堪。每一边中部伸展出一个形状相当不规则的凸出物。横贯器物的宽度为 5.8 厘米，内部直径可能为 3.4 厘米，高 2.7—3 厘米。图版 37：15。

141. 未施釉的粗陶器的小块残片，装饰绳纹。陶土颜色从中心部位的砖红色逐渐过渡到表面的灰色；外部为蓝黑色且表面平滑。硬度为 6.0Mohs。

142. 陶器残片，装饰绳纹。浅灰褐色，陶质均匀、细腻。

143. 陶壶的小块残片。陶土中心部位为蓝灰色，边缘为浅灰色，陶质细腻。

144. 相当小的瓷罐口沿的残片，属磁州窑，装饰有绘制在白色条纹上的两对褐色环形线，彩绘图案上施透明釉（釉色已经褪变成了浅黄色）。

145. 瓷碗残片，属青瓷器，内部装饰刻画波浪纹线。图版 25：4。

146. 相当大的瓷碗口沿残片，属青瓷器，上有纵向凹弧形浅凹槽，每一对凹槽和略呈叶形边缘的圆形凸出物匹配。从器壁外部向内钻的三组小孔显示很久以前曾进行过修复，但钻孔并未穿透内部釉面。

147. 小瓷杯口沿的残片，属质量上乘的定窑瓷，现在呈骨白色。器壁很薄。

148. 瓷碗口沿的残片，口沿略外翻，釉下装饰蓝彩。外部菱形纹窄带下为植物纹。内部口沿周围的线条以下为花朵和叶尖图案。钴蓝颜料在焙烧中发生窑变。口沿直径 11 厘米。图版 29：2。

地点 3

K. 13799：

149—150. 2 个小擦擦，形状很不规整，顶部高 2.5 厘米，圆形基部的表面平滑且几乎有 1 厘米高。

151—158. 8 个圆形泥塑供牌，前部浮雕为一带三叶形头光的坐佛像，每一面都有 2 座毗连梵文的佛塔，圆边上有浮雕藏文（可与《亚洲腹地》，KK. V.088，图版 L.Ⅲ，在西北角角台以外的佛塔群中发现的几块泥塑供牌的其中一块进行比较）。直径 4.5 厘米，实际压痕高 1 厘米。第 157 件，参见图版 21：1。

地点 4

P. 466：

4—6、8、10—15. 10 个不同类型的小擦擦。第 4、6、8 和 10 件和较大的 K. K. Ⅰ.0225，《亚洲腹地》图版 LⅢ 相仿；突出的壁角底部有成组文字，这是真正的佛塔模型的基部；第 10 件平滑的下部周围另有一行文字（藏文？）；第 12 件和第 15 件都有大规模延长的基部。

地点 31（哈喇浩特城以外）

P. 466：

2—3. 2 个浮雕陶圆盘，上有坐佛，和图版 21：1 的例子相仿。

7. 小擦擦，与《亚洲腹地》图版 LⅢ，K. K. I. 0255 的标本相仿，突出的壁角底部有梵文。

9. 同上，一面（佛塔的垂直刻面？）有模印出的另外 6 个浮雕形象（坐佛）。

地点 32 （哈喇浩特城以外）

K. 13799:

159—161. 3 枚铜钱，均为元丰通宝（1078—1086）。直径分别为 24 毫米、27 毫米和 29 毫米。

162. 铜钱残片，可能是（大）定通宝（1161—1189）。

163. 有凸出大钩的铜环残片，形似一只鸟的脖子和头。只保留下来环的椭圆形部分和凸出物的基部。很独特。环的直径 4 厘米，凸出物长 2.6 厘米。图版 35:10。

164. 刀鞘的尖椭圆形小铜饰件，刀鞘有容纳刀刃的三角形窄开口。尺寸为 2.1 厘米×0.9 厘米。

165. 几块小铜片，为器物残片或被丢弃的废铜片。

166. 普通哈喇浩特类型木梳的小块残片，和图版 39:9 的例证相仿。

P. 79:

1. 黄色细长三角形粗布带，和截面为圆形的长 21 厘米的薄木橛粘连在一起。布料上的图案有带角的条带纹、缠绕的环纹、圆圈内的波纹和圈状线纹。很独特。布带的尺寸为 17.5 厘米×12 厘米。

地点 33 （哈喇浩特城以外）

K. 13799:

167. 铁链条上的长方形大链环。尺寸为 5.8 厘米×3.2 厘米，厚 4—5 毫米。

168. 褐色小陶纺轮，一面装饰简单的刻画线纹。

169. 小且矮的陶碗，表面留有一层干缩的油或类似物质。可能是灯（参看图版 20:5）。直径 8 厘米。

170. 泥塑像的紧握的拳头，比常见尺寸小；腕关节末端中空。没有保留原本彩绘或覆层的痕迹。长 3.5 厘米，宽 5 厘米，厚 4.5 厘米。

171. 屋脊兽残片，某种四足动物，头部已遗失；和第 170 件遗物的保存状况一样差，但保留有一些彩绘层的痕迹。长 9 厘米，厚 4.4 厘米。

172. 残破的丝织物的 2 块残片，都有一边折向反面。底纹是疏松的淡灰色 4 综经纱（3－1）斜纹。图案镶在平纹中，经线为未捻的黄色线，纬线为未捻的黄色和蓝色线，在正反两面交替编织。图案已很不清晰，但可能和第 173 件遗物相仿。长 10 厘米和 21 厘米，宽（9）厘米和（15）厘米。底纹的经纬密度约为 46×22，图案经纬密度为 2×22。图 90。

173. 残破的丝织物的 2 块残片，可能是丝带；两边都折向反面；有针脚的痕迹。底纹的织法和上述第 172 件相同。图案镶在平纹中；经纱为未染色的线，纬纱为灰白色和白绿色线，经纬线共同组成了已经模糊不清、样式化的一排排盛开的花朵图案等。

地点 34 （哈喇浩特城以外）

K. 13799:

174. 球形实心铁器，可能是一根棍棒的头部，截面为圆形手柄，已经破裂。球形部分的直径约 5 厘米，高 5.5 厘米，手柄（基部）直径 1.6 厘米。图版 37:18。

175—176. 2 大块铜铸件废料。

177. 瓷碟底部的小块残片，磁州窑的一种，内部装饰图案，图案主要是穿白色带纹而过的刻画花卉纹，线条之间的这部分图案上覆浅绿色和黄色瓷釉。整块残片施一层无色薄釉。胎体为浅黄色。

大体宽 3.9 厘米。图版 23：5。

地点 35 （哈喇浩特城以外）

K. 13799：

178．铜钱的小块残片。

179．铜扣的长方形套带部分的残片，边为斜边。尺寸为 2.2 厘米×1.2 厘米。厚 2.5 毫米。

180．S 形铜耳坠残片，用铜线做成。铜线直径 2 毫米。参看图版 35：1。

181．薄壁（厚 2 毫米）、口沿水平外翻的铜器残片，内边处的直径约 12 厘米，边缘宽 1.6 厘米。图版 38：2。

182．各种小铜片，为残片或被丢弃的铜料。

183．绿色石灰石（？）做成的磨石残片，上有一悬孔。

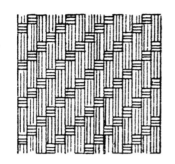

图 90

一块丝绸残片 K. 13799：172 的细部，此残片发现于哈喇浩特东南角角台外的一处遗址。原大。

地点 36 （哈喇浩特城以外）

K. 13799：

184．短且宽的青铜小铲（？）肩部周围的残片。略呈拱形且弯曲。柄部最厚（厚 1.5 毫米），向断裂的刃的末端逐渐变窄。刃宽 2.9 厘米。图版 33：23。

185．瓷壶口沿的残片，环形波状壁，外部施不透明深褐色釉。

186．一个灰陶纺轮。

37．偶然发现的遗物 （哈喇浩特城以外）

K. 13799：

187．铜钱，保存完好，有铜锈。为熙宁元宝（1068—1078）。直径 24 毫米。

188．铜钱，为元祐通宝（1086—1094），背部有一条凸起的放射状线。直径 24 毫米。

189．铜钱，为至大通宝（1308—1312）。直径 23 毫米。

190．长方形铜饰件，末端为叶形；一个铆钉孔中有一只铆钉。纵向略呈拱形，凸起的一面中部有一道凹槽。尺寸为 4.7 厘米×1.8 厘米。图版 34：10。

191．模压成形的小块铜饰件，轮廓呈圆边三角形，碗形，中心部位有直径 2 毫米的圆孔，背部的两个圆孔内有起固定作用的铜钉。装饰高浮雕龙纹。很独特。尺寸为 2.4 厘米×2.7 厘米，高 0.5 厘米。

192．铜环，截面几乎为椭圆形，可能是某个器物的手柄环。在一处，两面都磨损严重。直径 2.3 厘米，厚 0.25 厘米。图版 35：13。

193．铜长柄勺粗糙的手柄残片，一个圆形突出物内仍保留有较大的铆钉。这个圆形突出物粘附在薄壁的某个部位。

194．2 个已变形的铜耳坠，用铜线做成，为普通的 S 形，顶部劈裂。

195．薄壁铜器口沿的 2 块残片。厚约 2 毫米。其轮廓可参看图 111：1。

196．窄矛尖形铁器，可能是遭受风雨严重侵蚀的箭镞；主体截面为菱形，一端为圆形。长 6.8 厘米，大体宽 0.7 厘米。图版 37：2。

197．各种铜片、铜板、铸铜过程中丢弃的铜料和几块铁片。

198．深绿色筒形玻璃珠，镶嵌蓝绿色斑点。图版 30：29。

199. 残存的高足瓷杯的一大部分，磁州窑，内部及外部上部施一层薄薄的、现为黄色的釉。胎体为浅黄色。口沿直径 12.5 厘米，高 7.5 厘米，足部直径 3.3—4.5 厘米，足部高 2.5 厘米。图 60: 4，图版 26:6。

200. 瓷碟基部残片，可能属影青瓷，圈足很矮。表面施一层淡绿色釉；凹弧部位和中心部位装饰浮雕花形图案。圈足直径 8 厘米。图 113:7，图版 24:7。

201. 瓷瓶肩部或下部的残片，釉下施蓝彩。外部一道双线将大朵莲花和莲花条带纹隔开。部分彩绘为淡蓝色。厚 0.3 厘米。图版 29:15。

202—204. 3 个灰陶纺轮。

205. 带一个悬孔的磨石的残片。

地点 5

K. 13799:

206—208. 3 个实心柱形木器，可能是游戏中的筹码或棋子。刻削较粗糙且形状不规则，第 207 和 208 保留有黑彩的痕迹。高 6.5—7.4 厘米。图版 40:1。

209. 较小的未完成的角器。主体部分几乎为圆锥形，末端被切断；与一边成直角，靠近另一边的地方有一个凸起的轴，轴中心有一个从四面的每一面穿凿而过且汇合于中心的大圆孔，顶端也穿有一个孔。主体部分长 2.7 厘米，轴长 1.7 厘米。图 111:10。

210. 各种残破的纸片，包括一张保存完整的折叠起来的纸（34 厘米 × 46 厘米）。

211. 1）—6）塔夫绸残片，用 3 条棉或麻质的带子扎到一起形成的腰带。

1）白色塔夫绸的 2 块残片，纵向用反捻顺合股的红丝线缝缀在一起，在别处织物中也发现有这种丝线（其中的一根长 26.5 厘米）。每一片的一边为斜边。长 31.5 厘米，宽 18.2 厘米。经纬密度 32 × 26。

2）白色塔夫绸带子残片，一端绷在一起形成圆形，另一端被撕掉。背面用反捻顺合股的白丝线缝缀。经纬密度 36 × 32。

3）白色塔夫绸残片。经纬密度 34 × 32。

4）2 块颜色不同的塔夫绸残片，缝缀在一起。主要的一块的一部分为褐色且类似塔夫绸，另一部分为红褐色且类似棱纹平布（纬线很粗糙）。经纬密度分别为 38 × 38 和 38 × 80。另一块是红褐色塔夫绸带子。经纬密度 40—36 × 28。用反合股红丝线辫式缝制。

5）发黄的苔藓绿塔夫绸残片。经纬密度 36 × 20—28。

6）3 根破烂的带子扎在一起形成的腰带（?）残片，末端打结。通长 34 厘米。一根带子为反向捻纱织成的白色棉布。长 14.5 厘米，宽 3 厘米。经纬密度 14 × 8。中间一片为反向捻纱织成的天蓝色棉布。长 13.5 厘米，宽 3 厘米。经纬密度 12 × 10。顺向捻成的白麻丝织成的带子在末端打结。包括节头的长 14 厘米，宽 1.8 厘米。经纬密度 16 × 11。

地点 6

P. 94:

1. 蓝绿色圆形玻璃珠，直径约 6 毫米。

2. 铜钱，为开元通宝。

3. 铜钱，磨损严重且字迹模糊。

4. 铜钱，为开元通宝。

5. 刺绣花纹的亚麻织物残片，只保留下来一边。原来的颜色是白色，现在变成了褐色。褐色十字针脚刺绣，形成简单几何花纹的直边。尺寸为 4 厘米 × 9.5 厘米。图 91。

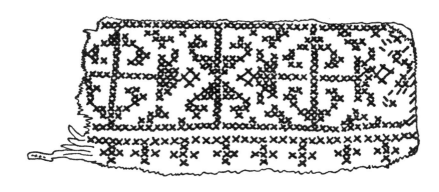

图 91
质地粗糙的（麻?）织物残片，刺绣十字纹，（K.799：地点 6）P. 94：5。根据照片绘制。原大。

6. 未锯截完成的动物角，截面几乎为长方形。尺寸为 9 厘米 × 1.8 厘米 × 1.1 厘米。

7—8. 2 块葫芦。

9. 勺形木铲（?）残片，髤红漆（或为绘制的红彩）。

10. 普通哈喇浩特类型勺形木铲的刃（参看图版 39:7）。长 7.7 厘米，宽 3.4 厘米。

11. 勺形木铲（?）的手柄末端，纵向弯曲，截面为长方形且相当平滑。

12. 1 束包缠 1 个小纸卷的红色羊毛线。

16. 扁平的长方形木器，刻削粗糙，呈 I 形，底部为筒形，整个器物向一边倾斜。一端比另一端薄。尺寸为 11.8 厘米 × 3.5 厘米 × 1 厘米。图 88:7。

17—19. 纸张，第 18 件为汉文写卷（通高 25 厘米）。

地点 7

K. 13799：

212. 保存完整的铜镜。直窄边（高 7 毫米），镜体相当薄，中心抟钮的周围装饰浅浮雕；抟钮呈扁球体，钮上有水平方向用来穿绳的孔，且钮周围有几个小而低的凸起物。铜镜表面有不太厚的浅色铜锈。装饰花纹主要是 4 大朵程式化的花冠（牡丹?），其间空白处连续展开圆形凸饰。铜镜边缘以 2 条凸起的绳纹线为边。直径 10 厘米。图版 31:5。

213. 短竹棍，截面为梯形。长 9 厘米。

214. 圆形竹橛。长 14 厘米。图 88:3。

215. 木橛残片，呈圆形，平滑，可能是筷子。长 17.3 厘米，直径 5.5 毫米。

216. 蓝色棉布图案的带子，和白棉布连在一起；接缝处用反向捻的红纱线缝缀。蓝色织物的经纬线都为 4 综纱线，经线为反捻纱，纬线为顺捻纱，"雉鸡眼"纹，镶边。经纬密度 20 厘米 × 16 厘米。单股 Z 捻纱线织成的白色织物，镶边。经纬密度 12—13 × 10。长 32.8 厘米，宽 4.3 厘米。

217. 铜钱残片，为元祐通宝（1086—1094）。直径 25 毫米。

218. 宽边铜钱的小块残片，铭文已经模糊难辨。

219. 小铜环，可能用作戒指或耳环，以金属丝缠绕成圆形片的方法做成（厚约 2.3 毫米）。直径约 16 毫米。

220—221. 窄长形木梳的 2 块残片，梳齿之间间隔较宽。第 220 件和图版 39：9，10（角为圆角）的器物相仿，但第 221 件可能属于另一种类型，因为保存下来的角很锐利。厚 1.1 厘米和 1.2 厘米。

地点 8

K. 13799：

222. 漏斗状、旋削而成的末端木饰（?），光滑的外表装饰两条平行刻画线之间的一条水平方向的 3 重 Z 字纹。漏斗被一个硬块从一个短且尖细的圆形轴处分开。很独特。高 6 厘米，直径 5.2 厘米，孔深 2.8 厘米。图版 40：7。

223. 普通哈喇浩特类型勺形木铲髹了红漆的刃部残片（参看图版 39：7）。宽 3.2 厘米。

224. 用来制作女人缠脚小鞋的木鞋楦。前端明显呈尖形，从侧面看刻削粗糙的楦身几乎为三角形。长 12 厘米，宽 5 厘米，高 7 厘米。图版 40：10。

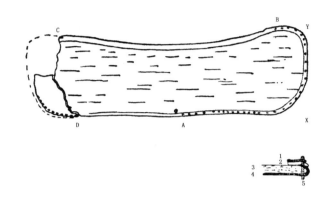

图 92

扁平的器物 K. 13799：231（图版 40：13），用皮革做成，内衬桦树皮。长度为 53 厘米。边缘各处 x-y 的构成：1. 薄皮革。2. 窄条厚皮。3. 桦树皮。4. 类似第一层的薄皮革覆盖着背面。5. 植物纤维缝合线。

225—226. 2 个完全相同的木橛，曾边对边互相附着，下部每一个平面的每对小孔中穿系绳子将其相连。橛的三面都被削平，第四面呈自然圆形。孔内绳子旁保留有一撮马毛。尺寸为 11 厘米×0.7 厘米×0.8 厘米。

227. 柽柳的叉形枝条，两端附近穿圆孔，两端间距离为 19 厘米，每一个分叉长 15 厘米。内部仍保留有树皮。图版 39：5。

228. 薄且平的竹片。长（15）厘米，宽 6.5 毫米，厚 1 毫米。

229. 未切割完成的动物角，锯出了几道不规则凹槽和槽口。可能是公羊的角。

230. 1）—3）塔夫绸残片。

1）浅褐色，经纬密度 38×32—37。

2）褐色、斜边，经纬密度 38×35。

3）白色，带墨色斑点。经纬密度 34×32。

地点 9

K. 13799：

231. 几乎保存完整的长方形大容器（?）的侧面，用边缘部分以植物纤维绳（麻?）缝缀在一起的两层皮革和树皮做成，略呈肾形。较长的一边直，另一边凹进，角为圆角。从图 92 中有 x-y 标记的末端能最清楚地观察其构成，缝合线将向内翻转以防止较厚的桦树皮内衬外滑的薄皮革外层紧紧收拢。紧接着是一个 7 毫米宽、相当厚的皮带子，之后是窄薄的皮带子，和皮革外层的用途一样。缝合线只在 A—B 和 C—D 之间的边缘闭合，而整个凹陷部分的边缘和 1/3 的直边则敞开；在靠近边缘的 A 点穿有一孔。很独特。长 53 厘米，宽 14—16 厘米。图 92，图版 40：13。

232. 1）黄色塔夫绸残片。经纬密度 24×26。

图 93
重新拼接起来的靛青色缎带上的图案，这条缎子被缝缀到了一块塔夫绸
K. 13799：232. 2 上。原大。

2）丝绸残片。可能原本是一件衣服的一部分：两块拼缀的深褐色塔夫绸，上有墨色斑点。经纬密度 40—52×22—40。其中一块已经缝缀到靛青色和黄褐色缎带上。蓝色织物：底纹为 3 根综丝斜织（2—1），图案为 6 根综丝斜织，图案已相当模糊，但勉强能辨别出和卐字纹相间分布的略斜的一块块面积之内的龙纹。黄褐色织物：底纹为素纹，图案为斜纹。经纬密度约为 50×50。图 93。

地点 10

233. 陶器的较大块残片，装饰波状环带纹。其下为波带纹，主要是斜 S 纹相连而成的链条。蓝灰色陶,陶质均匀、细腻,外部由于烟灰而变黑。图版 19:8。

234. 有 2 个夹钳的铁链上的链环,2 个夹钳都带有一个扁圆盘。图 89:9。

235. 可能是裹脚妇女的鞋或便鞋,用布做成,留有刺绣的痕迹。细长形并向上翘的脚尖逐渐变细,脚尖两边的鞋帮被缝成一个短的翘舌。鞋帮有好几层:外层为绿色塔夫绸、粗白棉布,之后为粗麻(?)布、细白棉布,最内层为白塔夫绸。侧面有一排排纵向缝线,为顺捻绿色和蓝色丝线。鞋帮的边为实边,其外包裹一层蓝黑色塔夫绸和蓝绿色纱;鞋跟侧面形成一个整体;脚尖部分保留有刺绣(一双眼睛、花朵、叶子等)痕迹:淡蓝色、淡红色、蓝色、绿色和黄褐色丝质缝线。鞋底的层数和鞋帮一样,只是鞋底各层用反捻白色麻线(粗 0.11 厘米)很结实地缝缀在一起。下侧保留有可能用针脚缝缀成的小菱形纹。棉布用反捻纱线织成,经纬密度介于 12×11 和 18×15 之间;麻织物用反捻纱线织成,经纬密度 11×8;绿色塔夫绸经纬密度 40×40;浅褐色塔夫绸经纬密度 38×38;深蓝色塔夫绸经纬密度约为 38×28;蓝绿色纱经纬密度 11×60。鞋长 26 厘米,鞋跟宽 5.2 厘米。鞋跟高 5 厘米,鞋尖高 3 厘米。图 94。

236. 带图案的缎带。底子似塔夫绸,经纱为黄褐色,纬纱为白色。图案和 5 条综线为经纱(4—1)的底子上的缎纹结合得很紧密。保存下来的图案的一部分为蔓藤花纹和云纹或叶纹。经纬密度 90

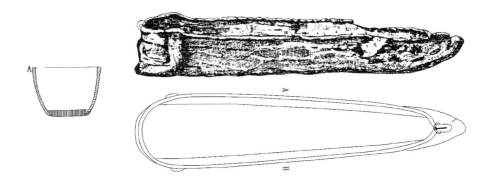

图 94
刺绣鞋或便鞋 K. 13799:235,鞋分若干层,用不同材料制成。比例为 1/3。

×32—36。图 95。

237. 1)—5)塔夫绸残片、纱、缎子和棉布。

1)未染色的斜边塔夫绸残片。经纬密度 26×22—27。

2)有图案的深褐色纱的残片,相对的两面上有针脚的痕迹。图案只用 2 道线,其他地方 4 股线拉紧成为一组。有几种不同的小图案。尺寸为 4.8 厘米×11 厘米。经纬密度 84—92×20。

3)灰绿色缎子的残片,用 3 根综线织成。一根绿线未捻,另两根为白色且为反捻,白线的一部分被绿线染污。主体图案为斜菱形纹,每一个斜菱形成为一个有角的螺旋形;主体花纹的线条被模糊不清的图案覆盖。经纬密度 58×56。

4)白棉布残片,用反捻纱线稀松织成,边缘部分织得较紧密。上有黑色墨点和蓝紫色斑点。经纬密度 12×8。

5)反捻纱线织成的白色棉布残片。经纬密度 13×10。

238. 铁配件或饰件,主要是一个厚 1 毫米、带叶形边的长方形盘,中心部位有圆孔,一个几乎为漏斗形的短零件通过这个孔固定在配件上,漏斗形零件的加固方法是将背部的边折叠。中心孔每一面的末端都有一个铆钉孔。饰件的尺寸为 2.9 厘米×5 厘米;漏斗高 1.5 厘米,直径 0.9—1.4 厘米;中心孔的直径 0.7 厘米。图版 38:13。

239. 较大的木铲或铲形工具,刃不对称(有意人为?),刻削粗糙。手柄截面为长方形。长 19.6

厘米，刃宽2.9厘米，厚0.4—0.8厘米。图版39:2。

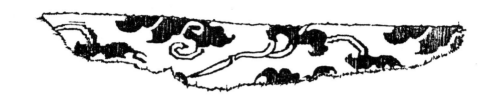

图 95
装饰图案的缎带，K.13799:236。比例为1/2。

地点 11

K.13799:

240—256. 短竹筒的17块残片，竹筒可能用作容器；所有残片的一端都有竹节的一部分，另一端被削得很薄，而且这一端因烟灰或彩绘而呈黑色。长8.0—8.9厘米。

257—258. 髹红漆勺形木铲的2块残片，为普通的哈喇浩特类型，有略呈拱形的尖椭圆形扁刃（参看图版39:7）。

259. 旋削而成的矮圈足木碗底部残片。圈足直径7.7厘米。图87:2。

260. 木刀鞘残片，主要是2块圆边木片，向一端逐渐变细，用宽皮革带子将2块木片固定在一起，从皮带子一端缠到另一端形成了圆形。反过来，皮带子本身用柳条缠绕，可以看到，较窄的一端有柳条的痕迹。截面长（11.5）厘米，宽1.5—1.9厘米，厚0.8厘米。

261. 绘红彩木橛残片，为较大器物的一部分。尺寸为23厘米×3.3厘米×1.3厘米。

262. 长方形木块，保留有很模糊的红色涂层的痕迹，可能是漆。

263. 木端饰残片，主要是一块厚0.9厘米的板，其上部边缘轮廓大致刻削成叶形。其中一面上被木匠用绳子弹上去的线还清晰可辨。

264. 竹管残片。长（14.3）厘米。

265—267. 3个小木橛，一端尖细。长约13厘米。

268. 小木楔。

269. 桦树皮，纵向弯曲，可能用于覆盖一个宽约2厘米的长方形器物，一端附近的两个小孔将桦树皮和器物连结在一起。长7.5厘米，平展开宽4.5厘米。

270. 中心部位有大圆孔的一块瓦的残片，沿边缘装饰刻画直线。

271. 长方形铜片，双重折叠，有4个铆钉孔。可能是带子末端的饰件。尺寸为2.6厘米×3.4厘米。

272. 1）—22）丝绸、羊毛和棉花等质地的各种纺织物的残片，丝质残片和丝线、一块皮革、果核上削下来的一个指环。

1）天然黄褐色塔夫绸带的残片。一端从缝线处折叠，另一端两边都从很粗的缝线处折叠且保留有曾粘附在另一块染过色的顺合股丝线织成的丝织物上的痕迹。长23厘米，宽2.9厘米。经纬密度36×22—28。

2）天然色丝带残片，织法介于棱纹平布和塔夫绸的织法。一端的边缘使用和织物颜色相同的顺合股丝线缝制。长22.7厘米，宽2.9厘米。经纬密度38×14—32。

3）天然色塔夫绸残片，边缘部分织得紧密。残片折叠且保留有和织物颜色相同的顺合股丝线作为缝线的针脚。长 33.5 厘米，宽 17 厘米。经纬密度 26×24—28。

4）黄白色塔夫绸残片。经纬密度 36×30。

5）灰褐色和绿色塔夫绸带子缝缀而成的腰带残片，现在扎在一起。和上述第一件一样也缝了边，也有织边；两个带子都有缠结。缝线为浅褐色顺合股丝线。长 83 厘米，褐色带子宽 3.6 厘米，绿色带子宽 1.8 厘米。经纬密度分别为 34×32 和 36×22。

6）浅红褐色棱纹平布残片，一批为淡褐色反捻羊毛（？）线织成，另一批为白色顺捻丝线。经纬密度 54×22。

7）顺捻纱线织成的白色棉布的 2 块残片，每一片都有织边，且沿一个缝边有一块缝上去的宽 4 厘米的补丁，这块补丁的边折叠并用浅褐色顺合股纱线将其缝缀在背面。较大的残片和一个同样质地的带子缝在一起，缝线为浅褐色顺合股粗丝线（粗 0.1 厘米），带子上有墨黑色大斑点。经纬密度 24×22。

8）2 小块灰白色丝质残片，质量不同。

9）2 小块黄白色丝质残片。

10）2 股反合股丝线。长 28 厘米。粗 0.4 厘米。

11）—20）灰色和黄色片状丝织物捻成的绳索的 10 截，有些上面有汉字；几截扎成结和环，第 19 截有三股。大部分是顺捻反合股，也有几截反捻顺合股的。长 6—50 厘米。粗 0.1—0.5 厘米。

21）皮革凸条纹，截面为方形，一端弯曲且有横向划痕。长 16 厘米，厚 0.4 厘米。

22）尖椭圆形指环，为果核上切下来的一部分。

273—274. 2 小捆质地粗糙的黄纸。

地点 12

K. 13799:

275. 铜钱残片，锈蚀严重。

276. 4 小块铜片。

277. 黄褐色球形玻璃珠残片。复原后的直径 16 毫米，厚 11 毫米。

278. 口沿略外翻的瓷碗残片，未上釉，装饰蓝彩。外部，口沿周围线条以下装饰大朵莲花冠。内部装饰单线和双线之间的桂花宽带饰。口沿直径 16.8 厘米。

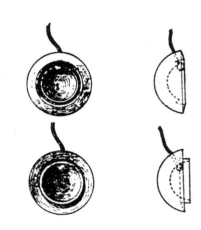

图 96

球形木容器的两个半块。K. 13799: 279（图版 40:6）。比例为 2/3。

地点 13

K. 13799:

279. 几乎为球形旋削而成的木质小悬饰罩，两半分别制作，其中一半插入另一半的榫头中。每一半的边缘附近，有一个钻得很精细的孔，孔中仍保留有细绳（长约 20 厘米）的痕迹，细绳可能从两个半球之间穿过。很独特。直径 2.7 厘米，高 2.2 厘米，壁厚 4 至 5 毫米。图 96，图版 40:6。

280. 绘红彩的圆竹棍残片，可能是筷子，一面曾被削平。长（23.5）厘米。

281. 柽柳木橛，一端尖细，保留有树皮的痕迹。长 19.5 厘米，直径 1 厘米。

282—283. 2 个大铁钉，截面为长方形，头部平且折叠。第 282 件长 14 厘米。图 89:8，图版 38:16、17。

284. 块状皮革，几乎为长方形。

285. 锯下来的公羊角。

286. 2 根灰黄色羊毛线编起来的花边，边对边与褐色羊毛软填料的一块残片缝缀在一起。一根细绳为粗 0.5 厘米的反捻 3 股反合线；第二根细绳为粗 0.2 厘米的 3 股反合线。缝线为灰黄色羊毛线（？）的反合细绳。

287. 编织的鞋（？）的侧面残片，残片沿一边折叠。材料可能是粗 0.9 厘米的顺捻麻线。经纬密度 6×14。

地点 14a

K. 13799:

288. 旋削得非常好的圆形矮木碗或碟的将近一半。两面的中间层上都覆盖厚厚一层红色漆；口沿镀银，油漆在两面都向下蔓延 4 毫米；凹底背部髹黑色漆。内部中心部位有一个深红色玫瑰形图案。用绳子穿过孔对其进行过修补，表面都髹了漆（参看下述 K. 13799:416）口沿直径 18 厘米，高 3.5 厘米。图 87:3，图版 39:1。

289—290. 2 块红漆木方框。第 289 件是圆筒形容器的器壁（厚 1 毫米），容器上粘着质地粗糙的厚纸，其上又髹一层漆。

291. 瓷杯口沿残片，影青瓷，保留有刻画纹的痕迹。

292. 小块铜片。

293. 上有图案的浅褐色棉布片，一端有长 5 厘米的缘饰。顺捻纱线织的平纹布，缘饰主要布局在靠近织物的地方为双股或 3 股反捻顺合经纱；末端为更多股的反捻经纱。红褐色印花的不完整重复，印花的图案为云端围绕着一只凤凰（？）和莲花花冠。经纬密度 10×14。

294. 1）—7）丝绸、棉布、植物纤维绳和丝质残片。

1）一件深蓝色缎子衣服残片，5 综反捻纺丝。一边剪斜，相对的一边剪直；边向背面折叠并曾和其他品种的织物缝缀在一起，这一点可以从白色顺合股缝织丝线看出。经纬密度 110×38。

2）2 块浅褐色棉布，用反捻纱织成。两个平行的边为织边，两边之间（织物的宽度）的距离 42 厘米。和一块顺捻纱织成的褐色丝绸连在一起。经纬密度 12×14。

3）衣服衬里的残片（？），顺合股纱线织成的天然灰白色棉布，反捻顺合的白丝线斜缝在一起。一块残片被剪直，尺寸为 18 厘米×25 厘米，经纬密度 22×12；另一块由几块剪斜的小残片组成，折叠起来的尺寸为 4 厘米×36.5 厘米，经纬密度 12×14。

4）植物纤维（麻？）绳，末端打结。反捻顺合股，非常紧。长 31.5 厘米，粗 0.35 厘米。

5）带结的黄白色丝质绳，反捻顺合股。长 14 厘米，粗 0.5 厘米。

6）黄白色丝质绳，反合股，将两块相同质地的材料包扎起来。绳子长 36 厘米，粗 0.2 厘米。丝质残片尺寸为 4.4 厘米×19.5 厘米和 3.4 厘米×22 厘米。

7）灰白色丝质粗绳。反捻顺合股，再双折成反合股。长 9.4 厘米，粗 0.9 厘米。

地点 14c

K. 13799:

295. 髹红漆的普通哈喇浩特类型勺形木铲的刃部残片（参看图版 39:7）。

296—298. 3 个扁平的木栓，刀形木铲或刮削（？）工具。长 15 厘米。

299. 中心有孔的木盘残片，可能是器物的盖子。一面保留有一层纸上覆一层红漆的痕迹，另一面留有石灰或类似东西的痕迹。刻削得相当不规则，曾进行过修复。直径 8.6 厘米，厚 2—3 毫米。

300. 片状小铜凸饰，中心有直径 6 毫米的孔。直径约 4 厘米。

301．残损的铁锁（?），主要是一个圆筒形薄锁身，有厚4—7毫米的叶形隆起线，宽9毫米的圆形凹陷，此凹陷处通过一个长方形短沟槽和锁身背部相连。长（4.5）厘米，锁身直径2.8厘米，隆起线高1.2厘米。图111:3。

302．钩形小瓷器，基部垂直穿有一个小圆孔。部分表面施褐色釉。长3.6厘米。图版20:4。

303．瓷碗底部残片，内部施浅灰绿色釉，可能属元代器物。发现时，内有白色面粉样东西。

304．几张皮革和皮毛。

305．1）—7）丝绸、丝纸和植物纤维质地的绳子、一块织物。

1）3股顺捻线的反向合股灰白丝绳。长43.5厘米，粗0.15厘米。

2）—4）3股不同质地丝纸绳，反合股。

5）顺捻反合股植物纤维绳。长57厘米，粗0.2厘米。

6）反捻顺合股植物纤维绳。长36.5厘米。

7）带薄丝内衬（里层?）的织物残片，可能曾是鞋的一部分。一边上有镶边。经纱为反捻。浅褐色和灰褐色动物毛，纬纱为浅褐色反捻纱线。织物表面粘有10层薄丝质物。尺寸为9厘米×24厘米。经纬密度2—3×3—4。

306．黄绿色织物的2块残片。主要是14股扁线，2股在上，2股在下，形成平行的7行。残片长21厘米，宽约2厘米。

307a. 1）—4）装饰图案的缎子残片、棉布。

1）装饰图案的天然褐色斜纹缎残片，上有缝缀的褐色塔夫绸。底纹为3根综线斜织，图案为6根经纱（5—1）斜织。图案不能完全确定，但可能是花冠形。一面的缝合线是发褐色的玫瑰红反合股丝线。缎子经纬密度54×34。塔夫绸经纬密度40×35。图97。

2）同上，可能是同一块织物的残片。经纬密度50—60×38。

3）装饰图案的红褐色斜纹缎子残片，为3股综丝（2—1）斜织。经纱为合股反捻丝线，纬纱未捻。图案主要是花冠，3行平行线，程式化的叶纹。经纬密度50×55。图98。

4）反捻纱线织成的白色棉布条。经纬密度20×20。

307b. 1）—4）塔夫绸残片和一段相同质地的绳子、一块残缺不全的棉布。

1）—2）天然褐色塔夫绸的2块残片。经纬密度分别为32×22—28和40×32—40。

3）天然褐色塔夫绸碎片拧成的绳子，上缠白色丝线。碎片先反向合股，然后双折顺向再合股，拧得非常紧。末端是顺向合股白丝线。织物的经纬密度为40×30。

4）顺捻纱线织成的白色棉布残片。经纬密度为20×20。

地点 15
P. 153:

1．皮鞋上部削下来的脚尖部分，窄且非常尖。

2．黄色薄皮革，可能是羚羊皮。

3．半块片状小铜饰，压成一个八瓣叶子状的圆花饰，每片叶子上有浮雕人头纹。曾进行过修复。直径4.2厘米。

4．有开口的小铜环。直径1.6厘米。

5．纺轮，灰陶质地，制作较精细。直径4.5厘米，厚1.3厘米。

地点 16
K. 13799:

图 97
一块缎子上被部分修复的图案，K. 13799:307.1。比例为1/3。

308. 2块白色粗布、一块褐色粗布（天然?）、一根布绳。可能是一个袋子的残留部分（参看之前的第 200 页）。

地点 17

K. 13799:

309. 木板形饰物残片，绘黑框线，内饰绿彩。长方形，一边，沿削成凹形的一端略微倾斜，边线也呈现同样弯度。尺寸为（13.5×4）厘米，厚 1.8 厘米。

310. 锄形铁工具残片，实心，有一个和略弯的窄部件成直角的长方形短基部，这个窄部件末端尖细（现已钝）。很独特。图版 36:20。

311. 比真人还高大的造像的泥塑手指残存物。绘浅红彩。用 2 根平行的 2 毫米铁丝进行了加固。

312. 长方形泥塑浮雕饰板残片，上饰绿彩。凸起的边缘内有一个保存完好、近似菱形的边呈四叶形的浮雕图案。尺寸为 8.5 厘米×（5.4）厘米；边缘厚 1.4 厘米，凸起的中心厚 2.1 厘米。图版 21:7。

313—314. 泥塑饰件的 2 块残片，第 313 件保留有泥黄、红色和绿色彩绘的痕迹；第 314 件为 4 厘米厚的环的一部分，镀金外缘内保留有蓝漆的痕迹。

315. 几张纸，信纸。

图 98

一块缎子，K. 13799: 307. 3。

比例为 2/3。

316. 保存非常完好的 3 小块黄色塔夫绸残片。用扁平的丝线织成。经纬密度为 32×18—24。

地点 18

K. 13799:

317. 普通哈喇浩特类型勺形木铲刃部残片（参看图版 39:7）。

318. 截面为长方形的木嵌条残片，外轮廓呈窄长方形，一端斜削，另一端断裂。一面较长的一边有一个圆形阶梯样物，厚约为嵌条的一半［用带槽口的刨子（？）做成］。绘红彩。尺寸为（14.5）厘米×3 厘米×1.3 厘米。

319. 大铁钉，钉头平且折叠。长 13 厘米，基部截面的尺寸为 3.5 毫米×6.5 毫米，尖端尺寸为 1.5 毫米×2 毫米。图 89:7。

320. 瓷高足杯的足部和碗状部分，定窑瓷，外部施一层薄釉。足部高 2 厘米，基部周长 3.5 厘米，碗状部分周长 2.3 厘米，下侧边缘粘附有 5 个芝麻状短尖点。图 113:4。

321—322. 定窑高足瓷杯的 2 小块残片。

323. 游戏用圆盘形木片，为硬木制作的棋子。每一面上有一个较大的阴刻汉字，填有红漆。很独特。直径 4.5 厘米，厚 1.4 厘米。图 111:5，图版 40:1。

324. 几张纸，信纸。

325. 1）—14）一个袋子、丝质衣服、丝质填充物、毛线、棉布、毛毡和皮革的多种残片。

1）用不同种类的丝织品缝缀起来的小圆袋。下部为 3 股黄白色综丝斜织而成的缎子，图案已无法辨认，缎子已磨损且留有针脚。经纬密度 60×30。开口处加了边且排列用顺捻丝线织得很稀疏的褐色斜纹织物，经纬密度 60×20。中心部分和部分内衬为黄白色塔夫绸，因为有许多蓝绿色和黄白色反合股丝线和线上打着结的针脚，所以我们猜测中心部分和部分内衬是用几小块拼接而成的，经纬密度 25×20—25。带子的内衬层浸透了一种红色东西（血渍？）。带内有麦秆、蓝绿色和黄褐色丝织物及一小块和带子中心部分一样的塔夫绸。高约 6.5 厘米。

2）缝制而成的灰褐色塔夫绸带残片。一端为褶边，另一端折叠两次后和粗糙的浅褐色顺合股丝线织成的织物拉到了一起。经纬密度 34×20—28。

3）缝缀到一起的哈瓦那型塔夫绸残片，可能原属衣服的一部分。用顺合股丝线，以大针脚将 2 片残片斜缝到一起。经纬密度 34×32—36。

4）织得稀疏的灰黄色塔夫绸残片。经纬密度 42×38。

5）天然浅褐色丝绸残片，为棱纹丝织物。经纬密度 52×16—24。

6）缝缀在一起的天然浅褐色丝绸残片，6 根综丝（3—1—1—1），单股反捻丝线织成的斜经丝织物。两片，其中一片上有一片同样质地的织物，剪得略微斜且用浅黄色顺合股丝线缝缀到一起。经纬密度 46×26。

7）丝绸填料。

8）3 种纱线束：主要为黄褐色反捻顺合股毛线，酒红色顺捻疏松丝线，与浅褐色反向疏松捻制的毛线（？）的顺向合股绳在一起。

9）单股顺捻纱织成的灰白色棉布残片。一根顺合股粗丝线也被织进织物。经纬密度 12×12。

10）缝缀到一起的灰褐色棉布条，中部折叠，一边和一端用浅色顺合股毛线缝缀。长 16.3 厘米，宽 0.9 厘米。经纬密度 16×16。

11）反捻纱线织成的深靛蓝棉布残片。经纬密度 16×14。

12）黄色毛毡片。

13）2 片黄白色羚羊皮。

14）小块皮革残片，上粘有植物纤维和毛发等。

地点 19

K. 13799：

326．普通哈喇浩特类型勺形木铲刃，髹红漆。尺寸为 7.7 厘米×3 厘米。图版 39：7。

327．木质钝箭头，保留下来的是纵向裂开的一半。截面为椭圆形，轮廓为窄梨形，离最窄的一端约 2 厘米处有一钻孔。长 4.5 厘米，直径 1.8—2.0 厘米。图 89：4。

328．木板，较大器物的一部分。主体部分为长方形，一边中段有一个正方形（1.7 厘米×1.7 厘米）凹槽；短的一端被锯成一个长 4.4 厘米的尖端，一边和主体部分的边齐平。锯得很粗糙且已磨损，通长 17 厘米，主体部分宽 3 厘米，厚 1.5 厘米。

329．手钻的木柄，保留下来的是纵向的一半。用硬木刻削而成，向基部变得略厚，基部有一个深 1.2 厘米、宽 0.3 厘米的圆孔以收纳钻头的柄脚。很独特。长 19.5 厘米，直径 1.5—1.7 厘米。图 88：5。

330．瓷器盖子的圆形末端；装饰釉下蓝彩。盖子顶部表面上钮的基部为呈放射状分布的短花瓣。高 1.8 厘米。图版 29：4。

331．白绿色玻璃小圆盘，可镶嵌进框内。一面扁平，另一面略呈拱形，中部略微凹陷。直径 20 毫米。图版 30：42。

332．不透明球形白色玻璃珠的一半，直径 12 毫米。

333．和第 332 件材料相同的球形珠，直径 9.5 毫米。

334．铜钱残片，其上字迹已经模糊，可能是咸（平）元宝（998—1000）。直径 24 毫米。

335．小铜夹子，用于修复陶器。长 20 毫米。

336．窄铜杆残片，向断裂的一端逐渐变宽。一面扁平，另一面呈拱形。为镊子或 U 形发卡（？）的一部分。长 5.7 厘米。

337．1）—4）缝缀在一起的塔夫绸残片、斜纹毛纺织物、棉布、丝质残片。

1）7 块不同颜色和形状的塔夫绸残片，一个角及中心部位或绑或缝缀到一起，所有的边都自然下垂；缝合线为灰白色反捻顺合股丝绳。其中几块用白色或灰白色顺合股线缝在一起。颜色有浅褐色、深褐色、雪茄烟色、发褐色的玫瑰红色和天然米色。经纬密度 32—35×20—34。

2）天然灰褐色斜纹毛织物残片，毛织物被缝缀到一块灰褐色塔夫绸上，塔夫绸边缘折起来且有花边，一条黄白色棉布。缝线为天然浅褐色反捻顺合股丝线。羊毛斜纹织物，经纱为顺捻纱线，纬纱为反捻纱线，4 根（2—2）综线，有花边，经纬密度 38—40×32—38。塔夫绸，经纬密度 34—38×20—32。棉布用反捻纱线织成，经纬密度 22×22。

3）19 块浅黄褐色棉布残片，可能原本属于一件衣服。其中两块残片和一块塔夫绸缝在一起，另一块残片上有一片塔夫绸。有些残片缝在一起。4 片打了折，其中 2 片用黄白色顺合股丝线捆到一起。棉布用反捻纱线织成，最大块的尺寸为 7 厘米×26 厘米，经纬密度 24×22。较大块的塔夫绸呈黄白色，经纬密度 40×38。小片为黄褐色，织得较稀疏，尺寸为 1 厘米×1.5 厘米，经纬密度 50×38。

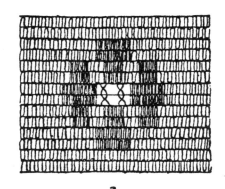

a

b

4）灰色丝质残片或丝质填料残片。

地点 20

K. 13799:

338. 红褐色细纹硬木铲形小器物，器物上有 2 个孔，圆形手柄处的一个凹槽将其接合。打磨光滑。长 5.6 厘米，刀厚 4 毫米，手柄厚 5—6 毫米。图 111:7。

339. 弯曲的木棍残片，髹红漆（鼓槌?）。保存下来的一端扁平且向顶部的直边逐渐变宽，主体部分剖面呈椭圆形，断裂的一端呈圆形。长（26.5）厘米，铲形一端宽 1.4 厘米，厚 2 毫米，直径 0.5 厘米。图 88:4。

340. 短木橛，截面几乎为正方形。三面扁平。第四面呈拱形。扁平的面之间穿有 2 个小孔，距离每一端分别为 1.7 厘米和 3.4 厘米。在前述小孔的每侧另有两个内保留有一条皮革的孔且和此孔成直角。长 11 厘米，截面尺寸为 5 毫米 ×7 毫米。

341—343. 与第 340 件属同一类型的 3 个木橛，但没有纳绳的双孔（参看 K. 13799:225—226）。

344. 木板，5 行墨色线条横穿其上，线条之间的距离为 4.7 厘米。尺寸为 22 厘米 ×5 厘米 ×0.4 厘米。

345. 扁轴形木质工具，可能是纺织用的木梭。一边纵向略呈拱形，边为圆边。长 22 厘米，中部宽 3 厘米。图 88:2。

346. 硬木棍的顶部，圆筒状，上穿有长方形孔（1.4 厘米 ×2.8 厘米），大约在中段略斜。长 10 厘米，直径 4 厘米。图版 39:12。

347. 槽形小竹器，一端附近有部分开口的 V 形槽。可能是刀柄，与刀合体使用将橛加工为相应的厚度。（刀横放在槽内，切边可以刨出 1—2 毫米厚的刨花）。很独特。长 6 厘米，宽 2 厘米。图版 39:11。

348. 未加工完成的 U 形小角器，切割和雕刻都较粗糙。

349. 刀鞘的骨质小饰件，主要是一个椭圆形小片，上有大致为三角形的开口用来纳刀刃。边缘装饰 2 条刻画环纹，尺寸为 16 毫米 ×9 毫米。划痕尺寸为 16 毫米 ×9 毫米。

350. 不规则筒形大贝珠。

351. 球形贝珠。

352. 几块铜片，例如，较厚的器壁部位的残片。

353. 深蓝色小纸卷，信笺，破败不堪但明显可以看出至少有 8 张纸。长 9 厘米，卷的直径 9—21 毫米。

图 99
有图案的薄纱，缝缀斜纹丝织物剪成的贴花，K. 13799:357。a 为放大了 6 倍的薄纱细部，b 为常见尺寸。

354. 缝缀在一起的条状皮革残片，残片的一端有 2 个铁铆钉将窄铁衬垫固定在残片上。一块长方形皮革曾被纵向折叠，边缘有约 7 厘米的缝合线，缝合线穿过衬垫最里的边。加了衬垫的一端被割成圆形，另一端不规则且一侧拉长成一个长 3 厘米的长方形块，块的末端已朽损。从衬垫处开始，沿着中线有一个长 5 厘米的裂口。通长（18）厘米，宽 2.2 厘米。图 88:1。

355. 条状皮革，两层在没有固定的一端被缝缀在一起，未固定一端的中部穿有一小孔。长 13 厘米，宽 2 厘米。

356. 浅蓝色塔夫绸残片，内衬有两层浅褐色丝质残片或丝质填料，短的一端向背面折叠 2.4 厘米。丝质残片尺寸为 19.8 厘米 × 24.4 厘米，丝绸尺寸为 22.8 厘米 × 13.2 厘米。经纬密度 18×12。

357. 装饰图案的深紫红色缎子残片，黄褐色斜纹丝织物剪成的贴花被缝缀到反捻顺合丝线织成的薄纱上，形成一行花、一行叶交替分布的传统式样，重复图案的高和宽 6 厘米。薄纱的经纱 4 根一组，每两根组合成一个小图案（0.5 厘米 × 0.6 厘米），小图案隔行分布（重复出现的高约 2 厘米，宽约 1.5 厘米），经纬密度 64×20。斜纹丝织物由 4 根综线（3—1）织成，经纬密度 30×22。图 99。

358. 1）—5）缎子、塔夫绸、薄纱和棉布的残片。

1）经磨损的 3 根综丝（2—1）织成的黄白色斜纹缎子残片打成的一个大结，内有某种白色粉末铅（？）。经纬密度 46×38。

2）黄白色类似塔夫绸的丝织物残片，经纬密度 42×20—26。

3）天然黄褐色塔夫绸残片，经纬密度 26×20—32。

4）装饰图案的紫褐色薄纱残片。经纱为 4 根一组，每 2 根组合形成隔行分布的六瓣小花朵或星星图案。重复出现的高 0.9 厘米，宽 0.7 厘米，有花边。经纬密度 88×22。图 100。

5）顺捻纱线织成的灰白色棉布残片，一部分被黄白色丝线缝缀在一起，其余部分留有针脚。经纬密度 18×16。

地点 21

K. 13799:

359. 小圆木盘，为棋子，制作粗糙。一面有绘黑彩的马和"马"字，另一边有红色的"马"字。直径 2.5 厘米。图版 40:4。

360. 旋削而成的装饰性木橛残片。一端有一个直径 7.5 毫米、断裂的圆枢轴，另一端被锯掉或已断裂。"腰"部周围为彩绘的红色和黑色线条。长（9.2）厘米，直径最大量 2 厘米。图版 40:9。

361. 圆柱形木器，可能是筹码或游戏中的棋子（参看图版 40:1）。高 4.4 厘米，直径 0.8—1.8 厘米。

362—364. 3 块竹筒残片，可能用作容器，一端为竹节，另一端较薄且内部表面为黑色。长 8.9—9.3 厘米。

365—366. 2 根残缺的竹筷，髹红漆。第 365 件为圆柱形（直径 6 毫米），另一根的截面为尖椭圆形（4.5—6.0 毫米）。

367—369. 勺形木铲的 3 个断裂手柄，髹红漆。

370. 锈蚀严重的铜钱，碎裂成 4 块，可能是 1 枚景祐元宝（1034—1038）。直径 25 毫米。

371. 铁钉。长 5.2 厘米。图版 37:19。

372. 小铁环。直径 1.8 厘米。厚 1.5—3 毫米。

373. 各种铜片、残片或铸件废料。

374. 瓷碗口沿的小块残片，钧窑瓷，施浅蓝色釉。

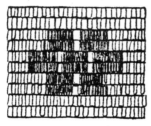

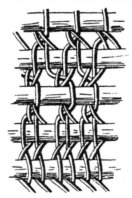

图 100

装饰图案的薄纱细部，K. 13799：358.4。
图原大，中图为放大了6倍的纱的细部，
下图为织法示意图。

375. 瓷碟口沿残片，灰色胎体上施深褐色釉。

376. 红褐色打火石块。

377. 1) —23) 各种丝绸、棉布、羊毛织物、绳索、细绳残段和一块皮革。

1) 灰白色塔夫绸残片，有花边。尺寸为15厘米×32.2厘米。经纬密度32×24—32。

2) 2块缝缀到一起、质量参差不齐的灰白色塔夫绸残片，两块都有花边。每一块都由反捻顺合股灰色丝线从边缘处缝缀到一起的2片组成。尺寸分别为15.2厘米×41.5厘米和20厘米×31.5厘米。经纬密度40×32—34和32×26—32。

3) 浅褐色塔夫绸残片，顺合股丝线织成。经纬密度34×22—30。

4) 2条黄褐色塔夫绸带子，均折叠两次，红褐色双折顺向合股丝线织成。经纬密度26×22—26。

5) 缝缀在一起的天然灰褐色塔夫绸残片。一边保留有灰褐色顺合股丝线的针脚，可能是折缝。经纬密度34×46。

6) 缝制的装饰图案丝带和一条褐色塔夫绸带子的残片。丝带一个角形成了直角，2块宽片被缝在一起。织物的底子呈灰黄色（原来的颜色是明黄色），是3根经纱的斜纹织物（2—1）。图案是用6根缠结在一起的白色纬纱（5—1）斜织而成。图案的类别不好定义，但主要由涡卷纹、传统的花叶纹组成。丝带尺寸：长28厘米和25.5厘米，宽11厘米和15厘米。丝带经纬密度60×22—26。塔夫绸经纬密度28×24。图101。

7) 深草莓红色塔夫绸残片。经纬密度40×16—24。

8) 深酒红色类棱纹平布丝绸残片。经纬密度50×30。

9) 深草莓红色、装饰图案的斜纹窄缎带，扎成3个结和2个环。图案用3根综线（2—1）斜织而成，无法确定图案的类别。窄缎带和一条同样颜色、顺合股丝线织成的带子缝缀在一起。经纬密度58×38。

10) 淡草莓红色丝带残片，丝带是用4根（3—1）综线和经纱斜织而成，丝带上还有一小片顺合股丝线织成的黄白色丝绸。长23.2厘米，宽1.7厘米。经纬密度50×64。

11) 一小块3根综线织成的黄绿色斜纹缎子扎成的1个结。这个结由几个圆组成。经纬密度52×38。

12) 经纱和3根（2—1）综线织成的丝带残片，有缝制的褶边。经纱为普鲁士式的蓝色反捻丝线，纬纱为未捻的灰褐色丝线。长34.5厘米，宽3.4厘米（不算4.6厘米的褶边）。经纬密度56×

22。

13）和第 12 件一样的一小条丝带。

14）和第 12、第 13 件一样的缝缀在一起的丝带残片，剪成直条。

15）天然浅褐色棉布残片，经纱和纬纱均为 2 股。一端和一块用顺合股丝线织成的黄白色丝绸缀到一起。经纬密度 28×24。

16）反捻纱线织成、缝在一起的灰白色棉布条，有花边，曾被折叠。保留有黄褐色顺合股纱线（丝线或毛线?）的针脚痕迹。经纬密度 16×8—12。

17）黄褐色毛织物褶边的残片，一组反捻线织得很紧密，另一组反捻线织得较稀疏。接缝处用大针脚的反捻顺合股毛线缝制。长 34.5 厘米，宽 0.6 厘米。经纬密度 24×10。

图 101
缝制的丝带上的图案，K. 13799:377.6。比例为 1/2。

18）打了几个结的丝绳。绳由 6 股合股线再经顺合股而成，其中 4 股白色，2 股褐色，2 股蓝色，褐色和蓝色的 4 股被先搓在一起。长 30 厘米。直径 0.35 厘米。

19）反捻顺合股羊毛线或其他动物的毛纺成的浅褐色线的残段。

20）—21）反捻顺合股线搓成的 2 根植物纤维绳，可能为麻质。

22）25 股顺捻线的反合股黄白色棉绳。长 24 厘米，直径 0.5 厘米。

23）皮革残片。

地点 22

留存在北京的采集物

a）近乎完整的元代纸币，纸张为吸水性强的深灰色厚纸，因使用而显得陈旧（原件比现在保存下来的遗物要长），面值为两贯（相当于 2000 钱），至元（1264—1295）年间发行。详细描述及复制物情况，参看贝格曼，1954，图 2，第 45—45 页。尺寸为 29×25.5 厘米。

b）同上，残片，与上一件遗物一起发现。元代。

地点 23

P. 489:

1. 相当大的圆形木碗底部残片。

2. 小圆木盘残片，可能是容器的盖子，制作粗糙。直径 5 厘米。

3. 小木杯残片，内部表面髹红漆，外部表面的一部分为彩绘或髹发白的绿色漆。

4. 长 17.3 厘米的草叶形器物，一端用纸包成圆形，纸上扎着绳。

5. 一小块葫芦。

6—7. 2 截残破的竹棍。

8．木橛，一端尖削。长 8.5 厘米。

10．汉文写卷、不同种类白粗布的小块残片，一块上有两对平行的蓝色直线的白色亚麻织物，丝绸扎成的蝴蝶结，黄、红、蓝色丝织物残片，若干条绳子。

地点 24

K. 13799：

378．普通哈喇浩特类型木梳残片（约 2/3）。高 6.7 厘米，厚 0.8—1.1 厘米。图版 39：10。

379．梳子状小木块，为长方形，可能是一个普通梳子的一部分。一面有刻画的图案，两面都有红色颜料痕迹，13 根已断裂的梳齿。高（4.5）厘米，宽（2.7）厘米，厚 0.9 厘米。图 111：6。

380．小木碗或勺口沿的小块残片。高约 1.6 厘米。

381．角管残片。长 3.1 厘米，直径 1.6—2.3 厘米。壁厚 1—1.5 毫米。

382．旋削的骨质锭盘残片。可能是纺轮。一面扁平，另一面略呈拱形。边缘附近有 2 个小孔。略呈拱形的一面边缘附近有两条刻画线。直径 2.7 厘米，厚 0.5 厘米。图 111：9。

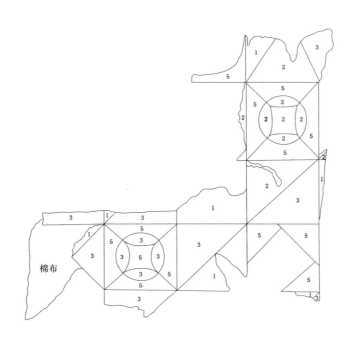

图 102
不同颜色、分成方格的皮革残片（1 为黑色，2 为白色，3 为黄色，4 为淡绿色，5 为淡红色），K. 13799：403。内衬棉布。比例为 1/4。

383．铜钱，为咸平元宝（998—1000）。直径 25 毫米。

384．青铜或黄铜底托，主要是一块边缘为叶形的正方形铜片，略呈拱形且中部有一个不太稳固的盖子。盖子为圆锥形，分三层，以一个短铜铆钉和铜片相连。铜片每一面中部和四角都有大小不等的小铆钉孔，至今还保留有一只铁铆钉。很独特。尺寸为 4 厘米×4 厘米×2 厘米。图 114：8。

385. 铜镊子（?），基部装饰几条刻画交叉线。基部为长方形，两臂截面为方形。长 7.9 厘米，厚（均匀）2 毫米。图版 37:13。

386. 青铜铲的窄、薄且长的手柄，刀刃在基部附近断裂。纵向较扁平且略弯。长（12.7）厘米，厚 0.5—1.5 毫米（中段最厚）。图版 33:15。

387. 粗 2 毫米的铜线，弯曲成钩状；可能是耳坠残片。长（2.7）厘米。

388. 青铜底托，主要是几乎为长方形的双折铜片，铜片的圆形内角处有 2 个铆钉。保留有曾经被固定、外面包有布的木条痕迹。尺寸为 4 厘米×2.7 厘米。

389. 1 颗蓝色玻璃珠的残片。

390. 高足小陶杯，杯体浅，实心足部显得笨拙。外部表面有一层已经干燥了的油状物，可能曾用作灯。高 4 厘米，碗的直径 6.5 厘米。

391. 铁箭镞，刃扁长，向有角的尖端逐渐变宽。厚且圆的铤在基部以下 2.3 厘米处断裂。刃部长 8.3 厘米，总宽 2.6 厘米。图 89:1。

392. 铁箭镞，刃为扁菱形，逐渐变细的圆形铁铤基部有一块凸起。残破且锈蚀严重。通长 8.7 厘米，刃长 5.3 厘米，总宽 3.5 厘米。图 89:2。

393. 铁器残片，主要是 1 根细铁丝，一端有一块凸起。

394. 铁器残片，主要是短且厚的长方形片，一端和中心部位之间穿有一菱形孔，另一端延伸成截面为长方形的轴。轴已断裂。尺寸为（4.8）厘米×1.9 厘米，厚 0.5 厘米。图版 38:10。

395. 铁链条的一部分，主要是 3 个长方形链环和 1 个铁钉。链环长 4.9—6.2 厘米。图版 38:6。

396—400. 5 只残损的铁钉。

401. 各种铜片、铜板和铸件废料。

402. 小坩埚残片，与图版 20:1 的相仿，仍留有一块铜废料。

403. 缝在一起的不同颜色的皮革残片，每块皮革都边对边缝在一起形成格子图案，每个格子又被分隔成几块几何图案。每一块皮革为单一色彩，或黑色、白色、黄色、淡绿色或淡红色。很独特。每个最基本的四边形的尺寸约为 4 厘米×4 厘米，整块皮革（L 形）的尺寸约为 15 厘米×15 厘米。图 102。

404. 皮套，可能是刀鞘，主要是鞘上缝制的一个黑色皮插口，围以一条同样薄的白色皮革。插口和条状皮革中段有很细的针脚痕迹，下端只保留了植物纤维线的针脚。长（12）厘米，宽 1.5 厘米。

405. 桦树皮质地的遗物（鞋底?）残片，用绘有红彩的 2 层桦树皮做成，边缘用线缝制。宽 10.5 厘米。图版 40:14。

406. 1）—41）各种丝织物残片：（主要种类为）塔夫绸、斜纹织物、装饰图案的缎子纱布、毛织物和棉织物残片、少量丝线。

1）织得稀疏的天然浅褐色塔夫绸的大块残片，相对的两边都有花边，整个织物宽 52 厘米。经纬密度 26×28。

2）灰白色塔夫绸残片，有花边。经纬密度 30×14—26。

3）发灰且发黄的天然白色塔夫绸残片，4 块用顺合股纱合成的天然丝线缝在一起的残片。类似棱纹平布的花边，不规则。经纬密度 24×14—22。

4）2 块缝在一起、发灰且发黄的白色塔夫绸。一块有缝制的弯边，另一块的边剪斜后进行了缝制。用与织物同样颜色的顺合股纱合成的天然丝线将 2 块织物缝合。经纬密度 28×12—26。

5）天然灰褐色塔夫绸残片。经纬密度 46×30—38。

6）天然灰白色丝绸残片，织得较稀疏。经纬密度 26×14—20。

7）2 块织得很稀疏的黄白色塔夫绸。较大的一块有花边，小的一块的一边和一条同样的织物缝在一起，缝合线附近有褶皱。经纬密度 28—32×20—28。

8）天然灰褐色塔夫绸的 6 块残片，磨损严重，一块残片有花边。经纬密度约 42×40。

9）天然淡褐色塔夫绸残片。经纬密度 38×16—34。

10）同上，有花边。经纬密度 30—40×26—30。

11）天然黄褐色塔夫绸的 2 块残片，一块的一边被剪得向内凹，另一块三边折叠后呈正方形。经纬密度 28×24—28。

12）2 块用顺合股丝线以大针脚缝在一起的塔夫绸。一块为灰褐色；另一块有两层，为灰黄色。经纬密度分别为 30×24—30 和 28×24—28。

13）缝缀在一起的塔夫绸带，有磨损。两层，末端双折后缝在一起，另一个短边也双折，之后被缝合。塔夫绸为双股顺合股丝线，缝合线为旧线。长 28 厘米，宽 2.6 厘米。经纬密度 28×28。

14）2 块缝在一起的天然灰褐色塔夫绸。都有花边，一块的长边被斜剪，相对的一边折叠后用未染的丝线和另一块缝在一起。经纬密度 36—38×20—40。

15）天然淡褐色塔夫绸残片。经纬密度 38×20—34。

16）红褐色塔夫绸残片，有些丝线为反合股。经纬密度 38—46×34。

17）天然灰褐色塔夫绸，一端和另一块相同质地织物的边角料用顺合股丝线缝缀在一起。经纬密度 28×18—28。

18）发灰且发褐色的天然白色塔夫绸残片。经纬密度 26×16—24。

19）天然淡褐色塔夫绸残片。经纬密度 24×12—24。

20）发灰且发黄的白色塔夫绸带，边缘不规则，磨损严重。经纬密度 26×26。

21）缝制的、带花边的塔夫绸带的残片。有花边的一边保留有 2 道针脚，一端有折痕。长 36.5 厘米，宽 4.3 厘米。经纬密度 24×12—24。

22）天然褐色塔夫绸残片。经纬密度 30×（20）。

23）天然淡褐色塔夫绸残片。经纬密度 40×（22）。

24）天然褐色塔夫绸残片。经纬密度 24×16—24。

25）粗线织成的黄白色塔夫绸残片。经纬密度 22×14—18。

26）天然灰白色塔夫绸破布条扎成的一个结。经纬密度 30×16—24。

27）用一块磨损了的平纹丝绸扎的绳结，两端散开且有绳圈。一端留有红褐色顺合股丝线针脚。经纬密度 32—34×28。

28）缝缀在一起的白色斜经丝织物，6 根（3—1—1—1）综线。织物为双层，折痕处有顺合股白色丝线针脚。经纬密度 60×24。（可参看希尔旺，1949，第 74 页上的外衣 10:1）

29）7 小块缝缀在一起、装饰图案的天然浅褐色缎子，剪成 7 厘米×7 厘米的方块，之后，一边斜折；几个边都用浅红褐色反合股丝线缝合。底子和图案均为 3 股（2—1）综线。图案为以对角形式分布的菱形和 δ 字形线改为底，其上装饰有不规则轮廓的龙纹图案。经纬密度 63×44。

30）浅草莓红斜纹小缎带，其上图案不完整。3 根（2—1）综线。斜剪且一端沿经纱方向折叠。经纬密度 60×40。图 103。

31）深褐色斜纹缎子的残片，其上图案不完整。5 块残片用深褐色反合股丝线缝缀在一起；长边被剪直，另一边被剪斜，这两个边都被折起。缎子用 3 股（2—1）综线斜织而成。尺寸为 35.5 厘米×16 厘米。经纬密度 63×34。图 104。

32）2 块装饰图案的浅褐色缎子，5 根经纱（4—1）织成的棱纹平绸。无法准确判断图案类别，看上去为分散的小图案。经纬密度 36×74。

33）长条状灰褐色塔夫绸，其上贴附装饰图案的黄褐色窄纱条。塔夫绸条两边之间沿对角方向被裁剪，织物总长 50.5 厘米；宽 3.5 厘米。经纬密度 28×24。卷起的一边贴附纱条，图案无法辨识。经纬密度 26×13。

34）5 块黑色薄纱残片，有磨损。经纬密度 36×16。

35）灰黄色纱残片，纱是用 4 根纱线为一组织成的。经纬密度 60×18。

36）织得较紧密的深蓝色窄长缎带，装饰有图案。4 根纱线为一组沿经纱方向展开的对角线组成了织物的图案。织物向中心方向折叠；仍残留有玫瑰红色反合股丝线的针脚。经纬密度 68×18。

37）装饰图案的黄色纱残片，其上图案不完整。经纱为褐色细纱线，纬纱为黄色纱线。经纬密度 28×22。图 105。

38）黄绿色反捻丝线的顺合股缝线。

39）已褪色的草莓红羊毛斜纹织物的 5 块残片，用 4 根（2—2）综线织成，部分花边用红色顺合股羊毛线缝合。经纱为顺捻纺纱，纬纱为双股反捻纺线；一根浅褐色顺合股丝线被织进织物。经纬密度 20×16。

40）5 块用反捻纱线织成、有花边的天蓝色棉布残片。一根红褐色顺合股短线被织进了织物。经纬密度 12×10。

41）平纹丝织物残片，上覆黑色物质。2 股线为一组。经纬密度 32×18。

图 103
一条缎带上部分修复了的图案，
K. 13799:406. 30。
原大。

地点 25

K. 13799:

407. 带有综线的杆的小部分残留物，主要是一排扁且薄的细棍，综线缠绕在一根窄木棍上（这根窄木棍可能是长方形框架的两个长边的其中一边），距离木棍 2.5 厘米且与其平行的是一根穿过每一根细棍的细线。木棍长（7.5）厘米，细棍长 12 厘米。图版 40:12。

408. 一个长方形或正方形小玻璃盘的大约一半残留物，发白且不透明。

409. 残纸条和织物的几小块残片。

410. 1）—6）塔夫绸、缎子、棱纹丝织物、毛织物和棉布的残片。

1）2 块（部分重叠）缝在一起并成直角的天然浅褐色长方形塔夫绸。都有花边；同样质地的织物残片缝到有花边的短的一端。缝合线为顺合股丝线。经纬密度分别为 32×20—26 和 40×25。

2）灰黄色塔夫绸残片，有磨损。经纬密度 34×28。

3）2 块织得较致密的深红褐色棱纹丝织物，缝在一起且内衬黄褐色塔夫绸。有花边，两边的边缘部分被折叠。缝合线为顺合股丝线。经纬密度 48×24—32，塔夫绸经纬密度 24×20。

4）2 条深红色毛织物残片，用拧得较紧的顺捻纺纱稀疏织就。一块残片上缝了一小块蓝绿色斜纹缎残片，缎子是用 3 根综线（2—1）和双股纬纱织成，边缘折叠。毛织物经纬密度 22×20，缎子经纬密度 60×100。

5）一条和 2 小块黄褐色斜纹羊毛织物，4 综反捻纺纱线（2—2），有花边。条状毛织物短的一端折了边且用顺合股纱线缝缀。经纬密度 18×10。

6）灰白色粗棉布条残片，布条上打了个结，结中缠着一块黄白色棱纹毛织物，布条曾因和棉布

图 104

缎子上部分复原的图案，K. 13799:406.31。比例为 1/2。

块缝缀在一起而变大，缝合线为黄褐色顺合股丝线。棉布用反捻纺纱线织成，经纬密度 14×10；棱纹毛织物的经纱为反捻紧密的纱线，纬纱为稀疏的反捻纺纱线，经纬密度 32×10。

地点 26

K. 13799:

411. 长且圆的木橛，可能旋削而成。长 29 厘米，直径 0.4—0.5 厘米。

412. 圆木橛，一端有长方形凸出物，制作相当粗糙。扁平部分保留有黏土的痕迹，衣钩（？），长 4.5 厘米，圆形部分的直径 1.9 厘米，凸出物的尺寸为 2.7 厘米×4.4 厘米×1.5 厘米。

413. 短木条，长边凸起，短端平直。长 10.5 厘米，中段宽 4.7 厘米，末端宽 2 厘米，厚 0.5 厘米。图 88:8。

414. 反捻纺纱线织成的长方形浅褐白色棉布，两面都贴附，可能是粘上去的黄褐色片状丝质物。丝质物并没有完全覆盖棉布的表面，有宽 2 厘米的表面没有覆丝质物。长 27 厘米，宽 8 厘米。经纬密度 12×12。

415. 1）—6）各种丝织物残片和一张片状丝质物。

1）灰褐色薄塔夫绸残片。经纬密度 40×40—50。

2）天然浅褐色塔夫绸残片，有花边。经纬密度 34×20—30。

3）发旧的玫瑰红色平纹丝织物残片，和塔夫绸、棱纹织物都不同。花边不规则，留有长针脚，缝合线为顺合股丝线。经纬密度 36×12—18。

4）塔夫绸残片。经纬密度 24—40×22—34。

5）灰黄色斜经织物残片，用 5 根（2—1—1—1）综线织成。四边都因缝合线的针脚而被略微斜向折叠。原来的尺寸为 14.5 厘米×15.1 厘米。经纬密度 60×34。

6）浅褐色丝纸残片和少量丝绸，发现时在一起。

地点 27

K. 13799:

416. 带边的圆形浅木碗或碟（参看图版 39:1）器壁部分的残片；大约 1/3 周的碗体被保存下来。旋削而成，髹红或红褐色漆，内外口沿部分都彩绘宽 0.5 厘米的银白色带纹。修复之后的口沿直径 18.5 厘米，基部附近碗壁厚 1 厘米。

417. 薄壁圆木碗残片，旋削而成。进行过修复。高 5 厘米，口沿直径 16 厘米，碗壁厚 0.2—0.7 厘米。

418. 竹橛的一小块残片。

419. 竹管残片，上覆一层纸，外部表面的纸用胶粘贴。

420. 锯下来的角的残片。

421. 1）—18）丝织物（塔夫绸、缎子、斜纹织物、棱纹织物、带刺绣花纹的纱）、片状丝质物和棉布残片。

1）缝缀而成的条状灰白色塔夫绸残片。2 条缝在一起，之后折叠成双层，再沿着长的一边和短边（其中一个短边已经被撕掉了）缝合，将右侧上翻。缝合线为顺合股丝线。经纬密度 38×24—38。

2）天然淡褐色丝织物残片，类似塔夫绸。2 大块残片用顺合股丝线缝在一起。经纬密度 52×42。

3）—5）3 块天然灰褐色塔夫绸残片。第 4 件有花边。经纬密度分别为 36×20—30，38×28—36 和 32×16—22。

6）原本为绿色的塔夫绸残片，现在颜色已经褪变成了褐色，有花边。经纬密度 42×22—42。

7）天然黄褐色塔夫绸残片。经纬密度 34×28。

8）天然浅褐色塔夫绸残片。经纬密度 38×36。

9）黄色塔夫绸残片，织得较紧密且有花边。其上用褐色顺合股丝线缝缀了一小片相同的织物。经纬密度 42×26—30。

10）同上，有花边。经纬密度 36×20—30。

11）由褐色逐渐过渡到草莓红色的塔夫绸残片。经纬密度 22×14—22。

12）3 股（2—1）综线织成的白色斜纹缎残片，装饰复杂的花叶纹。2 块残片用白色顺合股丝线的大针脚缝在一起。经纬密度 52×36。图 106。

13）用灰黄色顺合股丝线缝在一起的 1 块浅褐色斜纹丝织物和 1 块装饰图案的灰黄色斜纹缎。斜纹织物的一边被褶且用同样的丝线缝边，另一边被斜褶；5 根（2—1—1—1）稀松的反捻丝线的综线再合成 2 股作为纬线。经纬密度 38×36。缎子是用 3 根（2—1）稀松的反捻丝线的综线织成，图案为无法确定类别的花叶纹。经纬密度 48×30。图 107。

14）淡草莓红色斜纹缎残片，装饰不完整的植物花冠纹。3 根（2—1）综线，经纱为稀松的顺捻纺丝，纬纱为未捻的线且有几根额外的浅黄色顺合股线。留有折叠后缝边的痕迹。经纬密度 40×62。图 108。

15）带刺绣花纹、稍有褪色的发灰的蓝绿色纱残片，内衬精美的、织造稀疏的同样颜色的棱纹丝织物。纱相对的两个边被褶且用顺合股丝线缝了边。纬纱为双股，装饰对角方向的菱形纹（1 厘米×0.6 厘米）。经纬密度 22×20—32 和经纬密度 120×16。白色、黄绿色、绿色和蓝绿色未捻丝线的光滑针脚刺绣出无法确定类别的装饰花纹。图 109。

16）少量绿色反捻顺合股丝线，可能是缝合线。粗 0.04 厘米。

17）反捻纱线织成的天然浅褐色棉布残片。有花边。织物两面都衬有灰白色片状丝质物或衬料。经纬密度 14×10。

18）反捻纱线织成的灰白色棉布残片，两面都衬有灰白色片状丝质物或衬料。经纬密度 12—14×8。

图 105

有图案的条状纱，K. 13799: 406.37。a 为原大，b 为技术示意图。

图 106
一块白缎子上的图案，K. 13799:421. 12。比例为 1/2。

地点 28

K. 13799:

422. 圆形浅木碗或碟的残片，旋削而成，器壁相当厚。器物的整个表面髹红漆，口沿内外装饰宽 0.5 厘米的黑色带纹。进行过修复，修复后的直径 19 厘米，高 3.5 厘米，基部器壁厚 1.1 厘米。图 87:1。

423. 竹管残片，一端有节，另一端向口沿方向削得较薄，口沿内为黑色。长 8.6 厘米。

424. 小铜饰件，主要是一块边缘为叶形的椭圆形铜片，中心部位穿有一卵形孔。孔正面有一锈块；背面末端留有轭状物的痕迹。很独特。尺寸为 22 毫米×22 毫米。图 114:4。

425. 贝壳，上穿有用于悬挂的孔。

426. 发白的球形玻璃珠。直径 10 毫米。

427. 黑色短皮带，每一端穿有一孔。长 9.5 厘米，宽 1.3 厘米。

428. 1）—10）塔夫绸、斜纹缎、片状丝质物等丝织物和棉布的残片。

图 107
缎子 K. 13799:421. 13 上的不完整图案。比例为 2/3。

1）浅褐色塔夫绸衣服前部的残片。有花边的 2 块用浅褐色顺合股丝线缝缀在一起。残片上部织进了几根褐色顺合股丝线。尺寸为 43.3 厘米×18.4 厘米。经纬密度 38×28—38。

2）2 块天然灰褐色塔夫绸残片。都有花边，用丝线缝缀在一起。经纬密度 38×28—38。

3）灰褐色丝绸、部分纬纱类似棱纹织物的塔夫绸残片。经纬密度 40×20—54。

4）浅褐色塔夫绸残片。经纬密度 32×26。

5）条状浅褐色塔夫绸，剪得稍微有点斜。长 39.8 厘米，宽 3.7 厘米。经纬密度 38×24—38。

6）天然浅褐色塔夫绸残片，长方形，长边被折，中心部位有褶皱且缠绕一条织造更精美的塔夫绸。主要的一块织物的尺寸为 19.5 厘米×5.8 厘米，条状织物的尺寸为 8.5 厘米×1 厘米。经纬密度 34×24—40。

7）黄白色塔夫绸残片。经纬密度 30×22—28。

8）原本可能是玫瑰红色，现在已褪变成了黄褐色斜纹缎残片，上有不完整图案，3 根（2—1）综线。共有 2 块残片，一块被剪后向内凹，2 块残片用顺合股丝线缝在一起。经纬密度 60×28。图 110。

9）3 块顺捻纺纱织成的灰白色棉布残片。一块上有 3 道被顺合股丝线捆扎形成的折痕。经纬密度 24×18。

10）4 张片状丝质物，其中 2 张为浅褐色，1 张为黑色，1 张为黑色但四周带白边。白边上残留汉字的痕迹。褐色丝质物为剪纸作品，可能是公鸡的形象。图 111:2。

地点 29

K. 13799:

429—432. 4 个一样的陶质浮雕盘，正面雕一环绕梵文的中心佛塔，梵文覆盖整个表面。直径 8 厘米。第 430 件，图版 21:3。

P. 442:

1—2. 2 块陶质梨形饰板，上雕一尊沉思坐佛像（参看图版 21:2）。

3. 陶察察，可能与 P. 466:4（参看第 222 页）用同一个模子做成。

4. 陶质浮雕盘残片，上雕有中心佛塔，与上述 K. 13799:429—432 类似。

5. 小察察，未用模子做的下部形似一个沙漏。

P. 468:

1—9. 9 块陶质梨形浮雕饰板，上雕一尊坐佛，和上述 P. 442:1—2（参看图版 21:2）相仿。都用同一个模子做成，模型表面的尺寸为 5.2 厘米×3.8 厘米。

30. 归属于哈喇浩特的一组器物

K. 13799:

433. 铜钱，开元钱。直径 25 毫米。

434. 圆形铜片，中心部位有孔且两面都装饰浮雕花纹，上雕十二生肖。浮雕图案和中心部位的孔都因为使用而留下了严重磨损的痕迹。一面有 6 个人的形象，另一面上为最靠近外缘的圆圈内的十二生肖，孔周围的一个嵌板边缘有汉字。直径 5.3 厘米。图版 31:11。

435. 木棍，一端厚度和宽度均匀，另一端薄且尖。长 21.5 厘米。图版 39:8。

436. 相当大的铁碗灯，圆形，壁直立且向扁平的底部稍稍内倾。在一处，口沿被拉长而成为一个叶形凸出物。下部留有干了的油状物的痕迹（和 K. 13810:7 几乎一样）。口沿直径 11.8 厘米。

437. 实心圆锥形铁器，可能是一件较大器物的一部分。直径 5 厘米，高 2.4 厘米。

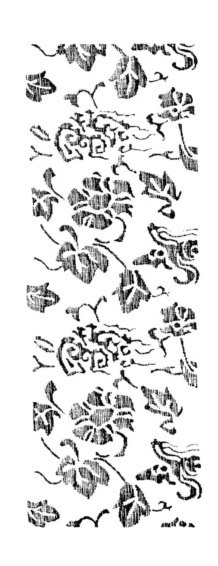

图 108
缎子 K. 13799:421. 14 上的图案。

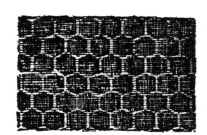

图 109

装饰图案和刺绣的纱 K. 13799: 421. 15 的细部。
右边为常见尺寸的纱,左边为织造工艺示意图。

438. 截面为正方形的铁质部件,长方形,一端被一块成一定角度且部分凸出的板闭合。很独特。高 5. 8 厘米,截面尺寸为 4. 4 厘米 × 3. 5 厘米,材料厚 0. 5 厘米。图版 38: 8。

达堤地区 92

位于哈喇浩特所在的台地西北的布鲁克,属于哈喇浩特和安东廓勒要塞之间完全被毁的居住区的东南—西北一带。地图上画出的有阴影的边界线表示这一地区的一部分,阴影线画得不太准确,因为贝格曼没有时间在这里进行深入调查。

房屋 93

相当大,尺寸为 20. 5 米 × 27 米,有一个用碎石修筑的低矮围墙。遗址位于一条曾在哈喇浩特台地以西流淌的干涸了的小河河床中央,距上述达堤地区以南只有几百米。贝格曼曾在这个遗址附近的地面上见到了哈喇浩特类型的陶器(即可能为宋代或元代的釉陶器)。

达堤地区 94

位于哈喇浩特以西的台地基部边缘,其最北端正好位于斯坦因提到的废弃了的哈喇浩特 II 神龛下方。绘制地图时,贝格曼先标出了 2 个小达堤,之后才意识到这里的整个区域都分布有大大小小的达堤遗址;正如地图 III 中所显示的,这一地区的范围从东北到西南约 800 米。

房址 K800

是王先生在哈喇浩特以东约 5 公里处发现的,位于沙土之中。贝格曼从未到过这处遗址,因此,此处的位置不确切。

K. 13800:

1. 铜钱残片,铭文只剩下第一个"元"字和最后一个"宝"字。

2. 铜钱残片,似乎是"(皇)宋元(宝)"(1038—1039)。

3. 皮带上用的尖椭圆形、镂空青铜扣环,从弯曲的下部边缘伸出椭圆形环。主体部分是 2 个圆片,其中一个为扁平状,另一个(正面)装饰镂空几何纹(部分已被损坏);边缘呈叶形。很独特。通高 5. 8 厘米,宽 4. 5 厘米,厚 0. 7 厘米。图版 34: 12。

4. 各种铜片。

5—16. 2 个完整、10 个多少有些残破的薄铁片,为铠甲上的护片。长方形,向圆形顶端略微变窄。所有铁片上都有往铠甲上固定用的小圆孔。长 9. 6 厘米,宽 2. 2—2. 9 厘米,厚约 0. 3 厘米。第 5 件,图版 36: 14。

17. 可能为铠甲上的铁质护片的小残片，与上述第5—16件相仿，或属略微不同的类型。

18. 圆铁块，一端略呈楔形，留有锤打的痕迹。属工具或制作工具的材料。长10厘米，直径1.4厘米。

19. 小铅轮，可能是网坠，一面平整，另一面呈拱形。直径2毫米，厚2—3毫米。

20. 玫瑰花结形蓝色玻璃小扁珠残片。

21. 瓷碟残片，北方青瓷器，破碎成了能拼凑到一起的5片。中心和大部分凹弧部装饰精美、连续的剔刺涡卷叶形纹和两个嬉戏童子。外部素面，足部边缘未施釉，胎为鲜红色。进行过修复，修复后的口沿直径18厘米，高4厘米。图62:4和图版24:12。

图 110
缎子 K. 13799:428.8 上不完整的图案。比例为1/2。

22—23. 第22件瓷碟的2块残片。

24. 瓷碗残片，与在钜鹿发现的土定瓷相仿（帕尔姆格林 N. Palmgren 的观点），破碎成了能拼凑到一起的9片。浅灰色胎体上施以发灰的火焰状透明釉。口沿直径20.2厘米，足部直径8.1厘米，高5.6厘米。图62:3和图版26:2。

25. 瓷杯口沿残片，青瓷器，过去曾进行过修复。

26. （现在看上去）骨白色瓷器器壁的小块残片，属定窑瓷。

27—28. 2个灰陶纺轮。

29. 燧石片。

30. 润饰加工过的小块红玉髓，可能是制作珠子的材料。

烽燧95

位于一个相当大的长方形台地狭窄部分上的哈喇浩特西南偏西约8公里处。烽燧用所谓的大块土墼砌成，尺寸略大于5米×5米，高3.5米。西侧为一个带低矮围墙的大面积院落，可能是毗连的坞院遗址。参看图112中的平面图。

佛塔96

现在主要是一个矗立在加长的台地狭窄末端的小基台，佛塔和哈喇浩特台地西南端之间有一块狭长的凹地。

达堤上的房屋遗址 K801

位于哈喇浩特以南的宽阔凹地中，在哈喇浩特所在的广阔区域内又发现了另一处房屋遗址。王先生在两个不同的地点进行了两次发掘，他从现存的房屋遗址搜集到了标本1—17，从紧邻房屋遗址的达堤遗存搜集到了器物18—33。值得注意的是器物18—33中的钱币要比保存较为完好的房屋遗址早一个时代。

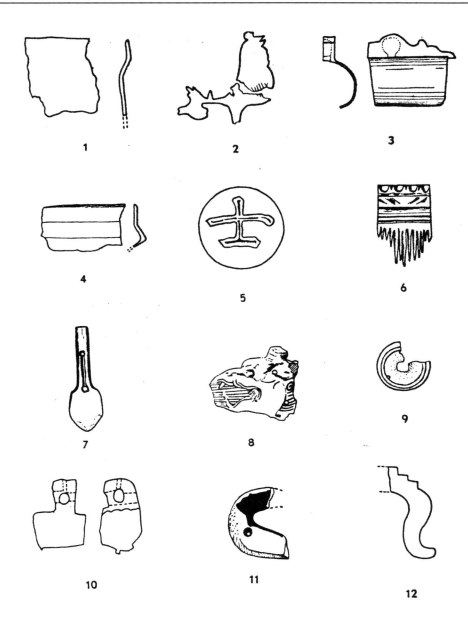

图 111

从哈喇浩特及同时代的遗址中发现的各种各样的小器物，有青铜器和红铜器（1，2，3），木器（5，6，7，12），陶器（8，11），骨器（9），角器（10）和（随葬的？）剪纸作品（2）。除了第 8 件的比例为 2/3 外，其余的都是比例为 1/2。1. K. 13799：195。2. K. 13799：428.10。3. K. 13799：301。4. K. 13803：5。5. K. 13799：323。6. K. 13799：379。7. K. 13799：338。8. K. 13816：1。9. K. 13799：382。10. K. 13799：209。11. K. 13799：35。12.（K. 799：地点 1）P. 424：3。

K. 13801：

1. 铜钱，熙宁元宝（1068—1078）。直径 24 毫米。

2. 铜钱，景祐元宝（1034—1038）。直径 25 毫米。

3. 铜钱，淳化元宝（990—995）。直径 25 毫米。

4. 破碎成 2 块的钱币残片，可能是元祐通宝（1086—1094）。直径 30 毫米。

5—6. 各种青铜片、块和铸件废料，第 5 件为向上弯曲的、长 9 厘米的铜线。

7. 圆柱形浅绿色石珠。直径 7.5—9 毫米，长 6 毫米。

8—9. 2 个筒形蓝色小玻璃珠。

10. 玫瑰花结形蓝色扁平玻璃珠。宽 11 毫米。图版 30：13。

11. 矮圆柱形蓝色玻璃珠，中心部位有大孔，外部有 4 个垂直刻槽。宽 10 毫米。

13. 瓷器下部残片，基部扁平（这种形状不多见），釉下施蓝彩。外部，为带涡卷形饰和框架的矛尖形嵌板，这些装饰指向下方（参看1953年12月出版的《伦敦东方陶瓷学会展览图录》中第3、第4和第6件例子）且被描画粗略的、有角度的线条连接在一起。嵌板的基础图案为双线，双线之上保留有主体花纹的痕迹。未施釉的扁平基部以上0.3厘米的外部表面施釉；内部施很薄的釉，部分胎体因焙烧呈现橙色。基部直径7厘米。图113:8，图版28:16。

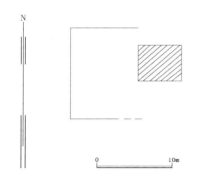

图112　烽燧95平面图。

14. 高足瓷杯主体部分，口沿外翻，装饰蓝彩。外部，装饰勾画简率、神武有力的三爪龙追逐火红宝石纹；交叉的线条处为鳞片，很深的锯齿状背鳍但腹部没有鳞片——这些都是早期高足杯（参看1949年出版的《费城博物馆会刊》中第4—8件器物和1952年出版的波普，第41页注释49）上常见的龙纹。内部，由8个板条形莲花花瓣组成的圆花饰中心部位装饰简率的蓝彩宝石纹；凹弧处，装饰2条四爪龙组成的条状饰，其上为口沿周围描画简率的典型涡卷纹。口沿直径11厘米，杯高5厘米，遗失了的足部基部直径2.7厘米。图113:1，图版27:4。

15—17. 与第14件相仿的瓷碗大部，装饰蓝彩。外部为三爪龙追逐火红宝石纹。内部圆圈内装饰火红的宝石纹。凹弧处，装饰条状浮雕四爪龙追逐火红宝石纹。口沿周围单线和双线之间装饰典型蓝色涡卷纹。上施的薄釉质量较差（有瑕疵且裂开），部分胎体因焙烧而呈橙色。口沿直径11.5厘米，碗高5厘米。图113:3，图版27:3。

（达堤周边采集的遗物）

18. 铜钱，至道元宝（995—998）。直径24毫米。

19. 元宝类铜钱残片。

20. 铜钱残片，至道元宝（995—998）。

21. 铜钱残片，天圣元宝（1023—1032）。

22—23. 可能是一枚铜钱边缘部分的2块残片。

24. 青铜配件的插口残片，可能用于与图版37:14所示相仿的剑鞘末端；截面均为椭圆形，都是用较厚的铜条将非常薄的铜片固定在口沿部位。现有标本的不同之处在于（厚2毫米）铜条不只是被折叠，而是被焊接到铜片上。曾被修复过。宽6—7厘米。

25. 发白且不透明的筒形玻璃珠，珠内有熔进去的2条蜿蜒的黄绿色玻璃条。长19毫米。

26. 圈足大瓷碗基部残片，釉下装饰蓝彩。外部，施釉至足底，足底以上2.4厘米处有一条线纹。内部，双线圈内装饰草纹；凹弧处，留有花叶纹（可能是菊花环的一部分）。彩绘斑驳的蓝色，经过焙烧后颜色发暗。足部凹弧处有硬土壳。圈足直径5.4厘米。中部厚1.2厘米。图版27:10。

27. 圈足瓷瓶或执壶基部，装饰蓝彩。外部，条状莲花纹一直延伸到足部，足部还有典型的涡卷纹。彩绘成浅蓝色，在焙烧的过程中，部分颜料发生窑变。足部凹弧部有釉和硬土壳的斑点，现存的足部边缘成斜角且未施釉，暴露在外的胎体因焙烧呈橙色。圈足直径9厘米。图113:10，图版27:12。

28. 薄壁、叶形边大瓷碗残片，装饰蓝彩。外部，莲花条带纹之上的单线和双线之间为莲叶组成的花环的宽边纹。内部，单线和双线之间为黑色番樱桃花环（花、芽、叶）形成的相当宽的边饰；再往下的凹弧部，保留有被双线围绕无法辨认的图案的痕迹。厚0.3—0.4厘米。图版28:1。

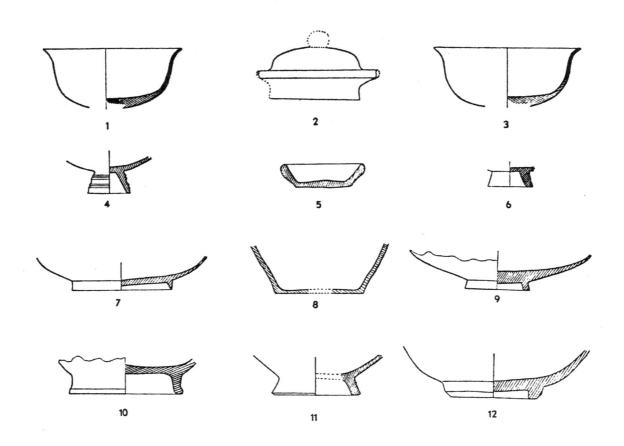

图 113

经部分修复的哈喇浩特和同时代遗址出土的瓷器剖面图。比例为 1/3。1. K. 13801:14（图版 27:4）。
2. K. 13799:43。3. K. 13801:15（图版 27:3）。4. K. 13799:320。5. K. 13799:46。6. K. 13805:23。
7. K. 13799:200（哈喇浩特以外的地点 24:7 发现）。8. K. 13801:13（图版 28:16）。9. K. 13811:2
（图版 27:8a，b）。10. K. 13801:27（图版 27:12）。11. K. 13799:13（图版 28:9）。12. K. 13799:125
（图版 25:8）。

29．瓷杯的碗形部分残片，可能是高足杯，装饰蓝彩。外部描画简率龙纹的一部分（类型如上述第 14、15—17）。内部口沿周围双宽带纹以上为典型涡卷纹痕迹；凹弧部没有浮雕装饰图案。

30．侈口瓷碗口沿残片，装饰蓝彩。外部口沿周围宽带纹以下为大莲花花环的一部分。内部口沿周围的单线和双线之间为随意描画的典型大涡卷纹。部分花纹彩绘成浅蓝色。修复时曾从外部钻过 2 个孔。厚 0.25—0.3 厘米。

31．小块瓷片，青瓷器，外部保留刻画图案的一部分。图版 25:2。

32—33．粗陶器碎片做成的纺轮的 2 块残片。胎体分别为浅黄色和红褐色。

房址 K802

位于前述地点附近，仍处于同一个达堤区域内，自东南直抵哈喇浩特地区的主要旅行通道以西。

K. 13802:

1．铜钱，绍圣元宝（1094—1098）。直径 24 毫米。

2．铜钱，靖国元宝（1101）。异常小的正方形孔相对于凸起的边框略显偏斜。直径 25 毫米。

3. 各种铜片、残片和铸件废料。

4. 黄褐色扁球形玻璃珠残片，中心部位有大孔。直径 13 毫米，高约 7 毫米。

5. 浅蓝色扁圆锥形玻璃珠残片。

6. 蜜黄色圆柱形透明大石头珠残片。直径约 12 毫米。

7. 瓷执壶（？）流和颈之间的 S 形装饰性支撑物残片，釉下施蓝彩。两面顺着器表浮雕的方向，为蓝紫色涡卷状 S 线纹在焙烧过程中自然变幻。长（3.5）厘米。厚 5—8 毫米。图版 29:8。

8. 薄壁小瓷杯或高足杯边缘残片，定窑瓷。

9. 瓷高足（？）杯底部残片，定窑瓷，外部为刻花或模印图案，若干个同心小三角形从足部向四周辐射，足部已脱开。最大量为 28 毫米。图版 25:14。

10—13. 4 块瓷片，其中 3 块原本可能为同一个口沿略侈的瓷碗的口沿部分，釉下施蓝彩。外部，略外侈的口沿为带简率莲花的叶纹花环的宽边，之下为单线和双线之间的花朵，再往下为条带状莲花纹。内部口沿周围单线和双线之间为典型涡卷纹的边沿。直径 15.2 厘米。第 10 件，图版 28:3。

14. 侈口瓷杯口沿残片，装饰蓝彩。外部装饰口沿周围线条以下的大朵莲花花冠和花环的一部分。内部装饰口沿周围单线和双线之间程式化的叶形涡卷纹。直径约 15.5 厘米。图版 28:4。

15. 侈口瓷杯口沿残片，可能是高足杯，装饰蓝彩。外部，单线和双线之间可能原本装饰花冠，后来在焙烧的过程中图案因颜料的流动而变黑、变形。内部口沿周围单线和双线之间的叶形涡卷纹也遭受同样的毁形；凹弧处装饰条状彩绘浮雕四爪龙纹（参看上述 801:14 和 15—17）。厚 0.1—0.3 厘米。图版 28:10（内部）和 29:17（外部）。

16. 瓷碗基部残片，装饰蓝彩。外部足部以上 1.5 厘米处的双线之上为菊花（？）叶子的痕迹。内部中心部位为双线环绕中的菊花花枝。未施釉的足部和足部凹弧处有硬土壳。圈足直径 5 厘米。中心部位厚 0.5 厘米。图版 29:22。

17. 瓷碗下部残片，蓝彩。外部装饰填满程式化叶形纹的莲饰嵌板的边缘。内部留有双线环绕中的图案。

18—19. 可能属于同一件瓷碗的 2 块残片，装饰蓝彩。外部双线和莲饰嵌板以上为叶形涡卷纹。内部口沿周围线条之间为叶形涡卷纹和双线环绕中的牡丹花枝的一部分（牡丹叶和图版 27:10 的样式完全一样）。第 18，图版 29:18。

20. 瓷碗下部残片，蓝彩。外部叶纹以下为莲饰嵌板。内部单线环绕中的柳树枝（参看叶尼斯，1953，195 页，图版 8b，梅瓶上的柳树图案）的一部分。绘浅蓝色。厚 0.4—1.2 厘米。图版 29:13。

21. 瓷碗小块残片，蓝彩。外部为莲花和程式化的叶形涡卷纹的一部分。内部为桂花花环的一部分。

22. 瓷碗下部残片，蓝彩。外部莲饰嵌板以上保留了一些图案的痕迹。内部中心部位为双线环绕中的三只龙爪，可能是"白变种"的龙纹（参看图版 28:18）。

23. 小瓷碗口沿残片，蓝彩。外部为口沿周围的菱形花纹及其下的叶形涡卷纹。内部口沿周围单线之间可能是相当宽的桂花花环的边饰。几乎为直壁。厚 0.3 厘米。

24. 瓷杯残片，蓝彩。外部为细线大朵涡卷图案的一部分。内部为双线之上的典型大朵涡卷纹的一部分。内部图案彩绘成浅蓝色。

25. 瓷瓶（玉壶春瓶类型）颈部主体部分，装饰蓝彩。图案为和高足杯（参看图版 27:3 的例子）上相似的简率龙纹，鲜艳的蓝颜料在焙烧过程中发生窑变。内部釉施到残片中段稍下一点的地方，暴露在外的胎体因焙烧呈橙色。长（9.5）厘米。最狭窄部分的直径 3.2 厘米。图版 27:7。

26. 小块薄胎瓷瓶残片，装饰蓝彩。外部为大块鳞片的龙纹的一部分，纹饰线条粗犷，图案为鲜蓝色，边为白色（和图版 28:15 中的类型相同）。厚 0.2 厘米。

27．小块瓷碗残片。除一角向外弯曲外，其余部分较平，蓝彩。外部为加了边饰的叶形莲饰嵌板的顶部。内部除顶端外，没有施釉。厚 0.2—0.3 厘米。图版 28：12。

28．瓷瓶小块残片，装饰蓝彩。外部装饰和一些高足杯（参看图版 27：3 的例子）完全相同的龙纹。内部未施釉。厚 0.35 厘米。

29．瓷碟口沿残片，青瓷器。

30．瓷碗口沿小块残片，钧窑瓷，浅黄色胎体上施蓝灰色釉。

31．瓷碗残片，破碎成 2 块，羽状波纹产生不规则大理石花纹的效果。两面都施一层淡褐色透明薄釉；胎体为浅黄色，有图案的区域为深褐色。图版 23：12。

32．瓷器残片，可能是瓶，磁州窑，外部，透明釉下为白色条带纹上的简率涡卷纹（可能是植物纹）的一部分；内部，施黑釉。

33．瓷器残片，上施深绿色玻璃（珐琅?）釉，釉下保留一部分浮雕图案，保留下来的部分为围绕涡卷线条的垂直嵌板的环形线。陶质相当软（唐代?），呈灰色。最大量为 6.6 厘米。图版 20：18。

34—35．2 个陶纺轮。

房址 K803

位于哈喇浩特以南的一大片凹地中的布鲁克中。

K. 13803:

1．铜钱，元祐通宝（1086—1094）。直径 24 毫米。

2．元宝类铜钱残片。直径 25 毫米。

3．用弯曲的铜线做成的截面为圆形的 U 形长铜发卡。末端逐渐变得尖细。长 13.5 厘米，顶端宽 0.6 厘米；铜线直径 2 毫米。图版 35：20。

4．几乎为筒形的薄壁铜器（可能是锁子）残片。长（5.6）厘米。

5．铜锅或铜壶口沿残片，内部口沿以下压出一圈环形脊。膨胀部位以下的器壁部分逐渐变薄，最薄处的厚度不超过 1 毫米。剖面图参看图 111：4。

6．各种铜片，残片、薄铜片和铸件废料。

7．蓝色球形小玻璃珠，中心部位有一大孔。

8．球形小红玉髓珠。

9—14．6 个灰色和浅红色陶纺轮。

15．白色大理石纺轮残片，因为使用时的摩擦而变得光滑。直径 3.7 厘米，厚 0.8 厘米。

16．板岩做成的磨石，有悬孔。

达堤 K804

位于哈喇浩特城东南约 2.5 公里的一个狭窄地以北不远处的布鲁克中。

K. 13804:

1．铜钱残片（?）和元宝，可能是 12 世纪的政和或宣和元宝。

2．T 形铜饰件，背面空；正面装饰 2 条刻画的面对面 S 纹，3 个伸出部分的汇合处有装饰 8 叶圆花饰的圆形凸起。边沿扁平，稍斜，无装饰花纹，伸出部分末端有一个小铆钉孔，铆钉孔从正面倾斜穿通。很独特。尺寸为 5.6 厘米×3.7 厘米，材料厚 1 毫米至 2 毫米不等。图 114：5，图版 31：11。

3．2 块铜片。

4. 瓷杯口沿残片，青瓷器。

达堤上的房址 K805

位于哈喇浩特城西南偏南约 1.5 公里处的一片面积较大的凹地。以下列出的遗物是王先生在房屋遗址附近的达堤遗址发现的。

K. 13805:

1. 1 枚汉代铜钱残片，货泉（14—40）。直径 22 毫米。

2. 铜钱，至道元宝（995—998）。直径 25 毫米。

3—4. 2 枚铜钱，崇宁通宝（1102—1107）。直径 34 毫米。

5. 铜钱，宝元通宝（1038—1040）。直径 25 毫米。

6. 铜钱残片，嘉定通宝，背面方孔上有阳文"拾"。这样一来，我们可以认定：这枚铜钱是嘉定十年（1217）发行的。直径 30 毫米。

7. 铜钱残片，可能是（天）圣元（宝）（1023—1032）。直径 25 毫米。

8. 铜钱残片，？平通宝。直径 25 毫米。

9. 保留有最后一个铭文"宝"字的铜钱残片。

10. 同上，属通宝类。

11. 长方形铜带扣，正面有 4 个凸起物。尺寸为 2.4 厘米 × 1.8 厘米。图 114：7。

12. 铜钥匙，主要是一个长约 3 厘米的扁平

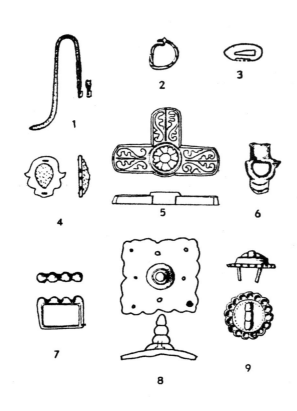

图 114

从包括哈喇浩特地区在内的不同遗址中发现的金属杂器。青铜或黄铜。比例为 1/2。1. K. 13809：1。2. K. 13805：15（图版 35：11）。3.（K. 799：地点 1）P450：25。4. K. 13799：424。5. K. 13804：2(图版 31：11）。6. K. 13808：1（图版 32：7）。7. K. 13805：11。8. K. 13799：384。9. K. 13799：84。

条，一端逐渐变成一个较厚的方圆形钩，钩的一端有一个很短的圆轴。长 4.3 厘米。图版 38：21。

13. 扁平铜臂状环残片，向一面略微隆起。宽 4—5 毫米，厚 2 毫米。

14. 扁平的小铜环，形状稍显不规则。直径 20 毫米，宽 4 毫米。

15. 铜戒指（或耳环?），主要是扭曲的铜线，其一端被捶打成一个菱形。直径 15 毫米。图 114：2，图版 35：11。

16. 各种铜片，铸件废料和 1 枚铁钉。

17. 发白的长方形小玻璃珠，内镶嵌一个螺旋形蓝色玻璃带。

18. 略微破损的小垂饰，用黄绿色透明石头制成。长 21 毫米。图版 30：45。

19. 用和第 18 件一样的材料制成的小珠子或类似装饰物。

20. 磨光的红玉髓球。直径 15 毫米。

21. 薄胎高足（?）瓷杯口沿的小块残片，定窑瓷。

22. 矮圈足瓷碟基部，可能属于影青瓷，内部扁平的中部装饰精细的釉下浅浮雕龙纹，外部保留有刻画图案的痕迹。圈足直径 9.5 厘米。图版 26：9ab。

23. 高足瓷杯的一段足，定窑瓷，施釉不到底。基部直径 3.6 厘米，高 1.2 厘米。图 113:6。

24. 瓷瓶颈部，浅黄色胎体上彩绘白色条带纹，其上施一层薄薄的、带斑点的黄色釉。颈部直径 4 厘米。

25—28. 3 个完整的和 1 个半块的灰陶纺轮。

29. 厚且圆的类砖陶块。一面施一层黄绿色釉。直径 5 厘米，厚 3 厘米。

30. 1 把石刀或刮刀的一半，直切边，背部边缘略微凸起。中段穿有 2 个孔，和切边成一线。曾进行过修复，修复后长 12 厘米，宽 4.7 厘米，厚 0.9 厘米。图 115。

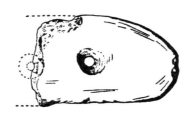

图 115

一把石刀或刮刀的残片，K.13805:30。比例为 1/2。

房址 K806

位于地点 K804 附近的台地下部以西；K806 和 K804 两个地点之间的距离约 1 公里，基本上在南一北线上。

K. 13806:

1. 铜钱，开元通宝，背面顶部有所谓的钉子压痕。直径 25 毫米。

2. 铜钱，圣宋元宝（1101）。直径 24 毫米。

3. 同上，草书铭文。直径 24 毫米。

4. 铜钱，景德元宝（1004—1008）。直径 24 毫米。

5. 钱币残片，熙（宁）元宝（1068—1078）。直径 24 毫米。

6. 铜钱，元符通宝（1098—1101）。直径 24 毫米。

7. 同上，有略宽一点、凸起的边缘。直径 24 毫米。

8. 和第 7 件相仿，草书铭文。直径 25 毫米。

9. 铜钱残片，可能是皇（宋）通宝（1038—1039）。直径 25 毫米。

10. 各种铜片，薄铜片和铸件废料。

11. 侈口瓷杯口沿残片，可能是高足杯，釉下施蓝彩。外部，口沿周围为双线，双线以下为桂花（芽，叶）和菊花组成的花环或树枝状饰物的一部分。内部，口沿周围的单线和双线之间为典型的涡卷纹；凹弧处，为彩绘条状花卉纹。颜色为浅钴蓝色。口沿直径 11 厘米，厚 0.15—0.25 厘米。

12. 非常小的矮圈足瓷杯基部，装饰蓝彩。外部，离足部基部 0.6 厘米处保留装饰花纹的痕迹。内部，中心部位为花枝（樱桃?）的一部分。圈足边缘及其凹弧处没有施釉。圈足直径 2.8 厘米，厚度 0.2 厘米。图版 29:7。

13—14. 2 块瓷片，磁州窑，胎体为浅黄色，上彩绘白色条带纹，其上施一层透明薄釉，现在呈浅黄色。第 13 件外部图案的一部分为几条深褐色线条。

15. 瓷碗口沿的小块残片，钧窑瓷，上施橄榄绿釉。

房址 K807

和下一个房屋遗址同位于哈喇浩特城东南某处（约 4 公里），靠近一处台地的延长部分，在沙漠和布鲁克之间。王先生记录了其大致位置。

K. 13807:

1. 锈蚀严重的铜钱，可能是皇宋通宝（1038—1040）。"宝"是最后一个铭文。

2. 铜钱残片，第一个字为"景"，最后一个字为"宝"。

3. 各种铜片，薄铜片和铸件的废料。

4. 铁器残片，主要是截面几乎为长方形、部分中空的主体部分；有插孔的部分横向断裂；另一端拉长成为一个实心钩或和主体部分成直角的轴。通长为 8 厘米，主体部分尺寸为（5.5）厘米 × 3.5 厘米，钩厚 1.2—2 厘米，主体部分的壁厚 0.5 厘米。图版 38：14

5. 截面为正方形的铁杆残片，已经断裂。尺寸为（6.8）厘米 ×1 厘米 ×1 厘米。

6. 六边形筒状蓝色玻璃珠残片。

7. 形似百合花的瓷器的小块残片，可能是原本粘附于香炉或瓶（参看 1949 年出版的《费城博物馆会刊》，祭坛装饰第 9）的支脚下部；釉下施蓝彩，图案为弯曲的周线。长（2.6）厘米，厚 0.8 厘米。图版 29：3。

8. 圈足瓷碟基部残片，蓝彩。外部圈足基部附近双线纹以上保留叶形涡卷纹的痕迹。内部中心部位装饰双线环绕中的"白变种"型三爪龙的前部（参看 1952 年出版的波普第 41 页）；凹弧处，保留有可能是植物的涡卷纹。彩绘成带斑点的蓝灰色。足部边缘和凹弧部除了基部和足部之间的一条窄线，没有施釉。圈足直径 11.7 厘米。图版 28：18。

9. 瓷碗片，蓝彩。外部口沿周围装饰线条以下为莲花花环组成的宽边的一部分，内部为双线以下的部分花环。厚 0.4 厘米。

10. 大瓷瓶残片，施淡绿色釉，釉下环形宽带内装饰刻画和剔刺纹；最上部宽 7.2 厘米的环带为样式化的莲花、叶子和短曲线用来代表长满草的土地。最下部的环带可能是填满了图案的直立花瓣的上部，这些花瓣和青白瓷（参看图版 27：5）上的花瓣很相像，可能是 14 世纪的影青瓷或青瓷。最大量 20 厘米。图版 26：7。

11. 瓷碗残片，破碎成了 2 块。钧窑瓷，浅黄色胎体上有非常漂亮的淡蓝绿色釉。

12—13. 2 个灰陶纺轮。

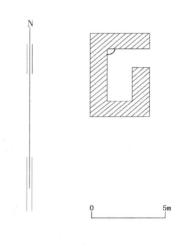

图 116
汉代建造的坚固房屋 A16 平面图。

房址 K808

K.13808：

1. 小铜饰件或扣环，中部有 D 形大孔，背部一端附近有一个厚圆铆钉（基部厚 4.5 毫米）。背面扁平；正面分成三部分：一端主要是长方形区域内呈放射状的凸起的线条，中部形成一个孔的边框且两面都有一个低矮的凸起物，下部正面有 2 道交叉的凹槽。很独特。长 2.7 厘米，最大宽度为 1.9 厘米，厚 0.3—0.5 厘米。图 114：6，图版 32：7。

2. 雪橇上使用的粗糙铁铃铛残片，主要是一个球形主体部分，这个主体部分曾被分两半铸造，之后被焊接到一起，顶端保留椭圆形或圆形吊环的一部分。较宽一面的裂缝一直延伸到离顶端大约 1 厘米处。直径 3.5 厘米，壁厚约 1.5 毫米。图版 33：17。

3. 圆头短铁钉。长 3 厘米，直径 0.7 厘米。

4. 小陶灯碗，与图版 20：5 所示相仿，制作较精细。陶土质地柔软，为浅灰色。直径 5.7 厘米，高 1.9 厘米。

5—6. 一个完整、另一个半块的浅灰色陶纺轮。

7. 带悬孔的板岩磨石残片。

烽燧 97

是迄今为止在哈喇浩特城周围发现的最南端的遗址。位于一处狭窄的台地尽头，哈喇浩特东南偏南约 3 公里处；从此处向东南 3.5 公里和 6.5 公里可以看到 2 处汉代遗址（房屋遗址 A16 和烽燧遗址 A17）。现存的遗址主要是一个石台，尺寸为 7.5 米 ×6 米，高 1.5 米且方向为南北向。贝格曼似乎曾认为这个烽燧基座属于哈喇浩特时代，相当于西夏和元代，可能其平面为长方形，而不是汉代烽燧常见的正方形。

房址 A16

在一个台地顶部，且位于一处被称为马民乌苏（Mamin-ussu）的地方东北约 1.5 公里处，矗立着一个损毁了的房屋遗址，房屋的墙体用土墼砌建，很坚固。保存下来的墙体略高于 1 米，厚 1 米；平面图见图 116，其尺寸为 5.5 米 ×3.5 米。门位于东北角，面东。对面的西北角是一个和墙体连在一起的圆形炉膛，这种类型的炉膛在哈喇浩特地区发现的其他汉代房屋遗址中就有（参看图 137），现在的房屋中也有（根据贝格曼所做的记录）。房屋地面的其余空间都被房顶和墙壁上落下的碎块填满。没有烧灼过的地层的痕迹。因为发现了 7 枚简牍，我们可以确知这个遗址属于汉代；以下所列人工制品的整体特点和在其他汉代地点发现的遗物相同。

遗物目录

A. 16:

1. 剑鞘（?）木构件残片，用抛光的黑色硬木做成，正面装饰 3 条凸起的平行线。椭圆形口子的角因钻孔而成为圆形。这件构件曾粘附在剑鞘（?）上，剑鞘表面靠接合剂和大麻纤维的混合物上了一层漆。图 117。

2. 大而宽的木勺形铲。刃的截面为 D 形，外部轮廓为卵形；逐渐过渡为尖细的手柄。长 15.3 厘米，刃宽 5.8 厘米，手柄厚 1.2 厘米。图 119:1 和图版 7:3。

3. 椭圆形木盘，中心孔的每侧都有一个小圆孔，两两相对。边的某些部位磨损，保留有白色涂层（石灰或干了的牛奶?），搅拌器内的漂浮物（?）。尺寸为 9 厘米 ×6.6 厘米，厚 1 厘米。图版 8:4。

4. 狐尾锯或狐尾刀的尖角形木手柄残片，裂缝横穿结疤孔。截面为长方形，削边，因使用而被严重磨损。用硬木做成。长（7.5）厘米，截面尺寸为 3 厘米 ×1.3 厘米。图 169:1。

图 117

木剑配件(?)，A25:2（左）和 A16:1。比例为 2/3。

5. 短木楔，圆形，除了一端外其余地方都保留有树皮，这一端被削为截面长方形。距离末端 1 厘米处穿有两个平行的小孔（直径 3 毫米）；第三个孔在有雕刻的一端和其中一个孔垂直且连接在一起。此楔用硬木做成，纵向略弯。可能是钻子的手柄。长 11.6 厘米，厚 1 厘米。图 167:10。

6. 圆形楔的纵向残片，楔一端附近有大方孔（1 厘米 ×1 厘米），而且可能断裂，另一端有圆形枢轴。尺寸为 13 厘米 ×（1.5）厘米 ×1.3 厘米。

7. 制作粗糙、绘红彩的木块的小块残片，可能是装饰性木钉的凸出物。末端呈锥体，主体部分截面为正方形。长（5.5）厘米。

8. 弯曲的硬木薄片残片，凸起的一面髹褐色漆，另一面有褐色物质的痕迹。可能是用嵌板做的筒状容器的残片。厚 4 毫米。

9. 刻削粗糙的圆形厚木楔残片，一端附近有一个宽 1 厘米的方孔；有纵向裂缝。长（12）厘米，厚 3.3 厘米。

10. 盔甲上的薄铁片残片，锈蚀严重。顶部为椭圆形且有 2 个小圆孔；断裂的主体部分可能为长方形。宽 3.2 厘米。图 118：4。

11. 制作粗糙的陶器的圆形残片，可能用作壶的盖子。陶土为灰色，陶质均匀，表面平滑且呈褐色。直径 7 厘米。

12. 陶器的小块残片，外部呈蓝黑色。A 型陶。

13. 陶壶手柄，上有直径 0.9 厘米的圆孔，从保存下来的壶壁来看，手柄沿水平方向粘附在壶身上。陶质均匀、细腻，呈蓝灰色。长 4.7 厘米，厚 1.2 厘米。

14. 黄色窄皮带，一端在较宽的另一端附近插入一个椭圆形大孔（1 厘米 × 0.5 厘米），因此形成了一个环。长 33 厘米，宽 0.9—1.6 厘米。

15. 1）—9）不同色度的蓝色和褐色丝绸残片、丝绸填料、植物纤维布料、植物纤维绳、3 块浅黄色羚羊皮。第 7 件为一根长 74 厘米的绳子，绳子末端绑在一起；第 9 件羚羊皮的其中 2 块的边沿有接缝，接缝处插进一条宽 3 毫米的条状羚羊皮（参看希尔旺，1949，第 28 页）。

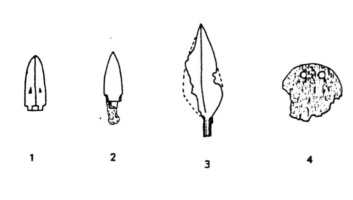

图 118

铜箭镞（1，2）和铁箭镞（3）及盔甲上的薄铁片的
一块残片。比例为 1/2。1.（P9：地点 6）P. 471：2。
2. A. 33：13；56（图版 4：5）。3. A. 38：6。4. A. 16：10。

偶然采集的遗物 P7

在哈喇浩特东南偏南 7.5 公里及汉代房屋遗址 A16 的西南约 1.5 公里处的马民乌苏井的地面采集到。

P439：

1. 普通汉代三棱形铜箭镞，基部的角被削直。长 30 毫米，边宽 10 毫米。

达堤 98

是哈喇浩特地区东南部边界非常清晰的定居点的最西端。此处和哈喇浩特及其周边区域之间分布着广阔的沙漠和台地的延伸部分。尤其是这一地区东部的地面主要为土质。在达堤附近的地面上可以看到一些陶器碎片及 2 块石磨、1 个石碾子。

城障 99

位于一个面积较小的台地上，东距上述地点约 800 米的布鲁克范围内。夯土筑成，墙体厚 1.3 米，现存高约 4 米。其尺寸为 8 米 × 8 米，最重要的是门朝东的一面。平面图见图 120。

房址 K809

主要由 4 间房屋的遗址组成，遗址位于一个相当长的沟渠的东岸上，东距前述要塞约 800 米。

K. 13809：

1. 铜线制作的普通 S 形耳坠，一端厚且尖，另一端缠绕细铜线且在现存顶端形成绿松石色珠（现已残破）。高 5.2 厘米。图 114：1。

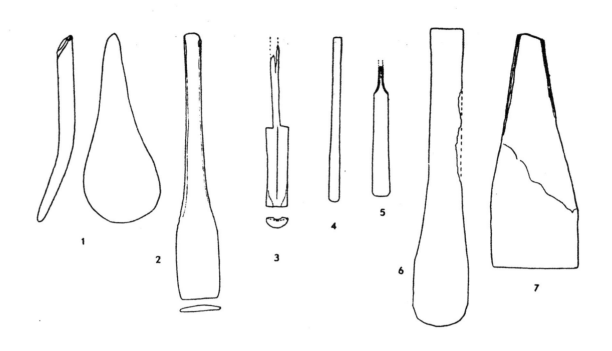

图 119

汉代不同遗址中发现的刮刀和类似形状的竹质、木质工具（4）。比例为 1/3。1. A. 16: 2 （图版
7: 3）。2. A. 21: I；12。3. （P. 9: 地点 1）P386: 8。4. A. 32: E；52。5. A. 27: A；11。6. A. 33: 5；49。
7. A. 33: 4；112。

2. 发白的不透明厚筒形石珠，中心部位的孔有明显磨损痕迹。直径 16
毫米。

3. 平面六边形的双锥形发白的透明玻璃珠，形状不均匀。长 20 毫米。

4. 淡红色陶纺轮，遭严重侵蚀。

5. 木器（捕鼠器?），主要是一个长方形木板，一面扁平，另一面呈拱
形。一端有裂缝且有一个 T 形开口；另一端有一个横向直孔。很独特。长 27
厘米，宽 4.2—6.6 厘米，厚 1.8 厘米。图版 39: 13。

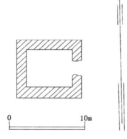

图 120
城障 99 平面图。

村落遗址 100

在现有地带中心部分的边界相当清晰、几乎为圆形的区域内，有一个古
代遗址和大土墩群，遗址和土墩之间的地面是土和沙砾。遗址和土墩的总数
为 30，其中土墩占了绝大多数[①]。

遗留下来的建筑物部分，如普通房屋、代表要塞的长方形小建筑物和一座小寺庙（K810）都是
用大块土墼建造且很坚固。只在寺庙中发现了遗物，但也可能寺庙是唯一被发掘的地点。贝格曼没有
时间绘制这一地区的整体平面图，他在日记中写道："我至少还需要花两天时间才能对此地进行一次
令人满意的勘探。"

---

①当第一眼看到这些毫无遮蔽的坚固土墩时，可能会把它们当作夯筑土台，因为有些土墩形似圆球形——参看图版 XⅢa。它们可
能是一个由自北向东横贯台地地带的古老的额济纳河支流在东额济纳湖旁冲刷形成的史前三角洲遗址。注意这些土墩尺寸的差异和覆
盖植被的锥形土堆，这种土堆主要在额济纳绿洲和葱都儿以北的三角洲地带可以看到。

寺庙 K810

位于上 述村落遗址西部。是这一带保存最完好的遗址，用土墼砌成的墙体较薄，墙内有一个小佛塔。图版 XⅢa 中靠右侧的庞大建筑物即是这处遗址。

K. 13810:

1. 铜钱，破碎成 4 块，大定通宝（1161—1189）。直径 25 毫米。

2. 普通汉代三棱形铜箭镞，异常大，是采集来的保存最完好的遗物中的一件。末端钝，每一面有一个小三棱形凹陷，基部的角呈直鱼钩状，保留有铜铤（或铤的插口？）的痕迹。长 32 毫米，边宽 11 毫米。图版 33：1。

3. 小块铜片。

4. 小块铜废料。

图 121
碗形铁灯 K. 13810：7（图版 36：22），在一个寺庙遗址中发现。比例为 1/2。

5. 灰色长方形石灰石小薄板残片，裂缝横穿一个直径 4 毫米的圆孔，一面的中部装饰 2 个同心圆。同心圆是用小钻头钻刻上去的（直径 5 毫米和 9 毫米）。长（1.8）厘米，宽 0.85—1.0 厘米，厚约 0.25 厘米。

6. 白玉髓片，可能是刮刀。

7. 碗形铁灯，圆形，直壁且向扁平的底部逐渐内倾。边缘的一处延长出去成为一个叶形凸出物；相对的边缘处是宽约 2.5 厘米、破裂了的扁水平手柄的基部（参看哈喇浩特地区发现的无手柄的类似碗）。口沿直径 12.5 厘米，高 3.5 厘米。图 121 和图版 36：22。

佛塔 101

位于村落遗址东北约 250 米处，土质地面。佛塔遗迹周围有许多房屋遗址，但贝格曼在他的地图中只标出了西北偏西的一处房屋遗址。没有绘制这个保存相当好的建筑物的剖面图，房屋遗址的顶部已经不复存在，但却拍摄了一张效果相当好的照片。

寺庙 K811

位于上述建筑物以东的一个较矮台地上，主要由一个土墼砌的相当小的厅组成，这个厅的前面有一个用烧制的砖砌成的平台。平台上矗立着一个龙形陶制水喷口。主体建筑一端附近耸立着一个佛塔的基部，此基部已遭损坏，可能是斯坦因雇佣的发掘人员在发掘过程中造成的，他们对前述佛塔 2 也进行了发掘[①]。

在台地周围和附近区域发现了一些遗物。周围土质地面的开阔地带也矗立着圆锥形柽柳，显示出田野的痕迹，尤其是在寺庙以南更是如此。

K. 13811:

1. 铁环，剖面为正方形（5 毫米×5 毫米）。直径 5 厘米。

---

①将贝格曼《报告》中第 150 页可能是斯坦因所做注释的考察内容和《亚洲腹地》一书中第 453 页中斯坦因与艾甫拉兹·古尔（Afraz-gul）在城东进行踏勘的报告的第 45 幅 D1 地图进行对比。贝格曼和斯坦因在他们对哈喇浩特东北及东南发现古老的农业聚居地的位置和范围的描述上存在着明显的意见分歧。然而，斯坦因提到的是最东南端的遗址（K. E. XIX）。

2. 圈足瓷碗基部的一半，装饰釉下蓝彩。外部保留下来圈足之上 3.3 厘米处的双线以上菊花花环的边缘部分。内部凹弧部分基部的一道圆圈环绕中心部位，中心部位装饰一束彩绘相当简率的莲花，莲花茎部缠绕一根飘带（参看第 39 件中的类似图案，《费城博物馆会刊》，1949）；凹弧部分的边线以上为与外部形制、尺寸相同的菊花花环的一部分。在平滑而有光泽的釉下彩绘光鲜的明蓝色。边缘和足部凹弧部分未施釉且有硬土壳。圈足直径 5.1 厘米。图 113:9，图版 27:8a—b。

3. 瓷碟底部残片，蓝彩。内部中心部位为鸭子戏水景色的一部分。下部未施釉。圈足直径可能约 18 厘米，鸭子的眼睛从中心部位算起约 5 厘米（参看波普，1952，图版 20）。厚 0.55—0.75 厘米。图版 29:24。

4. 瓷碗下部小块残片，蓝彩。内部为部分延伸至凹弧部的带莲花的小枝的一部分。外部为某种图案的痕迹。

5. 瓷碗下部的小块残片，蓝彩。外部为简单的条带状莲花图案的一部分。内部凹弧处装饰某种动物的羽毛或排列紧密的白色鳞片。

6. 瓷碗叶状口沿的残片，蓝彩。外部口沿周围为小额货币上的菱格纹的边缘部分，口沿以下为叶形花环。内部口沿周围线条之下装饰花形涡卷纹宽边的一部分（可能是深蓝色番樱桃的花、芽和叶）。几乎为直线。厚约 0.3 厘米。图版 29:1。

7. 侈口瓷碗口沿残片，蓝彩。外部口沿周围线条之下装饰莲花和部分花环。内部口沿周围单线和双线之间装饰叶形花环边饰。直径 15 厘米，厚 0.25—0.4 厘米。

8. 同上，可能是同一只碗。

9. 侈口瓷杯口沿残片，可能是高足杯，蓝彩。外部口沿周围线条之下装饰莲花花环的一部分。内部边缘周围彩绘简率的典型涡卷纹。厚 0.2—0.25 厘米。

10. 瓷杯（高足杯?）口沿残片，定窑瓷。

11. 瓷杯底部残片，影青瓷，内外两面都施浅绿色釉、装饰刻画图案。内部有 2 个十字形图案，四端的每一端都延伸至口沿以下。（这种十字形符号也出现在图版 24:7 和 27:10 所示的另外两件遗物上）。最大量 5.4 厘米。图版 25:1。

12. 瓷碟口沿部分的小块残片，影青瓷，上施青白釉。

13—16. 不同瓷碗上的 4 块残片，钧窑瓷，上施蓝绿色釉。尤其是第 14 件器物，上施鲜亮的浅蓝色釉。图版 24:9。

17. 筒形陶网坠。长 3.5 厘米，直径 1.3 厘米。

18. 长方形实心陶网坠残片，有纵向和交叉刻槽（B 型）。长 3.2 厘米。

19—22. 3 个保存完整和另一个残缺的陶纺轮。

23—25. 未施釉的瓷器的 3 块灰色残片，其中 2 块曾有压印绳纹。大致为圆形，可能是未完成制作的纺轮。

26. 处理过的 1 块浅褐色打火石。

27. 严重锈蚀的铜钱，可能是天圣元宝（1023—1032）。直径 25 毫米。

28. 铜钱残片，可能是开元钱。

29. 货贝，背脊已被磨去。长 21 毫米。

30. 各种铜片、铜板和铸件废料。

房址 K812

位于上述遗址东南 300 米处的开阔地带。

K. 13812：

1. 瓷碗基部残片，釉下装饰蓝彩。外部条带状莲花纹在遗失了的圈足基部 1.1 厘米处结束。内部为从凹弧处开始且一直延伸到中心部位的带莲枝的部分水上景色。足部基部厚 1.6 厘米，残片上部的厚 0.4 厘米。图版 27：5（外部）和 27：9（内部）。

2. 口沿内倾的浅瓷碗或碟口沿与器壁部分的残片，蓝彩。外部为口沿周围及下部宽带之间的条带状莲花纹。凹弧部为单线和双线之间的莲花花环的宽边。直径可能约 30 厘米。器壁高介于 2.5 厘米和 3 厘米。图版 28：2（内部）和 28：13（外部）。

3. 瓷碗残片，装饰蓝彩。外部，为被从下部条带状莲花纹开始的双线分割开的涡卷形莲花纹；内部，保留有遗失了的口沿周围双线以上涡卷花形纹的痕迹；凹弧处，中心图案为龙背，上有排列紧密的白色小鳞片和深锯齿状背鳍（为白化变种类型，参看波普，1952，第 41 页和图版 28：18），外围以双线纹。

4. 瓷瓶肩部附近残片（可能是梅瓶类型），蓝彩。肩部下部有云肩的地方带有涡卷形菊花纹和可能为鸟的一部分。之下为双线之间的典型带状涡卷纹，其下的器身主体部分装饰涡卷牡丹纹。云肩处直径 25 厘米。顶端厚 0.6 厘米，中部厚 1 厘米，下端厚 0.7 厘米。图版 27：11a，b。（参看波普，1952，图版 39b 为一图案相仿的梅瓶）

5. 小瓷碗口沿残片，钧窑瓷，上施鲜亮、艳丽的蓝绿色釉。

6—8. 3 个灰陶纺轮。

两座佛塔 102

位于一个镰刀形狭窄的台地顶部，这个台地位于前述村落遗址（100）西南附近，现在能看到的只有佛塔基部。

烽燧 103

坐落在镰刀形台地顶部的弯曲部分。主要是一个土夯立方体的驿站，边墙保存状况良好。距此地西南偏西约 3.5 公里处的地方是一个汉代烽燧 A17；其附近还有第三个烽燧 A18，3 个烽燧几乎形成了绵延 7.5 公里多的一条直线。第三个烽燧是否为汉代在和东额济纳湖相连的沼泽前终止的额济纳绿洲南部边界防线的最后一个或最后一组烽燧的其中之一呢？

台 地 地 区

　　显而易见，哈喇浩特地区南部被分割的大部分戈壁高原从来没有和被额济纳河灌溉滋养的北部平原地区一样，为农业生产提供过优越的自然条件。实际上，台地地区没有保留下来农田及其建筑物的遗迹。然而，这并不意味着我们所讨论的地区的低地或空旷的小块土地不能进行小规模耕作；相反，我们知道，在48个哨所中的一些要塞驻防地，在汉代事实上大约有四分之一从事农业种植活动。而且，在某些地势较低的地方，除了流沙吞噬而寸草不生的区域外，仍然有充足的地下水可以满足柽柳、虎耳草、灌木、芦苇或杂草的生长。台地地区最南部边缘的山谷地带覆盖着芦苇或盐碱层，浅或深蓝色石灰石山丘、发白的黄色芦苇与周围深黑色的沙砾荒地形成了强烈的对比。归化至哈密的商道横穿东部边界地带的博罗松治，之后经过北部边界附近的摩洛松治（Moro-tsonch），再经哈喇浩特抵达额济纳河流域的重要中转站——葱都儿。

　　台地地区的48个哨所的结构基本上都是与坞院相连的烽燧。博罗松治（P9）的遗址显然是最大的，因此很可能曾经是主要哨所的区域性总部。有些遗址只绘制了地图，大部分（37个）都在以下的内容中进行了详略不等的描述。贝格曼、他的助手或其他人没有采取改变大多数遗址结构的行为，在所有的遗址中，只有10个在发掘中出土了遗物；8组散落地表的遗物（K813－820）是霍纳在这一地区东部的2个烽燧之间的地表采集到的，第9组（K821）遗物是他在布都布鲁克发现的。

　　除了6个遗址的遗物含有 A 标记之外，贝格曼对不同路线上的大多数遗物只给了暂时性标记。为了指定最终的编号，我们决定从这一地区东北部开始向西南方向考察，因为这是标为 A 的遗址的大致顺序。最不易产生混淆的办法应该是尽可能地将哨所相互直接连接起来，除了最南端那一道残留塞墙的最长的烽燧线之外，而不去考虑实地线路的走向，因为最南端的烽燧线与这一地区明晰的边界线是非常一致的。这样将形成3排横向的遗址地带。

烽燧 A17
　　被称为库伦松治（Kuren-tsonch），矗立在紧靠哈喇浩特地区和台地地区边界地带的一个阶地边缘。烽燧是用砂岩板层混合芦苇层砌成的，保存相当完好，只有东北角出现坍塌现象。现存高约6米，基部9.4米×9.4米。烽燧以南数米处有立于一鹅卵石地基上的一座房屋遗址。平面图（图122）为博林所绘，他同时也在房屋遗址内发掘出了3件残损木器。在此没有发现木简一类的遗物，但我们可以从烽燧的结构推断其年代为汉代。陶器可能是从附近地表采集的。

A17:
　　1. 圆木盘或木碗圈足的小块残片，制作粗糙，某些部位还保留有深色颜料或漆的痕迹。上部表面略微内凹，底部厚曾为1.2厘米，内收的圈足高约1厘米，厚度不均。修复后的直径为8厘米。

2．木铲（？）刃部残片，形制规整，带一面略凹一面略凸的十字形部件。向直前端逐渐变细。宽 3 厘米，厚 0.3—0.6 厘米。

3．勺形木铲刃部残片，手柄基部至前端有纵向裂缝，前端有圆角。有一面凹一面凸的纵向部件，但仍然较平整，向前端逐渐变细，长（7.5）厘米，厚 0.3—0.9 厘米。

P. 440：

2—3．陶器或瓷器的 2 块残片，外部施很薄的一层灰绿色釉，内部施白色釉（可能是白色条带纹上施了一层透明的无色釉）。

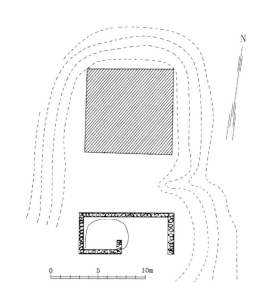

图 122
烽燧 A17（库伦松治）平面图。阶地顶部（最里的陡斜坡）高出地面约 18 米。

烽燧 A18：

烽燧 A18 摩洛松治，耸立在能望见烽燧 A17 的地方，即两个烽燧共享的较高台地边缘。哈喇浩特和托罗拐（Horen-tologoi）之间的主干道离此处非常近。

靳先生在此进行了一次试掘，采集到了一些遗物，并且注意到烽燧是用土墼和含草层砌成的。然而，他和贝格曼不曾绘制此地的平面图，不过后来却拍了照。除了下述人工制品外，还发现了 6 枚木简，其中数枚简上有公元前 37 年的纪年。发现的其他遗物有木器，如梳子、铲形刮勺、楔子，几块丝织物残片；用竹条和植物纤维编制的器物，如：草编轮形阱盖，一块葫芦，几块典型汉代陶器碎片。

遗物目录：

A. 18：

1．草编轮形阱盖，主要是一个用植物根须制作的很坚固的圆轮，缠绕较厚实呈螺旋状的相同质地的绳子，12 根尖棍穿绳而过且在环平面以内的中心点汇合。这些棍子（长约 7 厘米，半圆形部分厚约 0.8 厘米）向上部 V 形端逐渐变粗，向下形成圆面。是采集到的遗物中保存最完整且状况最良好的标本。环的直径约 14 厘米，厚约 3 厘米。图版 17：1。

2．同上，轮框更细，棍为 16 根，基部已被老鼠啃咬掉。直径 14.5 厘米，厚约 2.2 厘米。

3．同上，残片，棍为 12 或 13 根，基部也被老鼠啃咬掉。保留下来的部分保存状况如此完好，使得我们有理由推测，该器物在使用之后被有意折断。直径 13.5 厘米，厚 2.3 厘米。

4．陶器的 1 块相当大的残片，装饰被 3 条交叉线分割开的长大约 5 厘米的面积之内的压印斜方格，以及宽 1.8 厘米的环形边饰。A 型陶，外部为烟灰色。

5．同上，可能和第 4 件残片属于同一件陶壶。

6．绳编凉鞋鞋底残片，较长的一边保留下来的长约 18 厘米，鞋底的主体部分被剪断且已遗失（希尔旺，1949，第 28 页和 140 页中对柳编工艺进行了详细描述；正如在后面的标本中所阐述的，关于这件标本的解释有些含糊不清）。大部分都染上了泥土的颜色。宽（3.3—3.5）厘米。

7．色彩柔和的普鲁士式蓝丝绸残片，横向剪下且用浅色顺捻反合股丝线缝在一起（希尔旺，1949，第 28 页）。

8. 柳编工艺品，可能是篮子（虽然制作更简率但和图版 16:4 所示的器物相仿）的小块残片。2、3 和 4 根薄竹或藤条（宽 0.7 厘米）交替斜编，使上下表面都有图案，竹或藤条有些弯曲，而且是在边缘的某处被拉弯的。尺寸约为（10 厘米×21 厘米）（参看希尔旺，1949，第 28 页）。详细内容见图版 16:5。

P. 114:

1. 1 小块鲜红色丝绸残片。

2. 普通汉代木梳残片，梳齿纤细。背部厚 0.9 厘米。

3. 1 小块葫芦。

4. 小木楔，形制不规则。尺寸为 4.5 厘米×2.5 厘米×1.3 厘米。

6. 铲形大木刮勺。刃部从略微凸起的前端向圆形手柄末端逐渐变细。长 23.7 厘米，前端宽 7.5 厘米，手柄末端宽 2 厘米。

烽燧 104

从摩洛松治西南 5 公里处的地方就可以看见它。位于一个低于阶地约 12 米的小面积椭圆形低凹地带的边缘。用石头砌成，损毁严重，不过仍然保留下来高 4 米的且在一个正方形院落内有一间东面开门的房屋。贝格曼得出的结论是，这处遗址可追溯到汉代。

烽燧 105

位于额济纳河东岸，马民察汗白声西南偏南约 3.5 公里处。现在此处遗址主要为一个沙砾堆，其顶部留有砖塔的痕迹，沙砾堆与地表的距离超过了 2 米。和西南角毗连的是残留下来的一间房屋。

沙砾堆周围的地面覆盖着一层黑色沙砾，但在此处遗址以西约 200 米处有明显耕作过的痕迹，例如一些呈西南—东北走向的小沟渠，其中的 2 个沟渠向烽燧北偏东 47°和北偏东 63°的方向延伸。

烽燧 106

位于上述烽燧西南 2.5 公里处。用土墼砌成，基部尺寸为 4 米×4 米，高 4 米，几乎和建造之初一样。土墼之间为几层交替分布的一层草和两层细枝条层。没有发现碎片，但在遗址附近却有带汉字的陶器碎片。

偶然发现的遗物 K821

是霍纳于 1933 年在额济纳河东北偏北方向延伸的古代灌渠附近采集到的。

K. 13821:

1—5. 厚壁瓷罐的 5 块残片，罐上装饰五彩拉毛粉饰。浅灰色硬陶胎上施深褐色釉。

烽燧 109

是伊肯河东岸一字排开的 3 座烽燧中最南端的一个，另外 2 个——107 和 108 分别位于北侧 3.5 和 5.5 公里处，河流对岸的葱都儿塞最南端的烽燧（21）和上述 3 座烽燧离得很近。

现存的烽燧，因为墙壁被粉刷成白色而被称为察汗松治，夯土筑成，高 5.2 米，基部尺寸为 3 米×1.5 米，但建造之初的尺寸可能为 3 米×3 米。基部和顶部之间有 4 排水平方向的圆孔，木棒肯定是旅行者使用的燃料。贝格曼认为烽燧的年代晚于汉代。

烽燧 110

用砂岩板建造而成，梁和墙均为石质，现存高约 3.5 米。北侧为一间小房屋的遗址。遗址附近地面上散布着汉代陶器碎片。按照贝格曼的观点，这个烽燧在很远的地方可能会被当成一个顶部有石块堆成的鄂博的锥形植物体，直到接近离它 200 多米的地点时才能辨明其真实面目，这种现象可以解释为什么包括下述烽燧在内的现存烽燧显得非常孤立。

烽燧 111

用砂岩板建造而成，现存高 4 米。基部尺寸为 6 米×6 米。和 2 个角毗连的是院墙或 1 间地基尺寸为 10 米×10 米的大房间。平面图见图 123。

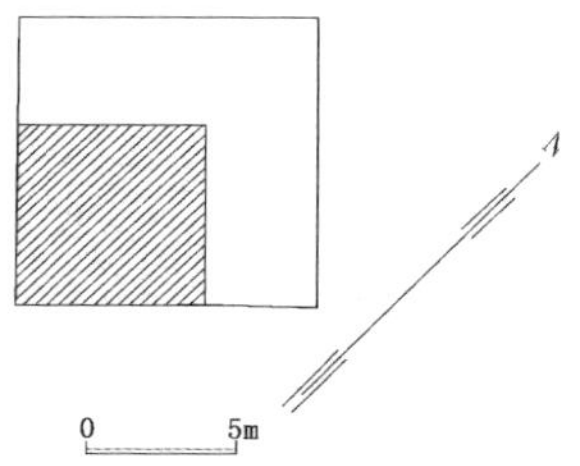

图 123
烽燧 111 平面图。

烽燧 P8

位于中心地区东部西南——东北走向的一排烽燧的其中一个。从现存遗址来看，建筑材料为大块土墼，均垂直竖砌，其间还交替混砌芦苇层，虽然我们只看到了一层芦苇层，但完全可以得出这样的结论：墙体高 6 米，顶部附近的一面墙伸出手感粗糙的绳子的 2 个端头；很可能这些端头是遗留下来的绳梯的一部分。外形厚重的烽燧及与其毗连的围地或房屋遗址平面图（图 124）很奇特，因为除了房屋遗址西北角外没有直角。离院墙东北几米处为 4 个用石材铺就的正方形区域，其中一个见图 124，这些建筑物的性质还无从知晓，但可能是用来当作搭建帐篷的地基。

除了下述人工制品外，在烽燧遗址内还发现了 3 枚木简。

P.98：

1. 木片，一端附近穿有小圆孔，另一端有一个未完成穿凿的孔。尺寸为 22 厘米×0.5 厘米×0.9 厘米。

P.438：

1. B1 型木封检，正面保留有地址的书写痕迹。尺寸为 10.5 厘米×3.5 厘米×0.4—1.3 厘米。
4—5. 2 小块天然丝绸残片。

烽燧 115

为局部一排烽燧中从西南数起的第 5 个。边缘用砂岩板砌造；正方形基部尺寸为 6 米，高约 3.5 米。在已经坍塌的西北角，残留有一间房屋的痕址。

霍纳在博罗松治和烽燧遗址 116 之间偶然采集到的遗物

霍纳在博罗松治和烽燧 116 之间偶然发现的以下 8 组遗物，是 1932 年霍纳在勘察东额济纳湖 2 个地点时在地表采集的。他将这些遗物按照与其目录数字相反的顺序进行记录：4 月 7 日、25 日和 26 日采集到的为 K820、K819、K818、K817、K816、K815、K814；K813 组的遗物是 6 月 14 日采集并编排成组的（地图上没有标出地点，只是初步分别给出了如下名称：E4、E7、E8、E9、E10、E11、E12 和 E18）。

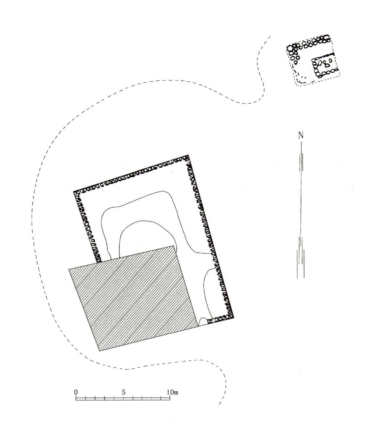

图 124

察民库都（Tsamein-khuduk）附近烽燧 P8 平面图。

偶然发现的遗物

K. 13813：

青铜螺轮，可能是纺轮，半球形，从中心部位的孔向外呈散射状的深凹槽和环形的刻痕及切削痕迹使得整个纺轮酷似一个花冠。直径 3.2 厘米，高 1.4 厘米。图版 31:6。

偶然发现的遗物

K. 13814：

1. 铜马雕塑残片，虽然薄壁部分戳了一个大洞，但马身的大部和颈部仍保留至今。几个部分先分开铸造，之后焊接到一起。很显然，遗失了的腿部也是分体铸造且中空，腿部的椭圆形上部的壁相当厚。长（23）厘米，宽最大量 6 厘米，壁厚 1—2 毫米。图版 31:2。

2. 完整的瓷碗，胎体为浅黄色，胎体上装饰白色条带纹，上施一层薄薄的黄色透明釉且不到圈足。釉较薄或没有施釉的部位的胎体呈深褐色。圈足外部有一个几乎看不见的墨色汉字。口沿直径 19.3 厘米，圈足直径 7.3 厘米，高 6.9 厘米。图 63:4，图版 24:2。

偶然发现的遗物

K. 13815：

1. 黄铜扣环残片，扣舌已遗失，外形较新式。宽 2.6 厘米。

2. 小铜饰件，4 块叶形片，其中一片延长成为一个尖端，被压成略呈拱形的样式。中心孔两侧又各有一个小孔，第四个孔可能是意外留下的。尺寸为 2.5 厘米×2 厘米。图版 32：5。

3. 铜耳坠，是将一根铜线弯曲成问号的样子，直的一端有一个小球形突出物。长 2.9 厘米（和图版 35：7 的遗物相仿）。

4. 灰陶纺轮，直径 4 厘米。

偶然发现的遗物

K. 13816:

1. 形似兽头衔管的小釉陶喷口。可能原本和一个器物通过几个夹具连在一起，因为我们在颈部（断裂）看到了一些小圆凹痕。胎体为红色，外部保留有绿釉（瓷釉？）的痕迹，内部施褐釉。长（6.8）厘米。图 111：8。

2. 瓷器残片，装饰高浮雕龙纹。绿底之上的龙纹施黄色釉。胎体为类似红陶的淡红色。最大量 8 厘米。

3. 石质椭圆形扁平饰物，上有黑白色条纹。一面略呈拱形，打磨光滑。尺寸为 4.6 厘米×3.5 厘米。图版 30：38。

偶然发现的遗物

K. 13817:

铜钱，天圣元宝（1023—1032）。直径 24 毫米。

偶然发现的遗物

K. 13818:

普通汉代三棱形铜箭镞。主体部分的角被切直且向上弯曲，和收藏品中其他标本相比，铤部相当长。长 31 毫米，边宽 10 毫米。

偶然发现的遗物

K. 13819:

深蓝色玻璃耳塞，主要是一个末端呈浅碗形、两面凹的圆柱形器物。实心，无纵向孔，因此可能是用来直接插入耳垂上的孔。很独特。长 20 毫米，末端直径 14 和 10 毫米，中段直径 8 毫米。图版 30：48。

偶然发现的遗物

K. 13820:

1. 铜钱，熙宁重宝（1068—1077 年）。直径 29 毫米。

2. 小块铜废料。

3. 大贝壳残片，部分背部被磨平。

博罗松治遗址 P9

"博罗松治将在我对额济纳河流域的记忆中，永远占据一个非常特殊的位置。"贝格曼在他对这个遗址的详细文字描述的引言中这样写道。他接着又写道："这里正是第一枚汉简发现的地方，这里也是对令人兴趣盎然的额济纳河流域考古遗迹调查开始的地方。我已于1927年秋天的一个晚上扎营在这一地区附近却没有对周围的遗址特别关注[①]，可能主要归因于这样一个事实，即一位中国考古学家在不久之前就曾在博罗松治停留，而且我估计，他对这里的古老遗址进行了调查。1930年春天，我第二次来到这里的时候，高兴地发现我的推测是错误的[②]。"

博罗松治是一连串烽燧中最东端的一个，位于南部的塞墙遗存在某些地点将额济纳河流域与史前东额济纳湖西北端之间的哈喇浩特地区的界限划定。和另外3个较小的烽燧（117，118和P10）一起形成的长5.5公里的较短的东北—西南走向一线，和最靠近西侧的一排烽燧几乎成直角。这4个烽燧都在小面积台地（南偏西38°）的顶端，台地的方位是确定一系列烽燧位置的依据。博罗松治位于一个单独的台地顶部，所以显得很壮观，令人过目不忘，而且从10多公里的远处就可以看到这个由风蚀作用形成的小山冈。在天气晴朗的日子，山冈在金黄色沙漠背景的映衬下，隐约闪现红光。台地高20多米，由交替分布的土层和沙层构成，我们在沙土中发现了压碎的鸵鸟蛋。

遭受严重侵蚀的台地平整的顶部保留下来的遗址应属普通瞭望哨，即和坞院相连的烽燧。较低一些的地方，比烽燧基部低约6米且位于其西南方向的是一排较小的房屋，只有房屋的最下部和内部被保存了下来。另外，房屋周围还有一圈院墙，参见图125中的平面图，图129中的平面详图和图版XV中带围墙的台地上的建筑物的两幅略图。

我们先来讨论平顶小山上的遗址。烽燧名称的含义是"灰色塔楼"，是用土墼砌成，又用一定数量的芦苇层进行了加固，暴露在外的土墼表面已开始剥落。被记录下来的土墼的尺寸如下：33厘米×18厘米×13厘米；36厘米×18厘米×11厘米；35厘米×18厘米×9厘米和？厘米×15.5厘米×12厘米；土墼的泥中掺和了少量草。烽燧的高现为4米，基部尺寸约为5米×5米；后者被坍塌下来的砖瓦覆盖。和烽燧东侧相连的是至少有2间房屋的遗址。最近的一间房屋，为地点1，非常狭窄（宽1.7米），可能长约3米，北部的矮墙已缺失。南墙上保留有台阶的痕迹，台阶和通向烽燧顶部的梯子（绳子做的）相连。这间房屋的内墙被粉刷了若干层，第一层墙皮被烟灰污损。很显然，房屋早期的涂层颜色变得太黑时曾被新的粉刷层覆盖。西南角，土墼墙和涂层之间有一个小烟道，烟道从一个高0.5米的炕向外延伸，炕因为基本上占据了保留下来的房屋的地面面积，所以看上去就像地板一样。当炕不再被用来取暖时，可能就成了备用储藏室，在此还发现了几枚木简和50余件各种各样的器物。

---

①第一次调查此地是从包头至额济纳河旅途中的1927年10月20日。古老的遗址附近有一口井，此处是从东经由小面积戈壁滩的路途中能得到灌溉的第一个地方。他在《报告》一书第16页中提到了这次调查，说他采集到了一些汉代陶器，这些碎片可能就在下面列举的古代遗物中。

②贝格曼在《报告》一书第114—116页中，初步描述了他于1930年4月26日至5月8日期间对此遗址所做的调查，调查是在考古学家陈宗器和他的两个助手王先生和靳先生的协助下完成的。烽燧的远景图已经在几本出版物中被采用，例如在贝格曼的《报告》一书中图版16a和霍纳所著的《到罗布泊去的路》一书中的图27。

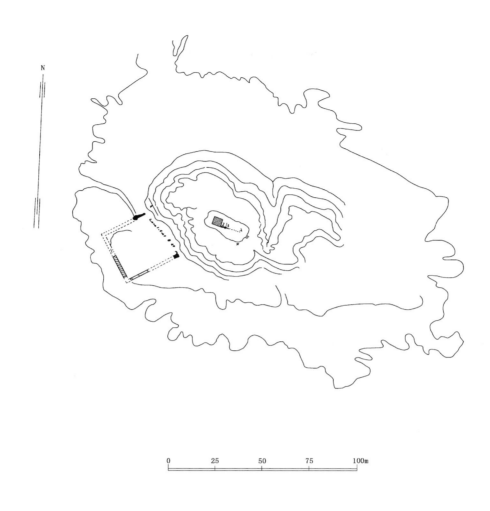

图 125

烽燧博罗松治（P9）平面略图。遗物发现地 6 位于烽燧西侧缓坡上；
地点 8—24 的平面详图，可参看图 129。

地点 1

发现的遗物主要是几件刻有字的多边形楔
子和木器（参看下面所列的遗物目录），如片
状素简，人面画木楔，马形雕塑的一只腿，一
只碗，一只长柄勺，一把刮铲，一个纺轮；一
根几乎保存完整的弩机箭杆；一块磨石，碎陶
片和网坠（B 型），几块残破的铜片，较大的

图 126

地点 2 发现的修复之后的陶碟的剖面图。直径为 43 厘米。

铁器和工具，如扁斧刃、锄刃、铁犁、锯刃和镰刀；丝绸残片。还有收集来的小麦和谷子的标本，没
有关于此处遗址其他地方采集到的小麦标本的记录，几乎在每一个地点都采集到了谷子标本。

地点 1 的房屋东侧墙上曾开了一个狭窄的入口，但后来又用土墼封砌了。在这个入口被封砌之
前，隔壁的房屋，即地点 2，已经被粉刷过且一直粉刷至入口处。入口被封之后，房屋 2 的墙壁上涂
抹了一层草泥，这样一来，就看不出被封入口缝隙的痕迹。房屋 2 的南墙只保存下来一部分，比房屋
1 的墙壁砌建得晚。可能后来房屋 2 与房屋 1 砌建成一体的同时入口即被封。由于其墙壁倒塌的现存

状况，我们无法判断房屋 2 曾经是两堵墙之间角落处的一个封闭的房间还是敞开式的藏身之所。形成外间房屋地面的平台（或称其为空心的炕?）有一个很大的几乎为半圆形的孔，孔内有半米高的芦苇和草，芦苇和草的基部被塞进一块粪样硬块。贝格曼认为这是一堆储存起来用于放烽烟信号的燃料。房屋的东南部有燃烧过的痕迹，可能代表和烽燧相连的坞院厨房的位置，在这里发现的牛、马、羊和一只鸡样的鸟的骨头更加说明了这个问题。

地点 2

发现的遗物包括几枚简；木器如素简、封泥盒、封检、符牌（?）、碗、筷子和一件刮铲形器物，十字弓形机械装置的独特插销可能是普通青铜插销的替代物，一个筒形鼓（参看以下关于在地点 3 发现的保存较好的鼓的描述），两个狐尾锯的手柄；此外，封泥，泥球，8 个 B 型网坠，18 块未施釉的陶器或瓷器的残片（本文另有描述）；一枚三棱形铜箭镞和一块铁片，几块皮革（部分原本用作鼓面），一组丝绸残片；破碎了的鸡蛋壳也被采集来，是曾饲养过鸡的见证。

遗迹左侧为陶盘的一大块残片，发现时和这个地点——即厨房东南部的其他碎陶片散落在一起。图 126 中显示这个盘子的剖面图，有很厚的直边（高 3 厘米）且水平外翻（宽 2.9 厘米）。胎为浅灰色。口沿直径 43 厘米，盘壁厚 1.2—2.3 厘米。

顶部表面几乎为长方形的台地丘陵最东部，方向为北偏西 63°，还有另外几个主要用芦苇层砌成的很破败的建筑物遗址。

地点 3

出土了几枚简和素简，两个 B 型陶网坠，一把铁镰刀和一些丝绸残片。然而，最重要的发现可能是遗留在遗址的一只鼓的木质部分（贝格曼没有将其列入目录，但单独进行了叙述）。因为这只鼓（部分）被修复过，而且在贝格曼的《报告》一书（图 7）中已经有过描述，在这里对它进行详细描述已显得有些多余。

筒形木鼓残片，用几块两面略凸的残片组装而成，长边和长边接合在一起；发现单独的 3 块残片后，我们对其进行了仔细研究。每块的截面都一面凹一面凸，长 58 厘米，中段的宽度分别为 13 厘米，13 厘米和 17 厘米，中段（厚 2 厘米）比末端（3 厘米）薄；鼓的最大直径估计约 85 厘米（?）。离每一端 10 厘米处有一用于纳绳（或铁条?）的环形刻槽，绳子将不同部件固定在一起；鼓上蒙的两张皮革（除了一些小块残片外，大部分已经遗失）被 3 或 4 排截面为长方形的小木楔撑拉到了鼓的侧面。两个刻槽之间的鼓的外表曾被彩绘成黑色或髹了黑漆（对比上述地点 P.376:10 和遗址 A10 发现鼓的残片，图版 9:10）。图 128。

地点 4

所出的遗物包括木简，一些素简，一只木碗；三棱形铜箭镞；羚羊皮残片，一捆植物纤维绳，丝绸残片（共 5 组），丝线和丝质纤维填料。

地点 5

出土了一组 9 件器物，包括部分被烧焦的简、素简和其他如加工过的木器（没有列入下表），一个加工过的楔子和用植物纤维绳编制的鞋的残片。

在台地顶部和带有庭院遗址的低 6 米的阶地之间，在烽燧以西发掘了一个坍塌遗址——地点 6。出土了 3 枚铜箭镞和一个半块的纺轮。

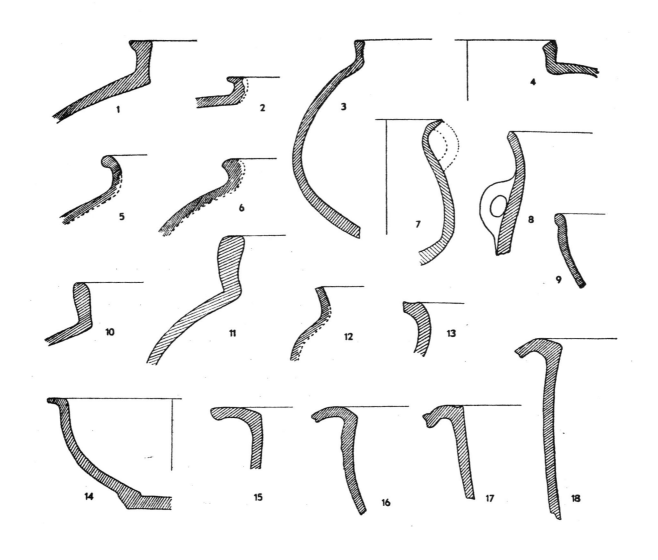

图 127

汉代不同遗址出土的陶器剖面图。比例为1/3。1. A.33:5；34（图版2:3）。2.（P9: 地点27）P.426:9。3. A、21:Ⅱ；67。4. A.21:Ⅱ；66，5.（P9: 地点2）P.380:3—4。6.（P9: 地点2）P.425:2。7. A.33:9；17。8. A.33:5；38（图版2:2）。9. A.22:Ⅰ；74。10. A.33:5；35。11. A.33:5；36。12.（P9: 地点2）P.434:1—3。13.（P9: 地点27）P.426:10。14.（P9: 地点2）P.425:1。15.（P9: 地点2）P425:3。16. A.33:5；33。17. A.27:A；4。18. A.33:5；32（图版2:4）。

此处遗址和围地北角之间，山冈斜坡上略高于围地的地方显然有一间某种类型的房屋，即地点7，现在只能看到房屋的一堵墙，这堵墙与院落西侧成直角。我们在这里发现了几枚简，木器如封泥盒、一只梳子、碗的耳柄、补鞋用的一只鞋楦头，竹筒，一枚五铢钱，B 型网坠，皮革残片，纸张、绳索，丝绸和鱼椎骨片。

有围墙的定居院落遗址

已遭受严重侵蚀，侵蚀部分来自风力，部分来自水（一个穿过北角孔洞的小沟槽可能是主要的水流出路）。院落的面积约为 30 米 × 30 米，方向约为北偏西 30°，这样一来，院落和台地顶部遗址的方向形成了一个斜角。院落土墼墙向三个方向延伸，第四堵墙曾是山冈的坡，坡上有一排排的房屋。

院落土墼墙之间未形成直角，只保留了正面和内部尽头两部分。房屋墙壁只保留下来后部，因为这一部分墙体被山坡上滚落下来的碎块和堆积在附近的流沙所保护。不同房屋的地面、壁橱或通道相连，但处于不同的水平面，绝对高度的差异最大可达 1.16 米。可能在汉代，建造房屋的人并不太在意建筑物表面的不规则，而这种不规则现象很可能是土夯层和砂质层所遭受的程度不同的侵蚀作用造成的。

位于较低的阶地上的房屋很可能是烽燧的主要住所，而执行警戒任务的人员在峭壁顶端有临时性住所。

除了地点 9 外，以下列举的地点（8—27）都出土了遗物。因保存状况欠佳，所以无法对其最初的形状进行完整描述，读者可以参看图 129 中的平面图以获取辅助信息。

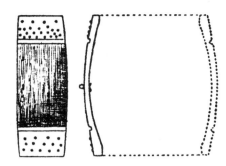

图 128
发现于地点 3 的部分被修复的木鼓。高为 58 厘米。

地点 8

是围墙外最小的一处泥瓦院落，靠近北角的豁口可能曾经是院落的大门。发掘中出土了一只普通汉代木梳。

地点 9

是地点 8 对面的围墙大门以内的一个小壁瓮。这里没有出土任何遗物。

地点 10

是上述地点 8 和 9 之间的一处坍塌堆。出土了 1 枚木简。

地点 11

主要是一处土墼砌的低矮平台，其尺寸为 1.25 米 ×0.5 米。此处可能是守卫这一院落入口的士兵的伏击地。此处至少发现了 1 枚简。

地点 12

是一个土墼墙之间的通道。有些木简就是在这里采集到的，一个老鼠窝内有简和削衣的残片，还发现了素简和丝绸破片，但因残片太小而无法采集。

虽然在此我们只对与这一处和下述地点（13）有关的遗物进行了说明，但老鼠窝内发现的遗物在这个遗址的许多地方都有发现。贝格曼在他的《报告》第 115 页中，给出了如下概括性描述："这些老鼠窝很有意思，内有草、丝绸残片、绳索和削衣残片。很显然，简上的字被刮去是为了以备重复使用。老鼠便收集了这些带有文字的碎木片。往往就在老鼠窝附近，能发现一小堆发黑的谷粒"。在下述地点 13 的鼠穴内，也发现了没有字迹的小纸片。

地点 13

曾经是厨房，宽 3 米，现在保留下来的长只有 2 米。其背靠斜坡的后墙是用草泥建造的。火灶在西侧角落且主要由一个带烟囱的小炉膛组成。火灶前方放置一个很大的陶罐（直径 40 厘米，高 30 厘米），陶罐底部嵌入地面以下。房屋的这一部分地面的大部分面积都被一个像炕一样、部分中空的土坯和泥混建搁板状物占据，在搁板状物以下发现了许多遗物。我们在和地面高度相同的火灶和陶罐之

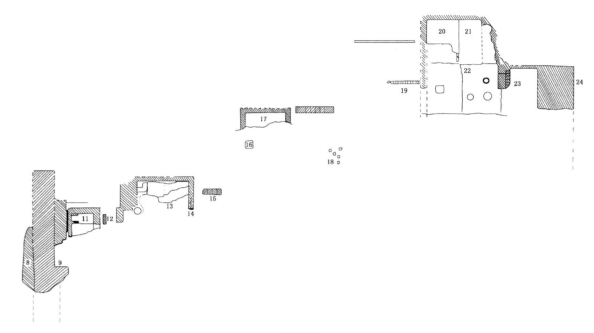

图 129

博罗松治：烽燧以下阶地上的庭院后面发现有遗物的地点 8—24 平面图。中部的位置不太确切。
比例约为 1/200。不同地点的高度分别为：房屋 23 的内左侧为 73 厘米，房屋 22 地面陶罐所在地
点为 43 厘米，房屋 21 炕所在的地面为 115 厘米，房屋 19 地面为 36 厘米，房屋 20 左侧沟槽后
面的地面为 114 厘米，地点 18 为 79 厘米，房屋 17 右侧墙壁所在的地面为 136 厘米，房屋 17 的
地面为 152 厘米，正方形深坑 15 的地面（底部）为 84 厘米，墙体 15 所在的地面为 90 厘米，房
屋 13 右侧墙体所在的地面为 58 厘米，房屋 13 右手角落处的炕所在的地面为 94 厘米，房屋 11
内部角落处地面为 51 厘米，地点 9 的地面为 40 厘米，地点 8 的底座顶部为 1 厘米。

间的墙体附近发现了一个鼠穴，穴内除了常见简的残片（大部分是削衣）和丝绸破片等外，还发现
了一些小块纸片。这间房屋的几处地点都发现有大量动物骨骼和木炭块。

　　发现的遗物主要是几枚或完整或残缺的木简，木器如封泥盒、木签、游戏用的骰子、刮勺、筷
子、碗的把手（许多造型简率的圆形或椭圆形楔子没有列入下面的古代遗物列表中），此外还有竹
棍、石磙子或石质打磨工具、几块陶器碎片、丝绸残片和编织而成的鞋的一部分。

地点 14

　　地点 13 和 15 前面的坍塌堆积，形似土墩。这里出土了 9 枚木简，一件造型独特、功用不明的青
铜器和一个 B 型网坠。

地点 15

　　出土的器物有：几枚简和素简，3 件大木器：一只带耳木杯、一把刮铲和一根短棒头。

地点 16

　　出土了一些简、素简和截面呈椭圆形的木橛。

地点 17

位于地点 13 东部且略高一些。是一间宽 2.25 米的房屋，房屋墙壁用土坯砌造且粉刷成白色。此处发现的遗物包括几枚木简、几件普通汉代陶器、1 枚半块五铢钱和丝绸残片；还有几件残缺的小木器，这些都没有列入遗物列表。

地点 18

出土了几枚木简。

地点 19

位于一堵土墼墙的两侧，包括一个奇特的带围墙的沟渠，约长 3.5 米、宽 13 厘米、深 50 厘米；这个沟渠可能被用作这些房屋的排水沟。这里所使用的土墼都是汉代标准的尺寸，约为 37 厘米 ×15 厘米 ×11 厘米。遗物主要是几枚木简。

地点 20

是一间宽 3 米、进深约 2.5 米的房屋最北端的一部分，这一部分一半宽的地方被一个现存高 21 厘米的类似炕的平台所占据。平台原来的高度较低，和地面高度相同或比地面还低（可能是在早期的地面上建造而成）；早期地表之上，是一层废物堆积层，包括草、盘羊骨骼和一些简，这一层之上为不规则摆放的覆盖夯土的土墼。平台之上为坍塌的房顶残留物，主要是树皮做的席子、绳索和砍削下来的质地粗糙的长 50 厘米的木棒。另一根作为柱子基部的木柱，仍然矗立在平台南部边缘附近，其截面为圆形。3 个长方形枢轴孔和一个大的长方形孔用来嵌入横梁，4 个孔在同一个纵向水平面上，都向内且与似炕的正方形平台成斜角，可能说明柱子本身就是炕的一部分。

在平台处除了发现简之外，还发现了几件其他器物，木器如一个封泥盒、用作骰子或棋子的木棱柱体、一个人面画木橛、一个刻削完成且进行了彩绘的人形窄木条、一只残破的木碗和几件陶器残片。

地点 21

是同一间房屋的南部，和上述地点一样也有炕（？）。我们在这里从地面上的木炭和灰烬中采集到了几枚木简、1 枚大泉五十铜钱和另 1 枚钱币的残片、几件青铜器和一个 B 型网坠。

地点 22

是一个宽 2 米、长约 3 米的房屋，据贝格曼推测，房屋地面成型于年代更早的一层地面之上（参看上述地点 20），年代较晚的地面以下约 40 厘米处为年代较早的地面。在一个直径 35 厘米的且深入到时间较早的地表高度的圆形坑内，矗立着一只直径 30 厘米、高 20 厘米的陶罐。陶罐内发现了 1 枚残破的木简（P458:1，a16，长 1 厘米、纵向削下或折断的两面都书写有地址的简），在房屋时间较晚的地面上也发现了另外 2 块残简（P458:2—3）。在摆放陶罐的第一个坑附近，我们又发现了第二和第三个同样用来摆放陶罐的坑，其中最大的坑直径达 50 厘米，深和第一个坑（40 厘米）相同，剩下的一个坑的直径为 40 厘米但深只有 10 厘米。此地的地表也散落有动物骨骼。坐落于这个房屋北部的一个正方形坑内，发现了一枚普通汉代三棱形铜箭镞。

地点 23

是上述房屋和院落东墙之间的一个狭窄（宽 1.5 米，长约 2.5 米）通道或一间壁龛。这里只出土了一支人面画木橛。

地点 24

是东侧与斜坡相连的墙体的一部分。这一部分墙体外面的基部为 5 层裸露的土墼，其表面为粉刷层，可能为似黏土的材料。在这里发现了几枚简，可能被掩埋在墙体基部的碎片中。

地点 25

是位于围地正面墙体以内的残留物堆积。在此发掘出了 2 枚五铢钱、另外 2 块钱币残片、2 枚普通汉代铜箭镞和 1 件钉形铁器。

地点 26

是上述同一处堆积的一部分，位于围地墙体外部。发现的遗物有 2 枚三棱形铜箭镞、2 件残缺的小青铜器。

地点 27

是用来指代院落地面散落遗物的名称。在下面的列表中描述了这些遗物，其中第 14 件是汉代风格的未上釉的陶器残片，2 件属西夏或蒙古时期褐釉瓷器。

地点 28

是我们为在台地周围地面上采集来的遗物给定的编号。列表中已描述的 4 件未上釉陶器或瓷器可能属于汉代。

在博罗松治附近，考察队的队员没有发现更早的耕地或灌溉渠，不过他们也没有特别留心诸如此类的古老耕作遗迹。这里的地面整个被一层薄薄的流沙覆盖。无论这里是否曾有过农耕活动，驻扎在博罗松治一带要塞的士兵的主食无疑是黍稷之类，因为我们在此地大多数房屋遗址中都发现了大量这类粮食作物。

采集到的所有遗物，都在贝格曼的监督下被集中在了一起，在北京由中国学者进行了分类。然而，贝格曼列出了一份供他个人使用的重要器物的详尽名单，以下遗物列表中的内容就是在贝格曼的个人列表基础上排列出来的。

遗物列表：

	各个地点发现的遗物总数		
	1—5（烽燧营哨）	6—26（斜坡和庭院）	27—28（地表）
钱币			
五铢钱	—	4	—
大泉五十	—	1	—

续表

	各个地点发现的遗物总数		
	1—5 （烽燧营哨）	6—26 （斜坡和庭院）	27—28 （地表）
字迹模糊的残片	—	3	—
木器			
素简	3	—	—
各种有字器物	2	4	—
封泥盒、封检、牌符	3	10	—
没有文字的标签	—	1	—
棱柱体，可能是游戏或占卜用的骰子	—	4	—
木雕马的腿	1	—	—
彩绘人形薄板	—	1	—
人面画木橛	2	2	—
梳子	—	3	—
一次性车削而成的碗的残片	3	3	—
环柄杯或容器	—	1	—
器物的圆形盖子	1	—	—
长柄勺	1	—	—
刮铲、刮铲形器物	2	3	—
筷子和类似的木棍	1	4	—
筒形鼓的残片	1	—	—
弩机（？）的插销	1	—	—
圆球形端饰	1	—	—
修鞋楦子	—	1	—
狐尾锯（？）手柄	2	—	—
木槌头（？）	—	1	—
铲子的刃部	1	—	—
纺轮	1	—	—
衣钩	—	1	—
钓钩	1	1	—

	各个地点发现的遗物总数		
	1—5 （烽燧营哨）	6—26 （斜坡和庭院）	27—28 （地表）
门的插销（？）	1	—	—
各种雕刻器物	15	21	—
竹器			
筒	—	2	—
棍	—	1	—
藤杆弩箭	1	—	—
石器			
磨石	1	1	—
磨光石	—	1	—
陶器和黏土			
封泥	1	—	—
未上釉的碎陶片，主要为灰陶	22	13	18
未上釉三足鼎（？）的空心足	1	—	—
上釉粗陶残片	—	—	2
网坠（B型）	15	5	—
陶纺轮	—	1	—
小陶球	1	—	—
铜器			
箭镞	2	8	—
饰件	1	1	—
器物口沿残片	1	—	—
各种器物和残片	—	4	—
铁器			
带插孔的扁斧	1	—	—
有嵌口的长方形铲状马蹄铁	1	—	—
有嵌口的U形铲状马蹄铁	1	—	—
镰刀	2	—	—

续表

	各个地点发现的遗物总数		
	1—5 （烽燧营哨）	6—26 （斜坡和庭院）	27—28 （地表）
狐尾锯条残片	1	—	—
大平环残片	1	—	—
铁条残片	1	—	—
未经确认的小残片	1	1	—
皮革制品			
羚羊皮	1	—	—
皮革残片，部分属于鼓	3	1	—
纸张残片（发现于鼠穴）	—	1	—
丝织物等（一组或单件物品）			
丝织物残片，丝质填料等	9	8	—
丝绳编制而成的鞋的残片	1	1	—
丝束	1	—	—

地点1

P. 386:

14. 素简，较宽。尺寸为 12.7 厘米 ×4.2 厘米 ×0.4 厘米。

P. 377:

1—2. 多边形有字木橛的 2 块残片。

3. 人面画木橛，保存完好，从顶端开始的 1/3 部分其截面为三角形，往下变为梯形，末端尖；白杨木，人面画用鲜亮的红色和黑色描画。长 27 厘米，宽 2.5 厘米。图 179:1。

4. 同上，只有黑色描画且几乎整个正面都是黑色。长 23 厘米，宽 3.2 厘米。

P. 398:

2. 木雕马腿的下部，是有意砍下来的。形体和尺寸都和《亚洲腹地》图版 XCIX 中所示的陶俑相仿。很独特。长（6.5）厘米。图 130。

P. 423:

1. 图版 6:17 所示打磨光滑的椭圆形木碗的下部。内绘红彩。碗底背部凸起部分为 9.3 厘米 ×5.3 厘米。

P. 386:

8. 长柄木勺形器物，柄已断裂。长方形叶片，背部圆厚而正面呈 V 形向叶端逐渐变窄。尺寸为（13.2）厘米×0.6—1.8 厘米×0.7 厘米。图 119:3。

P. 386:

7. 勺形木刮铲，刻削粗糙，宽手柄部分已断裂。前端扁平，背部呈拱形，勺根略呈圆形。长（15.5）厘米，宽 3.6 厘米。

P. 391:

7. 圆木盖。上半层为圆角正方形，下半层为圆形。直径 8.5 厘米，上半层厚 1.3 厘米，下半层厚 1.5 厘米。图 170:6。

P. 390:

3. 木纺轮（?）的一半，边和一面涂成黑色。直径 3.5 厘米，厚 0.7 厘米。

P. 377:

4. 铲锹（?）的木刃残片，主要是一块 V 形硬木板。完整的一边长 30.5 厘米，厚 0.4—2 厘米。

图 130

木马俑（随葬品?）前腿，（P9：地点 1）P398:2。此图根据照片绘制。长 6.5 厘米。

P. 359:

2. 裂成 2 块的木器，大致是用褐色丝带捆在一起的 2 块牌符。2 块牌符完全相同，均为扁平状，厚 0.7 厘米，长 35.5 厘米，"页舌"部分宽 2—4 厘米，"舌端"厚 1.3 厘米，"舌根"厚 1.5 厘米，"持柄"部分厚 2.1 厘米。

P. 386:

3. 螺钉形木门闩残片。尺寸为 12.4 厘米×1.6 厘米×1.0—1.8 厘米。

5. 扁平的窄木器，长边内凹，两端平直。一端附近穿有一个小圆孔。长 9.8 厘米，末端宽 1.6 厘米，中段宽 0.5 厘米，厚 0.5 厘米。图 167:5。

6. 长方形木橛，一半被刨掉。尺寸为 14.8 厘米×1.0—1.3 厘米×0.7 厘米。

P. 390:

2. 叉状树枝做的钩。主干顶端有一个纳绳索的圆形凹槽，两叉之间拐角处有另一道缠绑的痕迹。通长 11.5 厘米。图 168:13。

4. 一块圆柱状硬木，磨得很光，有黑色涂层（漆或涂料）的痕迹。曾是锯下来的。长 5.5 厘米，直径 2.6 厘米。

5. 一块木板做成的器物的残片。厚 2.2 厘米。

6. 棱柱形木块。尺寸为 3.3 厘米×1.5 厘米×1.4 厘米。

7. 长方形木板上砍切下来的一片。尺寸为 5.5 厘米 × 5.1 厘米 × 1 厘米。

P. 359:

1. 弩箭的藤杆，箭尾用绳子固定在一起的两部分的其中一部分保留下来。前端长 2.6 厘米的部分髹了黑褐色漆；后端约 10 厘米的部分缠绕着粗线（？）且髹了黑褐色漆，漆将起调整方向作用的 3 根羽毛牢牢固定，每根羽毛长 8.8 厘米。残存的钩弦"牙"长 3.7 厘米且其基部末端缠绕细丝线（？）；钩牙突出 1.8 厘米，向侧面略偏。不算包括钩牙的长 32.2 厘米，直径 0.9 厘米。图版 9:1。

P. 390:

1. 磨损严重的磨石的一半，上有 2 道平行的深槽沟。尺寸为 5.7 厘米 × 3.5 厘米 × 1.8 厘米。

P. 391:

1—2. 未施釉的陶器或瓷器残片，破成 2 片，上有绳纹，胎为灰褐色。

3. 未施釉的陶器或瓷器的小块残片，有一条宽 1 厘米的由排列紧密、不细致的压印斜绳纹组成的环带，环带间的光滑表面因擦拭而变得界限不清。胎呈灰蓝色。

4. 同上，压印菱形纹边饰，和图版 2:5 所示相仿。胎为蓝灰色。

5. 圆筒形陶器残片，有纵向的孔，可能是三足鼎的断足。胎为红土色。直径 3.5 厘米。

P. 441:

1—5. 5 个 B 型陶网坠，制作较精致，其中 2 个已残缺。长 2.8—3.5 厘米。

6. 铜饰件残片，主要是一个带斜切边的长方形铜片。一角有两个小且圆的铆钉孔，相对的一角至少应有一个铆钉孔。宽 2.7 厘米。

7. 小铜片，可能原属一件器物的边缘部分。

P. 366:

1. 带插管的铁斧，保存完整，几乎没有锈迹。截面为长方形，向略微凸起的切边逐渐变宽。与采集来的其他同类器物相比，可谓相当大。高 11 厘米，基部尺寸为 6.3 厘米 × 3.3 厘米，切边宽 8.2 厘米，刃壁厚 0.5 厘米。图 173:4。

P. 369:

1. 锯条的一短块残片，锈迹很少。宽度较均匀：3.7 厘米至 3.8 厘米。锯齿形似等边三角形，高度约 3 毫米，长 8 厘米，厚 2 毫米。

2. 长方形铁犁（？），带插口。截面为三角形。保存完好。尺寸为 17.3 厘米 × 5.3 厘米 × 1.4 厘米；犁壁厚 2 毫米。

P. 379:

1. 铁镰刀，略残。长（22）厘米，基部宽 2.7 厘米。

3. 铁条，向一端逐渐变细，另一端向上成直角。长（12）厘米，宽 1.9—3 厘米。

P. 423:

2, 4. 铲子上的 2 块带插口的 U 形铁片残片。第 2 片原属边缘的凸起物，第 4 件原属切边。和图版 5：11 相仿。

3. 扁铁环残片，宽 4.2 厘米，厚 0.7 厘米。

P. 398：

1. 小块丝绸残片，以下颜色为初步调查的结果，分别为（天然）褐色、黄色、深红色、深蓝色、浅蓝色、深绿色、浅绿色。

地点 2

P. 376：

1—2. 2 枚素简。尺寸为 23 厘米 ×1.5 厘米 ×0.3 厘米和（22.8）厘米 ×1.5 厘米 ×0.3 厘米。

P. 399：

2，4. 2 个 1 型或 2 型封泥盒。长 4 厘米和 4.2 厘米，宽 2 厘米和 2.9 厘米，厚 1.6 厘米和 1.1 厘米，孔长为 2.8 厘米和 2.3 厘米。

3. A1 型木封检残片，封槽内还留有封泥的痕迹。尺寸为（4.5）厘米 ×2.2 厘米 ×1.4 厘米。

P. 363：

1. 木牌符（？）残片，主要是一个木橛，除了保留下来的一端和有一个长 2.6 厘米的长方形封泥槽的中段外，主体部分的截面为圆形，其间正面被削平且向末端倾斜，下端呈尖状或变窄。光滑的表面和封槽以下部分都有书写的痕迹（参看图版 14：19）。长（27.2）厘米，直径 2.3 厘米。

P. 399：

10. 烧灼过的刮铲形木器，不对称的刃部中段穿有圆孔。尺寸为（6.3）厘米 ×1 厘米。

13. 木碗口沿小块残片，可能如图版 6：17、18 所示为普通椭圆形类型，通过厚壁的样本我们可以推测出大致属于这种类型。髹了漆或绘成黑色。

14. 长方形木块，有圆孔。尺寸为 3.8 厘米 ×1.8 厘米 ×1.2 厘米。

16. 带立方体形头部的短圆木橛，可能是弩机的一个替代插销，和图版 36：11 中所示普通铜插销相仿。很独特。长 5.5 厘米，头部截面尺寸为 1.3 厘米 ×1.3 厘米，楔子的直径 1.1 厘米。

17. 木筷子残片。

P. 376：

3. 短木棍，长方形，侧面略圆。尺寸为 10 厘米 ×1.8 厘米 ×0.5 厘米。

4. 木橛，一端尖细，三面平滑，第四面呈拱形，顶端裂开。长 30 厘米，直径 1.8 厘米。

5. 木橛，截面几乎为三角形，一端尖细，另一端较钝，硬木。长 26.7 厘米，宽 1.3 厘米。

6. 锯子的木手柄，或者可能是刀柄，主要是两个几乎为长方形的半片，在两处捆绑细线将其固定在一起。整个器物截面呈方圆形，向已被锯掉的后端逐渐变厚。长 12 厘米，宽 1.0—1.5 厘米，厚 1 厘米。

7. 同上，为烧掉的一块，可能曾和第 6 件的形制相同。宽 1.1 厘米，厚 1 厘米。

8. 插销形木橛，截面为长方形，翘起部分的边为斜边。尺寸为 15.5 厘米 ×1.2 厘米 ×0.6—1.5 厘米。

9. 加工粗糙的长方形木板，绘红色。离装饰线条的每一端约 1 厘米处穿有一个直径约 1.5 厘米、略斜的不规则孔。长 30 厘米，宽 2.5 厘米，厚 1 厘米。图 170：2。

10. 筒形鼓壁，与图版 9：10 相仿，但制作较精致。每一端附近有 2 排不对称的小木楔，用来固定鼓面。高 26.6 厘米，末端厚 1.7 厘米。

P. 409：

1. 多边形木手柄残片，圆凸榫已被烧掉。手柄宽 3 厘米，高 3.8 厘米，凸榫直径 1.1—1.0 厘米。图 171：6。

P. 374：

1. 封泥的约 1/4，有 2 个字清晰可辨。背部至少有 2 道绳痕，绳子是用来将封泥固定入封泥盒的。

2. 小泥球，中心穿有圆孔，一个开口略显扁平，形制均匀。直径 2.8—3.3 厘米。

3—9. 7 个 B 型陶网坠。长 2.7—3.3 厘米，宽 1.5—1.8 厘米。

P. 409：

2. 同上。长 3.1 厘米，宽 1.4 厘米。

P. 356：

1. 大而鼓圆的粗陶器。环边之间有粗糙的压印斜绳纹。有 3 个修复孔。红胎。

2. 同上，较大，整个表面覆盖压印交叉绳纹。表面呈蓝黑色，可能是灰陶上有一层煤烟所致。

3. 同上，也是大而鼓圆的陶器。粗糙的压印斜绳纹上有刻画环纹和暗淡的边饰。表面呈蓝黑色，可能是灰色陶胎上有一层烟灰所致。

4. 同上，较小，非常粗糙的斜形压印绳纹，有暗淡的环形边饰横贯而过。表面呈黑色，可能胎体为深灰色。

5. 小块碎片，与前述碎片相仿。

P. 380：

1. 相当小的、几乎为圆形的陶器残片。素面，蓝黑色，可能是煤烟所致。

2. 陶器口沿残片，口沿略呈曲线且高 3.5 厘米。表面蓝黑色，可能是煤烟所致。

3—4. 陶器口沿 2 块残片。陶胎呈灰和蓝灰色。图 127：5。

5—6. 大容器口沿部分的 2 块碎残片。竖式直颈，高 3.5 厘米，厚 1 厘米。口沿直径曾为 26 厘米。

P. 425：

1. 相当大的一块陶碗残片，表面蓝黑色，可能是灰陶上的煤烟所致。口沿直径 20 厘米，高 9 厘米。图 127：14。

2. 形体鼓圆的陶器口沿残片，口沿高 1.5 厘米，边缘较厚。保留有修复时穿凿的小圆孔。灰陶。图 127：6。

3. 同上，为大盆的残片。边宽 4 厘米，边向外翻且成直角，口沿表面装饰 7 条平行刻画线。内部为一排排浅浅的、椭圆形小刻痕（与图版 2：4 的刻痕相仿）。其上留有修复时钻的孔。表面蓝黑色，可能是煤烟所致。图 127：15。

4. 与上述第 2 件相仿的器物口沿残片。颈部有 2 道弦纹。胎为灰色。

P. 434:

1—3. 小陶罐口沿的 3 块残片，制作较精细。表面为黑色，可能胎为深灰色。口沿直径 11.1 厘米。图 127:12。

P. 409:

3. 普通汉代三棱形铜箭镞残片。钝尖。

4. 小块铁片。

5—6. 2 小块可能来自鼓面的皮革残片。

P. 422:

3. 一组丝绸的各类残片和一块皮革残片。后者也许是鼓面的一部分，皮革的一面绘或者糅了红色漆而且横穿一道黑色宽线。

地点 3

P. 361:

1. 完整的铁镰刀。长 23.7 厘米，宽 1.5—3.5 厘米。图 173:8。

P. 470:

1—2. 2 个 B 型陶网坠。长 2.8 厘米，宽 1.4 厘米。

地点 4

P. 375:

7. 木碗口沿部分残片，制作较讲究，内糅红漆。可能与图版 6:17 中光滑的椭圆形碗属同一类型。

8. 普通汉代三棱形铜箭镞，直角、钝尖且有长 5.1 厘米的链（完整？）。头部长 22 毫米，边宽 10 毫米。

9. 一块柔软的黄白色羚羊皮。

10. 一捆植物纤维绳，用一根长 89 厘米的细绳捆缠。

11. 2 块差不多为白色的缝制绸。

12—16. 各种丝绸残片。

17. 可能来自裙子的丝质填料。

地点 5

P. 368:

1. 鞋或草鞋的一大块鞋底，用绳编制而成（参看图版 18:1—5）。曾被烧灼过，鞋跟部分已遗失。尺寸为（21.5）厘米 ×11 厘米。

2. 用一根劈开的枝状物做成的器物，一端尖细。在一处相对的两边有一对 V 形槽。尺寸为 22.5 厘米 ×2.3 厘米。

3. 短木橛，截面为椭圆形，两面的每一端附近都有一道刻槽。长 9.3 厘米，中段厚 1.1—1.6 厘米。图 167：24。

地点 6

P. 471：

    1. 1 个模制陶纺轮的一半。直径 5.3 厘米，厚 1 厘米。

    2. 三棱形铜箭镞，制作较考究，尖端很钝。头部每一面都有一个三棱形凹槽，直角，非常短，基部几乎为圆形且留有铤的痕迹。长 30 毫米，边宽 12 毫米。图 118：1。

    3—4. 三棱形铜箭镞的 2 小块残片。

地点 7

P. 367：

    2—5. 4 个 1a 型和 1b 型（第 4 件）封泥盒。第 5 件的背部可能有草率书写的文字。长 4.5—5.6 厘米，宽 2.4—2.8 厘米，厚 1.3—1.6 厘米。

    6. 同上，或封检的残片。

P. 406：

    2. 普通汉代木梳的约一半，梳齿较细。高 7.3 厘米，厚 0.5 厘米。

P. 367：

    7. 椭圆形木碗残片，碗壁薄，只保留下来部分耳柄，可能与图版 6：17 中表面较光滑的类型同属一类。外部髹深红褐色漆，内部为鲜红色。修复过。碗长 10.5 厘米，耳柄厚 1.5 厘米。

P. 367：

    1. 修鞋用的木鞋楦的脚趾部分，留有略微烧灼过的痕迹。小尺寸意味着可能是缠脚女人或小孩的鞋楦。尺寸为 7.5 厘米×5.4 厘米×3.2 厘米。图 148：1。

P. 404：

    4—5. 柽柳的 2 根小树枝，一端为楔形。长 20 厘米和 15.5 厘米，直径 2.5 厘米和 1.8 厘米。

    6. 长方形木橛，一端尖细，被煤烟熏得颜色发黑。尺寸为 21.6 厘米×2.2 厘米×0.8 厘米。

    7—8. 2 根砍削的小柽柳枝（许多这种简率的木橛被忽略了）。长 15.5 厘米和 8.5 厘米，直径 2 厘米。

    1. 1 节竹管，竹节即是封口，可能用作容器。长 16.8 厘米，直径 3.2 厘米。

    3. 同上。长 17 厘米，直径 2 厘米。

P. 443：

    26. 五铢钱，相当薄，背面没有凸起的边缘。直径 25 毫米。

P. 367：

    8—10. 1 个残缺和 2 个完整的 B 型陶网坠。第 9 和第 10 件长 3.2 厘米和 3 厘米，直径 1.4 厘米。

P. 402：

1. 一块皮革，其上仍有褐色毛。

2. 黄色（天然）丝绸残片，其中一块的整体宽 51.5—51.7 厘米。

P. 404:

2. 结实的粉红色丝绸残片。

P. 443:

2—25. 在鼠穴中发现的一组杂器和小型器物。第 2 件为小块丝织物，色泽有褐色（天然）、黄褐色、浅绿色、深绿色、蓝绿色和深蓝色。第 3 件为浅灰色粗纸。第 4 件为白色粗布料（可能是漂白了的植物纤维织物）。第 5 件颗粒状填料（丝质）。第 6—25 为木简削衣（并不全来自同样的鼠穴）。

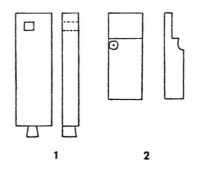

图 131
在地点 13 发现的 2 块木板，
留在了原地。比例为 1/10。

地点 8

P. 406:

1. 保存几乎完整的普通汉代木梳，梳齿较细。尺寸为 7.3 厘米 ×5 厘米 ×1.1 厘米。

地点 13

P. 373:

1. 1 型或 2 型封泥盒残片。长 4.5 厘米，厚 1.3 厘米。

2. 和上述第 1 件完全相同，损毁严重。尺寸为 5.3 厘米 ×2.2 厘米 ×1.8 厘米。

3—4. 同上，2 块。尺寸为 5.1 厘米 ×2.7 厘米 ×1.5 厘米和 4.6 厘米 ×3 厘米 ×2.2 厘米。

P. 355:

2. 木简，一端尖细。尺寸为 11.2 厘米 ×1.2 厘米 ×0.4 厘米。

3. 圆形木橛，一半比另一半窄，较厚的部分有书写的文字痕迹。通长 24.3 厘米，较厚部分长 11.2 厘米，直径 2.3 厘米和 1.5 厘米。

5. 截面为长方形的木橛，向楔形的一端逐渐变细。留有书写的字迹；有轻微的烧灼痕迹。尺寸为 21.8 厘米 ×2—2.3 厘米 ×1.8 厘米。

P. 378:

4. 短且宽的悬挂式标签，主要是一块木板，一端弯曲，有对称的 2 个刻槽。尺寸为 7.4 厘米 ×2.6 厘米 ×0.3 厘米。图 167:18。

P. 400:

16. 木棱柱体，除了末端外均绘成黑色，可能是游戏或占卜的骰子。尺寸为 3 厘米 ×1.7 厘米 ×1.2 厘米。

P. 373:

6. 制作粗疏的普通（参看图版 6:18）椭圆形木碗的耳柄，髹有红漆。长 7.2 厘米，厚 1.7 厘米。

P. 355：

　　1. 刮铲的木刃，与图版 7：10 相仿。尺寸为 13.5 厘米 × 4 厘米。

P. 400：

　　12. 木刮铲的手柄，呈圆形且略弯曲。

P. 355：

　　12. 木筷子。长 23 厘米。

P. 378：

　　23. 筷子的切削部分。

P. 400：

　　1. 同上，残片，中段髹黑漆，一端髹红漆。
　　15. 同上，残片，素面。

P. 378：

　　6. 硬木制作、样式简单的衣钩，与标本图版 8：1—3 相仿，但制作更粗疏、更笔直。长 16.4 厘米，宽 1.7 厘米，厚 1.3—1.6 厘米。

P. 400：

　　5. 厚木板，上有红色和黑色油漆的痕迹。较长一边部分呈阶梯状，对面直边的中段嵌有一个木栓，短的一端被斜削掉。尺寸为 8.8 厘米 × 4.4 厘米 × 1.6 厘米；木栓的直径 0.6 厘米。图 170：5。

P. 355：

　　16. 雕刻而成的木橛残片，截面为 D 形（原本为圆形？）。长 24.5 厘米，直径为 3 厘米和 1.4 厘米。图 169：9。
　　4. 髹了黑漆的硬木橛残片。可能一端的截面为圆形，向断裂的另一端逐渐变薄、变平。长 23.5 厘米，较厚的一端的直径 2.1 厘米。
　　6—11. 6 个木橛，截面为圆形或椭圆形。第 8 件曾缠绕过细绳（丝线？）。第 9 件和第 10 件为圆形且保存完整。长 30 厘米，直径 1 厘米。
　　13. 楔形木器，边为削边，基部附近有长方形孔。尺寸为 22 厘米 × 2.2 厘米 × 1—3 厘米。
　　14. 木棍残片，一端矛尖状，横截面呈 D 形。（18.5）厘米 × 2.8 厘米 × 1 厘米。
　　15. 木棍残片，每一端附近都钻有一个孔。尺寸为（30.5）厘米 × 2 厘米 ×（1.2）厘米。

P. 400：

　　15. 木橛，截面为圆形的 1/4，扁平边可能曾经绘过黑色。尺寸为 7.2 厘米 × 1.7 厘米。

P. 373：

　　5. 竹棍。尺寸为 5.8 厘米 × 1.7 厘米。

P. 382：

1. 一块砂岩，大致为长方形，三面平。可能是磨石。尺寸为8.5厘米×5.2厘米×4.5厘米。

3. 质地粗糙的圆形石头，两面平，一面呈黑色。贝格曼认为可能是磨光石。直径约5厘米，厚约2.5厘米。

2. 大陶碗或碟的口沿残片，焙烧不充分，胎为灰色。口沿高5厘米，厚2厘米。

4. 陶器残片，上有压印交叉麦杆纹。胎为灰色。

5. 大容器残片，外部表面装饰不太精细的压印深绳纹。内部是不太精细的压印小菱纹，可能是某种陶具留下的痕迹。胎为灰色。

P. 389：

1—3. 大陶罐的3块残片，放置在火炉前。直颈，口沿略外翻。外部在暗淡的窄边以内是粗糙的纵向压印绳纹，内部横向排列明显的（而且是独特的）压印绳纹。胎为灰红色。器壁厚1.0—1.5厘米。

P. 364：

3—4. 黄色（天然？）、浅绿色和砖红色丝绸残片。

5. 丝绸填料。

6. 绳编凉鞋残片，和图版18：4相仿。宽9.5厘米。

地点14
P. 397：

1. 青铜器（浇铸？），主体部分中空且裂开，剖面为圆形。很独特。主体部分长9.5厘米，中段直径约1.8厘米。图173：7。

2. B型陶网坠。尺寸为3.8厘米×1.7厘米。

地点15
P. 416：

1. 木杯或斗勺，环形耳，刻削粗糙。内部发黑（可能是被煤烟污损？）。很独特（参看贝格曼，1939，图版19：4—6中相仿的器物）。尺寸为12厘米×7厘米×4.8厘米。图132。

P. 360：

1. 木刮铲形工具，制造不精细。圆形，手柄已被削掉，刃部为圆角。长23.7厘米，刃部宽6.8厘米，手柄直径3厘米。

P. 416：

2. 小木器，可能是木槌头，主要是一个剖面几乎为椭圆形且有一个长方形孔的木块。尺寸为7厘米×4.8厘米×4.4厘米。

地点16
P. 381：

1—2. 2 根木橛，截面为椭圆形（在此处还采集到了许多这样的标本）。尺寸为 39.1 厘米 ×1.4 厘米 ×0.6 厘米和 38.2 厘米 ×1.3 厘米 ×0.5 厘米。

地点 17

P. 445：

1. 五铢钱的一半。

P. 383：

1—4. 非常大的陶罐的大块残片，已碎成 4 块，制作简率。直口沿，略低于 4 厘米，器身几乎为球体，整个表面装饰压印绳纹。胎为灰色。口沿外圈直径 32 厘米。

P. 436：

丝织物的各种残片。

地点 20

P. 414：

10. 1b 型封泥盒。尺寸为 6 厘米 ×3.2 厘米 ×1.3 厘米。

P. 446：

17. 小木棱柱体，可能是用于占卜的骰子，有纵向的孔，孔内发现有细稻草。4 个面上有 8 个装饰性汉字（无法确定这是否意味着每一面上有两个字）。尺寸为 1.3 厘米 ×0.8 厘米 ×0.6 厘米。

18—19. 2 个木棱柱体，第 19 件绘成黑色；可能是游戏或占卜用的骰子（?）。尺寸为 1.9 厘米 ×1.2 厘米 ×1.4 厘米和 2 厘米 ×1 厘米 ×0.9 厘米。

P. 421：

4. 木棱柱体，较宽的 4 个面的每一面上有随意涂抹上去的墨色圆点。为游戏或占卜用的骰子。尺寸为 3.5 厘米 ×1.7 厘米 ×1.6 厘米。

P. 414：

4. 木片残片，部分被切掉，部分绘成黑色野蛮人的形象。下端已折断。长（11）厘米，宽 1.5 厘米，厚 0.2 厘米。图 187:1。

11. 人面画木橛，与图 179:1 中（来自地点 1）的标本形状相同，但是描绘不清晰。尺寸为 22.8 厘米 ×2.5 厘米。

P. 421：

1. 损坏严重的椭圆形木碗残片，制作较粗糙（参看图版 6:18）。长约 14.5 厘米。

14. 梳形木器残片，图 171:3。

7. 薄木板残片，长斜方形，中部有孔，孔内嵌有一个圆木钉。一面和边缘部分彩绘成黑色。长

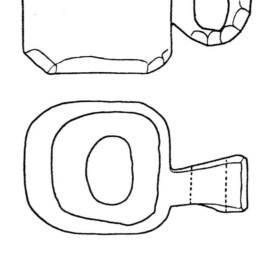

图 132
木勺或舀水用具，（P9：地点 15）P. 416:1。
比例为 1/2。

4.7 厘米。

P. 414:

12. 木棍残片，剖面 0.5 厘米见方，一端为较宽的三棱形宽头。三棱形长 4 厘米，基部宽 1.7 厘米。图 168：12。

P. 388:

1. 陶器残片，口沿垂直外翻且宽 2 厘米。器壁薄，胎为浅灰色。

2. 同上，表面有水平波状。胎为灰色。

3. 同上，可能与第 2 件同属一件器物。内部有因旋转留下的环形线纹或刻画线纹以及小而浅的椭圆形凹痕（参看图版 2：4）。胎为灰色。

地点 21

P. 453:

1. B 型陶网坠，制作较精细。长 3.7 厘米，宽 1.7 厘米，厚 1.2 厘米。

2. 拱形铜板［可能是一个圆筒形器物（？）的一部分］残片。

3. 青铜配件残片，2 条直边形成了一个直角，第 3 条边内凹。保留下来的一端有 2 个铆钉孔，其中一孔内的铆钉依然存在。

4. 铜钱残片，铭文已模糊难辨。

5. 铜钱，为大泉五十，锈蚀严重。

地点 22

P. 458:

4. 普通汉代三棱形铜箭镞。直角翼，曾嵌套过铤的基部有锈迹。长 30 毫米，边 10 毫米（在正方形深坑中发现）。

地点 23

P. 460:

1. 人面画木橛，主要是一个扁平的长方形木板，下端尖细。脸部五官占据了整个正面部分且绘成黑色。尺寸为 14 厘米 ×2.1 厘米 ×0.7 厘米。图 179：5。

地点 25

P. 444:

1. 小铁条，可能原属钉子的一部分。

2—3. 三棱形铜箭镞的 2 块残片，第 1 件锈损严重。

4. 五铢钱的一半。

5. 保存完整的五铢钱。直径 26 毫米。

10—11. 铭文模糊难辨的铜钱的 2 小块残片。

地点 26

P. 444:

6. 三棱形铜箭镞，遭受侵蚀且略钝。

7. 同上，保存完好，尖头，平翼，直角。长 30 毫米，边 10 毫米。

8—9. 2 小块铜片，第 8 件可能为吊钩形器物的残片。

地点 27

P. 426:

1，4. 底部穿有 2 个圆孔（气孔?）的陶器残片，已碎成了 2 块。胎为灰色。

2. 同上，也是残片，上有压印交叉斜绳纹，两处因光滑的环形饰边而变得隐暗。胎为蓝灰色。

3. 同上，残片，原属呈直角外翻的口沿部分。表面呈蓝黑色，可能是煤烟污损所致。

5. 与第 2 件类似的碎片，但表面蓝黑色，胎可能为灰色。

6. 陶器残片，装饰刻画波状纹，可能是复合线。胎为灰色。

7. 质地粗糙的陶器残片，装饰压印深绳纹。胎为灰色。

8. 同上，其上装饰的压印绳纹比第 7 件更粗糙。表面蓝黑色，可能胎为灰色。

9—10. 陶器口沿部分的 2 块残片，装饰纵向压印绳纹。图 127:2, 13。

11. 同上，为小块残片，装饰排列紧密的压印绳纹。胎为褐色。

12. 同上，装饰压印交叉绳纹。胎为蓝灰色。

13. 同上，装饰排列紧密的平行环形线。表面蓝黑色，可能胎为灰色，上覆一层烟灰。

14. 同上，与第 12 件相似。

15. 瓷杯口沿残片，上施一层褐色薄釉（按照贝格曼的观点，与哈喇浩特发现的碎瓷片相似）。

16. 瓷器残片，可能是碗或杯，胎为褐色（按照贝格曼的观点，属于哈喇浩特类型）且较薄。

地点 28

P. 417:

1. 大容器口沿残片，薄壁。口沿呈直角凸出 3.4 厘米。表面蓝黑色，可能胎为深灰色。

2. 同上，口沿宽 3.4 厘米；略向外撇，内部被煤烟（?）熏黑。胎为灰色。

3. 同上，口沿宽 2.9 厘米；略向外撇。胎为浅灰色。

4. 同上，口沿宽 3.6 厘米，与第 1—3 件相比，器壁相当厚。表面为蓝黑色，可能胎为灰色。修复后口沿直径 51.8 厘米。

图 133
烽燧 124 平面图。

烽燧 117 和 118

位于博罗松治西南约 2.5 和 4 公里处的台地斜坡上。博林曾来过这里，他认为烽燧是用石板砌成，与这一线烽燧和牟斯小山之间的石砌烽燧构造相同。

烽燧 P10

位于博罗松治西南约 6 公里的一个台地顶端，烽燧及其塞墙从这里沿西北偏西方向向其中心地带延伸，中心地带被标记为烽燧乌兰松治（128）。只有博林访问的现存烽燧用石板砌成。采集到以下 2 件遗物：

P. 452:

1. 普通汉代三棱形铜箭镞残片。

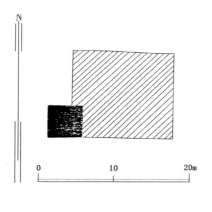

图 134
烽燧 125 平面图。

2. 陶碗口沿部分的小块残片。胎为褐色。

烽燧 122

位于一处台地的平顶边缘及一处非常宽阔的低地东侧，低地将现存烽燧（还有它东边的三个没有标记的烽燧 119—121）与朝向主要河流的非常连续的烽塞分隔开。现存建筑物用石板建造，墙内有梁，东侧有房屋遗址；现存建筑物高 4 米。地面上能看到"汉代"陶器碎片。

烽燧 123

贝格曼未曾到过此处。这个烽燧与烽燧 124、115 及 116 构成一条东偏北 60°方向延伸的笔直烽燧线。这 4 个烽燧都位于小台地的斜坡上。

烽燧 124

用石板建造，基部尺寸为 7 米×7 米，高 6 米，和南侧同样大小的一间房屋一起形成了一个南北向的矩形，参看图 133 中的平面图。烽燧附近有一些矿渣堆和陶器。

烽燧 125

用石板建造，基部尺寸为 4 米×4 米，保留下来的高约 4 米。位于一个人工平整的大阶梯平地的西南角，11 米见方，高度介于 1 米和 2 米之间。墙内有梁，石板的第 3 和第 4 层之间均为芦苇层。贝格曼虽然没有采集任何遗物，但对此处的印象是"是个容易发掘的地点"。图 134 平面图。

他提到了汉代的陶器以及 2 个相同的、外形独特的环形陶器。

贝格曼将后者的简图画在他的旅行路线图中，给出的直径为 40 厘米，参看图 135 中的复原图。看上去似乎是用于谷物去壳的手推磨臼上部的磨盘，霍美尔（Hommel）描述过华中地区发现的此类遗物的原始形制（《制造中国》图 143—148 和第 91 页），但没有说明现存标本的下面是否刻有凹槽。沿着边刻的深凹槽所起的作用和霍美尔所说的磨盘上系的篮子的作用是一样的，即当磨的中部被填满后，用来盛放剩余的谷物。

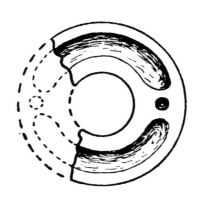

图 135
一对厚陶盘中的一个，可能配在一起后当作手碾使用。直径约为 40 厘米。根据贝格曼所绘草图绘制。在烽燧 125 处采集。

烽燧 126

贝格曼曾两次到过这里，第二次他在烽燧附近看到了没有什么重要意义但又明确无疑的塞墙遗址。烽燧用石板砌成，墙内有梁，也有芦苇层。东侧至少有 2 间房屋及 5 或 6 堆石头。

贝格曼在烽燧凸出的芦苇层中采集到了一根损坏严重的长木简，他认为，简上文字的字体不是常见的汉隶。贝格曼在另一篇文章（《报告》，第 151 页）中写道："这枚简很可能是我在回哈喇浩特的路上丢失的几枚书写有文字的简中的 1 枚。"他说的路上是指对现存烽燧进行调查并绘制相关地图的旅程。烽燧附近的地面上还发现了汉代陶器。

烽燧 127

高 4 米，最下面的半截用石板砌成，其余部分用土墼建造。第一层和第二层（土墼）之间有一层细枝层。烽燧基部尺寸为 6 米×6 米。附近，约北偏东 45° 为一些小规模石墙。地面上散落有汉代陶片。

现存烽燧是烽燧及其塞墙一线东半段最西的一个。和烽燧 128（西北）及烽燧 129（西侧）分别相距约 4 公里。

烽燧 128

被称作乌兰松治，基部尺寸为 5 米×6 米，高 4 米，用土墼砌成（或夯土？），地面也用砂石板铺砌。西侧和南侧是 2 间房屋，屋墙上有纵向的孔（参看图 136 中的平面图）。在此发现了汉代陶器，但没有进行采集，贝格曼将其总结为"容易发掘的地点"。为简化叙述起见，我们将乌兰松治与烽燧塞墙合并为一体，但也可以把它当作另一个烽燧链条中的一个环节，这一链条的西半段继续朝台地区域的腹地延伸。按照我们的筛选标准，塞墙西段的第一个烽燧是位于乌兰松治西南约 2.5 公里的烽燧 129。

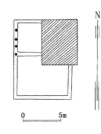

图 136
烽燧 128 平面图。

烽燧 130

位于一个大面积阶地的边缘。朝向北偏西 35°，用土墼砌成，第二层和第三层土墼之间有一层芦苇，高约 5.5 米。西北侧为一间和烽燧大小相同的房屋。这里可能堆积了大量碎石，因为贝格曼也将此地总结为"容易发掘的地点"。

烽燧 131

用石板砌成，但现在已经全部被毁坏。遗址顶部有一个鄂博。

烽燧 132

可能是用土墼砌成，第二层和第三层土墼（或者是夯土层）上为一层芦苇，高 4.5 米。东北侧可以看到一间房屋的遗址。

烽燧 133

用土墼砌成，最下面 3 层土墼之上为一层芦苇。基部尺寸约 4.5 米×4.5 米，高至少 3 米。

烽燧 134

位于一个断崖石壁上，花岗岩小山东南偏南约 1 公里处。用土墼砌成，基部尺寸为 7 米×7 米，高约 4 米。其东侧为相对较大的石墙院落或地基，尺寸为 12 米×14 米。

烽燧 135

可能已被严重损坏，因为贝格曼虽然注意到了它的特殊位置，但是却没有留下与之相关的文字描述。

烽燧 136

高约 5.5 米，可能用土墼砌成，土墼层和芦苇层的间隔分布不规则。其东侧为一房屋，房屋的墙壁上有竖立的孔。残留下来的建筑物周围有一个院落的痕迹，其保存现状对未来的发掘工作较有利。

在这一线的前述几个烽燧附近可辨认出模糊的塞墙痕迹，自西延伸并紧贴 9 个烽燧而过，之后消失在烽燧 141 和额济纳河附近的 A21 之间。

烽燧 137

高 5 米多，用很大的土墼砌成，每层之间或每两层之间有一层芦苇，烽燧顶端附近质地粗糙的梁四周用墙围起。其南侧为一间堆积有炉渣的房屋遗址，其北侧是一个小的、可能为正方形的围地，这个小围地可能是一个周围有砖墙的井。

烽燧 138

主要是一个高 4 米的沙丘形土墩，顶部保留下来没有什么重要性的土墼塔遗址，每三层土墼夹一层芦苇。和东北角（？）毗连的是一个平面为正方形的小房屋，距西北角（？）几米处是一个十字形地基（砖或石板砌成？）的遗迹。贝格曼没有给出任何关于这个地基的明确解释，除了他在路线图中所绘制的非常简略的图外，也没有进行任何描述；在另一个位于西南约 7 公里的烽燧遗址（140）附近有 3 个这样的建筑物，所有遗址都在一个正方形围地之内。

烽燧 139

现在已成了被沙砾围住的土墩，高约 2.5 米，位于一处低凹区域。它曾被正方形的墙体环绕，墙体内堆积有矿渣和汉代陶器。

烽燧 P11

用土墼砌成，每四层土墼夹一层芦苇；高约 5 米，除了此建筑物被总结为"狭窄"——可能意味着它要么是被建造成或者是被损毁成一个平面为长方形的形式。其西侧为一间房屋的遗址。

在此处采集的遗物主要是 4 枚严重损坏的简，几件或多或少有些残破的木器，有些木器在下文中进行了描述，下文中有若干陶器中一件标本的相关解释。

P. 223：

11. 1a 型木封泥盒，损坏严重。长 4.5 厘米，宽 3.3 厘米。

3，5，6. 3 块长方形木板，相互组成一个整体，整个器物纵向略呈楔形，器物四个边的每一边都有一排很小的孔，共有 49 个。其中 2 块木板还被一个木栓连在一起。2 块板的一面边似乎装饰一个刻画圆圈纹。木板损坏相当严重。整个木板的尺寸为 13.2 厘米×17.2 厘米×1.2 厘米。

13—14. 2 个小木橛，基部被煤烟（？）熏黑。尺寸分别为 3.7 厘米×1.8 厘米×0.5 厘米和 5 厘米×1.5 厘米×0.4 厘米。

1. 小块陶片，装饰压印环形方格纹（参看图版2:5）。胎为褐色，胎表面蓝黑色。

烽燧 A19

现存的是高 1.5 米的土墼砌筑物，其西侧附近有一个毁坏成小土墩的建筑物遗址，每三层土墼夹砌一层芦苇。周围有炉渣堆。很显然，此处没有发现简，只有以下木器。

A. 19：

1. 扁平木条，可能是篮子的一部分，纵向略弯曲且边为圆边。两端都已变形。尺寸为 22.5 厘米×2.3 厘米×0.3 厘米。

2. "雌"火棍，主要是一段长方形柽柳块，沿着边钻了9个孔。大多数孔的直径为7毫米，但有些孔的直径介于6—10毫米之间；大多数木块的底部扁平，但至少有3块的底部明显凸起，这表明这些孔是用空心的杆或类似工具穿通。尺寸为8.8厘米×2.1厘米×2厘米。图52:1，图版6:10。

3. 长方形木橛的小块残片，沿着部分保存下来的一端的一个大圆孔裂开。尺寸为7.7厘米×（1）厘米×0.6厘米。

烽燧140

相当狭窄，高4.5米，用土墼砌成，每三层土墼夹砌一层芦苇。其西南侧有可能是房屋的遗址，西侧和北侧几米处有3个十字形地基，和烽燧138的地基相仿，现在我们还没有任何关于建筑材料的资料。

烽燧A20

高4米，用土墼砌成，每三层土墼夹砌一层芦苇。其西北侧有一间房屋，东南侧附近是一个正方形围地。以下所列遗物是在附近地表发掘的。

A20

1. 带插口的长方形铁铲，严重遭侵蚀但基本完整。尺寸为18.2厘米×4厘米×2.6厘米。铲壁厚4毫米。图51。

烽燧141

保存状况相当差；顶部距离地面5米左右。烽燧北侧连接了一个长方形围地或房屋，烽燧以一层土墼夹一层草的形式砌成。附近发现了矿渣堆。

这是额济纳河以东的第三个烽燧。从烽燧136开始连续的向南延伸的塞墙痕迹，在这个烽燧略微偏西的地方消失了。这里非常低的防御性塞墙的现状与葱都儿塞一样（参看P.83）。

烽燧A21

一个尺寸为25米×32米的圆形大土墩的中心部位附近是现存损坏严重的土墼塔（参看图137）。其最初的形制应是正方形，尺寸为7米×7米，显然方位很正。

因时间所限，在此地进行的发掘成了试掘，尤其当挖掘工具接触到土墩边缘的一处出土相当丰富遗物的地点（地点Ⅰ和Ⅱ）时，情况更是这样。

地点Ⅰ

是2间房屋南侧的一间，位于烽燧东北偏东约8米处土墩的边缘附近。形状无法确定，因为它几乎已被完全损坏。发掘主要在其北部进行，北部和其他房屋的南侧相连。两个建筑物通过一个入口相连通，这个入口在过去很长一段时间内都用石板简单地封闭起来；北侧房屋的部分屋顶已经坍塌，杂草和土块覆盖了墙壁两侧地面上的碎物。

在地点Ⅰ，除下表所列的器物外，还发现了大量木简和素简。

地点Ⅱ

保存状况相当好，为一间长方形房屋，与上述遗址相连。其方向约为北偏东10°，尺寸约为（5）米×3.5米，墙为厚40厘米的土墼墙，前面提到的入口在其南侧。东南角有一个正面凸出的炉膛，高几乎为 0.5 米、半径为 1.3 米；保留有一个用于放置壶的圆形缺口痕迹的角落处似有一个狭窄烟道。这间房屋的西南角以外堆积着坍塌下来的土墼碎块。

发掘之前，房屋内堆满了沙子。炉膛上有好几层灰烬和沙子的混合物，上层的沙子表面以下为从房顶滑落下来的草。草层和地面之间都出土了许多器物。

这处房屋遗址出土的简占了整个遗址所出 125 枚简的相当大的比例，还出土了一些没有书写文字的素简。

地点 Ⅲ

主要是很短的一段土墼墙，方向为北偏西 83°，位于烽燧和土墩北部边缘之间。

虽然在此进行了发掘，但没有任何关于出土遗物的文字说明。

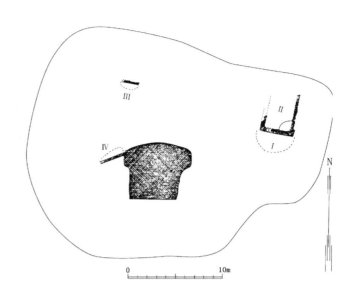

图 137
毁坏严重的烽燧 A21 平面图。

地点 Ⅳ

是另一段土墼墙，自烽燧西北角向南偏西 70° 方向凸出。烽燧基部和这个厚 30 厘米的残存的房屋墙壁之间角落处，发现了一些木简和没有什么重要性、或多或少成形的木橛（下表中没有列出）。

遗物列表：

	不同地点所出遗物的大致总数	
	Ⅰ	Ⅱ
五铢钱	—	1
木器		
素简	5	—
封泥盒，封检，牌符（？）	3	13
印章	—	1
标签	1	—
人面画木橛	—	1
梳子	1	—
木橛的装饰性顶部	—	1
碗（全部为残片），其他容器	2	3
筷子	—	3

	不同地点所出遗物的大致总数	
	I	II
刮铲	5	2
小扁盒	—	1
"雌"火棍	—	1
衣钩	—	1
纺轮	1	1
绳栓	1	—
门闩形木橛	1	—
木楔	1	3
一组96个形制独特的小棱柱体	—	1
工具（？）的一部分	—	1
各种残片和器物、栓等	17	31
竹棍	1	—
葫芦残片	—	1
骨锥	—	1
大理石圆环的一半	—	1
陶器		
碎片	—	3
长柄勺手柄	—	1
碎片做成的装饰盘	—	1
纺轮	—	1
青铜器		
衣钩残片	1	—
箭镞	1	—
植物材料		
环形物	—	1
绳子的残余部分	1	—
编织物	1	1

遗物列表：

地点 I

A. 21：I：

1—3. 3 个 1a 型木封泥盒，第一件的凸出部分有汉字的痕迹。长 3.8—6.3 厘米，宽 1.5—3.2 厘米，厚 1.1—1.8 厘米。

4. 绳栓，主要是一个短的圆木橛，中段有 2 个间距约 8 毫米的凸棱。长 5.5 厘米，直径 1.3 厘米。图 169：3，图版 10：9。

5. 普通汉代木梳的一半，梳齿较粗糙。高 7.6 厘米，厚 0.45 厘米。图 171：1，图版 13：5。

6. 木纺轮的一半，中部有一个孔，大致为圆形。直径 6.5 厘米，厚 0.4 厘米。

7. 小木板条，中部为长方形，两端向一点逐渐变细。尺寸为 5.5 厘米×1 厘米×0.3 厘米。

8. 悬挂用普通小木签牌，为一块窄木条，一端附近有一对刻槽用于系绳。一面保留有黑色颜料或文字的痕迹。略微残缺。尺寸为 4.1 厘米×0.8 厘米×0.1 厘米。

9. 竹棍的纵向残片，一端尖斜且穿有两个圆孔，一个孔在直的一端附近，另一个孔在中部。尺寸为 12.4 厘米×0.8 厘米。

10. 较粗糙的普通椭圆形木碗耳柄（参看图版 6：18）。外部髹黑漆且有模糊的红色漆豌豆荚图案的痕迹，内部髹红漆。耳柄长 10.8 厘米。

11. 木碗底部的一小块，略微凸起的碗底看上去似乎为环形。内部髹红色漆，外部髹黑色漆。长（2.7）厘米。

12. 木刮铲，制作较精细，刃基部直且手柄截面呈椭圆形。长 21.6 厘米，刃宽 3.4 厘米。图 119：2。

13. 同上，从前端至断裂的手柄的宽度几乎是一样的，刃的基部为圆形。长 19.1 厘米，宽 1.9 厘米。

14. 同上，但略小，为其刃部，角略圆，手柄从基部被削掉。尺寸为 3.9 厘米×1.2 厘米。

15—16. 2 个大致为椭圆形的橛，可能是折断的刮铲手柄。长 10.5 厘米和 5.7 厘米。

17. 正方形木橛残片，宽曾为 1 厘米，离保存下来的一端 1.2 厘米处有一圆孔；圆孔下方 1.4 厘米处为一道横向锯槽。尺寸为（4.7×1.2）厘米×1.2 厘米。

18. 扁平木器的残片，可能曾为拱形。纵向和横向都有断裂，离保存下来弯曲端 5.1 厘米处的一侧有两个横向刻槽。尺寸为（6.5×2.7）厘米。

19. 圆形木橛的小块残片，一端伸长成为一个凸榫。长 5.3 厘米，直径约 2 厘米。

20. 短门闩形木器，末端被锯掉，从翘起部分的正面倾斜。尺寸为 6.5 厘米×2.6 厘米×1.4 厘米。

21—24. 4 小块木片，为不同器物的残片。

25. 截面为圆形且弯曲的小木橛，向末端逐渐变得扁平，其中一端被削成了略微凸起的把手。一面的中段附近、把手下约 4.5 厘米处是一个几乎为圆形的深槽。长 11.5 厘米，中段直径 1.3 厘米。图 167：15。

26. 半圆形长木橛残片，一端附近有一对凹槽，折断的另一端可能曾为尖细状。长（20）厘米，直径 1.2 厘米。

27—29. 3 个木橛，第一个的一端尖细。长 8.5 厘米、4.7 厘米和 8 厘米。

30. 金字塔形短木橛，可能曾有过一个扁平的凸榫。尺寸为 7.3 厘米×0.9 厘米×1 厘米。

31. 短木条，轮廓为窄三角形。尺寸为 10.5 厘米 ×1.1 厘米 ×0.2 厘米。

32. 小木橛。尺寸为 4.3 厘米 ×1.3 厘米 ×0.5 厘米。

33—37. 5 枚素简，其中 2 枚被烧掉。长 22.5—23.5 厘米。

38. 长方形木条，短的一端被锯成了一个 V 形槽（这种类型的器物在收藏品中相当普遍）。尺寸为 7 厘米 ×2.7 厘米 ×0.4 厘米。图 171:10。

39. 木条的纵向残片，一侧有横向线纹。尺寸为 13 厘米 ×1.5 厘米 ×0.7 厘米。

40. 铜衣钩的上半部分，主要是一个略弯的半圆形短杆，扁平的一面离保存下来的一端 3.7 厘米处有一个短饰钉。长（5.4）厘米，宽 1.1 厘米，厚 0.7 厘米。图版 4:13。

41. 普通汉代三棱形铜箭镞，锈蚀严重。基部很长（10 毫米）且保留有可能是铤的痕迹。长 30 毫米，边 8 毫米。

42. 2 股浅黄色顺合股粗丝线，一端有结，另一端磨损。长约 70 厘米，粗 1.3 厘米（参看希尔旺，1949，第 28 页）。

43. 1—5. 各种颜色的丝绸残片（参看希尔旺，1949，第 28 页）。

地点 Ⅱ

A. 21：Ⅱ

1. 1b 型木封泥盒。尺寸为 4.8 厘米 ×2.3 厘米 ×1.3 厘米。

2. 同上，1a 型。尺寸为 4.3 厘米 ×3 厘米 ×1.3 厘米。

3. 同上，残片，一端已遗失。尺寸为 3.1 厘米 ×2 厘米 ×1.1 厘米。

4. 同上，残片或封检。尺寸为（3.5×2）厘米 ×1.8 厘米。

5. B2 或 A2 型封检残片，封泥盒底部有 3 道锯槽。尺寸为 11.1 厘米 ×3.8 厘米 ×1.3 厘米。

6. 同上（?），残片，部分被烧焦。尺寸为（1.2×8）厘米 ×0.9 厘米。

7—8. 2 小块木片，可能是未完成制作的封泥盒或封检。

9. 扁平的长方形硬木器残片。未刨平的一面上，一个宽 3.2—4 厘米的斜槽从一边延伸到另一边，其中段最窄。尺寸为 10.6 厘米 ×3.4 厘米 ×1.4 厘米。图 170:3。

10. 和前述木器相仿的小木器，斜槽的宽度和器物长度几乎一样。略烧焦。尺寸为 6 厘米 ×1.8 厘米 ×0.9 厘米。

11. 和第 9 件、第 10 件器物相似的器物的纵向残片。

12. 刻削不规则的小柽柳板条，一边有几个不规则的 V 形刻槽。尺寸为 6.5 厘米 ×0.5 厘米 ×0.2—0.5 厘米。

13. 长方形木器残片，剖面为窄三角形。保存下来的一端斜边，在 4 个直径 3 毫米、沿着中部形成一线的第 4 个圆孔处折断。尺寸为（5.2）厘米 ×2 厘米 ×1 厘米。图 171:11。

14. 木旋轮环的一半，可能是纺轮，形状相当不规整。直径 6.5 厘米，厚 0.4 厘米；孔的直径约 0.8 厘米。

15. 刻削粗糙的柽柳装饰件残片，上有黑彩痕迹；可能是家具的一部分。两端都断裂，一端曾为一个椭圆形凸榫，另一端为主体部分的圆形延长部分。主体部分的外形为梨形，其下为有槽的长方形基座，凸榫就从这个基座上伸出，背部扁平，正面和边缘为圆形。正面的中段为 2 道平行装饰刻痕。尺寸为 7.3 厘米 ×3.5 厘米 ×1.6 厘米。图 167:8，图版 8:8。

16. 长方形木器，可能是手柄或某种工具盒的半片，因为扁平断裂的背部被挖空以容纳某种长方

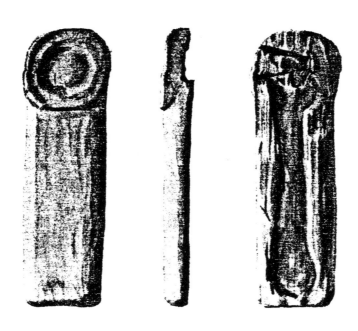

图 138
木手柄或木盒的一半，A. 21：Ⅱ；16，正、侧、背三向图。比例为 2/3。

形物体，通过一端附近的一个口子向外呈直角伸出。完整无缺的正面略呈拱形，末端圆形且雕刻成一个凸起的圆环。正面有黑色痕迹。很独特。长 11.2 厘米，宽 3.2—3.4 厘米，厚（1.2）厘米。图138。

17. 短木衣钩，尖尾圆柄头。制作较精致，有红彩的痕迹。长 13.8 厘米，把手横向宽 4 厘米，厚 2 厘米。图 169：6，图版 8：3。

18. 长方形、略呈拱形的木器的大块残片，木器本身可能是某种工具（？）的一部分。主要是一截木片，剖面接近长方形，从保存下来的钝的一端到凹边的一个圆形切口的窄细部分长 14.5 厘米。从这个切口开始，至一个横向直刻槽，宽度几乎加倍，凹边也变锋利，棍在离直凹槽 8 厘米处的地方折断。较宽的部分很久以前就已纵向裂开，后用线在两个地方以捆绑的方式进行了修补。边为斜切边且某些部位有黑彩的痕迹。长（23.7）厘米，宽 1.6 厘米至 2.6 厘米，厚 1.2 厘米。图 168：4，图版 9：7。

19. 圆形厚木橛残片，离保存下来的一端末端 3 厘米的地方有一个宽 1.5 厘米、深 0.3 厘米的刻槽；槽内有一根缠了好几道的绳子。另一端破裂。长（15.5）厘米，直径 2.6 厘米。

20. 大致为正方形的木橛残片，有红彩痕迹，可能也有黑彩的痕迹，尖细的一端没有描绘。尺寸为（16.3）厘米×1.9 厘米×1.8 厘米，折断的柄部尺寸为（8.5）厘米×1.3 厘米。

21. 制作粗糙的、相当大的普通椭圆形木碗的耳柄，"粗糙"型（参看图版 6：18）。外部髹黑漆，内部髹红漆。内壁边缘有棱脊。高 2.6 厘米，长 13 厘米。图版 6：13。

22. 小木刮铲，刃为长方形，手柄折断。尺寸为（8.5）厘米×1.3 厘米。

23. 同上，刃部残片，中等大小。

24—28. 扁圆形木橛的 5 块残片，有些可能是刮铲手柄残片。

29—31. 3 截木筷子。长 7.7—14.4 厘米。

32—38. 7 小块木片，例如，有素简和一端尖细的木橛。

39. 漆木盘残片，可能是器物的底部，直壁用板条做成，盘底一面凹一面凸。凸底从中心向边缘依次被刻削成 3 个阶层，髹黑漆；略微凹进的一面平滑且髹了红漆，中心有一个小凹点，可能是圆规尖留下的。边缘有嵌套器壁的痕迹。直径约 19 厘米，中心部位厚 2 厘米。图 139。

40. 同上，与上述器物同属一种类型，只是厚薄更均匀，保存状况更好一些。凹进的内部髹了红漆，凸出的外底髹黑漆。中心部位附近（破裂处）有一个直径 1.1 厘米的黑底圆孔，逐渐展开成一个 V 形。这可能是用来生火的炭盆。边缘的一处，有残留的厚 3 毫米的板条，板条曾经用长 12 毫米的竹钉固定；边缘至少还有另外 2 个木钉孔。直径 20 厘米，厚 1 厘米。图版 6：11。

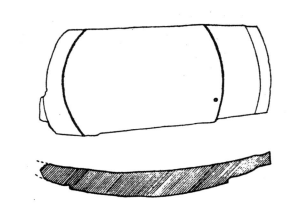

图 139

一件盘形器物的木底。A. 21：Ⅱ；39。髹红色和黑色漆。比例为 1/3。（小凹点可能被遗漏了。）

41. 质地粗糙的木块，有凿刻的形制很不规整的孔，凿子的切削边宽 1.6 厘米，向上变得稍宽。顶部表面上有扁斧或斧子砍削的宽 6.5 厘米的边的痕迹。尺寸为 11 厘米 ×8.5 厘米 ×5.2 厘米。图版 9：4。

42. 葫芦容器的残留物，曾用绳子穿进小圆孔中进行过修补。尺寸约为 3 厘米 ×6 厘米，厚 0.7—1.0 厘米。

43. 正方形木橛，向严重磨损的一端逐渐变细。另一端嵌进两个小木楔（图 19：7）。尺寸为 12.7 厘米 ×2.1 厘米 ×1.6 厘米。

44. 楔形木块，向薄的一端逐渐变细。厚的一端有一个柄或凸榫；一个半圆形孔已扩展进基部近 1 厘米。用硬木制作。尺寸为 9.7 厘米 ×3 厘米 ×1.8 厘米。图 168：14。

45—47. 3 个楔形木块，第 47 件较厚的一端绘红色。长 8.5 厘米、6.2 厘米和 6.6 厘米。

48. 从六边形木橛上截下来的一块。长 4.5 厘米。

49. 正方形木橛，形制不规整且边为斜削边。其中一面离末端约 3 厘米处有 4 个正方形小凹痕，可能是钉子留下的痕迹。尺寸为 10 厘米 ×1.4 厘米 ×1.3 厘米。

50—51. 2 个木橛，一个为锯断的枝状物，另一个剖面接近为椭圆形，尺寸为 5.6 厘米 ×2.8 厘米 ×2 厘米。

52. 木橛残片，截面为正方形且一端有一个折断的正方形凸榫。切削简率，硬木制作。尺寸为 5.5 厘米 ×2 厘米 ×1.7 厘米。

53. 1a 型木封泥盒材料残片。背部边缘明显有木工标记的 2 条墨线，墨线沿边缘延伸。尺寸为 6 厘米 ×3.5 厘米 ×0.4—0.7 厘米。

54—57. 4 个短木块，残片或废弃的材料。

58. 保存完好的木印章，主要是一个正方形木块，尺寸为 1.8 厘米 ×1.8 厘米 ×0.6 厘米，上有 4 个清晰的白文。环形印钮的底部，穿有一个用于悬挂的小圆孔（直径 4 毫米）。用相当硬的灰褐色木材制作；表面平滑。很独特。图 140。

59. 五铢钱。直径 25.5 毫米。

60. 大理石或类似石材质地的小薄环的大约一半，白色底色上带黄色和其他颜色条纹。两侧边缘都磨得较薄且剖面呈尖三角形；沿着边缘间隔一段出现的不规则小凹痕为装饰。曾修复过。直径 3.9

（外沿）厘米和 1.7（内沿）厘米，孔附近厚 0.45 厘米。

61. 骨锥，用鸟骨（？）制作。长 12.2 厘米，锥把厚 1 厘米，主体部分厚 0.5 厘米。

62. 用麻或草编成的小环（参看图版 17：1 和 3）。直径约 4.5 厘米（参看希尔旺，1949，第 28 页）。

63. 1）—6）各种颜色的丝绸和植物纤维织物残片。第 6 件包含两捆绕成 S 形的丝束，这些丝束可能用作死者鼻孔的填塞物，长 4.6 厘米和 3 厘米，直径 4 厘米和 3.1 厘米（参看希尔旺，1949，第 28 页）。

图 140
木印章及其拓片，A. 21：Ⅱ；58。

64. 一组 96 件小木棱柱体，轮廓为梯形，剖面呈长方形，可能是未制作完成的器物。大多数厚度均匀，只有几件的短边略微薄一些。10 个标本的窄边有一个宽凹坑，其他的，尤其是较厚的棱柱体的窄边保留有黑彩的痕迹。至少有 12 件被烧焦。很独特。长度介于 1.1 厘米至 2.1 厘米之间，较厚的一端宽 0.9—1.8 厘米，较窄的一端宽 0.8—1.2 厘米，厚 0.4—1 厘米。图 172：7。

65. 直壁小陶杯的一半。胎为灰色，陶质均匀，表面为深灰色。高 4.2 厘米，口沿直径为 5.3 厘米，底部直径为 4.5 厘米，口沿部分厚 0.6 厘米，基部厚 11 厘米，底部厚 0.4 厘米。

66. 相当大的素面陶罐口沿部分的一块，器腹向外鼓圆，肩部几乎呈水平状，直边高 1.9 厘米，口沿略内敛且倾斜，质地为夹砂红陶，焙烧不均匀，表面呈灰色。硬度 6.5Mohs，口沿直径 14 厘米，沿口厚 1 厘米，肩部壁厚 0.5 厘米。图 127：4。

67. 陶罐口沿和侧壁部分的陶片，器身向外圆鼓，直沿高 1.7 厘米。A 型陶。高度超过 16 厘米，直径可能比第 66 件的直径小，器壁厚约 0.7 厘米。图 127：3。

68. 陶勺手柄的一块，直轮廓且剖面为多边形（参看图版 1：4）。可能被煤烟熏黑。长（9）厘米，厚 2.8—3.5 厘米。

69. 圆形小陶片，一面装饰黑色图案，可能是一匹马或类似动物的草图。为某种游戏的骰子（？）很独特。直径 3.6 厘米，厚 0.8 厘米。图 161：8。

70. 小陶纺轮。直径 3 厘米，厚 1.3—1.7 厘米。

P. 83：

1. "雌"火棍，主要是一块断裂且被丢弃了的木板。断裂且不规则的较长的一边有 3 个较深的切口，第 4 个切口在对面更长的一边；前三个"钻火孔"为深度等于木板一半厚度的圆孔；对边的切口不是圆形。"取火坑"所在的一面，至少能看到一个黑色汉字，可能是"鬼"字，意思是魔鬼、幽灵（GS569a）。长 11.8 厘米，宽 2.3—3.7 厘米，厚 1.5 厘米。图 152：2。

2. 未完成制作的封泥盒残片，中段和一端之间有 2 道锯槽，之间的一部分除了顶部外，仍完整保留。正面未完成刻凿的孔槽以下有文字的痕迹。长 5.4 厘米，厚 2.1 厘米。

3. B1 型木封检，写有地址，制作相当粗糙。尺寸为 8.9 厘米 ×2.6 厘米 ×0.5—1.5 厘米。

5. 同上，有书写的地址。尺寸为 9.4 厘米 ×3.8 厘米 ×0.5—2.2 厘米。

P. 155：

10. 人面画木橛，保存完好，相当宽，上部剖面呈三角形，下端尖细。有两道黑、红轮廓线。尺寸为 16.6 厘米 ×2.2 厘米。

P. 181：

8. A1 型木封检，槽底凸出物上有未完成穿凿的孔。正面长 4.5 厘米的封槽以下有书写的地址。尺寸为 8.8 厘米 ×2.5 厘米 ×0.4—1.4 厘米。

烽燧 A22

这个遗址位于伊肯河附近一个叫布肯托尼的地方。是台地地区烽塞最西的烽燧。顶部为一个几乎为椭圆形、尺寸为 24 米 ×28 米的土墩，其中包括营地的遗址，建筑物都用土墼砌成。烽燧只有一小部分保存至今，所以，最初的尺寸无法确知；现存土墩以上的高约 4 米。

正如平面图 141 所示，在土墩边缘附近两个地点发掘时，露出了房屋遗址。这两个地点分别是烽燧东南侧的地点 I 和东北侧的地点 II—III。

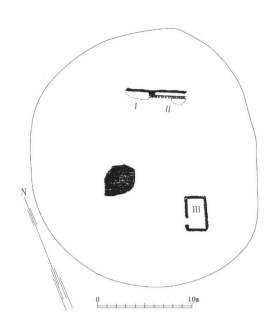

图 141
毁坏严重的烽燧 A.22 平面图。

地点 I

主要是一处长方形房屋，但形状不很规整，较长一侧的方向为北偏东 17°，较短的一侧的方向为北偏西 69°。其尺寸只有 3.3 米 ×1.8 米，入口在西侧。在房屋内堆积的碎块中发现了从茅草屋顶落下来的草绳。

从这处房屋里发现的遗物包括从整个遗址发现的约 50 枚木简的一部分。

地点 II

是一面土墼墙的西侧部分，方向为北偏西 67°，土墼墙和一堵短墙在其中部成直角。墙体厚 50 厘米。此处出土了一些木简。

地点 III

是烽燧北侧上述土坯墙的东部，靠近土墩边缘。在此采集到的遗物只有木简。

遗物列表：

	不同地点所出遗物大致总数	
	I	II
木器		
素简	X	—

	不同地点所出遗物大致总数	
	I	II
封泥盒，封检	6	2
悬挂用标签	1	—
棱柱体，可能是占卜用的骰子	—	1
人面画木橛	2	—
梳子	2	2
"雌"火棍	1	—
木碗残片	3	—
木盘残片	—	2
油漆刷	1	—
木棒头	1	—
十字形物	1	—
螺钉状器物	1	—
楔子，楔形物	11	—
各种残片和器物	37	2
竹器		
髹了漆的筒形竹器	1	—
竹片和竹棍	4	1
石器		
大理石块	—	1
白垩块	1	—
陶器		
碎片	2	—
自然风干的大圆筒形泥台架（？）	—	1
A 型网坠	1	—
尖头铁质工具	1	—
鞋底（？）的皮革残片	1	—
植物材料制作的器物		

	不同地点所出遗物大致总数	
	I	II
芦苇扫帚	—	2
芦苇编的容器	1	—
草、树枝、竹篾编制的器物	3	—
编织物等的一组残片	1	—

遗物目录：

A. 22：I ；

1. 1a 型木封泥盒，异常大且制作精细。尺寸为 6.6 厘米×6 厘米×2.7 厘米。

2. 同上，1b 型。尺寸为 5.2 厘米×3.4 厘米×1.9 厘米。

3. 同上，1a 型，一个封档已脱开。尺寸为 4.5 厘米×3.1 厘米×2.2 厘米。

4. 1 型木封泥盒残片，或 A1 型封检。尺寸为 (2.9) 厘米×1.9 厘米×1.3 厘米。

5. 小木器，除了背部末端被斜削外，与普通封泥盒相仿，在每个封档的中心部位有一个榫钉孔，深 4 或 9 毫米。该器物也可能是某种手柄。尺寸为 6 厘米×2.4 厘米×1.5 厘米。图 171：9。

6. 1 型或 2 型木封泥盒的小块残片。

7. 木器的较短残片，可能是封检，主要是窄木片的一部分（厚 5 毫米），翘起、向外倾斜且保留有黑彩痕迹的末端长 3.3 厘米。长 (8.3) 厘米，宽 1.9 厘米。

8. 刻削而成的木橛残片，横截面呈 D 形。保存下来的一端翘起，离此端 3.3 厘米处是一个横穿扁平一面的宽 1 厘米的刻槽。尺寸为 (9.9) 厘米×1.7 厘米×1.7 厘米。

9—10. 一把普通汉代木梳的 2 块残片，梳齿尖细。修复过。高 9 厘米，宽 6 厘米，背部厚 0.6 厘米。

11. 同上，小木梳残片，梳齿从基部附近被切断，可能是为了制作工具。(4.4×2) 厘米×0.6 厘米。

12. 小而窄的梳子形器物，主要是一个抛光的长方形硬木片（非本地生长?），有 7 根断裂的细齿。一面被略微烧焦（参看图版 13：8 和下述 A. 22：II；7）。尺寸为 6.1 厘米×0.9 厘米×0.15 厘米。图 171：2。

13. 悬挂用小木标签，主要是一块木条，一端有一对用于固定绳子的 V 形槽。边缘留有树皮。尺寸为 6.5 厘米×0.7 厘米×0.3 厘米。

14. 小木器，主要是一块木条，主体为梯形（可能部分断裂），其中长边的两端突出成为楔形短凸榫。尺寸为 8.8 厘米×0.9—1.2—3.5 厘米×0.3—0.5 厘米。图 171：15。

15. "雌" 火棍，主要是一块断裂的长方形木板，一边斜切，离没有切削的直边的 2 厘米的中间部分有一个容纳榫钉或销钉的钻孔。较长的一边横向有 3 个切口，其中 2 个有大圆洞（"取火洞"?），洞的深度大约为木板厚度的一半，断裂的一端保留有另外 2 个 "取火洞" 的痕迹。尺寸为 8 厘米×2.5 厘米×1 厘米。图 152：3。

16. 未完成制作的圆形木橛，一端较厚且部分被削成了一个圆柄；两端都断裂或被削掉。长 8.8 厘米，头部长 2.5 厘米，直径为 1.2 厘米和 1.8 厘米。

17. 硬木小圆橛，一端尖细，另一端厚且保留有一点树皮。刻削较精细，可能是衣服上的别针。长 10.5 厘米，直径 0.8 厘米和 0.6 厘米。图 167：17。

18—21. 4 块小木片，可能是木板或棱柱体的残片。长 2.4—4.1 厘米，宽 1.6—4.4 厘米，厚 0.7—1.7 厘米。

22. 小器物残片，主要是一个正方形木橛，有一个直径 0.7 厘米的圆孔，硬木制作，修复过。长约 7 厘米，宽 1.2 厘米，厚 1 厘米。

23. 长方形木块的残片，裂缝横穿中段一个直径 0.8 厘米的圆孔。尺寸为（8.3）厘米×（1.9）厘米×0.9—1.1 厘米。

24—27. 从木棍上砍下来的 4 小块木片。

28—36. 9 块或多或少呈楔形的木片，第 28 件为一个楔子（尺寸为 1.5 厘米×1.2—3.5 厘米×0.6 厘米），部分绘成黑色。长 3.5—9 厘米，宽 0.7—3.3 厘米，厚 0.6—1.7 厘米。

37—38. 2 个圆木橛，第 37 件保存完整且长 15.6 厘米，直径 1.1 厘米。

39. 切断的苇秆，靠近一端有一个小木塞。长 7.7 厘米，直径 1.1 厘米。

40. 砍削粗糙的树枝。长 4 厘米，直径约 5.6 厘米。

41. 一短截薄竹片，一端为圆形，另一端断裂（与 A.8：Ⅲ；76 相仿）。长（13）厘米，宽 0.7—0.9 厘米，厚约 2/3 毫米。

42—44. 3 块竹片，其中第 43 件（图 167：21）末端进行了雕镂加工。长 21.8 厘米、11.8 厘米和 21.2 厘米，第 43 件的宽 1.1 厘米。

45—54. 10 个或多或少进行了加工的木橛和木棍，例如，素简、悬挂用签牌、一端尖细的橛等。长 13—24 厘米。第 52 件，图 168：10。

55. 留有树皮的普通树枝的裂片，可能是支撑物。一端缠绕红色植物纤维绳；从这一端至被削直的另一端约 1.5 厘米处劈裂。长 18.3 厘米，直径 0.8 厘米。

56. 结构简单的油漆刷，主要是一根木条，没有固定的一端尖细且向另一端逐渐变宽，边缘有一对刻槽的另一端为圆形，刷毛用植物纤维绳捆扎固定：一撮马鬃被绳子固定在一侧。鬃毛和手柄上都有油漆的痕迹（此处发现的许多器物都被刷成红色）。木条的尺寸为 8.5 厘米×1.4 厘米×0.4 厘米。图 172：10。

57. 表面平滑的正方形木橛。尺寸为 17.2 厘米×2 厘米×1.9 厘米。

58. 同上，用途不详。每一端都有一个长 5.8 厘米、几乎为圆形的孔钻向另一端，对端几乎完全破碎。每一孔的大半截都嵌塞一个三截形木楔，木楔制作精致，中间一截比两边更扁平、更长，两侧还留有树皮。很独特。尺寸为 15.2 厘米×2 厘米×1.8 厘米。图 168：16。

59. 长木橛，一端较厚、斜且绘成红色，主体部分较薄且向明显磨损的另一端逐渐变薄。用柽柳制作。尺寸为 23.2 厘米×2.5 厘米×0.2—0.6—1.6 厘米。图 168：9。

60. 插栓形大木块。凸起的部分向一端随意倾斜。尺寸为 18.1 厘米×5.1 厘米×2.7 厘米。图 169：14。

61. 长方形木条，一边短、一边长，分别绘黑色和黑红色。长边的每一端附近有一个木钉孔。尺寸为 14.9 厘米×7.3 厘米×1 厘米。

62. 扁木片残片，可能曾为梯形且略呈楔形，较厚的一端有断裂的或宽或窄的凸榫。尺寸为 9.2

厘米 × （5.8）厘米 ×0.3—1.1 厘米。图 170:9。

63. 木棒头，硬木制作，轮廓为长方形，剖面呈马蹄状，扁平的一面中间有一个六边形孔，孔内曾嵌入杆状物。尺寸为 12.5 厘米 ×6.5 厘米 ×4.3 厘米，孔宽 2.7 厘米。图 169:12，图版 10:5。

64. 十字形木器物残片，呈楔形且中段有长方形孔，顶部保存。用柽柳木制作，工艺粗糙，在大致为圆形的尾部留有木节，这是捶打的痕迹；前端磨损。略微烧焦。尺寸为 17 厘米 ×3 厘米 × （2.5）厘米，孔的尺寸为 3.5 厘米 ×1.2 厘米。

65—66. 2 个木橛，一个截面为半圆形，另一个刻削成一端尖细的多边形。长 12.5 厘米和 （13.2）厘米，直径 2 厘米。

67. 锯下来的、刻削粗糙的木块，几乎呈楔形。尺寸为 10.5 厘米 ×3.6 厘米 ×3.6 厘米。

68. 几乎保存完整的椭圆形木碗，为表面较毛糙的普通类型（参看图版 6:18）。内髹红漆，外绘黑色，耳柄表面为红漆豆荚图案。长 14.9 厘米，宽 10.5 厘米，耳柄长 13 厘米，高 5.2 厘米。

69. 同上，耳柄，可能用柽柳制作。内髹红漆，外髹黑漆且装饰红漆豆荚图案。长 10.5 厘米。

70. 同上，很小的残片，内髹红漆。长 （3.5）厘米。

71. 竹管残片，有漆饰。保留下来的残片为圆筒的 1/3。内部的一半绘黑色，外部髹黑漆且装饰红漆细线纹（纵向和横向）。至少一端缠绕着一条宽 0.7 厘米的带子，带子上还髹有漆。长 10 厘米，原来的直径约 1.3 厘米。图 172:3。

72. 长方形小白垩石块，质地较软且为灰白色。尺寸为 2.2 厘米 ×1.6 厘米 ×0.7 厘米。

73. A 型陶网坠的大约一半。蓝灰色。修复过。长 6 厘米，直径 1.1 厘米。

74. 相当小的陶碗口沿残片，边缘略外翻。内部施一层红色陶衣。A 型陶，表面呈深灰色。口沿部分的器壁厚 0.8 厘米，器侧壁厚 0.5 厘米。图 127:9。

75. 陶器残片，外部装饰相当粗糙、不规则的压印菱形宽边饰。A 型陶，外部毛糙的表面呈蓝黑色。图版 2:8。

76. 尖头铁工具残片，带剖面为长方形的插管。宽的一面在略高于插管底部的地方有一道接缝，说明接缝是用锤打并折叠合拢的方式制作而成的。有几个排列间隔和形状都不规则的凹槽。钩形（？）的尖端已断裂。很独特。长 （9.9）厘米，基部尺寸为 1.5 厘米 ×1.8 厘米，插管部分器壁厚 0.2 厘米。图 173:5，图版 5:8。

77. 皮质器物边缘的一块，可能是鞋底，针眼排列很密，边缘呈弯曲状且被提移后和内部的一部分搭连起来。厚度介于 2—2.5 毫米。图 174:4。

78. 1）—10）一件衣服的残片：衬里为丝绸质地，外层为褐色和蓝色丝绸；填料为砖红色丝绸，植物纤维织物和丝绸；带有一个椭圆形结的一根植物纤维绳的残余部分；手感粗糙的植物纤维织物残片（参看希尔旺，1949，第 28 页）。

79. 篮子底部残片，用竹篾编制。约 1 厘米、呈放射状的竹条被同样质地的细竹条编织起来。底部直径约 20 厘米。图版 16:6。

80—81. 一件编制器物的 2 块残片，第 81 件为末端的一块。用细枝编制，很紧密且部分被烧焦。宽 20 厘米和 15 厘米。图版 16:2—3。

82—83. 一块草席的 2 块残片，用草编制，贝格曼认为可能是房屋顶篷的一部分。一面有一块缝上去的皮革，可能是曾经部分或全部覆盖这面草席的大块皮革的残留部分。尺寸为 26 厘米 ×13 厘米和 12 厘米 ×25 厘米。第 83 件，参看图版 16:8。

P. 163：

1. 相当小的"人面画"木橛，顶端剖面为三角形，下端尖细。脸上的各部分被绘成红色，向下延伸了很远一段距离。长 17.2 厘米，宽 1.6 厘米。

2. 同上，保存状况不佳，比上述器物薄。面部几乎全部施黑漆。长 21.3 厘米。

地点 Ⅱ

A. 22：Ⅱ；

1. 1 型木封泥盒，略残。尺寸为 4 厘米 ×2.1 厘米 ×1.3 厘米。

2. 相当大的普通汉代木梳，梳齿较粗糙、排列稀疏且共有 17 根，其中有些已经断裂。用硬木制作，可能后来变弯。背部厚度均匀。高 8.9 厘米，梳齿基部宽 6.3 厘米，厚 0.6 厘米。图版 13：1。

3. 木盘的一块 D 形残片，一面磨损严重，可能是底部或盖子的一部分。修复过。直径约 11 厘米，残片尺寸为 9.7 厘米 ×3 厘米 ×0.8 厘米。

4. 粗糙、未完成制作的木块，主要是一个长方形木块，上有一个长方形短凸榫，每一端中段的截面略尖细。尺寸为 14.5 厘米 ×4.5 厘米 ×1.7 厘米；一个完整的凸榫的长 1.8 厘米。

5. 用硬木制作的小木棱柱体。尺寸为 2 厘米 ×1.8 厘米 ×1 厘米。

6. 薄木片残片，可能是木盘的残留部分。一面装饰黑漆点和几条分布不规则的刀刻条纹。尺寸为 5 厘米 ×1.9 厘米。

7. 长方形窄梳基部，表面髹黑漆，一端曾有 5 根梳齿（与 A. 22：Ⅰ；12 属同一种类型）。基部尺寸为 5.7 厘米 ×0.65 厘米 ×0.15 厘米。

8. 短竹条，一端尖细。尺寸为 11 厘米 ×0.8 厘米。

9. 薄木棍，剖面为楔形；末端大致斜切；可能是未完成制作的木器。尺寸为 21.7 厘米 ×2.2 厘米 ×0.8 厘米。

10. 7 小捆草或芦苇做成的扫帚，用相同材料的绳子捆扎而成，芦穗仍然保留。长 39 厘米，手柄部分直径约 4 厘米。

11. 同上，为残片，较大、制作更粗糙。用芦苇草捆绑，在两个地方打了结。长 39 厘米，手柄部分的直径约 4 厘米。

12. 自然风干的大圆筒状泥质器，泥中掺和了大量沙砾。一端为深约 2 厘米的碗形，器形笨拙。高约 7.5 厘米，直径约 10.5 厘米。图版 1：1。

13. 大致为长方形的白色大理石块，三面经过打磨。为未完成加工的器物，可能用于装饰。尺寸为 9 厘米 ×4 厘米。

P. 305：

17. B1 型木封检，写有地址。尺寸为 11.2 厘米 ×4.5 厘米 ×0.4—1.5 厘米。

额济纳河中游地区的古代遗存

这一部分主要涉及这样一个地区，即除了从地形上的特征加以界定之外，还包括迄今为止在此调查到的位于额济纳河主河道东岸的介于布肯托尼（前述台地区域的最南部）和连接双城子与毛目绿洲之间的塞墙的一排 38 处古代遗址。

地图上标示的遗址总数（38）和其中做了文字描述的遗址总数（29）之间的比例关系，正好与台地地区的情形相似（见上文第 250 页），这一地区出土了遗物的遗址数量（即可能是那些被更彻底地发掘了的）与其他地区出土遗物的遗址数量几乎相同（11 比 10）。

遗址由 37 个带有坞院的烽燧和 1 座障城组成。障城 A24（巴哈都儿字斤 Bagha-durbeljin）可能是这一线烽燧的总部，尤其从它几乎处于这一地区中部的位置也可以作此推测。这一地区没有发现塞墙的痕迹。

如地图 Ⅱ 所示，如果将这一地区长 110 公里的烽燧线与葱都儿塞（长 40 公里且有 27 处遗址）或类似的台地地区的塞墙（长 60 公里且包含 32 处遗址）进行比较，就会发现非常明显且不规则的差别。然而，所有三条烽燧线上相当一部分烽燧之间的距离都是一样的：台地地区的间距约 2 公里，葱都儿塞及个别其他地区的间距约 1.5 公里[①]。因此，我们有理由推测：许多烽燧因遭受很严重的侵蚀而使得考察人员很容易忽略它们的存在。

烽燧 142

高 2 米多，按照贝格曼所做的记录，给人造成一种其年代应为汉代的印象。

现有烽燧和北部地区最南端的遗址——A22 之间的距离 9.5 公里；似乎向我们昭示：这两条烽燧线曾在布肯托尼连在一起，中间地带应有 4 或 5 个烽燧。

烽燧 143

白墙，从而被土尔扈特人称为察汗松治。面积较小，但保存完好，基部尺寸为 3 米×2.5 米，高约 5 米；用夯土中水平夹放木材的方法筑成（参看图版 ⅩⅦa）。其方向为北偏东 34°且耸立在略呈圆形的土墩上，直径约 18 米，高 1.5 米。土墩可能包括建筑物遗址，但没有在此处进行过发掘。

城障烽燧遗址 K822

这处遗址被称为伊克都儿字斤（Ikhe-durbeljin），意思是"大要塞"，这可能是与巴哈都儿字斤

[①]要塞 A24 和烽燧 155 之间的距离介于 1 至 2.5 公里（连续的序列中，15 个中有 10 个的距离为 1.5 公里）；除了两处外，烽燧 160 和塞门之间的距离介于 1.5 至 2.5 公里之间。距离最长的有：布肯托尼和 A24 之间，数字呈循环特点：9.5、3.5、8、2、8.5 和 12 公里，烽燧 155 和 160（包括 A28）之间，数字也呈循环的特点：4、7、2、4、5 和 4 公里。

内蒙古额济纳河流域考古报告

（蒙语义为小方城）比较而言的，因为它们位于一片牧场①的两端，实际上，现存遗址整体上比其他遗址要小且属于不同风格，但保留部分的规格或许可以说明其命名是有道理的。

遗址位于主河道以东 1400 米处，河流的一条支流——而不是曾贴墙而过。

如图 142 所示，它由一个长方形院落构成，尺寸为 40 米 ×44 米，方向为北偏东 82°，西墙中段矗立着一个烽燧。东南和东北角各有一个角台，与墙的高度一致，位于东墙中间的大门，两侧用翼墙进行了加固。围墙用浅黄色土夯筑而成，夯层内水平筑有粗木杠；墙基高约 4 米、宽 4 米，没有坍塌或被流沙覆盖；内部没有发现建筑物的痕迹。

烽燧高 6.5 米，用石板精心建造，又用草泥涂裹，再用粗木桩进行了加固。建筑材料肯定是从其他地方运来的，因为此地附近没有任何石板的踪迹。基部尺寸为 6.5 米 ×6.5 米。沿北墙内侧进行的发掘，收获甚微，即几件没有什么价值的器物。内部地表的大部分面积都被流沙覆盖，部分地面被草和芦苇覆盖，贝格曼看到的"釉陶碎片和瓷片"，给他的印象是这处遗址在哈喇浩特占领时期曾经有人居住过。

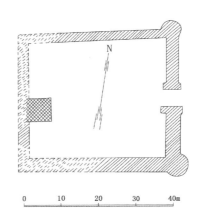

图 142

伊克都儿孛斤（K822）平面图，是西墙上有一个烽燧的障城。

K. 13822：
1. 砂岩块，上有 3 道平行的槽辙，可能是磨石（加工珠子？）。长约 9 厘米。
2. 木橛，一端尖细。墙上的挂钩（？）。长 19.5 厘米。
3. 植物纤维编制的器物的一小部分，可能是草席或草鞋。

烽燧 A23

是一个遭受严重侵蚀的坞院，汉代风格，现存高约 2 米，东侧有一间房屋。

A. 23：
1. A 型陶网坠，质地为红褐色。长 3.1 厘米，直径 1.3 厘米。

烽燧 K823

这处遗址被称为沙拉库伦松治（Shara - kuren - tsonch），位于额济纳河东岸沙丘中的大片树林当中，

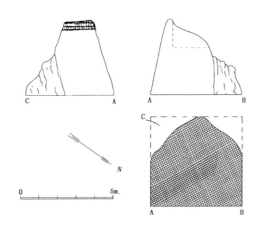

图 143

烽燧 K823（沙拉库伦松治）平面图。

---

①参看《亚洲腹地》，第 431 页，斯坦因在其中对两处遗址进行了简短的描述，并错误地推翻了其名称的含义。斯坦因本人没有到过现存的遗址伊克都尔乌儿斤（Ekki-durwuljin），所以他才会错误地作出如下解释："它和巴罕都乌儿斤（Bahan-durwuljin）是同一个建筑物"。后者主要包括一个高 7 米的连着一个尺寸为 53 米 ×86 米的院落的小要塞，而现存遗址主要是一个高 6.5 米、带有一个虽建造坚固但较小的围地的烽燧。

312

滨河主干道以西约 200 米。斯坦因曾来过这里[1]。

毁坏的烽燧平面为正方形（图 143），尺寸大约为（4）米 ×5 米，东侧已经坍塌且有一个大洞；现存高 4 米，方位北偏东 55°。用土墼砌成，贝格曼认为土墼的尺寸为汉代常见尺寸，每两层或三层土墼夹一层树枝；粗糙的树枝在离地表约 75 厘米的地方从墙体中横向凸出。内部的上部用夯土筑造，最顶层的三层土墼朝外边垒砌，而且墼块也比主体部分的土墼小。外墙刷成白色且有烧痕。在这里发现了 2 件遗物，一枚铁箭镞和一块未上釉的碎陶片，很显然都属于哈喇浩特时期，这一时期正是这个烽燧可能被修复且增加了高度的时期。

K. 13823：

1. 长且窄的铁箭镞，一端为钝角，短铤从箭头较厚的基部凸出。长 11 厘米，箭头最大宽 1.6 厘米。图版 36：2。

2. 未上釉的陶器的小块碎片，表面深灰色。质地为深褐色多孔渗水的夹沙陶。

小方城 A24（巴哈－都儿亭斤）

巴哈－都儿亭斤（蒙语义为小方城），位于巴颜博格多山以北不远处的河流右岸。主要是一个正方形障城，尺寸为 19 米 ×20 米[2]，大门的前面有一个大得多且遭到严重侵蚀的坞院。整个遗址的方向为南北向。图 144。

毁坏障城的墙在一个夯土地基上用土墼砌成，层数分布不规则的土墼之间夹筑树枝，基部尺寸为 3 米，高 7 米。土墼被记录下来的尺寸如下：45 厘米 ×21 厘米 ×16 厘米；45 厘米 ×？厘米 ×17 厘米；？厘米 × 22 厘米 ×17 厘米；？厘米 ×21 厘米 ×15 厘米和？厘米 ×20 厘米 ×14 厘米，与额济纳河流域建筑物中所使用的汉代土墼的普通尺寸一致。障城内部地表堆满了坍塌墙体的泥块。大门位于南墙中段，门外的墙基上又连接着另一墙基。障城的总体建筑风格和其他汉代障城很接近，斯坦因认为很显然这处遗址比毛目地区的小障城的时代要晚，这一点很令人费解。

障城前面保留有已完全毁坏了的坞院的痕迹，尺寸为 86 米 ×53 米，坞院被一道带门的墙分隔成对等的两半。坞墙的宽约 6 米，但高度的重要性不大，说明它可能是一道一般尺寸的墙体的残余部分。其东南角外有一个低矮的圆形土堆，大概是一个破败不堪的建筑物遗址，因为其中包含有木炭层以及带有汉代特征的碎陶片。

此处的地表更潮湿，因为位置很低且靠近河流，因此不太可能出土那些容易腐朽的器物。发掘工作严格控制在障城内部，这里有些地点淤泥堆积达到了墙顶的高度。探杆没有穿透到障城的地基。墙顶以下 1 米为夹杂着几件木器的木炭层，这些材料没有提供任何年代方面的信息。带有火烧痕迹的层面可能部分或整个起因于后来者——牧羊人显然用它来挡风避雨，在相同高度的地点发现的羊粪即是证明。有关牧羊人的证据便是堆积物或墙顶以下 1.5 米处发现的缚系在铁片上的明显的骆驼毛线。

---

[1] 参看《亚洲腹地》，431 页，在此斯坦因顺便提及了一个用土墼砌成的遭损毁的烽燧，位于一个叫"沙拉库尔桑杰（Sharakure-sanje）"的地方。

[2] 并非斯坦因在《亚洲腹地》431 页的简短描述中所列出的 45 英尺 ×45 英尺。其他尺寸，如墙体厚 11 英尺也有夸张的成分。其名称巴罕都乌儿斤的含义，应为小要塞，而不是相反的翻译，参看前述"烽燧 K822"。

遗物目录：

A. 24：

1. 刻削精细的木橛，剖面为圆形，向钝的一端逐渐变细，最宽处的尺寸为总长度的 1/3。中段保留有磨损的痕迹，可能是螺旋状物制成的。长 16.5 厘米，中段的直径 0.9 厘米。图 168：7。

2. 短木橛，截面呈半圆形，一端尖细，用硬木制作。尺寸为 9 厘米×0.8 厘米×0.6 厘米。

3—6. 留有树皮的细柽柳枝制作的 4 个木橛，一端尖细；尖端仍锋利且保存完整；第 6 件的后端被烧掉。长 11.7—19.2 厘米，直径 0.5—0.8 厘米。

7. 大陶器的残片，装饰纵向压印绳纹。A 型陶，外表平滑且呈蓝黑色；器壁厚 1.0—1.3 厘米（这个标本是在坞院东南方向的土墩中发掘出的）。

8. 浅色丝绸残片，尺寸约 42 厘米×72 厘米。一边为织边，另一边保留缝缀的蓝色丝绸残片。残损严重（参看希尔旺，1949，第 29 页）。

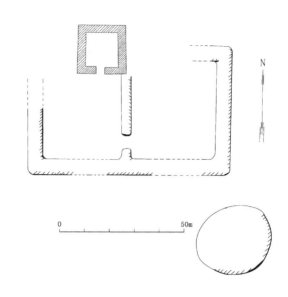

图 144
巴哈都儿字斤（小方城）（A24）障城平面图。

9. 长木棍，截面呈圆形，皮带松散地缠绕在木棍上，两端和中间都有一个缠结。一端较宽且有一个深槽洞，因为洞底有锈蚀的痕迹，所以曾被钉子或类似的器物穿透过。从一端至皮带绾结的地方曾被烧焦。可能是牧羊人的鞭子（？）。长 60.5 厘米，直径约 1.5 厘米，条状皮革的宽 0.5—0.9 厘米（朝被烧灼过的一端逐渐变窄）。图版 12：19。

10. 长方形小木块，一边有 2 道锯槽。可能是制作封泥盒的材料。尺寸为 3.6 厘米×（1.9）厘米×2 厘米。

烽燧 144

位于上述遗址西南偏南约 2.5 公里处。毁坏严重，主要是一个形状较规整的圆形土墩，覆盖沙砾，顶部表面比周围地表高出约 3 米。

烽燧 A25

现在主要是一个正方形砖砌地基，两侧围绕一个坚固的长方形围墙。发掘的保存状况较差的 8 枚木简将遗址的年代推到了汉代，在此采集到的其他遗物显然也属于同一时期。

遗物目录：

A.25：

1. 1a 型木封泥盒。尺寸为 4.6 厘米×1.7 厘米×2.6 厘米。

2. 木器残片，可能是剑鞘的配件，将其用油灰状黏性材料和剑鞘固定在一起，扁平的背部仍保留有这种黏结材料的痕迹，用硬木制作，工艺较精细且髹黑色漆。这个 D 形器物凸出的前端较长的一个边略微翘曲。尺寸为 4.8 厘米×2.3 厘米×2.3 厘米。图 117。

3. 木杖头的几乎一半，主要是一个刻削粗糙、几乎呈椭圆形的木块，中段有一个长方形大孔。有些地方有磨损的痕迹。长 10.2 厘米，厚约 5.2 厘米，孔的尺寸约为 3.6 厘米×1.5 厘米。图 169：7。

4. 短芦苇管，一端附近有一个极小的小木塞。容器。长 9.4 厘米，直径 1 厘米。图 167：11。

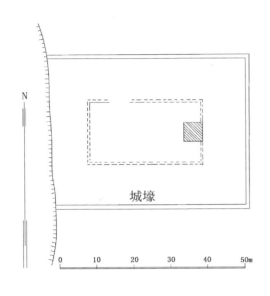

图 145
烽燧 148 平面图。

5. 木板上削下来的一块木片，边上有契口，可能是一个悬挂用的签牌残片。

6. 手感粗糙的木棱柱体。尺寸为 4.2 厘米 ×2.6 厘米 ×2 厘米。

7. 正方形木橛，朝一端逐渐变细，另一端有捶打的痕迹。曾被绘成红色。尺寸为 16 厘米 ×2.4 厘米 ×2 厘米。

8. 从木橛上削下来的一块木片，呈圆形，一端尖细。长 9.5 厘米，直径 1.4 厘米。

9. 扁平的木橛，一端附近的截面呈长方形，朝更窄的另一端逐渐变为半圆形，纵向略弯曲。曾被绘成黑色。尺寸为 20.8 厘米 ×1 厘米 ×0.2 厘米。

10—14. 5 条木片。长 7.8—23.3 厘米，宽 0.7—1.7 厘米。

15—23. 9 根木棍，截面呈椭圆形，其中有些朝一端逐渐变细。其中少量有残缺现象。长 11.8—27 厘米，宽 0.8—1 厘米。

24. 圆木棍，可能是筷子，一端略粗。长 23.6 厘米，直径约 0.6 厘米。

25. 几乎弯曲成三角形的白杨树枝，交叉处用绳子缠缚，其中一端粗且似乎被用作手柄。捶打用的石头周围放置着投石器。长 17 厘米，开口的尺寸约为 9 厘米 ×4.5 厘米。图 169：15。

P. 196：

9. 红色丝绸残片。

烽燧 147

位于距上述遗址约 3.5 公里的地方，没有被提及的烽燧 145 和 146 位于中间地带。现存的烽燧是以每三层土墼夹一层草的方式建造的。

烽燧 A26

A. 26：

1. 长方形木板，略呈拱形。尺寸为 8.7 厘米 ×7.5 厘米 ×0.9 厘米。

2. 小木栓，刻削粗糙，有一根长 30 厘米的植物纤维绳穿过一个纵向的孔，绳子的一端打了结以防其从孔中滑出。栓轴中段有 4 个正方形小孔集中穿向纵贯木栓的长孔，小孔是用烧红的铁质尖物穿凿而成的。长 4 厘米，直径 1.4—2 厘米。图版 17：9。

3. 白玉髓片。

4. 褐色燧石，可能用于打火。

烽燧 148

约 4 米，基部为正方形，尺寸为 5 米 ×5 米，以三层土墼夹一层树枝砌成。如图 145 所示，烽燧被与一个长方形坞院的墙平行的壕沟围绕，坞院在烽燧的西侧，壕沟内的水直接来自额济纳河。

烽燧 149

位于巴颜博格多山东北的一个小山冈上，在上述烽燧东南约1.5公里处，与额济纳河之间的距离大约也是1.5公里。现存遗址高4米或5米，基部为正方形且尺寸为4.5米×4.5米，墙体主要以土夹树枝夯筑而成，新砌墙顶使用的是时代较晚的砖坯。

烽燧 A27

这个保存相当完好的遗址位于离主河道几米的地方，坐落在一个被称为查科尔帖的地方的一个很低矮的圆形土墩上。对与其相连的坞障进行了彻底发掘，出土了额济纳河中游地区所有单独遗址中数量最多的人工制品。就在这里出土了一卷独特而完整的简册（图版XIX）。

烽燧的下半部主要是夯土层，而顶部用土墼和夹筑水平放置且部分凸出的大树枝砌成。其高可达8米，但风蚀作用使其侧面明显变形，如图146所示。基部的原长可能是5.5米，另有一个宽1米的朝向坞障方向的墙基；烽燧的方向似乎为北偏东40°，与在这里拐弯的河流的方向几乎是相同的。

被发掘的坞障主要是带有几间屋子和壁瓮的院落，至少9米长，与烽燧成直角。只有较长的一边没有覆盖物，因此，不同地点的尺寸不能当作是完整的，但就已经发掘的大部分汉代烽燧而言，坞障算是很小，不同屋子的地面都处于不同的水平高度。地面高度的尺寸如下：从离烽燧最近的壁瓮A开始，地点A、D、B和C分别为低于水平面的0.85米、1.65米、0.85米和0.4米。在房屋B中发现了涂白色草泥且装饰红色水平边饰的墙壁，这个地点出土了主要的遗物，包括完整的一卷简册。房屋C由深木炭层和灰层组成。从A、B和D三个地点采集到了不超过12枚的单独的木简。

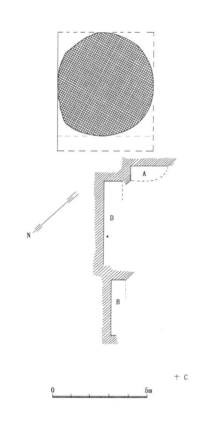

图 146

坐落在查科尔帖的烽燧 A27 平面图。

遗物列表：

	各个地点发现的器物总数			
	A	B	C	D
大泉五十钱（在碗 A27：B；30 内发现）	—	1	—	—
木器				
有铭刻的器物	—	2	—	—
封泥盒，封检	—	4	—	—

续表

	各个地点发现的器物总数			
	A	B	C	D
骰子	—	1	—	—
棱柱体，可能是游戏或占卜的骰子	—	1	—	—
"雄"火棍	—	1	—	—
"雌"火棍	—	1	—	—
刮铲	1	1	—	—
补鞋用的鞋楦	1	1	—	—
门闩形木橛	—	1	—	1
各种器物和残片	7	10	—	5
制作箭杆的藤秆	—	—	—	1
角器残片	—	1	—	1
骨质棱柱体	—	1	—	—
陶器				
完整的器物	—	2	—	—
碎陶片	8	2	—	1
网坠	—	2	10	—
植物纤维绳	—	1	—	—
纺织和编制物，大多数为丝绸残片	—	1	1	—

遗物目录：

A. 27：A；

1—2. 同一件陶器的 2 块残片，装饰带模糊环边的绳纹以及刻画线纹（参见第 2 块残片）。焙烧不均匀，因而坯体中心呈红色，侧面呈浅蓝灰色，外部留有煤烟（？）的痕迹，内部呈现沙质光泽。第 2 件最大量 13.8 厘米，图版 3：2。

3. 肩部鼓圆的陶器残片，环形窄边之间有小菱格纹，间隔以垂直的狭窄区域内的程式化的举手人纹（？），环形压痕。A 型陶，外表蓝黑色，可能是煤烟熏染的结果。最大量 10 厘米。图版 3：5。

4. 直壁大陶器口沿部分残片。口沿明显外翻且折叠，宽 3.4 厘米。A 型陶，表面灰色。图 127：17。

5. 相当大的陶器基部残片，下部有若干小平面。A 型陶，内部黑色（煤烟熏染的结果?），外部和边缘部分呈现沙质光泽。

6—7. 同一件陶器上的 2 块残片，纵向压印绳纹，绳纹又被很深的平行线条和压痕所分隔。下部刻面的痕迹靠近基部。A 型陶，内外表面和破裂的边缘上都有煤烟。第 6 件的最大量 15 厘米，图版

3:3。

8. 可能是与第 6—7 件形制相同的器物残片，垂直环形器耳剖面呈半圆形。器耳高 5.2 厘米，宽 3 厘米。

9. 修鞋用的轻木制作的鞋楦脚趾部分，后端被锯子不规则地锯掉了。沿着背部边缘有缝纫的痕迹（参看 A. 27：B；10，可能是另一个鞋楦的跟部）。尺寸为 13.5 厘米 ×8 厘米 ×4.5 厘米。图 148：2，图版 18：2。

10. 木质工具，主要是一个叉子形柽柳枝，2 个分叉部分表面和末端附近都有一个又长又深的契口，用来固定绳子的叉口附近有环形刻槽。一个支叉的上部向内弯曲。所有三个末端都被切掉。通长 17.8 厘米，两端之间的宽 1.5 厘米。图 169：13。

11. 木刮铲残片，圆形窄手柄在刃部以上 2 厘米处断裂。刃部较长、较窄且向直前端逐渐变细。硬木制作。尺寸为 10.6 厘米 ×1.3 厘米 ×0.4 厘米。图 119：5。

12. 小件木器残片，可能是家具的装饰部分，主要是一个长 5.1 厘米的细长薄木板，较长的一边有一个长 3.2 厘米的内凹切口。一边伸长成一个正方形（尺寸为 2.3 厘米 ×2.3 厘米）的薄凸榫。长 7.4 厘米，宽（1.5）至 2.3 厘米，厚 1 厘米和 0.5 厘米。图 171：12。

13. 圆形柽柳木橛，略弯曲，两端都尖细，一端比另一端更细更尖。长 17 厘米，直径 0.8 厘米。

14. 圆形木橛，一端尖细且有磨损的痕迹。长 16.7 厘米，直径 0.8 厘米。

15. 同上，一半，材料为柽柳。长 13.2 厘米，直径 1.3 厘米。

16. 杨树枝的小块残片，一边自然呈圆形，另一端被削平但末端斜。长 3.7 厘米，宽 1.2 厘米，厚 0.7 厘米。

17. 被烧灼的木橛的小块残片，一边呈拱形，三个边被削平。直径 0.8 厘米。

地点 B

A. 27：B；

1. 1 型木封泥盒，翘起的一端中段穿有一个长方形孔，与封槽底部处于同一平面的封档上的穿孔内插入小木棍以防止封泥脱落。尺寸为 5 厘米 ×3.4 厘米 ×2.3 厘米。图 25。

2. 同上，属 1a 型（没有孔）。尺寸为 4 厘米 ×2 厘米 ×1.5 厘米。

3. A2 型短木封检。尺寸为 6.1 厘米 ×2.3 厘米 ×1 厘米。

4. 用一根木条制作的木刮铲，刃部为圆角，前端磨损。长 23.4 厘米，厚 0.4 厘米，刃宽 2.9 厘米，手柄宽 2 厘米。

5. 制作简单的木骰子，主要是一个长方棱柱体，一端凸出成一个高出底面的正方形薄层，上刻一个尺寸为 1.2 厘米 ×1.4 厘米的"王"字。木质松软，刻压的一端磨损严重。尺寸为 3.6 厘米 ×2.4 厘米 ×2 厘米。图 147。

图 147
软木质的 1 枚印章或
骰子，A27：B；5。原大。

6. 小木棱柱体，可能是游戏或占卜时用的骰子，主要是一个长方形硬木块，剖面呈正方形，一端呈锥体，所有表面都绘成黑色。尺寸为 2.8 厘米 ×1.6 厘米 ×1.5 厘米。图版 12：18。

7. 小骨质棱柱体，可能是骰子。尺寸为 2.5 厘米 ×1.6 厘米 ×1.5 厘米。

8. "雌"火棍，主要是一块木刻板的残片，两边有 4 个深凹坑。较长且完整的一端有 3 个孔，边缘部分横向排列漏斗形凹槽；第 4 个凹坑位于断裂、不完整的一端。尺寸为 14.5 厘米 ×3.2 厘米 ×2.1 厘米。图 152：4，图版 6：12。

9. "雄"火棍，主要是一个圆形软木橛，质地比第 8 件松软。前端较钝且有磨损的痕迹，后端呈楔形（可能是为了嵌入钻杆下端）。2 个小凹痕，其中一个在另一个的下部，分别离前端 3.5 和 9.5 厘米，可能和生火用的橛的用途没有什么联系。长 16 厘米，直径 1.1 厘米。图 151:1。

10. 修鞋用的鞋楦的脚跟部分，主要是一个木块，剖面呈长方形，后端拱形。形制相当不规则，但表面很光滑。尺寸为 10 厘米×6.9 厘米×5.3 厘米。图 148:3，图版 18:3。

11. 圆形木橛，一端带一个长方形短凸榫。有黑漆的痕迹。长 21.3 厘米，直径 2.2 厘米。

12. 六边形木橛残片，一端大致尖细。长 15.6 厘米，直径 1.6 厘米。

13. 木板的纵向残片，保存下来的边和断裂（现在较长）了的一边有一排或圆或方的小孔。可能是木盒侧壁上的一块，木盒侧壁用暗榫安装在一起。尺寸为 8.5 厘米×（2）厘米×0.5 厘米。

14—21. 8 个木橛，或多或少残缺，一端尖细，截面呈圆形、半圆形和正方形。长 8.1—17.5 厘米，厚 1—1.5 厘米。

22. 硬陶器残片，环形带饰之间装饰波状大花环。焙烧不均匀的陶坯中心呈红色，侧面呈深灰色，为夹砂陶。硬度为 6.0Mohs，最大量 14.1 厘米。图版 3:1。

23. 同上，较小，装饰波纹，由多重压痕组成的环形带纹之间为绘制粗糙的花环纹。和第 22 件的陶质相仿。最大量 6.3 厘米。图版 3:6。

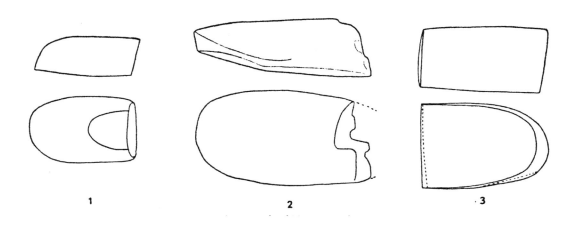

图 148

修鞋用的木鞋楦的脚趾和脚跟部分，原属不同的三套。比例为 1/3。1.（P9: 地点 7）P.367:1。2. A.27: A；9（图版 18:2）。3. A.27: B；10（图版 18:3）。

24. A 型陶网坠。长 3.8 厘米，直径 2.1 厘米。

25. 同上，几乎为圆柱形。长 5 厘米，直径 2.4 厘米。

26. 角器的半圆形残片，一端附近穿有一个孔，可能是未制作完成的器物。长 8 厘米，直径 1.8 厘米。

27. 白色泥墙皮，有红色直条带纹。

28. 粗糙的植物纤维绳，对折 10 次，绳子本身以环状形式缠绕成一团。绳子的一端打了一个结。绳团长 11.5 厘米，宽约 6 厘米（参看希尔旺，1949，29 页）。

29. 1）—6）天然丝绸、丝质填料和植物纤维织物残片，一片粗糙的草席或鞋底及 1 根长 24 厘米的绳子（参看希尔旺，1949，29 页）。

30. 保存完整的陶碗，包括第 31 件遗物的铜钱、丝织物残片、1 根丝线、粗糙的纤维织物残片，这块植物纤维残片盖在碗口上且用纤维绳固定，碗口以下装饰一圈线条纹；这块植物纤维和苎麻质地的 A. 8：ⅡD；21.4 非常相似；其顶部有一层红色涂层，可能是橛的漆。铜钱发现时用两种褐色丝绸包裹，周围以丝线捆扎，首先，类似塔夫绸的天然褐色丝绸粘在铜钱上；其次，剪下来的一块织造密实、类似棱纹平布的浅褐色丝绸上粘连红褐色毛状物（?）填料。碗的质地为灰色黏土，表面呈更深的颜色且较粗糙。口沿直径约20（不规则）厘米，高10厘米。图版1:11。

31. 铜钱，大泉五十（约公元7—14年），在第30件遗物——碗中发现，同时还发现了包裹着碗的丝绸残片（参见上述描述）。保存完整，上有较厚的褐色铜绿。直径约26毫米。

32. 几乎完整的、相当小的陶罐，器体鼓圆、部分口沿破裂、器腹鼓圆非常明显、基部扁平、颈部矮且向外弯曲成一个水平口沿。器腹装饰一周被水平压痕分成若干段的纵向刻画线组成的5个环形边饰。罐的质地为浅灰褐色黏土，内部表面呈灰色。硬度为4Mohs。口沿直径10.5厘米，腹部直径16厘米，底部直径9厘米，高13.5厘米。图版1:7。

P. 251：

1. 长方形木块，上有2个孔，一面有书写的文字痕迹。尺寸为16厘米×6.6厘米×1.4厘米。

3. B3型木封检的制作材料，异常大。尺寸为20.2厘米×8.4厘米×1.7—3.7厘米。

4. 一块粗糙的木板，一端被削掉。一面有书写的文字痕迹。尺寸为11.5厘米×7.2厘米×1.7厘米。

地点 C

A. 27：C；

1. A型陶网坠残片，纵向的孔内仍保留着一段植物纤维绳，孔的两端附近都打了结以防滑落。

2—10. A型陶网坠的9块残片，有些残片上的孔内仍有绳子；所有的标本制作都较古拙，末端或多或少有磨损。长3.6—4.7厘米，直径2.0—2.7厘米。

11. 黄白色丝绸的几块残片，可能未染色。

地点 D

A. 27：D；

1. 主体剖面为长方形的门闩形木橛，上部呈天然圆形，部分被削且向末端倾斜，质地为硬木。尺寸为11.5厘米×1.9厘米×0.6—1.5厘米。

2. 剖面为半圆形的木橛，一端尖细，另一端部分被削斜。质地为硬木。长13.5厘米。

3. 被烧焦的圆形木橛。长8.4厘米。

4. 被烧焦的一根藤条，可能是箭杆的残片。一端被削斜，另一端被磨掉。长（16.5）厘米，直径0.9厘米。

5. 柽柳木橛，一端尖细，另一端被烧掉。长25.3厘米，直径1厘米。

6—7. 2个木橛，一端尖细，第6件纵向略弯曲且后端有捶打的痕迹。长19.5厘米和14.8厘米，直径1.5厘米和1厘米。

8. 锯下来的羚羊角，可能是工具的手柄。中心部位穿有一个纵向大孔，一个深0.8厘米的窄凹槽从最狭窄的一端开始，延伸至孔，凹槽至少看上去是用炽热的铁烙成的。工具的柄可能是从较宽的一端插进去的。长4.5厘米，厚1—2厘米。图174:3。

9. 陶碗残片，略向内弯，装饰环形刻痕和模糊的红色图案。胎为浅褐色，陶质均匀，夹砂，内外表面都呈深褐色，内部表面光滑。

烽燧 154

是一处毁坏严重的建筑物，在其附近发现了汉代陶器和炉渣，位于在此地拐弯的河流的同一侧岸边的上述烽燧西南偏西1公里多的地方。在这个烽燧和下述烽燧之间的隆起部分上有一个石墩，虽然贝格曼无法在他仓促的调查当中证明他的猜测，但是他仍然将此处想象成了墓葬。我们在邻近地带——被称为查科尔帖（堆积在一起的燧石）采集到了一些加工粗糙的史前燧石。

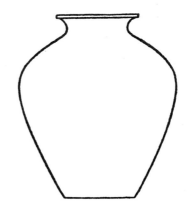

图 149
在烽燧 A28 发现后又被遗弃
在原地的陶罐。比例为 1/5。

烽燧 155

贝格曼没有考察过此处遗址，但几乎可以肯定它和斯坦因的《亚洲腹地》一书第 430 页中描述的烽燧相同。斯坦因认为他所描述的那个烽燧的位置是在他们驻扎的第 142 号营地以北大约 1 里处，用土墼砌成，基部土墼的尺寸为 14 厘米 ×8 厘米 ×5 厘米（汉代尺寸）。烽燧底部 16 英尺 ×16 英尺，高约 20 英尺。

烽燧 156

贝格曼和斯坦因都没有对其进行考察，只绘制了地图。此烽燧位于布克托尼（Bukh-tokhoi）。

烽燧 A28

现在只剩下一个被沙砾覆盖的圆土墩，位于河岸以南几米的一处高地边缘附近。发掘从土墩基部开始，这里曾是坞院或障城所在地。土墩高 2 米左右。

河流的另一侧偏北方向，为一处带有渠道的古老耕地，但此地定居的时期无法判断，因为没有发现相关的房屋遗址或遗物。在烽燧对面南部戈壁的黑色地表之上，贝格曼发现了加工过的史前打火石块。

在烽燧土墩采集到的遗物主要是木器，例如：几枚木简、几件有铭刻的器物、保存完整且独特的用来取火的钻杆（图 150）、一只单独的"雄"火棍、各种木橛和简。一小片骨头、一些陶网坠以及一组丝织物残片。一只陶罐被遗弃在发现地，但绘制了简图（图 149）。

遗物目录：

A. 28：

1—3. 3 根保留有树皮的圆形木橛，一端尖细。长 13.3—21.5 厘米，直径 1.0—1.3 厘米。

4. 圆形木橛，有 3 个浅契口和刻槽，其中一个围绕一周。长 21 厘米，直径 1.2 厘米。

5. 半圆形小木橛，拱形边的较大部分被切削后向楔形的一端倾斜，另一部分离末端 1 厘米处的边缘有一个 V 形小契口。长 9.8 厘米，宽 0.8 厘米。

6. 剖面为圆形的木橛，向较钝的一端逐渐变细，另一端有一个（断裂）凸出物。长 12.8 厘米，直径约 1 厘米。

7. 楔形短木橛。尺寸为 12.2 厘米 ×0.8 厘米 ×1 厘米。

8. 圆形细木棍，可能是筷子，顶端平整。长 16.9 厘米。

9. 残损的厚木橛，一端呈长方形，向尖细、截面为椭圆形的另一端逐渐变细。尺寸为 16.2 厘米 ×1.8 厘米 ×（1）厘米。

10. 长方形木块，一端被刨掉大约一半的厚度从而成为一个长 2 厘米的凸榫，凸榫基部有磨损的痕迹。尺寸为 8.2 厘米 ×3 厘米 ×1—2 厘米。

11. 长方形木板，末端直，较长的一边在边缘部分的 2 个契口之间略凹入，4 个契口中的每一个离角落处 2 厘米或 3 厘米。质地为硬木。尺寸为 14.7 厘米 ×4.5—5.3 厘米 ×0.6 厘米。图 170:8。

12. 细纹、软木质"雄"火棍，后端长窄部分呈楔形，主体部分的截面呈圆形，前端呈圆头，这一端有磨损的痕迹。可能是因为潮湿的关系，略微弯曲。长 13.7 厘米，直径 1.2 厘米。图 151:2。

13. 长方形小骨片，边缘部分略微凸出。尺寸为 3.3 厘米 ×1.7 厘米 ×0.5 厘米。

14—17. 4 个 A 型陶网坠，第 17 件残缺。长 3.6—5.9 厘米，直径 1.2—3 厘米。

18. 各种色度的浅褐色和红色丝绸残片。

P. 9:

1. 写有文字的长木棍残片，截面呈三角形，顶端中段和木棍平行的一个孔内穿有一根绳子。两面都书写有几个很隽秀的大字。损坏严重。长（53）厘米，边宽 2.0—2.4 厘米。

2. 同上，顶端有孔但未穿绳。长（53.4）厘米，边宽 1.8—2.0 厘米。

3. 保存完整的取火用钻杆，主要是一端带短栓（钻头）的一根长棍（杆）。杆长 35.5 厘米，现在略弯曲，截面为圆形，较大部分的厚约 1 厘米，但向较低的一端变得较厚，这一端劈开约 9 厘米。用硬木，可能是柽柳做成。单个（参看 A.27：B；9 或 A.28：12）时被称作"雄"火棍，其楔形端戳进裂口且用植物纤维绳缠绕杆裂开的一端的大部分进行固定；用细纹软木制作，工艺较精细，长 14 厘米，直径 1.2 厘米。这个保存完整的钻头和木钻杆在采集来的遗物中显得很独特。总长 41.8 厘米。图 150。

4. 竹棍。尺寸为 35.4 厘米 ×0.9 厘米。

烽燧 157

位于一个覆盖有砾石的圆锥形土墩上，高 4 米多。用土墼砌成，夹砌不规则的树枝层。

图 150
保存完整的取火钻杆，（A28）P. 9：3。长 41.8 厘米。

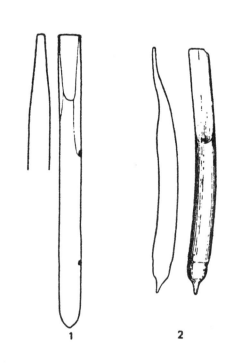

图 151
软木质的两根"雄"火棍（钻杆），A27：B；9（1）和 A.28：12（2）。比例为 1/2。第 2 根下部的尖端是事先加工好的，这种精巧的结构使钻木取火更快、更经济。

烽燧 158

是一处保存完好的遗址，被称为"塞尔松治"[①]，矗立在一处顶部平坦的砾石高地上，高地是被河流横贯而过的四个狭长高地最南端的一处。烽燧高达 8 至 9 米，基部尺寸略大于 7 米×7 米。如图 153 所示，其核心部分基部尺寸约为 5 米×5 米，高度和现存高度相仿。核心部分无疑是汉代建造的烽燧，因为其大尺寸坯块及墙壁围拢的大、小树枝，后来用同样的方法进行复原时，四周围以较薄的坯块，材料基本上都是土墼。南侧的纵向深沟槽促成了这一发现。

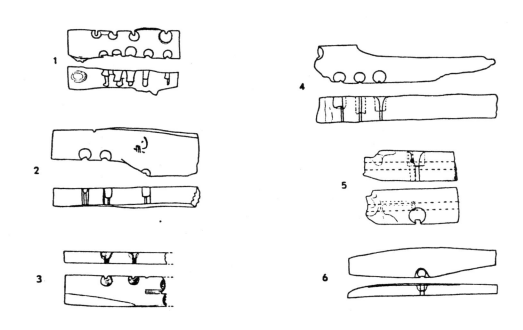

图 152
"雌"火棍，主要是相当硬的木块，木块上带有取火坑（容纳易燃物的钻坑）。
比例为 1/3。1.A.19:2（图版 6:10）。2.（A21：Ⅱ）P.83:1。3.A.22：Ⅰ；15。
4.A.27：B；8（图版 6:12）。5.A.32：D；43。6.A.33:13；37。

烽燧和城障 159

见图 154。损毁严重的烽燧坐落于一个尺寸为 25 米×26 米、坚固的土夯围墙最北端的角落处，方向为北偏西 50°。倒塌了的墙体现在宽约 7 米、高 1 至 1.5 米；墙上的 2 个开口中的一个肯定是大门。由于风蚀作用，烽燧现在呈圆形，但原来其基部的尺寸可能为 8 米×8 米，现存高度只有 1.75 米。

烽燧 160

大致保存完好，高达 9 米，基部尺寸为 6 米×6 米，在一周的 4 个地点有对角线。夯土建造，每三层之间有水平方向的插横梁的孔，现在却是鸟儿歇脚的好地方。贝格曼认为，这个烽燧可能属于哈喇浩特时期，如果只包括建造于汉代后期又进行了修饰的核心部分的话，这个结论也许正确。没有发

[①]斯坦因（《亚洲腹地》，第 430 页）认为，显然是由于其靠近一个被土尔扈特人称为"塞尔"的植被茂密的地区而冠以相应名称，汉语的意思是四方墩。斯坦因丈量的扩大了的基部尺寸为 27 英尺×27 英尺，这个数据有些夸张；他提出的原建筑物用土墼的尺寸为 14 吋×8 吋×5 吋，附属建筑物用土墼的尺寸为 16 吋×6 吋×3 吋。《亚洲腹地》一书中的图 232 较详细地给出了这个烽燧的结构图。

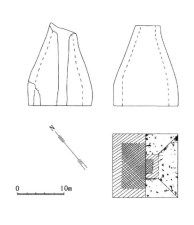

图 153

烽燧 158 剖面图（塞尔松治）。

现坞障的建筑遗迹。

察汗松治是蒙古语名称，翻译成汉语应该是"白墩子"[1]，意为现存烽燧的墙体都被刷成了白色。

烽燧 A29

现存这处遗址主要是一个几乎为圆形的沙丘状土墩，上覆沙砾（参看图版 XXc），高达 3 米。此烽燧是否用土墼（掺了沙）砌成或夯土筑成还未可知。坐落在烽燧北侧附近的一间小房屋，已被发掘，此房屋的一堵较长的墙为南北方向。土墩顶部以下有可能是屋顶的含草层，在此采集到了一些遗物。遗物主要包括大量完整和残缺的木简、几件木器，例如：一个扁平的人面画木橛、一根带延长尖端的"雄"火棍、一根筷子、一把铁锹的一部分；此外，2 块灰陶碎片、几个 A 型陶网坠、一些丝绸织物和绳索残片。

遗物目录：

A. 29:

1. 人面画木橛，主要是一块三角形木块，除了背部外，表面涂有一层红漆，面部五官绘成黑色。尺寸为 11.4 厘米 ×4.4 厘米 ×0.9 厘米。图 179：6，图版 15：8。

2. 木刮铲刃部的约一半，纵向略弯曲，较长的一边大致凸起，前端较窄。每一端附近的一个孔表明曾用绳子修复过；因使用而留下了磨损的痕迹。刃部长 28.5 厘米，原来可能宽 21 厘米，肩部厚 3.5 厘米。图 155 和图版 9：14。

3—4. 2 枚素简，第 2 枚被削短。长 24 厘米和 11.7 厘米，宽 1.1 厘米和 1.5 厘米，厚 0.3 厘米和 0.5 厘米。

5. 长方形木橛残片，靠近一端的宽边有一横穿刻槽。宽 1.5 厘米，厚 1 厘米。

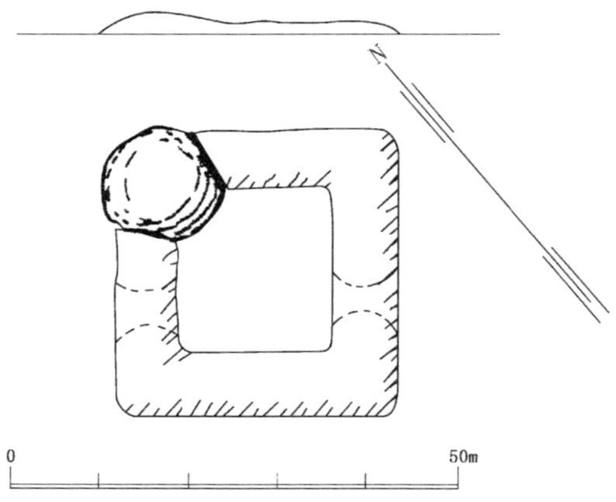

6. 木楔残片。

7. 细纹软木质短"雄"火棍，一端呈圆形且末端尖细，另一端（火棍的长窄部分）呈楔形。显然，这是一个被多次使用过的火棍（参看例证 A.28：12，图 151：2）的最后剩余部分。长 5.6 厘米，直径 1 厘米。

8. 圆形小树枝，一端被烧焦。长 10.5 厘米，直径 1.1 厘米。

9. 圆形木棍残片，可能是筷子。长（8）厘米。

10—12. 3 根木橛，一端尖细。长 10.5—25 厘米，宽 0.9—1.1 厘米。

13. 半圆形杨木橛，一端呈楔形。长 11 厘米，直径 1.4 厘米。

14. 陶器残片，装饰绳纹。浅蓝灰色，陶质均匀且外部表面闪现沙质光泽，内部表面呈灰色。

图 154

城障 159 （一处毁坏严重的烽燧和坞院）简图和剖面图。

---

[1]这个名字是斯坦因在《亚洲腹地》第 430 页中给出的，在这一页的内容中，描述了他本人曾途经这个现存遗址。

15. 陶器的小块残片，装饰水平方向线条。呈浅蓝灰色，陶质均匀，表面为灰色。

16. 制作较精细的 A 型陶网坠。长 6 厘米，直径 2.3 厘米。

17—18. 同上，2 块残片。直径 2.7 厘米和 2.5 厘米。

19. 1—8. 天然褐色丝绸残片、蓝绿色丝绸、灰白色野生丝线、3 根植物纤维绳（参看希尔旺，1949，第 29 页）。

烽燧 161

主要是一个与上述烽燧形状大致相同的土墩。高 3 米，土墩中央矗立着 4 根或 5 根直立的柱子。

烽燧 162

高达 5.5 米，顶上有土墩，还保留有一处围墙的痕迹。烽燧基部尺寸似乎曾经为 6 米 ×6 米，用大块土墼砌成，其中还有因干燥而变硬的沙砾层，每三层土墼之间夹砌一层芦苇或树枝；两面均安置绳索，可能是通向顶端的绳梯。烽燧大致是南北方向。

烽燧 163

曾经用夯土筑成，但现在几乎已全部坍塌。分布在其他锥形物之间。

烽燧 164

主要是一处圆形沙砾土墩，直径约 18 米，高约 2 米。中段有水槽，有坞院的痕迹。

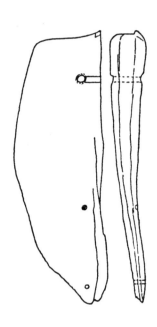

烽燧 165

高出地面约 2.5 米；侧面被有坡度的土墩覆盖，土墩的一半被河流冲走。用常见汉代土墼砌成，土墼之间夹筑不规则分布的树枝。

图 155
一把木铲的残片，
A. 29：2（图版 9：14）。
比例为 1/4。

烽燧 A30

主要是一个低矮、多少有点类似沙丘形状且覆盖沙砾的土墩。土墼砌成，现存高度略高于 2 米。烽燧以东且靠近烽燧的是一间房子和一处围墙的遗迹。

A. 30：

1. 相当小的木器，末端直，较长的边凸起；一面扁平，另一面略呈拱形。中段，有一个正方形大孔，尺寸为 1.3 厘米 ×1.3 厘米。长 7.2 厘米，中段宽 1.7 厘米，厚 0.6 厘米。图 171：7。

2. 小块木片，从封泥盒或封检上锯下来的翘曲端。

3. 窄且薄的竹片残片，纵向略弯曲。下凹的一面，保留有可能是黑色涂层的痕迹。长（7.5）厘米，宽 0.8 厘米。

4. 相当大的 A 型陶网坠残片，深红色。长（4.7）厘米。

烽燧 A31

主要是一个高约 2 米的圆土墩，曾有过方形围墙或房基。

A. 31:

1. 1 型或 2 型封泥盒，多少有点残破。尺寸为 4.4 厘米 ×2.4 厘米 ×2 厘米。

2. 木简很小的残片，宽 1.1 厘米。

3. 半圆形木橛残片，一端尖细，一边有 5 个 V 形契口和 12 道刻痕。尺寸为 11.3 厘米 ×1 厘米。图 167：2。

4—5. 2 根与第 3 件橛相仿的残破木橛，尖细的末端已断裂。每根的一边都有 13 个 V 形契口，契口之间还有几道刻痕（为加工更多的契口）。长（13）厘米和（8.7）厘米，宽 1.1 厘米和 1 厘米。第 4 件，图 167：1。

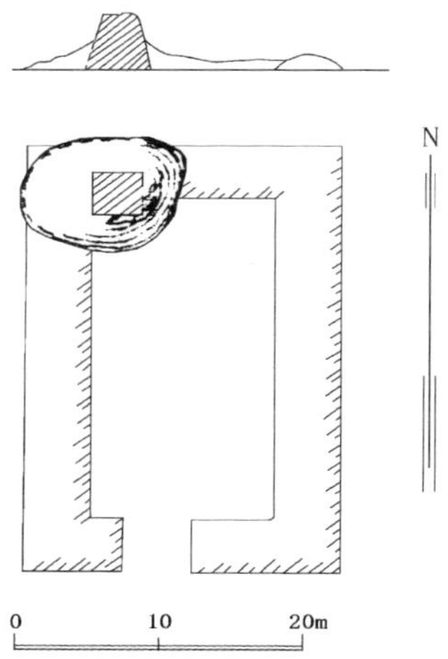

图 156
遗址 166（一处带围墙的烽燧）略图和平面图。

烽燧和城障 166

如图 156 中所示。烽燧基部尺寸约为 4 米 ×4 米，高 4.5 米，用大块土墼砌成，坞院之间夹筑不规则的树枝层。烽燧位于坞院西北角，坞院为长方形，尺寸为 15 米 ×28 米，方向为南北向，四周的墙体宽 4 米，大门在南墙。烽燧东侧附近，可能是房屋的痕迹。

烽燧 167

用土墼砌成，高达 4 米。墙覆盖沙砾的长圆形土墩的一角有建筑物的一些残迹。

烽燧 168

主要是一个高 3.5 米的圆锥形沙砾墩，只能看到烽燧一角的一小部分。用土墼砌成，每三层土墼夹筑一层树枝。

毛目地区的古代遗存

　　从古至今，这是一片范围较大的沿额济纳河绿洲或植被区组成的狭长定居区，从北至南一直到额济纳河最南端的毛目城，约有 50 公里。与前述其他地区一样，这一区域还没有被斯坦因、贝格曼和其他探险人员全面勘查过。

　　贝格曼在这一区域调查了 42 处遗址，其中 19 处在此之前已被斯坦因进行过描述或绘图。大多数遗址（34 处）都是带有坞院的烽燧，27 处遗址组成了目前调查到的环绕整个区域的烽燧塞垣的一部分[1]。只有 4 处烽燧或与其相连的坞院遗址出土了遗物[2]。此外，还有一处汉代障城（A38，蒙汉城 Meng-han-ch'eng），2 处面积只有 A38 一半大小的类似障城的遗址（201、旧城和 K824，Arven-tokhoi-durbeljin），3 处汉代城障和 1 处西夏城障（A33、179、A37 和 A35），1 处孤立的建造坚固的房屋遗址（177）。3 处要塞都有相连的坞院，尤其是 A35 的坞院面积相当大。特别是 A35 的一侧围墙（350 米长）建造在两个汉代烽燧之间，围墙内是一个完全毁坏了的汉代遗址，可能曾是一个城障。

　　关于遗址顺序的排列并不令人十分满意，因为这些遗址从北向南按 Z 字形分布，横穿河流的次数不少于 12 次。

金关遗址 A32

　　紧贴毛目地区最北端的"塞门"以内有一个带坞院遗迹的毁坏烽燧形成的土墩，参看图 157。它位于额济纳河以东约 100 米处。贝格曼认为位于"塞门"入口处的这处遗址是出入边塞的关口，他的意见或许是正确的[3]。

　　烽哨在塞墙缺口处，与烽燧之间被一段长 40 米的孤立的坞墙隔开，这段坞墙和一排与河流垂直的塞墙平行；这段单独的坞墙可能包围着这些独特的遗址。

　　发掘从毁坏的烽燧开始，依次是南面的遗存（房屋 A 和 B，遗存 C）、烽燧附近的坑地（壕沟 D）、一处位于烽燧东南偏南 30 米处大致为建筑物废墟的低矮土墩（坑壕 E）。遗物也包括一些从附

---

　　①斯坦因调查的只是河流西岸塞垣和烽燧的一部分（参看《亚洲腹地》第 42 幅图 D.4，第 45 幅图 A.3），不过他认识到河流东岸也存在塞垣和烽燧的可能性，只是他没有时间进行进一步的调查，比如他提到东北方向的 4 个烽燧之间的区域（参看《亚洲腹地》，第 507—508 页）。

　　②两座修复了的汉代烽燧，高度可观，矗立于西夏要塞 A35 最东端城墙的东北和东南角，没有包括进 34 座烽燧。遗留有汉代遗物。

　　③《报告》第 139 页——注意斯坦因在《亚洲腹地》第 411—412 页和 507—508 页中阐述的他所持的不同观点。他认为，城墙（被他证明了的沿着河流西岸延伸）结束于烽燧 183（T. XLIII. b），这座烽燧有尺寸适宜的大风庙佛殿，有力地证明了即使被汉代古城墙的一个门占去了位置，但当地人也没有停止过来此地膜拜的活动。斯坦因认为无论在汉代还是在以后的时期，大湾（Ta-wan）要塞 179（T. XLIII. c）是切断从北侧沿额济纳河通道的方法，这种方法比单纯的塞墙形式更有效，并远远超出塞墙的范围。很可能，塞墙经过的地区在汉代逐渐扩大。

近地表采集到的。

　　烽燧用土墼砌成，且已经被侵蚀成了一个大土墩，土墩高约 3.5 米。土墼之间夹筑草和树枝，一些绳索可能代表曾通往顶端的绳梯的一部分。烽燧顶部还残存一间小房屋的基部，尺寸约 1 米 × 1.5 米。

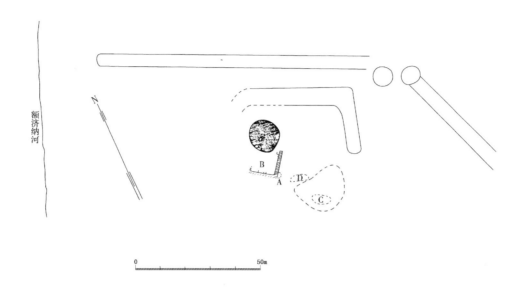

图 157
位于"塞门"所在位置的烽燧 A32 的平面图，中间是侵蚀严重的烽燧。

　　壁瓮以下的土墩南侧边缘，有一间房屋遗址（地点 A），被烟灰污损的粉刷成红色的墙，已被现存烽燧的残骸压塌。在此发现了许多木简和超过 50 件的其他器物，如木器、竹器、芦苇器、陶器、皮革制品和纺织物。

　　紧挨上述房屋南边的是一间较大的房屋（地点 B），尺寸约 10 米 × 10 米，进行了发掘。房屋的墙壁很薄，主要由直立的草和树枝构成；东墙的现存高约 70 厘米，方向为西偏南 37°。房屋南角的一个类似炕的高约 35 厘米的平台上安放着一个相当大的陶罐底部，底部有几个小气孔，陶罐直径 40 厘米，现存高（30）厘米。这间房屋发现的遗物主要是几枚木简，一枚大泉五十钱，半枚五铢钱，几件木器、铁器和纺织物。

地点 C

　　为垃圾堆，位于上述建筑物东墙和南角外。出土 50 余枚木简，其他形式的木器、竹器和纺织物。

遗物列表：

	不同地点出土器物的大致总数					
	A	B	C	D	E	地表
钱币						
大泉五十钱	—	1	—	—	—	—

续表

	不同地点出土器物的大致总数					
	A	B	C	D	E	地表
五铢钱	—	1	—	2	—	—
木器						
素简	6	—	1	X	X	—
封泥盒，封检	3	2	2	13	14	—
标签（？）	—	—	—	—	1	—
人面画木橛的制作材料	—	—	—	—	1	—
棱柱体，可能是游戏或占卜用的骰子	1	—	—	—	5	—
装饰片	2	—	—	—	1	—
梳子	—	—	—	1	—	—
梳形工具	1	—	—	—	—	—
木碗残片	1	—	1	3	9	—
刮铲	1	1	1	1	3	—
筷子	1	—	—	3	17	—
"雌"火棍	—	—	—	1	—	—
大型旋转装置的一部分	1	—	—	—	—	—
楔子和楔形器物	13	—	—	X	—	—
各种器物和残片	11	—	2	32	37	2
竹器						
刮刀	—	—	—	—	1	—
筷子	—	—	1	1	2	—
牙签（？）	—	—	—	1	3	—
管状容器残片	—	—	—	1	—	—
各种器物和残片	4	—	1	2	10	—
芦苇条	2	—	—	—	1	—
葫芦片	—	—	—	—	2	—
尖角	—	—	—	—	1	—
骨块，可能是骰子	—	—	—	—	2	—

	不同地点出土器物的大致总数					
	A	B	C	D	E	地表
陶器						
碎陶片	—	—	—	—	8	1
长柄勺手柄	1	—	—	—	—	—
A 型网坠	2	—	—	2	3	9
弩机的青铜栓	—	—	—	—	—	1
铁器						
钻头	—	—	—	—	1	—
各种残片	—	2	—	—	1	—
缝制皮带	1	—	—	—	—	—
纺织或编制物，成组或单件	1	3	1	1	3	—
缠绕在木橛上的纱线	—	—	—	—	1	—

在屋角东南约 10 米处发掘了一个壕坑，壕坑靠近一个平坦的面积较大的高约 1 米的土墩。这个探方（地点 D）尺寸约为 6 米×1 米，草、树枝、灰和木炭层中出土了许多遗物。遗物主要是数量近 400 枚的木简和无数小残片，如五铢钱、许多木器、陶器和一组纺织物。

靠近土墩中间还发掘了另外一个壕坑（地点 E），尺寸为 3 米×2 米，向下达到周围地面的水平高度（深 1 米）。沙砾层以下为一个厚 10 厘米的木炭层；往下为草和树枝层，这一层中发现了这个探方的第一件遗物。再往下是几层较厚的烟灰和灰烬层，出土了一大堆器物，主要包括与前述探方发现的数量相近的木简、许多木器、竹器、葫芦器、芦苇器、角器、骨器、陶器、铁器、纺织物或编制物。

以下遗物目录中最后所描述的标本是从地表采集的，部分来自烽燧附近（A. 32：1—3）、部分来自关门以东约 20 米处（A. 32：4—13）。

遗物目录：

A. 32：A；

（前 3 个数字有误，应该是采自地点 B 地表的 3 件器物）

1. 大泉五十钱，保存完好。直径 26 毫米。图版 4：15。

2. 半枚五铢钱。

3. 窄铁棒残片，锤打而成，保持原有的钝角且锋利的尖端。锈蚀严重。长（4）厘米，宽 0.7 厘米，厚约 0.2 厘米。

4. 1a 型木封泥盒，表面平滑，封槽周围有 7 根绳索的痕迹。尺寸为 6 厘米×3 厘米×1.2 厘米。

5—6. 2 段圆形白杨树枝，一边有 2 道横向深锯槽，距末端 1.5 厘米。第 6 件锯槽之间的部分被切掉。为 1 或 2 型封泥盒的制作材料。长 5.7 厘米，直径 3.7 厘米。第 6 件，图版 14:1。

7. 粗树枝的一段，截面为椭圆形，向一端逐渐变细。尺寸为 4.4 厘米×4.3 厘米×3.4 厘米。

8. 小木器，主要是一个正方形棱柱体，一截剖面为椭圆形的凸榫从一端凸出。凸榫因使用而出现磨损，主体部分的中段有一圈刻压环纹。质地为硬木。棱柱体的尺寸为 4.5 厘米×2 厘米×2.4 厘米，凸榫的尺寸为 2 厘米×0.8—1.1 厘米。图 171:4。

9—11. 3 个大致呈楔形的木橛，第 10 件绘红色。长 9.6—10.8 厘米。

12—14. 3 个宽木楔，粗大的一端绘成红色。长 4.5—5 厘米，宽 3—6.4 厘米，厚 0.9—1.1 厘米。

15—16. 2 片小木块，一端较薄，另一端绘成红色。长 3.8 厘米和 2.9 厘米，宽 1.5 厘米和 1.7 厘米，厚 0.7 厘米。

17. 同上，残片。

18—20. 3 个木楔，粗大的一端绘成红色。长 6.3—7.6 厘米，宽 1.1—2 厘米，厚 0.4—1 厘米。

21. 楔形木橛残片，绘成红色。尺寸为（4.8）厘米×1.4 厘米。

22. 长方形短木块，一角被斜削。尺寸为 5.3 厘米×1.8 厘米×1.5 厘米。

23. 质地粗糙的木棱柱体。尺寸为 2.3 厘米×2.6 厘米×1.5 厘米。

24—26. 3 片小木块，可能原属于一个硬木做成的棱柱体，绘成红色且其上装饰黑色线纹。用作游戏或占卜的骰子，如图版 12:17 一样。截面尺寸为 3 厘米×3.3 厘米。

27. 素简，很平整，硬木（柽柳？）制作——普通木材制作的较软。尺寸为 22.9 厘米×1.2 厘米×0.3 厘米。

28—32. 素简的 5 片残片。宽 1.0—1.9 厘米，厚 0.3—0.6 厘米。

33. 小木刮铲残片，刃部呈圆形。长（6.8）厘米，刃部宽 1.3 厘米。

34. 圆边细木棍，一端较钝。尺寸为 18.7 厘米×1.2 厘米。

35—37. 3 根竹棍，第 36 件末端尖细。长 18.2 厘米、22 厘米和（9.7）厘米。

38—40. 3 个削制粗糙的木橛，第 38 件两端尖细，第 39 件一端尖细。长 25.7 厘米、13 厘米和 23 厘米，直径 0.4—0.7 厘米。

41. 木筷子残片。长（14.6）厘米。

42. 多边形木橛残片。直径 1.2 厘米。

43. 苇秆，可能是箭杆。长（11.5）厘米。

44. 长方形木板。尺寸为 9.3 厘米×4.2 厘米×0.8 厘米。

45. 同上，末端被斜切。尺寸为 15.3 厘米×4.7 厘米×1 厘米。

46—48. 木转射的 3 个构件，均用硬木制作。可旋转的第 46 件为圆柱体且和 A.7:1（图版 9:12）属同一种类型，与转轴垂直的地方被掏空；嵌有方形凸榫的一端的有一个直切边的长方形契槽（A.7:1 相应的边为斜边，并且后者的凸榫较大）；末端有平顶枢轴，直径 3 厘米，长 2 厘米和 1.4 厘米；整个圆柱体长 27.4 厘米，直径 7.2 厘米。第 47 件可能是一个四棱长方形框架，由一个制作粗糙、带一个圆洞（直径 3.5 厘米，深 2.8 厘米）的长方块组成，圆洞几乎在安装圆柱体枢轴的宽边的中心位置；圆洞的每一侧有一个长方形孔，一个孔中保留有一个用于容纳从类似下述第 48 件器物的部件部分延伸出来的楔子，带楔子的孔的窄的一侧，部分地被一个长方形孔横穿，这个孔中有一个扁平的旋转座架，部分被绘成红色。长 34.5 厘米，宽 7 厘米，厚 4.2 厘米。第 48 件和圆筒状的第 46 件器物是一套，主要是一个长方形块，一面扁平，另一面中段凹陷而边缘部分凸出；每一端有一个长

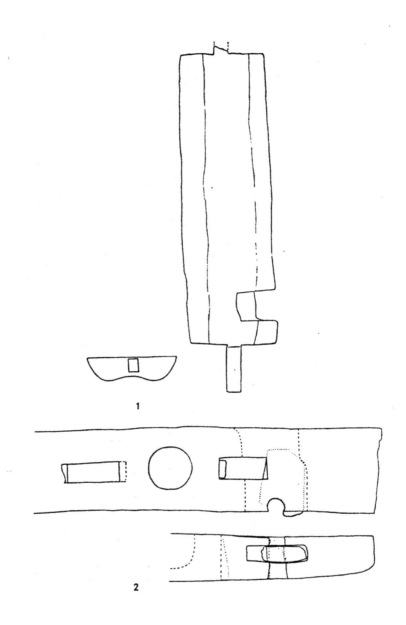

图 158

图版 9:13 中木转射的两个构件：A. 32: A；47（2）和 48（1）。比例为 1/3。

方形凸榫，其中一个凸榫已经断裂；离一端 2 厘米的一边有一个正方形契凹口，可能是第 46 件器物的相应凸榫；部分被绘成红色。不算凸榫长 24 厘米，宽 7.2 厘米，厚 2.1 厘米。图 158:1，2，图版9:13。

49. 外观有棱脊的椭圆形碗的耳柄（参看图版 6:18），漆色保存完好，外部黑色，内部鲜红色。器壁边沿有棱脊。长 10 厘米，高 2 厘米。

50. 短且平的髹漆细竹片，较宽的一端附近穿有一个直径 3 毫米的圆孔，向另一端逐渐变细，另一端延长成为一个长 1.6 厘米的窄凸榫。整个竹片略呈拱形的一面髹黑漆，装饰横向鲜红漆线。长

7.5 厘米，厚 0.40—0.35 厘米。图 172：2。

51. 金字塔形小木棱柱体残片，上有一个已经断裂的圆凸榫（直径 1.7 厘米）；可能是物件顶端的装饰物。较长的一边凸出，各面都保留有黑色漆的痕迹。高 4 厘米，边宽约 2.4 厘米。

52. 髹黑漆的硬木雕刻物残片，由两半组成，现在被漆粘在一起。长（13.7）厘米，一边宽 1.2 厘米。图 168：11，图版 9：3。

53. 制作粗糙的有 4 根梳齿的大梳子或梳状工具残片。长 10.5 厘米，厚 0.8 厘米。

54. 2 根短芦苇，用植物纤维较疏松地捆绑在一起，保存完整的一端被斜切。长（6）厘米。

55—56. 2 个 A 型陶网坠。长 4 厘米和 3.6 厘米，直径 1.5 厘米和 1.4 厘米。

57. 草泥薄墙皮，绘成红色。

58. 缝有皮革并且边上留有针眼的皮带残片；一端直，另一端被撕掉；一条长边完整，另一条长边沿着针眼被纵向剪掉。中段和靠近每一端的地方为成排的针眼，针眼内原本有打成结的植物纤维绳，现在已被扯掉。长（43）厘米，中段宽 3.4 厘米，末端可能宽 1.8 厘米，直端厚 0.15 厘米，另一端厚 0.3 厘米。图 174：2。

59. 有朱红色阴影的鲜红丝绸残片（参看希尔旺，1949，第 29 页）。

60. 长柄陶勺的短且呈圆形的手柄；残端的剖面为多边形。蓝灰陶（A 型黏土）。长 13 厘米，直径 4.5 厘米。图版 1：6。

地点 B（参看 A. 32：A；1--3）
A. 32：B；

1. 有图案的 2 大块和许多小块丝绸残片，为天然褐色和蓝绿色复合经线棱纹织物（参看希尔旺，1949，29 页和 120 页，图 64，图版 15A）。

2. 1）—11）天然褐色、绿色、灰色、蓝绿色、浅红色丝绸残片（参看希尔旺，1949，第 29 页）。

3. 1）—3）玫瑰红、天然褐色丝绸和丝绸填料残片（参看希尔旺，1949，第 29 页）。

P22：

1. 1 或 2 型木封泥盒，已收缩。长约 4 厘米，宽 2.2 厘米，厚 1.2 厘米。

2. 圆铁棒的一端，锈蚀严重，用绿色和黄色（天然？）丝条缠绕，可能是器物或工具的手柄。长 12.5 厘米，直径约 1.7 厘米。

3. A4 型木封检。尺寸为 12.7 厘米 ×1.9—3.1 厘米 ×0.6—1.9 厘米。

13. 小木铲的制作材料，是刻削粗率的白杨树小枝条。通长 10.2 厘米，手柄部分长 3 厘米，刃部宽 1.2 厘米。

地点 C
A. 32：C；

1. 1a 型木封泥盒的纵向残片。长 4.2 厘米。

2. 残破的薄木刮铲，刃部前端、手柄后端都断裂。长（21.3）厘米，刃部宽 1.8 厘米，手柄宽约 1 厘米。

3. 竹筷子残片，中段髹黑色漆，保留下来的一端髹红色漆。横截面呈六边形。长（14.2）厘米。

4. 多边形木橛残片，一端尖细。长（7.7）厘米，直径 1.4 厘米。

5. 短竹棍。尺寸为 7.5 厘米 ×0.9 厘米。

6. 素简残片。尺寸为(8)厘米×3.5厘米×0.2厘米。

7. 相当小的椭圆形木碗的下部，属于制作较粗糙的类型（参看图版6:18）。内部髹红色漆，外部髹黑色漆。下面扁平且呈椭圆形。通长（14.2）厘米，下面长5厘米。

8. 长方形木块，一面扁平，另一面较长的一边呈圆形，角略凸出。尺寸为16.5厘米×3.8厘米×1.2厘米。

9. 1）—5）天然褐色、褐色和酒红色丝绸残片（参看希尔旺，1949，第29页）。

P.（编号不详）

异常大的A5型木封检，中段凸出物顶端和封泥槽部分以下倾斜的楔形正面都有书写痕迹。穿过顶端（封档已经残缺）且和顶端垂直的是一个在中间封档处截止的直径1.2厘米的圆形槽。尺寸为23.1厘米×4.8—7厘米×0.5—2.8厘米。图166:4。

地点D

A. 32: D；

1—9. 9根木棍、木橛和素简等，制作都较简率。

10. 木棍，一端呈楔形。尺寸为21.3厘米×1.3厘米×0.6厘米。

11. 斜切的竹棍。尺寸为17厘米×0.8厘米。

12—24. 13个木橛，剖面主要为圆形，有保存完整的，也有残破的。其中5件的一端尖细。

25. 短竹锥。长9.7厘米，厚0.7厘米。

26. 长且窄的木棍，剖面为半圆形，向一端逐渐变细。长22厘米，宽0.6厘米。

27. 竹筷子，上有黑色颜料或漆的痕迹。长20.7厘米。

28—30. 木筷子的3截。

31. 竹签，很细长，一端尖细。可能是牙签。长9.4厘米，顶端直径0.2厘米。

32. 竹管残片，可能用作容器。长9.3厘米，直径1.4厘米。

33. 封泥盒或封检的小块残片，前者可能属1型。

34. 普通汉代小木梳，梳齿为中等大小而且已经断裂。用类似白杨的木材制作（这种材料不是普通材料，可能是红褐色细纹木）；可能是由于潮湿的缘故，横向翘曲较严重。宽4.5厘米，厚（均匀）0.45厘米。

35—36. 2个制作粗糙的门闩形短硬木橛。长11厘米和9.2厘米，宽1.1厘米，厚0.4—1.1厘米和0.9—1.5厘米，头部长2.2厘米。

37—42. 6个小木块，主要是楔子、棱柱体或废弃的木料。

43. "雌"火棍，一边有一个烟熏的深形"钻火孔"。主要是一个带有纵向大孔的较大的长方形残片，横向有一小孔。尺寸为7厘米×3厘米×2.3厘米。图152:5，图版6:9。

44. 木片做成的刮铲残片，刃长且呈长方形。宽1.7厘米，厚0.2厘米。

45. 外观有棱脊的椭圆形木碗的耳柄（参看图版6:18）。内部髹红漆，外部绘黑彩（或髹黑漆?）且其上装饰常见的红色豆荚图案。长10厘米，高3厘米。

46. 外观有棱脊的椭圆形木碗壁的残片，内部髹红漆，外部绘黑彩。

47. 相当小的椭圆形木碗碗壁残片，表面平滑（与图29中的A.8: Ⅱ；205相似），红色漆底上装饰精致的绿色和黑色漆图案。保存下来的残片显示出其图案是由口沿内外边缘分布的边饰组成：外部边饰有黑色同心圆和两条黑色环形双线之间相当不规则的黑点；内部边饰主要是两对浅绿色环形线，环形线之间为黑色细斜线，斜线部分互相交叉，三角点纹排列成行，也是黑色。涂层和器壁的两处被一个小孔穿透，孔中有木塞，可能是修复时用的。残片长（5.5）厘米，从边缘开始算起，高 3 厘米。图 159。

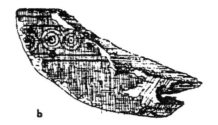

图 159
椭圆形木碗碗壁残片，A. 32：D；47，a 为内壁，b 为外壁。

48—49. 2 枚五铢钱，直径 26. 5 毫米。

50. A 型陶网坠。长 3. 8 厘米，直径 1. 2 厘米。

51. 1—6 褐色的天然丝绸和丝绸填料（1—4）残片，3 根植物纤维绳和一件（6）植物纤维环形物，后者直径 25 厘米且用 2 根粗 0. 15 厘米的绳子做成（参看希尔旺，1949，第 29 页）。

P. 171：

29. A 型陶网坠。纵向孔中还保留有绳子的痕迹。长 3. 1 厘米，直径 1. 2 厘米。

P. 347：

1，3，5. 3 个 1a 型木封泥盒，第 5 件制作粗糙。长 4. 2 厘米、4. 2 厘米和 3. 3 厘米，宽 3 厘米、3. 2 厘米和 2 厘米，厚 1. 6 厘米、1. 4 厘米和 0. 7 厘米。

4. 1b 型木封泥盒。尺寸为 4 厘米 ×2. 3 厘米 ×1. 6 厘米。

2. 2 型木封泥盒，两边封档与封槽底部处于同一高度的地方都穿有 2 个孔。尺寸为 5. 5 厘米 ×3. 4 厘米 ×2 厘米。

6—7. 1 或 2 型木封泥盒的 2 块残片。

8—10. A1 型木封检 3 块残片。宽 2. 6 厘米、2. 7 厘米和 2. 6 厘米，厚 1. 1 厘米、1. 6 厘米和 1. 2 厘米。

11—12. 封泥盒或封检的 2 小块残片。

地点 E
A. 32：E；

1. 1b 型木封泥盒。尺寸为 4. 9 厘米 ×2. 8 厘米 ×1. 5 厘米。

2—3. 2 个 1a 型木封泥盒。尺寸为 4. 8 厘米 ×3 厘米 ×1. 8 厘米和 5. 1 厘米 ×2. 6 厘米 ×1. 4 厘米。

4. 同上，1 型残片，两头封档与封槽底部处于同一高度的地方穿有纵向小孔，可能用来拴系封缄简牍（1b 型）。长 4 厘米，厚 1. 4 厘米。

5—14. 1 或 2 型封泥盒的 10 块残片。

15. 长木橛，剖面尖椭圆形。尺寸为 39. 3 厘米 ×1. 2 厘米 ×0. 5 厘米。

16. 同上，已被烧掉，略厚。

17. 长木橛，剖面长方形，中段用黄色和灰色丝线缠绕。尺寸为 23.3 厘米 ×0.7 厘米 ×0.5 厘米。图版 12:6。

18—19. 2 根细长的木棍，一端呈楔形。长 23.1 厘米和 20 厘米。

20. 木片，末端略尖细，很平滑。尺寸为 21 厘米 ×1 厘米 ×0.3 厘米。

21. 矛尖状木片，磨损严重，尤其中段更是如此，工具（?）。尺寸为 15.8 厘米 ×1.3 厘米 ×0.3 厘米。

22—28. 7 枚木片，部分为素简。

29. 宽木片残片，保存下来的一端呈圆形，未断裂的另一端较宽。刮铲（?）。尺寸为（22.3）厘米 ×3.1 厘米 ×0.4 厘米。

30—32. 3 枚烧残的木片。

33. 短木橛，一端尖细，另一端有磨损的痕迹。尺寸为 9.9 厘米 ×1.1 厘米 ×0.3 厘米。

34. 木板的纵向残片，为长方形，断裂的较长的一边附近穿有一个直径 3 毫米的圆孔，孔内有绳子的痕迹。除断裂处外，其余表面都绘黑色。尺寸为 13.7 厘米 ×（2.4）厘米 ×1 厘米。

35—38. 4 根扁平的竹棍。长 9.4—27.6 厘米。

39. 细长的竹片，向末端逐渐变细，两端都有 2 道深契口。长 28.5 厘米，宽 0.3—0.5 厘米。图 168:5。

40—41. 2 枚短竹片，一端尖细，第 41 件呈自然拱形。尺寸为 7.8 厘米 ×0.8 厘米和 11 厘米 ×1 厘米。

42. 木片的纵向残片，只有宽边的中段较光滑，这一边有一个穿凿粗率的孔。尺寸为 21.7 厘米 ×1.7 厘米 ×0.8 厘米。

图 160
一个木棱柱体，装饰黑色图案，A. 32: E; 57，四面直视图。可能是游戏或占卜的散子。比例为 1/2。

43. 带斜切边和一端有一个圆形的尖端细的长 1.5 厘米的凸榫的长方形木橛的切下来的部分。尺寸为 13.5 厘米 ×1.9 厘米 ×1 厘米；凸榫厚 2 至 4 毫米。图 167:20。

44. 有烧灼痕迹的长方形木片残片，可能是悬挂式标签，顶端磨损且呈圆形，一面有 1 道锯槽横穿而过。尺寸为（10）厘米 ×1.6 厘米 ×0.5 厘米。图 167:25。

45. 不规则的木块残片，保留有磨损的痕迹，可能是较大器物的一部分。

46. 雕刻的木橛，一半的剖面呈正方形，从一端刨掉了长 5 厘米的一部分，另一半向圆形的一端（略烧焦）逐渐变细。尺寸为 17.7 厘米 ×1.3 厘米 ×1.2 厘米。图 168:18。

47—49. 各种类形木橛的 3 块残片；第 47 件长 9 厘米，截面半圆形，一端尖细，另一端保留有一个圆轴的痕迹（直径 1 厘米）。

50. 木块的被锯下且有磨损痕迹的一端，可能曾是较大器物的一部分。窄的一边上穿有一个用来嵌入枢轴的长方形孔洞及一个圆孔（直径 0.8 厘米，长 2.5 厘米）。尺寸为 4 厘米 ×7 厘米 ×2.5 厘米。图 170:7。

51. 略微弯曲但光滑的小硬木橛，截面呈抛物线形。尺寸为 5.7 厘米 ×0.7 厘米 ×0.5 厘米。

52. 窄小的竹刮铲，从手柄至刃部略变宽。尺寸为 13.4 厘米 ×0.8 厘米。图 119:4。

53. 木刮铲的手柄，截面为椭圆形。尺寸为 9.7 厘米 ×1.1 厘米。

54. 木刮铲的刃部，向前端逐渐变细，前端宽 2 厘米。

55. 长方形薄木块，保存下来的宽 6.6 厘米的一端的角为圆角。

56. "人面画"木橛（？）的制作材料，主要是一根扁平的木桩，其一半为斜边长方体，另一半向尖细的一端逐渐变细，这一端的截面呈尖椭圆形。尺寸为19.5厘米×1.9厘米×0.4—0.5—0.7厘米。

57—58. 2个木棱柱体，四面都装饰黑色对角线和圆点，有细微差别。可能是游戏或占卜的骰子。尺寸为2.3厘米×1.5厘米×1.4厘米。图160，161:4。

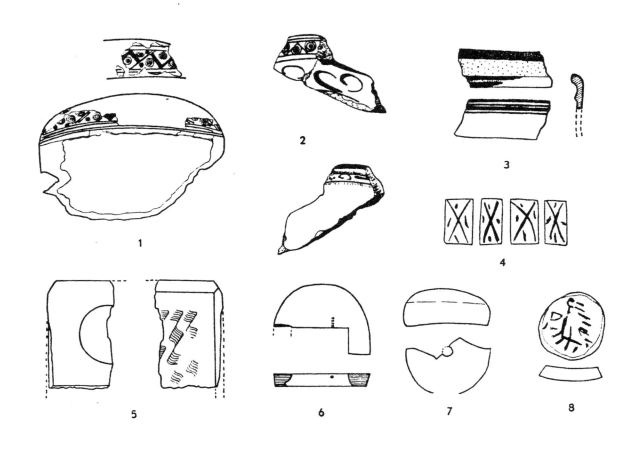

图 161

汉代遗迹中发现的各种杂器：漆木碗（1—3）和漆木盒（5，6）残片，装饰黑彩的一个木棱柱体（4）和带黑彩圆形陶器碎片（8），一个陶纺轮（7）。比例为1/2。1. A. 32：E；103。2. A. 33：5；21。3. A. 33：5；25。4. A. 32：E；58。5. A. 33：4；142。6. A. 33：4；143。7. A. 35：12；4。8. A. 21：Ⅱ；69。

59—61. 3个木棱柱体，可能与上一件一样是制作骰子的材料。尺寸为2.2厘米×1.1厘米×1厘米、1.4厘米×0.8厘米×0.8厘米和1.4厘米×2厘米×1厘米。

62. 半圆形窄木棍残片，有人的牙印。宽1厘米，厚0.4厘米。

63—65. 3根短竹棍。长4.5—7.5厘米，宽1.6—1.9厘米。

66. 长方形小木块，一端略凹，另一端呈抛物线形。尺寸为3.8厘米×3厘米×0.2厘米。

67. 正方形小木片，一边的两端有圆形枢轴，相对的一边较薄。尺寸为4.3厘米×4厘米×0.2—0.6厘米，枢轴长0.6厘米和0.7厘米。图171:16。

68. 扁平的长方形小木块，一角伸长成为一个形似凸榫的正方形短木块。尺寸为5厘米×2.2厘米×0.2厘米。

69—70. 2件小木片，边缘有不对称的契口，可能是较大器物的小件装饰。制作最精致的是第69件，长9.3厘米。参看图171:8。

71. 锯掉的一根树枝，中段缠绕丝带。长4.5厘米，直径2厘米。

72. 长方形小骨板，一面保留有墨色菱形图案；可能是游戏或占卜的骰子。

73. 与72相仿的骨板残片，但没有描绘的痕迹。尺寸为3.4厘米×（1.3）厘米×0.3厘米。

74. 锯下来的角的尖端。长4厘米。

75. 木橛，一端尖细，另一端形成了一个凸榫。长19厘米，直径0.6厘米。

76—77. 竹筷子的2截，一端的红色漆有黑彩。长（13.5）厘米和（9.7）厘米。图172:5，4。

78—80. 3根木筷子，第80件上还有树皮。长23.3厘米、23.1厘米和20.9厘米。

81—94. 14根木筷子（发现了许多小残片，但没有采集）。

95—97. 3根竹牙签。长8.1—10.1厘米。

98. 5根细芦苇条，用植物纤维捆绑在一起呈扁平状，其一端斜切且有磨损的痕迹，可能是用于往木头上描墨线或类似用途的刷子。长13.5厘米，宽0.8厘米。图172:9。

99. 表面光滑的装饰性木栓残片，截面呈尖椭圆形，末端向后斜向断裂，每一端有两条平行的红色漆线。长（7.5）厘米，宽0.9厘米，厚0.6厘米。图172:1。

100. 硬木板残片，一边髹了一层薄薄的黑漆，另一边的一端被斜切。尺寸为7.2厘米×2厘米×0.5厘米。

101. 外观有棱脊的木碗壁的一小部分和耳柄（参看图版6:18）。外部曾绘黑彩。长14.3厘米，高1.7厘米。

102. 表面平滑的椭圆形木碗耳柄（参看图版6:17），非常小。内部髹红漆，外部髹黑漆。长7.3厘米，高1.4厘米。

103. 表面光滑的椭圆形木碗壁的一小部分和耳柄，耳柄外部黑漆底上装饰精美的红漆图案：同心圆、圆点、部分呈之字形的细线和粗线。碗壁内部髹红漆，外部髹黑漆。长9.7厘米，高2厘米。图161:1。

104. 表面光滑的椭圆形木碗耳柄的较大部分，表面上有黑漆的痕迹，内部向下至少0.9厘米——可能整个内部都为黑色。长（7）厘米，复原以后长10厘米，高1.5厘米。

105. 船状椭圆形木碗底部残片，背部为圆形（与图28相仿）。长（9.5）厘米。

106. 同上（？），碗壁残片，制造粗糙，内部髹红漆，外部绘黑彩。长（4.3）厘米。

107. 表面光滑的椭圆形薄木碗壁小残片（与A.8：Ⅱ；205相似，图29）。内部髹红漆，外部髹深褐色或黑色漆。

108. 外观有棱脊的椭圆形木碗的小块残片，内部髹红漆，外部绘黑彩。

109. 木碗的薄壁部分的小块残片，可能是椭圆形碗或杯，内部髹深红色或褐色漆，外部髹黑漆。

110—111. 2片葫芦。

112. 铁棒残片，可能是凿子（？），锈蚀严重。尺寸为（6.5）厘米×1.5厘米×0.4厘米。

113. 铁钻头，正方形铁棒锤打而成。铤部扁而薄，向下直到钻头的长方形部分（6毫米×3.5毫米）为圆楔形。上有锈迹但保存完好。长7.3厘米。图版5:6。

114—116. 3个A型陶网坠，部分残破。长3.2—3.7厘米，直径0.9—1.2厘米。

117. 大陶罐口沿部分残片，主要是用植物纤维绳拴系在一起的2块陶片。直沿，高4厘米，且从极其鼓圆的装饰绳纹的肩部伸出。A型陶，外表面呈蓝黑色。图版2:1。

118. 大陶器口沿部分残片，直沿且高2厘米。浅灰褐色，陶质均匀，掺少量砂，外表面呈黑色、光滑、无装饰花纹。硬度为6.0Mohs。

119. 大陶器残片，装饰绳纹，与第 118 一样为浅灰色，但质地较软。图版 2：6。

120. 同上，装饰窄边内的格子纹，并被 2 道纵向凹痕所分隔。浅蓝灰，陶质均匀，外表的一部分光滑且呈黑色。最大量约 17 厘米。图版 2：5。

121. 小陶片，与 120 的装饰图案一样，陶质也相同，外表面呈黑色且光滑。

122. 同上，装饰较宽的压印边饰和格子纹。为质量较差的浅灰褐色夹砂陶，外表面呈黑色且光滑。

123. 相当小的陶器底部残片，基部直壁。浅灰褐色，陶质均匀，表面无装饰图案。扁平的底面直径 5.5 厘米。

124. 陶器底部残片，有气孔。背部装饰横向的刻画纹。A 型陶，外表面呈深灰色。硬度为 6.0Mohs，图版 2：7a，b。

125. 深蓝色丝带编成的 2 段辫状物，质地良好。长 19 厘米和 9 厘米，宽 0.6 厘米（参看希尔旺，1949，第 29 页，第 83 页，图版 5E）。

126. 1）—30）丝质服装、丝绸填料和纤维织物残片。部分缝补过的丝绸为天然褐色、绿色、蓝绿色、蓝色和红色。第 28 件是一个用褪了色的红色和绿色丝绸卷成的小圆锥形物，外部缠裹一块红褐色丝绸（参看希尔旺，1949，第 29—30 页）。

127. 1）—8）顺合股丝线束（第 1 件长 8 厘米），不同种类的细线和粗绳（2—8），有些扎成环。第 7 件长 57 厘米（参看希尔旺，1949，第 30 页）。

烽燧附近地表发现的遗物

A. 32：

1. 弩机的青铜扳机残片。截面为圆形，直径 1.2 厘米，一端为立方体的插头（尺寸为 1.5 厘米 ×1.5 厘米 ×1 厘米）。图版 4：16。

2. 较大的一块木板，一端附近较宽的一边有一横向切槽，切槽宽 6.5 厘米。槽和另一端之间，靠近一边的地方有 2 个大圆孔。可能是一件较大器物的一部分。尺寸为 27 厘米 ×7.7 厘米 ×2 厘米。图 170：11。

3. 几乎为正方形的木板，短的一端延长成为一个长方形凸榫，凸榫的厚度只有木板的一半。尺寸为 10 厘米 ×7.8 厘米 ×1.5 厘米。

关门以东 20 米处地表发现的遗物

A. 32：

4—12. 9 个部分残破的 A 型陶网坠，红陶制作，工艺粗糙。长 4.9—5.5 厘米，直径 1.8—2.5 厘米。

13. 陶器的小块残片，素面，呈红色，夹砂陶。

地湾遗址 A33（南乌兰都儿孛斤）

这个保存完整的被称为乌兰都儿孛斤[1]（蒙语义为红城子）的要塞，位于额济纳河右岸且包括一个规模较大用土夯筑而成、正方形（22.5 米 × 22.5 米）的带 2 道坞墙的建筑物遗址（见平面图 162）。这个城障的位置在前述带有烽燧遗址的关门以南几百米，说明它曾是扼守额济纳河北部入口的主要防御基地。

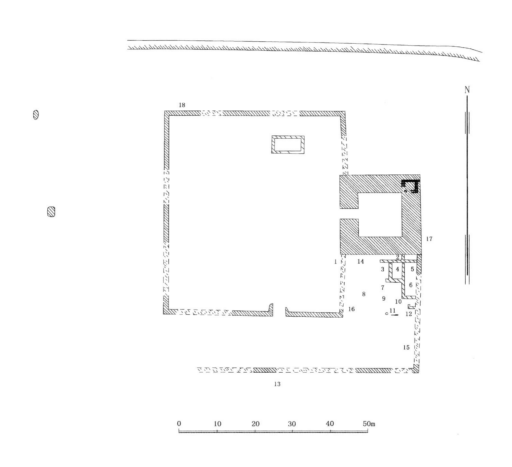

图 162
毛目地区乌兰都儿孛斤要塞平面图（A33）。

方形城障墙体基部的厚近 5 米，高 8.4 米。呈拱形的门位于西侧墙体（从此处墙体的特征来看，属于较晚的时期，原来汉代的南门，后来被封闭了，从部分坍塌的南墙的碎石堆中可能会探寻到一些

---

①这个名称也代表另一处城障，即位于额济纳绿洲的遗址 84，可参看第 178 页（《亚洲腹地》图版 16），此页内有斯坦因所绘现存城障略图。此图是他在结束了额济纳河流域北部的考察后的归途中完成的，因时间所限，未能在此开展发掘工作。他只作了简单的描述（参见《亚洲腹地》第 414 页）："这处被称为乌兰都儿孛斤的城障，规模小但却显得拙朴，就大小与建造方式而言，其与 T. XLVI-II（即城障 179，大湾）相仿，且亦属汉代。"

相关的痕迹）。哈喇浩特占领期间，在东北角的墙顶，用薄土墼加盖了一间高 1 米、尺寸为 3 米 × 2.5 米的小屋，房墙用薄土墼以 6 层竖砌 6 层平砌交替方式进行砌筑；墙顶上有一些拳头大小的石头，可能被这个要塞的最后一批驻守人员当作雷石使用。我们在这里没有发现任何与哈喇浩特地区相似的登顶台阶，但显然障内曾经有过木质结构，如果不是三层的话，可能至少也分为两层。尤其是北墙上，在一半高度以上的地方可以很清楚地看到一排穿插横梁的孔，在东北角 2 米以上也有一些孔。在要塞内地表的碎石堆附近发现了木炭层，可能是后来野营篝火的遗留。障内或墙上都发现了汉代类型的碎陶片，但没有采集，下表所列的都是来自要塞以外的若干个地点。

要塞的最大范围可以延伸为一个约 100 米 × 100 米见方的由残存塞垣或夯土墙圈成的大院。遗物主要采自紧邻要塞的掩体（即通道）处和其他附近几个地点。

保存最完好的残墙形成一个尺寸约 55 米 × 48 米的院落，位于障西且与其西北、西南角相连；残墙基部宽 1.3 米，几处的高度都达到了 3 米。南侧的门以两堵矮墙为门墩，西面的一堵用土墼砌成。北墙以内有一间长方形房屋的低矮遗迹，院落中心附近有两个矮土墩，上覆盖有小石块且包含烧焦痕迹的地层。

院落入口被相同构造的另一堵坞墙遮挡，这一坞墙从要塞东南角延伸到南侧，然后沿着院落的南墙直折，其西端已被侵蚀得踪影全无①。坞墙与要塞之间的特定区域，发掘结果显示了几间房屋的地基（地点 1—16），大多数地基完全被部分倒塌的要塞南墙的碎块所掩盖。房屋的墙壁可能都是夯土筑成，夯土被冲刷掉，只剩 70 厘米厚。在要塞南墙和房屋 3—5 之间的通道上（地点 1—2），发现了一部分芦苇屋顶。在房屋遗址发现的遗物来自不同高度，如有从地面上，也有从地面以下采集的。在保存较好的房屋南侧和西南的几个发掘地点，没有发现倒塌的要塞墙壁的碎块，遗物都是从浅表即现存地面以下 20 厘米左右的地方采集的。

整个区域的北侧主要是一个厚 2 米、长 100 米的夯土城墙，现在看上去好像只是地面上的一道隆起物，它和河流成直角，与北侧坞墙相距约 20 米且与之平行。很可能，这道残墙在西端与另一残墙垂直相连；院落西侧约 30 米的地方有 2 个土堆，可能是这种残墙的遗迹。

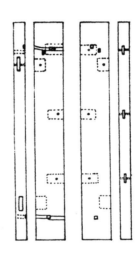

图 163
木板的四个侧面图，可能原来属于门框。在地点 1 发掘。比例为 1/20。

地点 1

坞墙附近通道的东侧部分。此处出土了遗物 A.33:1；1—3，都为木质：一个圆筒形容器的残片，一把残破的刮铲和一个弯曲的橛。

被遗留在原地的有一块长 120 厘米的木板，见图 163，可能是门边框。长方形，剖面呈正方形，有几个接榫的孔和槽。

地点 2

①可能是曾紧贴庭院西南角流经的河流向东的折曲成一条支流造成这样的结果。如今，河流在距庭院西墙约 100 米处流过且与西墙几乎成直角。

在通道西侧，出土了许多木简、几件木器，见以下遗物目录。

地点 3

通道以南房屋中的一间。出土了许多木简和木器、陶器、一块芦席、包裹着不同色泽丝绸的竹棍残片。

在这间房屋北墙附近堆积的坍塌了的屋顶下面的较高位置，发现了 2 张残破的纸片，一张带字迹，另一张有彩绘图案。可能都属于西夏或稍晚时期。

地点 4

是一间尺寸为 4.5 米×3 米的房屋，是所有现存单独遗址中出土人工制品数量最多的一处。除了总数约 2000 枚的木简外，遗物还包括木器、竹器、芦苇器、树皮制品、陶器、青铜器、铁器、皮革和纺织物（包括帛书）残片。

地点 5

与以下地点 6 一起形成了一间房屋，尺寸为 9 米×3 米。此处出土了木器、竹器、陶器、青铜器、铁器和纺织品残片；木简的小块残片和 1 枚五铢钱。

地点 6

出土的遗物包括木器、竹器、葫芦器、藤器、陶器、青铜器、皮革制品和纺织物。最引人注目的采集品是 2 件帛书，图版 17：5，8。

地点 7

出土了木器、竹器、芦苇器、角器、陶器和纺织物残片。

地点 8

出土了木器、竹器、铁器和纺织物。

地点 9

出土了木器、竹器、芦苇器、陶器、铁器和藤器。

地点 10

出土了木器、竹器、陶器、铁器和灯芯草编的球。

地点 11

主要是一处有较厚的木炭和炉灰层的夯土地面，火坑将地层烧成了红色。地面上还有一个带墙的窄沟渠，沿东西方向延伸，长 3 米，宽只有 20 厘米，深 20 厘米。出土了木器、竹器、陶器、铁器、灯芯草编制的器物和纺织物残片。

沟渠附近立着一个大陶壶，用沙砾和踩实的土固定，只有口沿和肩的一部分在地面以上。高 52 厘米，口沿直径约 35 厘米，腹部直径约 63 厘米，底部直径 20 厘米，这些尺寸都从内部量得。以下标为 A. 33：11；10 的小碎陶片，可能就属于这件陶壶。

地点 12

出土了木器、玻璃器（一颗珠子）、陶器、青铜器、铁器和一组纺织物残片，其中包括 1 个丝袋。在现存遗址还发现了 2 枚五铢钱中的 1 枚。

地点 13

出土了木器、陶器、青铜器、铁器、皮革器、植物纤维织物（例如：绳编的 2 只凉鞋、3 只编制而成的鞋、编制的雨衣残片）、丝绸残片。

地点 14

出土了 6 枚木简，7 件不太重要的木块被遗留在了发现地，以下目录中的器物 P. 333:1，12，15，主要是 1 根绳子、1 件铁器的残片、陶网坠的 1 块残片及丝绸残片。

地点 15

出土了 8 枚保存状况较差的木简、一些素简、陶器 P. 322:1—3。

地点 16

是要塞以南围起来的区域内发掘过的最后一个地点。出土了 1 枚木简、1 块写有大字的残纸（出土于上部地层）、木器 P. 343:3，4。

地点 17

主要是位于要塞东墙以外且靠近东墙的一个弃物堆。出土了几枚木简、几个木橛、皮革残片、丝绸和绳子、木器 P. 200:9—11，第 9 件是一枚小印章。

最后，我们在院落（地点 18）北墙进行了试掘，出土了 1 枚木简、椭圆形木碗或钵的残片。

遗物列表：

	地点及所出器物大致总数													
	1—2	3	4	5	6	7	8	9	10	11	12	13	14—16	17—18
五铢钱	—	—	—	1							1			
木器														
素简	—	39	—	8	16	9	—	—	10					
有铭文的器物	—		2											
封泥盒，封检	1	1	18	5	3	10	4	4	2	7	1	13	—	—
印章，标记印戳（?）	1	—	—	—	—	—	—	—	—	—	—	—	—	1
悬挂式标签	—	—	3	—	—	—	—	1	—	—	—	—	—	—
彩绘木板残片	—	—	—	—	—	—	—	1	—	—	—	—	—	—
游戏或占卜的骰子	—	—	1	1	1	1	1	—	—	1	—	—	—	—
饰件	—	—	—	1	—	—	—	—	—	—	—	—	—	1
梳子	—	—	1	—	—	—	—	1	—	—	—	—	—	—

	地点及所出器物大致总数												
	1—2	3	4	5	6	7	8	9	10	11	12	13	14—16	17—18
盒子和容器的残片	—		3	—								—		—
碗，圆筒形容器	1	1	4	7	1	3	1	2	1	—	1	—	—	1
刮铲	1	1	3	2	1	2	—	1		2		2		1
筷子	—	—	18	1	3	2						2		—
"雌"火棍	—	—	—	—	—	—						1		—
刀鞘或刀把	—	—	1											
刀形工具	—	—	—	—	—	—						1		—
工具手柄	—	—	1	1										
小铁砧（？）	—	—	—	—	—	—						1		—
楔子，楔形器	—	—	11	—	—	—	1	—				1		—
系栓	—	—	1	1										
缠绕丝绸和布料的木片	—	—	3											
各种器物和残片	3	10	38	9	21	8	6	4	6	3	3	28	2	—
竹器														
标准简	—	—	1											
竹管残片	—	—	2	—	—	—	—	—		1		—		—
筷子	—	—	5	1		1		1						
带倒钩的尖棍	—	—	1											
缠绕丝线的棍子		1												
各种棍、条	—	1	13	1	5	2	—	2	1					
藤器														
毛笔残留物	—	—	—	—	1	—		1				—		—
条状物	—	—	—	—	—	2								
芦苇和灯芯草														
杆状物，多数为箭杆（9个上刻有字）	—	—	38	—	—	1	—	—		—		—		—
扫帚	—	—	—	—	—	—	—	—		—		1		—
扁平的条编成的球	—	—	—	—	—	—				1				
一捆缠绕在一起的丝	—	—	—	—	—	1								
打成结的条状树皮	—	—	X	—	—	—	—	—		—		—		—
葫芦残片	—	—	—	—	1	—		1				—		—
蚌壳	—	—	1	—	—	—	—	—		—		—		—

续表

| | 地点及所出器物大致总数 | | | | | | | | | | | | |
	1—2	3	4	5	6	7	8	9	10	11	12	13	14—16	17—18
角器和梳子形器物残片	—	—	—	—	—	1	—	—	—	—	—	—	—	—
玻璃珠	—	—	—	—	—	—	—	—	—	—	1	—	—	—
陶器														
碎陶片	—	—	—	10	1	—	—	2	—	1	—	—	1	—
三足鼎的足	—	1	—	—	—	—	—	—	—	—	—	—	—	—
A 型网坠	—	—	2	1	1	2	—	—	1	1	4	3	3	
纺轮	—	—	—	1	—	—	—	—	—	—	—	—	—	—
珠	—	1	1	—	2	—	—	—	—	—	—	—	—	—
青铜器														
三角形箭镞	—	—	2	—	—	—	—	—	—	—	1	1	—	—
伞骨配件	—	—	1	—	—	—	—	—	—	—	—	—	—	—
髹了黑漆的青铜残片	—	—	—	1	—	—	—	—	—	—	—	—	—	—
铁器														
釜甑残片	—	—	1	—	—	—	—	—	—	—	—	—	—	—
刀子（多数为残片）	—	—	2	—	—	—	—	—	1	—	—	1	—	—
烤肉叉（用刀制作）	—	—	1	—	—	—	—	—	—	—	—	—	—	—
凿子	—	—	1	—	—	—	—	—	—	—	—	—	—	—
钻头	—	—	1	—	—	—	—	—	—	—	—	—	—	—
狐尾锯刃残片	—	—	—	—	—	—	—	—	—	—	—	1	—	—
U 形铲底托	—	—	—	—	1	—	—	1	1	—	—	—	—	—
长方形铲底托	—	—	2	—	—	—	1	—	—	—	—	—	—	—
夹钳	—	—	—	1	—	—	—	—	—	—	—	—	—	—
马蹄铁	—	—	—	—	1	—	—	—	—	—	—	—	—	—
各种器物和残片	—	—	8	—	2	—	1	—	1	2	3	1	1	
块状和条状皮革	—	—	1	—	1	—	—	—	—	—	—	3	—	
植物材料编制物														
蓑衣残片	—	—	—	—	—	—	—	—	—	—	—	1	—	
席子残片	—	1	—	—	—	—	—	—	1	1	—	—	—	
编制的鞋	—	—	—	—	—	—	—	—	—	—	—	3	—	
便鞋	—	—	—	—	—	—	—	—	—	—	—	2	—	
绳子	—	—	—	—	—	—	—	—	—	—	—	—	1	
单个或成组的纺织物	—	—	5	2	2	1	1	—	—	1	1	1	1	—

	地点及所出器物大致总数												
	1—2	3	4	5	6	7	8	9	10	11	12	13	14—16	17—18
帛书	—	—	1	—	2	—	—	—	—	—	—	—	—	—
丝袋	—	—	—	—	1	—	—	—	—	—	1	—	—	—
丝质罗纹衣饰	—	1	—	—	—	—	—	—	—	—	—	—	—	—
丝线编织物	—	—	—	—	—	—	—	—	—	—	—	—	1	—
纸质印刷品和写卷	—	2	—	—	—	—	—	—	—	—	—	—	1	—

遗物目录：

地点 1

A. 33：1；

1. 不对称的刮铲（?）残片，表面光滑。一边直，另一边弯曲。手柄部分横向断裂。长（9.5）厘米，刃部的最大量 2.9 厘米。图 169：5。

2. 长方形木块做成的圆柱形容器器壁的小块残片，两面髹黑漆。长（6）厘米，厚（均匀）0.35 厘米。

3. 方形木橛残片，两端都被烧焦。尺寸为（12.5）厘米 ×1 厘米 ×0.8 厘米。

地点 2

A. 33：2；

1. 方形木印戳（?），正面有 2 条阳刻平行线与四边的边棱处于同一平面；背部的两条短边和一条长边被斜切，可能是一大块木板上锯下来的部分。质地为硬木。很独特。尺寸为 7.3 厘米 ×8.8 厘米 ×3 厘米。图版 10：2。

2. 长方形木板残片，从厚 1.6 厘米的主体部分伸出的厚 0.3 厘米的部分横向断裂；较薄的部分保留有字迹，表明现存标本曾是一对封检（6 型）中的底封。主体部分尺寸为 11.5 厘米 ×6.4 厘米。

3. 制作粗糙的长方形木块，有磨损痕迹。尺寸为 14.5 厘米 ×8 厘米 ×1.6 厘米。图 170：10。

4. 削了角的木橛的小块残片，在宽约 1 厘米的孔处横向裂缝。

地点 3

A. 33：3；

1. 相当大的勺形木刮铲，长方形刃部正面平直，背部略呈拱形。手柄大致为圆形且后端较厚，破裂并用绳子缠固。通长 18.4 厘米，刃部长约 9 厘米，刃部宽 2.1 厘米。

2. 由竹藤细秆和各种丝绸制成的头饰（?）的一小部分。主体部分主要是一个半圆形细竹棍，一端断裂，另一端尖细且用一层深绿色薄纱固定着 2 根断裂的细藤条；这一端整个都用黄白色丝线和丝带缠绕；薄纱可能细密打褶并顺着竹棍垂下。另外，较粗的一根竹棍曾经从顶端向下都包裹着浅蓝色丝绸。很独特。长（11）厘米，竹棍厚 0.2 厘米。

3. 轻微弯曲的半圆形木橛。尺寸为 23.8 厘米 ×1.9 厘米 ×1.2 厘米。

4—8. 4 件完整或残缺的木片和一根被烧焦的竹棍。

9. 圆形木橛残片，在保存下来几乎呈正方形的一端有一处裂痕。长（11.7）厘米，厚0.5—0.8厘米。

10—11. 尖木橛的2块残片，一块截面为圆形，另一块截面为多边形。

12. 长方形木块做成的圆柱形容器器壁的上部小块残片。长（4）厘米，厚（均匀）0.3厘米。

13—14. 2小块长方形木块。尺寸分别为4.2厘米×2.1厘米×0.5厘米和4.4厘米×1.5厘米×0.4厘米。

15. 小陶球。直径1.8厘米。

16. 陶器（？）足部残片。截面呈椭圆形，向圆形下端逐渐变细，断裂的另一端有一个内表面为黑色的V形深槽（可能是煤烟造成的）。长（11）厘米，最大量5厘米×5.5厘米。图版1:8。

17. 芦苇席残片，用绳子将芦苇秆串在一起，绳间距约4厘米（参看《亚洲腹地》T. XLⅥ. h.03，图版XLⅦ）。

P. 100:

1. A3型木封检，略微烧焦，正面下方有字迹。尺寸为13.9厘米×4.4厘米×0.4—1.9厘米。

地点4

A. 33:4；

1—25. 25枚素简，全部保存完整。长22.3—24.5厘米，宽1—1.7厘米，厚0.3—0.5厘米。

26—39. 14枚残破的素简。

40. 木片，一端尖细。尺寸为15.5厘米×0.9厘米×0.5厘米。

41—42. 2块短木片，一端被削成了一个尖斜边，表面光滑。可能是工具。尺寸分别为10.5厘米×2.9厘米×0.4厘米和6.7厘米×1.6厘米×0.3厘米。

43. 窄、长、厚的硬木条，部分边被斜削，向尖细的一端逐渐变窄。尺寸为23.9厘米×1.3厘米×0.6厘米。

44. 硬木条残片。尺寸为18.5厘米×2.2厘米×（0.5）厘米。

45. 细长的竹棍，截面几乎为半圆形，一端形成了一个锋利的尖，一边上有倒钩。长24.5厘米，有倒钩的部分宽0.8厘米，主体部分宽0.5厘米。图168:6。

46. 薄竹片，一端尖细。尺寸为（14.8）厘米×0.7厘米。

47. 窄竹橛，可能是画线用的尖笔，发黑或烧焦的一端被削薄且呈楔形。截面为正方形。长15.3厘米，厚0.3—0.4厘米。图172:8。

48—49. 2根窄竹棍，末端又薄又尖。长28厘米和18.7厘米。

50. 同上，但末端通过将较长的一边斜削而变尖细。尺寸为21.4厘米×0.7厘米。

51—53. 3根大致尖细的竹棍。长7.5—12.3厘米。

54—55. 2根竹管。长6.2厘米和12.7厘米。

56—60. 5根竹棍，或完整或被烧损。长（12.7）—28.8厘米。

61—62. 2根芦苇秆，可能原来属箭杆。长（21）厘米和（15.5）厘米。

63. 细芦苇条。长（11.6）厘米。

64. 柽柳木橛，一端尖细。长16.2厘米，直径0.4厘米。

65. 木筷子。长23.2厘米。

66. 竹筷子。长 21.9 厘米。

67. 半圆形木橛。长 23 厘米，宽 0.5 厘米。

68. 短圆竹棍，表面光滑，末端直，为采集来的遗物中的一个普通标本。长 12.5 厘米，直径 0.25 厘米。

69—72. 4 根残缺的竹筷子。

73—89. 17 根残缺的木筷子，有些被烧焦。

90. 由两半组成的木刀鞘，一部分在前端以下延长 5 厘米，未固定的一端尖细，主体截面呈椭圆形。两半的每一端附近很显然用绳子固定，因为有两个宽 0.7 厘米的环形契槽。纳刃的纵向孔宽 1.9 厘米且截面呈尖三角形。表面粗糙且绘黑彩。很独特。尺寸为 16.4 厘米 ×2.6 厘米 ×2.2 厘米。图 173：1 和图版 6：4。

91. A2 型木封检残片。尺寸为（12.3 厘米 ×2.2 厘米）×1 厘米。

92. 长木棍，正面中段有封槽（?），除了向末端略倾斜外，表面还算平整；背部呈拱形，向两边弯曲且从中段向楔形端逐渐变细。尺寸约 28.3 厘米 ×1.7 厘米 ×2 厘米。图 166：1，图版 14：19。

93. 同上，但为残片，从封槽处削掉。长（14.5）厘米，厚约 2 厘米。

94. 长方形木橛，截面为正方形，向尖细端逐渐变窄；另一端的长 4.5 厘米的部分被削掉了一半多的厚度。尺寸为 16 厘米 ×1.8 厘米 ×1.5 厘米。图 168：19。

95. 短木橛，约长 1 厘米的一端的截面为圆形，其余的从一边削掉了少一半的厚度且向尖细端逐渐变窄。长 10.7 厘米，头部直径 2 厘米。图 168：17。

96. 长方形薄木橛残片，有黑色漆的痕迹。最厚的一端的一个长方形凸榫上有一条横向裂缝，一个宽 0.4 厘米的深孔纵向嵌入橛内。尺寸为（12）厘米 ×1.5 厘米 ×0.9 厘米。图 168：15。

97. 结构简单的木刮铲残片，从手柄开始持续向刃部逐渐变宽。两端都断裂且被烧焦。长（8.7）厘米，宽 0.5—1.6 厘米，厚 0.4 厘米。

98—107. 10 个或多或少呈楔形的硬木块，可能是柽柳。长 3.8—11.5 厘米，宽 1—2.9 厘米，较厚的一端宽 0.7—2.4 厘米。

108—110. 3 块几乎相同的正方形木橛残片，部分经加工。

111. 带向内凹进的长边和（至少 1 个）短边的长方形木块残片，可能是缠纱线的工具（?）（参看《亚洲腹地》，N.Ⅲ.x.04，图版 ⅩⅥ.）。尺寸为 22.5 厘米 ×5.8 厘米 ×0.5 厘米。图版 11：1。

112. 制作粗糙的刮铲形木质工具：从锯掉的手柄端至刃部的直前端的纵剖面为楔形。长 19.2 厘米，宽 2.2—6.9 厘米，厚 0.6—1.7 厘米。图 119：7。

113. 宽木橛残片，截面几乎为椭圆形。保存下来的一端为圆形，此端以下 3.5 厘米处是因使用时的磨损形成的一个浅凹槽。曾绘黑彩。尺寸为 16 厘米 ×3.3 厘米 ×1.5 厘米。

114—116. 残破的长木棍，裂成了 3 片，为工具。中间窄，一端为矛尖形，另一端最宽。除了断裂的宽的一端外，其截面呈尖椭圆形，宽的一端的一面扁平，另一面略呈拱形。可能为白杨木。进行过修复。现存长约 35（原来长约 40 厘米?）厘米，中段宽 1.4 厘米，末端宽 1.9 厘米和 3 厘米。图版 12：12。

117. 短木橛，截面呈长方形，一端尖圆。尺寸为 9 厘米 ×2 厘米 ×1.4 厘米。

118. 楔形小木块残片，一面扁平，另一面刻削粗糙且外凸。尺寸为（6.2）厘米 ×1.5 厘米 ×0.8 厘米。

119—125. 7 个木橛，截面或圆或方，一端或多或少尖细。长 8.5—17.4 厘米，宽 1.2—2.5 厘米。

126. 正方形木橛，一面延长成为一个宽 1 厘米、厚 0.5 厘米的长方形凸榫，凸榫和扁平的一面齐平，凸榫断裂。尺寸为 11.8 厘米×1.6 厘米×1.5 厘米。

127—128. 2 根窄木条，上缠质地粗糙的灰色布料（可能是植物纤维材料）；第 127 件一端横向断裂。尺寸为（21.3）厘米×1.4 厘米×0.3 厘米和 10 厘米×1.1 厘米×0.4 厘米。

129—130. 正方形木橛的 2 块残片，第 130 件有 3 个切口。截面尺寸为 1.2 厘米×0.7 厘米和 1 厘米×1 厘米。

131. 短硬木板，一端有磨损痕迹。尺寸为 7.3 厘米×2.3 厘米×1 厘米。

132. 长方形短木条，短的一边被削成了一个 V 形槽。尺寸为 6.6 厘米×2.3 厘米×0.5 厘米。

133. 长方形短木条，较长的一边向相同方向倾斜。尺寸为 5.1 厘米×2.5 厘米×0.3 厘米。

134. 正方形短木橛残片，有红色和黑色漆的痕迹，较厚的一端有磨损。尺寸为（8）厘米×1.5 厘米×1.3 厘米。

135. 窄带状皮革，向矛尖状的一端逐渐变宽。长（20）厘米，宽 0.2—1.1 厘米。

136. 几块条状树皮，打成结且绕在一个物体上呈长方形（一个量 5 厘米×2 厘米）。

137. 锯掉的长方形硬木板，宽的两面都髹黑漆。一端附近的一面上有一个浅凹槽。尺寸为 9.2 厘米×3.7 厘米×1.4 厘米。

138. 略弯曲的木橛残片，上有圆形且略呈波状的脊状物。髹黑漆。尺寸为（13）厘米×1 厘米×（1）厘米。

139. 长方形木块做成的圆柱形容器的器壁基部残片。下部边缘被刨成楔形剖面以嵌入厚 0.8 厘米的底部圆盘。外部有黑色漆的痕迹，内部有黑、红两色漆的痕迹。长（7）厘米，基部边缘厚 0.1 厘米，主体壁部保留下来的部分的厚 0.5 厘米。

140. 普通类型（参看图版 6:17）的表面光滑的椭圆形木碗耳柄的几乎一半。漆保存完好，外部为黑色，内部为红色。宽 2 厘米，高 1.4 厘米。

141. 同上，大约为一半，可能原属另一只碗。与第 140 件的漆相同。高 1.3 厘米，宽 1.4 厘米。

142. 髹黑漆的木器（盒子？）残片，主要是一个长方形木块，中段有一个直径约 3.2 厘米的大圆洞，同一面的中段，还有一个较浅的直凹坑。正面为斜边，装饰长方形小方块和排列紧密的刻画波浪形线，线之间填红彩。除断裂的一个边外，所有的面和边都髹黑漆。很独特。尺寸为（5.8 厘米×3.6 厘米）×0.7 厘米。图 161:5。

143. 小块薄木片残片，一面髹黑漆，可能是较大器物的一部分。主体部分为半圆形；角延伸成一个宽约 1 厘米的部分，其中一部分已经完全断掉，残留下来的部分长 1.3 厘米。一个小暗榫孔演变成了主体部分的内边。很独特。主体部分宽 5.1 厘米，高 2.3 厘米，厚 0.7 厘米。图 161:6。

144. 烤肉铁叉，主要是普通的汉代环形手柄刀，刃部被锤打成一个截面为正方形的长窄尖物，尖端的截面为圆形。很独特。长 15 厘米，基部宽 1.1 厘米，椭圆形手柄环宽 3 厘米。图 173:3。

145. 大铁刀残片，手柄为环形。长（12.3）厘米，宽 2 厘米，椭圆形环宽 3.5 厘米，基部厚 0.35 厘米。图 173:2。

146. 尺寸小一些的刀的前端。长（8.3）厘米，断裂部分宽 1.6 厘米，厚约 0.15 厘米。

147. 凿石头用的铁凿子，保存完整。主要是宽度均匀的长方形棒，头部被重击且折叠，磨损的切边向外弯曲。厚度从头部（0.4 厘米）向切边（0.15 厘米）递减。略锈蚀。属凿子中较独特的一种类型。长 12.6 厘米，宽 1.9—2.0 厘米，切边宽 2.5 厘米。图 173:6 和图版 5:10。

148. 铁钻头，锈蚀严重。主要是一个 0.5 厘米的正方形钉，顶部窄尖。下端呈楔形且在现存尖端以上 1 厘米处为矛尖状。长 7.4 厘米。窄面见图版 5:7。

149. 铁釜甑带口沿的上部的大块残片，略鼓圆。壁很薄（厚 0.15 厘米），口沿外侈（厚 0.5 厘米）。修复过。口沿直径约 44.5 厘米。图 173:9。

150. 拱形厚铁板残片，凸出的一面的一边中段有脊状凸出物；圆筒形配件的断裂部分（？）内直径约为 9.5 厘米，宽 4.7 厘米，厚 0.8—0.9 厘米。

151. 圆筒形铁配件残片，可能用于直径 4 厘米的圆柱。一端（厚 0.3—0.45 厘米）保存完好且比断裂的另一端（厚 0.2—0.35 厘米）厚，中段有 2 个直径 0.3 厘米的圆铆钉孔，一个孔在另一个的下方。长（4.7）厘米，宽（2.7）厘米。

152. 铁板的不规则小残片。最大量约 6 厘米，厚 0.15—0.3 厘米。

153—156. 4 块铁条。宽 1.2 厘米和 1.5 厘米，厚 0.1 厘米。

157—158. 同一块铁条的 2 块残片，向上弯曲且像镊子一样折叠。锈蚀很严重。弯曲处最厚（厚 0.2 厘米），向两端（厚 0.1 厘米）递减。长（7.5）厘米，宽 1.3—1.4 厘米。

159. 带有插置凹槽的长方形铁掘铲，截面呈三角形；插槽的一面已遗失。纵向的面窄且直，几乎直的切边的角为圆角。尺寸为 17 厘米 ×5.5 厘米 ×1.7 厘米，壁厚 0.3 厘米或 0.4 厘米。图 173:10。

160. 同上，也是遗失插槽的一面，窄的一面从基部至削边向内略倾斜，削边略凸出。尺寸为 17 厘米 ×4.7 厘米 ×1.7 厘米，壁厚 0.3 厘米或 0.4 厘米。图 173:11。

161. 1）—18）部分缝缀在一起的不同色度的丝绸残片：褐色、浅红色、深红色、绿黄棕色、黄绿色和黄色，丝绸填料（参看希尔旺，1949，第 30 页）。

162. 1）—15）同上，色度为：接近白色、褐色、红色、绿色、普鲁士蓝；丝绸填料（参看希尔旺，1949，第 30 页）。

163. 1）—2）天然丝绸的 2 块残片，上有不规则斑点和图案，第 1 件为蓝绿色，第 2 件为灰紫色斑点（参看希尔旺，1949，第 30 页）。

P. 134:

2. 1 或 2 型木封泥盒残片。尺寸为 4.9 厘米 ×2.6 厘米 ×0.6 厘米。

3. 长方形木块，中部有圆孔。尺寸为 5.7 厘米 ×4.4 厘米 ×2.1 厘米。

4. 1 或 2 型木封泥盒残片。尺寸为 3.7 厘米 ×1.4 厘米 ×1.1 厘米。

8—9. 同上，2 个。尺寸为 5.5 厘米 ×1.6 厘米 ×1.5 厘米和 3.7 厘米 ×1.5 厘米 ×1.2 厘米。

10. 木棱柱体，可能是游戏或占卜的骰子。尺寸为 3.3 厘米 ×1.8 厘米 ×1 厘米。

12. 木条，一边有 2 个深契口。

13—15. 3 个悬挂式木标签，顶端为抛物线形。长 10.1—10.5 厘米，宽 2.0—2.3 厘米，厚 0.2—0.4 厘米。

16. 与图版 8:6 相仿的小件器物的十字形扁平木块，为硬木。每一端有一个短圆凸榫（一个凸榫已断裂）；较长的边在末端和正方形中段之间略凹进，中段凹入且有一个孔。尺寸为 9.5 厘米 ×2.1 厘米 ×0.8 厘米。

P. 138:

1. 普通汉代木梳残片，细齿。厚 1.2 厘米。

2. 长方形小木板，较长的一边两端延长成为一个长方形凸榫。尺寸为 3.5 厘米 ×2.5 厘米，凸榫的尺寸约为 1 厘米 ×0.6 厘米。图 171:17。

3. 木楔，与图版 10:7 相仿但制作更粗糙。长 4.6 厘米，直径 1.8 厘米和 1.5 厘米。

5. 扁平的长方形小木块，有一个孔。尺寸为 1.7 厘米 ×3.5 厘米 ×3 厘米。

14—16. 3 个朽破的 1 或 2 型封泥盒。长 4.5—5.4 厘米，宽 3.0—3.1 厘米，厚 1.5 厘米。

P. 164:

1—10. 芦苇秆弩箭的 10 块残片，均纵向裂开且后端被人为地削掉，保留下来的部分长度不一（现存房屋南壁附近地面下，残片和以下一组遗物混杂在一起）。除了第 2 件外，所有标本都有一行刻削精致的汉字。有些标本上还留有羽毛的痕迹。第 9 件，几乎保存完整，长 33.3 厘米。

P. 165:

1. 同上，为后半部，留有羽毛的痕迹，和上述一起发现的标本相比制作更粗糙。曾被人为割开，但不是纵向。长（27）厘米，直径 1 厘米。

2—25. 与 P. 164:1—10 一样，属于芦苇箭杆的 24 块残片，但没有字迹，和上述遗物的发现情形相同。

P. 183:

2. 与图版 14:24 一样的长方形长木橛，可能是封检的封底或类似遗物，因为一面上有字迹且这一面的每一端附近都有长方形封槽。尺寸为 27 厘米 ×1.8 厘米 ×1.4 厘米。

3. 结构简单的木牌符（?），主要是砍削的树枝，且距顶端 14.6 厘米处有封槽，中间部分截面为三角形。正面封槽以上部分，有 8 个字（参看图版 14:19）。

15. 木简，一面为斜切边，一边中段有一个 V 形宽槽，两面都有字。尺寸为 23.2 厘米 ×1.9 厘米 ×0.2 厘米。

18. A4 型木封检，下部向薄的一端变得略宽且边缘略凸。制作粗糙，正面字迹模糊。尺寸为 17.8 厘米 ×2.5—2.8 厘米 ×0.1—3.5 厘米。图 166:2。

P. 197:

2. 同上，为更规则的 A4 型封检，质地为硬木，制作较精细。封槽边缘有锯出的排列紧密的小槽，上端较大的锯槽内有绳子的痕迹。正面下部有字迹，封槽之上有"梁国"（GS，738b，9290）二字。尺寸为 14.5 厘米 ×5.7—7.4 厘米 ×0.6—1.8 厘米。图 166:3。

4. 竹简，有极小的字。尺寸为 25.9 厘米 ×1 厘米。

7. 木简，其长度的 1/3 缠绕着纱线或填料（可能是丝）。尺寸为 23 厘米 ×1.1 厘米 ×0.4 厘米。

10. 木简，有横向字迹。尺寸为 23.4 厘米 ×1.7 厘米 ×0.3 厘米。

P. 252:

3. 圆木橛，中部有圆孔。长 23.5 厘米，直径 1.4 厘米。

5. A2 型木封检，正面刨成 3 个小平面，背部自然呈圆形。封槽被横向割开。长（14.5）厘米，宽 1.8 厘米。

　　6. 同上。长 19 厘米，宽 2 厘米。

　　8. 同上，截面为半圆形。长 16.4 厘米，直径 1.9 厘米。

P. 337:

　　1. 黄色丝绸残片，可能是天然的颜色。

　　2. 1 或 2 型封泥盒残片。长 3.9 厘米，宽 1.6 厘米。

　　5. 木刮铲残片，大部分刃已断裂，圆手柄。

P. 353:

　　1. 书写小字的红色帛书，可能与图版 17:8 相仿。

　　2. 黑褐色、织造粗糙的布料的小块残片（可能为植物纤维）。

　　3. 伞盖上伞骨的铜配件，扁圆柄头，钩已断裂（参看图版 36:7）。长 5.6 厘米，直径 1.05 厘米；手柄宽 1.3 厘米，高 0.7 厘米。

　　4. 普通汉代三棱形铜箭镞，保存完好，直棱，有铁铤的痕迹。长 29 厘米，边宽 10 毫米。

　　5. 同上，比第 4 件更长，一面有三棱形凹槽。长 35 厘米，边宽 9 毫米。

　　6. 蚌壳。尺寸为 5.8 厘米×4.7 厘米。

　　7. 陶球。直径约 1.3 厘米。

　　8—9. A 型陶网坠的 2 块残片。直径为 1.1 厘米和约 2.5 厘米。

地点 5

A. 33:5；

　　1. 1 或 2 型封泥盒，略残。尺寸为 4.5 厘米×4.4 厘米×1.7 厘米。

　　2—3. 1 或 2 型封泥盒的 2 块残片。

　　4. 木楔，与图版 10:7 相仿，但末端较低、较短。长 7 厘米，直径 1.9 厘米和 1.7 厘米，末端宽 1.7 厘米。

　　5. 木刮铲手柄。

　　6. 小木棱柱体，宽边的末端斜削。尺寸为 3.6 厘米×2.5 厘米×1.6 厘米。

　　7. 小木板。尺寸为 1.8 厘米×2.6 厘米×0.3 厘米。

　　8—13. 1 枚完整、5 枚残破的木素简。完整标本的尺寸为 24.3 厘米×1.3 厘米×0.4 厘米。

　　14—15. 2 个正方形木橛，一端尖细。尺寸为 8.7 厘米×0.9 厘米×0.9 厘米和 7 厘米×0.7 厘米×0.5 厘米。

　　16. 正方形木橛残片。尺寸为（10）厘米×0.6 厘米×0.4 厘米。

　　17. 短竹棍，一端尖细。长 7.5 厘米。

　　18. 木筷残片。长（6）厘米。

　　19. 整体造型的木质小饰件，主要是 2 块用栓连在一起且相距 0.5 厘米的平行的长方形木板。较长的一边有小叶片（每一边有 4 个契口），较薄的面呈拱形，向外的面扁平。很独特。木板尺寸为 1.8 厘米×0.8 厘米×0.4 厘米，整个饰件宽 1.3 厘米。图 164。

　　20. 几乎保存完整的椭圆形木碗，表面光滑；在本书的描述中经常提到的碗的残片。一个耳柄已遗失。侧面表面光滑且从口沿至基部外凸，基部纵向高起 0.3 厘米；底部表面扁平。和制作较为粗糙的类型的碗（参看图 23）相比，此碗壁的厚度较均匀，口沿部分的厚度介于 0.20—0.25 厘米之间。整个器物髹深红褐色漆；另外，内部一层黑色漆之上则是更亮的红色，很可能整个内表面都曾覆有一层黑漆，就像一层胎衣一样。有一点很难确定，即外表面上的一些亮点是否源自于装饰。长 15.6 厘米，宽 10.5 厘米，包括带耳柄在内的原始宽约 14 厘米，高 5.5 厘米。图 165，图版 6:17。

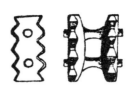

图 164

用一整块木头加工而成的小饰件，A. 33:5；19，原大。

21—22. 与第 20 件属同一类型的碗的 2 块残片，但不同的是，内外两面都有清晰的红色、黑色和绿色的漆画装饰的一部分。第 21 件原属耳柄附近的口沿，其边缘部分厚 0.3 厘米，最低点（靠近基部）厚 0.7 厘米，最大量约 7 厘米。外表面髹黑色漆，其上装饰红漆图案，口沿周围为一圈宽 1.1 厘米的之字形边饰和平行双线之间的同心圆，边饰下为涡卷纹部分。内部髹红漆，口沿周围为一圈宽 2 毫米的黑漆线，其下为宽 0.8 厘米的精美的漆画边饰：主要是一条黑色内线和一条绿色外线组成的 2 对线之间的黑色圆点和曲线，类似叶子的绿色矛尖状图案。第 22 件，是侧壁和底部过渡部分的小块残片，上部厚 0.45 厘米，下部厚约 1 厘米。外部，有与第 21 件上相同的部分涡卷纹，最上边有两条平行线。最大量约 4.5 厘米。第 21 件，图 161:2。

23. 制作较粗糙（参看图版 6:18）的椭圆形木碗基部的一部分；外部绘黑彩，内部髹红漆。很显然，木碗的高度异常低。下侧长约 8 厘米，宽 4 厘米。

24. 与第 20 件（圆滑型）相仿的碗的基部小块残片，带有侧面和扁平、略凸起的椭圆形下侧之间的过渡部分的一部分。最大量约 6.5 厘米，底部厚 0.4—0.5 厘米。

25. 形制不同一般的碗的口沿部分，碗为椭圆形或圆形，壁上部直立且光滑。唇略外翻，之下，口沿有一个宽 0.8 厘米、髹了红漆的凹形结构；除了凹形结构以下的一条细红漆线外，其余的外表面髹黑漆。内部，除了装饰着几条不同宽度的环形线和交替出现的红底线组成的宽 0.8 厘米的边饰的口沿外，都髹黑漆。长（5）厘米，壁厚 0.3—0.5 厘米。图 161:3。

26. 五铢钱，无凸起边缘，异常薄，保存完整。直径 24 毫米。发掘出来时，方孔中穿有一根粗绳。

27. 一小块铜板，是断裂了的一大块铜板的一部分，一面髹黑漆。厚 0.15 厘米。

28. 铁夹钳残片，可能用于木器。末端向上直折，被锤打成带尖头的扁平状。长（4.1）厘米，厚约 0.5 厘米。

29. A 型陶网坠残片，几乎为圆柱

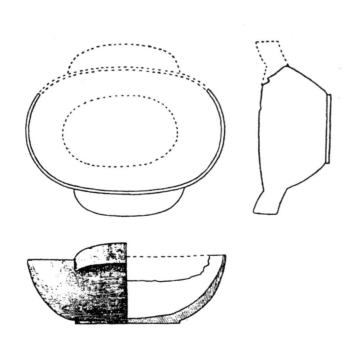

图 165

制作考究的汉代漆木碗标本：A. 33:5；20（图版 6:17）。比例为 1/3。

形。长（4）厘米，直径 1.3 厘米。

30. 大致为圆形的纺轮残片，中心孔内仍有木轴残片。修复后的直径约 6 厘米，厚约 1.1 厘米。

31. 壶形陶罐的上部，鼓圆的腹部中部断裂。颈短且极度内敛，直口，高 2.5 厘米且有一圈凹形结构；肩部和腹部有水平细波纹。A 型陶，外表面呈蓝黑色。口沿直径 14.3 厘米。图版 1:2。

32. 大陶盆口沿和侧壁残片，器壁几乎平直，只有上部略鼓圆。口沿水平外侈，宽 3.8 厘米，凸起。A 型陶，表面呈黑色，内部排列致密的一行行环形压印椭圆和圆形小黑点。修复后的口沿直径约 35 厘米，器壁厚约 0.7 厘米。图 127:18 和图版 2:4。

33. 同上，原属于器身比第 32 件更鼓圆的盆。水平外翻且凸起的口沿以下的外表面有装饰线条。A 型陶，表面呈黑色，内部和上述器物一样，有一排排圆点纹。修复后的口沿直径约 35 厘米，器壁厚 0.5—0.7 厘米。图 127:16。

34. 陶壶口沿和肩部残片，器身鼓圆。直颈，高 2.7 厘米；唇向外伸出。A 型陶，外表面呈黑色且平滑，上有和上述第 32—33 件一样的凹痕。图 127:1，图版 2:3。

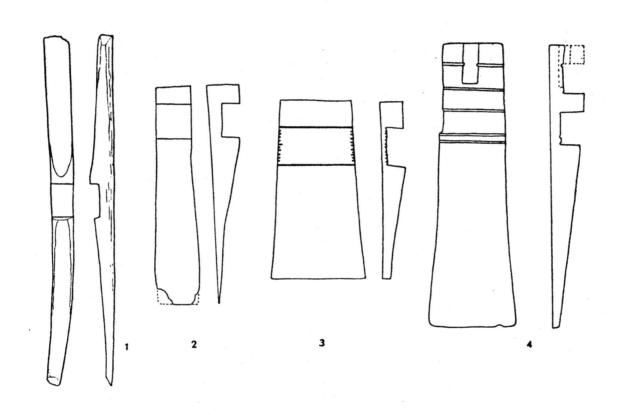

图 166

木封检。比例为 1/3。1. A. 33:4；92（图版 14:19）。2.（A33:4）P. 183:18。3.（A33:4）P. 197:2。
4.（A32C）P 之后的编号不详。

35. 同上，与第 34 件属于同一种类型的陶壶残片。直颈，从肩部开始略向外翻，唇缘呈圆形，肩部表面有水平波状纹。A 型陶，与第 34 件一样，外表面光滑。口沿内径曾为 23.7 厘米。图 127:10。

36. 同上，器身鼓圆，肩部装饰纵向压印绳纹。颈部双向凸起、直立、高 4.5 厘米，厚唇，颈部顶端表面中段有一圈浅凹槽。A 型陶，表面和第 34—35 件器物一样光滑。图 127:11。

37. 很大的陶器侧壁残片，宽 4.5 厘米的整个环形区域内排列致密的斜压印绳纹，部分绳纹已被抹去。A 型陶，颜色较暗。最大量 18 厘米。图版 2:9。

38. 陶器上部的残片，口沿以下约 3.5 厘米处为纵向环形耳柄。口沿向外弯曲，器身中度鼓圆。为夹砂粗红褐色陶。最大量约 15 厘米。图 127:8 和图版 2:2。

39. 1）—39）不同质量和颜色的部分缝缀在一起的小块丝绸残片，颜色为褐色、红色、蓝色、蓝绿色、灰绿色。第 36 件是线纤细、织孔粗的素色丝绸，上染一层黑漆。几块缝缀用丝绸（参看希尔旺，1949，第 30 页）。

40—41. 1 或 2 型木封泥盒的 2 块残片。尺寸为 5.2 厘米 ×3.1 厘米 ×1.8 厘米和 4.9 厘米 ×（2.5）厘米 ×1.8 厘米。

42. 外形有棱脊的椭圆形木碗（参看图版 6:18）的耳柄。内部髹红漆，外部髹黑漆且装饰普通红漆豆荚图案。长 8.5 厘米，高 3 厘米。

43. 陶器侧壁的小块残片，装饰压印格子纹组成的水平窄边饰，在有些地方，被纵向线条分隔开。A 型陶，外表面光滑，呈黑色，内部颜色为深灰色。最大量度约为 7 厘米。

44. 陶器的小块残片，装饰纵向压印绳纹，上横穿环形刻痕。A 型陶，外表面光滑且呈黑色，内部为深灰色。

45. 正方形长木橛，长 5 厘米的一端较薄且斜，另一端有磨损。尺寸为 27 厘米 ×1.6 厘米 ×1.5 厘米。

46. 被烧损的正方形木橛的残片。

47—48. 三面扁平、一面自然呈圆形的木橛的 2 块残片。尺寸为 10 厘米 ×1 厘米 ×0.9 厘米和 9.4 厘米 ×1.1 厘米 ×1 厘米。

49. 异常大、制作粗糙的木刮铲或刮铲形工具，长手柄略凹陷且向短刃方向逐渐变宽，短刃前端呈圆形。长 24.2 厘米，宽 2.5—4.3 厘米，后端厚 0.45 厘米，前端厚 0.25 厘米。图 119:6。

50. 宽度均匀、截面呈尖椭圆形的长木橛残片。尺寸为（33.6）厘米 ×2.5 厘米 ×0.6 厘米。

51—52. 2 枚素简。尺寸分别为（22.1）厘米 ×2.2 厘米 ×0.3 厘米和 23.1 厘米 ×2.6 厘米 ×0.7 厘米。

53. 大且厚的木橛，刻削粗糙，截面大致为椭圆形。较宽的一面的中段有一长 8 厘米、深 1.3 厘米的凹槽，凹槽有敞开的长边和其上适宜悬挂东西的短边——用于嵌进锋利的刃。凹槽以下为平窄边。长 26.5 厘米，直径约 4.3 厘米。图 170:1，图版 10:15。

P. 263:
53. 木简的一组小块残片，白色、黄色、褐色、绿色、红色和蓝色的丝绸残片。

地点 6

A. 33:6；

1—15. 15 枚素简。长 22.5—23.8 厘米，宽 1.0—1.8 厘米，厚 0.3—0.6 厘米。

16—17. 2 块削衣残片。长 14 厘米和 11.8 厘米。

18. 木板，一端斜削至一点。尺寸为 17.3 厘米 ×1.1 厘米 ×0.3 厘米。

19. 木板，一端大致尖细。尺寸为 22.9 厘米 ×1.3 厘米 ×0.4 厘米。

20—22. 木板的 3 短块残片，一端被削成了锋利的斜边。长 4.5—7.3 厘米，宽 1.7—2 厘米，厚 0.2—0.3 厘米。

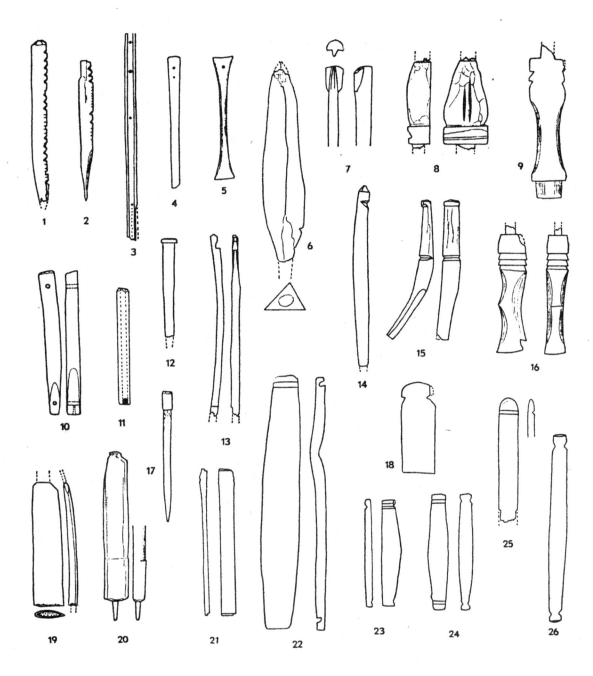

图 167

芦苇（11，带一个小木塞）、竹（3，21）、木质地的各种器物。比例为 1/3。1. A. 31:4。2. A. 31:3。
3. A. 35:4；14。4. A. 33:8；8。5.（P9:地点1）P. 386:5。6. A. 35:13:100（图版9:6）。7. A. 35:15；3。
8. A. 21:Ⅱ；15（图版8:8）。9.（A41）P. 354:1。10. A. 16:5。11. A. 25:4。12. A. 33:6；49。13. A. 33:13；42。
14. A. 33:7；25。15. A. 21:Ⅰ；25。16.（A35:1）P. 66:4。17. A. 22:Ⅰ；17。18.（P9:地点13）
P. 378:4。19. A. 33:13；22。20. A. 32:E；43。21. A. 22:Ⅰ；43。22.（A33:10）P. 207:1。
23. A. 33:13；36。24.（P9:5）P. 368:3。25. A. 32:E；44。26. A. 33:6；47。

26—27. 2 块削衣残片。

28. 烧焦的木板残片，保存下来的一端附近有小圆孔，其下较长的一边有一个带角的深切口。尺寸为（10.3）厘米×2.3厘米×0.5厘米。

29. 一短块厚木板，一端被削成了一个锋利的斜边。尺寸为5.6厘米×0.9厘米×0.4厘米。

30. 厚木条，制作素简的材料。尺寸为22.7厘米×1.5厘米×0.8厘米。

31. 加工粗糙的正方形木橛，向一端逐渐变得又薄又尖。较厚的一端保留有被击打的痕迹。尺寸为16厘米×2.3厘米×2厘米。

32. 残损的木质大刮铲，手柄为圆形，刃部长。长32.6厘米，宽（4）厘米。

33—35. 木筷子的3块残片。

36. 窄且圆的竹棍残片，可能是筷子。

37—41. 5根竹棍，一根的一端尖细，另一根的一端斜削。长4.7—12.2厘米，宽0.6—1.8厘米。

42. 结实的藤条。长29.2厘米。

43. 从空心的芦苇或藤条上削下来的一短截，纵向裂开，一端圆且斜。长6厘米，厚0.7厘米。

44—46. 封泥盒或封检的3小块残片。

47. 木橛，截面几乎呈长方形，略带弧形长边在每个端头有一圈深契口。宽边呈拱形。尺寸为15.1厘米×1.3厘米×0.7厘米。图167:26。

48. 和第47件相仿的木橛残片。

49. 木橛残片，一端呈正方形且有高0.3厘米的扁头柄。距这一端约4厘米处呈圆形且断裂。尺寸为8厘米×1.3厘米×1.3厘米。图167:12。

50. 制作粗糙的木橛，截面呈半圆形，距一端4厘米处弯曲。长19厘米，直径1.5厘米。

51. 短且尖的木板，截面呈尖椭圆形；可能是较大器物断裂的一部分（?）。长（6）厘米，宽3厘米，厚约0.3厘米。

52. 正方形小木橛，两端都尖细，轮廓几乎呈筒状。尺寸为7.2厘米×1.4厘米×1.2厘米。

53. 从半圆形木橛上削下来的残片。

54. 小木棱柱体。尺寸为1.8厘米×1.1厘米×0.6厘米。

55. 锯掉的截面为椭圆形的一小段枝条，除了宽的一面外，表面都敷有红色石墨。尺寸为5.4厘米×3.8厘米，厚2厘米。

56. 木棱柱体，一端被斜削掉。尺寸为5.5厘米×2.5厘米×2.7厘米。

57. 毛笔的残片，两半实心藤条的其中一半。保存下来的下端有一个深1.8厘米的用来套头笔的圆孔，外边缠绕着细线，上髹薄薄一层黑漆。笔杆可能在掏空之前就已经裂成了两半，之后通过捆绑两端将其固定在一起。长（7.1）厘米，直径0.7厘米。图172:11。

58. 葫芦残片。

59. 带状皮革，两面都髹黑漆；一端有几个小孔，以三个一排的形式排列，可能是缝缀的缘故。长21.5厘米，宽1.2厘米。

60. 椭圆形漆木碗（属外表圆滑类型）的一小块残片。呈黑色，保留有部分红漆同心圆、线条等装饰图案。

61—62. 2个陶球，较大一个的中心部位有一个深孔，但此孔未钻通。直径2.2厘米和1.7厘米。

63. 较大的A型陶网坠残片。

64. 陶器的小块残片，保留部分装饰图案，主要是压印水平格子纹组成的边饰，边饰在几处被纵向线条隔开。A型陶，外表面光滑且呈黑色。最大量约7厘米。

65. 长方形铁棒残片，截面为矩形，向一端逐渐变细。保留下来的短端厚0.2厘米，较长的一面的边相当锋利。可能是残破的凿子（?）。长约11厘米，宽1.6—1.7厘米，厚0.2—0.5厘米。

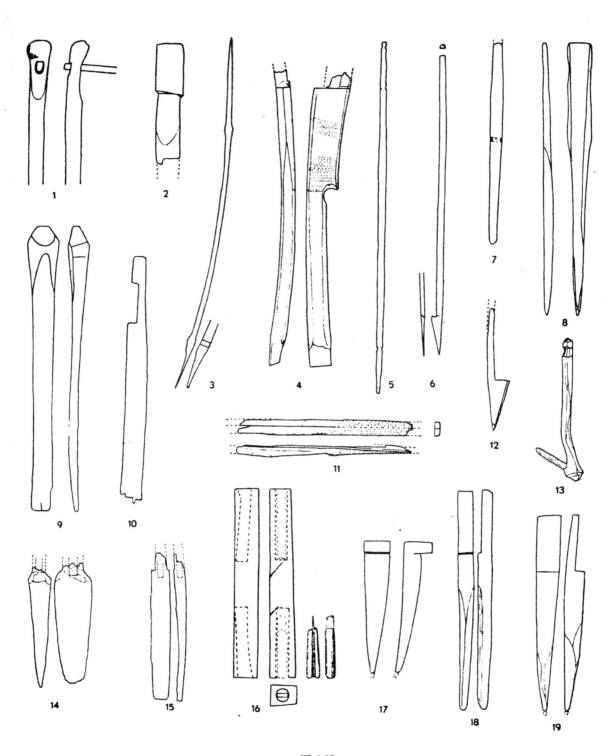

图 168

竹（3，5，6）、木质地的各种器物。比例为 1/3。1. A.35:15；4a，b。2. A.33:13；16。
3. A.35:2；23。4. A.21:Ⅱ；18（图版 9:7）。5. A.32:E；39。6. A.33:4；45。7. A.24:1。
8. A.35:3；5。9. A.22:Ⅰ；59。10. A.22:Ⅰ；52。11. A.32:A；52。12.（P9:地点 20）
P.414:12。13.（P9:地点 1）P.390:2。14. A.21:Ⅱ；44。15. A.33:4；96。16. A.22:Ⅰ；58，
17. A.33:4；95。18. A.32:E；46。19. A.33:4:94。

66. 小块铁片。

67. 马蹄铁残片，孔内保留至少两枚钉子；断裂成 2 块。宽约 8 厘米，铁条宽 1.3—1.4 厘米，厚
0.7—0.8 厘米。

68—69. 2块遭受严重腐蚀的残片，可能是一个带插槽的铁铲的 U 形底托。

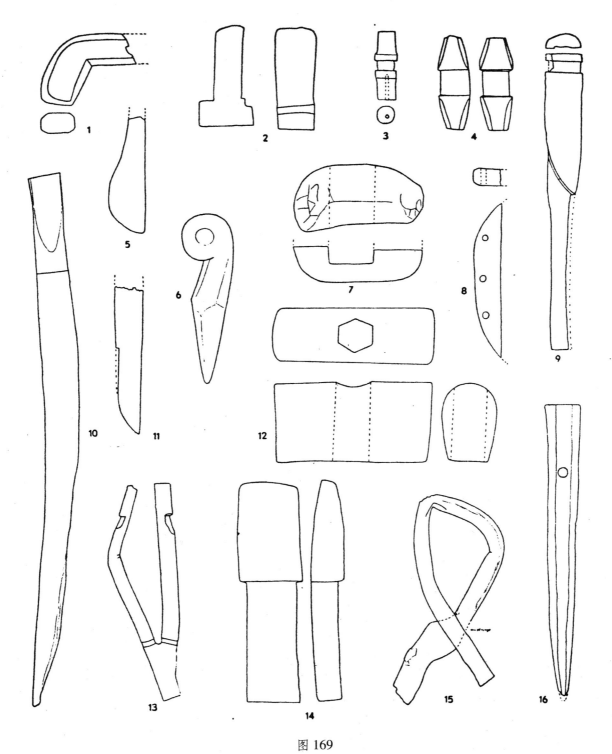

图 169

各种木器。比例为 1/3。1. A. 16：4。2. A. 33：13；14（图版 9：5）。3. A. 21：I；4（图版 10：9）。4. A. 33：13；17（图版 10：6）。5. A. 32：1；1。6. A. 21：II；17（图版 8：3）。7. A. 25：3。8. A. 35：1；4。9.（P9：地点 13）P. 355：16。10. A. 33：13；34。11. A. 33：13；38。12. A. 22：I；63（图版 10：5）。13. A. 27：A；10。14. A. 22：I；60。15. A. 25：25。16. A. 35：A；1。

70. 1）—21）丝绸残片——包括 2 块帛书残片和一个缝缀而成的小丝袋；植物纤维布料（17）的一块残片。质量参差不齐，色彩各异，有天然褐色、红色、绿色、蓝绿色和蓝色。第 2 件和第 19 件保留了完整的宽度，其宽分别为 45 厘米和 40 厘米。第 16 件为棉布、羊毛或丝绸等多种原料织成的复合织物，为蓝色和褐色，图案种类不详，和一块灰绿色丝绸残片缝缀在一起。第18件是一个较残破的小袋，内有一小块椭圆形木炭；其上部为玫瑰色丝绸，下部为灰白色纱，内衬天然丝绸（参看希尔旺，1949，第30—31页）。

20）图版17：5，主要是2块长方形黄褐色天然棱纹丝织物（约3.8厘米×25厘米和5.5厘米×25厘米），并排放置且如图中所示缝缀在一起；接缝的形式可能预示着这两部分铺开时互相成直角；沿较长边的针脚和短的一端也显示出这个残片是如长方形盒子等类型器物上的遮盖物的一部分。右边的两个角被撕掉，还有几处被撕破，上面的书写内容已遭破坏。内容中提到了某些供应物品，其余的主要是另外一个人写的一封信，有200多字（之前没有进行描述）。

21）图版17：8，是一个几乎呈正方形的小块天然褐色塔夫绸（3.3厘米×4厘米，不包括折叠处）。四个边都向背部（2—4毫米）折叠且曾与另一块织物缝缀在一起；左侧的叠合部分被撕掉但针脚被保留了下来。书写的内容与礼品有关（之前没有进行描述）。

71. 1）—28）各种质量和色泽（褐色、红色、蓝色、绿色）的丝绸残片，部分缝缀在一起（例如21，可能是一个袋子？）；丝绸填料（26—27），4小段植物纤维绳（28）（参看希尔旺，1949，31页）。

地点7

A. 33：7；

1—5. 1或2型封泥盒的5块残片。

6. A3型小木封检，制作粗糙。尺寸为12厘米×3.1厘米×1.7厘米。

7. 同上，为纵向残片。长16.5厘米，厚（顶端）2.3厘米。

8. 同上，为烧焦的残片。尺寸为（8.5）厘米×2.7厘米×（0.8）—1.5厘米。

9. A2型木封检的顶端，窄且结构简单。宽1.5厘米，厚1.2厘米。

10. 半圆形长木棍的大块残片，一面的中段有封泥槽，正面从这里开始向距离封泥槽约12厘米的一端倾斜；另一部分裂开且断掉。与A.33：4：92的形状相仿，图166：1。长（24）厘米，直径1.6厘米。

11—14. 4枚素简。长15.6—24厘米，宽1.0—1.5厘米，厚0.3厘米。

15. 长方形木条，距一端约2厘米的中段附近穿有小圆孔，另一端附近的一边有一个三角形小深切口。尺寸为14.7厘米×2.4厘米×0.3厘米。

16—19. 素简的4块残片。

20. 木片残片，从中段向一端逐渐变细，正面呈拱形；正面较长的一边被斜削。尺寸为（13）厘米×1.2厘米×0.4厘米。

21—23. 3根木片和棍，或多或少经过加工。

24. 薄竹棍，一端尖细。尺寸为20.2厘米×1厘米。

25. 圆木橛，向末端变得略细，其中一端已断裂，另一端尖细且顶端以下的一面有一个深契口。长（14.7）厘米，直径1.2厘米。图167：14。

26. 保存完整的芦苇秆弩箭。两端都被削直，一端长2.5厘米的一部分髹了黑漆，另一端长3.9厘米（芦苇茎的自然节）的一段较粗。长31.4厘米，主体部分直径0.9厘米，后端直径0.9—1.1厘米。图172：14。

27. 木棱柱体。尺寸为5厘米×1.8厘米×1.3厘米。

28. 尖细木条的残片。宽1.1厘米，厚0.2厘米。

29. 尖细竹条的残片。和第28件的尺寸相同。

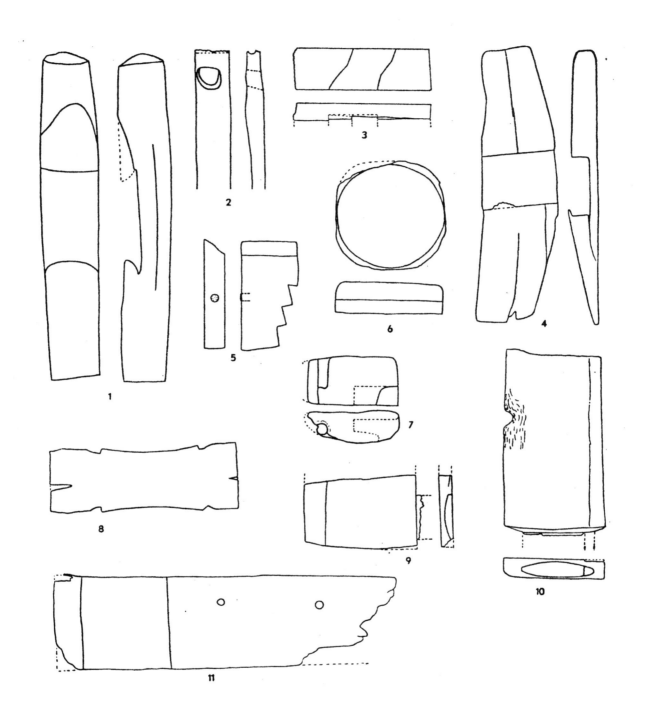

图 170

汉代不同遗址出土的各种木器。比例为 1/3。1. A. 33∶5；53（图版 10∶15）。2.（P9∶地点 2）
P. 376∶9。3. A. 21∶Ⅱ；9。4. A. 43∶1。5.（P9∶地点 13）P. 400∶5。6.（P9∶地点 1）P391∶7。
7. A. 32∶E；50。8. A. 28∶11。9. A. 22∶Ⅰ；62。10. A. 33∶2；3。11. A. 32∶2。

30. 木橛残片，向尖细的一端逐渐变窄。截面为尖椭圆形。尺寸为（11.5）厘米×0.8 厘米。

31. 小件器物的十字形小木块，和图版 8∶6 的形状相仿但制作较为粗糙。两个凸榫已经断裂，中心部位的孔被磨损成了不规则形状（现在的直径约 1 厘米）。尺寸为 7.4 厘米×2.6 厘米×0.5 厘米。图 171∶14。

32—33. 木筷子（?）的 2 块残片。长（7.4）厘米和（7）厘米。

34—35. 木刮铲的 2 块残片。

36. 相当小的椭圆形木碗口沿部分残片，外表圆滑，和 A. 8：Ⅱ；205（图 29）短的一端的一部分几乎相同。内部髹红漆，外部髹的黑漆向下延伸 0.7 厘米。薄壁。最大量约 6 厘米。

37. 外表圆滑的椭圆形木碗的相当小的手柄。内部髹红漆，外部髹黑漆且其上装饰红漆豆荚图案（这种图案在这种髹了漆的小耳柄上很不常见）。长 7 厘米，高 1.6 厘米，宽 1 厘米。

38. 圆筒形容器侧壁的长方形木块。外部留有黑漆，内部留有红漆的痕迹。长（7.8）厘米，厚 0.20—0.25 厘米。

39. 弯曲的小块长方形黑色角质材料，可能是梳子的残片，梳齿手感粗糙。留下了人为锯、削的痕迹。尺寸为 3.5 厘米 × 1 厘米 × 0.6 厘米。

40—41. 2 个 A 型陶网坠。长 4 厘米和 2.9 厘米，直径 2.8 厘米和 1 厘米（没有使用 42 和 43 进行编号）。

44. 1）—9）部分缝缀在一起的褐色丝绸、丝绸填料和丝绸填料捆扎在一起的灯芯草束的残片（参看希尔旺，1949，第 31 页）。

地点 8
A. 33：8；

1. 1b 型封泥盒，略残。尺寸为 4.9 厘米 × 3 厘米 × 1.7 厘米。

2—4. 3 个 1a 型封泥盒。长 4.3—4.7 厘米，宽 3.3—4.2 厘米，厚 1.2—1.8 厘米。

5. 小木骰子，主要为一个木棱柱体，6 个面上都彩绘有黑色对角线和 4 个圆点。用于游戏或占卜。尺寸为 2.3 厘米 × 1.5 厘米 × 0.8 厘米（参看图版 12：17）。

6. 椭圆形木碗相当小的耳柄，外表有棱脊（参看图版 6：18）。内部髹红漆，外部髹黑漆且其上装饰红漆豆荚图案。耳柄长 5.8 厘米，包括一部分器壁的整个残片长 9.3 厘米，耳柄的高和宽分别为 1.5 厘米和 1.2 厘米。

7. 竹筷子残片，筷身髹黑漆，保存下来的末端髹了 4.3 厘米长的一段红漆，其下周围为 2 条细红漆线。长（16）厘米，直径 0.3—0.4 厘米。图 172：6。

8. 短且窄的木棍，截面为长方形，一端略宽，现存的一端附近的中段穿有 2 个小圆孔。尺寸为 10.6 厘米 × 1 厘米 × 0.6 厘米。图 167：4。

9. 木条，一端略尖。尺寸为 22.6 厘米 × 1.1 厘米 × 0.3 厘米。

10—13. 木棍和木橛的 4 块残片，截面形状各不相同。

14. 宽木楔，朽损严重。尺寸为 4.5 厘米 × 2.8 厘米 × 0.7 厘米。

15. 1）—13）褐色、红色、绿色、蓝绿色和蓝色丝绸；丝绸填料；粗麻织物残片的某些地方有上敷红色漆样涂层的小黑块（参看希尔旺，1949，第 31 页）。

16—17. 铲子的带插口的长方形底托残片，截面为三角形。边宽约 4.5 厘米，基部宽 1.7 厘米，壁厚 0.35 厘米（参看图版 5：13 和图 51）。

18. 条带状铁片的残片，折叠三次。宽 1.7 厘米，厚 0.4 厘米。

地点 9
A. 33：9；

1. 残存的毛笔，主要是一支藤秆，纵向裂成大小相同的 4 片，保存下来的下端用细丝线将其捆绑固定在一起，其上髹黑红色漆。有一个深 2.1 厘米的套笔头的孔。绘黑彩。长（17.6）厘米，直径 0.55 厘米。图 172:12。

2—3. 1 或 2 型封泥盒。尺寸为 5.1 厘米 ×2.3 厘米 ×1 厘米和 3.9 厘米 ×2.5 厘米 ×1.9 厘米。

4. 同上，小块残片。

5. 木棱柱体。尺寸为 2.1 厘米 ×2.1 厘米 ×1.1 厘米。

6. 扁平木块的残片，较短的一端附近穿有一个直径 0.6 厘米的圆孔。尺寸为（6×2）厘米 ×0.9 厘米。

7. 木刮铲的刃部，呈长方形且基部的角为斜切角。尺寸为 6.5 厘米 ×3 厘米。

8—10. 3 枚木片，1 枚为保存完整的素简（23 厘米 ×1.9 厘米 ×0.3 厘米），另 1 枚一端尖细。

11—12. 1 块木片和 1 根竹棍。

13. 椭圆形木碗基部短的一端的残片，外表圆滑（参看图版 6:17），背部凸起 1 毫米。外部髹黑漆，内部髹深红色漆。底面宽 6.3 厘米。

14. 与第 13 件相仿的碗壁下部的小块残片。

15. 手感粗糙、从木板上锯下来和断掉的残片，一面保留有彩绘黑色和红色图案的痕迹，可能代表人的面部五官（？）。有些地方有白色斑点，可能是粉刷成白色的房屋墙壁的灰泥。尺寸为 12 厘米 ×10 厘米 ×2.2 厘米。图 179:7。

16. 陶器口沿残片，颈部向内弯曲。浅灰陶，陶质均匀，表面呈黑色（可能是煤烟所致？）。

17. 陶器口沿、侧壁和基部的残片：此器体量小，器身略鼓圆，颈部短且内敛，唇外翻，唇和肩部之间有一只纵向环柄。陶质和第 16 件相仿。口沿直径约 8.5 厘米，修复后高约 12.5 厘米，颈部器壁厚 0.4 厘米，基部厚 1.0 厘米。图 127:7。

18. 铁锨的带插口的 U 形铁底托。高约 9.3 厘米，柄脚基部高 2.5 厘米 ×2 厘米，壁厚 0.35 厘米。

P. 69：

8. 顶端凸起的悬挂式木质宽标签残片。尺寸为 7.4 厘米 ×4 厘米 ×0.4 厘米。

10. 未完成制作的封泥盒或封检。长 4.4 厘米。

11. 葫芦的顶端。

P. 329：

2. 普通汉代木梳残片，梳齿较稀、较粗。背部宽 4.8 厘米，厚 1.1 厘米。

地点 10
A. 33：10；

1—6. 6 枚素简。长 22.8—23.7 厘米，宽 1.1—1.4 厘米，厚 0.4—0.7 厘米。

7—10. 素简的 4 枚残片。

11. 竹棍，已被烧焦。

12. 竹筷子。长 20 厘米。

13. 正方形长木橛，一端向一个保留有树皮、自然呈圆形的柄头逐渐变宽。尺寸为 21.1 厘米 ×1.2—3.3 厘米 ×1.7 厘米。

14. 正方形木橛残片，一端所有的边都斜削，向断裂的一端变得略细。尺寸为（16.5）厘米 ×1.3—2 厘米 ×0.8—1.8 厘米。

15. 粗糙的半圆形木橛的下部，一端尖细，一面扁平，另一面呈拱形且为斜面。长（15.2）厘米，厚约 2.3 厘米。

16. 未制作完成的 2 型封泥盒残片。尺寸为 5.6 厘米 ×（4.5 ×1.3）厘米。

17. 1a 型封泥盒，体量很小。尺寸为 2.7 厘米 ×1.3 厘米 ×1.1 厘米。

18. 小木器，主要是一个较短的长方形主体部分（3.2 厘米 ×1.9 厘米 ×1.6 厘米），主体部分带削边和一个长 2.6 厘米的圆凸榫。质地为硬木。通长 5.8 厘米。图 171:5。

19. 短圆木橛，一端尖细。长 11.9 厘米，直径 1.5 厘米。

20. 外表圆滑的椭圆形木碗壁上的小块残片。外部髹黑漆，内部髹红漆且在口沿下装饰黑色线条。最大量 3.3 厘米。

21. A 型陶网坠的一半。直径 1.5 厘米。

22. 用灯芯草编制的扁平的小物件残片，边缘部分保存完整且由于绳子的转动而凸起，沿着一条直线切掉。宽 9 厘米。图版 16:1。

23. 用严重朽损、扁平的灯芯草样的带子编制的相当小的球，带子的宽度介于 0.7 厘米和 1.5 厘米之间。最宽的带子和松弛折叠的窄带成直角且覆盖窄带。为扁球体。很独特。尺寸为 7.5 厘米 ×5 厘米 ×4.5 厘米。图 174:1。

24. 相当大的铁刀残片，铁刀的柄为椭圆环形。有一点不确定，即背部是否人为地做成凸起状。长（17）厘米，宽 1.8 厘米，基部厚 0.4 厘米，环形手柄宽 3.5 厘米。

25. 带插口的铁锹 U 形底托残片，只有一只柄保存下来。长（7.5）厘米，基部尺寸为 2.3 厘米 ×2 厘米。

26. 铁条残片，锈蚀严重。宽 1.6 厘米，厚 0.35 厘米。

P. 207：

1. 长方形木片，从一端开始的大约 6 厘米以外（?）弯曲。较长的一边略凸起，每一端的一横向沟槽和对面的纵向平面成斜角。尺寸为 20.6 厘米 ×2—3 厘米 ×0.8 厘米。图 167:22。

地点 11
A. 33:11；

1—2. 2 枚 1a 型封泥盒，略残。尺寸为 4.3 厘米 ×3.4 厘米 ×1.2 厘米和 4.7 厘米 ×2.1 厘米 ×2.1 厘米。

3. 木棱柱体。尺寸为 3.1 厘米 ×1.6 厘米 ×1.3 厘米。

4. 薄木刮铲刃，较长且前端凸起。尺寸为 8.9 厘米 ×2.6 厘米。

5. 木棍残片，截面为扁椭圆形，可能是木刮铲的手柄。长（9）厘米。

6—7. 木橛的 2 小块残片，第 7 件是一个宽 1.7 厘米的半圆形尖端。

8. 楔形宽木板的残片，可能是 3 型（A 或 B）封检的下部。宽 5.1 厘米。

9. A 型陶网坠残片。直径 2 厘米。

10. 陶器器壁的小块残片，外表面呈波状。A 型陶，外表面为黑色且光滑。器壁厚 0.6—0.8 厘米。

11—12. 厚铁条或扁铁棒的 2 块残片。第 11 件向较长的一边逐渐变薄（刀的残片?），第 12 件一端向上弯曲，长 6.4 厘米。宽 1.5 厘米，厚 0.30 厘米和 0.35 厘米。

13. 1）—16）部分缝缀在一起的不同质量和颜色的丝绸残片，颜色有褐色、蓝绿色和红色；一小捆缝纫用的线，可能是植物纤维；丝绸软填料（参看希尔旺，1949，第 31 页）。

14. 用扁平芦苇秆手工编制物品的残片，苇秆被间隔距离不等的几根植物纤维绳串在一起；保留下来的 4 或 5 根绳子中的一根形成了一条直边。可能是席子的一部分（?），尺寸约为（22）厘米 ×

（18）厘米（参看希尔旺，1949，第31页）。

P. 125:

1. 大竹管的纵向的一半，可能用作容器。高6.8厘米，直径4厘米。

27—28. 1或2型封泥盒的2块残片。尺寸为4.8厘米×3.3厘米和4.7厘米×2.6厘米。

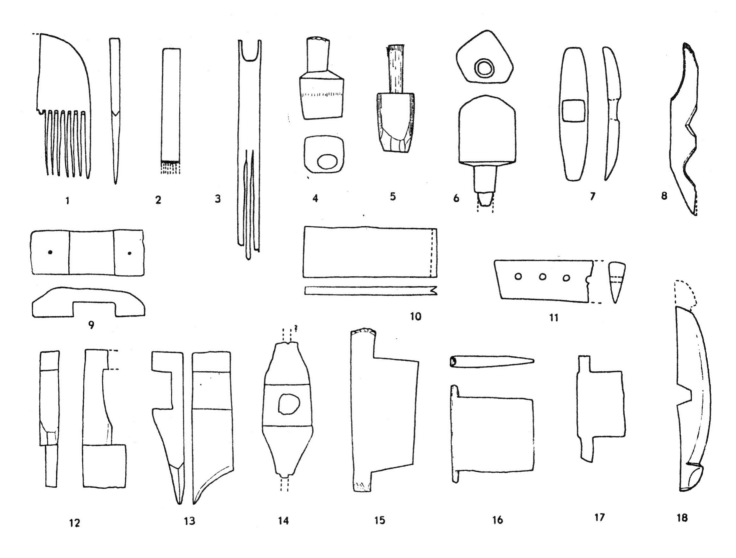

图 171

汉代不同遗址发现的各种木器。比例为1/2。1. A. 21：Ⅰ；5（图版13:5）。2. A. 22：Ⅰ；12。3.（P9:地点20）P421:14。4. A. 32: A；8。5. A. 33:10；18。6.（P9:地点2）P. 409:1。7. A. 30:1。8. A. 32: E；69。9. A. 22:Ⅰ；5。10. A. 21:Ⅰ；38。11. A. 21:Ⅱ；13。12. A. 27: A；12。13. A. 33:13；12。14. A. 33:7；31。15. A. 22:Ⅰ；14。16. A. 32: E；67。17.（A33:4）P. 138:2。18. A. 22:Ⅰ；8。

P. 199:

19. 长方形小木块，质地为硬木（或可能是竹?），上髹黑色漆。与图版13:8相仿的梳子形饰件基部。尺寸为（1.9）厘米×1厘米×0.2厘米。

20. 1或2型封泥盒，背部有字迹（?）。尺寸为4.5厘米×2.7厘米×2厘米。

21. 同上，属1b型，背部也有模糊的字迹。尺寸为4.9厘米×3.4厘米×1.5厘米。

地点 12

A. 33：12；

1. 1 型封泥盒，略残。尺寸为 4.7 厘米 ×3.2 厘米 ×1.4 厘米。

2—4. 1 枚短木片，上保留有树皮，发黑的一端呈圆形，2 个小木橛的一端尖细。

5. 椭圆形木碗的耳柄，表面有棱脊（参看图版 6：18）。内部髹红色漆，外部髹黑色漆且其上装饰红漆豆荚图案。长 8.2 厘米，高 2.5 厘米。

6. 五铢钱。直径 25.5 毫米。

7. 普通汉代三棱形铜箭镞，直角朝上，有铤的痕迹。长 34 毫米，边宽 12 毫米。

8. 蓝绿色球形小玻璃珠。直径 0.8 厘米。图版 4：17。

9—12. A 型陶网坠的 4 块残片。

13. 狐尾锯的铁刃残片，向较薄的一端逐渐变窄，两端都断裂。锯齿像等边三角形（高 2—3 毫米，基部宽 2 毫米），这样的排列使得第二个齿都从同一面磨光，其他的齿从另一面磨光。平均三个齿宽 1 厘米。长（12.4）厘米，宽 2.5—3.5 厘米，背部厚 0.3—0.4 厘米，齿基线厚 0.2 厘米，齿尖厚 0.1 厘米。图版 5：12。

14—16. 3 个锈蚀严重的铁条或扁铁棒，其中第 15 件曾被用作凿子。长 6.9 厘米、6.6 厘米、3.5 厘米，宽 1.5 厘米、1.5 厘米、1.6 厘米，厚 0.25 厘米、0.5 厘米和 0.35 厘米。

17. 1）—8）褐色、玫瑰红和绿色丝绸残片。第 5 件是用浅褐色丝绸条做成的一个小袋，末端呈尖状且被捆扎在一起。袋子的宽度和带子的宽度相同，均 3.8 厘米，末端长度分别为 3 厘米和 4.7 厘米（参看希尔旺，1949，第 31 页）。

地点 13

A. 33：13；

1—5. 5 个 1 或 2 型封泥盒，其中一个略烧焦。第 1 件的封槽内有封泥的痕迹。长 4.6—5.2 厘米，宽 1.6—3.3 厘米，厚 1.5—1.8 厘米。

6—7. 封泥盒或封检的 2 块残片。

8—10. 3 个木棱柱体，从较大器物上锯下来的废弃物，可能是封检。

11. A3 型木封检，正面下部略微倾斜，较长的一边因未经过处理而不成形，凸起的顶端有一个与封槽底部处于同一个高度的纵向小孔。尺寸为 16.7 厘米 ×3.5 厘米 ×1.8 厘米。图版 14：20。

12. 同上，但较小，较长的一边下部被斜削至一点（可能准备二次使用）。尺寸为 8.3 厘米 ×2.1 厘米 ×1.7 厘米。图 171：13。

13. 短木橛，制作粗糙，与 A2—A3 型封检相仿。尺寸为 10.5 厘米 ×2.7 厘米 ×2.2 厘米。

14. 铁砧形小木器，用一整块硬木一次刻削完成，现在顶端严重磨损。主要是一个长方形主体部分，一端形成一个脚柱。很独特。长 8.3 厘米，主体部分尺寸为 3 厘米 ×2.1 厘米，基部尺寸为 2 厘米 ×2.8 厘米 ×4.2 厘米。图 169：2，图版 9：5。

15. 从硬木质地的长方形木橛削下来的部分，一端形成一个长 3 厘米的斜边小圆柄，其余部分砍成截面为正方形的一块。圆柄顶端锯出一个深 1.3 厘米的窄凹槽，柄上有嵌入的植物纤维绳。柄之上和以下有铁锈的痕迹。尺寸为 10.3 厘米 ×2.2 厘米 ×2.2 厘米。

16. 正方形硬木橛残片，保存下来的一端的一个长 4 厘米的头状物被所有面部略倾斜的长切片分开。尺寸为（9.5）厘米 ×2 厘米 ×2 厘米。图 168：2。

17. 木橛，凹陷的中部（长 2 厘米）呈圆形，末端部分为正方形且向外逐渐变细。质地为硬木，中部由于使用而严重磨损。尺寸为 7.5 厘米 ×2.3 厘米 ×2.3 厘米。图 169：4，图版 10：6。

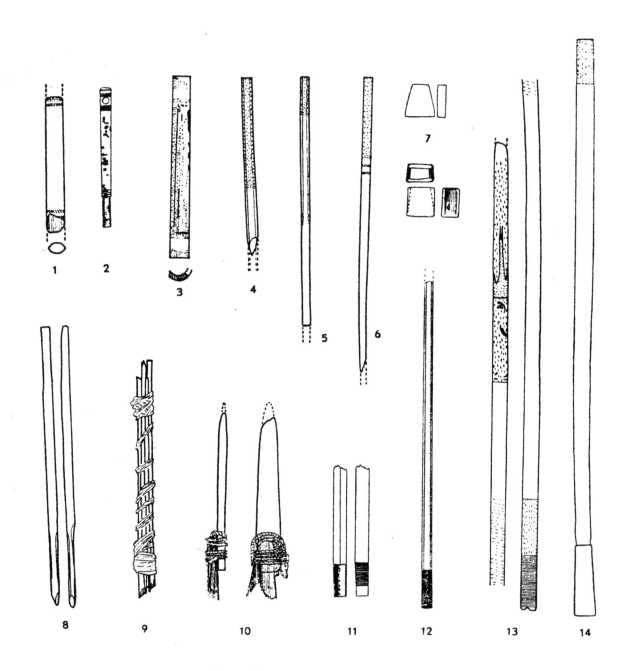

图 172

汉代遗址出土的器物，有木器（1，7，10）、芦苇（9，13，14）、藤（11，12）和竹器（2—6，8）。第4—6件为筷子，8—12为书画用具，13，14为箭杆。值得注意的是第3件器物的黑漆上有点彩，红漆上有黑点彩。比例为1/2。1. A. 32：E；99。2. A. 32：A；50。3. A：22：I；71。4. A. 32：E；77。5. A. 32：E；76。6. A. 33：8；7。7. A. 21：II；64（一组中的两件样本）。8. A. 33：4；47。9. A. 32：E；98。10. A. 22：I；56。11. A. 33：6；57。12. A. 33：9；1。13. A. 33：13；35。14. A. 33：7；26。

18. 大木盘，中心部位有圆孔，圆孔的尺寸不均匀。直径11.5厘米，厚0.9—1.6厘米。

19—25. 7个或多或少有些残破的木橛，其中3个呈圆形且末端尖细。第22件用硬木制作，扁平且截面呈尖椭圆形；纵向略弯，较窄的一端有一个扁平的凸榫。第22件，图167：19。

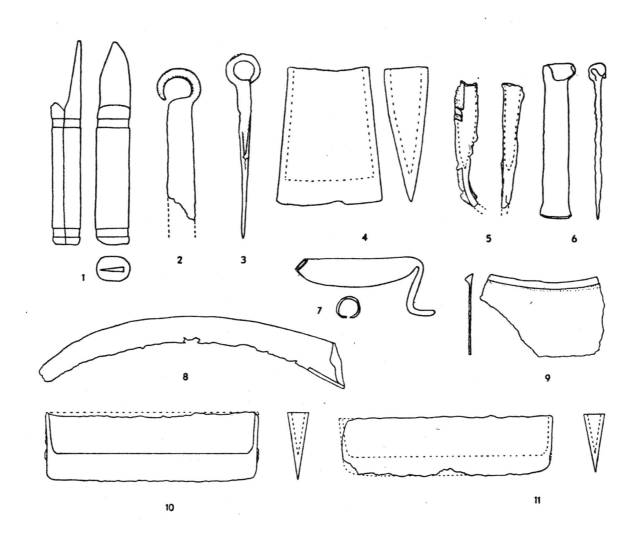

图 173

地点 A.33:4 和其他汉代遗址出土的工具等，有木质（1；刀的鞘或手柄）、铁质（2—6，8—11）、青铜质地（7）。比例为 1/3。1. A.33:4；90（图版6:4）。2. A.33:4；145。3. A.33:4；144。4.（P9:地点1）HTFP.366:1。5. A.22:Ⅰ；76（图版5:8）。6. A.33:4；147（图版5:10）。7.（P9:地点14）P.397:1。8.（P9:地点3）P.361:1。9. A.33:4；149。10. A.33:4；159。11. A.33:4；160。

26—28. 3 枚木片，制作的尺寸不等。长 21.2—23.2 厘米，宽 1—2 厘米，厚 0.2—0.5 厘米。

29—33. 5 个或多或少有些残破的木橛和木片，其中数个末端尖细。

34. 带柄长木棍，可能是割草工具（?），制作相当粗糙。一端尖细且斜削，主体部分截面为长方形且略微纵向弯曲，另一端部分被切削而部分保留了树木枝条的圆形截面，从而形成了一个长 8 厘米的手柄。长 43 厘米，主体部分的最大宽 2.8 厘米，手柄的最大厚 1.7 厘米，主体部分的最大厚 1.1—1.8 厘米。图 169:10。

35. 几乎保存完整的芦苇秆箭，一端（后端?）断裂。前端（?）长 6 厘米的一部分髹黑漆，漆覆盖了缠绕在秆上的长 3 厘米的细线；中段有长 5.5 厘米的一部分缠绕着细线。后端长（13）厘米的一部分髹黑漆且其上最里面长 4.5 厘米的区域内装饰红漆和葱绿色漆的线条和曲线组成的精美图案，下面是髹红漆的窄三角形，三角形尖端朝向断裂的一端。长（52.5）厘米，前端直径 0.8 厘米，后端

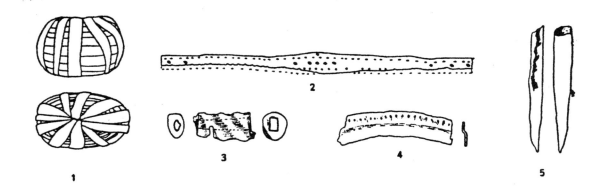

图 174

几处汉代遗址出土的质地柔软的材料制成的器物。1 为扁灯芯草编制而成的球，2，4 为皮革，
5 为兽皮，3 为羚羊角。1，3—5 的比例为 1/3，2 的比例为 1/2。1. A. 33：10；23。2. A. 32：A；58。
3. A. 27：D；8。4. A. 22：Ⅰ；77。5. A. 35：4；7。

直径 0.7 厘米。图 172：13。

36. 木片，一边直，另一边有角。末端附近相对的两面有横向的契槽。尺寸为 8.6 厘米 × 1.5 厘米 × 0.5 厘米。图 167：23。

37. "雌"火棍，主要是一段扁平的木块，一面略呈拱形，外轮廓为筒状，末端直。较长一边的中段有一处凹陷，凹陷处的底部凸起，纳易燃物的孔横穿此处。质地为中等硬度的木料。尺寸为 11.7 厘米 × 1.3—2.5 厘米 × 0.7—0.9 厘米，孔径 0.7 厘米，深 0.5 厘米。图 152：6。

38. 木刀形器残片，主要是一根截面为椭圆形的木条，向弯曲处逐渐变细。切边曾被由弯曲处向断裂的手柄部分方向削掉了长 7 厘米的一段，切边因而变得狭窄。表面光滑。尺寸为（12）厘米 × 2.3 厘米 × 0.4 厘米。图 169：11。

39. 手感粗糙的木刮铲残片，手柄断裂。尺寸为（14.5）厘米 × 2.5 厘米。

40. 相当大的木刮铲的手柄残片。截面为长方形，一面有斜削边。尺寸为（7）厘米 × 1 厘米 × 0.3 厘米。

41. 木楔，被烧焦。尺寸为 8.1 厘米 × 2 厘米 × 1 厘米。

42. 细木棍，略弯曲，大致为圆形，一端附近的一边有一个契口，另一端断裂。尺寸为（14.7）厘米 × 0.7 厘米 × 0.5 厘米。图 167：13。

43—44. 木筷子的 2 块残片。长 15.5 厘米和 6.2 厘米。

45. 圆木楔残片，刻削粗糙。长（11.3）厘米，直径 1 厘米。

46—52. 7 件相同的圆木盘，是锯下来的片状枝条。直径为 1.7 厘米，长（高）4.7 厘米。

53—55. 3 个 A 型陶网坠。长 3—4.4 厘米，直径 1.0—1.9 厘米。

56. 普通汉代三棱形铜箭镞，保留了部分铁铤。直圆角，铤曾嵌入一个基部中段的正方形部分内。全长 40 毫米，不包括铤的头部长 31 毫米，边宽 10 毫米。图 118：2，图版 4：5。

57. 铁刀的椭圆形环柄。尺寸为 3.4 厘米 × 2.2 厘米。

58. 铁条残片。尺寸为（7）厘米 × 1.2 厘米。

59. 植物纤维绳做成的蓑衣残片。排列紧密的纵向纤维绳组成了编制物的主体，间隔约 5 厘米的横向绳对纵向纤维绳又进行了加固。每一根横向绳稍下一些的地方，纵向绳松散、扁平的末端像屋檐一样垂落下来，遮盖了横向绳和纵向绳之间区域的一边——参看几乎保存完整的蓑衣，图版17:4。

60. 草扎的扫帚的手柄部分，草秆经一次对折且在距弯曲处5.5厘米的地方用粗绳扎固，绳子捆缚了好几道（参看图版17:14）。

61—62. 窄皮革条，部分打结在一起。

63. 窄且扁的编织物，用蓝色细丝线编织而成。长55厘米。

64. 用较粗的绳子编制的便鞋，略残破（参看图版18:1）。长（26）厘米，宽10厘米。

65. 同上，几乎保存完整。细绳编成的鞋后跟和脚趾部分的凸起带状饰（参看图版18:1）。长28厘米，宽10厘米。

66. 保存完整的鞋，脚趾部分较高且带褶皱。鞋底用粗绳编织而成，但上部用更细的绳子编织（都为植物纤维绳）。长28厘米，宽10厘米。图版18:5。

67. 同上，略残，脚趾部分较低，上部比第66件编织得更精美。鞋底已经磨透。长26.5厘米，宽11厘米。

68. 同上，为残片，和上述保存较好的样本相比显得更加雅致。制作较考究的薄鞋底背面有凸起的菱形图案。长（20）厘米，宽6.5厘米。图版18:4。

69. 1）—32）部分缝缀在一起的不同质量和颜色的丝绸残片，颜色有褐色、红色和黄色。第23件是玫瑰红色丝绸打成的结。丝绸填料、丝线、经过缝补的植物纤维材料、植物纤维绳、一块黄白色羚羊皮（厚0.05厘米，尺寸为5.3厘米×1.8厘米）（参看希尔旺，1949，第31页）。

地点14

P. 333:

1. 1段绳子，以3股草三折而成。

12. 铁器残片，可能截面为圆形。

15. 黄色、红色和褐色丝绸的小块残片，A型陶网坠的小块残片。

地点15

P. 322:

1. A型陶网坠。长4.8厘米，直径2.2厘米。

2. 同上，为残片。

3. 陶器的小块残片。

地点16

P. 343:

3. 木橛残片，一端有凸榫。尺寸为（7.2）厘米×1.2厘米×0.6厘米。

4. 正方形木块。尺寸为3.5厘米×5厘米×5厘米。

地点17

P. 200:

9. 小木章，主要是一块正方形木板，上有4个模糊的字，印纽半圆形，纽孔内有一根打了结的绳子。和A. 21：Ⅱ；58（图140）同属一种类型但制作较粗糙且保存状况也较差。木板尺寸为1.6厘米×1.6厘米×1.4厘米。

10. 装饰性圆木橛残片，顶端为球形。长（13.5）厘米，手柄尺寸约5.5厘米×4厘米。

19. 木刮铲残片，制作粗糙。长（13）厘米，宽2.1 厘米。

地点 18

P. 205：

2. 椭圆形木碗或木钵残片，刻削粗糙。口沿附近的外侧面有一条皮革，皮革嵌进一个孔内形成了一个环。长度曾约 40 厘米，高约 10 厘米。

烽燧 169

位于河流左岸即西岸，对面是南乌兰都儿孛斤遗址。毁坏严重的烽燧及其坞院变成了一个土墩，其顶端竖立着残高 3.5 米的土坯塔；在这里发现了一些汉代碎陶片。

烽燧 170

位于上述遗址西北偏西约 2 公里处。主要包括完全毁坏的带坞院的烽燧遗址，现在是一个高度不值一提的土墩。在此发现了汉代陶器。

烽燧 171

位于上述烽燧西南约 1.5 公里的地方，在现存烽燧和另一个位于更偏西南的未被描述的 172 烽燧之间，保留有道路的痕迹。这是斯坦因在去巴颜博格多山的路上，经过额济纳河左岸时调查过的最后一座烽燧（参看《亚洲腹地》第 414 页）。这座位于一个矮山脊上的烽燧，保存状况相当好，显然是由于后来又进行了修复的缘故，例如，一个（部分倒塌的）土夯护堤。这个建筑物主要用各种尺寸的土墼砌成，有些尺寸符合汉代标准（斯坦因测量的数据的平均值为 14 吋×8 吋×5 吋），其他尺寸较小的土墼可能属于较晚的时期；贝格曼认为土墼属于后代，例如，属于中世纪或近代，但无法确定这个陈述指的是否是整个建筑物或只是一座毁坏的汉代烽燧的中心部分的装饰（土夯层以下）。烽燧顶端是一个瞭望哨，也用土墼砌成。塔基部尺寸为 6 米×6 米，高度约 7 米。

在烽燧 171 附近低矮的露台西侧，发现了一些打火石块。

烽燧 173

位于未进行描述的西毛目塞垣上的烽燧 172 和距河流约 1 公里的左河岸之间的一个有植被的地区。烽燧高 7—9 米，有一个土夯的中心部分，上有直立柱子留下的孔（汉代原来的烽台），外部又砌了一层用汉以后草泥固定的土墼。

烽燧 174

是迄今为止发现的位于南乌兰都儿孛斤东南毛目东部塞垣上的第一座烽燧。这个特殊的烽燧（和汉代烽燧一线的其他部分相比较而言）以北和以南一线之间有差距。现存烽燧位于一个阶地底部附近，用土墼砌成，高 5 米。还有一排 3 个表面都平坦的石堆，第 4 个石堆与这 3 个石堆并排且距离很近。

烽燧 A34

位于河流东岸的沙丘当中，处在南乌兰都儿孛斤与大拉林斤—都儿孛斤要塞之间的正中点。保存状况较差，贝格曼没有对这些遗址进行过描述。以下所列的碎陶片和网坠大多数都因为风吹的缘故而裸露在地面，可能都是从周围地表或至少从非常浅的地表以下采集来的。

A. 34：

　　1—5. A 型陶网坠的 5 块残片，中等大小。

　　6. 陶器的小块碎片，有压印十字形绳纹，有些地方的绳纹因被环形装饰线遮盖而隐没。夹砂红陶，陶质均匀，外表面蓝黑色。硬度为 6.0Mohs。

　　7. 装饰绳纹的陶器薄片，浅灰色，陶质均匀，外表面蓝黑色。

　　8. 同上，装饰较粗的压印绳纹。为 A 型陶，外表面有一层和上述标本一样的黑色陶衣（？）。

　　9. 陶器的小块残片，装饰相当小的波形花环纹和环形刻痕。陶质中心为浅红色，两边为浅蓝灰色，外表面为灰色。

　　10. 陶器的小块残片，装饰排列紧密的垂直压印绳纹，有些地方绳纹因被环形刻痕遮盖而隐没。A 型陶，外表面呈浅灰色。器壁厚 0.7 厘米。

　　11. 类似砖的素面红陶小块陶片。

烽燧 175

　　位于一个低矮的沙岩阶地上，可能与斯坦因发现的河流东岸的一排 4 座烽燧中最北的一座一样（参看《亚洲腹地》地图第 45. A3—4），这实际上就是毛目的东塞垣。用土墼砌成，每一层夹一层树枝。高约 3.5 米。烽燧附近有 3 堆石板和矿渣。塞垣从现在所在的地点向南延伸，这一段由轮廓不太清晰的两道塞墙组成。

　　现存烽燧以南约 2 公里是属于塞墙一线的另一个烽燧 176，这个烽燧被贝格曼画了图，可能斯坦因也绘过图（是他所绘的 4 个烽燧中从北数起的第 2 个）。

烽燧 P12

　　属于毛目西部塞垣。没有关于这处遗址的描述（见图版 XXII），但一些发现的遗物却是试掘的结果，可能所谓的试掘是在现存烽燧附近的坞院进行的。除了以下列出的 2 件遗物外，还发现了 2 枚木简和几块或多或少经过处理的木块。

P. 93：

　　1. 各种颜色的小块丝绸残片，颜色有深褐色、浅褐色、红色和蓝色。

　　7. 悬挂用的大木签牌，上有字迹。有 4 个孔，一个孔内嵌有一个木钉，木钉的放置不规则。长 13.1 厘米，宽 5.8 厘米。

城址 K824

　　这个几乎和城障一样的坚固要塞被蒙古人称为 Arven -tokhoi-durbeljin[①]，位于河流左岸，因离河流太近，河水已经冲走了要塞东南角的四分之一围墙。被围起来的区域面积为 200 米 × 200 米，墙体用夯土筑成，高 7.8 米，基部厚 4.5—5.0 米，顶端厚 3.2 米。除了河水冲刷成的大裂口外，墙体上还有其他几个小缺口，如图 175 所示；东侧中段的开口可能是一个额外增加的门，也可能是主要的入口。东侧和北侧以外有一条深 2 米、宽 19 米的城壕，城壕带有一道低矮的薄墙。

　　城址以内有几个低矮的小面积房屋的遗址，其中一个可能是一座寺庙，有些遗址排列成行。竖砌

---

　　①斯坦因在《亚洲腹地》第 412 页中给出的名称是 Arven-tokhoi-durbeljin，他同时还给出了相应的汉语名称，即天宗大湾（T'ien-tsung-ta-wan）。他所绘制的图 228 中没有标示出这个遗址（ = T. XLVIII. e），却绘制了从西南方向所看到的大拉林斤－都儿孛斤（A35）的图，这一混淆可能是缘于斯坦因的如下错误描述：这个特殊要塞的塞墙角落部分有正方形大角台。

的土墼表明房屋的建造时间较晚
（斯坦因提供的建造寺庙用的土墼尺
寸为16吋×10吋×6吋）；在平面
图上只绘出了这些建筑物的略图。
地面上（内部？）散落着釉陶器，下
面列举了其中3块残片，附近没有
见到汉代的陶器，这些因素和要塞
的总体建筑模式说明其时代晚于汉
代，可能是西夏或更晚的时代。

K. 13824：

　　1. 瓷碗残片，属青瓷器。

　　2. 瓷碗口沿的小块残片，灰色
胎体上施深褐色釉。

　　3. 大瓷器破裂的2块残片；外
表施不均匀的质量较差的深褐色釉。

城址 177

　　是一个类似要塞的小遗址，位
于额济纳河东岸附近和下述大型遗
址 A35 大拉林斤 - 都儿孛斤西北 200
米处，这个大型遗址所在地被一个
古老的灌溉沟渠分隔开。此处遗址

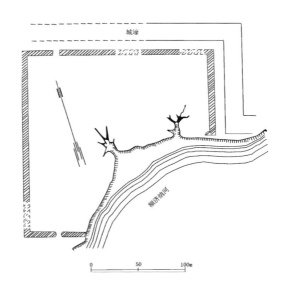

图 175
类似城障的要塞—Arven-tokhoi-durbeljin（K824）
平面图。内部的房屋遗址被忽略。

用夯土筑成，墙体高约1米，尺寸为18米×18米，似乎南侧曾有过一个门。附近散落着汉代碎陶片
（地图 Ⅱ 中遗漏了这处遗址）。

大湾遗址 A35（大拉林斤 - 都儿孛斤）

　　这处占地面积为350米×（250）米的大型遗址[①]，位于额济纳河右岸以东几百米处。保留下来的
遗址分属不同类型和时期（参看图176）：一个长方形外城所属类型不详，但可能时代较晚，有一条
城壕和一座修复的汉代烽燧组成的角台，界定了这个遗址的区域。坞院之内是一个类似城镇的居住地
的一部分，可能是一处属于汉代的城障，主要由一座带几处角台的长方形城墙组成，其中一座角台建

---

　　①要塞被称为大拉林斤 - 都儿孛斤，意思是"靠近农业垦殖区的城堡"（这个名称有时候用来指整个遗址）。实际上，遗址附近的
确遗留有农业耕作的痕迹，例如：灌溉用的沟渠、田地。但现在这些区域却很贫瘠，地面被砂岩覆盖，其间点缀着偶尔出现的沙丘。

于汉代（修复过？），圈成了一个坐落有几乎完全毁损的房屋遗址的区域；这个遗址中部矗立着保存完好、给人深刻印象的要塞，东侧和门前都有城壕和防御墙，这些建筑物可能都属于哈喇浩特时期[①]。所有城墙、要塞的墙体都采用夯土的方法筑成，只有现存的几堵房屋的墙体用土墼砌成。

要塞的规模和高度给人留下较深刻的印象。斯坦因夸大了其平面图的不规则性，从大多数汉代要塞或多或少都呈正方形的特点来看，它的确很显眼，与众不同。坚固的墙体圈住了尺寸约为70米×90米的一个区域，东墙上有经过加固的门和门房。两座望楼：西南角的一个体积较大且为正方形，横穿西墙且在西北角附近的一个望楼较小，为长方形。土夯的北墙和南墙的中段坍塌，其余高度可达8.5米。墙体的厚度有明显差异，4米至6米不等，障门两侧的短墙基部厚达9米之多。后来补筑的护墙使用了土墼和草泥，墙顶有两道低矮的女墙。正如哈喇浩特和其他障城一样，墙上都有成排的版筑木椽留下的水平孔洞（参见图版XXIV）。障门北侧的墙壁上砌有一道登顶台阶，从一个佛堂延伸出的高1.3米的土墼砌墙仍然屹立顶端。由此向南，其规模可能更大一些，因为门的位置以及此处大量堆积的坍塌土块和土墼块表明障门曾有顶层建筑。对佛堂进行了发掘，但一无所获。在要塞西南角望楼顶上发现了另一个类似的佛堂，南侧开一扇门。王先生率先在南侧墙顶端（地点16）进行了发掘，而且无意中发现了此处最重要的遗物：印有西夏文的一张纸和一小片同样字体的帛书。如此看来，贝格曼比斯坦因幸运，他认为这个军事要塞可能在汉代以后建立，但当时没有可以确定年代的遗物。因此基于其他的参照物，倾向于这样的假定：定居的时期应为汉代和唐代。在障城内，发现了带几个房间的房屋相当高的土墼墙遗迹。发掘工作在望楼基部展开，且在望楼内发现了几件遗物，包括釉陶器和有汉字的纸张。

城障东侧和南侧有起屏障作用的两道坚固土墙，两墙相连且成直角；可能是曾围绕整个要塞的墙体的一部分。瓮城和西面的围墙之间有一条宽7米的城壕。要塞墙体附近的区域内没有发现有助于判定年代的遗物。

遗址最外层的城圈主要由围绕一条城壕的夯土墙体组成。保存最完好的东侧主要包括一个长350米、现存宽2米的隆起的地上区域。而城壕是一个相当浅、宽约5米的沟渠；南部城壕宽得多，内部又有另一条窄沟。这堵夯土墙体北侧和南侧以及西侧的扩展范围，已经无法寻觅其踪迹，可能已经被泛滥的河水冲刷殆尽[②]。这个带城壕的大型建筑物的建造年代问题，恐怕在进行更深入的发掘之前是无法解决的。夯土墙体内没有发现任何遗物，而内部发现的遗物则出自被另一个和现存城墙间接相连的内城墙包围着的一个区域。最外层城圈的东南角与一个修复的烽燧相连，表明其建造年代晚于汉代[③]。

以上提到的烽燧保存状况完好，高近10米——是额济纳河地区最高的——其基部呈正方形，尺寸为5米。夯土筑成。在地面以上约2.5米处有一间房屋，进入房屋的门还带了一个向南的边门；从这间房屋（可能曾经是汉代烽燧顶端的瞭望哨）向上至烽燧的顶端中空，看上去像烟囱。烽燧东侧和南侧曾矗立着一个带几间房屋的小房子（地点13和14），现在整个房子被损毁成了一个低矮的土

---

①参看贝格曼在他所著的《报告》第136页中的初步论述，斯坦因对现存要塞（T. ⅩⅬⅧ.d）及其周围城墙（《亚洲腹地》，第412—413页）的描述和他所绘制的图（第413页）不完整甚至有些地方是错误的，他对现存遗址的调查很不充分。贝格曼在这里停留了将近两个星期，所以完全可能发现军事机构的另外部分，说明它的占地面积比在他之前做这个工作的人认为的要大。斯坦因在《亚洲腹地》中所绘制的图228，从西南方向显示了现存要塞，而不是要塞K824，Arven-tokhoi-durbiljin。

②斯坦因（《亚洲腹地》第413页）对以下内层城墙的这段论述，同样适用于外层城墙。

③贝格曼对此（在他的《报告》中第136—137页所阐述）的观点是，即外城墙构成了一个汉代城址的墙体，主要基于未经证实的猜测：内城和现存要塞围绕整个遗址并行延伸；因为内城出土了一些汉简，贝格曼很自然地认为，所谓双层墙中的外城墙和内城墙应属于同一时期。他的观点支撑主要是：发现的汉简和位于较大面积城圈东南角烽燧的完全损毁的坞院中所出的器物，同时他的观点被保存状况较差的个别城墙所证实；可是，坞院所出的汉代遗物不一定和现存烽燧及城墙有关联，而且，城墙的现状可能是更晚一些时候侵蚀作用的结果。

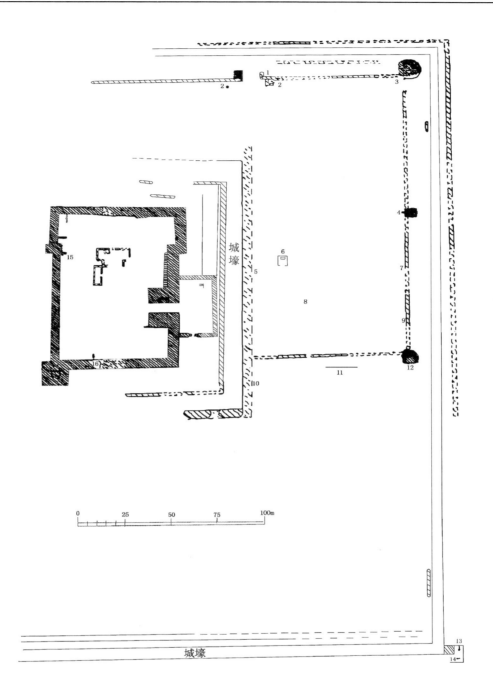

图 176

大拉林斤－都儿字斤（A35）平面图；比例尺为东（左）－西（右）方向。
通过碎块的情况，我们可以推断：对东北向的烽燧（地点 3）情况的记述言过
其实。

墩。

在遗址北部，发现了一个尺寸约为 140 米 ×（190）米、东西方向（正如上述较大的外城）的内城；这个城墙和斯坦因绘制的略图中的规模宏大的要塞外的城墙相仿。内城的墙体比外城的墙体保存更完好：两者基部的宽度（2 米）相同，都用夯土筑成，但北侧和东北角的门之间的高度为 2 米，东北角和东侧中部之间的高度为 1.65 米。同样，北侧和西侧的扩展范围已经踪迹皆无，南侧在要塞前约 100 米处结束。与城的毗连部分的距离约为 10 米。北侧有一个经过加固的门，东南角和东侧中段有一个正方形、尺寸大约为 5 米 ×5 米、高度为 4.5 米的小望楼。遗址内部东北角矗立着一个高高的烽燧，形成了一个角台。其高度约为 7 米，因遭受严重侵蚀且一半已不复存在，基部尺寸已无法判

定。对其基部碎块堆进行的发掘揭示了其南侧的一间小房屋或相当小的作为哨所的岗亭；这个高 1.8 米、深 75 厘米的特殊的洞，可能是汉代凿的，因为其内出土了几枚汉简和一些同时期的其他器物（地点 3）。

现存围墙北门的每一侧都发现了大量木简（地点 1，2 和 2a），东墙（内侧）倒塌部分的碎块堆、中部望楼（地点 4）基部、现存的角台（地点 12）和望楼（地点 7 和 9）之间的两个地点也挖出了几枚简。这个城墙属于汉代的结论到现在为止应该没有多大疑问了。

现存遗址的东北部是一个在汉代被连续使用的居住区（军事营地？），这个结论被如下事实证实：要塞以东的墙体内的整个地表覆盖着迹象模糊的房屋地基，其中两处（地点 8 和 11）只出土了汉代器物，两处出土了汉代器物、木简和哈喇浩特类型（地点 6 和 10）的遗物，第 5 处遗址（地点 5）出土了不明时代的遗物。房屋的墙壁完全倒塌；只有土的颜色表明了墙体建造的年代较早。在这个区域内，几乎挖了探方的各处的煤烟层和木炭层中都揭露出了汉代类型的碎陶片。

最重要的遗物发现地点是一个佛堂（？），建造在一个被完全毁坏的汉代建筑物上，或只是在一个弃物堆上（地点 6）。佛堂基底出土了将近 500 枚大小各异的木简和许多上有书写字迹的木片，保存状况都很好。除了上有着色大字的装饰用白色灰泥外，我们在有台石（参看图版 XXIVb）的佛堂内，只发现了几件器物。建造佛堂用的土墼也比汉代常用的土墼小且薄。墙体已完全坍塌。

由于地下潮气的作用，许多采集来的遗物的保存状况都不好。不过，在这里的不同地点挖掘出的包括残损的和普通木片在内的汉代木简的总数约 1500 枚。地点 6（佛堂之下）和地点 13—14（烽燧东南的坞院）出土的简的数量最大。后一个地点所出的简保存异常完好，长度均为 23 厘米，可能是因为被放置在一个厚 20 厘米、压得很瓷实的粟粒层以下的缘故，所以才能保存如此完好。

目录中所列的标本，约有 350 件，是从以下 19 处地点采集的。

在城圈内偶然发现的遗物

将其编为 A35：1—33，实际上就是从地表下的残层中发现的，是为试图发现房屋地基而在某些地点的浅层展开发掘时的收获。所发现的遗物主要包括具有汉代特点的器物，例如没有上釉的灰陶器、网坠、几件三棱形铜箭镞、1 枚残破的封泥盒，可能还包括 1 枚铜印章。但还有属于更晚一些时期，可能是西夏或元代的器物，如 6 件瓷器、1 件有压印纹且残破的铅灰色杯托。

地点 1

主要包括内城北墙基部外侧、门的东墙附近的碎块堆。遗物 A.35：1；1—18，P.47：1，P.66：1—6，另外一件器物、一些简，似乎都属于汉代。质地为木、竹、芦苇、皮革和丝绸。

地点 2a

在北墙基部的一个地点，位于上述地点以西几米处。除了木简（小且残缺）外，还有几件不太重要的木器、箭的芦苇杆（或砍下的树枝？）的一部分，P.352：8 也是在这里发现的。

地点 2

是门附近的地点 1 对面的北墙内侧基部经过发掘的一部分。在这里采集到几枚简，木、竹、芦苇、葫芦质地的遗物，一颗马牙、兽皮和丝绸残片。

地点 3

是东北角的烽燧，出土了一些木简和几件其他器物：为木、泥（一只小球）和铜（1 枚顶针）

质地。

地点 4

与东墙中段望楼的基部内侧相连的一个碎块堆。在这里发现了几枚简，木、竹、藤（？）、泥（一只小球）、铁质地的器物（条状物残片），一个线缝的皮插座和纺织物残片。

地点 5

是内城墙内地表挖的一个探坑。在这个地点只发现了 3 件有标记的器物：一根经过加工的木棍、一块铁和一组丝绸残片。

地点 6

在上述佛堂的一处地点，出土了遗物 A35：6；1—13，显然，其中的最后一件是从现存遗址采集的，另外 12 件器物和约 500 枚简一样，无疑都来自汉代的军事驻地。第 13 件是一小块纸，在圣坛台石顶部发现，而其他器物主要是木、竹质地和纺织物残片。

地点 7

与中部望楼以南几米处的东墙基部内侧相连的一个碎块堆。在这里采集到的遗物，除了一些木简外，主要是木、陶（A 型网坠残片）、铁（残破的刀）质器物和纺织物残片。还发掘出了一个大陶罐，靠墙放置，但被留在了原地。

地点 8

是内城内地面上挖的一个探坑。发现的遗物有木片和纺织物残片，其面貌均为汉代风格。

地点 9

是地点 7 与东南角望楼之间的东侧墙基部的一个碎块堆。在这里发现了几枚简、一个椭圆形木碗的一大部分、一组纺织物残片。

地点 10

是内城南墙外附近且在城障之前南北走向的一堵围墙基部的一个碎块堆。带有明显的汉代和西夏的混合风格，碎陶片和 A 型网坠一望便知属于汉代，而勺形木刮铲残片、5 个表面光滑的圆木橛则与在哈喇浩特发掘出的器物一样。总体数量不大的采集物中还包括木器、一块铁条、一组纺织物残片和绳子。

地点 11

是在内城墙内挖的一个探坑。在此发现的遗物全都包含或多或少带汉代特点的木片。

地点 12

为内城东南角的望楼，对其基部进行了发掘，这里可能曾经有过一个碎块堆。按照贝格曼所做的记录，这里出土的有些简实际上是在现存望楼中发现的；其他遗物主要为木、陶（一只小球和纺轮残片）质地，还有几块丝绸残片。

烽燧东南的坞院

主要是一个完全损毁了的带两间房屋的院落（地点 13 和 14），这里出土了数量惊人的遗物。一间房屋出土了上面已经提到的保存在瓷实的粟层之下、现状极其完好的木简，多数其他遗物 A35：13；1—112；后者主要包括毫无重要性可言的木橛和木片、几根竹棍、2 个 A 型网坠、丝绸残片。另一间房屋只出土了 3 件小器物：A35：14；1—3，即一颗玛瑙珠、一个 A 型陶网坠和一个浅灰色的软石质（石灰石）棱柱体。

地点 15

是城障西墙北侧望楼底部被发掘的碎块堆。发现的遗物为木、铁和皮革质地的器物，釉陶器的 3 块残片，纺织物的几块残片。虽然将其归入某一特定时期较为困难，但这些遗物带有晚期的特征。

地点 16

是城障墙顶的一个地点，王先生曾在此发现 2 件西夏文写卷，一件为纸本，另一件为绢本。这里还发现了一块丝绸和一块皮革。

城内地表采集的遗物

A.35：A；1—5，主要是一个雕刻木橛、A 型网坠的 3 块残片、一块铁。

遗物列表：

	地点及所出器物大致总数		
	内城	东南烽燧	要塞
	地表 & 地点 1—12	地点 13—14	地表 & 地点 15—16
木器			
素简	19	35	—
封泥盒，封检	7	—	—
棱柱体，可能是游戏或占卜用的骰子	2	—	—
人面画木橛和类似木片	3	1	—
人形彩绘木片	1	—	—
装饰性木块	1	1	1
食物盘的腿	1	—	—
梳子	1	—	—
完整或残缺的木碗和一只木钵	6	—	—
筷子	4	1	—
弓箭上用绳子固定的部分	1	—	—

	地点及所出器物大致总数		
	内城	东南烽燧	要塞
	地表 & 地点 1—12	地点 13—14	地表 & 地点 15—16
纺轮	1	—	—
大盘子的残片，可能是圆筒形器物的底部	1	—	—
铲子的刃	—	—	1
系绳栓	1	—	—
楔子	5	1	—
栓形橛	2	1	—
弯曲成环的小树枝（手柄?）	1	—	—
缠绕丝线的栓	—	5	—
各种器物和残片	57	60	6
竹器			
棍（可能是权杖?）	1	—	—
筷子	1	—	—
各种棍等	14	2	—
芦苇或藤条，包括两支箭杆	4	—	—
葫芦残片	1	—	—
马牙	1	—	—
石器			
玛瑙珠	—	1	—
小块石灰石（?）板	—	1	—
陶器			
碎片（未上釉）	14	—	—
A 型陶网坠，一个带部分编网（出自内层围地地表）	9	3	3
同上，B 型	1	—	—
小球	3	—	—
纺轮	1	—	—

	地点及所出器物大致总数		
	内城	东南烽燧	要塞
	地表 & 地点 1—12	地点 13—14	地表 & 地点 15—16
釉陶残片（均出自地表）	6	—	3
炉渣（地表）	1	—	—
铅灰色杯托（?）	1	—	—
青铜器			
印章	1	—	—
三棱形箭镞	2	—	—
顶针	1	—	—
铁器			
釜甑残片	—	—	1
钻头	—	—	1
刀的残片	1	—	—
凿子（?）	2	—	—
铁锹的带插口长方形底托	1	—	—
各种残片	3	—	1
皮革和兽皮			
线缝的小尖插口	1	—	—
皮带残片	3	—	3
植物材料编制物			
猎物诱捕器残片	1	—	—
席子或篮子残片	X	—	—
绳索或细绳残段	X	—	—
单件或成组的纺织物	10	1	2
纸张	X	—	X

遗物目录：

在城内地表发现的遗物
A. 35：

1. 1 或 2 型木封泥盒残片。长 5.1 厘米，厚 1.5 厘米。

2. 削下来的木片，中心部位有一个椭圆形孔。尺寸为 3.8 厘米 ×2 厘米 ×0.5 厘米。

3. 青铜印章，保存完整，主要是一个正方形铜板（尺寸为 1.5 厘米 ×1.5 厘米 ×0.7 厘米），正面铸刻 4 个印记很深的字，背部有桥钮（悬挂用）。图 177。

4. 汉代普通三棱形铜箭镞，基部附近每一面上都有三角凹槽，角形似削断的倒钩，基部异常大。长 35 毫米，边宽 10 毫米。图版 4：1。

5. 同上，比第 4 件的尖端更锐利。直角，无凹槽，异常短的基部有一个深 9 毫米的容纳铤（遗失）的孔。长 25 毫米，边宽 10 毫米。图版 4：2。

6. A 型小陶网坠，略损毁。长（2.8）厘米，直径 0.9 厘米。

7. 小陶网坠，B 类的一种，现存的标本截面为圆形（而不是扁椭圆形），无纵向刻槽。长 3.7 厘米，直径 0.8 厘米。

8. 铅灰色杯托残片（或杯的衬垫?），中心部位附近有几乎无法辨认的压印涡卷纹。只保留下来宽 0.6 厘米的扁平唇缘的 1/4，整个残片或多或少变平。直径（包括唇缘）可能约为 6 厘米。很独特。

图 177
铜印章及其拓片，A35：3。原大。

9. 一个约 40 厘米的粗糙的植物纤维绳，每隔 2—5 厘米有一小段同样材料的细绳打成的结，一个残破的 A 型陶网坠在两个绳结之间与主绳索串在一起。可能是鱼网下部边缘的一部分。在图版 17：13 中，主绳索没有被弄直。

10—13. A 型大陶网坠的 4 块残片。直径 2.0—2.2 厘米。第 12 件，图版 17：11。

14. 陶器残片，装饰横穿有环形刻痕的垂直压印绳纹。质地为浅灰褐色陶，焙烧很不充分，表面呈灰色。最大量约 15 厘米。图版 1：9。

15. 陶器的小块残片，装饰绳纹。质地为 A 型陶，表面闪现沙质光泽。硬度为 5.5Mohs。

16—18. 一件或两件陶器的 3 块残片，装饰波浪形花环和水平方向的带纹。焙烧很不充分，为夹砂陶，中心部位呈红色，向表面逐渐变成灰色，外表面相当平滑且有光泽。硬度为 5.5Mohs。第 16 件，最大量约 9 厘米，图版 1：10。

19. 未上釉陶器的小碎片，装饰的花环纹比第 16—18 件上的小。质地和第 16—18 件相仿但表面更暗、更平滑且有光泽。硬度为 7.0Mohs。

20. 陶器残片，水平波浪形带纹横穿绳纹。质地和第 16—18 件相仿。

21. 同上，外表面呈灰色，装饰色更暗、更有光泽的环形带纹。质地和第 16—18 件相仿。

22. 小块炉渣。

23. 陶器残片，从肩部到器腹上部，表面略呈波状；一个地方有刻画星号标记或图案，主要为 3 条在中心部位交叉的直线。浅灰色，陶质均匀，表面为更深的灰色。最大量约 15.5 厘米。图版 2：11。

24. 带气孔的陶炊器残片，底部有几个更大的孔，底部附近的侧壁上有一些较小的孔。A 型陶。

25. 陶器基部残片，装饰排列紧密的压印交叉绳纹，下侧扁平。A 型陶。最大量约 11.5 厘米。图版 2：10。

26. 陶器残片，保留有压印绳纹的痕迹，部分绳纹相互交叉。A 型陶。表面呈灰色。

27. 圈足硬陶器。蓝灰色，陶质均匀且表面呈灰色。硬度为 6.5Mohs。圈足直径 4.5 厘米。

28. 瓷碗带唇沿的侧壁和圈足基部的残片，器物有残缺。两面都不平。器身陶质均匀，陶胎主色为浅黄色，但有些地方却变成了灰色；陶土内有暗色微粒，无修饰的浅褐色点上略着了些红色。釉被随意泼洒在表面，使得胎上的有些不规则面积没有覆盖釉。釉的厚度差异较大，有深浅不同的褐色薄胎，不透明，乳白色，几乎为紫灰色的堆砌在一起的亮黑色层，现存的唇沿施了釉。每面的白色中间层可能是釉色的后期改变。器物唇沿厚 0.4 厘米，圈足基部厚 0.6 厘米，复原后高约 8 厘米，口沿直径约 15 厘米，圈足直径约 6 厘米。

29. 瓷碗口沿残片，与第 28 件器物相仿但比它质量好，外部有水平波纹，内部也略有一些。保存下来的整个残片上都施相当薄的釉（唇沿部分也施薄釉），颜色为黑褐色，略有杂色，无泥釉痕迹，主体部分为灰白色，陶质和色彩都很均匀。器壁厚 0.4 厘米，残片从唇沿至下部破裂边长 3.1 厘米。

30. 瓷瓶或瓷花瓶的小块残片，与第 28—29 件器物相仿。外表面水平方向略起皱，上施一层薄薄的、不均匀的深褐色釉，手柄基部也施同样颜色的釉。内部未施釉，手感粗糙。没有泥釉痕迹。器身呈浅灰色，陶质均匀且相当软。器壁厚 0.35—0.45 厘米。

31. 瓷碗口沿部分的小块残片，与第 30 件相仿，两面都水平起皱。口沿和侧壁施一层不均匀的乳白色薄釉，但施的深褐色釉较厚，未见泥釉的痕迹。器身呈浅灰色，陶质均匀且相当柔软。器壁厚 0.45 厘米。

32. 瓷碗口沿部分残片，口沿外侈。器身质量较差，质柔软，呈浅奶油色；外部未施釉，手感粗糙（留有制造时陶轮的痕迹），内部和唇沿部分有白色泥釉条带，其上施一层透明、略微发绿的薄釉。器壁厚 0.35—0.60 厘米，残片从口沿至破裂了的下部边缘长约 5 厘米。

33. 瓷碗口沿部分残片，质地与土定瓷非常相似；口沿外侈。器身呈灰色，陶质均匀；外部无装饰，手感粗糙（留有制造时陶轮的痕迹），内部和口沿部分有白色泥釉条带，其上施一层不均匀的、起泡的淡蓝色透明薄釉，釉部分裂开，在有些地方出现黑色褪变成褐色的现象。口沿弯曲处器壁厚 0.4 厘米，破裂了的边缘最下端厚 0.3 厘米，口沿厚 3.2 厘米。

地点 1

A35:1；

1. 烧焦了的素简残片。

2. 剖面为长方形的木橛，一端较厚且剖面几乎呈三角形，向另一端逐渐变细。尺寸为 18.3 厘米 ×1.7 厘米 ×1.5 厘米。

3. 同上，但较短且皱缩，凸起的部分大致呈圆形，另一部分剖面呈半圆形且向切断的一端逐渐变细。长 7.5 厘米，头部直径 1.7 厘米。

4. 厚木块的 D 形窄残片。边的两面都被斜切，边的附近穿有列成一排的 3 个直径 0.5 厘米的圆孔；中间的孔内保留有一块木暗榫。尺寸为 (12.5×2.1) 厘米 ×1.6 厘米。图 169:8。

5. 木棱柱体，4 个最大的面绘成黑色。可能是游戏或占卜用的骰子。尺寸为 2.4 厘米 ×1.2 厘米 ×1 厘米。

6. 同上，未描绘（？），损毁严重。尺寸为 4 厘米 ×2.1 厘米 ×1.6 厘米。

7. 一段芦苇。

8. 短竹棍残片。长 (9.5) 厘米，直径约 0.2 厘米。

9—15. 大致呈圆形的木棍的 7 根残段，几根可能是筷子。

16. 短竹橛，一面扁平，另一面切削成 3 个小平面，一端尖细。长 10.4 厘米，宽 0.7 厘米。

17—18. 2 条小皮带。

P. 47:

1. 芦苇秆弓箭的尾部，周围缠绕着一条丝绸短带。现存的后端有很长的缠线（丝质？），上施向已经遗失了的前端延伸了16厘米的黑色漆（参看图版9：1，2和图172：13）。长（27）厘米，直径0.7厘米。

P. 66:

1. 各种颜色（浅黄色、灰色、褐色、绿色和玫瑰红色）的丝绸残片。

2. 1或2型封泥盒，或是A1型封检残片，背部有字迹。尺寸为4.3厘米×2.2厘米×1.5厘米。

3. 人面画木橛，主要是一个相当宽且扁的木橛，顶部剖面大致呈三角形，正面有脊且在整个绘成黑色的面部延伸。下部正面大致切削成3个小平面，向尖细的一端逐渐变细。长21.5厘米，顶部宽3.9厘米。图179：2。

4. 盛食盘的小木足，顶端保留有长方形凸榫的一部分。足部刻削成动物的腿形，可能代表马腿。剖面为长方形。长9.5（不包括凸榫）厘米，截面尺寸为2.2厘米×1.7厘米。图167：16。

5. 椭圆形木碗的小耳柄，可能属于表面圆滑的类型（参看图版6：17），外部髹黑色漆，内部髹红色漆。长7厘米，高1.2厘米。

6. 与第5件相仿的木碗口沿部分的残片，损毁严重。

P. （编号不详）

用木片制作、做工较粗糙的小人俑，保留有描绘面部的一部分特征。下部窄端已断裂。长（8.7）厘米，宽1.5厘米。图187：2。

地点2a
P. 352:

7. 芦苇箭杆的残片（或可能是毛笔），缠绕细线。长（10.5）厘米。

地点2
P. 35：2；

1—7. 7枚表面平整的素简。长22.6—23.7厘米，宽0.8—2厘米，厚0.2—0.4厘米。

8—9. 2枚较低劣的木片，是制作素简的材料。尺寸为23.5厘米×1.5厘米×0.8厘米和23厘米×1.7厘米×0.6厘米。

10—12. 3个木橛，剖面或多或少呈椭圆形。长23.5—29.8厘米，宽0.9—1.3厘米。

13. 中空的长竹棍，闭合的一端和从另一端算起的长度的1/3处的节之间有5个长20厘米的裂缝；所谓的另一端中部有一个刻凿粗糙的孔（穿悬挂用的绳子）。可能是戒尺一类的棍棒。很独特。长34厘米，直径1.6厘米。图版11：4。

14. 一段芦苇。长20厘米，直径1.1厘米。

15—22. 7根尺寸不同的竹棍。

23. 长、窄且扁的竹棍，两端都尖细。尺寸为29.2厘米×0.8厘米。图168：3。

24. 特殊类型的人面画木橛，主要是一个长方形木块，一面是几乎全部描绘成黑色的面部。尺寸为15.3厘米×6.3厘米×0.8厘米。图179：8和图版15：9。

25. 木刮铲残片，手感粗糙，刃薄，手柄（断裂）为圆形。尺寸为（14.5）厘米×3厘米。

26—28. 宽木板的 3 块残片，部分被烧焦。

29. 手感粗糙的木块残片，可能未完成加工，一面有锯出来的横向槽。中部穿一个有磨损痕迹、宽 0.8 厘米的长方形孔。尺寸为 7 厘米 ×3.8 厘米 ×0.5—0.6 厘米。

30. 木刮铲薄刃的残片。长 6.5 厘米。

31. 葫芦残片。

32. 手感粗糙的楔形硬木块。长 16 厘米，宽 1.5 厘米，厚 2.8 厘米。

33—44. 12 个或完整或残缺的木橛，剖面或呈椭圆形或呈长方形，其中 2 个被烧焦。

45. 带插口铁锹的长方形底托的残片，切边略凸出。长（8.5）厘米，宽 3.3 厘米，基部宽 1.7 厘米，残片厚 0.35 厘米（参看图版 5:13 和图 51）。

46. 铁棒残片，宽度均匀，向现存的一端逐渐变薄，这一端比断裂的一端窄 1 毫米；锈蚀严重。可能是凿子。长（6.8）厘米，宽 1.7—1.8 厘米，厚 0.2—0.4 厘米。

47. 同上，保存更好，断裂的上端更宽、更厚。可能是凿子。长（8.2）厘米，宽 1.4—1.8 厘米，厚 0.2—0.5 厘米。

48. 兽皮的小块残片，被剪成外轮廓呈三角形的一片。

49. 烧焦了的马牙。

50. 1）—20）不同质量和颜色的丝绸残片，颜色有褐色、红色、蓝色和蓝绿色；第 18 件是一小块复合经线棱纹丝绸，图式不易确定。第 19 件为丝绸软填料。第 20 件是棱状小竹篾，相互交叉且上下搭叠（参看希尔旺，1949，第 31—32 页）。

地点 3

A. 35:3；

1. 特殊形式的人面形木橛，主要是一个三角形窄木板；正面全被红色颜料覆盖，宽的一端用黑彩绘出脸部特征。尺寸为 21 厘米 ×4.5 厘米 ×0.4 厘米。图 179:4，图版 15:7.

2. 2 型封泥盒。尺寸为 5.5 厘米 ×3.8 厘米 ×2 厘米。图版 14:8。

3. 木橛，末端被削直，末端直径 2.8 厘米，中部的长度和直径都为 1.9 厘米。通体长 4.5 厘米。

4. 木纺轮的一半。直径 6 厘米，厚 1.6 厘米。图版 12:10。

5. 经过雕刻的木片，可能是制作刮铲的材料；刃部为长方形，一面为切边（类似制作素简的材料），窄的部分向尖细的一端逐渐变细。尺寸为 22.5 厘米 ×2 厘米 ×0.3—0.7 厘米。图 168:8。

6. 柽柳木橛，略弯曲且大的部分扁平，另一部分为圆形，钝尖且变黑。长 24.5 厘米，宽和直径都为 1 厘米。

7. 长方形木橛，略呈楔形，一端被烧焦。尺寸为 10.6 厘米 ×1.6 厘米 ×1 厘米。

8. 短且窄的硬木棍，可能是柽柳，一端尖细，另一端为 V 形契口。轮形猎物诱捕器的编齿，类似图版 17:1, 3。长 7.2 厘米，宽 0.6 厘米。

9. 圆木橛残片。

10. 陷阱盖子，保留了一个木齿。边轮用一年的柽柳细条缠结而成，再缠绕植物纤维绳。呈放射状编入长 4.7 厘米的扁尖木棍，后端被削直（而不是规则的 V 形契口）。编轮的直径 7.5 厘米。

11. 小泥球残片。

12. 铜顶针，异常窄，针眼三横三竖排列。直径 2 厘米，宽 0.6 厘米（参看图版 35:12）。

地点 4

A. 35:4；

1. 装饰性小木橛残片，包括几部分，顶端保存完好。剖面为椭圆形，没有经过旋车削加工。多孔渗水轻木料，可能是地下潮气所致。长（6.7）厘米，最宽部分厚 1.0—1.3 厘米。图版 12:9。

2. 木梳，几乎保存完整，为汉代普通类型，细密梳齿。用普通细纹硬木制作。尺寸为 7.5 厘米 ×5.2 厘米 ×1.2 厘米。图版 13:3。

3. 长柄勺形大木铲。刃部前端扁平，背部略呈圆形，手柄（略残）和刃成钝角，手柄正面扁平，背部呈圆形。表面平滑。长 16 厘米，刃部宽 3.5 厘米。图版 7:4。

4. 半圆形短木橛，拱形的一面有长 3 厘米、深 0.3 厘米的槽，因此，类似 1 型封泥盒。尺寸为 5.9 厘米 ×2.4 厘米 ×1.1 厘米。

5. 可能为椭圆形木碗残片，外表圆滑型，见图版 6:17。口沿部分保存完好，有耳柄的痕迹。损毁严重。碗长 16.5 厘米，宽约 10 厘米。

6. 泥球。直径 1.4 厘米。

7. 兽皮缝制的小尖插袋，留有一些毛发。用植物纤维绳缝缀在一起，做工粗糙。很独特。长 10.7 厘米，开口处的宽 1.5 厘米。图 174:5。

8. 铁条，宽度几乎均匀，一端被折弯或折叠。尺寸为（8）厘米 ×1.2—1.3 厘米 ×0.15—0.17 厘米。

9. 手感粗糙的木橛，剖面为圆形，向尖细的一端逐渐变细。长 18 厘米，直径 1.7 厘米。

10. 同上，较短，一面凸起，两面扁平，向尖细的一端逐渐变细。长 12.3 厘米，厚 1 厘米。

11—12. 2 个木楔。尺寸为 11 厘米 ×1.5 厘米 ×1.5 厘米和 6.3 厘米 ×1.5 厘米 ×1.2 厘米。

13. 尖端不锋利、手感粗糙的木橛残片，剖面为尖椭圆形。

14. 竹或藤细棍残片，剖面为六边形。一端有 3 个上下排列的圆孔，断裂的另一端至少有一个这样的孔（直径约 1 毫米）和排成纵行的几个小圆点。长（16.8）厘米，直径 0.9 厘米。图 167:3。

15. 细木棍残片。长（12.5）厘米。

16. 竹棍残片。

17—20. 2 根竹棍和 2 根木棍或木片。

21. 1）—16）不同颜色的丝绸残片，颜色有灰色、褐色、黄褐色、玫瑰红色、砖红色。第 10 件灰色丝绸曾被浸泡在泥水中，看上去像薄泥板（参看希尔旺，1949，第 32 页）。

地点 5

A. 35:5；

1. 木片残片，一面扁平，另一面被斜削成 3 个小平面。一边接近保存下来的一端的地方有一个深契口。尺寸为（11.5）厘米 ×0.8 厘米 ×0.3 厘米。

2. 厚铁板残片，剖面几乎为三角形，只有凸起的厚边保存完好。一面扁平，另一面略呈拱形，厚度介于 0.6 厘米和 1 厘米之间。尺寸约为 6 厘米 ×3.7 厘米。

3. 1）—5）天然褐色、红色和蓝绿色丝绸残片（第 1—4），一束长 2.6 厘米、粗 1.5 厘米的黑色反合股丝线，一圈一圈缠绕最终形成了一个环形（参看希尔旺，1949，第 32 页）。

地点 6

A. 35:6；

1. 一块小木片，剖面为半圆形，从直的一端向圆形另一端逐渐变细，可能是缠线的部分。没有髹漆的痕迹（参看保存较完好的标本图版 9:9）。尺寸为 4.8 厘米 ×0.7 厘米 ×0.4 厘米。

2. 短竹棍，靠近直端的一面留下了节的一部分，另一端尖细。长 9.7 厘米，直径 0.6 厘米。

3. 圆木橛，长 21.9 厘米，直径 0.8 厘米。

4. 木片残片，为制作素简的材料，边上保留有树皮。尺寸为（20.8）厘米 ×1.2 厘米 ×0.4 厘米。

5. 扁平的长方形小木板。尺寸为 5.2 厘米 ×6.8 厘米 ×0.8 厘米。

6. 1 型封泥盒残片。长 4.4 厘米，厚 2 厘米。

7—10. 木片或木棱柱体的 4 块残片。

11. 很窄的蓝绿色丝绸的小块残片，最外的镶边的丝线为玫瑰红色（参看希尔旺，1949，第 32 页）。

12. 植物纤维布料的小块残片（参看希尔旺，1949，第 32 页）。

地点 7

A. 35:7；

1. 勺形大木刮铲的刃，手柄曾和刃部成钝角。外轮廓为卵形，正面扁平，背部略呈拱形（参看图版 7:3，4）。尺寸为 8.8 厘米 ×4.8 厘米。

2. 短木片，雕刻得不对称。尺寸为 8.7 厘米 ×2.2 厘米 ×0.3 厘米。

3—4. 木棍的 2 根残片，可能是筷子。

5. 制作较考究的 A 型陶网坠残片。直径 2.4 厘米。

6. 铁刀刃部的较大部分，锈蚀严重。尺寸为（17）厘米 ×（1.2）厘米 ×0.35 厘米。

7. 1）—12）各种颜色的丝绸残片，颜色有褐色、红色和朱红色（1—10），丝质软填料（11—12）（参看希尔旺，1949，第 32 页）。

地点 8

A. 35:8；

1. 1a 型封泥盒，制作较精致但损毁严重。尺寸为 5.6 厘米 ×2.9 厘米 ×1.8 厘米。

2. 木棱柱体，宽的一面的中部穿有椭圆形孔（5 毫米 ×6 毫米）。尺寸为 3.2 厘米 ×2.3 厘米 ×1.2 厘米。

3—4. 2 根木棍，一端或多或少有些尖细。长 22.7 厘米和 25.3 厘米。

5—10. 6 枚素简，均损毁严重。长 22.2—26 厘米，宽 1.1—1.3 厘米，厚 0.3—0.5 厘米。

11—12. 木筷子的 2 块残片。

13. 丝绸残片（两块为发白的颜色、一块为褐色）、一块手感粗糙的褐色植物纤维布料残片。

地点 9

A. 35:9；

1. 椭圆形木碗的几乎一半，船形，2 个耳柄中的一个仍然保留。属于宽口且腹部相当浅类型的碗。曾通体绘黑色。耳柄较低（1.8 厘米）且窄（1.5 厘米）。口宽 17.2 厘米，高约 4.5 厘米。

2. 1）—16）各种颜色的丝绸残片，有天然褐色（1—10）、红色、蓝色和黑色（11—13）；第 5 件为丝绸碎片上的线。褐色植物纤维布料（14），丝质填料（15—16）（参看希尔旺，1949，第 32 页）。

地点 10

A. 35:10；

1. 制作较精致的勺形木刮铲的刃，仍保留有手柄的一小部分，显示出手柄曾和刃部成钝角且纵向弯曲。刃部的外轮廓几乎呈卵形，侧面轮廓上凹下凸，正面略微呈碗形，背部呈圆形。通长为（10.4）厘米，刃部为 8.1 厘米×3.4 厘米。图 178。

2. 同上，刃部，制作更粗糙，正面扁平。有朽损。尺寸为 9.4 厘米×3.6 厘米。

3—4. 同上，为 2 块残片。

5. 扁平的小木片，可能是木板的废弃料，宽的一面有相互交叉的 2 条黑线，显然是木工的取直墨线。尺寸为 5.3 厘米×3.5 厘米×0.5 厘米。

6. 木楔。尺寸为 8.5 厘米×3 厘米×1 厘米。

7—11. 5 个圆木橛，一端或多或少有些尖细，表面平滑（除了第 8 件，这一件上仍留有树皮）。长（5）—15.8 厘米。

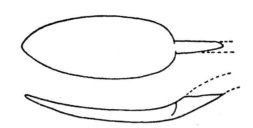

图 178
勺形木刮铲残片，A. 35：10：1（这种类型在哈喇浩特也有发现）。比例为 1/2。

12. 柽柳细枝，弯曲成一个圈，可能曾用来容纳椭圆形大器物。内部尺寸为 17 厘米×12 厘米。

13—14. A 型陶网坠的 2 块残片。直径 1.8 厘米。

15. 陶器侧壁残片，压印绳纹和环形刻痕相互交叉。浅灰色，表面有被沙砾侵蚀过的浅褐色。

16. 铁条的小块残片，弯曲成直角；一端薄且向上翘曲。可能是皮带扣饰。宽 1.4 厘米，厚约 0.15 厘米。

17. 各种颜色的丝绸残片，颜色有白色、黄色、褐色和蓝绿色；两种不同类型的灰色植物纤维布料的 2 块残片，植物纤维绳。

地点 11

A. 35：11；

1. 1a 型封泥盒，外形拙陋。尺寸为 4.9 厘米×2.3 厘米×1.6 厘米。

2. 同上，为残片。宽 4.4 厘米。

3. 长方形木橛的一段短残片，一端刻削成了一个扁平的节头。尺寸为（4.5）厘米×1 厘米×0.5 厘米。

4. 木楔。尺寸为 13.5 厘米×2.6 厘米×1.1 厘米。

5. 圆形细木棍的残片，一端尖细。长（11.7）厘米，直径 0.5 厘米。

6. 素简。尺寸为 22.9 厘米×1.1 厘米×0.3 厘米。

P. 344：

4. 朽损严重的长方形木钵，用粗糙的木块做成，一面曾被掏空，内底扁平。尺寸约为 13.2 厘米×4.5 厘米×2.6 厘米。

地点 12

A. 35：12；

1. 椭圆形木碗底部的小块残片，大致是图 29 所示的小型碗。内髹黑漆，外部现在看不到任何漆

（或彩绘）的痕迹。

2. 被烧焦的、可能是圆形木橛的残片。长（8.7）厘米。

3. 小泥球。直径1.9—2.1厘米。

4. 陶纺轮的一半，剖面上凸下凹。直径4.4厘米，厚1.5厘米。图161:7。

5. 1）—6）丝绸残片，颜色为天然褐色、黄色、红色（1—4），一块有图案的复合经线棱纹丝绸的残片，其颜色有黄褐色、蓝绿色、天然褐色，图案无法确定（5），丝质填料（6）（参看希尔旺，1949，32页）。

地点 13

A. 35:13；

1—19. 19枚素简。长22.4—23.5厘米，宽0.9—1.6厘米，厚0.2—0.4厘米。

20. 同上，1枚，一端附近穿有小孔。尺寸为22.8厘米×1.9厘米×0.3厘米。

21. 同上，一端也有一个小孔，中段略窄。尺寸为22.3厘米×2.4厘米×0.3厘米。

22—35. 14枚手感粗糙的木片，边缘部分保留树皮，为制作素简的材料。长22.5—24.4厘米，宽1.2—1.8厘米，厚0.3—0.5厘米。

36. 同上，1枚，一端呈楔形。尺寸为18.5厘米×1.4厘米×0.4厘米。

37—38. 2片纵向削衣，边缘部分有树皮，显然是从素简上削下来的。尺寸为16.5厘米×1.8厘米和15.5厘米×2.1厘米。

39—44. 6个木橛，剖面或多或少呈椭圆形，末端被削成圆形。长9.7—14厘米，宽1—1.5厘米，厚0.4—0.7厘米。

45—49. 5个相当长的木橛，剖面为半圆形，宽度各不相同，2个的末端尖细。超过长度大半的部分都缠绕黄白色丝线。长23.3—37厘米，宽1.0—1.9厘米。第45件，图版12:5。

50—89. 40个相当长的木橛，剖面或多或少呈尖椭圆形。长30—44厘米，宽1.0—1.8厘米。

90. 细竹棍。尺寸为32.8厘米×0.6厘米。

91. 扁长木棍，边为斜削边且向一端逐渐变细。尺寸为32.8厘米×1.6厘米×0.3厘米。

92. 人面形木橛，剖面为半圆形（正面顶部没有脊状物），向尖细的下端逐渐变细。上半部为用黑彩描绘的五官。尺寸为20.2厘米×3.3厘米×1.2厘米。图179:3。

93. 木刮铲，刃长窄且宽度均匀，手柄为圆形且异常厚。尺寸为16厘米×2.3厘米。

94. 木刮铲，手柄扁平且手感粗糙。长（6.3）厘米，宽1.0—1.5厘米。

95. 木筷子残片，为规则的圆形。直径0.6厘米。

96. 闩形木橛，制作粗糙，一端长3厘米且翘曲。尺寸为12.3厘米×1.8—2.4厘米×0.8—1.6厘米。

97. 木楔。尺寸为8.5厘米×1.7厘米×1.5厘米。

98—99. 2个手感粗糙的木橛，一个剖面为正方形，另一个剖面为圆形。长11.3厘米和13.7厘米，直径约1.3厘米。

100. 剖面为三角形、末端为矛尖形的木橛，可能是装饰性器物，橛或凸榫的宽约0.7—1.0厘米。形状不规则，边缘锋利。长16厘米，边宽2.5—3.2厘米。图167:6，图版9:6。

101. 竹棍。尺寸为11.8厘米×1厘米×0.4厘米。

102. 绘成红色的木块残片，为废料。尺寸为6.3厘米×1.5厘米×0.2厘米。

103—109. 7个木橛，或完整或残缺，剖面或为圆形或为半圆形，一端或多或少有些尖细。

110—111. 2个小的几乎为圆柱体的A型陶网坠。长2.9厘米，直径1.3厘米。

112. 1）—2）灰褐色和深棕色丝绸残片（参看希尔旺，1949，第32页）。

地点 14

A. 35:14;

1. 双锥形玛瑙珠。长 20 毫米，直径为 9 毫米。图版 4:18。

2. 陶网坠，筒形，末端加宽，属 A 型的一种。长 3.7 厘米，直径 1.5 厘米。

3. 剖面为长方形的相当软的发白的断裂石块，可能是石灰石；较长的边略凹。尺寸为 4.2 厘米 ×2 厘米 ×1.3 厘米。

地点 15

A. 35:15;

1. 勺形木刮铲残片，刃部扁平且几乎呈圆形，手柄较宽。长（13.2）厘米。

2. 勺形木刮铲手柄末端。剖面呈半圆形，较宽，背部扁平，略弯曲。表面平滑。尺寸为（6）厘米 ×1.0—1.6 厘米 ×0.9 厘米。

3. 装饰性长木橛，剖面为椭圆形，一端 2 厘米的长度已进行了雕刻加工，部分地保留了细圆枝的原有形状，细枝雕刻成脊状物的边缘部分保留有树皮。略烧焦。长 27.1 厘米，宽 1.2 厘米，厚 0.7 厘米，原来的直径约 1.3 厘米。图 167:7。

4. a—b. 2 根长柽柳木棍，剖面为圆形，保留有树皮，较短、较窄的棍呈直角嵌入一个较粗的棍（b）一端扁平的一面的长方形孔内。因为孔的高度是嵌入的栓的 2 倍，所以可能曾嵌入过另一个栓或卡住。长 25 厘米和（30）厘米，直径 0.7 厘米和 1.2 厘米。图 168:1。

5. 被烧过的厚木橛，一端为圆形，另一端较薄且呈六边形。长（15.5）厘米，直径 1.1—1.3 厘米。

6—7. 圆木橛的 2 块残片。长 14 厘米和 22.8 厘米。

8. 大木铲残片，刃为长方形且正面扁平，刃背部略呈拱形。肩部被斜削，手感粗糙的圆形手柄（一部分不牢固）以脊状物的形式延伸至刃的正面。制作粗糙且被烧焦。刃长 24 厘米，宽 16 厘米，肩部厚 2 厘米，手柄直径 4 厘米。图版 9:11。

9. 从枝条上锯下来的薄圆片。直径 3.7 厘米，厚约 1 厘米。

10. 大铁釜甑口沿和侧壁的大块残片，口沿在内侧变厚。腹部中段有一个口袋状凸出物，"袋口"朝下，这可能是纳不牢固的腿或悬挂用的钩；和器身一起铸造。最大量度约为 30 厘米。图版 5:15。

11. 铁钻头，除了钉头的一角外都保存完好；虽然整体保存状况良好，但有锈斑。钉头和尖端被锤打平整，较长的中部剖面为正方形（4×4 毫米，可能是材料原本的尺寸），尖细端为不规则的矛尖形，磨窄了 0.8 厘米，相当锋利。长 11.1 厘米，钉头部分宽约 0.7 厘米，厚 0.2—0.3 厘米，现存顶端以上的尖细部分宽约 0.5 厘米。图版 5:5。

12—13. 宽窄 2 条带状皮革残片，后者有不规则地排列成一行的 7 个小孔，可能是皮带扣的扣。宽约 2.8 厘米和 1.7 厘米。

14. 小瓷罐口沿和肩部残片，上有一对扁环耳；器身可能曾经非常鼓圆，口沿表面未施釉、粗糙且倾斜；整个罐耳都施了釉，装饰向上呈放射状的几条浮雕线条。外部，釉只从颈部基部约 2.5 厘米处向下蔓延；颈部内部与外部肩部有釉部分相对应的内部都施有釉。长而狭的一段上是一层深褐色薄釉，其上又覆盖一层厚厚的乳白色、墨绿色釉。器身为灰色，材料质地均匀且相当柔软。口沿内径 2.8 厘米。

15. 瓷碗足部附近的底部的小块残片。器身为手感粗糙的灰褐色，两面都有细条状黑釉，上施不

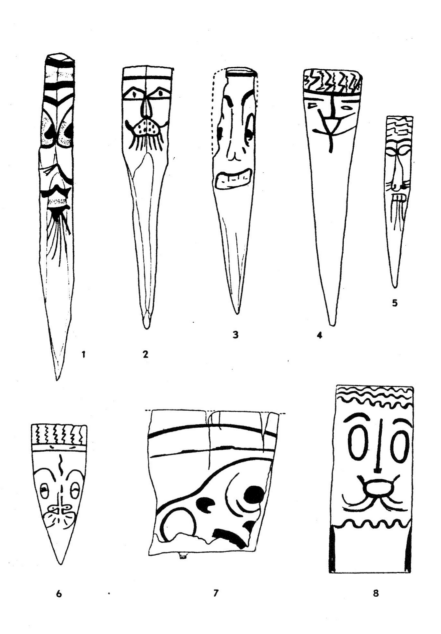

图 179

不同汉代遗址出土的人面形木橛和描绘木板（7）残片。条带为红色。比例为1/3。
1.（P9：地点1）P.377：3。2.（A.35：1）P.66：3。3. A.35：13；92。4. A.35：3；1
（图版15：7）。5.（P9：地点23）P.460：1。6. A.29：1（图版15：8）。7. A.33：9；15。
8. A.35：2；24（图版15：9）。

    同颜色的更厚一些的釉。外部的釉有斑点，乳白色、浅绿褐色底上有蓝绿色小斑点，足部附近的
胎体没有修饰。内部的釉呈深褐色。器壁厚0.35—0.9厘米。
    16. 瓷碗口沿部分的小块残片，外部装饰釉下刻花图案，可能是程式化的植物纹样。残片的两面
和口沿部分都有釉，而且发白的装饰条上施不均匀的乳白色、黄绿色釉（有些地方有堆釉现象）。器
身呈浅灰色，纹理细腻，质地柔软。器壁厚约0.4厘米。

17. 浅黄色丝绸的一块残片和白色织物纤维布料的 2 块残片。

地点 16

A. 35∶16；

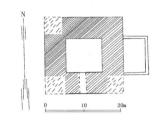

图 180

小城障 179（大湾）为斯坦因所标注的要塞 T．XLVIII．C。

1. 一块天然褐色丝绸。

2. 一小块白色薄皮革残片，可能是写卷的封皮（在这一地点发现的一张皮革和一块丝绸，上面都有西夏文字）。

城障内地表发现的遗物

A. 35∶A；

1. 刻削粗糙的大木橛，剖面大致为八边形，向尖细的一端逐渐变细。距较厚的一端 5 厘米处的中段，穿有一个直径 0.9 厘米的大圆孔，孔内填塞粗绳。长 24 厘米，宽约 2.7 厘米。图 169∶16。

2—4. A 型陶网坠的 3 块残片。直径 1.7—2.3 厘米。

5. 铁器残片，可能是矛尖，剖面为椭圆形，前端轮廓为尖椭圆形，中部为窄圆形，后端变厚；后者几乎延伸而成为一个宽 0.4 厘米的窄圆铤尾。锈蚀严重。不包括铤脚的长 5.9 厘米，宽 1.2—1.7—1.7 厘米，厚 1.1—1.2—1.5 厘米。

烽燧 178

属于毛目西部塞垣，位于大拉林斤 - 都儿孛斤西南偏西约 5 公里处；这个烽燧附近有残留的道路痕迹，道路在此向西拐了个弯，显然是为了防护一个汉代小要塞（179，大湾）的周边环境。在斯坦因绘制的地图第 42.D.3 中（《亚洲腹地》），现存的烽燧在笔直的大道以外，与河流平行。

烽燧用土墼砌成，土墼层中夹筑树枝。顶端的一小间房屋为瞭望哨。贝格曼没有测量其尺寸。

城障 179

现存遗址就是被称为大湾的建造坚固的城障[1]，位于河流西侧的一片牧场，大拉林斤 - 都儿孛斤西南约 3.5 公里处。见图 180。

城障平面呈正方形，外部尺寸为 21 米 ×21 米，门在南墙。墙体夯土筑成，基部厚 5.6 米，高 9.5 米。3 个外角已经坍塌，总体上来说，墙体的保存状况比城障 A33（南乌兰都儿斤）要差。在斯坦因（《亚洲腹地》，图 233）和贝格曼（图版 XXVa）分别进行拍照的 16 年间，门上的一部分墙体已经倒塌，从门道墙壁上的孔来看，门顶曾用厚重的横梁来支撑。内部堆积着大面积坍塌墙壁的碎块，斯坦因认为，这里的羊粪堆表明这个地方新近被牧羊人用作遮挡风雨之所。东侧，面积为 10.5 米 ×6.5 米，单薄的低矮围墙（用土墼砌成？）与主墙相连。

城障附近或内部散布着几块汉代碎陶片，斯坦因在附近观察了一些晚期的器物。两位调查者一致认为这个建筑物的年代应该是汉代。

烽燧 180

---

①斯坦因所标注的要塞 T．XLVIII．c，《亚洲腹地》，412 页，图版 16，图 233。他给出的 32 英尺的正方形的尺寸是指内部且相当准确，但他提供的高度尺寸，尤其是墙体的厚度尺寸有些夸张。大湾实际上是城障的名字，而不是道路的名称（贝格曼）。

斯坦因和贝格曼只绘制了图，没有对其进行描述，它属于毛目东部塞垣。位于上面提到的但同样没有进行描述的烽燧 176 西南约 4.5 公里处。

烽燧 181

为南北方向，用土墼砌成，每四层夹砌一层树枝；高 4.5 米，基部尺寸约 5 米 × 5 米。有一间房屋或一处围地的正方形地基的痕迹。烽燧遗址土墩基部附近有一排南北方向的 3 堆炉渣。

烽燧 182

是斯坦因描述的属于这段塞墙的 4 个烽燧中最南端的一个。这里有两道塞墙（与毛目东部塞墙的有些部分情形相同）；两道防御塞墙环绕着烽燧，形成了中间有建筑物的一个长方形围地。烽燧保存状况较差，只有一小部分带树枝层的土墼建筑依然矗立在沙丘形的土墩顶端，高不足 2 米。围地内部，有 3 堆炉渣，和上述烽燧及另外几个烽燧的情形相似。

烽燧 A36

这个烽燧[①]，位于防御塞垣以内约 1.5 公里，距一个被称为阿搭格察汗（最后的草原）的一大片植被附近的一个小的现代哨所以东约 2 公里处；骑马送信的土尔扈特人曾在房屋内住宿，以南是甘肃毛目地区和宁夏额济纳旗之间的边界地带。现存烽燧矗立在一个古老的干涸了的河床东岸上，河床和额济纳河平行。

烽燧严重损毁，用汉代常见尺寸的土墼建造（斯坦因给出的尺寸为 14 吋 × 8 吋 × 6 吋现在大多数挤压成坚固的一大块），每三层土墼夹砌芦苇和树枝。建筑物基部尺寸约 6.5 米 × 6.5 米，高约 4.5 米。奇怪的是其东侧曾遭受风蚀，而这个方位正好是一间房屋的所在地。东南侧有一个长 70 米的一排 3 堆炉渣，这些土墩周长约 4.5 至 7.5 米。经发掘，这里除了出土以下遗物外，还出土了 5 枚小简。

A. 36：

1. 素简残片。尺寸为（15.7）厘米 × 1.1 厘米 × 0.3 厘米。

2. 手感粗糙的扁木橛，离一端 2.3 厘米的中段穿有直径 2 毫米的圆孔。尺寸为（12.2）厘米 × 1.2 厘米 × 0.3 厘米。

3. 细枝，缠绕一根长 31 厘米的植物纤维绳。

4. 铁刀的小块残片，背部弯曲。锈蚀严重。长（4.2）厘米，背部厚 0.4 厘米。

5. 陶器侧壁的小块残片，装饰排列紧密的压印细绳纹。灰陶，陶质均匀，上有白色细纹；表面呈深灰色。

6. 同上，与第 5 件相比，装饰的绳纹更粗糙，上有与之交叉、排列紧密的环形深线纹。A 型陶，外表面呈深灰色且平滑。

7. 2 段植物纤维绳。

8—9. 2 块炉渣，可能采集自烽燧东南的炉渣堆。

P. 345：

---

①斯坦因所指的 T. XLVIII. g，他在《亚洲腹地》第 507 页中进行了描述。他观察了遗址附近的一些破裂了的灰色陶器，显然和贝格曼采集的几块碎片同属一种类型。

6. 木棱柱体。尺寸为 5. 1 厘米 ×2. 3 厘米 ×2. 2 厘米。

烽燧 183

属于毛目西部塞垣，靠近河流左岸。贝格曼曾调查过这里，他没有在斯坦因（《亚洲腹地》第 144 页，图 225）已经作出的解释的基础上做进一步补充。这是一个保存相当完好的烽燧，略呈圆锥形，夯土筑成但很坚固；基部尺寸约 6. 5 厘米 ×6. 5 米（20 英尺的正方形），高达 8 米（24 英尺）。这里没有坞院的痕迹，斯坦因认为可能是因为这里的地表多石，但在几百米远的地方，就发现了耕作过的田地。这里还有道路，虽然现在看上去只是地面上的隆起物。道路在烽燧附近转向北偏东 83°的方向且和河流左岸相接，这一事实使斯坦因深信毛目塞墙在此结束或越过河流继续在河对岸蜿蜒前伸（《亚洲腹地》第 411—412 页）。可能的结论是：这一线道路要么是和汉代主要塞墙同时代的塞垣的组成部分，要么就是在额济纳河流域构筑防御工事的初期阶段建造的。

烽燧 184

位于上述烽燧西北偏西约 2 公里，可能与塞墙烽燧一线没有直接联系。斯坦因和贝格曼只绘制了相应的图，我们还没法断定这个建筑物属于两个主要定居期的哪一期。

烽燧 185

同样也属于毛目西部塞垣。与上面提到的烽燧 183 情形一样（斯坦因所指的 T. XLVIII. b），对遗址的描述基于斯坦因的记述（《亚洲腹地》第 411 页），被斯坦因标记为 T. XLVIII. a。从烽燧底部发现了几乎注意不到的塞垣遗迹的土垄，烽燧位于高出周围沙砾地面约 25 米的一串山丘的凸起物上；塞垣在烽燧西南 40°和

东北 58°的方向延伸。建筑物损毁严重，现在约只有 3 米（9 英尺）高，基部约 8 米（24 英尺）；用汉代常见的土墼砌成（斯坦因给出的尺寸为 14 吋 ×8 吋 ×5 吋）。没有发现坞院的痕迹，也没有发现遗物。

烽燧 186

与以下 2 个烽燧一样，属于毛目东部塞垣。这里，向两个方向延伸的 2 道塞垣留下了虽然模糊但仍可轻易辨认的痕迹。烽燧损毁严重，隐藏在覆盖有沙砾层的圆形土墩内。土墼砌成，现在的高度只有约 2 米。无法确定它是否曾有过围墙。

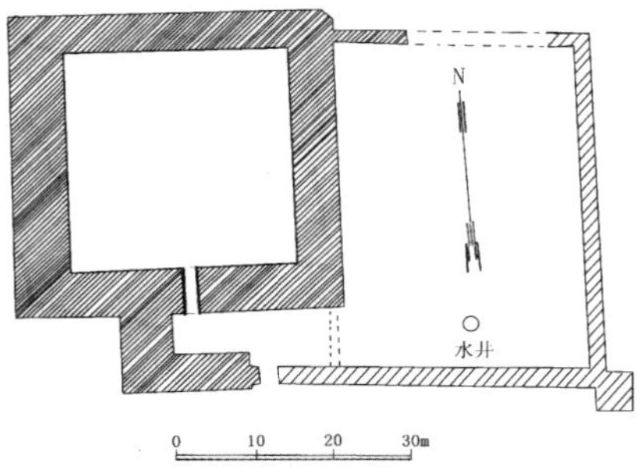

烽燧 187

位于向南约 2 公里的塞墙上，这里的防御塞墙可能与前述烽燧一样，有两道塞墙，虽然贝格曼对这一点没有提出任何意见。损毁严重的烽燧位于一个约 60 米 ×60 米的正方形围地内的最北侧（方向为北偏东 45°），墙体现在很矮。

图 181
双城子绿洲北部城障 A37（旧墩子）平面图。

烽燧 188

在烽燧 187 以南约 2 公里的塞墙以内。高 2 米的墙体遗迹矗立在圆形土墩东南角。在此，地面上

有许多炉渣和带有汉字的碎陶片。

烽燧 189

位于上述遗址北偏西 80°约 2.5 公里的主塞墙的防御地带以内，两道塞墙交叉的拐角。较长的一道几乎与主塞墙（南偏西 36°）平行，另一道向现存烽燧北偏西 17°50′的方向延伸。周围为贫瘠的沙砾地。遗址已经完全毁坏成了一个圆形土墩。

城障 A37

这个规模较大的城障，称作旧墩子，位于双城子绿洲最北部[1]，斯坦因曾到过此处[2]。为正方形且相当小，外部尺寸为 43 米×40 米。高 8 米、基部宽 7 米的夯土墙给人留下很深的印象。门开在南墙上，呈拱形，高 2.5 米，原本宽 2 米，虽然现在加宽可使宽体的牛车通过，农民们已将门内地表上的草运走。我们也可以从西南角的一个口子进入城障。东墙上曾有过一个大口子，后来被填塞，这堵墙的中部向外倾斜，即使现在没有倒塌，终有一日它也会倒塌。墙顶有土墼砌的低矮女墙的痕迹，现在已被完全损毁；这些低矮女墙肯定是后来加筑的，而斯坦因和贝格曼都认为是在汉代加的。墙的每一面都有成排的水平版筑孔，从底部到顶部共有 5 或 6 排。东北角内侧可以攀爬，因为人们曾挖过通往顶部的台阶。

门被一道和主墙尺寸大致相当的 L 形曲壁所遮挡。

门前的这道曲壁以低矮的外城墙的形式继续延伸，形成了要塞东侧和南侧的一个长方形。也用夯土筑成，但明显较薄，只有 2 米，高度也只有约 3.2 米。东南角有一个烽燧样的正方形望楼，垂直方向有一道低墙，至今还留有痕迹。这个所谓的"院落"的入口位于护墙的南侧与曲壁接合部，外门呈拱形且宽约 2.5 米，有迹象表明这个门曾比现在窄。外围护墙很可能是后来新筑的，这也是斯坦因的观点。

现在仍然可以看到沿城障北墙内侧延伸的挖掘过的痕迹（可能是斯坦因挖的？）。这里是唯一一处发现少许器物（7 块碎陶片、2 枚钱币，钱币中的 1 枚是清代钱）的地点。地面过于潮湿，无法保存任何容易腐烂的材料制成的器物。

A. 37:

1. 陶壶口沿残片，曾有过一个（至少）自唇沿至肩部的耳；器壁平直。夹砂灰陶，外表面闪烁沙质光泽。
2. 与第 1 件尺寸大致相同的陶器残片。粗质黄陶，外表面呈浅褐色。
3. 同上，与第 2 件质地相同，但器壁更薄且外表面为烟灰色。
4. 同上，比第 3 件更粗糙，为黄色陶土，器壁更厚。
5. 大陶器基部残片。灰红色，质地很粗糙，多孔且易渗水。
6. 比第 5 件更小的陶器基部残片。质地与第 1 件相同。
7. 陶器的小块残片，外部有浅波纹。灰色且陶质均匀。硬度为 6.5Mohs。

---

[1]这个绿洲实际上只是毛目绿洲的北部延伸部分。其名称的意思是"两个镇子"，即指现存的遗址和废弃的镇子 A38。两处遗址都靠近河流，被一条古老的沟渠与河流分开，而且这条沟渠直接通向毛目方向。地面较潮湿，绿洲东部有小湖泊和沼泽地。这个地区仍然被汉族居民耕作，虽然他们的数量不是特别多，至少贝格曼于 1930 年在此进行调查时情况并非如此。

[2]参看《亚洲腹地》第 410—411 页的描述，第 410 页中有一个很粗略的平面简图。贝格曼对斯坦因所作描述进行了细节方面的补充且细化了斯坦因绘制的平面图；也可参看贝格曼在其所著《报告》第 136 页中对这处遗址的初步记述和附带的图 13 中的平面图；为方便起见，我们在此附加了贝格曼绘制的同一幅图（本书中的图 181）。

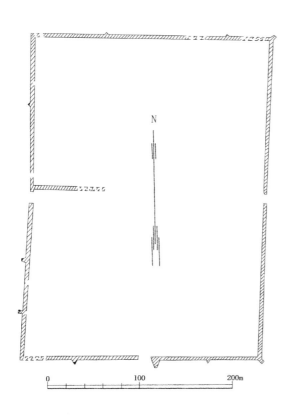

图 182
双城子绿洲中荒废的蒙汉城（A38）。

8. 锈蚀的铜钱，有 4 个字，但字迹模糊。小且薄的宽凸边铜钱。直径 20 毫米。

9. 铜钱，清代钱。直径 24 毫米。

A38（蒙汉城）

上述城障西南约 500 米的地方，坐落着荒废了的蒙汉城①。

此城主要由尺寸为 354 米 × 266 米的长方形城墙构成，南北方向一线偏东几度，只有一个角（西北角）被建造成直角。墙体严重损毁，表面没有一处保存完整，夯土墙体的初始厚度已无法确定——似乎介于 3 至 3.4 米间。保留下来最高部分的高约 4 米。四角和边墙均有角台和马面。

蒙汉城被一道横向的夯土薄墙分隔为两个相似的部分，而这里的夯土墙体只有西段保留下来②。

南侧墙上原来肯定有门，因为现代宽体马车道从中经过的口子的侧面墙体上有凸起物。西墙和东墙的口子也曾是门。

实际上，整个内部区域现在还被人们进行着耕作。北部据说曾于 1929 年第一次被人们犁耕，因为这个原因，发现的一些陶壶都被打碎了。事实上，墙体内外都散落有大量未施釉的碎陶片，其中有些是斯坦因和贝格曼采集的。城内的东南部，是未被耕作的区域，地面稍微高一点，但这里的土壤有些潮湿，不利于易腐烂器物的保存。墙体周围堆积有流沙，这个现象可以解释为什么贝格曼采集来的遗物如此复杂，以下目录中有这些遗物的描述。不能肯定的是：所有碎陶片是在城址的这一部分发掘出来的，还是有些是在内部的其他部分地面上捡来的。

遗物包括 24 块未施釉陶器的残片，大多数硬度适中（陶器和软瓷器），大半表现出汉代特点，但其中几个标本可能是汉代之后、宋代以前弃置在此的。还发现了几个 A 型陶网坠（和汉代遗址有关联），1 枚开元铜钱（唐代发行但一直流通至 11 世纪）残片，一个带状铜垫片和铁器的几块残片。

遗物目录：

A. 38：

1. 长方形皮带状铜饰件，前面的边为斜边，有一个长方形皮带扣框。每一角背部都有一个铆钉。

---

①贝格曼在他撰写的《报告》第 136 页中，对这处遗址进行了初步描述，将其中一堵墙的综览图也一并呈现（图版 19b）。斯坦因在他所著《亚洲腹地》第 410 页中对这处遗址（即他所指的 T. XLVII）也进行了描述；他们测量的尺寸的差异可能部分是由于在斯坦因和贝格曼分别调查这处遗址间隔的 16 年时间内的风蚀破坏作用。斯坦因采集了几块碎陶片，大多数没有上釉，在他的著作《亚洲腹地》第 428 页列表中进行了描述。

②按照当地人的说法，北部曾是蒙古族地区，南部是汉族地区。这个观点显然是基于这样一个事实：汉族地区和蒙古族地区之间的界石被放置在蒙汉城两部分之间的分割墙附近。这块石头（参看贝格曼所著《报告》中的图版 19），尺寸为 47 厘米 × 68 厘米，上有如下文字（从汉语内容翻译过来）："汉蒙边界，乾隆五十二年（1787 年）五月某日立。"

尺寸为 2.8 厘米×2.4 厘米×0.25 厘米。图版 4:19。

2. 铜钱的一半，锈蚀严重，可能是开元时期的 1 枚钱。

3. 表面粗糙的铁带饰（？）主要是 2 块长方形短铁板（相互成锐角，可能不是有意为之），每一端的一只厚铁铆钉将其固定在一起。铁板的尺寸为 4.7 厘米×1.9 厘米×0.3 厘米，铁板之间的距离约 0.9 厘米。

4. 几块非常小的铜片，有锈迹。

5. 镰刀的弯曲大铁刃的残片，锈蚀严重且破成了几小块。宽度较均匀，约 3.5 厘米，长（29）厘米。

6. 铁箭镞残片，锈蚀严重，仍留有直径 0.5 厘米的圆铁铤。刃相当短，外轮廓为矛尖形，剖面为三棱形，三条斜棱延长成为窄翼。刃长 6 厘米，两翼之间宽 1.7 厘米。图 118:3。

7. 矛尖形铁尖物残片，锈蚀严重，保留有正方形（？）铁铤（0.5 厘米×0.5 厘米）的痕迹。剖面为椭圆形，两个边锋利。箭镞（？）头部长 3.8 厘米，中部厚 1 厘米。

8. 带小环的铁钉。铁钉主要是一个长约 6 厘米、六端尖细的圆钉，圆钉曾嵌入环内且两端牢固地连接在一起。环厚 0.4 厘米，直径 2 厘米。

9. 各种器物的 9 块铁质残片，器物有刀和薄板等。

10—11. 陶器和瓷器侧壁的 2 小块残片，装饰绳纹、波形花环和环形带纹。第 10 件的陶土呈灰色，焙烧不充分，外部被煤烟（？）熏污。硬度为 5.5Mohs。第 11 件的陶土为灰色，夹砂。硬度为 7.0Mohs。

12. 未上釉的陶器侧壁的小块残片，装饰波纹花环和环形带纹。陶质与第 11 件相同。

13. 同上，装饰精细的波纹花环和环形带纹。中心陶土颜色为浅褐色，向表面逐渐变成灰色，外表面的颜色更深；夹砂。硬度为 7.0Mohs。

14. 陶器的小块残片，保留有波纹花环和环形带纹的痕迹。A 型陶。

15. 陶器碎片，上保留有波形环带纹。焙烧不充分，中心陶土颜色为浅褐色，向内表面逐渐变成灰色，外表面为深灰色。硬度为 6.5Mohs。

16. 陶器的小块残片，装饰压印草席纹（绳纹？）、交叉环带纹。A 型陶。

17. 相当小的陶瓶颈部小块残片，颈部窄且有垂直小复面，口沿外侈。每一个小平面之间的边缘呈脊状。为质量相当差的 A 型陶，质地粗糙。小平面宽约 1.7—2.0 厘米，侧壁厚 0.7—1.2 厘米。

18. 陶器底部附近基部的残片，器腹外壁有水平波纹，下部表面有纵向浅凹面。浅灰陶，陶质均匀，表面呈灰色。

19. 陶器侧壁残片，外表面有水平波纹。焙烧不充分，中心部位呈蓝灰色，向表面逐渐变成浅灰色。

20. 陶器侧壁残片，装饰浅环形线纹。为浅灰色夹砂陶，表面呈深灰色。硬度为 6.0Mohs。

21. 小陶碗口沿部分残片。为浅灰色陶，陶质均匀。

22. 陶器侧壁残片，为粗陶，多孔渗水，浅黄色陶土中掺有了沙和沙砾。外表面为浅褐色。

23. 陶器残片，制作粗糙。为浅褐色夹砂陶，多孔渗水，表面为褐色。

24. 陶碗口沿残片，类似砖块的器物。为浅红色陶，陶质均匀，外表面为红褐色。

25. 未施釉的陶器侧壁残片，上有直径 0.4 厘米的圆孔（几个气孔中的一个？）。为深蓝灰色夹砂陶，多孔渗水，表面为深灰色。硬度为 7.0Mohs。

26. 陶器侧壁残片，外部有几条不规则的刻画的线和一个圆孔（气孔？）。灰陶，陶质均匀。

27. 和第 26 件一样，为陶器底部附近基部的残片，陶质也相同。穿有一个圆孔，可能是气孔。

28. 陶器侧壁残片，装饰绳纹和一圈环形线纹。焙烧不充分，中心部位的陶土颜色为灰褐色，向内表面逐渐变成浅灰色。

29. 同上，装饰压印交叉绳纹。灰陶，陶质均匀。

30. 同上，装饰压印绳纹交叉一圈环形线纹。焙烧不充分，中心陶土颜色为浅灰色，向灰色表面逐渐变成浅蓝灰色。

31. 大致为圆形的陶器残片，装饰绳纹。A 型陶，表面为灰色，部分夹砂。

32. 很大陶器的残片，装饰绳纹。焙烧不充分，中心陶土颜色为浅蓝灰色，向表面逐渐变成浅黄色。表面本身是砖红色，部分闪烁沙砾的光泽。

33. 陶罐口沿残片，口沿外侈很厉害；口沿附近是一个直径 0.7 厘米的圆悬置孔。焙烧不充分，中心陶土颜色为浅褐色，向深灰色表面逐渐变成蓝灰色。

34. 同上，很大的陶罐口沿的残片，口沿外侈。焙烧不充分，陶质均匀，灰色，表面为深灰色。

35. 制作较精细的 A 型陶网坠。长 4.5 厘米，直径 1.4 厘米。

36. 同上，尺寸更大，为残片。

烽燧 190

位于河流左岸，蒙汉城西南偏西约 5.5 公里处。正如斯坦因和贝格曼绘制的图所示，它的位置表明它是古老的毛目塞墙西段的一个哨卡；不管怎样，这一点被对现存遗址的调查所证实。

烽燧 191

位于毛目东部塞垣，蒙汉城东南偏东约 7 公里处，因此几乎等于位于额济纳河对面的上述烽燧以东。塞垣以内，与其成钝角且距道路约 1.5 公里的地方有一个干涸了的古老沟渠①，沟渠主要由两道相当宽的模糊的防御塞墙构成；沟渠和塞垣一样笔直，且一直连续向南延伸直到两条线几乎合并（毛目以东约 6.5 公里），之后消失在大面积的沙砾地附近。在烽燧 191 和 192 之间的某一点，这条沟渠和向北延伸的沟渠都被两道塞墙横越；这道塞墙是主塞墙主干道的一个分支，开始于烽燧 192，向北偏东 20°的方向绵延约 3.5 公里，终止在一片水域。

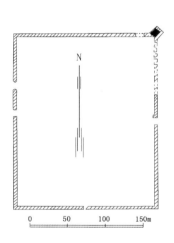

图 183
毛目绿洲中类似城址的城址 201（旧城）。

烽燧 192

位于两道塞墙，即主塞墙干道及其分支交叉点的内侧。这个独特的烽燧已经被彻底损毁，现在主要是一个直径约 20 米、高 2 米的扁平土墩。

在现存烽燧西北近 1 公里、笔直的沟渠西岸上，有另一个烽燧 193，在贝格曼绘制的图中显示为汉代遗址，但他却没有对此进行描述。

烽燧 194

位于现存塞墙更南的地点，在双城子绿洲边界的一个被人们称为万年居（Wan-nien-kü）的地方附近。一条小沟渠的水横穿古老而笔直的沟渠，贝格曼驻扎在遗址附近，抽时间进行了小规模发掘。

---

①和上面提到过的古老沟渠的蜿蜒曲折的渠床有区分，上述沟渠在双城子绿洲和毛目范围内与东部城墙保持着不等距离，且在蒙汉城和毛目之间。

这个遗址已经彻底毁坏，主要是一个宽8—9米、高2米的几乎为圆形的土墩，能看到的是最上部的土墼砌成的塔。砌塔用的土墼尺寸相当不规则，但都明显带有汉代尺寸的特征。记录的尺寸如下：46厘米×22厘米×13厘米；46厘米×22厘米×14厘米；50厘米×22厘米×14厘米；45厘米×20厘米×14厘米；44厘米×22厘米×14厘米；？厘米×22厘米×17厘米；？厘米×22厘米×15厘米；？厘米×24厘米×15厘米；？厘米×21厘米×15厘米；？厘米×21厘米×14厘米和？厘米×22厘米×13厘米。在土墩西部发现了几件器物，但无论如何，这些器物不具有任何收藏价值，所以没有采集。遗物主要是普通汉代浅蓝灰色的几块碎陶片、一块炉渣、一件锈迹斑斑的铁器、损毁的木块、一条粗糙的蓝色小织物。

在现存烽燧以南约1.5公里的地方，有另一个烽燧195，这个烽燧属于毛目东部塞垣。

烽燧196

和斯坦因在他绘制的地图42D.4中标注为T. XLVI. m的烽燧相同（《亚洲腹地》），矗立在毛目以北、源流汇合处东北偏北约2.5公里的额济纳河左岸。从毛目通往巴库尔（Barkul）的道路中的一条紧贴这处遗址，但没有对这处遗址进行调查；因此，也不知道这个烽燧是否是毛目地区西部塞垣和北大河塞垣之间连结处的一部分。

烽燧197—200

1930年9月23日，贝格曼从宿营地F11（毛目以东6公里的一个地点）转移到万年居的宿营地F12的时候，曾经经过这里。严重毁坏的烽燧坐落在横穿塞墙而过的道路及道路与古老而笔直的沟渠之间的内部或附近，在这里，古老的沟渠几乎和道路平行且在道路以西约100米处蜿蜒向前。烽燧199因为坐落在沟渠西岸，所以不完全属于烽燧组成的一条主线。

很可能塞墙超出烽燧200的范围，向西南拐弯，并且与毛目绿洲最南端附近的甘州河右岸烽燧202附近穿越塞墙的道路的一部分汇合。现存防御塞垣的缺口约为12.5公里。

城址201

在上述烽燧197—200和毛目东北约4.5公里之间，有一个荒废了的小城，名为旧城（斯坦因绘制的地图42. D. 4中标注为乔冒莓县Chio -mao-mei-hsien）。这个遗址年代不详，但斯坦因和贝格曼认为，其时代肯定很晚。这里没有被发掘过，但贝格曼绘制了略图（图183）。

长方形城堡的尺寸为237米×190米，方向为南北向，虽然现在损毁严重，但仍能看出来，建造得较好。夯土筑成、一半高度以上有稀疏分布的一排排水平木梁，城墙外部的高约8米，内部高7米，基部厚约4米，顶部厚3.6米。东北角有一个长方形角台，方位不规则，基本是矩形城墙的对角线方向；角台基部的边长为18.5米和10.5米，拐角处宽10米，前端宽8.5米。角台顶端矗立着一个保存相当完好的小烽燧。墙上有几处裂口，有些裂口是农民为了更容易进入内部而挖开的，整个遗址现在都变成了耕地，没有建筑物的痕迹。东墙中部肯定曾有一个门，因为裂口一侧有一堵边墙；南墙和西墙上的口子是否也是门就不太清楚了。

这个荒废了的旧城，是调查区域内的最后一处遗址，这一点在开篇时就已详细说明。因为无论是从地形学的角度还是从根据古代或现在定居活动的情况来看，额济纳河流域没有明确的南部边界，我们将附加一些关于沿甘州河和北大河分布的古老遗址的资料；贝格曼为了解额济纳河流域古老的防御工事和甘肃地区防御体系之间的联系曾对这些遗迹进行过调查。

额济纳河上游地区的古代遗存

1930 年 7 月至 9 月，贝格曼在甘肃西北部考察，他的行程始自毛目，沿北大河至肃州，再从肃州到小城镇夷，最后顺甘州河而下返回毛目[①]。此行的目的，除了其他一些事情外，是为了了解清楚塞墙东部分支在毛目地区究竟向南面延伸了多远以及它是否和在镇夷经过甘州河的长城有关联[②]。正如我们所知，塞墙西部分支沿着北大河的延续情况斯坦因已经进行了彻底考察[③]，而在此将只提及贝格曼所获得的关于一连串烽燧最重要的补充资料。然而，虽然方向和旅程路线相反，如从北向南，我们首先要探讨的是镇夷和毛目之间旅程的收获。

毛目与镇夷之间的塞墙和烽燧

在调查当中，贝格曼和往常一样，忙于绘制地图且记录一些有价值的地形学资料，这里我们不再赘述。然而，应该提到的是，毛目绿洲向南并没有延伸到斯坦因（和早期的记录相反）所宣称的那么远的地方（《亚洲腹地》，地图第 42. D. 4）。它的北端实际上位于毛目西南约 9 公里的甘州河东岸附近。紧邻河流的区域及向南至镇夷西北偏北约 19 公里的下墩（Hia-tun）周围地区的自然特征基本相同；整个西岸几乎都被流沙覆盖，通常宽 1 公里以上且有时堆积成高大的沙丘；东岸的自然景观为交替出现的草原、绿洲、开阔的林地和流沙覆盖区（南部）——这一大面积的肥沃地带东面以一处地貌为贫瘠的沙砾平原的高地和被大量沙丘覆盖的区域为界。贝格曼发现的烽燧和部分防御性塞墙都位于阶地边缘，只有一处例外，即下墩以北的迄今一直在描述的河流的那一部分的终点。烽燧之间的距离不等，或者是因为观测有误或是因为风蚀使得许多烽燧踪迹难觅。道路向南延伸至现存的"芨芨居（Chi-chi-ch'ü）"绿洲，约是毛目至镇夷距离的 1/3。从这里开始，之后的距离的中部 1/3 都没有道路的痕迹。直到大枣湾和下墩之间中段的一个地点，贝格曼看到了一段长 1 公里的塞墙，他有些犹豫地作了记录。这些文字给人的印象是这可能是一条穿越塞墙的汉代道路。当然还存在着一些疑问，穿越塞墙的道路的几部分和许多烽燧都被贝格曼忽略了，他的进度相当快——4 天就完成了毛目至镇夷之间的调查。因此，这个地区汉代连续不断的塞墙的完整面貌的问题，时至今日仍是个未解的谜题。

[①] 参看贝格曼《报告》第 134—137 页的说明。

[②] 虽然斯坦因全然知晓毛目塞墙（《亚洲腹地》第 507—508 页）东侧分支存在的可能性，但他没有充足时间发现道路，他显然没有料想到这样的塞墙会沿甘州河右岸的毛目以南继续延伸至镇夷。他（《亚洲腹地》，地图第 42. D. 4 和地图第 43D. 1）发现的 8 个烽燧，贝格曼也进行过调查，被标为后期的建筑物，在有些情况下，被描述成汉代重建，但在他关于这里路线的说明中没有任何有关道路的文字。斯坦因对于这些遗迹的调查被概括成一句话（《亚洲腹地》第 521 页）：镇夷以南的整个路线是连续不断的强有力防线，排列成行的无论在防线关口近旁或其上的烽燧，都表明它们被按时看守。

[③] 参看他在《亚洲腹地》第 404—408 页中关于"沿北大河城墙"部分的描述。

下墩和镇夷之间的一连串烽燧是烽燧延伸的最后一段，和最初的一段有着迥然不同的地形特征。甘州河在这里仍然沿着南山山脉的北部外露层——黑山（Ho-shan）的一条窄河道蜿蜒向前。在山脚附近能观察到位于山顶的几个烽燧，其大多数既没有被标注在地图上，也没有被调查过。在抵达川井子之前，只见到 2 个位于毛目和高台地区边界的烽燧，主要是带一口井的一间房屋。在这个边界哨卡和镇夷之间，烽燧的数量开始增加，但它们所占据的位置已不再是山顶，山顶上满是寺庙。一连串的山脉之间通往围绕镇夷的平原的北部通道被几个相当高的烽燧及长城的一个分支护卫，长城在此向北弯曲，并延伸到烽燧脚下的河流附近的阶地边缘。这里的长城为夯土筑成，建造年代为明代。

几个上面提到的烽燧看上去时代很晚，无论如何，其保存或修复的状况相当完好，最南部区域尤其如此。除了烽燧 211 外，调查过的遗址都没有出土遗物，只依据下列针对烽燧 9 和另 2 座建筑物的简要描述，很难对这些遗址进行断代。

烽燧 202 和 203

位于毛目绿洲最南部。烽燧 202 有一条自北向南延伸的道路。这两个烽燧都没有被斯坦因标注在他绘制的地图 42. D. 4 中。

烽燧 204

是沿甘州河分布且被斯坦因绘制了地图中的烽燧中最北部的一个。它只不过是一个夯土堆，高 2 米，从其外观特征无法断定它属于汉代或更晚的时代。斯坦因将其标记为更晚时代，如同他和贝格曼都进行过调查的以下烽燧一样，但对于这样的描述他没有解释理由。贝格曼也没有以他自己的理由对在一幅额济纳河流域初步略图中将这个独特的烽燧标注为汉代作出任何评论（参看希尔旺，1949 中重现为图 II，第 22 页）。烽燧以北保留有穿越塞墙而过的道路的清晰痕迹。

烽燧 205

正好位于"芨芨居"绿洲以南，在阶地边缘。烽燧和绿洲之间有一道和北部塞墙属同一种类型的没有什么重要性的塞墙。烽燧面积较大且保存完好，基部尺寸为 8 米×8 米，顶部有一间房屋。夯土筑成，外部用土墼加固。有一些不重要的遗迹，可能是烽燧附近房屋的遗存。现存烽燧显然没有被发掘过，无法确定它是否为重建的汉代烽燧（根据诸如现存的植物材料层等）。

烽燧 206

位于上述烽燧以南约 800 米。这个烽燧与沿额济纳河流域的乌兰都儿孛斤南部和巴颜博格多之间大部分遭受损毁的烽燧的外部特征一样，几乎完全被侵蚀成了一个土墩。贝格曼将其标记为汉代建筑物。

烽燧 207

位于河流形成的最高的阶地边缘，面对双沙墩绿洲，东北约几百米处有一个重要性不大的风蚀土脊区域。这个烽燧也是夯土筑成，外部加砌土墼，基部尺寸为 7 米×7 米。没有房屋遗址。贝格曼将其标记为晚期建筑物，显然是因为外部的加筑层，但它也可能是经过修复的汉代烽燧。

烽燧 208

位于面积较小的大枣湾绿洲以北且紧邻此绿洲。保存完好，夯土筑成，外观上和北大河一线塞墙上的烽燧 A40 相仿。北侧和东侧被一间窄小的房屋或围墙包围。这处遗址也被贝格曼标记为晚期建筑物。

遗址 209

位于河流西岸，大枣湾以南，河流右岸蜿蜒前行的穿越塞墙的道路的一小段。贝格曼没有调查过这里，他认为这可能是一个荒废了的小要塞或类似的据点。而斯坦因绘制的地图上，相应的地点没有任何形式的遗迹。

烽燧 210

也位于河流西岸，在一块高台阶的顶部，这里是一个叫做大墩（Ta-tum）的小村庄。对于行进在河流东岸的贝格曼来说，这处遗址看起来就是一个圆形烽燧或至少是这样一个烽燧的基部，当然这种外形是侵蚀而成的。河流两侧的台地在此形成一个狭窄通道，通道的两端就坐落着这个和下一烽燧。

烽燧 211

位于下墩村附近。保存完好，夯土筑成，基部尺寸为 8 米 × 8 米。顶部是一个瞭望哨，尺寸约为 3 米 × 2 米，虽然不是长方形，但轮廓明显呈梯形。烽燧两面有一间用篱墙围起来的小房屋，一面较窄。贝格曼认为，现存烽燧年代并不久远。能看到的可能是在地面上散落的碎瓷片和釉陶片。

北大河塞墙

正如上面已经提到的，斯坦因已经对这一线防御工事进行了详细描述（《亚洲腹地》第 404—408 页）。在此，我们只提供一个简短的补充资料和贝格曼于 1930 年 7 月南下肃州途中采集的遗物的详细内容。

贝格曼于 7 月 8 日从毛目出发，当晚就宿营在额济纳河另一侧的营盘绿洲；这个绿洲北侧以干涸的北大河为界——甘州河长久以来一直是额济纳河干流的唯一支流。这里只有 2 个荒废了的曾用于防御的建筑物，主要是清代早期的城障，这个时候毛目镇也正好建立[1]。接近支流汇合处的北大河两岸有一些风蚀土脊。1914 年，斯坦因在北山山麓小丘调查汉代塞墙遗址时，他被迫在北大河北岸、额济纳河分岔处以西约 10 公里的地点离开塞墙一线。他的助手拉尔辛后来在塞墙一线的方向再向东，发现了另一个烽燧（T. XIVI.1）。为了完成对最靠近额济纳河的这些塞墙的调查，贝格曼从营盘绿洲出发向北行进，如此一来，便转向沙漠商队使用的主干道的一边；他沿着北大河北岸向西前进，直到烽燧 T. XLVI.g，又从这里离开塞墙一线，重新回到了北大河南岸的主干道，这条干道通往肃州。

贝格曼调查过的汉代塞墙东部的长约 36 公里；斯坦因和拉尔辛在此已经发现了 6 个烽燧（T. XLVI.g-l），贝格曼又新发现了 2 个小城障（212 和 A39）和 3 个烽燧（213—215）。塞墙从贝格曼结束调查这些独特遗址的地点向西延伸了约 25 公里，西侧的这一部分，斯坦因曾由于不同原因进行过两次调查，包括除塞垣以外的 13 个烽燧（T. XLVI..a-d, f, 和 T. XLV. a-h）。

额济纳河分岔处以西约 3 或 4 公里及北大河北岸上矗立着 2 个城障，212 和 A39。贝格曼没有对第一个进行描述，因此，我们推测这处遗址就尺寸而言没有什么重要性，其外观也许说明其时代较晚。贝格曼调查并发掘过第二个遗址。紧接着是一排 9 个向西的烽燧：T. XLVI.1, 213, 214, A40 =

---

[1] 参见贝格曼《报告》第 127 页。

T. XLⅥ. k，A41 = T. XLⅥ. j，215，A42 = T. XLⅥ. i，A43 = T. XLⅥ. h 和 T. XLⅥ. g。贝格曼调查过这些遗址，因此，下文中将对其进行描述。最东段的 4 个烽燧或者是在北山山脉的边缘部分，或者是在山脉和北大河之间的塞墙上。红墩子（Hung-tun-tsi）烽燧之后，现存烽燧沿东西方向几乎成一条直线矗立在多岩石的小山顶部，所谓的东西方向是根据北山山脉的走向确定的。

斯坦因认为，他在顺次来讲的第四个烽燧以东约 5 公里处看到的，是穿越塞墙道路的最后遗址，这些道路组成了从包括红墩子在内的以西开始的成行的烽燧的一部分，红墩子在内的以西地带正是观察区域。在斯坦因和贝格曼分别造访此地间隔的 16 年当中，塞墙一定遭受了更多的破坏，尽管贝格曼对多岩石的小山以东 200 米进行过仔细的观察，仍没有发现上述烽燧；这一小段保存状况非常差，并且继续沿同一方向向下一个烽燧延续，但大概已经被植被淹没了[1]。

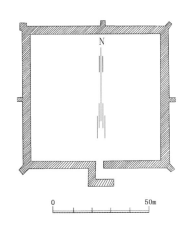

图 184

城障 A39 平面图，要塞位于北大河附近的毛目以西。

城障 A39

这个城障位于干涸了的北大河北岸的一个风蚀土脊区域，在北大河与甘州河汇合处以西约 5 公里处。城障是一处建筑完好的方形物，尺寸为 78×78 米，带夯土墙体，墙体中有不规则分布的芦苇和树枝层。墙体高 4—5 米，基部宽约 4 米，顶部宽 3 米。门在南墙且被一堵呈直角的曲壁遮挡。在四角和墙体西侧、北侧、东侧中段，凸出有长方形角台，大小各异。北墙内有一间房屋的遗迹。图 184。

墙体建筑中植物材料的存在和开在南墙的门表明其建造年代较早。角台和城障良好的保存状况，无论如何，都是可以用来说明定居时期不会早于哈喇浩特时期的细节[2]。这些有关建筑物的相互矛盾的因素，可能可以解释为是更晚的时代曾修复过，如对汉代要塞进行修复。

在这里只发现了 2 件遗物，可能是从内部的地表采集的，是与宋代器物相仿的釉陶器残片。

A. 39:

1. 釉陶碗侧壁的小块残片，与定窑瓷相似，外部为水平波纹。器身为黄白色，陶质均匀、细腻。内外壁上部有白色条带纹，内部的条带纹上有一层光滑、透明的薄釉。器壁厚 0.3 厘米。

2. 同上，为另一只碗的残片，口沿外侈，可能是定窑生产的较粗糙的一种器物。器身为黄白色，质量和第一件一样，内部和外部上部装饰白色条带纹，外部上部的胎为淡红色，可能是口沿上透明薄釉留在内部的暗色痕迹。口沿部分器壁厚 0.3 厘米，破裂的最下部边缘厚 0.35 厘米。

---

①这段塞墙容易损毁的特性及其他塞墙较差的保存现状的所有可能的原因，在以上对额济纳河流域的调查中已经提到，斯坦因也在他描述为更西的双层塞墙时已经讲到（《亚洲腹地》，第 406—407 页）。他记述了建造塞墙时使用了两种不同的方式：塞墙或是由两道平行的、用粗糙的石板和沙砾建的墙体组成，或纯粹只是压得紧密、坚固的树枝层。无论哪一种情形，塞墙基部的宽度至少为 2.5 米，高度达 3 米。紧邻烽燧 T. XL Ⅵ. d 且在其以东的沙砾平原上的建筑使用的是第二种方式，这里的塞墙损毁严重，实际上，已经变成了一个长长的红土墩，可能主要是地面潮湿的结果。我们已经谈了很多第二种方式的内容，这种方式被广泛应用于防线最东部或至少一部分防线的建设，可能是由于塞墙遗迹已经完全消失了的缘故。

②贝格曼显然倾向于认为整个遗址属于哈喇浩特时期，有他在《报告》（1945 年）中第 127 页的综述为证；平面图在同一页中重现，为图 9。

烽燧 T. XLVI. l

被称为红沙墩（斯坦因标为 "Hung-hsia-tung"）。见图 185，发表在贝格曼的《报告》中（如同第 127 页上的图 10）。斯坦因绘制了这个烽燧的图，他的助手拉尔辛也进行了调查，虽然它的外观较新，但得出的结论是这是一个汉代烽燧。至少后来对它进行过修补，如夯土筑成的墙体外加筑了一层用几乎厚 1 米的土墼砌成的加固层，加固层的建筑过程中使用了后期才出现的砌筑材料，而西墙整个都是土质的。烽燧的外形呈普通的金字塔形，基部尺寸为 15 米 ×15 米，高 8—10 米。南侧有一个低矮的长方形地基，可能是一间房屋的围墙地基，地基尺寸为 16 米 ×11 米，其墙体厚 2 米，用土墼砌成。

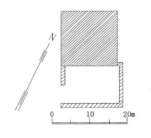

图 185

红沙墩烽燧（斯坦因标为 T. XLVI. l）是北大河附近要塞 A39 以西的第一处遗址。

烽燧 213

贝格曼曾与这个烽燧相隔 1 公里擦肩而过，但他和他的任何一个助手都没有调查过这个烽燧。透过望远镜，贝格曼观察到这是一个相当高的、形状普通的烽燧，墙体几乎垂直，向平整的顶端略有收缩。

烽燧 214

夯土筑成，损毁严重，上半部已坍塌。

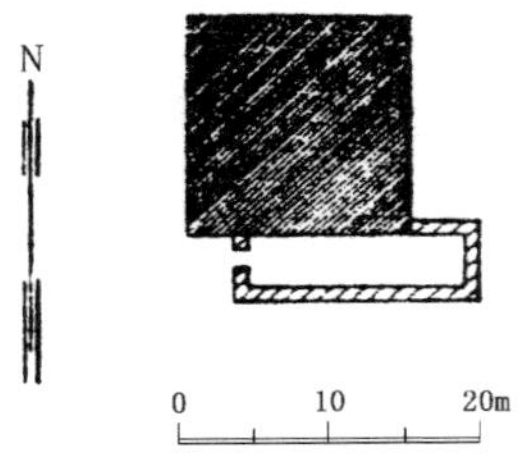

图 186

北大河附近的红墩子烽燧（40 为斯坦因所标的 T. XLVI. k）。

烽燧 A40 = T. XLVI. k

这个保存相当完好、被斯坦因调查过的烽燧，位于塞原（Sai plain）上一个小山丘的顶部，在此碰到了穿越北大河塞墙土垄的第一处残迹。毛目至金塔的车辙印痕离烽燧很近，斯坦因说：车辙是旅行留在地上的标记。此烽燧被称作红墩子，图 186 中的平面图。它建筑在红沙墩（T. XLVI. l）烽燧对面的道路上，中心部分的整个或一部分使用的是砖块和晚期才出现的砌筑材料，外覆一层较厚的夯土层。另外，2 个烽燧的形状和尺寸大致是相同的，现存的烽燧基部尺寸为 15 米 ×15 米，高约 9 米。南侧的房屋较窄，其墙体厚 1 米、高约 3 米。烽燧之间还有一个区别，第一个的方向是北偏西 25°，应该是面向北的。斯坦因认为，虽然它看上去外观较现代，但它是由 "一个古代的烽燧组成，不断修建和扩建使它形成了现在可观的规模"。其所属的时代问题是基于它中心部分整个用砖块和晚期才出现的砌筑材料建造而成，还是如贝格曼所认为的它只是一个原来汉代烽燧的基础上的内部加固，现在不得而知。不管怎么样，很可能这个地点附近有一个汉代带塞墙的烽燧。

可能是从烽燧附近的地面上采集来的以下遗物，都是时代较晚的釉陶器或瓷器。

A. 40：

1. 粗糙的、釉陶瓶侧壁或直立的颈部很小的残片。器身为浅黄色，掺杂了某种颗粒，质地多孔渗水且柔软。外部深褐色，施乳白色釉，内部施很薄的浅褐色釉。器壁厚 0.4—0.5 厘米。

2. 釉陶碗边沿和侧壁残片，口沿外翻，外观有宋代特征，和 A35：32 相似。器身为灰色，陶质均匀、细腻、坚硬；两面原本都有白色条带纹，外部只延伸到口沿以下约 4 厘米；两面的条带纹上都施透明薄釉，但只覆盖了内部和外部表面最上部的 2.5 厘米和 3.5 厘米的面积。高（长）4.5 厘米，器壁厚 0.3—0.4 厘米。

3，5. 瓷碗基部的 2 小块残片，属青白瓷，但较粗糙，圈足（帕尔姆格兰认为这些和以下器物与他在钜鹿采集到的青白瓷样本的普通类型相似）。器身为灰白色，表面粗糙；透明釉很厚且带泡；装饰用的钴类颜料呈发银色的浅蓝色，在某些地方因颜料的堆积而使颜色变成了深灰色。内部，两个镶边圆圈内的中心部位装饰不完整的植物纹样；外部，可能是垂直的条带状莲花纹的一部分，凹弧处有釉且外部有窑变迹象。

4. 相当小的瓷碗基部残片，釉下装饰钴类颜料形成的蓝色图案；属粗糙的青白瓷。器身粗糙、呈灰色；透明釉略发灰且裂片；装饰性图案用的钴类颜料呈浅蓝色但由于氧化作用而大面积变成了褐色或深褐色。内部保留有轮廓不清晰的图案。

烽燧 A41 = T. XLVI. j

斯坦因将这处遗址描述成一个损毁严重的"使用与建造烽燧 T. X L V. h（参看下面的内容）时相同尺寸的土墼砌成"的烽燧。斯坦因在它底部发现了一个普通汉代三棱形铜箭镞，贝格曼发现的遗物也显示出汉代风貌，虽然这不是最终的结论。

A. 41:

1. 剖面为七边形的一段铁丝，一端有圆形短凸出物，可能是箭镞残片。长 10.8 厘米，直径约 0.2 厘米，凸出部分厚 0.4 厘米。

2. 弯曲成拱形的铜板的小块残片，可能是薄壁铜器口沿部分。

3. 1）—24）天然褐色和黄色（1—7）丝绸残片；各种颜色的丝绸残片，颜色有灰色、绿色、蓝绿色、蓝色和红色（8—16）；绉绸残片，颜色褪变成陈旧的玫瑰红（17）；深红色斜纹缎子的 3 块残片（18）；丝质填料（19）；植物纤维布料、绳子和碎木片（参看希尔旺，1949，第 32 页，101 页，110 页；图版 12A 和 14A）。

4. 小麦标本。

P. 354:

1. 长方形装饰性木块；一端为一个从正方形中部伸出来的圆形厚木枢轴，正方形中部的中段为圆形；另一端剖面为长方形且外形对称，长方形凸榫被烧掉。一面烧焦。长（12.5）厘米，宽 2.8 厘米，厚 1.3 厘米。图 167:9。

2. 长方形木块，向尖细的一端逐渐变细，尖细端留下扭曲使用的陈旧痕迹，这一端剖面为椭圆形。尺寸为 5.1 厘米 ×2 厘米 ×1.7 厘米。

4. 悬挂式木签牌，上雕刻有文字，一端附近有两个相对的深切口，切口处缠绕绳索。尺寸为 7.9 厘米 ×1.3 厘米 ×0.4 厘米。

烽燧 215

这个烽燧已经被侵蚀成了一个覆盖沙砾的土墩。

烽燧 A42 = T. XLVI. i

根据斯坦因的描述，此烽燧用土墼砌成，土墼层中夹筑芦苇层，外夯土层经过修补。需要补充说明的是，芦苇层中还夹有树枝，烽燧中心部位用大块土墼砌成，外部的夯土层之下曾被粉刷成白色。斯坦因认为，平面为正方形的这个烽燧，高 12 英尺。贝格曼认为高 3 米。这两个高度数值的差异，肯定是由于两次调查之间若干年内的侵蚀作用。南侧有不太重要的房屋遗迹，两位探险者都在这里采集了遗物。这里的瓦砾堆中发现了骨头片、木炭和碎陶片。

斯坦因发现的单个遗物是一块有黄色釉的碎瓷片。贝格曼除了发现以下的器物外，还发现了 4 枚汉代小木简。

A. 42：

1. 扫帚把，主要是周围缠一圈芦苇的一块短木橛，用或粗或细的植物纤维绳捆绑得很结实。木橛下端被削平，其余部分向内部的尖细端逐渐变细。木橛长 14 厘米，直径 1.2 厘米。图版 17∶12。

2. 1）—10）不同质量的天然褐色丝绸残片（1—4），浅褐色织物——或是粗糙的丝绸、或是羊毛织物（5）残片，紫红色野蚕丝织物，瓷器（6）和植物纤维绳（参看希尔旺，1949，第 32 页，20 页，97 页，101 页；图版 10A）。

P. 86：

1. 圆木橛，向一端稍变细，被烧焦。长（7.5）厘米，直径 2.9 厘米。

3. 圆木橛，一端呈楔形。可能是“雄”火棍。长 13.5 厘米，直径 1.2 厘米。

5. 剖面为椭圆形的薄木橛残片，一端尖细。

6. 木棱柱体，贝格曼认为是“雌”火棍的一部分。长方形且一端被削掉。宽的一面有一个由刻画对角线组成的十字形图案。尺寸为 2.5 厘米×2.2 厘米×1.1 厘米。

11. 短木条，大致刻削成人形，脸部和身体用黑色线条描绘。尺寸为（8）厘米×1.5 厘米×0.4 厘米。图 187∶3。

烽燧 A43 ＝ T. XLVI. h

斯坦因详细描述了这处遗址，他认为是东南角带大面积房屋遗迹的烽燧。正方形基部尺寸为 16 英尺×16 英尺，土墼尺寸较规则，为 13 吋×7.5 吋×4 吋。贝格曼也在此进行了彻底发掘，但就这座建筑物特征而言，得出的结论出人意料。虽然不完全确定，但他认为是一间房屋，遭破坏后被用来贮积烽火材料。现在其高约 2 米。墙体用上面已经提到过尺寸的大块土墼砌成，每一层土墼夹筑一层芦苇层，厚约 1 米。房屋的宽 4 米，长也比这个数字多不了多少。内侧和外侧都曾被粉刷过（用泥或白色颜料？）。然而，因为这个“房屋”在建造过程中存在让人无法理解的不规则的情况，这处遗址实际所属的类型有待全面揭示。

墙体内部的一小块面积被坍塌的土墼占据，土墼堆上有一层渣滓、木炭和人工制品。斯坦因采集了 14 枚木简、许多器物，其中有一把铁刀、漆木器和一把木梳。以下记述的两个粗糙的木器被斯坦因作过标记，之后又被丢弃。贝格曼也将他发现的一件遗物——一把大扫帚（或一束苇茳）留在了发现地。

A. 43：

1. 大木块，一道明显的宽凹痕横穿中部。一面平坦，另一面自凹痕向一端倾斜，因而呈楔形且略凸起。较长的边分别凸起、凹入。尺寸为 22.5 厘米×6 厘米×2 厘米。图 170∶4。

2. 长柄大木勺或刮铲的制作材料，刻削粗糙。正面平坦，手柄背部和刃弯曲成拱形。尺寸为 19.5 厘米×4.6 厘米×2.2 厘米。

3. 厚木板的残片，每一端附近有 2 个大圆孔。部分绘红彩。尺寸为 14 厘米×2.7 厘米×0.5 厘米。

4. 树枝，曾被切成两半。长 26 厘米。曾被斯坦因标记为“T. XLVI. h”。

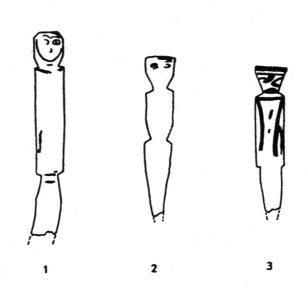

图 187

用木片削成的人俑，黑彩，出土于汉代遗址。比例为 1/2。1.（P9: 地点 20）P. 414：4。
2.（A35：1）P 之后的编号不详。3.（A42）P. 86：11。

烽燧 T. XLVI. g

贝格曼调查过的北大河塞墙一线的最后一处遗址。斯坦因描述其保存状况较差，显然没有激起贝格曼进一步调查的兴趣。现存烽燧已变成了一个高 3 米的圆土堆，矗立在一个小围地的东北角，尺寸约 30 米 × 25 米，墙体用沙砾和树枝建造而成。

参 考 文 献

BMFEA　　　　远东古物博物馆报告，斯德哥尔摩。

Bull. Ac. Sin　中央研究院历史语言研究所集刊，北京，上海。

GS　　　　　　《中日汉字形声论》（参看下文，卡尔格伦 1940）

HHS　　　　　《后汉书》

HS　　　　　　《前汉书》

I. A.　　　　　《亚洲腹地》（参看下文，斯坦因 1928）

Mathews　　　（参看下文马修斯）

OCS Cat.　　　伦敦东方陶瓷学会展览图录

PMB　　　　　费城博物馆会刊（参看下文，J. G. 李）

Report　　　　（参看下文，贝格曼 1945）

Ser.　　　　　《塞林提亚》（参看下文，斯坦因 1921）

Sino-Swedish Exp. Publ. 斯坦因博士率领的中国西北诸省考古调查报告（中瑞联合科学考察）系列出版物，斯德哥尔摩。

SK　　　　　　《史记》

青山，S.

　　1938，《元代地图（日文版)》，《东方学者》，Ⅷ，东京。

弗克·贝格曼

　　1935，Något om Mongoliet i fotntid ochnutid, In Ymer，斯德哥尔摩。

　　　　　《考古调查》，伊米尔，斯德哥尔摩。

　　　　　《考古发现》，《山地科学学报》。

　　　　　《斯文·赫定发现的楼兰木雕及小件遗物》，《远东古代遗物博物馆会刊》7，斯德哥尔摩。

　　1936，《论中国保存的片状铠甲》，《民族》Ⅰ，斯德哥尔摩。

　　1939，《中瑞联合科学考察新疆考古调查》，系列出版物第7。

　　1945，《1927—1934 年蒙古、新疆境内旅行及田野考古手记》（作为报告被加以引用）。赫定，1945。

　　1954，《一些中国元、明时期的纸币》，出于为人种学理论研究的推进而在作者死后出版，中瑞联合科学考察系列出版物第38。

伯基，C. P. 和莫利斯，F. K

　　1927，《蒙古地质概况》，美国自然历史博物馆，纽约。

博林，B.

　　1940，《甘肃西部水文地理状况》，中瑞联合科学考察系列出版物第10。

　　1944，På jakt efter urmänniskans förfäder，斯德哥尔摩。

　　1945，《1929 年至 1933 年间在蒙古和甘肃境内进行的古生物与地质调查》，赫定，1945。

布谢尔，S. W.

1899，《党项人建立的西夏王朝及其货币与奇特的文字》，《皇家亚洲协会中国分会会刊》，N. S，30，上海。

沙畹，E.

1903，《两件古代中国地图样本》，《远东法语教育期刊》Ⅲ，河内。

1913，《奥莱尔·斯坦因在东土耳其斯坦沙漠中发现的汉文文书》，牛津。

陈芳绩

1667，《历代地理沿革表》，1833 年黄定宪修订本。

孔好古

1920，《斯文·赫定在楼兰发现的汉文文书和其他小型遗物》，斯德哥尔摩。《人种学、语言学和宗教史研究参考》，中瑞联合科学考察系列出版物第 38，斯德哥尔摩，1954。

科迪埃，H.

1920，《马可·波罗》，亨利·尤尔先生修订的新发现和新研究成果的注释及附录，伦敦。

克里希，G. B.

1934，中国地理基金会《国土及人口调查》，纽约，伦敦。

杜布斯，H. H.

1938，1944，1945，《班固〈前汉书〉及注释的翻译》，Ⅰ（伦敦），Ⅱ，Ⅲ（巴尔的摩）。

尤摩福普罗斯，G.

1926，《汉、周陶器》，《亚洲艺术史》，1926，3，阿斯科纳。《山西西南部万全县燕子疙瘩发掘的一处西汉遗址》，上海，1932。

房，A.

1952，《从司马光〈资治通鉴〉卷69－78 中所译〈三国编年史〉》《哈佛—燕京研究》Ⅵ），牛津。

弗格森，J. C.

1927，《北宋各政治派系》，皇家亚洲协会中国分会会刊，LⅧ，上海。

富兰克，O.

1930—1952，《中国通史》，第Ⅰ（1930），Ⅱ（1936），Ⅲ（1937），Ⅳ（1948），Ⅴ（1952）卷，柏林 & 莱比锡。

甫契斯，W.

1935—1936，1938，《清代地图资料》，Ⅰ-Ⅱ，《丛书集成》，Ⅰ（1935—1936），Ⅲ（1938），北京。

1946，《朱思本绘制的蒙古地图及广舆图》。《丛书集成》，Ⅷ，北京。

古德里契，C. S.

1954，《评劳干著〈居延汉简考释〉》，《远东季刊》，XⅢ：3。

德格鲁特，J. J. M.

1921，《公元前的匈奴人》（中国边疆史地，Ⅰ），柏林 & 莱比锡。

1926，《公元前的西域》（中国边疆史地，Ⅱ），柏林 & 莱比锡。

格劳塞特，R.

1948，《草原帝国——阿提拉，成吉思汗，帖木儿》（历史图书馆），巴黎。

黑尼斯奇，E.

1948，《蒙古秘史》，第二版，莱比锡。

哈劳恩，G.

1949，《184—221 年的凉州叛乱》。亚洲专刊，N. S，Ⅰ：1，伦敦。

斯文·赫定，

1917—1922，《藏南——以前考古发现所获与我本人 1906—1908 年间进行的研究之比较》，Ⅰ-Ⅸ。斯德哥尔摩。

1935，《斯文·赫定七十岁诞辰纪念丛书》（地理年鉴），斯德哥尔摩。

1943—1944，《1927—1935 年间亚洲考察记》，Ⅰ-Ⅲ，中瑞联合科学考察系列出版物第 23—25。

1945，《亚洲考古纪行》（1927—1935 年间亚洲考察记，Ⅳ；参看贝格曼，博林，蒙代尔），中瑞联合科学考察系列出版物第 26。

赫尔曼，A.

1922，《汉语西域地图》，斯文·赫定《藏南》，Ⅷ。

1935，《贺斯却夫特匈奴人统治时期的戈壁》，斯文·赫定，1935。
《中国历史与商贸地图》（哈佛—燕京研究所，专刊，Ⅰ），剑桥。

霍奇斯达特，W.
1952，《商、周、汉时期的陶器和瓷器》，远东古物博物馆期刊第24。

霍美尔，R. P.
1937，《前进中的中国》，纽约。

霍涅尔，N. G.
1936，《通向罗布泊》，斯德哥尔摩。

霍涅尔，N. G. 和陈宗器
1935，《移动的湖泊——中亚地区河流的变化与湖泊的位移》，斯文·赫定1935。

伊万诺夫，A. I.
1920，《西夏文文书》，《亚洲期刊》，15，巴黎。

卡尔格伦，B.
1928，《中国》，诺斯特出版的《世界史》15，斯德哥尔摩。
1940，《中日汉字形声论》（缩略形式为GS），远东古物博物馆期刊第12。

科兹洛夫，P. K.
1925，《死城哈喇浩特》（《蒙古，安多和死城哈喇浩特》），俄罗斯地理协会考察队，1907—1909（Herausgegeben von W. Filchner），柏林。
1947，《蒙古和金》，第二版，莫斯科。
1948，《蒙古，安多和哈喇浩特》，第二版，莫斯科。

顾祖禹
1667，《读史方舆纪要》（引自富兰克1948）。

劳干
1943，1944，《居延汉简考释》，释文（4册，重庆1943），考证（2册，重庆1944），中央研究院历史语言研究所，专刊21。
1947，《汉简中的汉代河西经济生活》，中央研究院历史语言研究所集刊十一。
1948，a.《居延汉简考释序目》，中央研究院历史语言研究所集刊十。
b.《汉代兵制及汉简中的兵制》，中央研究院历史语言研究所集刊十。
c.《论中国造纸术之原始》，中央研究院历史语言研究所集刊十九。

劳弗，B.
1916，《西夏语言》，《通报》1916，莱顿。

利奇，B.
1949，《陶工手记》，伦敦。

李，J. G.
1949，《明代青白瓷》，明代青花瓷大展（《费城博物馆期刊》，卷ⅩLIV，第223，缩略形式为PMB1949）。

李，S. E.
1948，《日本宋代陶瓷研究新收获》，《亚洲艺术》，Ⅺ，3. 阿斯科纳。

琳内，S.
1944，《早期雨披》，《同族期刊》1944:3—4，斯德哥尔摩。

马林格，J.
1950，《蒙古史前史研究》，中瑞联合科学考察系列出版物第34。

马伯乐，H.
1953，《奥莱尔·斯坦因第三次中亚考察所获汉文文书》，伦敦。

马修斯，R. H.
1947，《汉英词典》，美国修订本，剑桥（缩略形式为Mathews）。

马特素达，H.
1954，《东西方交流中额济纳之地位》，东方文化研究所学术论文集，1，东京。

马特素达，K.
1950，《哈喇浩特—西夏王朝时期遗留下来的一座死城之科学考察》，东方学术，19。

《蒙古游牧记》，张穆、何秋涛（1859年）著。第16章引自费迪南·D. 莱辛教授著的一部手稿。

蒙代尔，G.

1934，Våra vänner på stäppen. Genom Mon goliet till torguterna vid Etsingol. 斯德哥尔摩。

1935，《斯文·赫定在和阗采集的考古遗物》，远东古物博物馆期刊第 7。

1937，《蒙古人的生活及鄂尔沁河纪行》，《皇家亚洲协会期刊》ⅩⅩⅣ。

1941，《亚洲纺纱工具及纺纱技术》（希尔旺 1941 年著述附录Ⅰ）。

1945，《1929—1932 年在中国和蒙古进行的人种学考察》，赫定，1945。

1949，《额济纳河地区》（1948 年著介绍希尔旺的文字内容）。

1952，《斯文·赫定率领的科学考查团在亚洲中部进行的考古调查》，《同族期刊》1952: 1-4，斯德哥尔摩。

国家博物馆，瑞典萨姆林格保存的北宋陶瓷（960—1279 年）（展览图录），斯德哥尔摩，1949。

诺林，T.

1949，《蒙古大草原和沙漠地带植物群》，中瑞联合科学考察系列出版物第 31。

奥布路兹切夫，V. A.

1896，《走出中国——游记，自然与人》，Ⅰ-Ⅱ，莱比锡。

1900—1901，Central′naja Azija，severnyj kitaj I Nan-shan. Ⅰ—Ⅱ. 圣彼得堡。

裴里奥特，P.

1914，《科兹洛夫在哈喇浩特地区发现的汉文文书》，《亚洲期刊》，Mai-Juin 1914.

波普，J. A.

1952，《14 世纪青花瓷器——一批伊斯坦布尔托普卡普宫博物馆的中国瓷器》，伊斯坦布尔（弗利尔美术馆，增刊，Ⅱ: 1），华盛顿。

施洛瑟，R.

1935，《中国铸币业》。

苏切尔，W. E.

1927，《古老的两幅中国地图》，《地理期刊》，LXIX。

斯坦普，L. D.

1936，《区位地理和经济地理》，第三版。伦敦。

斯坦因·M. 奥莱尔

1921，《塞林提亚》（缩略形式为 Ser.），Ⅰ—Ⅳ. 牛津。

1928，《亚洲腹地》（缩略形式为 I. A.），Ⅰ—Ⅳ. 牛津。

1933，《在中亚的古道上——亚洲腹地和中国西北部三次考察述要》，伦敦。

斯旺，N. L.

1950，《中国古代食品与货币》，《汉书》卷 24《食货志》译本，普林斯顿。

希尔旺，V.

1941，《楼兰人使用过的毛织物》，中瑞联合科学考察系列出版物第 15。

1949，《额济纳河和罗布泊所获丝织品研究》，中瑞联合科学考察系列出版物第 32。

华尔纳，L.

1926，《中国古道》。纽约。

怀特，W. C.

1934，《洛阳古墓》，上海。

惠特弗格，K. A. 和冯家生

1949，《中国社会史·辽（907—1125 年）》（美国哲学社会学交流，N. S，36）

叶芝，W. P.

1930，《乔治·奥莫弗布罗收藏的中国和韩国铜器、雕塑、玉器、珠宝和杂器图录》，卷Ⅱ，伦敦。

尤尔，H. 和科迪埃，H.

1926，《马可·波罗游记》，Ⅰ—Ⅱ，第三版，伦敦。

地图：

《中华人民共和国分省地图》，上海，1953。

《中国分省新图》，上海，1948。

《古德教学用图》，纽约，芝加哥，旧金山，1948。

《世界地图》，伦敦，1922。

《清乾隆内府舆图》，1932。

人名英汉对照表

Afraz-Gul	艾甫拉兹·古尔
Anders	安德斯
Aoyama	奥雅玛
Aurel Stein	奥莱尔·斯坦因
Berkey	伯克
Bernhard karlgren	贝尔纳·卡尔格伦
Bretschneider	布雷兹切内德
Bo Sommarström	博·索马斯特勒姆
Bo Gyllensvärd	博·吉伦斯瓦德
Bohlin	博林
Boyan	博彦
Carl Herman	卡尔·赫尔曼
Chang Mu	张穆
Chang Yen	张晏
Chavannes	沙畹
Ch'en Fang-tsi	陈芳绩
Chou Shou-ch'ang	周寿昌
Chu Sï-pen	朱思本
d'Anville	安维勒
de Groot	德·格鲁特
Erik Norin	艾瑞克·那林
Ferdinand D. Lessing	费迪南·D.莱辛
Folke Bergman	弗克·贝格曼
Fridelli	弗里德里
Franke	富兰克
Fuchs	甫契斯
Gösta Montell	古斯塔·蒙代尔
Goode	古德
Gronbech	格隆贝奇
Gudmar Som-marstrom	古德马·索马斯特勒姆
Haenisch	海伊里希
Horada	哈拉达
Hasan Akhun	哈桑·阿昆

Hjortsjö	乔兹约
Ho Kíu-tǎo	何秋涛
Hommel	霍美尔
Horner	霍纳（或霍涅尔）
Huang Tsung-hi	黄宗羲
I. Ekherg	I. 艾克博格
Inga Sommarstrom	英格·索马斯特勒姆
Jan Cirulis	詹·塞罗里斯
John Alexander Pope	约翰·亚历山大·波普
John Maringer	约翰·马林格
John Gunnar Andersson	约翰·古纳尔·安特生
Kthleen Pain	凯莎琳·佩恩
Kaznakov	卡兹纳科夫
Keng Ping	耿秉
Kozlov	科兹洛夫
Ku Tsu-yu	顾祖禹
Lal Singh 或 Lāl Singh	拉尔辛
Langdon Warner	朗敦·华尔纳
Lao Kan	劳干
Lapie	拉贝
Li Tse-min	李泽民
Li Yuan-hao	李元昊
Lo Hung-sien	罗洪先
Lu po-te	路博德
Mate	梅特
Morris	莫利斯
Maspero	马伯乐
Mathews	马修斯
Ma Yuan	马援
Muhammad Yaqub	默罕默德·雅古伯
N. Ekberg	N. 艾克博格
Nils Palmgren	尼尔斯·帕姆格林
Norlindh	诺林
Obrutschev	奥布路兹切夫
N. Palmgren	帕尔姆格林
Pan Chʻao	班超
Pan Yúng	班勇
Parker C. Chen	陈宗器
Pelliot	裴里奥特
Percival David	波西佛·戴维
Pope	波普

Potanin	博达宁
Soothill	苏切尔
Stieler	斯蒂艾勒
Sven Hedin	斯文·赫定
Tou Hien	窦宪
Vivi Sylwan	威维·希尔旺
Walander	瓦兰德
Wang Sien-Kíen	王先谦
Warner	华尔纳
Wei Chao	韦昭
Wittfogel-Feng	惠特弗格·冯
Yakub Khan	雅可布汗
Yen Yung	阎咏

地名英汉对照表

Adag-tsaghan	阿搭格察汗
Aduna-kora	阿杜那科拉
Adune-khure	安东廓勒
Alakshan	阿拉善
Andogen-或 Andone-tsonch	昂都根松治
Attsonch	阿特松治
Bagha-durbeljin	巴哈都儿孛斤
Bahan-durwuljin	巴罕都儿乌儿斤
Baller	巴勒尔
Barkul	巴库尔
Barun-khure	巴伦廓勒
Bukh-tokhoi	布克托尼
Bukhen-tokhoi	布肯托霍
Bayan-bogdo	巴颜博格多
Bayan-torei	巴颜托尼
Boro-knoto	博罗浩特
Boro-obo	博罗俄博
Boro-tsonch	博罗松治
Boro-ula	博罗乌拉
Bukhen-torei	布肯托尼
Burukh	布鲁克
Butu-burukh	布都布鲁克
Chang-ye-ho	张掖河
Chang-yi	张掖郡
Challain-gol	查兰河
Chao-wu	昭武
Chen-yi	镇夷
Chi-chi-chü	芨芨渠
Chio-mao-mei-hsien	乔冒莓县
Dash-obo	塔什俄博
Dor-tsaghan-tsonch	都儿察汗松治
Dunda-gol	登达河
Dzun-khure	东廓勒

Edsen–Gol	额济纳河
Edsen–gool	额济纳高勒
Ekki–durwulijin	伊克都乌儿斤
Erego	额济
Erego–khara–burukh	额济哈喇布鲁克
Etshine Mouren	额济纳茆林
Etsina	额济纳
Etsin–gol	翁赞河
Etzina	额济纳
Eumor fopoulos	尤卯孚勒斯
Garnai See'en	古尔乃洼地
Ghashun–nor	嘎顺淖尔
Gurnai	古尔乃
Hai–tsï	海子
Hia–tun	下墩
Ho–li	合黎
Ho–li–ho	合黎河
Ho–li–shan	合黎山
Horen–tologoi	托罗拐
Hua–hai–tsï 或 Hua–hai–tsi	花海子
Hui–shui	会水
Hung–sha–tun 或 Hung–hsia–tung	红沙墩
Hung–tun–tsi	红墩子
Hu–tsán–shui	呼蚕水
Ikhe–durbeljin	伊克都儿孛斤
Ikhen–gol	伊肯河
Ihken–gung	伊肯冈
Jinst 或 Jinstei	金斯特山
Jo–shui	弱水
Kanchou–ho	甘州河
Kanchou wei	甘州卫
Kao–tái	高台
Kara–khitai	哈喇旗台
Khara–baishing	哈喇白声
Khara–khoto	哈喇浩特
Khashiatei–gol	哈什阿台河
Ki–ki–kü	茇茇居
Kin–tá	金塔
Kiu–chéng	旧城
Ho–shan	黑山
Koun–doulen	坤都伦

Ku-erh-nai O-mo	古尔乃盆地
Kukchen-sume	库肯苏木
Kuku-sume or Kok-suma	库库苏木
Kuku-ula	库库乌拉
Kʹun-tu pi-la	坤都贝喇
Kuren-tsonch	库伦松治
Ku-yen	居延
Ku-yen-chʹeng	居延城
Kü-yen-tse	居延泽
Kü-yen tse sha	居延泽沙
Lop-nor	罗布泊
Lu-kʹu	狼山
Lu-te	觮得
Mamin-tsaghane-baishing	马民察汗白声
Mamin-ussu	马民乌苏
Mao-mu	毛目
Matsuda	马祖达
Meng-han-chʹeng	蒙汉城
Monong-ellis	摩农艾力斯
Moro-tsonch	摩洛松治
Moutch	牟斯
Mu-durbeljin	穆都儿孛斤
Mōren-gol	穆林河
Mören-gol	宽河
Mudurbeljin	破城子
Mu-tsonch	穆松治
Nan-kʹing	南羌
Nan-shan	南山
Narin-köl	纳林河
Ninghia	宁夏
N. Palmgren	帕尔姆格林
Oboin-gol	阿波因河
Obot-ellis-tsonch	鄂博艾力斯松治
Onder-ellisin-gol	奥德艾勒森河
Ontsein-gol	翁赞河
Ordos	鄂尔多斯
Pei-shan	北山
Pei-ta-ho	北大河
Ping-ho	冰河
Sain plain	塞原
Sain-Tsonch	塞纳松治

Sair-tsonch	塞尔松治
Shabarakh-usu	沙巴拉克乌苏
Shara-kuren-tsonch	沙拉库伦松治
Sharakure-sanje	沙拉库尔桑杰
Shavarakh	沙夫罗克
Shuang-Chéng-tsi 或 shuang-chéng-tsi	双城子
Shuang-sha-tun	双沙墩
Si-hai	西海
Si-hai kun	西海郡
Si-wan-ho	西湾河
Sogho-nor	索果淖尔
Soukouc Nor	索果克淖尔
Sokhato-kol	索哈特河
Sopou Nor	索博淖尔
Suhuc s（ee）	苏古克泽
Su-lo-ho	疏勒河
Taralingin-durbeljin	大拉林斤－都儿字斤
Ta-ts'ao-wan	大枣湾
Ta-tun	大墩
Ta-wan	大湾
Tíen-tsung-ta-wan	天宗大湾
Tsaghan-suburga	察汗苏布尔盖
Tsaghan-tokhoi	察汗多克
Tsaghan-tsonch	察汗松治
Tsakhortei	查科尔帖
Tsamein-khuduk	察民库都
Tse-kha	策克
Tsiu-ts'uan	酒泉
Tsonchein-ama	宗间阿玛
Tsonchtei-khyl	宗奇吉尔
Tsondol	葱都儿
Tsondolin-tsaghan	葱都岭察汗
Tostu	套斯图
Ukh-tokhoi	乌克套克
Ulandurbeljin	乌兰都儿字斤
Ulan-tsonch	乌兰松治
Wan-nien-ku	万年居
Wayen-torei	瓦因托尼
Ying-pan 或 Ying-pán	营盘
Yi-tsi-nai	亦集乃

图版 I — XXVI

图版 I

a. 从乌兰都儿字斤（A33）顶上远眺金秋十月的额济纳河。

b. 三月，河水蔓延至三角洲最东端的支流翁赞河上的巴颜托尼附近。

a. 从旧墩子（A37）远眺双城子绿洲草原：额济纳河东岸的胡杨和北山的裸露层。

b. 哈喇浩特与伊肯河之间干枯的额济纳绿洲上的布鲁克景象：植被固定的沙丘和枯死的胡杨。

a. 从西北方向拍摄的北部三角洲地区的一处汉代城障宗间阿玛（A1）。

b. 从东面拍摄的穆都儿字斤（破城子，A8）遗址。此城障在汉代是葱都儿塞的军事中心（即候官）。
城障前面是低矮的土堆，大多数遗物都是在这里发现的（A1）。

图版 IV

a. 毁坏了的葱都儿塞一线的烽燧 A7。

b. 毁坏了的葱都儿塞一线的烽燧 14。

c. 穆林河沿岸的烽燧 22。

d. 穆林河沿岸的烽燧 27。

图版 V

a. 从东面拍摄的巴颜托尼以南的毁坏了的坞堡 A10。

b. 孤独的金斯特山，上有烽燧 A11，其下为干涸了的居延泽形成的盐壳。

a. 额济纳绿洲北部的城垣 K688。

b. 位于额济纳绿洲东北的城垣 K710。

图版 VII

a. 额济纳绿洲古代农耕区的脱粒石磙。

b. 额济纳绿洲古代农耕区的石磨，
土地现在已经干裂且部分覆盖流沙。

c. 毁坏了的建筑物察汗苏布尔盖（K764），是额济纳绿洲东
北的一座寺院。从左至右依次为一座佛塔的基部，寺庙主
殿和一处住宅。

a. 哈喇浩特与葱都儿之间的房屋遗址 81。

b. 城障 84（乌兰都儿字斤的北面）。

c. 伊肯河东岸附近的城障 86。

a. 佛塔 60。

b. 寺院 73 前面的佛塔。

c. 神庙 78 的佛塔及其围墙。

城内西北角拍摄的哈喇浩特城墙顶上的佛塔。

a. 哈喇浩特的高大城墙，南墙顶部有残留的土墼砌女墙痕迹。

b. 从西南方向观察到的南墙和一堵低矮城墙的一部分。

c. 哈喇浩特外城的东北角。

a. 从内向外拍摄的哈喇浩特西城门。

b. 城中心的一座佛塔。

c. 从哈喇浩特外城墙东南角拍摄的内城墙。

a. 额济纳绿洲东南村落 100 的荒废土墼砌房屋，前面最显眼的是一处当地特有的土墩。

b. 大致从西北方向观察到的库伦松治烽燧 A17。

c. 伊肯河东岸毁坏严重的烽燧 109。

a. 汉代烽燧博罗松治（P9）。这是贝格曼在额济纳河流域发掘的第一处遗址。土层和沙层交替分布的台地高约 20 米，顶上为"灰塔"。

b. 从西侧近距离观察到的博罗松治烽燧。

a. 博罗松治。坞院围墙背部的一排房屋，坐落于一个比烽台低矮的、有台阶的坡地上。

b. 博罗松治。大致从西南方向观察到的经过发掘的、用土墼和泥建造的类似炕的结构（地点 13）。

a. 博罗松治和牟斯之间台地地区的两个烽燧：从东北偏东方向观察到的 127（左）和从东面观察到的 133（右）。

b. 布肯托尼。王先生在发掘烽燧 A21 的一间房屋的外部（地点 Ⅱ）：铁锹之间是封堵了的通往另一间房屋的入口（地点 Ⅰ），房屋的部分屋顶被保留了下来（倾斜的平面）。

c. 大致从北侧观察到的烽燧 A22（地点 13）。

a. 伊肯河东岸的烽燧 143（察汗松治一线烽燧的其中之一）。

b. 两个建于不同时代的城障：东南角带角台和烽燧的伊克都儿孛斤（即大方城，k822）。

c. 从东南偏南观察到的巴哈都儿孛斤（即小方城，A24）。

a. 位于巴颜博格多山（即狼心山）主峰附近一座小山上的
烽燧 149。前面是陈宗器宿营的帐篷。

b. 贝格曼在查科尔帖的宿营地，北部远处为巴颜博格多山。

c. 大致从北侧拍摄的烽燧 A27 的照片，其右侧是额济纳河的一处弯道。

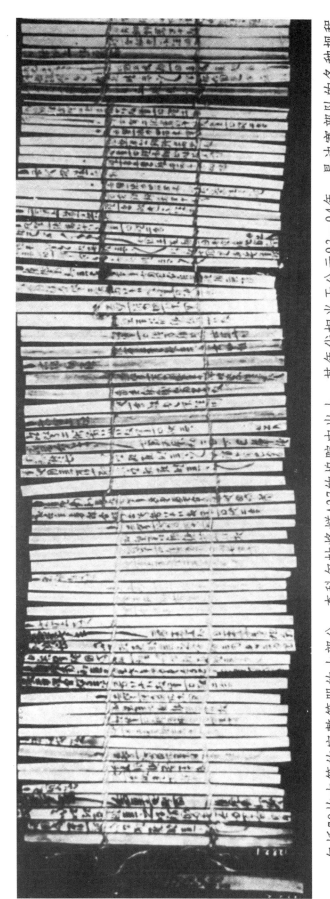

包括78枚木简的完整简册的大部分, 查科尔尔帖烽燧A27的坞院中出土。其年代相当于公元93—94年, 是边塞部队的各种规程条款 (参看1943年重庆出版的《居延汉简考释·释文之部》第三卷第27—29页中劳干的释文) (译者按: 此简册即《永元器物簿》)。

a. 从北侧观察到的烽燧 160。

b. 从东南方向观察到的烽燧 162。

c. 烽燧 A29。在其东北方向即照片中人右侧的是蒙眬不清的烽燧 160。

d. 大致从南侧观察到的烽燧 A32。其右侧隆起物是毛目地区北端入口处一道防御塞墙拐角处的角台。

a. 从西南方向观察到的毛目地区的乌兰都儿孛斤（即红城子，汉代的地湾城，A33）。大部分遗物是在右侧的一些房屋遗址内发现的。

b. 贝格曼的白帐篷，拍摄自城障顶部。

a. 南乌兰都儿孛斤地点 11 的坚硬地面上的一个大罐。背部右侧长 3 米的是坞院内的沟渠。

b. 严重风蚀的烽燧 P12，位于额济纳河西岸有点类似大城镇的城障（K824）附近。

c. 这个城障（K824）西南的部分城墙已被河水冲走了。

a. 大拉林斤－都儿字斤（即大湾城，A35）是汉代定居点遗址基础之上的一处西夏城障，这是从西北偏北方向观察到的全景图。

b. 从内部拍摄的大湾城东城墙，其背部东南有烽燧。

a. 大湾城外东南方向上的烽燧，高约 10
米，从豁口至顶部都中空。

b. 汉代遗址（地点 6）上建造的一个神庙小祭坛。

c. 从东北方向观察到的大湾城内部，背后是额济纳河。

a. 大致从南侧观察到的障燧 179（大湾）。

b. 旧墩子障城（A371）的内部，南墙上有挖宽的拱形门。

c. 从内部观察到的城址 A38（蒙汉城）的西墙。

　　1934 年元旦时在巴勒尔的宿营地，当时贝格曼作为汽车考察团的一名成员最后一次途经额济纳河流域。

图版 1—40

1

2

3

4

5

6

7

8

9

10

11

图版 1

图版 2

图版 3

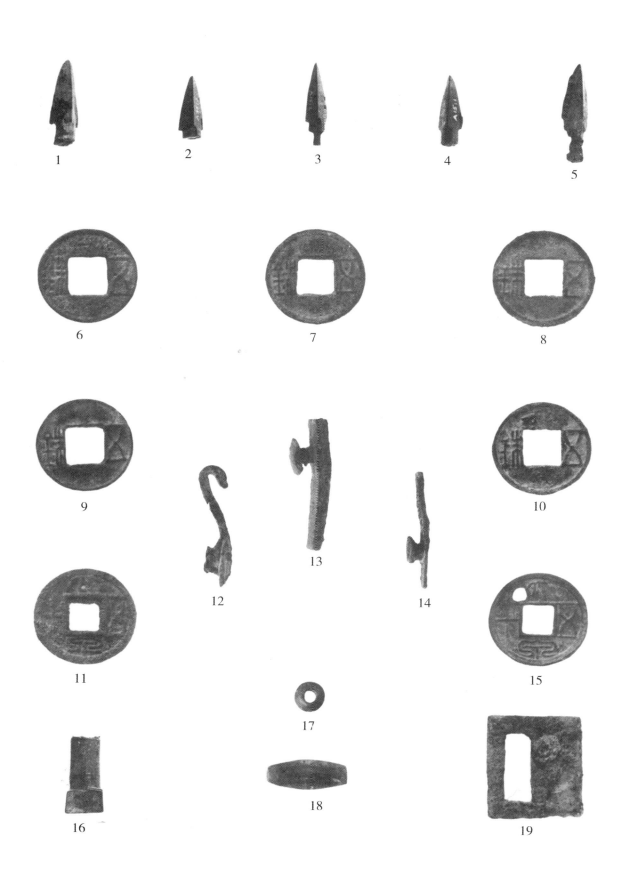

图版 4

1　　　　　　　　2　　　　　　　　3

6　　　7　　　8

4　　　5　　　11　　　9　　　10

12　　　13

14　　　15　　　16

图版 5

1   2a 2b 3   4   5   6   7   8   9   10 11 12 13 14 15 16 17 18

图版 6

450

1 2 3 4 5 6 7 8 9 10 11 12 13 14

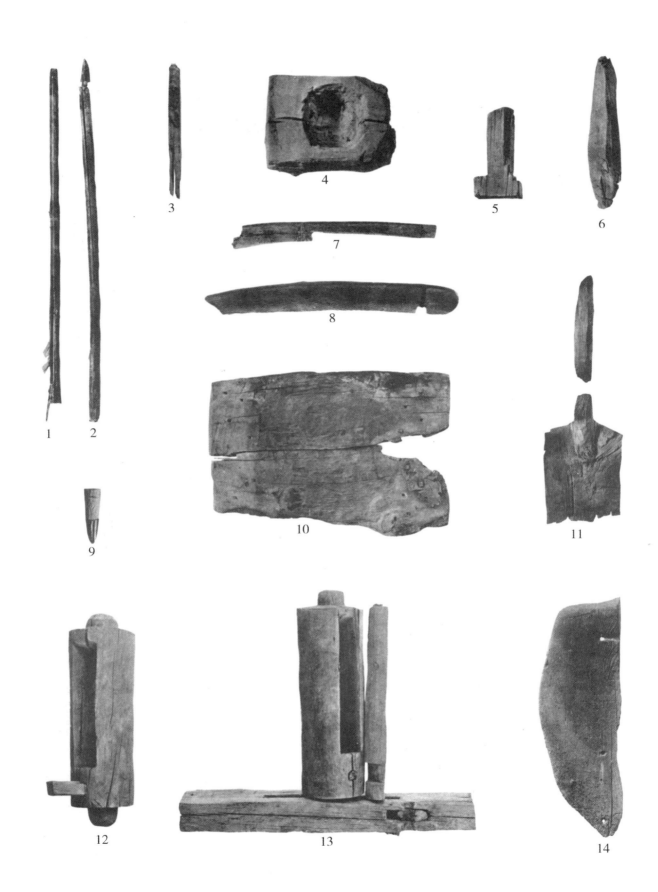

图版 9

153

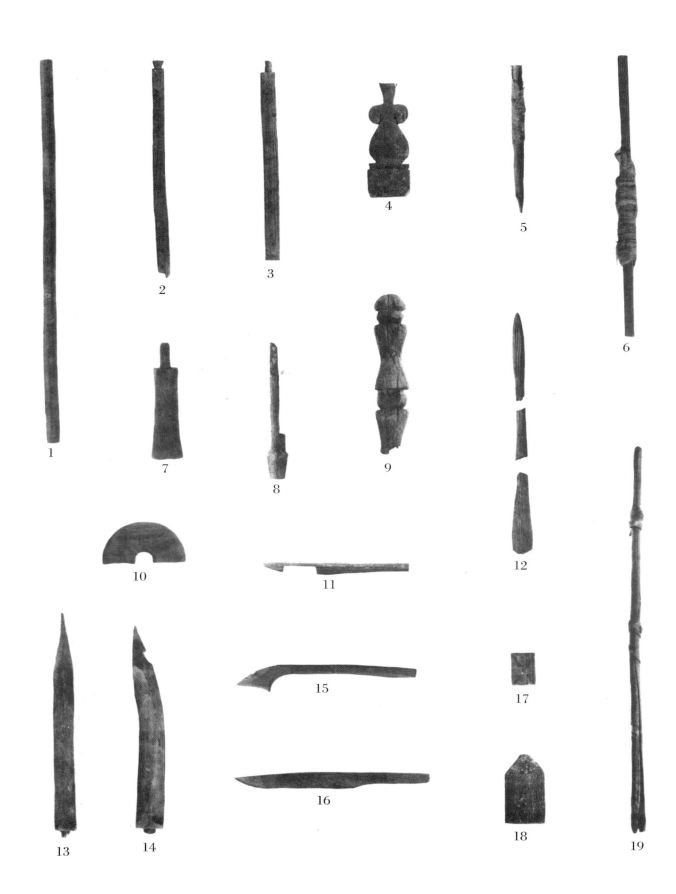

1　　2　　3　　4　　5　　6　　7　　8　　9　　10　　11　　12　　13　　14　　15　　16　　17　　18　　19

图版 12

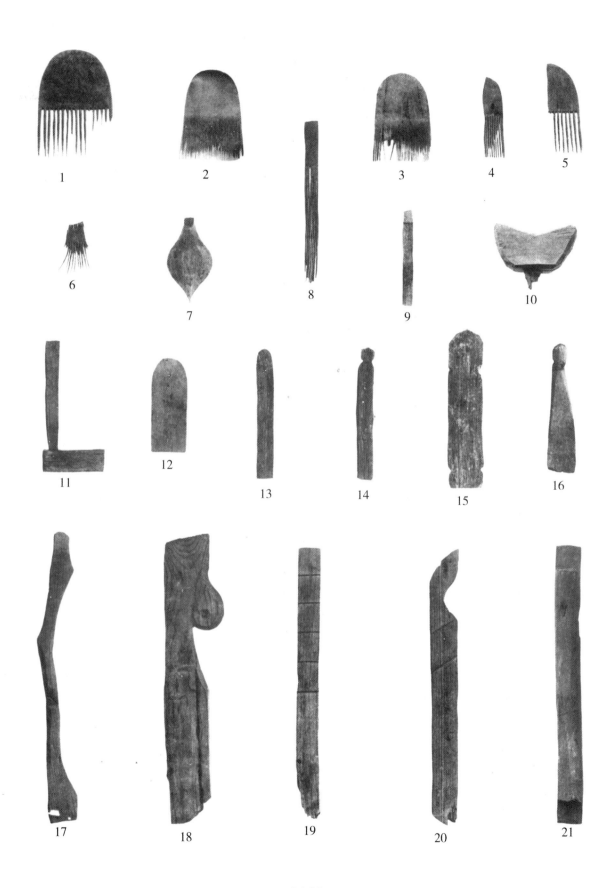

1 2 3 4 5

6 7 8 9 10

11 12 13 14 15 16

17 18 19 20 21

图版 13

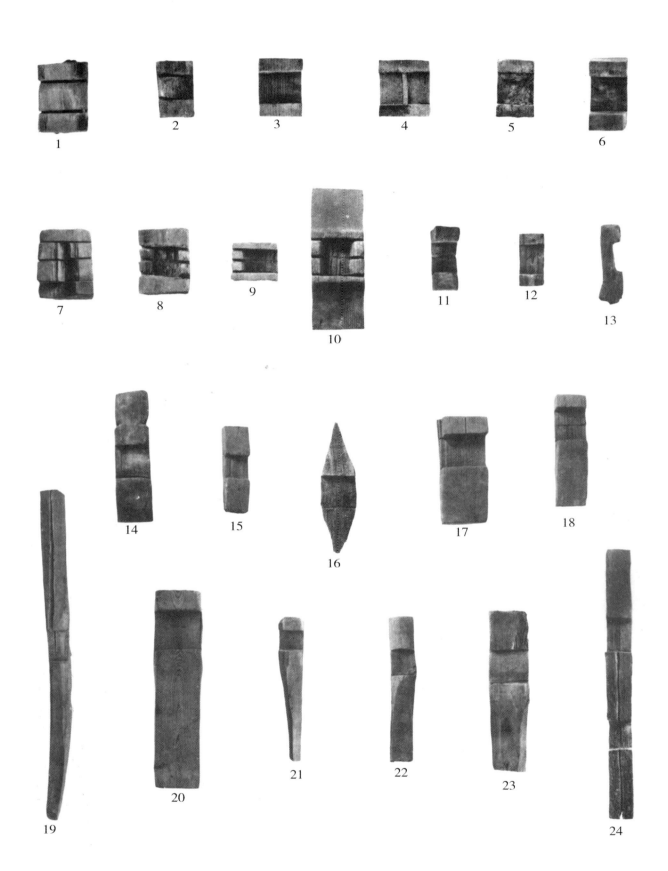

1 2 3 4

5 6 7 8 9

图版 15

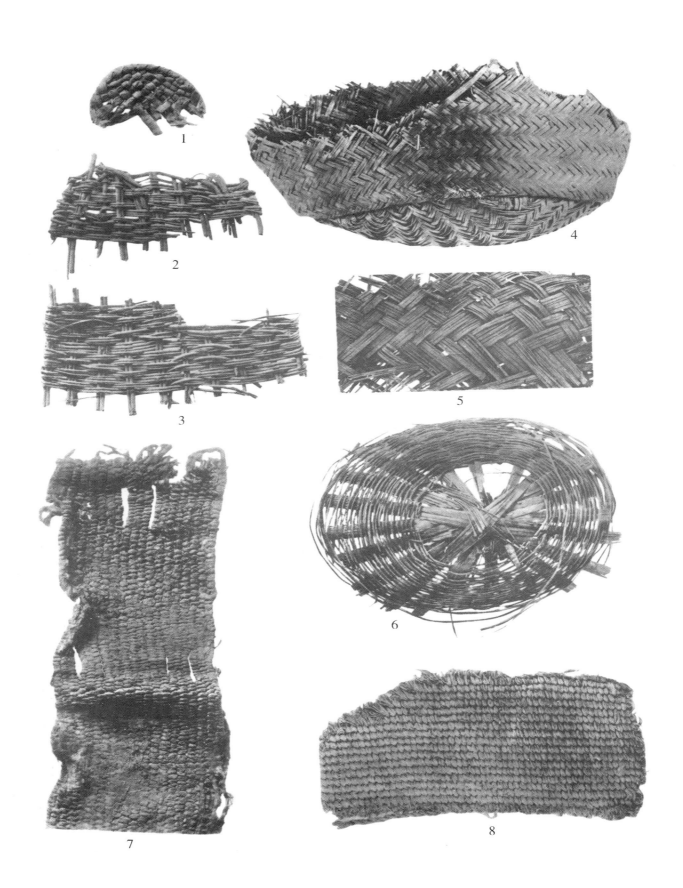

1

2

3

4

5

6

7

8

图版 16

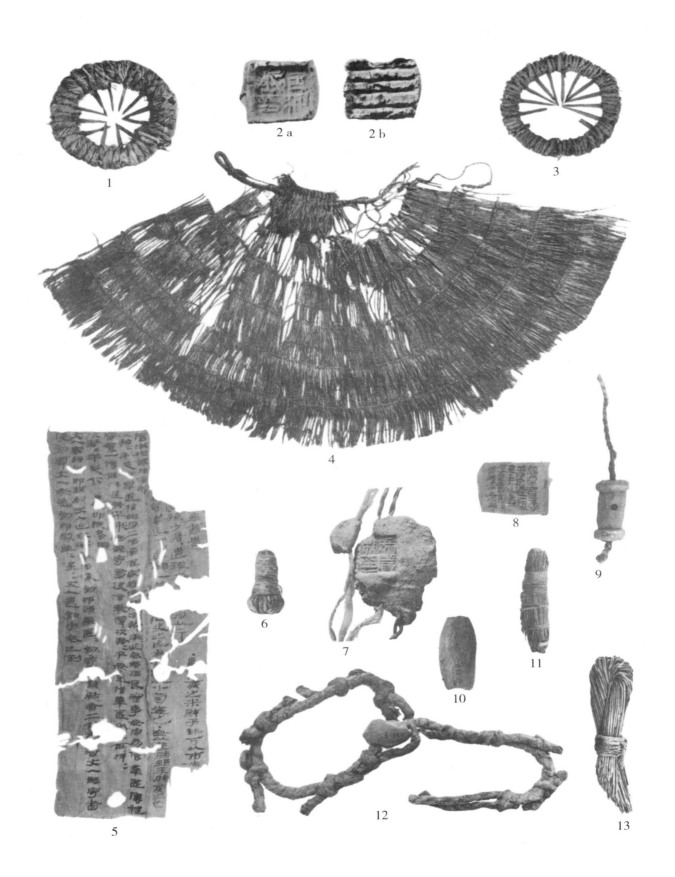

图版 17

161

1

2 3

4 5 6

图版 18

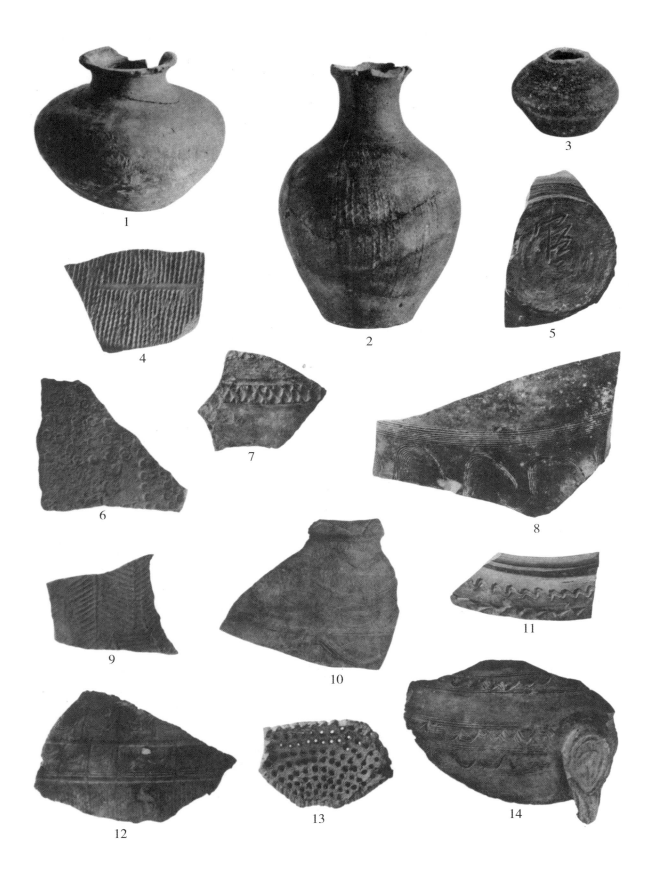

图版 19

463

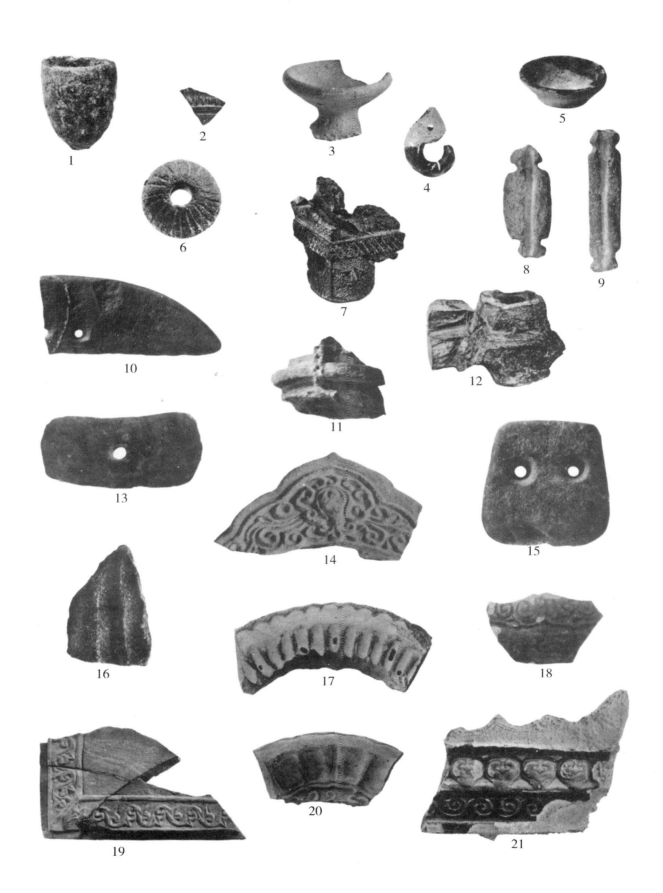

图版 20

164

1

2

3

4

5

6

7

8

9

10

11

12

13

图版 21

465

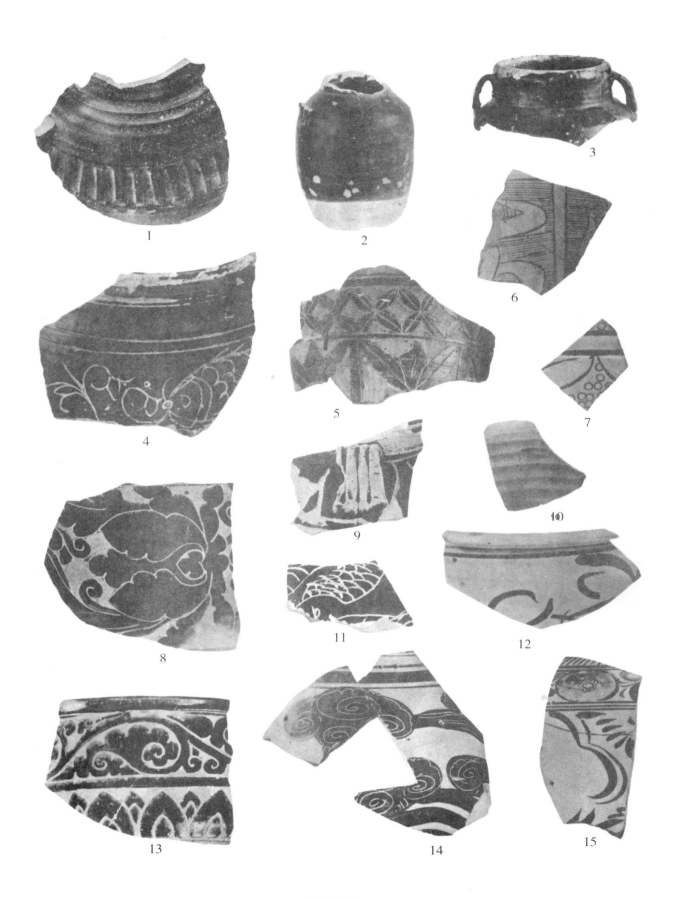

1　　　　　　　　　　2　　　　　　　　　　3

6

4　　　　　　　　　5　　　　　　　　　7

8　　　　　9　　　　10

11　　　　12

13　　　　　　　　14　　　　　　　15

图版 22

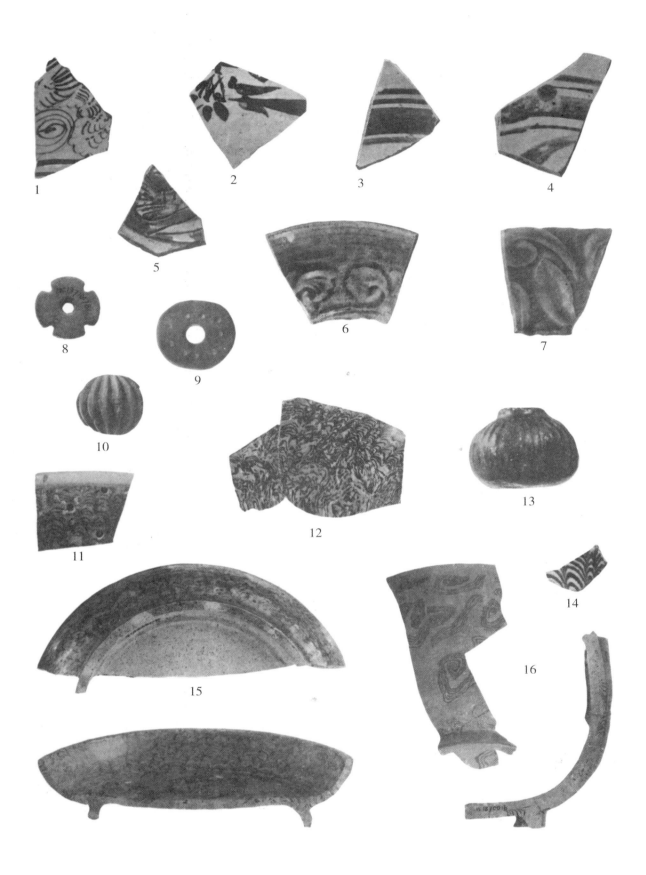

1   2   3   4

5   6   7

8   9

10   11   12   13

14

15   16

图版 23

1

2

3

4

5

6

7

8

9

10

11

12

图版 24

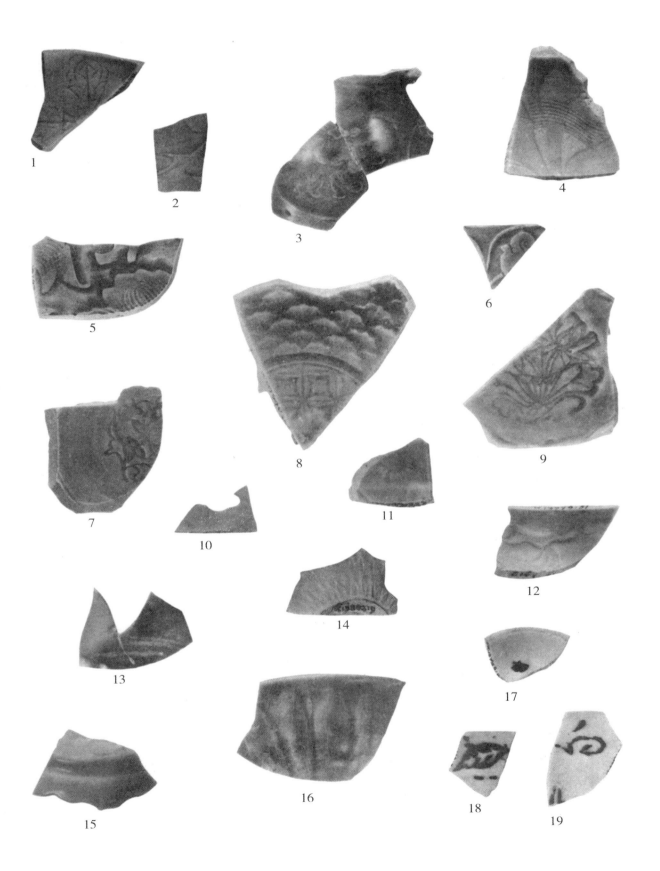

图版 25

469

1　2　3

4　5

6　7　8

9 a　10　9 b

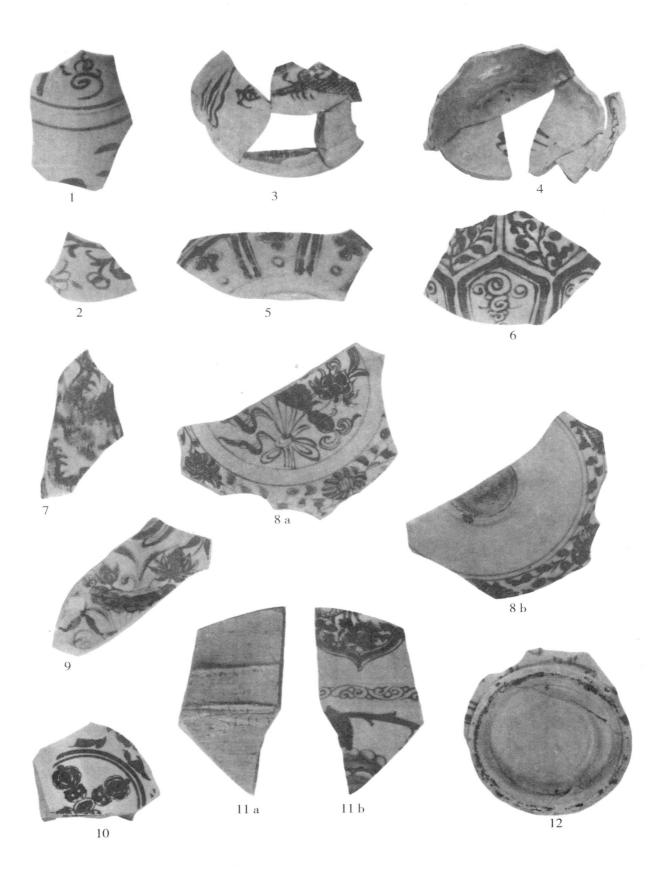

1   3   4

2   5   6

7   8 a   8 b

9   11 a   11 b   12

10

图版 27

471

1 2 3

4 5 6 7

8 9 10

11 12 13 14

15 16

17 a 18 17 b

图版 28

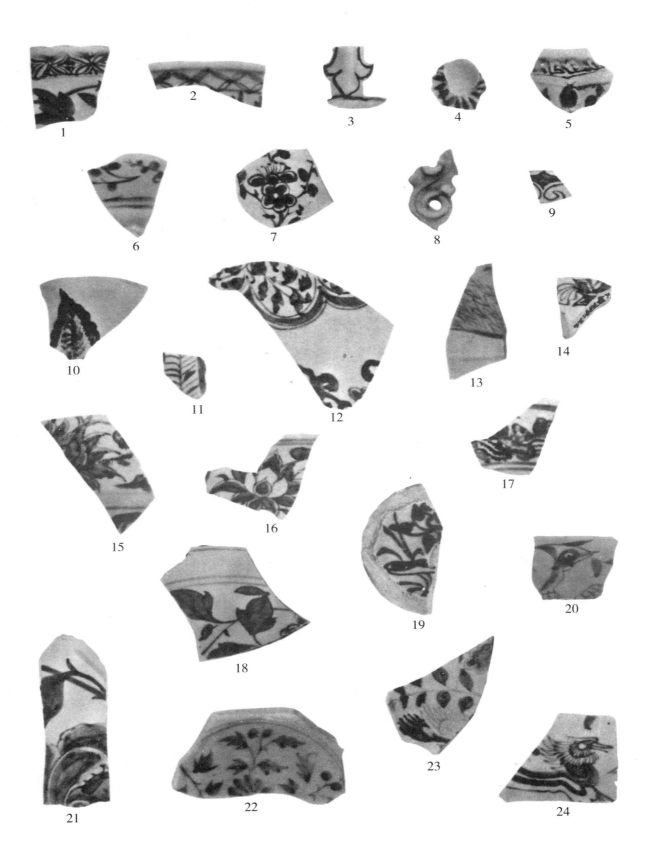

1

2

3

4

5

6

7

8

9

10

11

12

13

14

15

16

17

18

19

20

21

22

23

24

图版 29

473

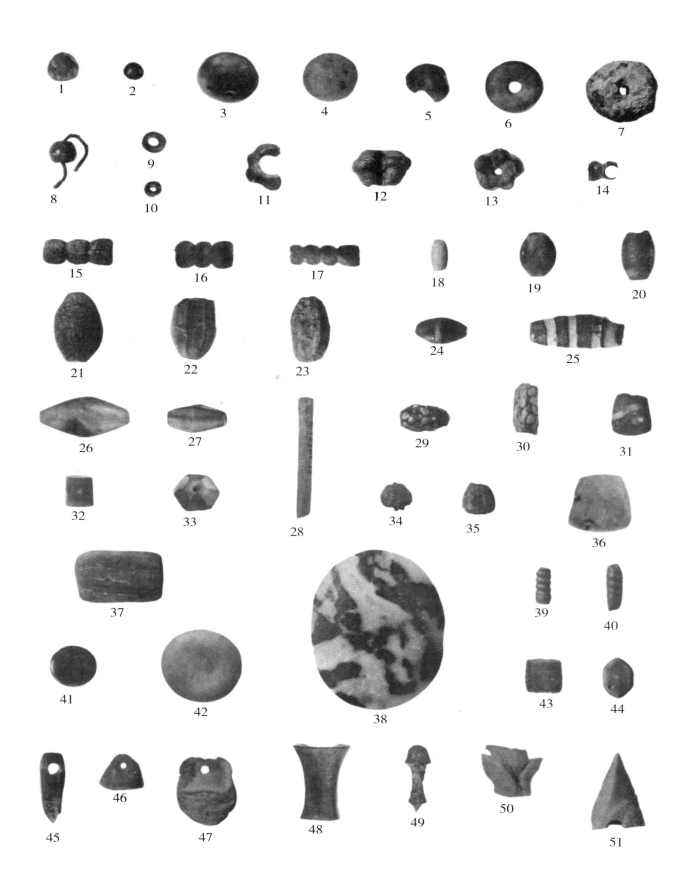

图版 30

474

1 2 3 a

3 b

4 5 6

7 8 9 10

11 12

图版 31

475

1

2

3

4

5

6

7

8

9

10

11

12

13

14

15

16

17

18

19

20

21

22

23

24

25

26

图版 32

476

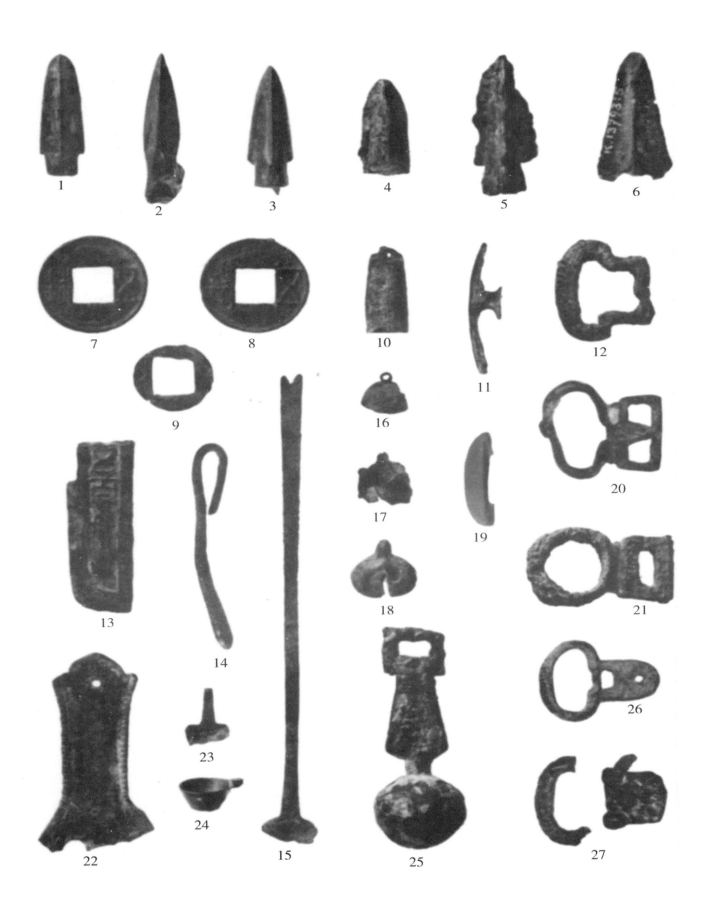

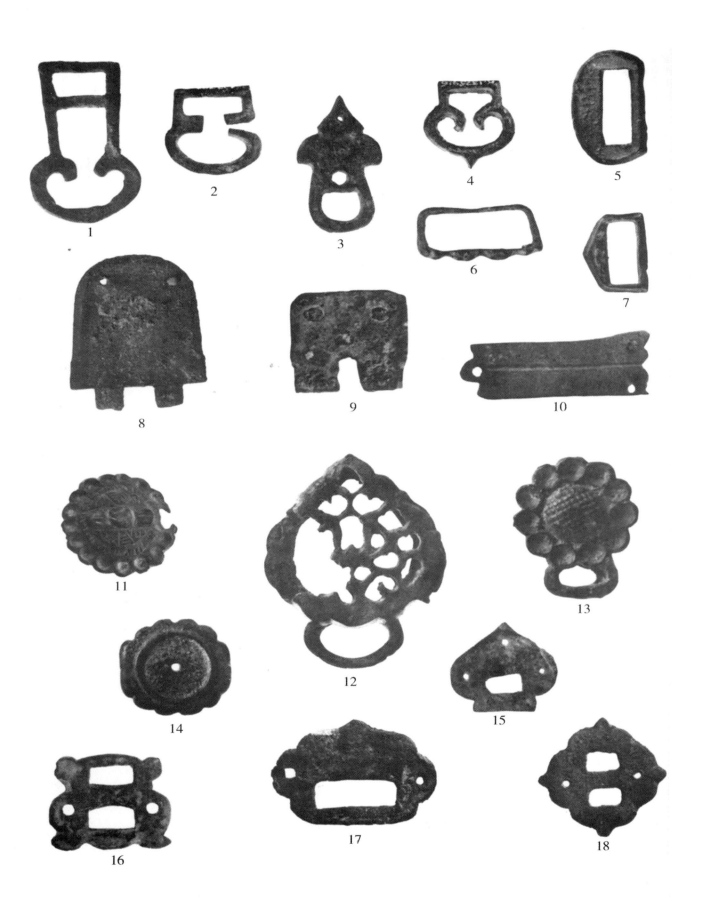

图版 34

178

图版 36

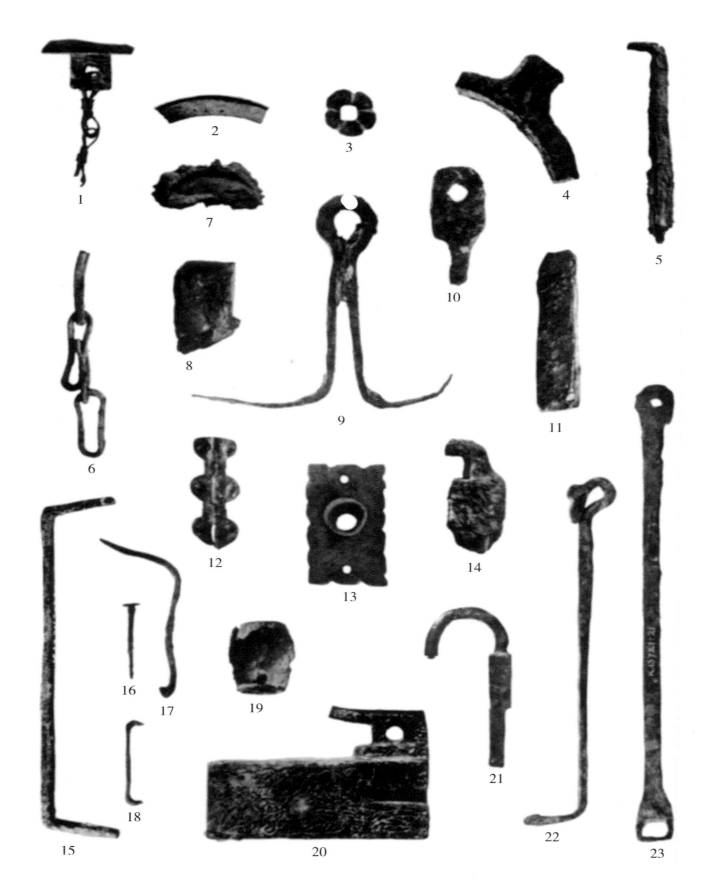

图版 38

182

图版 39

483

1 2 3 4 5 6 7 8 9 10 11 12 13 14

图版 40

地图 I—III

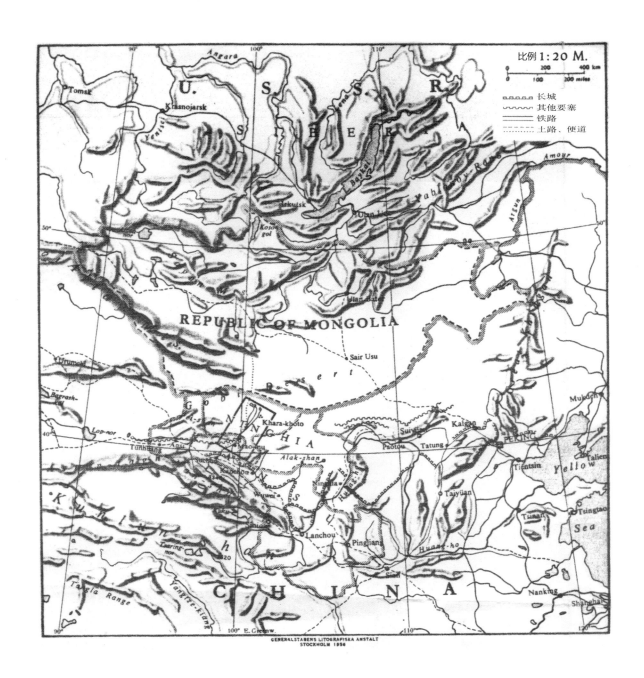

地图 I　额济纳河流域地理位置图

　　边界划分依照中华人民共和国分省地图（上海，1953 年）。被调查过的地区跨甘肃和宁夏两省，调查的主要区域是额济纳自治旗（见地图 II）。

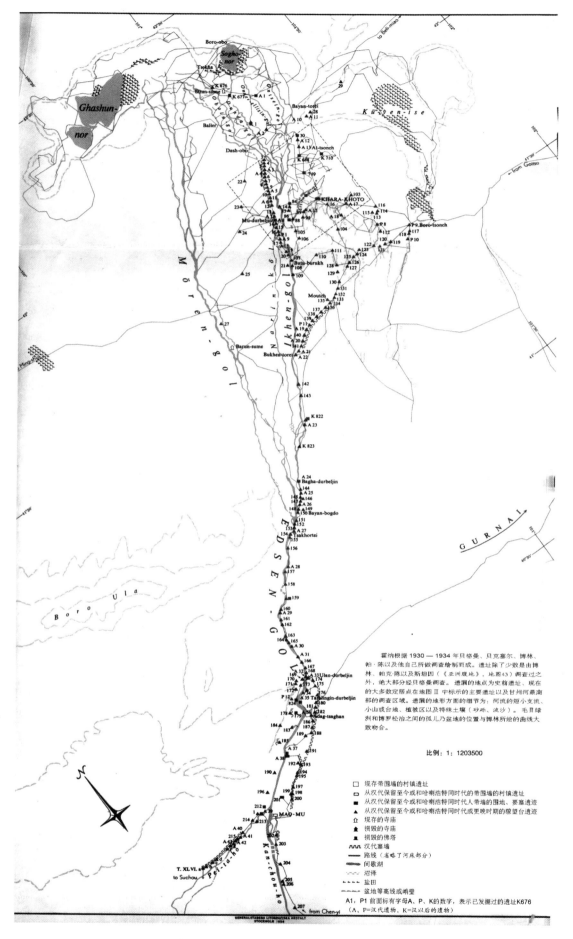

地图Ⅱ 额济纳河流域考古调查图

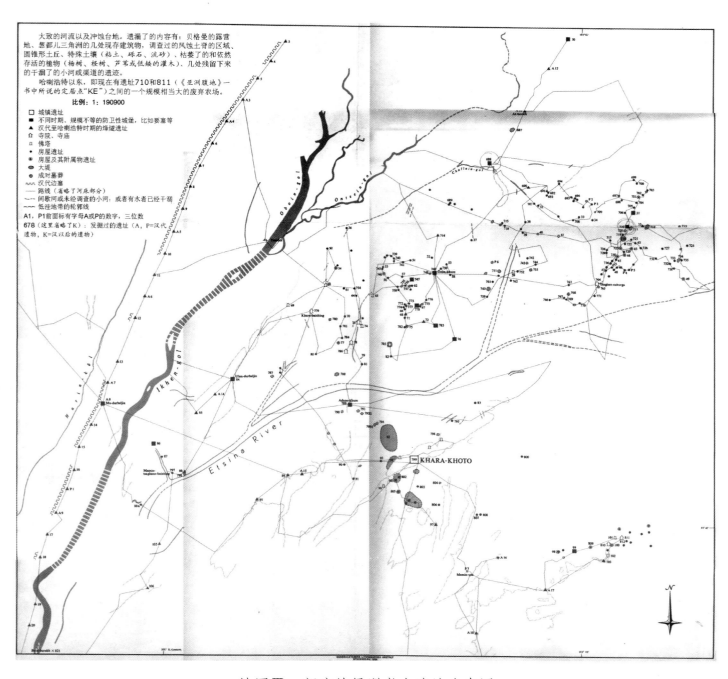

大致的河流以及冲蚀台地。遗漏了的内容有：贝格曼的露营地、慕都儿三角洲的几处现存建筑物，调查过的风蚀土脊的区域、圆锥形土丘、特殊土壤（粘土、砾石、流砂）、枯萎了的和依然存活的植物（杨树、柽柳、芦苇或低矮的灌木）、几处残留下来的干涸了的小河或渠道的遗迹。

哈喇浩特以东，即现在有遗址710和811（《亚洲腹地》一书中所说的定居点"KE"）之间的一个规模相当大的废弃农场。

比例：1：190900

- □ 城镇遗址
- ■ 不同时期、规模不等的防卫性城堡，比如要塞等
- ▲ 汉代至哈喇浩特时期的烽燧遗址
- ⌂ 寺院、寺庙
- ⌂ 佛塔
- • 房屋遗址
- ※ 房屋及其附属物遗址
- ⊙ 大堤
- ● 成时墓葬
- ∿ 汉代边塞
- — 路线（省略了河床部分）
- --- 间歇河或未经调查的小河；或者有水者已经干涸
- ⌒ 低洼地带的轮廓线
- A1，P1前面标有字母A或P的数字，三位数
- 678（这里省略了K）：发掘过的遗址（A，P=汉代遗物，K=汉以后的遗物）

地图Ⅲ　额济纳绿洲考古遗址分布图
（根据贝格曼 1930—1931 年所做考察绘制）